指点字による
コミュニケーションの復活と再生

福島 智

盲ろう者として生きて

明石書店

まえがき

　世の中には、さまざまな癖や習慣の持ち主がいる。たとえば、身の回りのものをなかなか捨てられないという人も、その一例だろう。
　戦中・戦後の物不足の時代に育った世代に、そうした人がわりと多いような気がする。私の母もそうだ。喜寿を迎えた母は今、神戸の団地スタイルの市営住宅で一人暮らしをしている。近年、この「ものを捨てない（捨てられない）」という傾向がますます顕著になってきているように思える。
　20数年前に父が亡くなった頃、古い木造の市営住宅からちょうどこの団地に引っ越してきた。それ以来ずっと、母はそこで一人で住んでいる。小さなダイニング・キッチンと小さな部屋が3つ。いわゆる団地サイズなので、部屋の数のわりにはもともと狭いのだけれど、それでも一人暮らしには十分な広さだ。
　当初、帰省時にはもちろん、私はその家に泊まったし、友人たちと一緒に押しかけたこともある。一度などは、私を含めて5人の客が泊まったこともあった。
　ところが、年々その家が狭くなってきた。むろん、「もの」が増えているからだ。
　「なんで一人暮らしなのに、こんなに荷物が増えるんや？　ぼくだったらどんどん捨てるけどな」と私が言うと、
　「パパ（父）が生きていたら、同じことを言うやろな」と返事をしつつも、柳に風という様子だ。
　各部屋の荷物がしだいに増えるのは、まあ、しかたがないとしても、理解に苦しむのは、狭い家の狭い廊下にまで荷物を積み上げているということだ。私は目が見えないので、実家とはいえ、ふだん暮らしていない家の中の移動にはちょっととまどう。なにしろ、帰省のたびに荷物の置き場所や「積み重なり」の状態が変化しているからだ。
　しかたがないので、足下に注意しつつ、積み上げた荷物をけ飛ばして「山」を崩すことのないよう歩く術を会得した。
　しかし、そのうちそれだけでは安心できない事態となった。いつのまにか、壁だか鴨居だか天井だか知らないけれど、どこか上のほうから袋やかごやかば

んなどが紐でやたらとぶら下がるようになってきたのである。
　足下の荷物を避けながら歩いていると、そうした「空中」に存在するものに、おでこや鼻の頭がぶつかったりする。
「な、なんやこれは？　この家は古着屋の店先か」と私は思わずぼやいたのだが、どちらかといえば、商品をぎゅうぎゅうに積み上げる「圧縮陳列方式」で有名になった、どこかのディスカウントショップの店内という風情なのである。
　そして何年か前のこと、妻と２人で実家に帰省しようとしたら、ついに母は言った。
「わるいけど、あなたたちに寝てもらう場所がないので、沢美さん（妻）と近くのホテルにでも泊まってくれる？」

　もう一つ「人間の癖」について言えば、「筆記癖」の持ち主というのもある。「メモ魔」ともいうのだろうか。やたらとなんでも、メモを取りたがる人が時折いる。新聞記者のように、職業上の必要があってのメモ取りではない。講義中の学生のノート・テイク、あるいは職場での会議中の記録作りなどとも違う。とにかく、めったやたらに、のべつまくなしにメモを取りたがるというタイプの人間のことだ。
　これは「ものが捨てられない」というタイプの人よりも、比較的、あるいはかなり珍しいように思える。ところが、私の母は、この癖も持ち合わせているのである。
　数年前、母と私の２人が新聞社系の雑誌から取材を受けたことがある。前から知り合いの本社の人の紹介で、雑誌担当の記者が私たちの取材をした。
　インタビューに答える母の話を、２人の女性記者がメモに取っている。そのうち今度は私への質問があり、私が話し始めた。すると、母まで熱心にメモを取り出したのである。
　まあ、私は慣れているので、その情景について聞いても、さほど驚きはしなかったけれど、その時私の横にいた妻は、私の話を世代の違う３人の女性が並んで、そろってメモを取っている姿が、なんだかとてもおかしくて、吹き出しそうになり困ったとのことであった。
　母はなんにでもメモをする。大学ノートのようなものにぎっしり書き込んでいくこともあれば、小さなメモ帳に、まさにメモ書きすることもある。適当な紙がその時そばになければ、ちらしの裏でも、レシートの余白でも、はては寿

司屋の割り箸の袋にまで、なんにでも書くのである。

　さて、ここまで読んでこられた方は、「いったいこの著者はなんのために、本のまえがきにこのようなくだらないことをだらだらと書いているのだろうか」と、疑問と不信を抱いておられることだろう。理由を一言でいえば、本書が誕生した背景事情の一つを説明している、ということになる。

　本書の目的や性格、あるいは本書の下地となった私の博士論文作成上の研究方法などについては、第Ⅰ部の第1章と第2章に記している。しかし、著者として私には、一つの不安がある。読者の中には、次のような疑問を抱く人がおられるのではないかということだ。すなわち、「どうして、30年も40年も、中にはほとんど50年近い昔のことまで、こんなに詳しく書けるのか？　ちょっとこれはおかしいのではないか？」という疑問だ。

　本書の内容の中心は、私が出生した1962年から始まって、9歳で失明し、18歳で聴力も失い「盲ろう者」となる1981年頃までの間の、私自身の人生と体験についての記述である。しかし、一般的な意味での自伝ではない。また、第三者による伝記とも異なる。詳しくは第2章にゆずるが、さまざまな手法を重ね合わせ、クロスさせた、かなり特殊な方法で本書は作成された。

　こうしたさまざまな取り組みの一つとして重要なものは、記憶を裏づけるとともに、また新たな（忘れていた）記憶を蘇らせる役割をも果たす物的証拠である。具体的には、日記や手紙などの書記資料や録音テープなどの資料が、きわめて重要な意味を持つということだ。

　そう、つまり、私の母は、「メモ魔」としてなんでもかんでも記録する癖があり、同時に、「ものを捨てることができない人間」であったために、図らずも、私の過去の体験をめぐるさまざまな記録や資料がたまたま保存されていた、ということなのである。

　本書の下地となる博士論文執筆に向けての準備において、なにがもっともたいへんな作業だったかといえば、母が保存し、実家などに「埋蔵」されていた大量の資料の発掘だった。続いて、それらの資料の整理と分類。そして、その読みこみである。

　これらの資料類というのは、小はメモ1枚への走り書きから、大は分厚いノートにぎっしり書きこまれた母の日記まで、さまざまである。整理・分類の方針として、内容が異なるものであれば、その分量や文字数にかかわらず、すべて

別資料と位置づけ、通し番号を付けてリストを作って整理した。その番号は、「1番」から「1330番」にまで達した（念のためにいえば、ここでいう「1330」というのは、本書の文献リストに掲げている、いわゆる普通の「引用・参照文献」などとは別の、雑多な資料の数ということである）。

　また、この他、耳が聞こえる頃、私が音楽や落語やドラマ、あるいは家庭内での会話などまで、たびたび録音していたカセットテープが873本保存されていた。家庭内での会話の録音は、もちろん記録として役立ったのだが、その他のテープも参考になった。というのは、落語や音楽、ドラマなどを録音するときにも、かなりの数のテープの冒頭や末尾に、私は録音した年月日とともに、その時々の自分についての短い近況報告のようなものを吹きこむ癖があったからだ（こう考えると、血筋はあらそえず、私も一種の「音のメモ魔」だったのかもしれない）。

　このように、母の二つの癖、すなわち、「ものが捨てられない」ということと、「なんでもメモしてしまう」という行動は、それ自体さまざまな問題をはらむものではあるけれど、少なくとも本書の刊行にとっては有意義であった。

　ところで、すでに述べたように、私は視覚と聴覚に障害を併せ持つ「盲ろう者」である。盲ろう者で歴史上もっとも著名な人は、おそらく米国のヘレン・ケラーだろう。ヘレン・ケラーは「20世紀の奇跡」といわれ、「聖女」ともいわれる。

　はなはだ気恥ずかしいことなのだが、私は時折、「日本のヘレン・ケラー」などと呼ばれたりすることがある。ヘレンも私も同じ盲ろう者として、たしかにある程度共通の、あるいは、類似の経験をしている面はあるだろう。しかし、ヘレンと私では、人生経験における重要な部分が質的に大きく異なっている。

　では、ヘレンと私ではなにが異なっているのだろうか。ヘレン・ケラーが「奇跡の聖女」であるのに対して、私が地酒とワインが好きな、腹のつきでたたんなる中年男だから、というわけではない（そういう面も、いくらかはあるが）。

　一言でいえば、ヘレン・ケラーの人生は、「覚醒」と「成長」の歩みであるのに対して、私は「喪失」と「再生」の人生を経験した、という点である。

　私が経験した「喪失」の本質がなにであり、私における「再生」が具体的にどのようなものであったか。本書をとおして読者にも、共有していただければ幸いである。

盲ろう者として生きて
指点字によるコミュニケーションの復活と再生

目 次

まえがき　　3

第Ⅰ部　盲ろう者研究と本書の性格

第1章　「盲ろう者」という存在と先行研究の概況　　14
　1-1　「盲ろう」の世界と盲ろう者という存在　14
　1-2　盲ろう者をめぐる先行研究の概況とその問題点　19
　参考資料　23

第2章　本研究の目的と方法　　29
　2-1　目的　29
　2-2　方法　31
　2-3　資料作成における手続きと記述上の方針　35

第Ⅱ部　福島智における視覚・聴覚の喪失と「指点字」を用いたコミュニケーション再構築の過程

Ⅱ-1　出生から盲ろう者になるまで

第3章　失明に至るまで（0歳〜9歳：1962年末〜1972年夏）　　44
　3-1　右目の失明　44
　3-2　隻眼で幼稚園に——わんぱくぶりを発揮　50
　3-3　休みがちな小学校通学——しかし、相変わらずわんぱく　54
　3-4　失明へ　60
　参考資料　65

第4章　失明から失聴へ（9歳〜17歳：1972年夏〜1980年初め）　　77
　4-1　失明後の自宅療養、そして盲学校入学——「楽しみ」は自分でつくる　77
　4-2　全盲生としての生活　84
　4-3　右耳の失聴と「障害」についての思索　90
　参考資料　100

Ⅱ-2 失聴──盲ろう者として生きる

第5章　失聴へ（17歳〜18歳：1980年6月〜1981年1月）　117
- 5-1　失聴前夜　117
- 5-2　治療方針をめぐる特殊事情──西洋医学と東洋医学のはざまで　124
- 5-3　希望と絶望の間の振動　127
- 5-4　「男版ヘレン・ケラーになりそうや」──聴力低下への不安　130
- 5-5　運動療法に励む　137
- **参考資料**　138

第6章　聴力低下と内面への沈潜（18歳：1981年1月〜同3月）　142
- 6-1　下降──聴力の低下に呻吟する　142
- 6-2　諦観──絶望の中での逆説的平安　147
- 6-3　読書と思索を通して自分なりの「結論」へたどりつく　150
- **参考資料**　158

第7章　「指点字」の考案（18歳：1981年3月）　168
- 7-1　指点字以外のコミュニケーション方法──カード、点字タイプライター、音声　168
- 7-2　考案──「指点字」はいつ、どのようにして考案されたのか　172
- 7-3　指点字はなぜ考案できたのか、そして考案直後の状況　183
- **参考資料**　192

第8章　学校復帰──指点字を中心とした生活の始まり
（18歳：1981年3月下旬〜同4月）　198
- 8-1　不安を抱えての上京、友人らとの再会　198
- 8-2　智の「受け入れ」の準備　201
- 8-3　O病院への入院、担任との面談　204
- **参考資料**　212

第9章　再び絶望の状態へ──集団の中での孤独な自己の発見
　　　　　（18歳：1981年4月～同7月）　　　　　　　　　　　　223
- 9-1　智は自身が「壺の中」にいると感じる　223
- 9-2　バレーボールの見学で──「沈黙」の中で智は孤独の深淵を見る　228
- 9-3　クラスメート、教師、令子は当時の智をどう見ていたか　231

参考資料　242

第10章　再生──指点字通訳によるコミュニケーションの再構築
　　　　　（18歳：1981年7月～同9月）　　　　　　　　　　　　247
- 10-1　喫茶店での出来事──「指点字通訳」の始まり　247
- 10-2　「飛躍」の背景　249
- 10-3　「飛躍」をもたらしたきっかけは何だったのか　252
- 10-4　「指点字通訳」はなぜ画期的なのか　257
- 10-5　「飛躍」はどうして生じたのか　262

参考資料　266

第Ⅲ部　分析と考察

第11章　文脈的理解の喪失と再構築の過程　276
- 11-1　「コミュニケーションの希薄化」としての視覚・聴覚の喪失過程　276
- 11-2　盲ろう者の認識世界と「感覚遮断研究」　279
- 11-3　視覚・聴覚の喪失と「感覚的情報の文脈」の喪失　282
- 11-4　コミュニケーションを支える文脈的理解　290
- 11-5　視覚・聴覚を代替する複合的文脈──「感覚・言語的情報の文脈」　299

第12章　根元的な孤独とそれと同じくらい強い他者への憧れの共存
　　　　　　　　　　　　　　　　　　　　　　　　　　　　310
- 12-1　なぜ生きるのか──与えられているいのち　310
- 12-2　障害と苦悩の意味　320
- 12-3　他者の存在と他者によるケア・サポート　329
- 12-4　孤独と憧れのダイナミズム　333

参考資料　338

巻末資料 352

引用・参照文献　489

謝　辞　499

あとがき　504

第Ⅰ部

盲ろう者研究と本書の性格

　　第Ⅰ部第1章では、「盲ろう者」という存在と先行研究の概況について述べる。

　本書全体で取り上げる筆者の生活歴と体験において、もっとも重要なポイントとなる「盲ろう」という概念、および「盲ろう者」という存在について概説する。第1章は、本書を読むにあたって、読者にある程度の全般的イメージを持ってもらうための章であり、イントロダクションの性格もある。

　第Ⅰ部第2章では、本書の目的と研究方法を述べるとともに、本書が作成されるうえでの作業手順や表記・記述の方式等について説明する。

第1章

「盲ろう者」という存在と先行研究の概況

1-1 「盲ろう」の世界と盲ろう者という存在

　月を見たことがある。満月だった。夏の夜、金色の光輝を放つ円盤は、やけに明るく感じられた。あの曖昧な黒い影が「うさぎ」なのだろうか。
　神戸の実家の近くの小さな山のふもとだった。深い闇があたりにあった。周囲では虫の音がわきたっている。草むらから立ち昇る昼間の熱気を帯びた匂いが、少し息苦しいほどだ。
　小学生の私はもう一度夜空を見上げる。すっと光の筋が流れた気がした。だれかに聞いたことのある「流れ星」かもしれない。私がそのとき、何か願いごとをしたかどうかは記憶にない。ただ、あの満月の明るさとコントラストをなす闇の濃さだけが、鮮やかに脳裏によみがえる。そして、宇宙はすぐそばに、手の届くところにある、そんな感覚が身内にわき上がったことを今も思い出す。

　輝く音を聴いたことがある。中学生のころ、初めて本格的なステレオでサイモンとガーファンクルのレコードを聴いたときのことだ。
　「スカボロウフェア」の悲しく華麗なメロディー。切ない歌声とハープシコードの高音のハーモニーに、私は確かに銀色の光輝を見た気がした。
　「音」には色彩があり、きらめきがある。そして、常に「時間」とともに音は流れる。「光」が一瞬の認識につながる感覚だとすれば、「音」は生き

た感情と共存する感覚なのかもしれない。

　宇宙空間を実感したことがある。それも、地球の「夜の側」の空間のような、ほとんど光のささない真空の世界を。
「光」と「音」を失った高校生のころ、私はいきなり自分が地球上から引きはがされ、この空間に投げ込まれたように感じた。自分一人が空間のすべてを覆い尽くしてしまうような、狭くて暗く静かな「世界」。
　ここはどこだろう。サルガッソウの魔の海[*1]か。それとも、「クラインの壺」[*2]を通り、異次元の世界にでも移送されてしまったのか……私は限定のない暗黒の真空の中で呻吟していた。

　美しい言葉に出会ったことがある。全盲ろうの状態になって失意のうちに学友たちのもとに戻ったとき、一人の友人が私の手のひらに指先で書いてくれた。
「しさくは　きみの　ために　ある」。
　私が直面した過酷な運命を目の当たりにして、私に残されたもの、そして新たな意味を帯びて立ち現れたもの、すなわち「言葉と思索」の世界を、彼はさりげなく示してくれたのだった［福島 2001b：4］。

これは、「全盲ろう」[*3]の状態になってちょうど20年が経過した2001年に、筆者が記したエッセーの一部である[*4]。筆者は「光」と「音」に包まれて生まれ、やがてそれらを喪失した。18歳で盲ろうの状態となったのである。残されたものは、「言葉」だけだった。
　暗黒と静寂が支配する世界。まるで宇宙空間のような盲ろうの世界に、「言葉」だけが清（さや）かな光芒を放っていた。一般に「盲ろう」とは、どのような状態なのだろうか。
　ヘレン・ケラー（Helen Keller）[*5]に次いで、米国で大学に進学した2人目の盲ろう者として知られるスミスダス（Robert Smithdas）[*6]は、盲ろうについて、次のように述べている［Smithdas 1976: 1］（なお章末に参考資料1①としてスミスダスの詩を紹介した）。

　おそらく身体障害の中で盲とろうを併せ持つことほど、ある個人にとっ

て苛酷で、制約を加える障害はないであろう。視覚と聴覚をほとんどあるいは完全に失うことは、主要な感覚の通路を失ってしまうことである。そしてその通路とは、人間が直接的情報を得て外界を理解し、また一つの全体的な概念として素早く世界をとらえるときに用いている通路なのである。

4歳で失明し、その後徐々に聴力も失い盲ろうとなったスミスダスは、自身の体験も踏まえて述べているのだろう。さらに、盲ろうという障害がもたらす心理的な影響についても触れている。

> 盲ろう (deaf-blindness) は、コミュニケーション及び移動と定位 (mobility and orientation)[*7]に関して大きな困難をもたらす。そしてこれらは、極度の孤立状態を作り出し、強い孤独と欲求不満の感覚をもたらすのである。ある人の視覚と聴覚が完全に失われたならば、彼が他者とコミュニケーションする適切な手段を身につけ、そして自分の持てる力を最大限に発揮できる自由を与えられないかぎり、この孤立と孤独の感覚は鎮められないであろう［同前］。

視覚と聴覚とは、人間の感覚の中でも代表的なものである。特にこれらは、外界の刺激を受容するうえできわめて重要な役割を果たしている。他の諸感覚——触覚、嗅覚、味覚、内部感覚等——もそれぞれ人間にとって必要なものであることは明らかだが、外界の刺激の受容という観点からいえば、視覚・聴覚の両感覚が圧倒的優位を占めている。したがって盲ろう者とは、外界の刺激の受容に致命的な障害を持っている存在である、ととらえることができるだろう[*8]。

こうした盲ろう者への取り組みは、後述するように、教育分野、およびリハビリテーション分野が先行した。それに比較して、盲ろう者の福祉、とりわけ盲ろう者自身による当事者の福祉増進に関わる運動などは、相対的に立ち遅れている[*9]。特に先進国の中で、わが国の取り組みは非常に遅れていた[*10]。

わが国初の盲ろう者による回覧同人誌（点字版）である『われら生きる』が作成されたのは、1964年のことである。既に戦後19年を経過していた。その創刊号において、編集を担当した山口県の盲ろう者・中木屋スミエ（1931〜）は、この回覧誌への抱負を次のように述べている［中木屋 1964：278-9］。

おそらくわが国では最初でありましょう、視力障害にして重複障害者の回覧雑誌『われら生きる』をよりよく育て上げるべく、一層のご協力のほど、創刊号発刊の喜びの中で切にお願い申し上げ、今後のご指導、ご鞭撻を併せてお願い申し上げます。
　「さー、皆さん、この共通の広場を通してしっかり固く手を結び合い、ひざを交えて自由に、そして思う存分語りましょう。だれに遠慮気兼ねが要りましょう。大声で腹の中のぐりぐりを吐き出し、お茶をくみ合い、ビールをつぎ合う、あの気楽さで一つよろしくお願いいたします」*11

　自身苦境にありながらリーダーシップを発揮した中木屋の尽力により、この『われら生きる』は何度か発刊される。しかし、数年のうちに、この活動は挫折してしまう*12。その後、中木屋らの活動を継承した盲ろう者の親睦団体が別の点字同人誌を作ったが、1990年頃までには一連の活動は徐々に終了していった。
　こうした経過をたどった背景には、それぞれさまざまな事情がある。ここで詳述はしないが、これらの活動が停滞し、行き詰まってしまった重要な要因と筆者が考える点を示せば、それは第一に、「盲ろう」という状態がもたらす困難の性格やその本質が周囲に理解されなかったことであり、第二に、彼ら・彼女らが周囲からの効果的な支援を受けることができなかったことである。
　中木屋らの同人誌創刊からおよそ20年を経過した頃、東京で一人の少女が病気のため盲ろう者となった。1965年生まれの千葉かをるである。彼女は福祉ワーカーの勧めで、自分の思いを詩のような自由な文章でノートにつづるようになる［千葉1985］。その「ノート」には、人生途上で盲ろう者となった若い女性の苦悩や率直な思いが表現されている。以下、若干紹介する。

　　掌に文字を。そうしなければ私と話せないの。私も人の声を聞きたい。いろんな物の音が聞きたい。それができないの。掌に文字を書いて貰うしか［千葉1985：67、1984年8月3日］。

　　あまりにも残酷すぎたよ。すべて急だったもん。あっという間にさ、すべてなくなっちゃったんだもん。悲しむ前に、おかしくて笑いたくなっちゃった。あまりにも残酷すぎたよ。どうしよう。迷い道に入りこん

じゃった。出口がみつからない迷い道にね［同：82、1984年10月19日］。

　心の氷が今とけ始めている自分が分かります。心の氷がとければ、心の春が来るかしら、やさしい春の陽ざしが心にさしこむかしら、今、心の氷がとけ始めているのが分かります［同：117、1985年1月10日］。

　1つ目の詩は対話を切望する千葉の率直な思いが出ている。盲ろう者となった彼女の手のひらに相手が指先でかな文字などを書くことでことばを伝えてもらう。それはわかっていても、相手はなかなか書いてくれない。だからこそ、彼女は「掌に文字を」と記さずにはいられないのである。
　2つ目の詩は鋭い。「悲しむ前に、おかしくて笑いたくなっちゃった」の記述には、今読み返しても、筆者は胸をえぐられる。3つ目の詩にややほっとするとともに、しかし、逆説的な苦悩の描写にも思える。彼女の「心の氷」は、本当にとけたのだろうか。
　千葉は当時19歳。「見えて、聞こえていた」状態から、多発性神経腫瘍とよばれる難病のため開頭手術を受け、術後ほぼ突然盲ろうの状態になった。その千葉の苦悩は、「おかしくて笑いたく」なるほどに深かったろう。
　千葉と同様の難病を抱え、さらにさまざまな障害を併せ持ちながら子育てもする、「六重障害」者だと自称する女性が名古屋にいた。御所園悦子である。
　御所園は、『笑顔　輝け！　六重の障害を持つ母が病床で詠んだ川柳』［御所園1997］という川柳集を著した[*13]。当時37歳。ユーモラスな作風の中にも、時にはっとさせられる作品に出会う。
　自身の障害をまっすぐに受けとめる。「降りやまぬ雨に虹出る暇もない」。しかし、自らを見つめる視線は、あくまでも謙虚だ。「灯台守　自分の幸は二の次で」「灯台守　なり切れないでいるわたし」。
　病院や自宅で療養しながらも、思いは広がる。「天井の上に空あり宇宙あり」。そして、自らの障害体験が彼女の人生にもたらしたであろう意味を結晶させたような、あるいは原石が厳しく研磨され、新たな光を放つようなことばが紡ぎだされる。「おのが身を削り削りて輝けり」。
　千葉も御所園も、今は亡い。しかし、彼女らと直接ことばを交わした感触が、筆者の手に記憶として残っている。
　千葉は最後まで冗談めかした憎まれ口をたたき、御所園はいつも周囲を笑わ

せていた。彼女らが示した一種すごみのある「ぎりぎりのユーモアと明るさ」とは、いったいなんだったのか。筆者にはその背後に、生と死、孤独と他者との交わり、苦悩と喜びといった問題をめぐる、重い問いかけが横たわっているように感じられる。

1-2　盲ろう者をめぐる先行研究の概況とその問題点

　盲ろう者をめぐる先行研究は量的には一定程度の蓄積があり、またその歴史も決して浅くはない。だが、その領域は限定されている傾向がある。すなわち、盲ろう者をめぐる研究の多くは、第一に盲ろう児教育に関するものであり、第二に成人盲ろう者へのリハビリテーション訓練等に関するものに偏っているということである。
　たとえば、国立特別支援教育総合研究所・総括研究員の中澤惠江の調べ（2007年11月現在）では、国内外で、少なくとも1100件以上の盲ろう児者関連の論文や書籍などがある。ところが、それらはおおむね数種の類型に大別され、そのうち前述の2つの領域が圧倒的多数を占めるのである。その類型とは次の通りである。
　（1）先天性、ないしそれに近い盲ろう児を対象とした初期教育研究
　（2）後天性、あるいは進行性の障害のある成人盲ろう者を対象とした、コミュニケーションや身辺自立の技能についてのリハビリテーション訓練に関する研究
　この2つで文献全体の大半を占める。このほかのものとしては、
　（3）医学（主に眼科学、耳鼻科学）、実験心理学（認知・感覚・行動分析）、盲ろうに関連する社会福祉制度や盲ろう児者教育の歴史研究などの学問領域の研究
もある程度はなされている。ただし、相対的には数は少ない。また、これに加えて、
　（4）盲ろう者自身による自伝やエッセーなどの著作
　（5）盲ろう者に関する伝記や評伝などの作品群
が刊行されているものの、それらはほとんどヘレン・ケラーによる著作、および彼女に関するものである。

ここで、いくつかの文献について述べる。
　盲ろう児教育を中心に、世界規模で盲ろう者関連の歴史を記述した代表的な文献として、Salmon［1970］がある。また、盲ろう者と高等教育をめぐる研究としては、自身盲ろう者である MacDonald［1977］がある。教育分野で最近の文献としては、教育者と盲ろう児との関わりの質的充実を論ずる Janssen et al.［2002］などがある。
　一方、成人盲ろう者へのリハビリテーション訓練については、米国を中心とした盲ろう者のリハビリテーションに関する古典的な研究書 *The Industrial Home For The Blind*［IHB 1958=1974］がある。このほかにもリハビリテーション関連では、盲ろう者自身ではなく、盲ろう者と関わるリハビリテーション・ワーカーを読者として想定したものが多い［Sauerburger 1993 など］。中には、米国・カリフォルニア州のように、州・教育局主導で、盲ろう者の障害内容（状態・程度など）の評価や各種サービス提供などについて記述した「ガイドライン」を作成している例もある［Lundin ed. 1999］。
　ところでこのように、盲ろう関連研究の内容が主に教育やリハビリテーション関連に偏っているのはなぜだろうか。こうした傾向の背景には、盲ろう者への関心がまずは教育の分野に発していたという歴史的な事情が関係しているのではないかと思われる。さらにいえば、リハビリテーションも、ある意味では「成人の盲ろう者への教育」であるため、「教育者（リハビリテーション・ワーカー）による盲ろう児（盲ろう成人）への教育（指導）」という働きかけが、どうしても注目されてしまうという構造があるのではないかと筆者は考える。

　次に、こうした傾向の背景を理解するために、盲ろう児教育の歴史を若干概観する。その際、とりわけヘレン・ケラーが置かれている「特殊な位置」について触れる。
　盲ろう児教育の歴史の黎明は、ヘレン・ケラーの事例よりも半世紀さかのぼる。世界的にもごく初期に盲ろう児教育の可能性を証明したのは、アメリカのハウ（Samuel Howe）である。彼は 1837 年に、当時 7 歳の盲ろう児ローラ・ブリッジマン（Laura Bridgman）に基礎的な言語教育を行うことに成功した[*14]。そして、このちょうど 50 年後の 1887 年に、サリヴァン（Anne Sullivan）がヘレン・ケラーのもとを訪れている。
　サリヴァンがヘレン・ケラーの教育を開始したこの 19 世紀の終わり頃から、

欧米においては各国で盲ろう児教育が始められた。現在では、米国[*15]、ロシア[*16]、英国[*17]、オランダ[*18]、ドイツ[*19]、オーストラリア[*20]など多くの国で盲ろう児教育が推進されている。また、これらと並行して、盲ろう児者のための研究機関、福祉機関が設けられている国も多い。

これに対してわが国では、山梨県立盲学校において、戦後初めて組織的な盲ろう児教育の実践が開始された。盲ろう児の居宅を訪問して指導を開始したのが1949年、盲学校の寄宿舎に受け入れて指導を開始したのが1950年、さらに研究者等も交えた盲ろう児教育・研究のプロジェクトチームを結成して、組織的で本格的な教育・研究を開始したのが1952年である[*21]。

ところで、世界でもっとも著名な盲ろう者がヘレン・ケラーであることは、衆目の一致するところであろう。これは前述の盲ろう関連文献の類型の（4）と（5）に示したように、盲ろう者による著作の多くがヘレン・ケラーによるものであり、さらに、盲ろう者の伝記・評伝のほとんどがヘレン・ケラーに関するものであることからもわかる。

ヘレン・ケラーが一般にも広く知られているというこの傾向は、わが国においても同様である。筆者の経験でも、「盲ろう者」についてまったく知識のない人であっても、多くの人はヘレン・ケラーについてなんらかの知識やイメージを持っていることがわかる。それはさまざまなメディアを通して、「ヘレン・ケラー」像が繰り返し提供されている結果だと思われる。

たとえば、次に示す場面は、そうした中でも、もっともよく知られたヘレン・ケラーについてのエピソードだろう。

> I knew then that "w-a-t-e-r" meant the wonderful cool something that was flowing over my hand. That living word awakened my soul, gave it light, hope, joy, set it free! [Keller 1905: 23]
> そのとき私は、"w-a-t-e-r" が、今私の片手の上を流れているこの素敵な冷たいもののことなのだと気づきました。この生き生きとしたことばが私の魂を目覚めさせ、光と希望と喜びとをもたらし、そして私の魂を解き放ってくれたのです（筆者訳）。

これは、ヘレン・ケラーの自伝 *THE STORY OF MY LIFE* の中の感動的な一節である。ヘレンが'water'ということばをきっかけに、「ものには名前

がある」という認識に到達する瞬間の描写だ。

　ただし、ここで注意しなければならないのは、ヘレン・ケラーは確かに天才ではあるものの、ほかにもたくさんいる「盲ろう者」（deafblind individuals）の1人という位置づけで扱われるのではなく、あくまでも他に比肩しうる者のない、一種の神秘的な存在としての、「三重苦の聖女」[*22]として扱われることが多いということである。すなわち、ヘレン・ケラーは盲ろう者でありながら、盲ろう者コミュニティとは分離された文脈で語られてしまうことが少なくないのである[*23]。

　しかも、ヘレン・ケラーは生後19か月で「盲ろう」になったという受障歴とも関連し、彼女自身の自伝での心象風景の描写や他者による伝記・評伝中の記述でも、教師・サリヴァンとの出会いや前述の劇的な「ウォーター」のエピソードなどによって、初めて「人間」として生活し始める、という把握になっている[*24]。ところが、本章の注*3に示したように、盲ろう者人口全体と18歳未満の盲ろう者人口では極端な開きがある。この人数の相違からも推測できるように、一般に、盲ろうの障害は生まれつき、あるいは子どもの時期に受けるよりも、成長し、成人してから障害を持つようになるケースが圧倒的に多いのである。

　つまり、ヘレン・ケラーの物語は、現実の盲ろう者のほとんどが経験する苦悩、すなわち障害によりコミュニケーションが奪われていくという「喪失の過程」ではなく、「野生児のような状態」から「人間」に成長するという「誕生のストーリー」で描かれるのであり、それは多くの盲ろう者が生きる現実とは様相が異なるのである。

　他方、盲ろう者の生の体験の網羅的な記述を目指す研究はほとんどなされておらず、たとえば、盲ろう者へのインタビューをもとにした文献などは非常に少ない[*25]。

　このように、ヘレン・ケラーは広く知られているものの、「盲ろう者」についての認識はあまり一般的とはいえない。一方、盲ろう者関連の学術的研究は、一定の蓄積があるものの、そこには大きな偏りやほとんど研究されていない領域も存在するのである。

参考資料1①

SHARED BEAUTY（Robert J. Smithdas）

I cannot see a rainbow's glory spread
across a rain-washed sky when storm is over;
nor can I see or hear the birds that cry
their songs among the clouds, or through bright clover.
You tell me that the night is full of stars,
and how the winds and waters sing and flow;
and in my heart I wish that I could share
with you this beauty that I cannot know.
I only know that when I touch a flower,
or feel the sun and wind upon my face,
or hold your hand in mine, there is a brightness
within my soul that words can never trace.
I call it Life, and laugh with its delight,
though life itself be out of sound and sight.

分かち合う美（ロバート・スミスダス）

嵐が去った後／雨上がりの空いっぱいに広がる／虹の光の彩りを／ぼくは見ることができない／雲間で歌う鳥たちも／輝くクローバごしのその歌声も／ぼくには見えないし聞こえない／きみはぼくに教えてくれる／夜空が星でいっぱいなこと／風がどんな歌を歌い／せせらぎがどんなふうに流れるかを／ぼくは心の中で願う／ぼくが知らないこの美しさを／きみと分かち合うことができたらと／ただぼくは知っている／ぼくが花に触れるとき／陽の光と風のそよぎを顔に感じるとき／そしてぼくの手が君の手を包むとき／ぼくの魂の中には／ことばで言い表せない輝きがあることを／ぼくはそれを「いのち」とよぼう／「いのち」の喜びに触れてほほえむんだ／たとえぼくの人生から音と光が奪われていても

（筆者訳）

[注]

＊1　「サルガッソウ海」（サルガッソ海）は、大西洋のバミューダ諸島の南東と西インド諸島の間にある海域で、古来多くの船が遭難したとされる。「サルガッスム」（Sargassum, ホンダワラ属の海藻の総称）が語源で、サルガッスムには、類似の種類が多数含まれる。「ホンダワラ」は、全長3メートルに達する流れ藻の一種。海流などの影響で、この種の海藻が長年月にわたって滞留・集積したため、この海域の海水は非常に粘性が高い。さらに、船に海藻がまとわりつき、身動きがとれなくなって、古来遭難した帆船などが多いといわれる。

　ここでは盲ろうの状態がまるで「現実世界から異界に拉致されたような感覚」に通ずる、という思いから、比喩的に用いている。

＊2　「クラインの壺」は、数学者F・クラインの名にちなむ位相幾何学上の図形。第9章の注＊8も参照。

＊3　「全盲ろう」とは、「盲ろう」とよばれる障害の中の1カテゴリーである。盲ろうの状態にある人、つまり盲ろう者とは、一般に視覚と聴覚の両方になんらかの障害を併せ持つ人のことをいう。2006年7月現在で厚生労働省が行った身体障害者実態調査では、視覚障害と聴覚・言語障害の重複障害者は2万2000人、18歳未満では1200人と推計されている（2008年3月末公表）。また、2004年に社会福祉法人全国盲ろう者協会が全国の都道府県・政令指定都市を対象に実施した調査では、回答のあった36都道府県・9指定都市が把握している盲ろう者の実数は9980人であった。わが国の盲ろう者数の推計値は調査時期によりばらつきはあるものの、おおむね1～2万人程度と思われる。

　なお、「盲ろう者」（deafblind individuals）という場合、通常、次の4つのパターンを含む。この把握は海外でも同様である。①視覚と聴覚それぞれがまったく活用できない「全盲ろう者」、②残存聴力の活用は可能だが、視力の活用ができない「盲難聴者」、③残存視力の活用は可能だが、聴力の活用ができない「弱視ろう者」、④視力・聴力ともに残存する「弱視難聴者」。詳細は、福島［1997］、福島・大河内［2007］、同［2008］など参照。

＊4　筆者はこれまでにエッセー集を2冊刊行している。『渡辺荘の宇宙人——指点字で交信する日々』（1995、素朴社）と、内容的に同書とかなり重複しながらも、自伝的要素を加味して編集した『生きるって人とつながることだ！——全盲ろうの東大教授・福島　智の手触り人生』（2010、素朴社）である。妻の立場から筆者を描いたエッセー集としては、光成沢美『指先で紡ぐ愛——グチもケンカもトキメキも』（2003、講談社）がある。

　また、筆者の母親による筆者誕生から18歳の頃までの状況を描いた子育て記録、福島令子『さとしわかるか』（2009、朝日新聞出版）があり、このほか出生から現在にいたる筆者の人生を跡付けた評伝もある（生井久美子『ゆびさきの宇宙——福島智・盲ろうを生きて』2009、岩波書店）。さらに、筆者の博士論文などを踏まえて書かれた小説もある（石原愼太郎『再生』2010、文藝春秋）。

なお、最後の3冊は2009年および2010年の発行であり、2008年に完成した筆者の博士論文を参考にして書かれている。つまり、この3冊は本書よりも早い時期の発行ではあるものの、本書のもととなっている筆者の博士論文の発表時期のほうがさらに先行している。

＊5　本書では、外国人の人名表記は、原則としてファミリー・ネームのみとしているが、ヘレン・ケラーを「ケラー」と表記すると、むしろわかりづらい印象があるので、カタカナ表記の際はおおむねフルネームで表記する。また、この章でのヘレン・ケラーに関連する数人については、歴史的な時系列が理解しやすいように、生没年ないし生年を示した。

＊6　スミスダス（1925〜）は複数の詩集を米国で出版しているが、翻訳されているのは、比較的若い時期に書かれた半生記『見えない、聴こえない私。――ヘレン・ケラーを超えて』［Smithdas 1958＝1985］のみである。

＊7　「移動と定位」(mobility and orientation)は、主に視覚障害者のリハビリテーション分野において用いられる重要な概念である。ここの文脈での「移動」は、白杖等を利用した単独での移動（歩行）が念頭に置かれている。「定位」は、一般には「動物が刺激に対して体の位置または姿勢を能動的に定めること」（『広辞苑』第6版）と定義される。ここの文脈では、視覚障害者が周囲の環境から得られる音の情報などを手がかりに、自身のいる場所、周囲のものや人との位置関係などを把握することを意味している。「定位」ができなければ、「移動」も困難となる。

＊8　「盲ろう」の状態は外部情報が遮断されているという意味で、一種の「感覚遮断状態」だともいえる。この観点と関わって、「感覚遮断」研究については、第11章第2節で触れる。

＊9　第12章第4節、および、同章の参考資料12②に示すように、盲ろう者自身による国際的団体は2001年になって、初めて結成されている。これは他のさまざまな障害種別の国際的活動が、20世紀半ば以後、あるいはそれ以前から活発に展開されてきたことと比較すると、大変遅いスタートといえる。こうしたところにも、盲ろう者が抱えるさまざまに複合した困難の一面がうかがえる。

＊10　こうした国内外の盲ろう者福祉の動向等については、小島・塩谷［1988］、福島［1997］、慎［2005］等を参照。

＊11　この部分は原文に「　」がついている。仲間に語りかけるメッセージという意味あいを中木屋が込めたのかもしれない。なお、これに続く箇所で、中木屋は「われら生きる」と題する次のような詩を高らかに歌っている［中木屋 1964：281］。

われら生きる（中木屋スミヱ）

重き試練の担い手　われら　　　　重き試練の担い手　われら
いばらの途を　ふみこえて　　　　行くての壁も　打ちやぶり
昨日の涙　今日の幸　　　　　　　明日の途を　きりひらく
ともに語らん　この集い　　　　　夢を語らん　この集い

老いも若きも　手をとって　　　　老いも若きも　手をとって
　　まことを胸に　われら生きる　　　希望を胸に　われら生きる

* 12　中木屋の波瀾に満ちた人生については、中木屋の友人であり、自身盲ろう者でもある山岸康子が中木屋の近況も含めて記している［山岸 2003］。なお、山岸（石井）には、自伝的エッセー集『手のひらで知る世界』［石井 1984］がある。
* 13　このほかにも御所園には、自身の障害や子育てなどをめぐる日常をつづった『虹になりたい――ヘレン・ケラーと張り合う母の手記』［御所園 1994］がある。
* 14　ローラ・ブリッジマン（1829 ～ 1889）は、世界的にもごく初期に、そして少なくとも米国においては初めて、学校での組織的な教育を受けた盲ろう児である（ブリッジマン以前にも、たとえばフランス等で教育を受けた盲ろう児はいるとされている。ただし、教育環境や方法その他の条件が異なるので、単純な比較はできない）。ヘレン・ケラーも学んだ米国マサチューセッツ州・ボストンのパーキンス盲学校で、その創設者でもあるサミュエル・ハウ（1801 ～ 1876）から教育を受けた。なお、サリヴァン（1866 ～ 1936）は晩年のブリッジマンと交流を持ち、それがヘレン・ケラー（1880 ～ 1968）の「専属家庭教師」としてケラー家に派遣される下地にもなっている。さらにいえば、もともとサリヴァンがケラー家に派遣された背景に、ブリッジマンの存在は重要な意味を持っていた。というのは、ヘレンの母が英国の文豪・ディケンズ（Charles Dickens, 1812 ～ 1870）の米国紀行の中で、たまたまブリッジマンの教育場面の描写を見出したのが、家庭教師を依頼するきっかけだとされているからである。

　　しかしながら、ブリッジマンは、ヘレン・ケラーの陰に隠れるように、その実像があまり知られてこなかった。「偉大な教育者」サミュエル・ハウも同様である。近年、この二人についての新たな研究成果が公表されている［Gitter 2001］。
* 15　米国の研究で、盲ろう児との関係の構築やコミュニケーションの取り方に関して言及したものに、Goode［1994］、Bruce［2002］などがある。
* 16　近年のロシアの盲ろう児教育の系譜をたどった論考に広瀬［1992］がある。また、ロシアの著名な盲ろう児教育の研究者であり、教育者でもあるサカリャンスキーを描いた著書として、広瀬編訳著［1997］がある。
* 17　英国の研究者であり、教育者でもあるフリーマンによる乳幼児期を含めた盲ろう児の初期教育の概説書として、Freeman［1975］がある。また、盲ろう児との接し方や初期学習に関わる複数の論者の論考を集めたものとして、Aitken et al. eds.［2000］がある。
* 18　オランダの盲ろう児教育研究者で国際的にも著名なヴァンダイクによる「（母体）風疹盲ろう児」（母親の妊娠中の風疹の罹患が主因となって先天的に盲ろうとなった子ども）についての著作として、van Dijk［1991］、また、同じくヴァンダイクが 1980 年代のオランダの盲ろう児教育の状況を論じたものとして、van Dijk［1986］などがある。
* 19　ドイツにおける盲ろう児教育の概説書としては、Cardinaux［1983］がある。

*20 「オーストラリアのヘレン・ケラー」とよばれたアリス・ベターリッジ（Alice Betteridge）という盲ろうの女性についての伝記を、トンプソンが描いている［Thompson 1990］。

*21 わが国での最初の組織的な盲ろう児教育に中心的に関わった研究者の論文として、梅津［1972］、中島［1981］がある。また、志村は、わが国での初期の盲ろう児教育の実践を含む重複障害児教育への取り組みを通して得たものをつづっている［志村 1989］。比較的近年の盲ろう児教育研究の成果としては、中澤［1999］、中澤［2001］などがある。

　なお、筆者も加わった厚生労働省の科学研究調査として国内外の盲ろう者福祉施策等を調べたものに、寺島・植村・福島［2000］がある。また、盲ろう者へのサポートのあり方の理論と実践を解説した福島［2008a］がある。

*22 ヘレン・ケラーは、生後19か月のときに熱病で視覚と聴覚を同時に失っている。その結果として、音声の発話が困難となり、厳しい発話訓練を受ける。つまり、あくまでも本来は「二重苦」であるのだが、障害を持った時期が幼かったためにこうした状態になったということである。したがって、生まれながら、あるいはごく幼い時期に盲ろうとなった人の場合、この意味での「三重苦」の盲ろう者となることはむしろ自然なことである。なお、本書では詳述しないが、現在では発話が困難な盲ろう者は、手話をことばの表出手段とすることが世界的にみて一般的である［福島 2001c 参照］。また、本書第10章第2節でも盲ろう者と手話について触れている。

*23 本文で触れたようにヘレン・ケラーについての著書は少なくないが、翻訳があるもので代表的な文献は、ヘレン・ケラーの自伝『わたしの生涯』［Keller 1905=1937］とヘレン・ケラーの初期の教育についてサリヴァンがその当時に記した手紙などを編集した『ヘレンケラーはどう教育されたか』［Sullivan 1905=1973］である。

　しかし前者には文学作品としての価値、後者には優れた教育実践記録としての意義がそれぞれ高いものの、「ヘレン・ケラー」のリアルな全体像を把握する文献としては、これらは必ずしも適切なものとはいえない。その意味で、近年試みられているヘレン・ケラーに対する多角的で学術的な研究が注目される。Herrmann［1998］のヘレン・ケラーの評伝は、膨大な書記資料を駆使しつつ、ヘレンとサリヴァンの内面的葛藤にも切り込んだ力作であり、Nielsen［2004=2005］は、ヘレン・ケラーが秘めていた社会主義者としての思想的側面を浮かび上がらせていて興味深い。

*24 ヘレン・ケラーがサリヴァンとの出会いによって、「人間」になったという把握は、それ自体、本来慎重に議論しなければならないテーマである。たとえば、ロシアの盲ろう児教育の研究者メシチェリャコフ（Meshcheryakov, A.）はサリヴァンが訪れる前のヘレンの生活の重要性を指摘する（以下、ジュデルソンのロシア語から英語への翻訳版を参照した）。

サリヴァンが現れたころには、ヘレンは家の中だけでなく、果樹園や野菜園といった近隣のあらゆるところを、自由に歩き回れるようになっていた。そして、家の中の品物や台所用品、庭内にある道具類についてもよく知っていた。彼女はこれらの道具のうちの多くの物の用途を心得ており、正しく使うことができたのである。また、黒人の召使いマーサや時には身近な大人たちとコミュニケーションをとるために、よく発達した身振りサイン（language of gestures）を幅広くかつ体系的（systematic）に用いていた。こうしたすべては、ヘレンの発達を促す望ましい条件が整っていたことを意味し、また、ヘレンの教育の成功をかなりの程度まで説明するものである［Meshcheryakov 1979: 60］。

　ただし、ここで筆者が問題としているのは、多くの盲ろう者が直面する「喪失体験」とヘレン・ケラーが体験したであろうものとの質的相異についてである。前者が「喪失」の体験であるのに対し、後者は、認識上の「覚醒」ないし「誕生」に近いものではなかったかと思われるからだ。

＊25　筆者が把握できたこの種の文献は、著書としては、米国の9人の盲ろう者へのインタビューをまとめた Yoken ［1979］、論文としては、スウェーデンの7人の盲ろう者へのインタビューをもとにした Furugren ［1986］程度しかない。

第2章

本研究の目的と方法

2-1 目　的

　第1章でみたように、盲ろう者関連の先行研究や文献の数自体は決して少なくはない。しかし、そこには大きな偏りがあり、ほとんど研究されていない領域が存在すると筆者は考える。

　そこで、本研究（以下では本書と記す）では、筆者自身が自己の事例を分析的に研究することを目指したい。本書の研究目的は、次の二つである。

　第一に、福島智が9歳で失明し18歳で失聴して盲ろう者となり、「視覚・聴覚の喪失とコミュニケーションの再構築」を経験した過程を多角的・重層的に記述することであり、第二に、その記述をもとにこの過程を分析・考察し、盲ろう者となった福島智の「生の有りよう」の本質的な意味を探ることである。したがって、これら二つの研究目的に沿って、本書では、それぞれ第Ⅱ部、第Ⅲ部を記述する。

　このように、本書で筆者は、自らの出生時から、まもなく19歳になる頃までの個人史を振り返る。それは「見えて」「聞こえて」いた状態から、「見えなくて」同時に「聞こえない」状態へと、自身の認識世界が変化していく過程を跡付ける作業でもある。

　このうち、本書で特に詳細な分析の対象とするのは、17歳の終わりから18歳にかけての時期であり、筆者が「盲」から「盲ろう」の状態になっていく過程である。その過程での主なポイントを、より具体的に示すと次のようになる。

（1）既に「光」を失っていたところに加えて、「音」をも急速に失い、
（2）それゆえ、他者とのコミュニケーションが制約され、
（3）やがてそれが消失し、外部の「世界」から隔絶され、
（4）こうした極限状況の苦悩の中で、自己自身との対話と内省を通して、思考過程の深化や内面的変化を経験する。

そして、

（5）母による新しいコミュニケーション手段（「指点字」）の考案により、
（6）他者とのコミュニケーションがいったん部分的に回復する。

しかしながら、

（7）周囲のコミュニケーション場面から実質的に乖離した状況に置かれている自身を自覚し、再び深く絶望する。

その後、

（8）「指点字通訳」という思いがけないサポートを得て「開かれたコミュニケーションの場」に復活することで、「文脈のあるコミュニケーション」を再構築し、人生における「再生」を体験する。

そして、

（9）他者による「ケア」（サポート）を受けながら、同時に、自らも他者を「ケア」（サポート）する存在へと変化する。

それとともに、

（10）自らの中に「根元的な孤独」を抱えながら、同時に、それがゆえに「他者の存在への憧れ」を強く求める動的過程自体を生きる存在として、自己を位置づけるようになる。

本書の目的について換言すれば、こうした体験の過程をできるかぎり緻密に記述することを通して、一方で、一盲ろう者の特殊な体験を鮮明に浮かび上がらせるとともに、他方で、その体験の分析・考察を通して、より普遍的なテーマへのアプローチを試みることである。それは、すなわち、

・人間にとってのコミュニケーションの意味
・認識とコミュニケーションを支える文脈的理解
・苦悩と障害の意味
・人が他者により支えられ、同時に他者を支える関係にあるということ
・孤独と他者との結びつき

等の普遍的テーマについての一定の示唆を得ることを目指す取り組みである。

2-2　方　法

　筆者が自らの個人史を自身で記述し、分析・考察する必要性を感じたのは、他者による「客観的な」評伝などの記述という手法だけでは、十分に盲ろう者のリアリティを抽出するのは困難だと考えたからである。

　第1章でみたように、盲ろう者の事例を取りあげた文献には、たしかに一定の蓄積がある。たとえば、ヘレン・ケラー等によるいくつかの自伝的著作や、やはりヘレン・ケラーについての数多くの伝記や評伝などがそれである。しかし、筆者にはこれらの文献が盲ろう者の生のリアリティを十分に網羅的に記述できているとは思えない。なぜなら、主観的な自伝では、当該の盲ろう者が置かれている現実の全体的な構図や文脈が把握しにくいし、逆に、客観的な伝記・評伝では、盲ろう者が抱える内面的な問題を理解することが困難だと思われるからである。

　もっとも、こうした問題は、一般に自伝や伝記に必然的に伴う限界かもしれない。しかし、筆者は特に盲ろう者の事例において、こうした傾向が顕著なのではないかと考える。そして、そこには「盲ろう」という障害がもたらす特殊な状態が関係しているように思えるのだ。それはいわば、盲ろう者と周囲の人との間に生じる認識上の決定的な断絶状態である。

　すなわち、ある個人が「見えなくて、同時に聞こえない」状態に置かれるということは、その人が外部世界を認識するうえで絶対的な制限をもたらすわけだが、その制限はあまりにも徹底的なので、逆に周囲の人からはその深刻さがわかりづらいという構造がある。そして、同じことは盲ろう者本人の側にも当てはまる。つまり、周囲の人との認識上の断絶があまりにも大きいために、自分が置かれている孤立状態自体に気づきにくいということである[*1]。

　そこで、「自己についての自己自身による研究」を行う方法論として、どのようなものがあるかを検討した。

　ある個人の生活体験や半生の経験を聞き取って記述する研究方法には、既に多くの蓄積がある。たとえば、ライフ・ヒストリー研究やライフ・ストーリー研究、オーラル・ヒストリー研究などがそれらに含まれる。こうした分野の文献は、筆者の目指す研究にとっても大変参考になった[*2]。

　ただし、筆者は「自己についての自己自身による研究」を目指していた。少

なくとも筆者が本書のもととなる博士論文の準備を本格的に始めた 2003 年時点では、わが国において、こうした研究手法で書かれた学術書や論文を見つけることができなかった。また、複数の専門研究者にも問い合わせたが、「少なくとも国内ではそうした研究はほとんど前例がないのではないか」という趣旨の回答しか得られなかった。

　そこで、海外の文献を調べた結果、既存の研究方法としては、民族誌（エスノグラフィー）[3]的方法の応用に基づいた、自己についての語りである「オートエスノグラフィー」（autoethnography）とよばれる手法があり、それが筆者の研究目的を達成するうえで、比較的参考になるように思われた[4]。

　ガービッチは、さまざまな質的研究の手法を解説する中で、「オートエスノグラフィー」について、次のように述べている［Grbich 1999=2003: 149］。

> 〔オートエスノグラフィーの〕特徴を挙げるなら、自己が公然と中心に据えられる、主観的体験が文化的・理論的に位置づけられる、濃密なエスノグラフィ的記述やその他の表現技法を通して、情緒的・肉体的・認知的な側面を含む体験内容がそのまま直に表現される、といった点である。この自己に焦点を当てるという考え方はもともと、ジョージ・ミード［Mead 1934］[5]の提唱した、創造的な「主我（I）」と「一般化された他者」から生まれた「客我（me）」、という概念に由来している。

　リード–ダナヘイは、その編著 *Auto/Ethnography* において、「オートエスノグラフィー」という語が 1970 年代から徐々に用いられていたと述べている［Reed-Danahay ed. 1997: 9］。そして、Heider［1975］, Hayano［1979］, Brandes［1982］, Strathern［1987］, Denzin［1989］, Lejeune［1989］, Deck［1990］, Pratt［1992, 1994］, Maanen［1995］など、複数の論者による、この語の使用例や解釈・定義を紹介したうえで、「オートエスノグラフィー」を次のように定義している。

> 本書においては、ある社会的文脈においてなされた自己による語り（self-narrative）の一つの形式をオートエスノグラフィーと定義する。

　ただし、オートエスノグラフィーは、現在進行形で発展、ないし拡散しつつある研究手法であり、確立された方法論は見当たらない[6]。リード–ダナヘイ

の編著を通読しても、筆者が得られた示唆は、「自己を記述する（自己を語る）際に、広義の文脈を重視する」という姿勢くらいであった。したがって、筆者は本研究において、少なくとも一定程度は、独自の研究方法を案出する必要性を感じた。

　そこで筆者は、自己について記述する際、まず自己を認識上「時間的に分節化」することを考えた。すなわち、①本書での検討対象とする時期の「私」自身を「智」と位置づけ、それを可能なかぎり対象化して描きつつ、②一方で、「智」を後日振り返って語り、記述している「私」を「福島」として便宜上概念的に「智」と区別して位置づける。③さらに、これら両者を視野に収めた存在としての現在の「私」をも便宜上概念的に区別して、「筆者」と位置づける[*7]。つまり、こうした立場を取ることで、自己を「時間的に」不連続に分節化して把握することを目指すのである。

　ただし、この「3者」は対等な関係ではない。本論文の執筆時点での私である「筆者」からすれば、「智」も「福島」もいずれも過去の存在であり、共に「筆者」によって記述され、分析される対象であるので、「筆者」に対して、「智」および「福島」は相対的に区別される関係となる。したがって、この3者の関係を図式化すれば、図1のように二等辺三角形のイメージとなる。

　また、それとともに、「私」という統一体を「内部」（主観）と「外部」（客観）の両面から、いわば認識上「位相的」にも分節化して把握することを目指す。そして、この「位相的分節化」を具体的に担保する方法の一つとして、私自身（前述の3類型では「福島」）がインタビューの客体にもなる、という「他者媒介型自己回帰インタビュー」というべき独自の手法を案出した。というのは、海外のオートエスノグラフィーの先行研究においても、自身の回想の記述や自身についてのインタビューを他者に対して行うという方法は用いられているものの、「自己自身が語る」というスタンスを保持しながら、同時に「客体としての自己」を示す方法論は見当たらなかったからである。

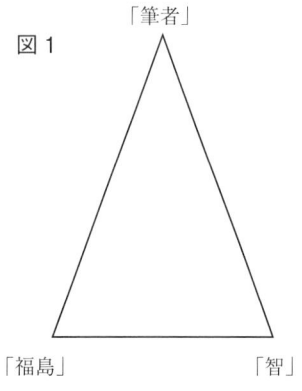

図1

　さらに、もう一つ。自己を分析するにあたって、自己内部に「主体」と「客体」の両面を持ち込むとともに、先に述べた「認識上時間的に分節化された自

己」という概念を利用することを考えた。すなわち、「筆者」が単純に「智」の体験を振り返り分析するという単層的な関係での分析ではなく、「智」と「福島」と「筆者」の違いを想定するとともに、そこに自己内部に主体・客体的把握という概念を、さらに持ち込むことで、多層的な分析を試みるということである。具体的には次の表1で示すような7つのパターンの関係を想定した多層的な分析を試みる。ただし、この7つのパターンについては、煩雑さを避けるため、本書中では明示しない。

表1　自己分析における多層的な分節化のパターン

①	「智の体験」についての同時期の「智」自身による分析 (「智」の日記や手紙、独白の録音記録など)
②	「智の体験」についての後の「福島」による分析 (「福島」へのインタビュー記録など)
③	「智の体験」への「智」の分析（前述①）についての「福島」による分析 (「智」の日記や手紙についての「福島」の手記など)
④	「智の体験」についての「筆者」による分析
⑤	前述①への「筆者」による分析
⑥	前述②への「筆者」による分析
⑦	前述③への「筆者」による分析

このように、自己分析において、自己を認識上多層的に分節化し、その概念上の関係性を踏まえて分析するという手法が、本書における筆者の独自の研究方法だと考える。

なお、表1の7つのパターンを整理して、本書で筆者が用いた自己分析の手法を図式化すれば、図2のようになる。

なお、本書では可能なかぎり網羅的な自己分析を目指すため、こうした多層的な自己分析の手法を補完する意味で、他者（関

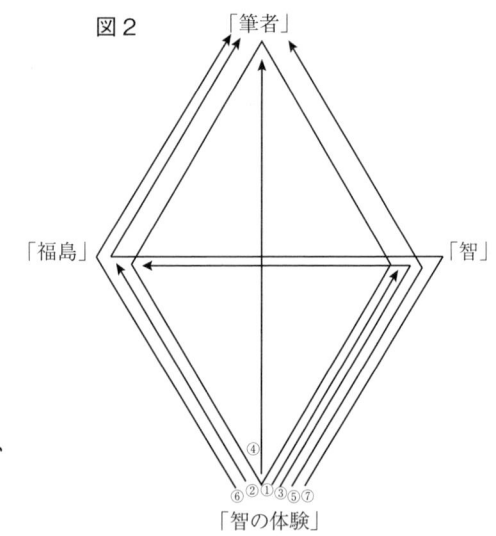

図2

係者)へのインタビューや他者による書記資料なども含め、できる限り多様な資料を用いて考察を行う。具体的には、本書全体では次のような資料を用いて考察を行う。

(1) 他者[*8]による私(福島)へのインタビュー
(2) 私(福島)等による当時の関係者へのインタビュー
(3) 私(智)や関係者の当時の手記(日記、手紙、作文など)
(4) 私(福島)や関係者が当時を回想した手記
(5) 私(筆者)の記憶
(6) 私(智)を中心とする人物に関する会話・対話・独白などの音声記録(筆者が所蔵していたカセットテープ)[*9]

2-3　資料作成における手続きと記述上の方針

以下では、研究方法の明示の一環として、本書全体で使用する資料について、その作成上の手続きの説明、インタビューの方法、その記録の作成方法、その他についての説明を行う。

本書中に載録する日記などの書記資料、およびインタビュー記録は、次のような作業手順を経て、引用・記述している。

1　智の日記

原文は点字であるため、筆者が朗読・録音したものを研究支援者が適当と思われる漢字・かな混じり文の電子データに変換し、それをさらに筆者がパソコンと特殊なアプリケーションソフト[*10]、点字ディスプレイ[*11]を用いて読んで確認した。

また、点字はかな表記であり、しかも当時(1981年頃まで)の日本点字表記法の一般的傾向を反映し、智の日記には句読法における「読点(、)」がほとんど使用されていない。そこで、筆者が朗読・録音する際、読点等、いくつかの文章記号を補い、また、必要に応じて、使用する漢字の指定を行いながら朗読した。

また、原則として原文に可能なかぎり忠実に載録しているが、文意の理解を助けるために、誤字や助詞の明らかな誤用等について、最低限の修正・補正を行い、さらに、必要な場合は〔　〕で筆者注を付して、意味を補足した。なお、

点字ディスプレイ

この筆者注の記号は本書全体で、適宜用いた。

2　母・令子の日記等その他の書記資料

　これらはもともと手書きで書かれたものか、会報その他に印刷されたものなので、特別な断り書きをしない以上、これらの紙媒体の文字を研究支援者が電子データ化し、筆者がパソコンで確認した。なお、ここでも明らかな誤字や文意の理解を妨げる助詞などの誤用は修正したほか、走り書きの日記やメモで、句読点の代わりに原文ではスペースが用いられているような場合は、適宜句読点を補った。また、文意に影響のないかぎりにおいて、漢字・ひらがな・カタカナの表記の統一を考慮して修正したところがある。ただし、智が幼い頃の作文や絵日記などの表記はその時点の成長段階を示す資料の性格もあるため、原文に忠実に記載している。

3　インタビュー

　本書におけるインタビュー記録は、いずれも関係者の了解を得たうえで、ICレコーダー等で録音し、それを研究支援者が漢字・かな混じりの文字（電子）データに変換したものを、前述のパソコンで筆者が確認したものである。また、特に引用した部分については、必要に応じてその引用した文字データと録音データとの照合作業を研究支援者が行っている。インタビューのうち、土屋による福島へのインタビュー、および福島による母・令子へのインタビュー[*12]は、それぞれ複数回実施されている。

　なお、インタビュー記録において、発言内容の理解を明らかに妨げると思わ

れる箇所など、最低限の省略・修正を筆者が行ったり、〔　〕を用いて補足するなど、若干の編集作業を行っている[*13]。この編集作業の文責は、すべて筆者に属する。

4　音声記録

本書では、筆者の実家に保存されていた900本近いカセットテープの中から、本書の目的にとって有益と思われた音声データを、文字データに変換して紹介している。作業手順は、基本的にインタビュー記録の処理作業の手順と同じである。ただし、カセットテープの録音状態が必ずしも良好でないものもあるため、音声記録については、引用した部分をすべてもとの録音テープと照合する作業を行った。

5　その他本書全体にわたる記述方法について

前述の事項と若干重複するものも含まれるが、以下、本書全体にわたる記述方法について説明する。

(1) 前述のように筆者注は〔　〕で示す。したがって、引用文中などにある（　）は、引用されたもとの文章に用いられていた、ということである。

(2) 前述のように本書では、私を3つに「分節化」する。それを時期区分で具体的に説明すれば、出生から盲ろう者となる18歳、およびその後しばらくの時期（おおむね1、2年）までは「智」と表記する。それ以後の時期に、「智」の言動や状況を振り返ってインタビューに答えたり、手記を記したりしている私は「福島」と表記する。そして、本書を執筆している私は「筆者」と表記する。

ただし、「福島」と「筆者」は境界がやや鮮明でない部分もある。おおむね次のように区分する。本書執筆時より過去であっても、「智」を意識していないときは「筆者」と表記し、「福島」はあくまでも「智」を回想し、意識の対象としてとらえているような文脈でのみ用いることにする。また、「智」を後年の筆者との連続性に注目してとらえる場合は、本書執筆時点に比較的近い時期でも「智」を使う場面もある（第12章など）。

なお、本書の「まえがき」においては、私についての前述のような「3類型」をあえて意識せず「私」と表記しているものの、「あとがき」では、この類型に従い「筆者」としている。

（3）日記や手記などの記載年月日は、原文の表記にかかわらず、年号は西暦で統一して示す。ただし、日記や手記などの本文中の表現は、原文のままにしている。また、原文では記載日に「曜日」をつけている場合とつけていない場合があったが、すべてに曜日をつけることで統一する。なお、これらの方式は、文献からの引用文中では採用していない。

（4）インタビュー記録や書記記録等において、「前略」や「後略」は原則として示していない。ただし、「中略」については、必要に応じて、筆者注の形で、〔中略〕として示す。

（5）本書では敬称を略している。ただし、「……医師」「……教諭」「……寮母」など、その職業等を示す語を添えたほうがわかりやすい場合は、これらを添えている。また、インタビューでの発言中などに敬称が用いられているときは、そのまま使用している。

（6）本書では多くの人々が登場する。実名を用いている（いずれも本人の許諾を得ている）何人か以外は、アルファベットで表記している。その表記方法は次の4パターンがある。

①頻繁に登場する人や既に引用文中などでアルファベット1文字で表記されている人については、名字あるいは名前のローマ字表記のイニシャルなどを、大文字1字で表記する。

②たとえば、複数の医師が出てくる場合にDa、Db、Dc...（Doctor a, b, c...の略）としたり、同じ要領で教師をTa、Tb...、校長をPa、Pb...、クラスメートをCa、Cb...、友人をFa、Fb...、ナースをNa、Nb...などとしたところがあるが、必ずしもそうでない場合もある。

③このほかのほとんどの人は、大文字1字プラス小文字1字のアルファベット2文字で表記している。おおむね名字のイニシャルプラス名前のイニシャルである。

④このほか、上記の方式では他の人と重複する場合などもあるため、適宜ニックネームなどのイニシャルを用いる。なお、智の長兄はE（Elder brother）、次兄はY（Younger brother）とする。

（7）本書では、多くの参考資料を掲載する。大別して、章末の「参考資料」と巻末の「巻末資料」とする。前者には当該の章の本文理解のために、できれば併せて参照いただきたい資料を、後者には、必ずしもそうではない、より「資料性」の高いものを掲げる。

[注]

*1　このことを仮想的な場面で補足説明すると、たとえば、次のようになるだろう。

　ある部屋に何人かの人がいて、みんなが何か書類を広げて話し合っているような場面を考えてみる。ここで仮に、聴覚障害者が1人、そこに含まれていた場合、その人は周囲の人が音声だけで話していたら、内容が理解しづらいかもしれない。しかし、周囲の人の表情やしぐさは見えるし、みんなが注目している書類を読めば、どういう話か想像できるかもしれない。そして、何を話しているのかと近くの人に尋ね、筆談や大きくはっきりした口形で伝えてもらうという展開も想定されるだろう。

　もし、視覚障害者が含まれていたらどうか。視覚障害者は周囲の人の音声が聞こえるので、会話に加わることができる。しかし、みんなが注目している書類が読めないので、その内容がつかめず、会話の内容も正確に理解できないかもしれない。しかし、そういうときは、その書類に何が書いてあるのかを尋ね、近くの人に読み上げてもらうという展開も想定されるだろう。

　では、盲ろう者がそこにいたらどうか。その場合、その盲ろう者にとっては、周りに人がいること自体がわからないかもしれないし、だれかがいるらしいことはわかっても、それがだれなのかがわからないかもしれない。また、仮にだれがいるのかがわかっても、何を話しているのかがわからず、何かの書類にみんなが注目していることもわからないし、その書類に何が書いてあるかも、当然わからない。

　このように、そもそもわからないことがあまりに重なっているので、盲ろう者から周囲に何かを尋ねるということ自体が生じない。そして、結果的にその盲ろう者は、その場の状況がわからないうえ、周囲の人とのコミュニケーションもできず、認識世界において、周囲と完全に孤立してしまうことになる。

　ところが、たとえ孤立していても、周囲の人は往々にして、特に気にしない。なぜなら、何人かの人が集まっているとして、その中で何も発言せず「静かにしている」人が仮にいたとしても、そういう人の存在自体を特別問題視することは、普通はないからである。そしてこの場合も、その盲ろう者は単に「静かにしている」だけだと、周囲の人は受け取ってしまうかもしれないからだ。そして、これがもっとも深刻な問題だが、その盲ろう者自身も、自分が周囲から状況把握やコミュニケーションにおいて、孤立してしまっていることに気づかないことが多いのである。こんなおかしな状況はあり得ないと思われるだろうか。しかし、たとえば、その部屋はその盲ろう者の自宅のリビングであり、そこにいるのは盲ろう者の兄弟や親戚であり、みんなが見ているのはその盲ろう者の父親の遺言状だったとすればどうだろうか。そしてその遺言状には、遺産の相続について、当該盲ろう者にとって、とりわけ有利な内容が記されていたとすれば……。

　むろん、これは仮の想定だ。しかし、事実上これと類似した状況を経験した盲ろう者の話を、筆者はかつて聞いたことがある。また、こうした特殊な場面を想定しなくても、たとえば、家族を含めた親しい人間が冠婚葬祭などで集まるよう

なときに、ある盲ろう者だけがその「場」を共有できず、周囲の人たちのコミュニケーションからも疎外されてしまうといった状況は、多くの盲ろう者が日常的に経験していることなのである。

　このように、盲ろう者が認識する外部世界の状況（すなわち、周囲について盲ろう者が抱く内的なイメージ）と現実の外部世界の状況の間には、時に大きなギャップが存在する。そして、そのギャップの存在や実態について、周囲の人も盲ろう者自身も気づいていなかったり、気づいていても正確に把握できないという構造が生まれているということなのである。

*2　たとえば、好井・桜井［2000］や桜井［2002］などは多くの貴重な示唆を与えてくれた。

*3　「エスノグラフィー」（ethnography）とは、「民族誌」と訳され、一般に、特定の民族や集団の文化・社会に関する具体的かつ網羅的な記述を指す。この語にはその方法論自体を指す場合と、その方法論によって生み出された作品を指す場合がある。

*4　その後、わが国でも「オートエスノグラフィー」への関心に基づく論文（たとえば、［牛田 2004］など）も若干発表されているものの、2011年現在に至るまで、わが国でのオートエスノグラフィー研究への関心は、さほど高まっているとは思えない。

*5　「主我」（I）と「客我」（me）は、「シンボリック相互作用論」で知られるジョージ・ミードの思想において中核をなす重要な概念である。たとえば、ミードは、次のように述べる［Mead 1934=1973: 187］。

　「I」とは、他者の態度にたいする生物体の反応であり、「me」とは、他者の態度（と生物体自身が想定しているもの）の組織化されたセットである。他者の態度が組織化された「me」を構成し、人はその「me」にたいして「I」として感応する（リアクト）。

*6　このほかにも関連のある文献としては次のようなものがある。たとえば、2人の著者がある体験をそれぞれ記述したうえで、議論を通して1つのストーリーを「共同構築」（co-constructed）していく手法で書かれた論文［Ellis and Bochner 1992］、自らが急病で病院のICU（集中治療室）に収容された体験をもとに、そこで直面したコミュニケーションをめぐる極限的な困難を記した論文［Robillard 1994］。さらに、学術的意図を含みながらも、全体としてはフィクションとして仕上げられている著書［Ellis 2004］などである。しかし、本書で筆者が目指した目的を達成するうえで、これらの文献は、方法論上の直接的な示唆を提供してくれるものではない。

*7　ただし、この意味での「筆者」と一般的な「私」の意味での「筆者」とをさらに峻別して表記しようとすると、本書中の「私」の表記が煩雑となりわかりづらくなるため、これらは必ずしも区別して表記していない。

　また、本書のインタビュー記録中での発言者としての「福島」などもある。本

章第3節の5(2)でも示したように、智、福島、筆者の表記の使い分けについては、本書で試みた研究方法における基本的な分析枠組みを示したものであり、本書全体の記述の中には、この3者の区分の原則に必ずしも当てはまらないものもある。

＊8　本書で福島にインタビューしているのは土屋葉である。福島は土屋によるインタビューを2004年5月から8月にかけて8回、合計20時間弱受けている。土屋は、お茶の水女子大学で障害者家族へのインタビューを分析することで博士論文を作成しており、同論文をもとに執筆した『障害者家族を生きる』の著者としても知られる［土屋2002］。現在は愛知大学文学部の教員である。

＊9　ここでいう「カセットテープ」とは筆者の実家に保存されていたもので、合計873本に上る（「まえがき」参照）。

＊10　ここで、特別なアプリケーションソフトといっているのは、一般に「スクリーンリーダー」と総称されるソフトウェアのことである。それは、パソコンの画面に表示される情報を、音声や後述の点字ディスプレイ等に出力するためのソフトウェアである。これにより、視覚障害者や盲ろう者でも、通常のパソコン上で文書の読み書き、電子メールの送受信、ホームページの閲覧などができるようになる。合成音声や点字ディスプレイで情報が出力され、たとえばフルキーボードからの入力のフィードバックなども可能である。ただし、グラフなどのヴィジュアルなデータや動画などのデータの理解は現状ではできない。なお、筆者は盲ろう者なので、「スクリーンリーダー」の機能の中で、点字ディスプレイに出力する機能をもっぱら用いている。

＊11　「点字ディスプレイ」とは、直径2ミリほどのピンの上下駆動により、点字の凹凸を表現する機器。これにより、紙を必要としなくとも点字が読めるうえ、パソコンなどの電子情報を点字で読むこともできる。

＊12　福島による令子へのインタビューは2003年8月から2007年10月にかけて断続的に9回（9日）、合計20時間程度実施した。

＊13　ここでの編集方針は、御厨［2002］のオーラル・ヒストリーの手法を主に参照した。

第Ⅱ部
福島智における視覚・聴覚の喪失と「指点字」を用いたコミュニケーション再構築の過程

　第Ⅱ部では、第Ⅰ部で示した方法論に従いながら、筆者自らの出生時から、まもなく19歳になる頃までの個人史を記述する。それは「見えて」「聞こえて」いた状態から、「見えなくて」同時に「聞こえない」状態へと、自身の認識世界が変化していく過程を跡付ける作業になるだろう。
　第Ⅱ部は全体をさらにⅡ-1とⅡ-2の二つに分ける。Ⅱ-1では、出生から盲ろう者になるまで（0歳～17歳）の時期を記述の対象とし、Ⅱ-2では、失聴し、盲ろう者として生きることになる18歳の時期を中心に記述する。

第3章

失明に至るまで

(0歳～9歳：1962年末～1972年夏)

3-1　右目の失明

　本書で筆者は、自らの出生時から、まもなく19歳になる頃までの個人史を振り返る。それは「見えて」「聞こえて」いた状態から、「見えなくて」同時に「聞こえない」状態へと、自身の認識世界が変化していく過程を跡付ける作業でもある。

　筆者が自らの個人史を自身で記述し、分析・考察する必要性を感じたのは、第Ⅰ部でも述べたように、他者による「客観的な」評伝などの記述という手法だけでは、十分に盲ろう者のリアリティを抽出するのは困難であると考えたからである。そこで本書では、かつての筆者自身である「智」を可能なかぎり対象化して描きつつ、一方で、「智」を後日振り返って語り記述している「福島」、そしてその両者を視野に収めた存在としての現在の私（筆者）が、3者でありながら同時に同一存在であるという、一種「三位一体的な」自己把握を試みる。

　こうした立場を取ることで、自己を「時間的に」分節化して把握することを目指すとともに、私という統一体を「内部」と「外部」の両面から、いわば認識上「空間的」にも位相を分節化して把握することを目指す。その意味で、筆者は、インタビュー記録や書記資料だけでなく、筆者の記憶や現時点でその時どきを振り返っての印象なども、必要に応じてそれらに重ねて記述していく。そうすることによって、他者による評伝などでは不可能な立体的な描写を実現したいと考えている。

幼いときの記憶は脈絡を欠いたものが多い。時系列や事象の因果関係が判然としない。それは時に写真のような断片的な映像であったり、テレビのコマーシャルフィルムのような、ごく短い「動画」の記憶であったりする。
　筆者にとって、おそらくもっとも幼い頃の記憶の1つだろうと思われるものも、そうした短い「動画」である。ただし、そこにはある種の感情的な記憶も伴っている。

　自宅の狭い台所に智と母が立っている。冷蔵庫のドアが開いていて、2人は中を見ている。
　赤。鮮明な赤が見える。皿に盛られたいちごの「赤」だ。いちごは智の好物だ。
　そして母の声。何を言っているのか、ことばは覚えていない。ただ、うわずったような、動転したような響きが含まれている。表情もまた、いつもと違う。どのような感情が背後にある表情なのか智にはわからない。だが、母の何か強い情緒的な反応が幼い智にも伝わり、自然と胸に刻まれる……。

　このビデオクリップのような短い一連の「動画」が記憶にある。周囲に連続する記憶はなく、これだけがぽっかりと「空間」に浮いている感じだ。これは智の母・令子にとっても、重要な出来事だった。令子は当時の日記につづっている。

　　　智はとうとう右目だめになった。
　　5月の初め頃 Da 先生と Db 先生にみていただいていたが視力は0.1もないだろうと言われ家に帰ってためしてみた。
　　　まずしっかりと左目に眼帯をして、冷蔵庫の上の棚にいちごを皿盛していれた。いちごはどこ？　と聞くと全然見ようとしないで手さぐりで下から順番に上をさぐっていき、これリンゴちゃんや、これタラコやとさぐっていき、いちごを手でふれてはじめて言った。
　　　次に下の段に移したが結果は同じ。ちょっと前のわたしの顔も見ようとせず、近くにきてほしいと言い手でわたしの鼻をつまんでみてこれママちゃんやと言う始末。　　　　　（「令子の日記」1966年6月16日・木）

また、後にこのことについて、令子は記している［福島令子 1988：198］。

> 右眼失明と医師に言われても信じ難く、母親は自ら考えて試してみた。イチゴの皿盛を冷蔵庫の中で場所をかえて見さすのだ。つまり、はじめ両眼でイチゴを見させ、次に良い方の左眼に眼帯をあてて見さすと先刻と同じ場所にイチゴがあると言った。その時の悲しみの音は、耳に聞こえるほどドキリッとした。これほどまでに手を尽くしてと。

福島智は、1962年12月25日、兵庫県神戸市に生まれた。中学校教諭の父・正美と専業主婦の母・令子の三男だった。5歳と7歳違いの兄2人がいる（兄たちに特段の障害はない）。

ごく幼い頃から智は眼病を患う。そして、2歳4か月（1965年4月）のとき、智の右目は重い病気だと診断される。当時のことを令子は記録作家の川原一之に語っている。

令子：最初悪かったけれど〔1964年の〕夏になると良くなって、それでもまだずっと病院に通ってたんですけれど、〔1965年の〕春になると、また右の黒目が白濁したんですよ。何も手当てしないでまた白濁するならばあれですけど、毎日一生懸命手当てをして、それで〔1年前と〕同じ時期になると白濁したということは変やと思ってね。それで、この先生に通さないでぴゅーっと行ったんですよ。このままほっといたらあかんと思って。
川原：神戸医大〔神戸大学医学部附属病院、以下、適宜略称も使用する〕にね。
令子：これは何か原因があると思って。それで行ったらね。たまたまある先生がね、ひゅっと診られて、「ぎゅうがんですね」って言われた。そのときには、もう、わたしは、ぎゅうがんいうたらガンかしらと思って。もうね、そのときのことはほんまによう忘れませんけれども。「え？　ガンですか」いうて聞きました。「どんな字を書くんですか？」っていって聞いたんですよ。そうすると「牛肉の牛ですわ」って言われてね。そんな名前も聞いたことないし。そしたら、牛の眼のように大きくなる眼なんですって。
　というのはね。大人に緑内障というのがありますでしょう？　あれはね、水はけが悪くなるんですけど。目の中を循環している水はけがね。赤ちゃ

んがなると、まだ組織が柔らかいので、ぐーっと眼球自体が膨れるんですって。だから、どんどん、どんどん大きくなる。それで「牛眼」。

(川原による令子へのインタビュー*1)

この診断について、令子は日記では比較的冷静に記述している。

　智の目の黒い部分が白く濁ってきた。ちょうど去年の1月から2月にかけてそのようなことがおきた。　　（「令子の日記」1965年4月4日・日）

　県病*2に行った。9時48分のバスで舞子公園に行き、国鉄の10時6分の京都行きで神戸まで。着いてトイレに行って、タクシーに乗ったとき10時半だった。
　受付で並んでカルテを作ってもらう。2668番だった。診察がようやく受けられたのは12時半。診察時間が終わったのが2時頃だったか。「幼児の緑内障で牛眼だ」と言われる。眼圧があがって、眼圧の亢進による視力障害であって、これにかかると角膜が混濁し、瞳孔は広がって、その奥が緑色味を帯びてみえるので、緑内障とも青ソコヒともよばれる。〔中略〕婦人乃友社の「家庭医療」事典を借りてきて見る。
　智は本当に牛眼なのか。手術の必要あるのか心配である。
　　　　　　　　　　　　　　（「令子の日記」1965年4月5日・月）

そして、この診断の約1年後である1966年5月に右目を失明し、それを令子が自分で確かめたエピソードが、先に紹介した「いちごのテスト」だった。さらに翌年1967年10月26日に智は右目の摘出手術を受け、隻眼となる。その時期の令子の日記を若干紹介する。まもなく5歳になろうとしていた智の発言も記されている。

　1時30分手術室入り、2時30分出てくる。
　出てきた智は良いほうの左目をあけ（少し）よく眠っている。
　右目の包帯の下に血の流れたあとがある。痛々しい。
　　　　　　　　　　　　　（「令子の日記」1967年10月26日・木）

〔午前〕4時から眠れず。5時10分前から敷布、パジャマズボン、パジャマシャツ、靴下、ズボン、と洗濯。干す。
　あいにく雨。〔以前にも同じ病棟に入院したことがあるので〕なつかしい階段のところに綱を張る。
　5時半、洗面、〔令子が信仰する天理教の神への〕御礼、化粧。
　日中、決して離れられない。右目だけの眼帯ゆえなおのこと〔片目は見えるので智が動き回るといけないので〕。
　どうか痛がりませんように。ガーゼつめかえのとき痛いやろなあ。一生のためや。頑張ろうね。
　どうか良いほうの目も順調にいきますように。〔中略〕
　朝、しばらくの間、こっちの目が痛いよう、眼帯とってくれと言っていたが、ごはん食べたら強くなって力がでるから痛くなくなるよと言ったら、朝食をおいしく頂いて、それから元気になる。
　プーさんの話や〔同じ病室の〕お姉ちゃんたちともおしゃべりする。
　昼過ぎ、パパ来てくださる。お寿司食べ、日本昔話を読んでもらっている間に眠ってしまった。　　　　　（「令子の日記」1967年10月27日・金）

　「お母ちゃん、心臓はなんでドキドキしとるんやろ。心臓がとまったらもうぜったいいきかえれへんのか。心臓がとまったら死んでしまうんか。
　お母ちゃん、ぼくマスイのにおいきらいや。へんなにおいがするもん。
　何で僕だけ痛いめするんや。お母ちゃんはよいなァ。何もいやなことせんでよいもん。
　手術はきらいや。レモンのにおいのマスイでも、ぼくいやや。おしりの注射3本もせんならん」

　「なんで〔窓から遠くに見える〕山くんは歩いてこないんやろ。
　おーーい、やまくーん。バナナ1本やるから、ぼくのとこまでこいよーーお」　　　　　　　　　（「令子の日記」1967年11月15日・水）

　智は手術を嫌がっている。尻への注射の痛みもさることながら、全身麻酔の臭いを嗅ぐのはとても苦痛だったのだろう。筆者が今思い出しても、あの形容しがたい臭いは気分が重くなる。尻に打たれる注射の感触。首をねじ曲げて見

た自分の尻の青さ。あの「蒙古斑」の青さ。そして、昆虫の複眼のような手術室の「無影灯」の不気味な光を思い出す。

　それにしても、5歳にならない当時の智がなぜ、心臓の鼓動やその停止と死を結びつけるような話題を持ち出したのかはわからない。ただ、この年の5月、近所の幼なじみの男児が踏切で列車にはねられて死亡するという事件があったことと関係するかもしれない。

　事故のうわさがすばやく近所にながれ、智は踏切に走った。踏切に続くセメント舗装の坂道にさしかかったとき、担架に乗せられ、白いビニールのカバーをかけられた彼の姿を智は見た。正確には「彼」自体は見ていない。しかし、そのカバーの下にかつてともに遊んだ彼がいる、そしてもう彼とは二度と遊べないという悲しみがこみ上げたことを覚えている。

　もう一つ、これは正確な時期が特定できないが、この頃の入院中、「死」についての観念を智に抱かせた出来事があった。それについて、後に福島は記している。

　　その頃の思い出の中で、私の心に焼き付いている一つの映像がある。幼い私が入院病棟の四階の窓辺に立ち、庭を見下ろしている。野球帽をかぶった少年が、庭から小さなゴムのボールを私にめがけて投げ上げてくれている。私が「お兄ちゃん」といって慕っていたその少年は、小学四年生くらいだったろうか。彼も眼科に入院していた。

　　ボールはなかなか私のいる所まで届かない。「もう一回投げてー」とキャーキャー喜びながら催促する私のために、彼は顔を真っ赤にして、何度も何度もボールを投げてくれた。しかし、何度投げても、もう少しのところでボールは届かず、窓のすぐ下のコンクリートの壁に当たって跳ね返り、彼のもとにまた落ちていった……。

　　その後まもなく、「お兄ちゃん」の姿が見えなくなった。そして私は、周りの大人たちの会話から、「お兄ちゃん」が「死んだらしい」という言葉を聞いた。そのとき、私は、もう二度と「お兄ちゃん」に遊んでもらえないということを直感したのだった。これはずっとあとになって知ったことだが、彼の目の病気は一種の小児がんが原因で、手術の甲斐もなく息を引き取ったということだった。おそらく、私が漠然とながら「死」の観念を持ったのは、そのときが初めてだっただろう。[*3]

3-2　隻眼で幼稚園に──わんぱくぶりを発揮

　1967年末に退院した智は翌年早々には義眼[*4]を作り、右目に入れる。右目を摘出したが、左目の状態は比較的安定していた。令子は日記に記している。

　　　Ya眼科で義眼いれる。
　　　この間よりも〔義眼のサイズが〕大きいので少し痛がったがすぐに慣れるよと言うとすぐ泣きやんだ。
　　　おとなしい子やからしやすいですなあと言われる。
　　　〔神戸大学附属病院眼科の〕外来でみていただく。とても美しいそう。〔左目の〕視力0.7～0.8。
　　　ダイアモックス[*5]の量減らされる。
　　　　　　　　　　　　　　　　　（「令子の日記」1968年1月13日・土）

　右目は義眼になったが、左目は視力も良く、自覚症状もないので、智は外で遊びたがる。しかし、残る一眼にもしものことがあっては、と令子は智を家に留めておとなしくさせようとする。そこに母子のせめぎ合いがあったようだ。その模様を令子は「逃げ出す子」と題した短い手記にまとめて、ラジオ番組に投稿した。1968年初頭、幼稚園入園直前の智の様子の一端がうかがえる（章末の参考資料3①参照）。

　1968年4月、自宅近くの私立舞子幼稚園に智は入園した。右目が義眼ということを除けば、左目の状態は安定しており、左目の現状維持のために点眼や服薬は継続していたものの、あまり病気のことを考えずに過ごせた1年となる。令子は次のように記している。

　　　さとし目の状態。眼圧よし。17.5～20.5[*6]。
　　　エピスタ[*7]、朝夕。リンデロン[*8]昼1。マイテア[*9]昼3度。
　　　この頃の家族。
　　　その一　智。
　　　待望の幼稚園に行けるようになりとても楽しそう。

あまりはしゃぎすぎてケンカになってしまうこともたびたびあるそうである。

オッチョコチョイのときが多々ある。調子づくと〔幼稚園の先生への手紙に〕書いておいたが、まったくその通りらしい。

〔叱られて〕クツをFu先生にとられたり、でもケンケンで行ってさっきのクツ返してくれ！　なんて平気で言って、叱られてもあとケロリとしていて気持のよいお子ですと言ってくださる。

大病を持っておられるようにはみえませんと。わたしもそう思う。

だけどこの落着きのなさをなんとかなおしてやりたいものである。座ぶとんにすわらせて５分間正座さしたりもしている。とにかくわたしのいうことはすぐにはきかない。　　　　（「令子の日記」1968年5月30日・木）

福島は幼稚園生活について、土屋葉のインタビューに答えて語っている。

土屋：幼稚園で、嫌な思い出とかっていうのはほとんどないですか。
福島：目に関してというのはないんですが、そうですね。たとえば女の子の友達がだれかにいじめられているような場面があって、私がそれを助けようと思って、いじめていたその男の子に仕返しをしたら、そのことを先生に告げ口されて、しかも私が助けようと思ったはずの当の女の子にも一緒になって告げ口されて。何かこう、世の中の不条理を感じたという気がしますよね。私はこの子のために、そのいじめられているのを助けようと思ってやったのに、なんで俺だけ怒られなあかんねん、という感じの場面がありました。

それとですね、嫌なことではないんですが、思い出としては、オルガンを習い始めたんです。「母と子のヤマハオルガン教室」というのが幼稚園の部屋を使って週に１度あって。

たぶん、私の目が片目になって、またこれからもう一つの目もどうなるかわからないので、あまり目を使うようなことはしないほうがいいかもしれないから、母親が耳で楽しめること、音楽をね、少しやったほうがいいんじゃないかというふうに考えたらしくて、その教室に通い始めたんです。

それで、そんな幼稚園の、それも週１度の教室ですので、ほとんどお遊びみたいなものですが、そこで記憶に残っているのは、とにかく私はよく

しゃべる子どもだったので、あまりオルガンとか弾かないで、先生の言うことにチャチャをいれたりね。しゃべっていてたしなめられたということは覚えています。

それに私はこましゃくれた子どもだったので、そうですね、覚えているのは、「口にチャックをしなさい」というふうに言われたりとか、「そんなにしゃべるんだったら、横の田んぼに立ってなさい」とか言われたりしてね。田んぼがあったんですよ。それで私は、「そんなことして、いいんでしょうか、そうしたらお百姓さんが困ると思います」みたいなことを言ったという記憶がありますね。そして、先生は反論不能に陥っていたという場面のことを覚えています。　　　　（土屋による福島へのインタビュー＊10)

智のわんぱくぶりはエスカレートし、とうとうある日、近所で「事件」を起こしてしまう。令子が日記に記している。

今夕、ちょっとした事件あり。

わたしは布団を修理していた。主人帰宅し風邪ぎみだと言う。そうこうしているところへ智も帰ってきた。様子が少し変だと主人が思っていたと言う。

Fa君とFbちゃんFcちゃん〔近所の子どもたち〕がドヤドヤと裏に来て、「さとっちゃん悪いなあ、Faちゃんのベッタン〔「面子」のこと〕やシールとったやろ」とどなりこんできた。わたしはまったく何も知らなかったからびっくりした。

智が出てきた。Fa君が田舎で買ってきたというシールを10枚ほど重ねて持ってきた。ミカンのあきカンの中に入っている牛乳のフタ（ベッタンのかわり）も。シールのそのうちの1枚をはがしかけて足がちぎれているのがあった。

Y〔智の次兄〕が走っていって店でシールを買ってみたが同じのがない。しかたがないのでほかのを買ってきた（ネコ）。〔中略〕

人のものと自分のものとの区別がつかない。まして閉まっている戸を開けてFa君の机の上にあったものをとってきたという。呼んでも出てこなかったので開けたら机の上にあった。それでもってきたのだろうと思う。

気前がよくて何でも人にあげる。だが他人が自分ほどほしいというもの

をくれない。そのうえお母ちゃんが10円使わしてくれなかったと言う。
　まだまだはっきりと善と悪とがわからないらしいが人のものにはさわるな、ほしがるな、持ってきたら泥棒やでと叱っておいたが。
（「令子の日記」1968年11月25日・月）

　この事件は智にとっても強い印象を残し、ある種のトラウマになったようだ。たまたま早く帰っていた父に智はひどく叱責される。父に抱えられ半ズボンから尻を出させて父が叩こうとしている。しかしズボンがおりない。ベルトが引っかかっているからだ。「バンドが……」とやや場違いなつぶやきをもらす智。やむなくズボンの上から尻を何度か叩く父。
　その後しばらく、智は夜寝るとき、この「どろぼう事件」を何度も回想するようになる。その回想を繰り返さないと眠れなくなる。
　智がFa君のところに遊びにいく。裏庭からすぐ入れる彼の部屋に声をかける。返事がないので引き戸を開けてあがり込む。そして、前から欲しかった彼の「べったん」を持ち帰る。道に出たとたん、振り向くと角を曲がって買い物から帰ってきたらしいFa君と母親の姿が見える。彼と目が合う。
　智は自宅に戻る。Fa君は友人2人の家を訪ねて誘い、智の家に文句を言いにくる。智が「べったん」を返す。敵意に満ちたFa君の表情、気まずい雰囲気。父の恐い声と顔……。
　こうした一連の「動画」を何度も繰り返さずにいられない。その作業は苦しいのだけれど、その「繰り返し」をせずには眠れなくなる。今から思えば一種の軽い強迫神経症のような状態になっていたのかもしれない。
　令子が記しているように、自他の持ち物の区別があまり判然としていなかったということだけでなく、「善悪」の区別もあいまいだったのだろう。智は現在の筆者に至るまで、決して「道徳的な人間」だとはいえない。
　しかし一方で、ある種の倫理的な問題について、過敏なほどの反応を示す傾向がある。つまり、道徳的に決して潔癖とはいえないにもかかわらず、自分が「悪いこと」に加担したり、そう指摘されることにひどく脆弱だ。こうした内面的な矛盾と脆弱さを智は抱えており、それは後年18歳で失聴する原因の一つになった可能性もある「バザー事件」ともつながっているかもしれない（第5章参照）。
　「脆弱さ」に関連して、令子は幼稚園当時の智を振り返って川原に語っている。

令子：幼稚園で智は、好きなように天真爛漫にさせてもらったようですけれど。でも、この子、気の弱いところがあるんですよね。雨の降る日やったと思いますけど、風邪をひいてお医者さんに行って、30分ぐらい遅れたんですよね、幼稚園。門のところまでわたし行って、「智、教室に行ける？」って言うたら、「うん」って、行く姿を見て、わたし帰ってきたんですよ。

　そうすると、1時間ほどしたらね、なんか、そーっと裏の戸が開いてね、そしてなんか黄色いものがしゅーっと出てきたんですよ。何？　と思って見たら、智がちょうど帰ってきたんですよ。

　「あんた、どうしたの？」って言うたら、「僕、よう入れなかった」と。ははは。そんな気の弱いところも。ちょっと遅れて行ったでしょう。黄色いかっぱを着ていったものでね。　　　（川原による令子へのインタビュー）

3-3　休みがちな小学校通学
——しかし、相変わらずわんぱく

　当時の智は、一面、気の弱いところもありながら、幼稚園では友達を泣かせたりしている。また、「逃げ出す子」で描かれているような子どもらしい面もありつつ、こましゃくれたところもある。幼稚園時代の「絵日記」にもあまり「子どもらしくない」記述もある（章末の参考資料3②参照）。しかし、全体としては、「わんぱく小僧」というところだったのだろう。

　1969年4月、智は神戸市立舞子小学校に入学した。当時の智の様子について、1年生の学級担任・十亀令子は回想している。

　十亀：1年生の初めっから、お母さんから目のことについていろいろと「連絡帳」をいただいて、こちらもけがさせたら大変だからっていう気持ちは常にあったんですよ。それで気をつけてるんだけど、全体の子どもに、こうこうこういうことは危ないからやめとき、やめときましょうって話しするでしょ。

　たとえば学校の運動場の隅に土がちょっと盛り上げてある小山のようなものができたことあるんですよ。そんな上、こう上がって転ばれたら大変だし思って、注意終わらんうちに、もう上がってるんです。上がったらい

けない言ったのに（笑）。

　遊具の、遊具にも登っていったしね。まだ片方目が元気だったからね。うん、落ちられたら困る思ってるのに、そんなところへぱーっと登って。もう、チャイムが鳴って外へ出ていい思ったら、もうそういうところへばっと登っていってた。　　　　　　（福島による十亀へのインタビュー）[*11]

行動面で活発なだけでなく、「よくしゃべる」子どもでもあったようだ。

　十亀：でね、いつも朝の会があって、朝の歌を歌ってたでしょ、みんなで決めて。覚えてる？　朝10分ほど朝の会があるんです。

　みんなでね、今からそういう朝の会始めよう、いう前にね、元気づけでね、わたしはもうずーっとやってきた、歌を歌ってきた。で、来週の歌を決めようと。そしたらね、そういう、自分が1週間歌いたい歌をね、もう1年生でもね、何人かの子どもが、かーっと提案するねん。まず、うとうてね、知らん子もおるから。「じゃあ、歌ってー」言うわけやねん。

　そうするとね、歌って言う前に、もう、そういうふうにするいうパターンがわかりだしたらな、〔智は〕手をあげながら歌って（笑）。

　元気いっぱい。元気いっぱいやしね。ほんとに積極性のある子どもさんだったわ。今のその歌のときにね、どんな歌を来週決めますか言ったら、手あげるのと同時に歌うんだから。そういう、すべてがそういう。わかるでしょ？

　だから、よーく意見は言いましたよ、あの福島君の、あのクラスねえ。うん、いるクラス。で、あなたはその中のいちばんよく意見を言った生徒です。　　　　　　　　　　　　　　　　（福島による十亀へのインタビュー）

智は良くいえば積極的だが、悪くいえばうるさい子ども。しかも相当に「自己顕示欲」も強い子どもだったようだ。

ところで、こうした母や教師の視点とは違う、もう少し別角度から智の当時の実態を示す資料はないかと探していると、長兄の手記が見つかった。その名も「智の悪事日記」である。

当時中学2年生だった長兄が三男・智の「悪童ぶり」に辟易している様子がよく描かれている（章末の参考資料3③参照）。7歳年上の長兄と智では、兄弟

といっても対等に遊ぶことなどできない。もっぱら兄が智の面倒をみる形となり、いきおい末っ子の智に比べて兄の立場は不利になることが多かったのだろう。

このように小学校に入学後1か月は元気に通学した智だったが、5月に入り、残された左目に恐れていた炎症が出始めた。「虹彩炎」*12 と診断される。自覚症状はほとんどないが、静養が必要だとされ、智は自宅療養を余儀なくされる。そして、「眼球注射」（眼注）*13 や服薬などの治療を受けながら自宅と病院を往復する生活が数か月続く。

担任の十亀が学級で「絵日記」の指導をしていることから、智にも自宅で絵日記をつけるよう指導した。たまたま次兄は当時、智と同じ小学校の6年生だったため、令子の連絡帳や智の絵日記を学校に持参し、十亀とのやり取りの仲介役を果たしてくれていた。章末に智の絵日記からいくつか抜粋した（参考資料3④参照）。

結局1年生のときは、5月から7月は自宅療養のため学校に通えず、9月からようやく復帰した（智の学校での出欠・成績などの詳細は巻末資料32を参照）。1年生の6月と9月の時点の智の様子を令子は次のように記している。

> 智5月5日より学校休む。
> 左目にイーリス（炎症）*14 があらわる。
> 小さいのがたくさんらしくなかなか治らぬ。
> もう1か月以上も養生をしているがはっきりとはよくならない。〔中略〕
> リンデロン3回、エピスタ3回、眼注も3回した。
> 眼注はボンとひどく悪くなったときにしたほうが効果もあるし最後の手段だとのこと。
> 学校がおくれないかと気が気でないがYに〔先生と〕連絡してもらってプリント類をしている。
> 将棋を1日中している。ときにはブカブカオルガンをひいて何でもこなしてしまう。
> 図鑑を片っぱしから読んで覚えている。鳥類、魚介類、音楽、動物、岩石、グリム童話も読んでいる。
> 読み方が上手で劇をきいているようだ。どうか早くよくなってほしい。
> 　　　　　　　　　　　（「令子の日記」1969年6月12日・木）

長い間の養生でやっとよくなった。
　再発を心配して当分の間は毎水曜日は通院する。
　8月いっぱい週1回眼注をした。よく頑張った。
　学校が嬉しくて仕方がないらしくとても楽しそう。
(「令子の日記」1969年9月4日・木)

　こうして9月にようやく学校に復帰した智は、前述の十亀の話のごとくわんぱくぶりを発揮していた。それでも、学校生活はおおむね順調に推移していたのだが、しばらくして、近所の子どもとの間でまた「事件」がもちあがった。その報告を令子が十亀への連絡帳に記している。

　　ごぶさたいたしておりますが、この頃はどのような様子でございますか。勉強は落ち着いて致しておりますのでしょうか。先日は、ちょっとした事がありまして〔智は〕精神的に動揺いたしておるときもありました。
　　と申しますのは、少し離れた〔場所に住んでいる〕同級・上級の子〔どもたち〕が義眼を取って見せろと申したそうで、人が喜ぶので調子に乗って智も見せていた様子です。先生にご相談しようと思いましたが、本人がしっかりしていないからそのようなことを言われるのだからと言いきかせました。〔中略〕
　　ちょっと旅行に連れていきましても、母親のわたしでさえ手に負えないごんた坊主でございます。さぞ先生には毎日ご苦労おかけしているのではないかと申し訳なく思っております。
　　元気なのもいいが、も少しなんとかならないものかと頭を痛めているような次第でございます。何とぞよろしくお導き下さいませ。
(「『連絡帳』への令子の記述」1969年10月13日・月)

　この「事件」を回想して、福島は土屋に語っている。

　福島：小学校のときは、やはり幼稚園とは違っていろんな友達が出てきますし、上級生もいるので、義眼のことで一つ嫌なことがあったんですよね。
　それは小学1年だったかのときで、私は左目の炎症に良くないからということで激しい運動は控えるように言われていて、自転車にも乗ってはい

けないと禁じられていた時期があったんですね。でも自転車に乗りたかったので、近所の友達に自転車に乗りたいと言ったんですね。

そうすると、その、年上の、ちょっと〔がらが〕良くないようなわんぱく小僧がいて、その子どもに、「乗せてやるから〔自転車を貸してやるから、その代わりに〕眼を取って見せろ」というふうに言われたんですね。義眼を取って見せろと。

で、私は何気なく眼を取って見せて、さらに、「地面に置け」っていうふうに言われて、それを地面に置いて、当時舗装されていない土の道。で、それを地面の上に置いて、もう1回また目にはめろと言われて、砂埃がついてるようなもの、一応払ったかもしれないけども、とにかくまたそれを目に入れるっていう一連のことをやって、それから自転車を貸してもらってしばらく乗って遊んだという経験があって。

そのことは、すぐに近所中でうわさになって、つまり、義眼を取ってまたはめたということは、子どもたちにとってもやはり衝撃的だったんだろうと思いますね。で、近所の子どもとかがそういうことを、あのー、吹聴しているときに母親が伝え聞いて、顔色を変えて、何があったんやみたいなことを私に問いただしていたことを覚えていますね。

私も子ども心に、何か自分はまずいことをしてしまったらしいな、ということを思って、その経過を説明したんですが、何か母親が動揺してる感じで。

その後聞いたところでは、その後、その夜、父親に話したらしくて、こんなことされたらしいから、その子どものところに行って文句を言ってくださいよ、みたいなことを母親は言ったようですけども、父親は、あのー、これからもっと、いろんなこと嫌なこともあるだろうから、こんなことぐらいでいちいち親が出ていったら、智のためにもならないだろうみたいなことを言ったようですね。

強い子どもに育てるのが役割だろうし、親が出ていくのは簡単かもしれないけども、出ていったところで何の意味もない、みたいなことを言ったようですね。で、結局、文句を言いに行かなかったです。まぁ別のときに私がだれかに〔かすり傷程度の〕けがさせて私が謝りに行ったということはありますけども、フフフ。

その、怒鳴り込みに行ったとか、あるいはだれかが私のところに謝りに

来たということは一度もないですよね。いつも私のほうばかり謝りに行くって感じでしたよね。

　でも、そういうことがあってから、うーんと、自分が屈辱的なことをさせられたんだなあということがだんだんその後わかってきましたよね。その瞬間はわからなかったんですけどね。

土屋：その瞬間は、まぁ、あの、自転車に、乗りたいと思って。

福島：そうそう、その気持ちばかりだったんですが。ただ、何か異様な雰囲気で、意地悪な感じ、悪意と意地悪な感情に満ちた視線に包まれていたな、という。つまり、その中心的な年上の男の子以外に周りに悪がきたちが何人かいたということを覚えていますので、そういう、何かこの、すごく居心地の悪い感情の中に包まれたという記憶は残っていますね。それでも、行きがかり上もあったのか、それとも自転車に乗りたいという気持ちが先行したのか、私はそのまま〔義眼をとる行為を〕やってしまって、そして自転車に乗ったというのも、そんなに長くは乗らなかったですけどね。

（土屋による福島へのインタビュー[*15]）

　その後も眩しい日光を避けるために智がかけていたサングラスについて友達からひやかされるなどの問題は若干あったものの、この「義眼事件」の後はさほど大きなトラブルはなかった。しかし、そもそも智は小学校1年から3年までの相当部分を自宅療養のために欠席せざるを得なくなった。この間の学校の出欠状況を大まかに示すと次のようである。

　小学1年生のときは、5月から7月を除けばおおむね通常どおり出席した。それでも、出席合計139日に対して欠席の合計も106日ある。

　小学2年生のときは、4月、および10月から翌年1月までは比較的順調に出席できたものの、そのほかの月はほとんど、あるいはまったく出席できなかった。出席合計は109日、欠席は134日と、欠席日数のほうが多くなる。

　そして小学3年生では、9月から11月までの3か月のみ出席し、そのほかはまったく登校していない。出席の合計はわずか52日、欠席日数は196日に上った。

　自宅療養を強いられていた智は、2人の兄以外には遊び相手もほとんどなく、本を読んだり[*16]、狭い庭で1人で遊ぶことが多かった。それで寂しかったのだろうか。小学3年のとき、ペットとしてウサギを買ってもらったことを作文

に書いている（章末の参考資料3⑤参照）。また、このウサギを抱いて庭にいたところを近所の「悪童たち」に見つかってはやしたてられた記憶を含め、当時の様子を後に福島が記している。

> 夏の昼下がり、私はウサギを抱いて家の庭にいる。ぼんやり道を眺めていると、学校帰りの子どもたちが私の姿を見付けてはやしたてる。「ずるやすみー、ずるやすみー。おまえどこも悪くないやんけ。何で学校来うへんのや」
>
> 私は黙って彼らに背を向けた。学校に行きたくても行けない状態なのだ。何も引け目はないはずだ。なのに、どういうわけか彼らに対して恥ずかしかった。だから、目の状態がよくて学校に行けるときは嬉しくてならなかった。それは、学校そのものが嬉しいというよりも、友達と好きなだけ遊べたからである。
>
> 「粘土場」と呼ばれる〔かつての〕粘土の採掘場が家の近くにあり、近所のわんぱく連中と洞窟を掘って遊んだ。ジュンイチとは、下水道の探検やザリガニ捕りをやった。リエ子さんというガールフレンドができ、怖がる彼女を自転車の後ろに乗せて猛スピードで走ったりした。*17

9月になり、智は学校に行けるようになったが、前述のように11月末までの3か月間だけだった。その11月末に学芸会について智が書いた作文を巻末資料1に掲げた。おそらくこれが智が墨字（普通字）を自筆でつづった最後の作文だと思われる。

3-4　失明へ

1971年12月、小学3年生の智は残された左目の視力の悪化を自覚する。「霧視」とよばれる状態で、煙ったように視界が白くぼやける。そして、「虹輪視」とよばれる緑内障患者特有の映像を見る。これは眼圧が上昇した人が見る不思議な光景で、電灯などの周囲に虹色の輪が見える現象だ。

病院通いの長い智は、幼いながら、この現象が眼圧の上昇を意味することを知っていた。虹のように七色を帯びた光の輪はとても美しい。しかし、それは悲しい美しさだった。

1971年12月28日、神戸大学附属病院に入院し、1972年1月22日に一時退院するが、同2月17日に再入院する。この過程で智は大小いくつかの手術を受けたが結果は思わしくない。

　前年の9月から11月の3か月だけ学校に登校した智だが、その小学3年生の学級担任であるKi教諭がお見舞いに訪れた。折り鶴など、クラス全員の手作りのお見舞いの品とメッセージも届けられた。智はこのクラスメートからのお見舞いへのお礼状を書くことにしたが、既に視力は低下しており、自力では文字が書けない。そこで、1972年3月5日、智が口述して令子が便せんに書き写す形で礼状を作成した（章末の参考資料3⑥を参照）。その文面からは、当時の智がこうした切迫した状況下にあっても、自分の目の病気やそれへの治療法について、旺盛な好奇心を持っていたことがうかがえる。これは後年の失聴時における智の態度につながっていく。

　口述筆記でクラスメートへの礼状を書いた翌日、智はこの時期における主要な手術の一つを受ける。令子の日記の筆致も緊迫している。

　　部長回診。午前10時より12時30分まで点滴、1時40分頃手術室入り。Naナースと手術室に行く。
　　ストレッチャー〔移動式寝台〕にのって近づくにつれ、麻酔のいやな臭いがするので、鼻をつまんでいる智。
　　入り口付近で立っていると大きな手術着を着た人が何か声をかけられた。ふりむかれた顔は〔副部長の〕Is先生。「あっ、よろしくお願いいたします」と思わず立った。たぶん〔Is先生が〕手術をして下さるのだろう。
　　すんだら知らせがあるらしいので部屋に帰ってこれを書いている。
　　今、虹彩切除の手術[*18]ということがわかった（看護婦さんからきいた）。どうか無事すみますよう心から神に祈る。
　　3時半、手術室より帰る。
　　5時半頃まで痛い痛いという。
　　「今日のは痛かった。もう二度とあんな手術はいやだ」という。
　　　　　　　　　　　　　　　　　（「令子の日記」1972年3月6日・月）

　ところが、この手術後の経過が思わしくない。およそ2週間後、智の状態は急激に悪化する。そして、それに加えて、幼いときからの智の主治医である

Kn医師がささいなことで立腹し、智への対応が冷淡になる、という問題も重なり、智・令子ともども、二重に苦しむことになる。

　　今朝から智、頭と目が痛くて泣く。こんな痛いのは初めてやと言って泣く。〔診察のために〕呼ばれる前に処置室に行く。ベッドに寝かしてもらっている。痛い痛いと言う。
　　Id先生が「かわいそうになあ」と言って、ペノキシール（麻酔点眼）を2滴ほどして下さる。それでも痛みはとまらなかった。
　　水でうがいを2回ほどする。痛がるから先にみてもらおうかと婦長さんが言ってくださる。
　〔主治医の〕Kn先生はまだみえない。
　　副部長にみてもらって一応部屋に帰る。
　「Kn先生みえたから暗室へ」という声で再び暗室に行く。
　「痛み止めの薬をさしてもらったけど、まだ痛いねん」と智が言ったらしい。眼圧も測らんと帰されたらしい。
　　もう点滴に来てくださるかと待っているが、少しも来てくださらない。
　　智は痛がって痛がって困る。
　　とうとう看護婦さんに来てもらう。
　「ほかの先生にみてもらわんようしてほしい」とKn先生が腹を立てたらしい。了見の何と狭いことかと思うが、先生にもプライドがあるのか。
　　片方では智がウンウンワアワア泣いている。冷たい水でタオルを冷やして何度取りかえたことか。
　　Kn先生、外来らしいが、もうすぐ手術だから辛抱させてくれとのこと。
　　智がたまりかねて言うので、Kn先生いらっしゃいますかと看護婦に聞くと、婦長さんから何か話があるそうだからと〔言われ〕詰所に行く。
　　何だかKn先生が怒っているらしいと、婦長はそのとき不在だったが、NbナースとNcナースが婦長に話を聞いてくれと言うので帰る。
　　臨機応変にしてもらわないと困る。先生同士の派閥の争いのような感じがする。
　　婦長が慰めに来てくれる。
　　一つのおめめやからかわいそうに思って先に見てもらったのが〔主治医のKn先生にとっては〕気に入らなかったらしいと、気にせんといて、ご主

人にもだまっていてねと。わたしはこの間から何も言っていません。智に氷枕をして下さった。

氷をコップに少し取っておいて口にいれてやる。オイシカッタと言って気分が落ち着いたのか、静かに眠りだした。

今よく眠ってくれている。嬉しい。

同室の人が皆心配してくれている。

えらい先生になったら〔かつて若かったKn医師もそのときは講師になっていて〕言うこときかんし、〔看護師の〕詰所のほうも困るから、朝の間に〔智を〕みてやって言うといたんやと婦長。なかなかむつかしい。間に立った患者が困る。

智少し楽になったか。

Inさんのおばあちゃんも念仏となえながら、足さすって下さった。

Hoさんもどうするんだったかなと言いながら、お助けしてあげようと。

Ngさんのお兄ちゃんも手術が無事済みますように祈っておくわと祈ってくださる。

その間、智は神妙に合掌している。

午後1時、とうとう手術室入り、わたしは入り口までいかんと帰される。その間、隣のOgさんに録音機〔の使い方〕を教えてもらう。

今1時30分。

痛がっているかなあ。

ストレッチャーに乗ると智少し落ち着いた。

どうか手術がうまくゆきますようにと念じる。

(「令子の日記」1972年3月22日・水)

この主治医であるKn医師の立腹について、そのときの智がどこまで理解していたかはわからない。ただ、ほかの医師に応急の痛み止めとして、麻酔用の点眼薬をさしてもらったことを告げたとき、Kn医師が「あ、そうか」と答えた声のトーンが、急によそよそしいものになったという違和感は今も思い出す。

もっとも、Kn医師がこのことで実際に立腹し、さらにそれゆえに、治療における一種の「怠慢」がもしあったとしても、そのことと智の目の状態の悪化

に実質的な因果関係があったとはあまり思えない。「怠慢」が仮にあったとしても、それはせいぜい2、3時間のことだろうからだ。しかし、ここで問題なのは、幼い頃から信頼してきた主治医が、このきわめて重要な局面でささいなことで立腹し、大人げない態度、あるいは医師らしからぬ対応をした、ということ自体にある。智にとっては漠然とながら、「裏切られた」という印象を生じさせる出来事だった。

そして令子はついに智の左目の状態が絶望的であることを知る。

> 智、昔の〔右目の〕炎症を思い出すようなひどい炎症になっている。
> 今までこわくてまともに見なかったのでわからなかったのだが、この頃まぶしくなくて、きれいか見てくれと言うので見ると、まあ驚いてしまった。6年前の右の目がひどくなったときみたいににごっている。
> 今トルストイの「イワンのバカ」を読んでいる。
> 「ぼくの神様」と。
> 「地べたっこさま」というのを喜んだ。
> 志賀直哉の「小僧の神様」。
> 「オネション海賊」。
> 「イワンのやさしい話」（トルストイ作ではなかったがとても喜んだ）
> 本を読め読めと朝から晩までうるさく、日記も手紙も書く暇がない。
> （「令子の日記」1972年5月8日・月）

このときから「6年前」とは1966年のことである。本章の冒頭で紹介した「いちごのテスト」を行ったのがちょうど6年前の6月半ばのことだった。

1972年6月18日、智は退院した。そして、その後2、3か月の間にほぼ全盲の状態になっていく。

智にとって、失明体験はもちろんショックなことだっただろう。しかし少なくとも令子をはじめとする家族など、周囲の人々と比較すれば、智本人は案外「見えない状態」

1972年5月　病院の屋上にて

にすばやく順応していったように思える。

　入院中も相変わらず智は「うるさく」て、「こましゃくれた」子どもであり、看護師のほか、暗く沈みがちな大人の患者たちの中でかわいがられた。また、入院患者の哀感を歌った自作のテーマソングを作って、周囲の大人たちの喝采を受けたりした（章末の参考資料3⑦参照）。

　こうして智は失明し、「見えない世界」での生活の第一歩を踏み出したのである。

参考資料 3 ①

▶ラジオの番組に投稿した令子の原稿。1968年3月15日夜記す。

なお、この原稿は大阪毎日放送ラジオ「朝のプティサロン」に投稿したもので、後日放送された。

　「逃げ出す子」（福島 令子）

　"歯が痛いんならちょっとお昼寝しましょう" と約束した三男の姿がいつのまにかない。何か物音がしたようにも思ったが、郷里に出すハガキに余念のなかった私。ふと、うしろのフスマをあけ、お兄ちゃんたちの机の方をみる。机の前の窓が半分開けられている。あ、さては、木の窓わく（さん）の間から抜け出たのだな。外に遊びに行きたいと言っても、また叱られるだけだと、5歳の頭は働きました。

　窓には15センチおきくらいに縦に木の棒が打ちつけてあるのだが、その間隔がまちまちで一番端っこは約20センチくらいもある。考えたあげくにその穴から抜け出たのだな。そういえばずっと前には計算がはずれて頭がどうしてもわくに引っかかってとれなくて、ワアワア泣いていたこともあった。わざとに自分の大切な宝物のボールやピストルを窓から下に落としては、"あ、しまった、大切な大切なものを落としてしもた。お母ちゃんちょっと取ってくるわ" と外に飛び出すやいなや、またたくまに姿をくらましてしまったこともあった。

　幼いときから頭のよく働く子ではあった。やっぱり母親はうるさい存在なのだろう。長い入院生活などで幼稚園へ行くのも医者と相談しなければならなかったあの子。目の病だけで、体のほうはいたって丈夫なあの子。どうか幼稚園にだけは行かしてやりたいと祈っていた私の願いを神様はお聞き下さったのか、やっと行かせるまでに快方にこぎつけた。

「普通の子と違うという事を親も子も忘れたい」と思った。が、その反面、たった一つ残った見える目を、いかに危険から守ったらよいかと親としての不安も、決して消えたことはない。主人は心配して、いつも遊ぶときはそばにいてやれと言う。

でも私は考える。親が傍にいてもケガする時はするであろうと。不安の心をじっとおさえるのはつらい。だけど、幼い彼の心と体の成長のため、たまには目をはなしてやろうと。明るい子に育ってほしいと祈りつつ。

参考資料 3 ②

▶幼稚園時代（5歳：1968年）の智の絵日記。なお、ここでの文章の表記は、明らかな誤りも含めて、原文に忠実にした。

11がつ／おちばひろい

ぼくはふくろにいっぱいにつめこみました／でもうれしくありませんでした／なんでといたらなにおするのかわかりません

参考資料 3 ③

「智の悪事日記」福島E〔長兄の名〕1969年5月3日　定価150円[*19]

5.2（金）
注意

（ちかい）
　絶対にたたかない
　絶対に泣かさない
　絶対におどかさない
　絶対にやさしくいろ
　絶対にさからわない
・このちかいを守って一日を過ごした。

　前書き
　3日の昼ごろからははっきりした時刻を書いている。
　これを書いた理由
・頭に覚えていたのでは、すぐ忘れてなかなか思い出せない。
・時刻を書くとよりいっそうわかりやすくなり、智に〔智が〕ウソをついてもわかるようになるからである。
・こっちが悪者にならないように、そして「必ず正義が勝つことを思い知らせる」ためだ！
・このノートを〔ノートと〕ボールペンを持って、堀[*20]へ行ったが、車が出るまでは〔令子の日記によれば、この年の5月3日は令子の末の妹、すなわち智の叔母の結婚式だったので、ここでの「車」は、令子やその叔母などの乗った車を指している可能性がある。もしそうであれば、式の間、長兄は智のお守り役を仰せつかったという経緯だったと思われる。そして、式関係者が出発するまでの間に智が令子の実家においてしでかした悪さとしては〕「智が二階でとんでいた」ことだけだった。
（以下「智が」は入れないことにする）
　11：56「秒単位ははっきりしない」
　ファンタを飲みに行くといって家を飛び出す。「あまりガボガボ飲んだらあかんから帰ってから飲めな」[*21]というと「イヤジャー、なんのために」という。やさしく言えといわれていたので「下さいね」というとよけいにつけあがって手におえなくなったので、昼食がすむと連れて帰ることにした[*22]。
　12：10
　いざ帰ろうというときに「はよせんかい」といってズボンのシリをやぶられた。怒って頭を叩きでもしたら智が大げさに告げ口をするだろうと思い黙っていた。

12：14ごろ
　自転車の後ろに乗せて連れて帰る途中のことだが、運転のじゃまをして困った。運転をしていると、僕のアキレスけんをけってくるので「やめてくれや」といったら「何にもしてへんやねえか」というのであの"ちかい"を守り、さからわなかった。しかし、僕のくつが半分脱げるまでけり続けるので運転がしにくくなってぐらつくと「ウワーッ」といってやめたが、車を止めてくつをはきなおして運転をしなおすと、また思い出したようにけってきた。

1：15
　智が〔親戚の〕Yoちゃんの家へ行くと"三段池"に行っていなかった。すると〔三段池に〕「連れて行ってくれよお」というので、しかたなく連れて行くと、悪いことばかりしそうな気がするので、途中で行かないことにした。
　帰る途中道草ばかりするので注意すると「なんでや」というので少し行くと、畑にはえている草を食べているので注意すると、棒の切れ端を持って投げたので僕の手の甲に当たってすり傷を負った。しかし、ちかいを守って、おどかさなかった。

2：03
　Yoチャンたちが誘いにきたので「川原*23へ行こう」と智が言うので行くとどんなきたないよごれたところでも座り、何でもひらうので注意すると、石を投げてきた。他の人にあたるといけないので帰った。するとはだしになって立って、その泥足でざしきの上にあがろうとしているので注意すると、泣きそうな顔をするので、あわててなだめた。

2：51
〔智が再び〕「堀へ行きたい」というので連れて行く途中、また僕の足をけりだした。けられないように、一度足を上にあげると、ペダルをけって大きな声でわめくので、あわててなだめた。

未明〔(時刻が)「不明」の誤記か？〕
　智が〔いとこの〕Yiクンの持っているものを取って泣かしたりしているので注意すると「これ僕のんじゃー」といって聞かない、そして、きたない"カマボコ板"をひらってきたので怒ると"ホウガン"くらいあろうと思える石を投げつけてきたのには参った。
　以上、やったことをあげれば無数だが、この一例で、その他の悪事を想像してもらいたい。

参考資料 3 ④

▶智の小1のとき（6歳：1969年）の絵日記。この文章も、明らかな誤用も含め、表記は原文のままとする。

6月2日（水）はれ

ぼくはがんちゆがなれてきました。／だからなんぼしたかっていたくない／でもするまえどきんとします。／でもおとうちゃんはがんちゆがいたくていたて、かわいそうやとおもっています。

6月5日　土　はれ

ぼくはきょうびよういんにいきました。／そしてがんちゆうをしました。／いつもだったら一、二かいぐらいしかないのにめがかたいからって5かいもさしました。／てにちゆうしやをするとふくれるでしよ／それといっしよだとおもいました。
〔十亀のコメント〕よくがんばっているね。せんせいのおとうさんやこどもにもはなして、みんなでかんしんしているのですよ。／はやくめがよくなるといいのにね。

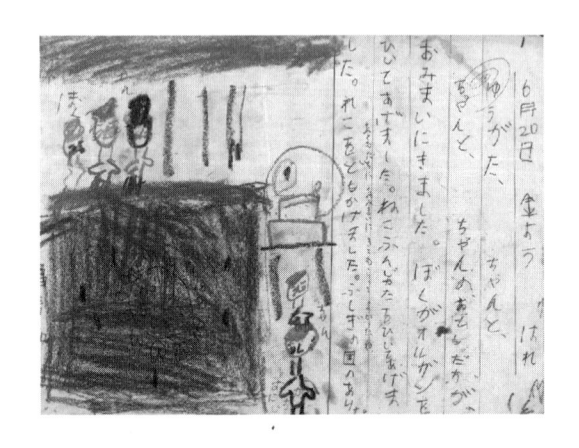

6月20日　金よう　はれ

ゆうがた、Fdちゃんと、Feちゃんと、Feちゃんのおともだちが、おみまいにきました。／ぼくがオルガンをひいてあげました。ねこふんじゃたをひいてあげました。／れこをどもかけました。ふしぎの国のありす。
〔十亀のコメント〕おともだちにおみまいにきてもらってよかったね

6月22日　日ようび（あめ）

　中学のおにいちゃんと、じうどうや、とれいにんぐのふっきんやゆびたてふせや、3ぽんゆびたてふせやうでたてふせえきすぱんだあみたいなものもしました。／しようぎもしました。／Yおにいちゃんと2かいしました。E〔中学の兄〕にいちゃんに3かいしてもらいました。　　ふくしまさとし
　〔十亀のコメント〕むずかしいたいそうもできるのね。

参考資料 3 ⑤

▶智の小学3年時の作文。この作文は担任にいずれかの時点で提出し、「花丸」をもらった。この文章も、明らかな誤用も含め、表記は原文のままとする。

1971年4月30日（金）

　うさぎ（ふくしま　さとし）

　4月28日水曜。ぼくは、目の、病院の帰りがけに、たるみ〔垂水〕[*24]に、よった。ダイエーで、買物を、すまして、外に、出た。すると、うさぎを売っていたので、ぼくは、母にねだりました。それで母が買ってくれなかったら、ぼくは、自分で、買おうと、思います。でも、家には、お金は、200円ぐらいしか、ありません。あとは、みんな、ちょ金したからです。でも、その、ちょ金を、した

から、ちょ金が、5000なんぼに、なりました。だから、ちょ金で、うさぎを、買おうと思いました。でも、すぐには、買えません。なぜかというと、「うさぎは、虫がおるから、目にわるいかも、わからない」と母が、いいました。だから、こんど火曜日病院にいって先生に、きくまで、買ったら、あかんといいました。書きおくれたけど、うさぎの、ねだんは、500円でした。ぼくは、2ひき買おうと、思います。なぜ、2ひきかうかというと、どんどん子どもを、うむからです。ぼくは、うさぎが、たくさんいた方が、心強いです。でもぼくは、子どもを、たくさんうむよりも、早く火曜日が、きてくれる方が、いいです。

参考資料3⑥
▶失明に至る入院中、智がクラスの友人たちに出したお礼の手紙。令子が口述筆記したものの写し。

1972年3月5日（日）
僕が言うことを母が書きます。
僕は字が書けないのでかわりに母に書いてもらいました。
僕の考えたことだけです。
あれから休んで12月28日に入院しました。
1月22日に一時退院しましたが2月17日にまた入院しました。
治療は眼注（眼球に注射すること）デカドロン[*25]というのをやっています。痛いですが我慢しています。
したあとは糸でまぶたを縫われたようになります。
点滴はマニトンS[*26]をやっています。それは体の中の水分を取る薬が入っているのです。
針は太く薬は300cc。カーテンレールにひっかけて針を腕に固定して20分から1時間、時には2時間以上もかかることもありました。
それをしているとおしっこがよく出てのどがよくかわき、手がしびれ頭が痛くなります。
このごろは毎日やっています。
もうひとつはパラセン[*27]。ドイツ語です。前ぼうせんし[*28]といいます（日本語では）。
はじめてもらったときは、目の下のもとの神経に麻酔の注射をしました。

それは目の表面をしびれさせ痛くないようにするためです。
　僕はストレッチャーに乗って手術室に行き、局部麻酔で手術をしました。
　300〜500Wの光が僕の目を照らしています。
　同じところをじっと見ていなくてはなりません。針のようなもので目をつついていました。
　コウサイ〔虹彩〕と瞳の間とちょっとメスで切りました。
　痛くはありませんでした。
　大粒の涙のような水が2、3滴流れ出ました。
「これは目の水やろ」と先生に聞くと「あー、よく知ってるな」と先生は言いました。
　手術が終わって1日ずっと寝ていました。
　僕の病気は目に余分な水がたまる病気なのです。
　パラセンは目の水を出すためにする小さな手術です。
　2回目からは手術室に行かずに麻酔の注射もせずに点眼だけで処置室で手術をしました。
　僕の目は眼圧があがるばかりでなくコウサイに炎症が起こります。それをコウサイ炎といいます。
　コウサイにたまった色素が目の溝にたまって水はけが悪くなります。
　眼注は炎症をおさえます。
　点滴は目の水だけをがばっととることができないので体中の水をとって、それといっしょに目の水を少しずつとる薬です。
　普通の注射より痛いです。
　針が太く薬の量が多いからと思います。

　どうもお見舞いありがとう。
　3月のはじめごろには早引きで行けると思っていましたが、行けませんでした。
　皆さんから頂いたものは全部飾っています。
　僕もがんばってできるだけ早く良くなるよう努力します。
　では、さようなら。

　これはKi先生〔担任教諭〕が朗読してきかしてあげて下さい。

参考資料 3 ⑦

▶智が入院中に作った歌の歌詞の一部。

　1972年4月か5月頃の作と思われるが、以下は、6月18日の退院後、まだ入院している「病院仲間」のために智が録音して送ったカセットテープからの引用。楽譜はカセットテープの智の歌を聞き取って、西田倫実が作成した。以下の楽譜も同様。

　　智の歌：

　・雨の日、風の日、あられの日／台風来ようが雪降ろが／ぼくにはみんな関係ない／ぼくは毎日同じだよ

　・面会時間は平日が／午後3時から7時まで／日曜祭日10時から／1分でも早いと通せんぼ

　・注射や抜糸は先生は／痛くないと言うけれど／自分にしたらわかるのさ／痛くないことはないんだよ

　・僕はつくづく考える／看護婦みたいな職業が／よくあんなに続くもんだ／安月給なのに

　　智：僕の作ったやつで、いいとこだけ取りました。

[注]

* 1　福島が取り上げられた記事「現代の肖像」（朝日新聞社発行『AERA』1994年7月4日号掲載）の取材の一環で、当該記事の執筆者である記録作家・川原一之のインタビューに、筆者の母・令子が答えたもの。当インタビューは、1994年5月27日、筆者の実家（神戸市垂水区）にて実施。本書における以下の川原による令子へのインタビューも同じ。
* 2　1967年6月に兵庫県立病院から神戸大学医学部附属病院に改称されたため、この日記の執筆時点（1965年4月）では県立病院（あるいは、県病）と呼ばれており、また改称後もこの呼称がしばらく併用されていた。
* 3　福島［2010：34-40］初出は『コミュニカ』第10号（全国盲ろう者協会・1995年・春号）。巻末資料14に全文を掲載した。
* 4　義眼はプラスチック製で、扁平で内側がくぼんだいびつな楕円形をしていて、慣れれば簡単に出し入れができ、特に痛みもない。
* 5　「ダイアモックス」は、眼圧を下げる効果のある錠剤。利尿作用もある。
* 6　「眼圧」は、眼内液の圧力を指す。通常、大気圧よりもわずかに高く、この大気圧との差を眼圧の値として表す。単位はmmHg（ミリ水銀柱）。一般に正常値は、10〜21mmHgとされる。眼圧が上昇することによって、種々の悪影響が目の機能や身体に及ぼされる。智の場合、身体の自覚症状は、頭痛、吐き気、目の痛みなどだが、左目の失明の直接的な原因も眼圧の上昇が主に関係していたと思われる。
* 7　「エピスタ」は眼圧を下げる効果のある点眼薬。
* 8　「リンデロン」は副腎皮質ホルモンを人工的に合成した薬剤で、ここでは内服薬を指している。
* 9　「マイテア」（正確には「マイティア」）は人工的に涙に似た成分を持たせた点眼薬。
* 10　土屋による福島へのインタビュー。2004年5月24日、東京大学先端科学技術研究センター（東京都目黒区）3号館にて実施（指点字通訳者は金田由紀子）。本書における以下の土屋による福島へのインタビューの実施場所および指点字通訳者はこのときと同じ。
* 11　福島による十亀令子元教諭へのインタビュー。2003年8月24日、シーサイドホテル舞子ヴィラ神戸（神戸市垂水区）にて実施（指点字通訳者は前田晃秀・大久保弥恵子）。本章における以下の十亀へのインタビューも同じ。
* 12　「虹彩」は、眼球の角膜と水晶体との間にあり、中央に瞳孔をもつ円盤状の薄膜。瞳孔を大きくしたり小さくしたりして目に入る光を調節する働きをする。「イーリス（iris）」とも言う。
* 13　眼球の白目の部分に直接薬液を注射する治療法。麻酔の点眼をした後に注射するので、それほどの痛みはないものの、黒目に針が刺さらないよう、視線を一点に固定するように智は言われた。当時左目はよく見えていたので、その

目に突き刺さる注射針も見えるため、慣れるまでは相当の緊張を強いられる治療だった。さらに、釣り針のように湾曲した長い針で眼球の後ろに薬液を注入する「球後」とよばれる注射も受けることがあり、これも智にとってつらい治療の一つだった。

* 14 「イーリス（iris）」は「虹彩」。ここでは「虹彩炎」を指しているのだと思われる。
* 15 ＊10と同じ。
* 16 当時、智がどのような本を読んでいたのか網羅的な記録はないが、1971年7月から翌年4月頃までに神戸市立中央図書館から貸し出しを受けた本のリストを巻末資料29に示した。
* 17 福島［2010：16-20］初出は『人権と教育』14、1991年5月増刊号。
* 18 「虹彩切除術」は、房水が前房に排出されるための排出路を作るために、虹彩の一部を切除する手術。
* 19 この「150円」は長兄がこの「智の悪事日記」に冗談でつけた「値段」だと思われる。それにしても、1969年当時の物価水準、およびこれが「日記」の全文であるので分量も少ないことからすると、やや高価に思えるが、それだけ智の「悪事」を長兄は重くみていたのかもしれない。
* 20 この「智の悪事日記」の舞台となっているのは京都府の福知山市である。ここには智の両親の実家がともにあり、それらは比較的近い距離にあった。「堀」というのは、このうち智の母方の実家のあった地名である。
* 21 水分を取りすぎると眼圧が上昇することがある。長兄の「注意」は、そのことを念頭に置いたものかもしれない。
* 22 ここで「連れて帰る」とあるのは、父方の実家に戻る、という意味だと思われる。
* 23 由良川の川原のこと。この川は、京都府中部を流れる。丹波山地東端付近に発源し、福知山盆地を流れ、若狭湾に注ぐ。
* 24 「垂水」は、智の自宅の最寄り駅に近い、ややにぎやかな場所である。
* 25 「デカドロン」はステロイド製剤の一種。ここではデカドロンの薬液を眼球注射によって眼球に直接注入することを指している。
* 26 「マニトンＳ」はマニトール剤。智がここで説明しているように体内の水分を排出する作用があり、眼圧降下の作用もある。
* 27 「パラセン（paracentesis）」は、穿刺術のことで、ここでは次項の「前房穿刺」を指している。
* 28 「前房穿刺」は、前房水（目の中の水）を検査したり、圧力を下げるために、角膜（黒目）と強膜（白目）の境あたりを注射針またはメスで刺して水を抜き取る術式。ここでは後者の目的で智に施されたと思われる。

第4章

失明から失聴へ

(9歳～17歳：1972年夏～1980年初め)

4-1 失明後の自宅療養、そして盲学校入学
    ——「楽しみ」は自分でつくる

　1971年末からほぼ半年間にわたった入院生活は、智の9歳前半の時期とも重なる。この入院生活はさまざまな治療や手術にまつわる不快な記憶、そして失明という眼科治療における最悪の結果をもたらしたものの、智にとっては多くの人との出会いを体験する良い機会でもあった。

　特に同時期に入院していた男性患者である「お兄さんたち」や「おじさんたち」とはいわば日夜苦楽をともにした「仲間」でもあり、最年少の智はだれからもかわいがられ、彼らによく話し相手になってもらっていた。点字の初歩的な手ほどきをしてくれた当時20代後半の青年 Ai もそうした仲間の1人だった。

　智は1972年6月18日に退院後、第3章の参考資料3⑦に示した自作の歌を含めたいくつかの歌とオルガン演奏を自宅でカセットテープに録音し、それをこうした「仲間」にお見舞い代わりにプレゼントしたことがある。そうすると、その返礼として、彼らも歌やメッセージを吹き込んだテープを作って届けてくれた。智の入院中の人間関係の一端を示す資料と思われるので、そのテープをやや詳しく紹介する。

　　Ai：さー、智君、次はな、君と同じ部屋の真ん中のベッドの613号室の
　　　　Ag さんが歌ってくださるから、よく聞いてごらんなさい。

Ag：音痴だから笑って聞いてください。

〔Ag さんの歌：蔦のからまるチャペルで　祈りを捧げた日……「学生時代」、かなり音程がはずれている〕

Ai：今のはね、Ag さんも最近、視力が落ちてね、楽譜がね、なかなか読めないんだよー、それでこうなったんだよー。それは君もよく、ご承知の通りだから、これで次はだれにしようか、ちょっと待って。

　次はね、614 号室、僕の部屋の僕のまん前にいる Yk さんが歌ってくれるからね、よく聞いてください。それじゃー、どうぞ。

〔Yk さんの歌：二人を夕闇が　包むこの窓辺に……「君といつまでも」〕

Ai：次は浜辺の歌を歌ってみます。

〔Ai さんの歌：あした浜辺をさまよえば……「浜辺の歌」〕

Ai：さて〔看護師の〕巡視の時間になったので、今日はこれまでにして、いったん〔上階のどこかから病室のある〕下に下りてきました。みなさんが、今この歌を聞いて笑ったり喜んだりして聞いております。最後に 1 曲、ハーモニカを吹いてみようと思いますよ。

〔中略〕

Ai：〔疲れた声で〕さー、今日は 1972 年 7 月 14 日だ。えー、テープももう少し残っているんだけども、このテープを吹き込んだのは夕べ、昨夜の 7 時頃から 8 時頃なんだ。けれども 8 時の巡視の時間になって、下に下りたので、途中で終わってしまった。だけれどもね、あと、もう少し残っとるから何か歌ってあげようかな。

　何か、こういうふうにな、君がこの病院に入院している間もな、たくさんの友達がいてね、こうしてみんなが楽しくやってきたんだからさ、病院の生活もつらい苦しい思い出だけ残したんじゃーね、ほんとにつまんないと思うんだよ。

　だから、できればね、ほんとに楽しく、これからも長く付き合っていこうよ。わかるかい？　そのつもりでこのテープとってみたんだ。ちょっと待てよー、何かないかなー。もう今日はな、さっきルンバール[*1]やって、まあ、今日はとにかく一発で入ったけど、ルンバールをやって寝てるんだよ。ベッドの上に寝転んだまま、こうやってテープを吹き込んでいるんだ。だからあんまりうまく話せないし歌えないと思うんだけどね。

〔中略〕

このテープはね、複製して僕も持って帰るから、君もこれを消さないように、テープの裏のポッチを破っておけばねー、消えないで済むから、そうしてとっておこうよ。
　智君、さようなら、元気でやってくれよな。手紙も出すから。点字も書いてくれよ。
（「病院仲間の１人、Ai が智に送ったテープ」1972 年 7 月 14 日・金、神戸大学附属病院の入院病棟において録音）

　実際、この Ai を含めた何人かの入院仲間とはその後も交渉があった。Ai は視力があったが、点字の初歩的な知識があり、智に手ほどきをしてくれた。それは退院後、智が自宅で点字の「触読」の練習をするうえで重要なきっかけとなった。また、この「返礼のテープ」は智の心に強い印象を残したようである。たとえば、Ai がベッドの上で語り始める前に、その録音時点の年月日をはっきりさせていること、あるいはテープの残り時間を利用して何か話を吹きこんでいる点などは、いずれもこの後、智の「録音行動」に影響を与えたと思われる。
　もう一つ、智の退院後の生活に思わぬ波及効果をもたらしたものは、入院時にお見舞いの人たちからもらったぬいぐるみや人形などだった。智は退院後、犬（ポコペン）、ねずみ（チュウキチ）、象（ゾテ、「象の天才」の略）、ライオン（ラテ、「ライオンの天才」の略）、熊（ボンボコ）など、こうした動物たちのぬいぐるみやおもちゃに名前をつけて、彼らを「登場人物」に見立てて、自作自演のファンタジーを作った。事前に構想などは練らず、ほぼ即興で行い、カセットテープに録音して、それをまた自分で聞いて楽しむという、「遊び」を発明したのだった。
　最初は黄色の大きな犬のぬいぐるみである「ポケット・ポコペン」を主人公とした童話的な物語だったが、やがて動物たちは擬人化され、SF アニメの様相を呈したり、その一方で架空の「プロ野球」チームを結成したりした。これは、それぞれ SF への関心やラジオの野球中継への関心などが影響している。
　さらに、盲学校の小学部 4 年で初めて点字で読んだ長い物語である『ロビンフッドの冒険』[*2] に影響され、例の「登場人物たち」が森で生活し、棒術を競い合うというヴァージョンの物語も加わった。こうした一種の「空想遊び」を智がしていたことは、幼い頃から断続的に繰り返された入院生活と関連がある

だろう。すなわち、入院時の行動の制約されたベッド上での生活や、そこで多くの本を読んでもらったことなどが背景にあるのだろうと思われる。こうした録音のごく一部を章末の参考資料4①〜4④として掲げた。なお、以下の録音資料は特別に断らないかぎり、録音場所はすべて神戸の智の自宅（実家）のいずれかの部屋においてである。

　ところで、これらの「一人劇」とは異なり、失明直後の智の様子をうかがい知るうえで興味深い録音資料が見つかった。それは智と令子と次兄のやり取りの録音である。当時、次兄は中学3年で15歳だったが、智の失明にむしろ智本人よりも衝撃を受けていたようだ。そのほか、次兄自身のさまざまな悩みなども重なり、一種の神経症になっていた。そうした次兄と令子が語り合うところに、智が割りこむ形で話しかけている場面である（章末の参考資料4⑤参照）。「一人劇」などで見られるように、智は9歳、10歳の年齢相応の幼い面を持っている。また、この次兄・令子とのやり取りでも、次兄に「粘土を投げたろか」と言うなど、いたずら好きの子どもらしい側面もうかがえる。

　しかし、その一方で、次兄の精神的不調というかなり微妙な病状についての一定の理解もうかがえる。混乱し、「躁状態」にある次兄と話を合わせつつ、冗談を言ったりしながら、明るい雰囲気を盛り上げようとする聡明さも感じられる。このとき（1973年2月28日）、智は10歳2か月であり、失明後およそ半年、盲学校小学部4年入学直前の時期である。

　智には、このように幼稚さと聡明さが共存しているようだ。シリアスさとユーモア、幼さと早熟など異質な側面が共存するように思える。その意味で、これは、現在の筆者にまで至る、のちの智のパーソナリティの原風景を切り取った会話場面だともいえる。

　1973年4月、智は兵庫県立盲学校（現兵庫県立視覚特別支援学校）に入学した。令子の目にも智がうれしげに映ったようだ。

> 　9日は午前中に智の入学式。
> 　智はのびのびとした感じになり楽しくてたまらない様子。みんな親切。よくしゃべるので皆驚いている。
> 　「ことばは剣よりも恐い、人を殺すことがあるとことわざでいいますね」とか養護〔訓練〕の時間に〔智が〕言ったとか。

今のところ音符の点字を知らないのが心配のタネらしい。
　　　　　　　　　　　　　　（「令子の日記」1973年4月14日・土）

　だが、令子には智の失明についての嘆きの感情が残っている。長い闘病生活の結果が失明だった、という事実は、令子にとってつらい現実だったのだろう（当時の主治医が作成した診断書の内容を章末の参考資料4⑥に掲げた）。日記に詩のような文章で次のように嘆きの感情を記している。

　　真っ黒な美しいおめめの智
　　だれもがうらやむきれいな澄んだおめめ
　　わたしはどうしても忘れられないのです
　　そのはずもないのに、遠くの街角を自転車で曲がる子どもを見るとき、その少し背中を曲げた様子にはっとするのです。
　　つい一年前まで自転車をはつらつと乗り回していた智のことを。
　〔中略〕
　「でも僕は、もし見えていたら、きっと今頃車にはねられて死んでいたよ」とかえってなぐさめてくれる心の優しい賢い智なのです。

　　智
　　おまえは賢い子です
　　優しい心の子です
　　明るい心の子どもです
　　この三つはだれにもまけない宝なのです
　　何かがあなたの光を奪いました
　　でも強い神がいて、あなたはきっとしっかり守られています
　　三つの宝を頂いているのですもの（「令子の日記」1973年4月26日・木）

　また、盲学校入学のおよそ1か月前、智が「自分で楽しみをつくる」ことについて、令子は言及している。

　「僕はもう見えないことになれた（S47年、2月頃から視力はほとんどなくなっていたから）。

もう見えなくても自分で楽しい遊びも考え出すし、何でもできる。心配せんでもよい」と祖父や親をかえって慰めてくれる。

兄たちも智には感心をする。

眼帯をして見えないとき、本を読んでやったりできないときは（忙しいとき）、自分で創作した「ポコペン劇」をしていた。センドロベン[*3]という宇宙人も作って子分にしていた。えい、やあ、と〔ベッドに寝ながら〕足をけりあげて一人劇をしていた。次々と登場人物を作ってその人物たちは智のまわりにいつもいつもいた。

智はそんな風にして自分の苦しみをやわらげている子どもだった。優しい子どもだった。　　　　　　　　　　　　（「令子の日記」1973年3月8日・木）

では、智は失明やその後の盲学校入学について、どう考えていたのだろうか。土屋に問われて福島が語っている。

福島：兵庫県立盲学校に入るんですよね、次の年。で、私は普通の学校へは戻れないんだなあ、というふうに、えー、思ったんですが。

だけども、退院してから次の年の3月までの約10か月ぐらいは、家の中で一人で人形劇をやったり、一人で何役も、声色を変えたりしながら、自分なりのファンタジーの世界をつくって遊んでいたとかね。あるいは、落語をたまたまラジオで聞いてから、それから落語を、よく聞くようになるとかね。そんな感じで、あの、あまりうちひしがれてっていうことはなかったですね。

見えなくなったのは、「しゃあないかな」と、どこかで思っていたんでしょうね。

土屋：あのー、以前、その、見えなくなったときにそれほどショックではなかったというふうにおっしゃっていたと思うんですが。それはー、徐々に見えなくなっていったからっていうことなんでしょうか。それとも、入院している過程で、なんとなく見えなくなっていくんだろうな、と受け入れていったのでしょうか。

福島：そうですね。入院している過程で受け入れていったんだと思いますね。ただ、徐々ということではないですよね。1.0あった視力がかなり短期間にほぼ見えなくなったので。ま、ある日突然というほどではないにし

ても、半年足らずの間に 1.0 から 0.1 になり、さらに 2、3 か月の間にそれが、ほぼ光覚、つまり、光が〔やっと〕感じられるぐらいの程度の視力に落ちていきましたので。

　ただ、あの、見えなくなったときにそれほどショックではなかったというのは、そういう見えなくなった過程での時間の問題ということよりもですね、むしろ、その、見えなくなったということそのものが、私にとってはそれほど大きくなかったということですね。つまり、聞こえる世界が残っていたので、すぐに聞こえる音の世界のほうに順応していったので。

　ま、もちろん、それまでも見えてはいたけれど、たとえば眼帯をずっとされていて、一時的に見えない状態になっていたことも、小さい頃から何度かあるので、慣れていたといえば慣れていたかもしれませんけどね。

　それから、空想の世界で遊ぶというのは、慣れていたので、見えなくなったときも、自分で物語をつくったりして、遊ぶとか。それとしゃべることは好きだったので。で、しゃべることに、会話にハンディは出てきませんから、見えなくなった分は、たくさん話したり、あるいはいろんな話を相手から聞き出したり、本を読んでもらったりということで、埋め合わせていたんでしょうね。

　もちろん、たとえば自転車に乗れなくなったとか、宇宙のね、宇宙の本とかテレビとか見えなくなったとか、そういうのはつまらないといえばつまらなかったですけれども。

　だけど、たとえば、テレビだとすれば、見えない分、音で想像はできますので、わりと音の世界に順応していったのだと思います。9 つでしたし、やはり小さかったということもあって、順応力があったのかもしれません。
　　　　　　　　　　　　　　　（土屋による福島へのインタビュー *4）

　福島が回想しているように、令子などの家族や周囲の者の悲嘆に比べれば、相対的に智にとって失明体験はそれほどの打撃ではなかったのだろう。しかし、当時の智の作文（章末の参考資料 4 ⑦、執筆は 1973 年末）を見ると、「せめて弱視*5 だったらなあ」と思うこともある、との記述もあり、やはりつらい体験だったことには違いないだろう。さらに、これは後述するが、同じ作文で、右耳の難聴についても智は触れている。

　とはいえ、第 3 章でみたように、智は小学 1 年生から 3 年生までは、学校に

年の半分程度、あるいはそれよりも少ない日数しか通っていない。したがって、失明のショックや盲学校への転入という生活の激変よりも、「毎日通学できる」ことが大きな意味を持ち、それ自体が喜びだったのは確かだと思われる。

なお、直接学校生活に関わる記述ではないものの、智が点字に親しみ、点字で文章を書くことを好んでするようになったことの一例として、創作童話の執筆が挙げられる。別に課題が出されたわけではなく、智は4年生の冬休み（1973年末）および年度末に合計4つの短い創作童話を書いた。前述の「一人劇」で想像力が育まれていた智は、点字の読み書きが自由にできるようになり、創作意欲が湧いてきたのかもしれない（この童話4編を巻末資料16～19として掲げた）。

4-2　全盲生としての生活

さて、盲学校転入後1年もすると、智は全盲生としての学校生活にもすっかり慣れてきた。小学部5年生（11歳：1974年）の6月から翌年の10月まで、智は点字で初めての日記をつけている。以下ではこの日記を参照しながら、全盲生としての智の学校や家庭などでの生活の様子を素描したい。

　　　今日から日記をつけようと思った。わざわざ雑学ノートをつぶして作った日記帳だから、三日坊主にならないだろうと思った。
　　　朝起きて兄とトランプをしてだべったあと、勉強は社会などをした。夜はトランプを僕とY兄〔次兄〕と父でやり、兄は計千円、僕は240円勝った。
　　　　　　　　　　　　　　　　　　　　（「智の日記」1974年6月23日・日）

父や兄に遊んでもらっている様子の智だが、その父に叱責される。

　　　今日はお父ちゃんにさんざん、朝、叱られて、学校行かんでもええまで言われた。それというのは、僕がお母ちゃんが「もうほんまにあの寄宿舎のけがのこと、ほんまに智に腹立つわ、いうことを聞かん」と言ったので、「僕が〔目のけがで〕苦しんどうからええやん」といったら〔父が〕怒り出した。
　　　結局、お父ちゃんに〔学校に〕連れてってもらうんやったんが、お母ちゃ

んに連れてってもろた。お母ちゃんが電話で謝っておきなさいと言ったので、短縮〔授業だったの〕で家には、浜崎〔うどんや〕に寄ったこともあり、2時ぐらいに帰り、Yお兄ちゃんとトランプして2時間ほど寝てから、〔父の職場の〕センターにかけた。お父ちゃんに〔電話が〕代わって、機嫌よさそうなので、内心ほっとした。

　結局、ごめんとは言わへんかったが、「よし考えたか、ほんならな、よい、なんかみやげ買うて帰るからな」と言ってくれてほっとして受話器を置き、Yお兄ちゃんがちょっとひやかしたが、すぐ仲直りして一緒に〔テレビで〕『巨人の星』を見た。　　　　　（「智の日記」1974年7月9日・火）

　ここで出てきた「寄宿舎」の件とは、この年の4月に、智が盲学校の寄宿舎に遊びにいって、友人の部屋で相撲を取っていたら、下級生2人から智の重いかばんを投げられた、という事件のことを指している。そのかばんが智の左目にぶつかり内出血した。その後、目の調子が悪くなり、痛みも出てきて、学校をしばらく休むことになった。
　かばんを投げた2人も悪いが、他人の部屋で暴れた智にも思慮がないということで、令子は愚痴を言ったのであろう。智は相変わらずの「わんぱく小僧」だったのである。
　一方、読書に親しむ様子もうかがえる。

　　今日は〔盲学校の〕図書室で夏休み図書を借りた。ツルゲーネフ、トルストイの作品の載ったロシア小説3冊を借りた。
　　　　　　　　　　　　　　　（「智の日記」1974年7月16日・火）

　　今日は病院に行った。ガルシンの「ひき蛙と薔薇」[*6]の話を読み、感動し、「ああ、借りてよかった」と思った。（「智の日記」1974年7月17日・水）

　〔おとといの〕水曜日は病院〔眼科の診察のための通院〕で『アンネの日記』を買ってもらい、読んだ〔母に朗読してもらった〕。
　アンネの物事のとらえ方、文章のうまさにいっぺんに13歳のアンネが好きになってしまった。
　今日は〔神戸医大の〕耳鼻科に来た。

第4章　失明から失聴へ（9歳〜17歳：1972年夏〜1980年初め）　|　85

耳〔聴力〕は前より良くなっていた。

途中 Dc 先生になんかの管を鼻から耳まで通され、空気を通した〔耳管通気法〕のには「まいるブリブリ」だった。

例のように、アンネは持ってきていた。診察後は、お母ちゃんが、座ったら歌が流れるいすがあると言ったので、〔神戸市立〕文化ホールに行ったが、見当たらなかったので、大倉山図書館〔神戸市立中央図書館〕に行き、食堂に行き、カレーライス、持参弁当などを食べ、満腹。

食堂のすぐ横の子ども貸し出し室に帰りに寄り、『西遊記』と、壺井栄著『二十四の瞳』を借りた。　　　（「智の日記」1974 年 10 月 11 日・金）

学校の様子の断片的紹介、そして重要な出会いもあった。軽音楽クラブの顧問でトランペットを吹いていた全盲の石川満澄教諭との出会いである。

今日は〔担任の〕Sa 先生がお休みなので 1 時間目〔明石の〕図書館なんかの見学記録文、書かされた。2〔時間目〕は社会、3〔時間目〕は理〔科〕、4〔時間目〕は〔先日見学にいった明石の〕天文科学館のプラネタリウムの説明を Nw 先生が〔して〕、みんなで聞いた。

給食後 5 時間目は話し合い。俺が提案した音楽会をいつするかいうこと、結果は来年の 3 学期。その後時間が余ったからクリスマス会の相談をグループごとにやった。6 時間目はクラブ。縄跳びとかボールけりとかやった。

放課後 Nw 先生に、

$B \times 3 + B = 8$

の式の B の求め方を聞いたら、なんか説明わかりにくかった。家に帰ってうちのお兄ちゃんに聞いたら一発でわかった。

そのあとは音楽室に Oo と行った。石川先生にトランペットを教えてもらうことになった。　　　　　　　（「智の日記」1974 年 11 月 26 日・火）

冬休みになっても、智は勉強に、遊びに、トランペットに、教会での音楽活動に、と忙しそうだ。次の日記からはスケジュールが盛りだくさんなこの時期の智の典型的な様子がうかがえる。

今日は朝 9 時くらいに起き出し勉強を始め、算数の宿題を終えた。つま

1976 年頃　音楽室にて

り復習 7 をやったわけ。

　12 時頃から Y お兄ちゃんと粘土場〔自宅近くの広場〕へボールとバット（すりこぎ）とトランペットを持って出かけた。〔当時高校 2 年の〕Y お兄ちゃんは数学基礎からやり直して復習しよるとかなんとか言っていたが、宿題いっこもやっていないらしい。

　行くとまずはトランペット練習。僕が〔石川〕先生の作曲した曲を吹くと、「君は天才か、なんで吹けるんや」と言って Y お兄ちゃんも吹き始める。ブーブブー。しばらくしてやっとソが出た。低いほうのドはなかなか出ない。2、30 分やってやっとドレミファソが非常に汚い音で出た。

　その後、野球だ。僕が転がってくるボール、大きめのゴムまり状のものを打ったり、転がし合いや僕がピッチャーになったりした〔地面を転がる音でボールの位置がだいたいわかるので〕。

　僕が投げてお兄ちゃんが打ったりけったりしても、だいたい〔僕は〕ボールに追いつく。1 回お兄ちゃんが思いっきりけったとき、僕の頭上をはるかに越えて南の方まで飛んでいったが、そのことを除けば〔ボールは〕捕れている。

　もう〔ボール遊びは〕しんどくなったのか、3、40 分やると〔兄は〕トランペットに戻ってしまった。僕はその間、そこらへん駆け回っていたり、1 人でボールを上に上げて、落ちてきてバウンドしたところを捕って遊んだりしていた。トランペットも終わり、もう帰ろうというとき、粘土場〔で〕走ったり石投げをした。

第 4 章　失明から失聴へ（9 歳〜17 歳：1972 年夏〜1980 年初め）　|　87

石投げをしたとき、上の赤い〔屋根の〕家まで届くかなーと言うので、Yお兄ちゃんが投げたら、バキッと音がして、崖の上から変なおっさんがのぞいとった。〔その男性と出会うのを避けるために〕藪をかき分け、パン屋のほうを通って〔遠回りをして〕帰った。

5時半頃、孤児院に〔キリスト教の教会関係で慰問に〕向かうため、〔国鉄の〕朝霧駅に行くため、〔母と〕家を出た。〔中略〕

朝霧を5時40分の電車に乗り、〔国鉄の〕灘へは6時20分頃に着いた。服はよそゆきのWボタンブレザーにちょっと長めのズボン。帽子は毛糸ボンボコチンつきだ。

駅に着き、孤児院へと向かった。着いたのは7時半頃〔「6時半頃」の誤記か？〕。

それから8時半くらいまで聖書の話や劇や歌などをやり、8時半くらい頃から打ち合わせなども兼ね、控え室に行った。

曲は「ジングルベル」と「オー　ホーリーナイト」「もろびとこぞりて」だ。「オー　ホーリーナイト」の〔智が担当するスネアドラムの〕タタタタタタの3連符を叩くところの叩き始めと終わりがわかりにくい。〔中略〕

さー、きたきた。本番だ。僕たちは狭い一段上がった舞台に上がって、「ジングルベル」では大成功だ。同じく「オー　ホーリーナイト」も「もろびとこぞりて」も始まる前はどきどきしてやめたいくらいの自信喪失と、あがるのではないか、間違わないかという不安でいっぱいだったが、終わってみると案外、楽にできた。

僕らがいちばん最後で、終わったのは10時くらいだった。プレゼント（お菓子チョコフレークやマーブルチョコなどおよそ300円相当、〔同行の〕おかんも合わせ二人分）をもらい、家に帰った。

家に着いたら11時をまわっていた。風呂にさっと入り寝た。

今は27日午後1時13分。

昨日は眠たくて書かれなかった。

（「智の日記」1974年12月26日・木のことを翌日に記す）

このときはスネアドラムを担当した智だが、トランペットを始めたので、これ以後はもっぱらトランペットに熱中する。この小学高学年時代の様子、とりわけ軽音楽を始めた5年生の終わり頃からの様子について、智は高等部3年

のときに振り返って作文に書いている（章末の参考資料4⑧参照）。

　音楽に多才な石川の影響で、トランペットだけでなく、智はギターやピアノも始めた。トランペットが耳にあまり良くないと医者に言われたことも関係する。それで、幼稚園の頃オルガンを少し習ったので、改めて中学部1年の頃から1年余りピアノを習った。

　しかし智の音楽の「先生」である石川は、トランペットは正式にレッスンを受けた経歴を持つものの、ピアノやギターは我流だ。そしてジャズが好きでもある。石川の影響を受けた智も、我流でジャズピアノの真似事をしたりしてふざけていたので、ピアノのレッスンは初級者用の教則本である「バイエル」の途中で断念した。

　まだピアノを習っていた頃、課題曲の「エリーゼのために」の練習をさせようとする令子と、ふざけて練習をせず、それでいて数学の参考書を令子に朗読してもらおうとしている智のやり取りの録音テープが残っている。智が中学部2年生になったばかりの頃である。

　〔智がピアノを弾いている〕
　令子：きちんと座って、きちんと座って。こういうふうにしてね、いつもね、「エリーゼのために」なんかぜんぜん弾かないで、いらんことばっかり弾いております。「エリーゼのために」が上手に弾けるようになったのは全然うそです。

　　はい、ちゃんときちんと座って。いつから弾きだすでしょうかね。いすに座ってきちんとして。はよ、心をこめて弾きなさい。はよ。永久に残しとくからね、このテープ。きちんと足をちゃんとして。

　　録音しとる。
　智：だから、まずこの曲弾いてから。〔ジャズのスタンダード、「スターダスト」を適当に弾いている〕
　令子：もー。
　〔ピアノ終わり〕
　智：終わったから。
　　1977年の3月、4月です、4月の5日。
　令子：もー。
　智：数学を読むわけですよ、参考書ね、えー、じゃあちょっと、読む、リー

1977年頃　ピアノの発表会「エリーゼのために」を演奏

ディングサービスやってくれてます。ぶた姫ぶた子さんに、じゃー、インタビューしましょ。心境はどうでしょうか。
令子：心境はね、イヤですねー。
智：なんですって！
令子：なまけもんの、ぶたおがおるのでねえ。やですねー。人にばっか、勉強さしてねー。自分はピアノ弾いてねー。遊んでますんでねー。
智：あ、そうですか。
令子：それでね、「エリーゼのために」をね、1曲だけ。
智：〔叫ぶ〕　わーーーー、とれてる？　むちゃくちゃ弾いたろ。
令子：むちゃくちゃしたらあかん。

（「智と令子のやり取り、智のピアノの録音」1977年4月5日・火）

4-3　右耳の失聴と「障害」についての思索

　さて、このように、一見、智はいかにも楽しそうな様子だ。そして、実際、勉強、音楽、スポーツにそれぞれ意欲的に取り組み、落語やSFドラマにも夢中になっている。
　しかし、そうした活発な生活の背後で、聴力に関わる漠然とした不安が智の内面で深まっていた。そして、このピアノの練習の録音からおよそ3か月後には、右耳の聴力が大きく落ち始めるのである。

ところで、話が前後するが、智に聴力の異状が初めてみられたのは、まだ左目の視力も良かった小学1年生の頃にさかのぼる。令子が担任の十亀への連絡帳に記している。

　　最近耳が遠く返事もなかなかしませんし、テレビも大きくしたり大声で話したりします。
　　眼科のついでに〔大学病院から電車で帰宅するついでに、自宅の最寄り駅（朝霧駅）の隣の舞子駅で途中下車して、その近くの耳鼻科に立ち寄って〕耳のほうも診ていただきましたら、風邪のため耳と鼻の通路〔正確には、中耳と咽頭を結ぶ管（耳管）のことを指していると思われる〕がつまっているそうです。
　　1週間かかるそうです。
　　授業中にも不都合があるかと思いますのでよろしくお願いいたします。
　　なお耳鼻科は放課後、夕方、舞子のIi医院に参ります。
　　　　　　　　　（「『連絡帳』への令子の記述」1969年11月19日・水）

　　本日、神戸医大病院に参りました（耳鼻科）。
　　やはり左、右とも難聴のようです。
　　耳部のレントゲンも撮っていただきましたが、そのほうには異状はないようでした。耳の神経がもともと弱いのではないかとのことです。これ以上悪く進行するかどうかわかりかねるので、1か月後再検査するとのことです。
　　家では相変わらずテレビも大きくしますし本人の話し声も大きく、気持ちもいらいらしているようですので、少し心してやらねばと思っております。
　　先生には1年生の初めからいろいろとご無理ばかりお願いし、面倒〔を〕おかけするばかりで申し訳ありません。
　　親としましては目ばかりか耳まで遠くなるようではと暗い心になりがちでございます。が世の中にはいろいろな方々の苦労も見聞きしております。頑張らねばと決心している現在です。　　　　（同　1969年12月11日・木）

　　耳のほうですが30デシベル*7とかで正常の人の3割方聞こえにくいそ

うですので、え、なに？　と聞き返しても無理はないと医師も申しております。
　落ち着いてよく聞くように申してはいるのですが、聞き返しましたときはご面倒でもよろしくお願い申し上げます。　（同　1970年1月29日・木）

　その後、左耳は0～15デシベル程度に回復するが、右耳は好調と不調を繰り返しながらも、徐々に聴力の低下が進行していった。まず章末参考資料4⑦の作文（1973年末執筆）の時点で、既に右耳の難聴について智自身が触れている。そして、小学部6年生（1975年）の時点では、智と令子のそれぞれの日記に次のような記述がある。

　今日は右耳がちょっと聞こえにくいので、病院に行った。ちょっと悪かったので、ラッパやめーと〔医者が〕言った。もういやや。
　　　　　　　　　　　　　　（「智の日記」1975年6月10日・火）

　智は最近、悪いほうの右耳がまた聞こえなくなって、医大で検査受け、今ビタミンをのんでいる。
　風邪をひいたときによく聞こえにくくなる。
　　　　　　　　　　　　　　（「令子の日記」1975年6月30日・月）

　智は頭がきれるから、同時通訳はどうかと〔学校の教師かだれかの〕言うこと。
　本人に言うと、「耳が大事になるやんか」。
　そうなのだ。耳も危ないのだ、この子は。
　神よ、助けたまえ。　　　　（「令子の日記」1975年9月11日・木）

　ただ、これらの日記の記載時点での、正確な聴力はわからない。聴力のデータがはっきりしているのは、智が中学部1年の2学期（1976年12月）以後である。学校の廊下を歩いていて、めまいの影響で左右どちらかに曲がってしまう状態となり、神戸大学附属病院耳鼻科を受診した。その結果、主な周波数での聴力は次の通りであった。なお、聴力の変化の状態が把握しやすいように簡略化したオージオグラム（聴力検査の結果を示すグラフ）も作成した。これは

巻末資料33に掲載している「智の聴力変動の記録」[*8]をもとに作成した。第7章第2節と第3節に掲げたオージオグラムも同様である。

　51年〔1976年〕12月3日（13歳11ヶ月）歩くと曲る。
　＜右耳＞500Hz：55dB、1000Hz：65dB、2000Hz：60dB
　＜左耳＞500Hz：5dB、1000Hz：10dB、2000Hz：－5dB
　　　　　　　　　（「智の聴力変動の記録」1981年3月13日・金）

　前述の1970年1月末時点に30デシベルであった右耳の聴力は、この1976年12月時点で55〜65デシベルに低下している。このレベルは、補聴器をつけないかぎり音声の聞き取りがかなり困難なレベルの聴力である。そして、翌年（1977年）の6月末には、右耳の聴力はさらに悪化していた。

　52年〔1977年〕6月29日（14歳6ヶ月）〔急に〕立つと転びそうになる。右聴力低下
　＜右耳＞500Hz：80dB、1000Hz：80dB、2000Hz：70dB
　＜左耳＞500Hz：0dB、1000Hz：10dB、2000Hz：0dB

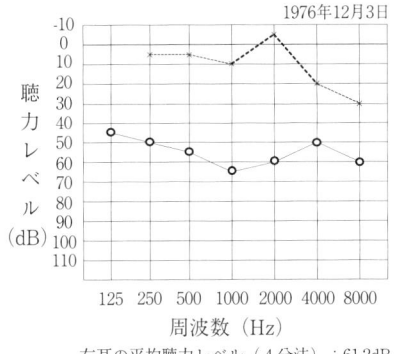

1976年12月3日
右耳の平均聴力レベル（4分法）：61.2dB
左耳の平均聴力レベル（4分法）： 5.0dB

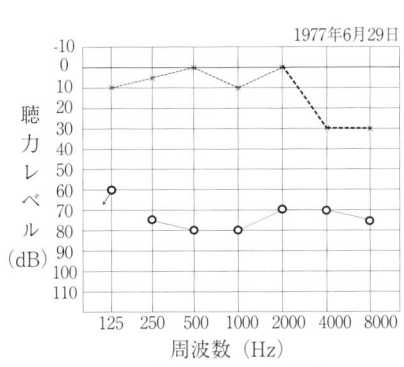

1977年6月29日
右耳の平均聴力レベル（4分法）：77.5dB
左耳の平均聴力レベル（4分法）： 5.0dB

　このおよそ半年の間の変化、すなわち55〜65デシベルの水準の聴力と、70〜80デシベルの聴力というのは、主観的に非常に大きな落差がある。左耳は聞こえているので、会話などにはさほど大きな影響はないものの、目の見えない智にとっては、「片耳」になってしまうことは、生活上、決定的な影響を及

ぼしたのである。

　その影響を端的にいえば、「音源」の方向がわからなくなる、ということである。たとえ音声のことばが理解できなくとも右耳で「音」がある程度聞こえていれば、左耳と合わせることで、「音源」の方向が把握できる。しかし、右耳での音のキャッチが事実上できなくなってしまうと、たとえば、だれかが手を叩いて智を呼んだとしても、その方向をつかめないのである。これはまるで方位磁石が狂った状態で「オリエンテーリングゲーム」をするようなものである。

　こうした状態は、耳を頼りに行われる全盲者の単独歩行に致命的な影響を与える。たとえば、車が近づいたとき、左右どちらから接近しているのかが把握できなくなるのである。また、智が大好きだった盲人用にルールがアレンジされたさまざまなスポーツ、たとえば、バレーボール、野球、卓球、バスケットボールなどは、いずれもことごとく耳を頼りにボールの位置を把握することで行われる競技なので、音の方向がつかめなくなった智は、こうした競技に事実上参加できなくなってしまったのである。以下、右耳だけに注目して、その後の聴力変動のポイントを示す。

　　52年〔1977年〕9月9日（14歳8ヶ月）
　　＜右耳＞ 500Hz：90dB、1000Hz：80dB、2000Hz：75dB
　　53年〔1978年〕5月4日（15歳4ヶ月）
　　＜右耳＞ 500Hz：90dB、1000Hz：80dB、2000Hz：75dB
　　同6月8日（15歳5ヶ月）

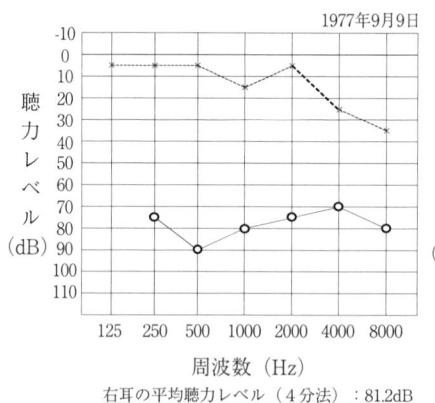

1977年9月9日
右耳の平均聴力レベル（4分法）：81.2dB
左耳の平均聴力レベル（4分法）：10.0dB

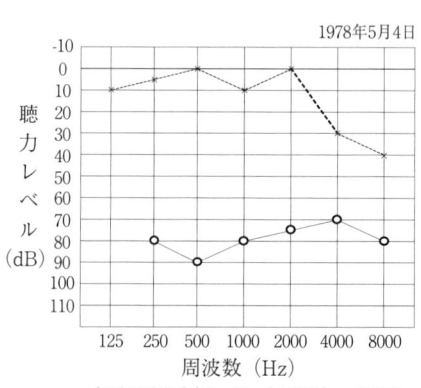

1978年5月4日
右耳の平均聴力レベル（4分法）：81.2dB
左耳の平均聴力レベル（4分法）：5.0dB

1978年6月8日 グラフ
右耳の平均聴力レベル（4分法）：81.2dB以上
左耳の平均聴力レベル（4分法）：12.5dB

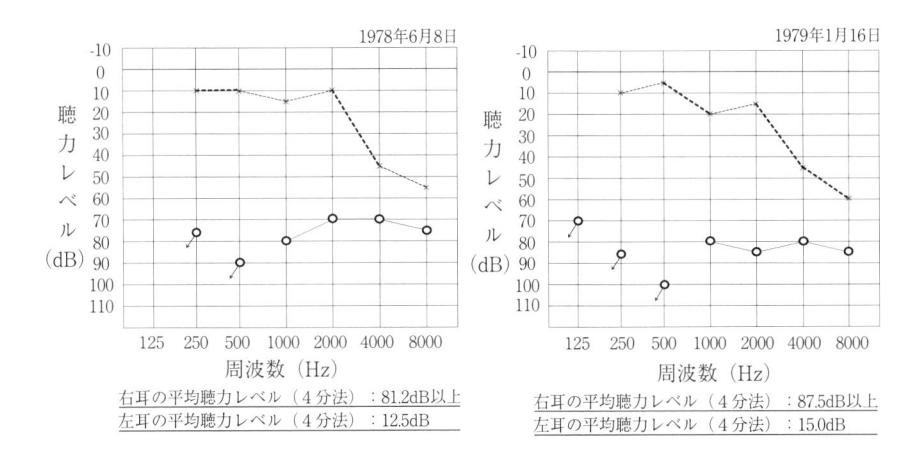

1979年1月16日 グラフ
右耳の平均聴力レベル（4分法）：87.5dB以上
左耳の平均聴力レベル（4分法）：15.0dB

　＜右耳＞500Hz：スケールアウト〔測定可能域を越えたレベル〕、1000Hz：80dB、2000Hz：70dB
　54年〔1979年〕1月16日（16歳）右難聴・耳鳴。左耳鳴かすか
　＜右耳＞500Hz：スケールアウト、1000Hz：80、2000Hz：85dB

　以上のデータから、智の右耳の聴力は1977年6月末には新たな段階まで悪化したことがわかる。そして、同9月にはさらに悪化して、右耳はほぼ全ろうの状態になった。すなわち、この時点で、智は事実上、完全に「片耳」の状態になったといえるだろう。
　このことが智に与える影響の一端は既に述べた。しかし、現実的、あるいは物理的な影響だけでなく、このことは智の内面にも深く重い心理的衝撃を与えたと思われる。
　なお、「まえがき」や前章でも若干触れたように、智はテレビやラジオの番組などを録音する際、カセットテープの余った時間があれば、それを利用して、時折、そのときの心境などを語ったりしている。この右耳の聴力が急激に悪化した1977年の秋には、次のような「語り」の録音を残している。このころ、智の聴力の悪化を心配した人から難聴治療に効果があるとされる中国式の鍼灸治療を勧められ、智は1977年10月15日から週に2度のペースで通うことになり、そのことに触れている。

　智：10月の9日、1977年ですね。

第4章　失明から失聴へ（9歳〜17歳：1972年夏〜1980年初め）　｜　95

くそ、聞こえません。耳が聞こえないんです。耳がもう、どうなるんでしょうねー、もう、くそ。もしこのまま聞こえなければ僕の人生はいったいどうなるんだ。ものすごい障害を受けるでしょうね。

たぶん今週の土曜日から〔中国鍼の治療に〕行くことになると思いますけどね。しかし、うまくいくかどうかはわかりません。〔治療効果が出るまでに〕5年や10年かかるって言ってましたからね。

東京〔の附属盲学校〕へ行けるでしょうか。行かれないでしょうか。どうなるんでしょうか。非常に不安ですね。

えー、大学を目指してここ〔神戸〕で勉強するのか。それとも向こう〔東京〕へ行くのか。いったいどうなるのでしょう？

（「智の独白の録音」1977年10月9日・日）

さらに智は、1977年後半から翌年3月までの時期のいずれかの時点で、章末の参考資料4⑨に示した暗うつなトーンを帯びた「龍之介の夢」と題する童話のようなものを書いている。それは智自身の内面を描写したかのような内容である。つまり、一方で自らの耳の障害の進行に対する恐れや不安を表現しつつ、他方で、目の障害をも含めた、自身の障害を通して、あるいは障害を持つ自らを直視することで、なんらかの「自己革新」を遂げたいという願望が込められているように思える。

ところで、この右耳の聴力が悪化した1977年には、石川との間に智にとって重大な意味を持つ「問答」があった。そのことを振り返って、福島が石川に語っている。

福島：あるときね、えーっと、どっか喫茶店に行ったんです。
石川：うん、うん。「ハニー」かどっか。
福島：そのー、軽音のクラブの後で。
石川：「ハニー」かもわからんな。「アカシヤ」かな。
福島：「ゾンネ」か「ライフ」か、「アカシヤ」か。で、もう中学生になってました。中学2年生くらいです。で、ときどき、〔喫茶店に〕連れていっていただいていたんですが、そのとき私と先生と2人だけだったか、ほかにもだれかいたか覚えていないんですけれども、先生がね、そのー、突然ね、

「福島よ、目が見えんっていうことは、どういうことや」

っていうふうに言われたんですよ。目が見えんってどういうことや、というふうに言われて。それがすごく印象に残っていて。そのとき、ものすごく僕は衝撃を受けたんですよね。

もちろん、両方とも、2人とも全盲なんだし、盲学校にいるわけなんだし、目が見えんのは当たり前なんだけれども、それ言われて、そもそも目が見えないってどういうことなんや、というふうに言われて、すごく、そのー、はっとしたと言いますかね。で、そのとき、細かいことはどんなことを話したかあんまり覚えていないですけれども。

石川：そんなしっかり覚えてないけども、あのー、僕の考えはな、相手が中学生であろうが僕の話がわかると思えば全部言うてるだけよ。今でもそうやけど。

福島：そのときの私の気持ち、あるいは後で思い出した気持ちとしてはね。先生がおっしゃろうとしたのは、次のようなことかなと思ってるんですが、それで合ってるかどうかをまた改めて伺いたいのですが。

私が感じたのは、つまり目が見えないっていうことは、医学的に目が見えないとかっていうことではなくて。

それはまあ、事実か知らないけれども、それが大事なのではなくて、そのうえで、人生をどう生きるんか、この世の中をどう見るのか、目が見えんっていうことを自分自身はどのように受け止めて、そのうえでそのことをどう考えるんか、ということを改めて問われたんだろうなあと。

石川：そう、そういう意味やな。

福島：そういう感じ。

石川：うん、そやな。 （福島による石川へのインタビュー[*9]）

この智が14歳の頃の石川との問答は、その後も智の心にずっと「突き刺さって」いた。後年18歳で盲ろう者になりつつあった過程で、智が自身の「障害の意味」を考えるうえでも、この「問い」は大きな影響を智に与えた（第6章参照）。また、この「問い」と「龍之介の夢」とが、どちらが時期的に「前」だったのかは判然としないものの、この両者には強い関連性があると筆者は考える。

第4章　失明から失聴へ（9歳〜17歳：1972年夏〜1980年初め）　｜　97

こうして智は兵庫県立盲学校中学部3年、つまり1978年度を「片耳」の状態で迎えた。東京の附属盲学校に高等部から進学することを決意していた智にとって、受験を控えた中学最後の年度を「片耳」で迎えざるを得なかったのは、大きな苦悩だったろう。
　しかし、かつて「片目」の状態に、あるいは失明した状態に比較的スムーズに慣れていったように、智はこの「全盲プラス片耳」の状態にも徐々に順応していった。1978年後半の智の「語り」の録音は、むしろ一種開き直った明るい印象さえ感じられる。以下の智の「語り口」には、たとえば貧困や窮状を逆手にとって、「突き抜けた」明るさとユーモアを発揮する古典落語の登場人物たちに感化されたかのようなたくましさがうかがえる。

　智：1978年の8月の15日。現在、11時の34分です。
　坐骨神経痛にアホみたいになってしまいましてねー、こう、足が痛かったでしょう、あれからずっと、腰からそのケツから足にかけてしびれとったでしょう。
　うーん、それから現在について言いますと、「微めまい」がするわけですね。えー、その微熱じゃなくて、その軽いめまいが、もう気色悪い、クゥーーーとしてます、ずーっと。
　これ、いっつもなんか、ふわっとしたような感じでね、なんか、なんか足が地に着いてないといったらおかしいんですが、頭が地に着いてないというか、そういうのもおかしいな、なんか、とにかく正常じゃないんですよね。うーん。まあ、聴力はおんなじようなもん。目の状態もしょっちゅう〔内〕出血する。ええことなしですな。
　僕は常にどっか悪いようですね。悪いながら、そうやっていくと。
　今日は「山椒魚」〔井伏鱒二〕の感想文を書きましたね。えー、自由というものについての疑問を、二つ、行動面での自由と、心の面での自由ということの二つの問題を分けて書いたのですけどねー、ちょっと考えがまとまりませんねー。そして全然、僕、土台ができてませんね、考え方が。
　まず、いろんな本を読まなくちゃいけないと考えました。
　　　　　　　　　　　　　（「智の独白の録音」1978年8月15日・火）

　智：1978年の8月の24日。

うーんと、木曜ですけどね、えーと、現在の状況を言っておきましょうか。まず耳はダメですね、右もダメです、左もダメ。目は〔内〕出血しております。
　で、足から腰は、坐骨神経痛になっております、もう椎間板ヘルニアになりかけております。それから、薬を飲んだらすぐしんどなります。風邪の薬なんか飲んだら急にね。
　だいたい16時間くらいたったら楽になるんですけど、今日はまだ24時間たっても心臓がどきどきした感じですけど。
　もう、ど、ど、どどどどどどどどないなってまう、ほんまにもー、うーーーー、こういうときは、落語でも聞いときましょうか、やー、なあ、勉強もしたいしなー。　　　　　　　　　　（「同」1978年8月24日・木）

智：1978年の9月の14日ですねえ。現在、午後11時41分くらいです。
　うーん、まあ、動悸がして、めまいがして、坐骨神経痛で、耳が聞こえへん。
　耳鳴りがして、目が見えへんで、頭が痛あて、鼻がつまって、咽が痛いという状態ですね、今。
　自由電子、ウェーバーの考えた磁石の理論について、ちょっと〔ノートに〕書いているところです。
　えー、〔宇宙大作戦〕「神との対決」*10 どうぞ。
　　　　　　　　　　　　　　　　　　　（「同」1978年9月14日・木）

　このように、聴力に関する苦悩やその他の健康面での不安も抱えながら、智は1979年4月、東京の筑波大学附属盲学校*11 高等部に入学する。高等部1年、および2年の頃に智が執筆した作文や読書感想文などの一部を巻末資料2〜5に掲げた。
　ところで、附属盲学校入学の翌年、1980年の年明けに、智はカセットテープへの独白の録音で、SFの世界についての思いを語っている。SFは智の人生において、落語と並んで「生きるエネルギー」を与えてくれたものだ。そのSFの背後にあるものへの思いを述べつつ、これからの智自身の抱負についても触れている。なお、ここで智が念頭においている「SF」とは、たとえばスーパーヒーローが活躍するような、勧善懲悪的タイプのものではない。日本SF

でいえば、小松左京[*12]や筒井康隆[*13]の作品に見られるような文明批評的テーマ、あるいは社会や人間のあり方への問題提起を含むような作品を念頭においている。実際、智は中学から高校にかけて、兄たちの影響もあって、この２人の作品をかなり多く読んでいた。だが、想像の世界を得意とする智でも、この時点で、同じ年の暮れに残された左耳の聴力まで悪化し始めるとは、まったく予想していなかっただろう。

> 智：えー、1980年１月の２日。現在、僕の〔盲人用の触知式の〕時計で２時26分ですかー。
>
> 昨日SFについておんちゃん〔お兄ちゃん〕と話して考えたんですけど、SFというのは、やはりその場面設定をオーバーにしたり極端にすることによって、そのー、周りが変わっても中身は変わってないということによって、ほんとに大事なこと、いくらその人間が、文化が発達して、えーと、変わったとしても、ほんとに重要なもの、それを大事にしなくちゃいけないもの、そうすべきものは何か、ということを示すのがSFのほんとの役割だと思うんですね。
>
> それ、そういうかなり難しい問題をSFというベールにくるんだ、この明るいベールでくるんだものがSFじゃないかと思う。
>
> しかし、どちらにしても、僕はほんと、未熟で何も考えてないということがよくわかります。
>
> 結論としては、まず２年間は、これから２年間、入試までは絶対勉強第一で考えなくちゃいけないということですね。ただし〔知識だけの〕「怪物」にはなってはならない。そのための本も読みたいし、人とも話す。
>
> しかし、知識を得なければならないときには得たいと思います。
>
> （「智の独白の録音」1980年１月２日・水）

参考資料4①

▶智の当時の自作ファンタジーの主人公であるポケット・ポコペンの「主題歌」。

> 智：今日は1973年２月の６日、火曜日、火曜日、火曜日。
>
> 僕のすばらしい歌を歌いたいんですが、テープありませんので、裏面に録音したいと思います。ものすごい歌ですよ。耳を澄ませて聞いてくださいね。

まだテープ余ってるんですか？
じゃ、やりましょうか。すごいいい歌ですからねえ。

「未知の世界」を歌います。

智の歌：
未知の世界を〔……聴取不能〕
行く男
無限の暗黒へ　行く男
小さな宇宙を　巨大な宇宙を
無限には違いないさ
さあ　暗黒へ行こう
青い空や　青い海よ
求めて行くのは　ポケット・
ポコペン
さあ　行け　勇者　権力者
ポケット・ポコペン

明るい星を　暗い星を
〔……聴取不能〕行くんだ
世界の勇者　ポコペン
さあ　行け　勇者　権力者
ポケット・ポコペン

澄みきった水や　空や海や緑
求めて旅立つ　ポケット・ポコペン
さあ　行け　世界の勇者　権力者　ポコペン

（「智の歌の録音」1973年2月6日・火）

参考資料4 ②
▶智がSFファンタジーまがいの「一人劇」をしている様子。以下、いずれも智の声。

便宜上、発言者名を付した。（　　）内も智の発した「効果音」。

部下：冥王星の４分の１が破壊されてしまいました。
ポコペン：何をやってんだ、おまえたちはー。よーーし、準備はいいか？　500機、先頭は木星だ！　そこに行くんだー。
（ドンドコドンドコ。レーザー光線ウイーン）
部下：コンピューターによりますと、10秒後に３本くらいのレーザー光線がわれわれのほうに飛んでくると思われます。
（上のほうにブルー。バーーー。シューーー）
智：ポコペンたちは100機、３人で100機のUFOを撃ち落とし、ですが、ポコペンたちは足に少し火傷を、手、足、腰に少し火傷を負ってしまいました。レーザー光線はエンゼルワン〔ポコペンたちが乗る宇宙船の名前〕の機体を破って少し入ってきたのです。
　まあ、全治１週間くらいのけがだったので、まだ大丈夫でした。
　そして事件もおさまり、またもや野球に出場することになりました。

（「智の一人劇」1973年４月29日・日）

参考資料 4 ③

▶以下は前述の録音と同じ日のものだが、UFOと戦った同じ「登場人物」が「プロ野球」の試合に出場している。その様子の架空実況中継の録音。そのとき智は、アナウンサーと解説者役の両方を担当している。つまり、便宜上、発言者を書き分けるが、この二役とも智が担当している。
　途中、たまたまそばにいた兄が智の様子にあきれているらしい発言も録音されている。なお、文字では表現できないが、智はいずれも相当の早口でしゃべっている。

アナウンサー：打ったーー、レフト、追いかける、追いかける、追いかけたがー、入ったかー、いやフェンスに当たって、ワンバウンド、ツーバウンド、捕った、３塁へ！
解説者：３塁〔の上〕越えていきましたねー。
アナウンサー：そうですか？
解説者：あのー、ちょっとレフトが転倒しましたね、ちょっと、体勢が崩れてね。
アナウンサー：……

打率3割5分2厘、このところ、7試合連続ホームランを出しています、ゾテラリ・ゾテ。ポコペンの最高12試合連続ホームランというのがあります。ずーっとたどっていっても12試合以上打った人はおりません。その次にチュウキチの10試合連続ホームラン、その次が、8試合連続ホームランのサイクリード、その次がこのゾテラリ・ゾテ。今のところ7試合連続ホームラン、〔ピッチャー〕かまえております。
解説者：やはり好調のバッター、打つときはバットが大きく見えますねぇー。
アナウンサー：そうですねぇー、そういう場合はねぇー。あのー

兄：何言うとん？
令子：はっはっはっはっはっは。あんた、新聞、元通りに。

アナウンサー：バッターボックス、ピッチャー、出たーーー、タイムリーになるかー、おっと、タイムリーになったー、2塁に回ってツーベースか？？？　セーフ、ツーベースが出ました！　ゾテラリ・ゾテのツーベースが出ましたー。

（「智の架空野球実況中継」1973年4月29日・日）

参考資料4 ④

▶智のポコペンシリーズの「ロビンフッドの冒険」風ヴァージョン。録音日が特定できないが、ロビンフッドを読んだのは1974年の春頃なので、この「一人劇」は1974年の春から初夏にかけての頃か。ここに出てくる「ゾテラリ・ゾテ」はポコペンの部下（あるいは子分）であり、先の実況中継にも登場する。なお、「ゾテ」の命名の由来は、「象の天才」の略である。

智：えー、ばかでかい男は真っ赤な顔をしてゾテに向かってかかってきた。
「しめた」と思ってその男の身体をつかみ、小川に向かって投げつけた！　ウイーン、バッシャーンアー。
「このやろう！」　小川にはまり、びしょびしょになりながらも、その男はまたもやゾテの方に向かってきた。今度はゾテの身体をがっちとつかみ、高々と持ち上げて地面に叩きつけた。
「うわー、あー、くそー」
　ゾテはそばにあった手頃な棒をひっつかむと、その巨大な男のわき腹めがけ

て殴りつけた。だが、男はひょーっと身をかわして、大木の陰に隠れた。そしてまた、その男もゾテと同じように棒をひっつかみ、稲妻のように殴りつけた。

　それをがっちりとゾテは受け止めて、その木を払いのけて再び殴ろうとしたときだ、またもや、目にも止まらぬ速さで、ばかでかい男の、えー、棒がゾテの脳天に振り下ろされてきた。

　ゾテはそれを危ういところでよけ、体勢を立て直したときに、三度目のばかでかい男のものすごい棒が、今度はゾテの横っ面めがけて飛んできた。ゾテはそれをがっきと受け止めた。

　こんなことが何十分か続いて、だんだん二人は疲れてきた。息も荒くなり、とうとうひざまずいてしまった。

「はあー、なかなかやるじゃないかー、このばかでかいの。はー、はー、俺はきさまのような者に会ったのは初めてだ。ところでお前の名前は何ていうんだ？」

「俺か、俺はー、プクベア・ボンボコ」

「変わった名前だなー。おれは、ゾテラリ・ゾテ」

「きさまのほうが変わった名前じゃないかー」

「お前どっから来たんだ？」

「俺はチャールの町から来た」

「なぜこんなところに？」

「それがなー、俺は、ずうたいばかりがでか過ぎて、何の役にも立たない。いろんな職にも就いたが、ぜんぜん俺に合わないのさー。店でも何十遍でも働いた。だが、何週間かたてば、俺は追い出されるのさー」

「へー、なんでそんなことになるんだ」

「俺は不器用なのさ、こまごまとしたことができないんだ。もっとでっかいことがやりたいんだけどなー、それが俺は自分自身でもいちばん似合うと思う。ゾテと言ったな？　お前は何してる？」

「俺はな、この森で生活してるのさ」

　　　　　　　　　（「智の一人劇」1974 年の春から初夏にかけての頃の録音か）

参考資料 4 ⑤

▶なぜこのやり取りが録音されていたかはわからない。筆者にはその記憶はなく、また智が周囲の音をランダムに録音するようになるのは、もう少し後の時期のこと

なので、このやり取りを智が意図的に録音したとは想像しにくい。あるいは、次兄の「病状」の記録の意味で令子が録音したのかもしれないが、はっきりしない。

ここでのやり取りのシチュエーションは、智、次兄（以下では単に兄と記す）、令子による自宅での3人の会話。智は紙粘土で、粘土細工をして遊んでいる。兄と令子は、兄の趣味である映画について、何かのパンフレットを見ながら話している。そこに智が口をはさんでいる。兄はこの当時神経症の一種で療養中であり、軽い躁状態にあり、多弁でもある。

したがって、あまり話がかみ合っていない場面とかみ合っているところが混在している。

　　智：お母ちゃん？

　　令子：ん？

　　智：〔紙粘土で〕貯金箱作ったでー。

　　令子：ほんと。

　　兄：あー、彼〔ダスティン・ホフマン〕の生き方や！　おれは彼の生き方に共感を持った、というのは映画一筋で、あいつはええやつだってわかんねん。

　　智：なな、泣きそうな声出すなや。

　　兄：チャールトン・ヘストン[14]や。ハリウッドいうのは映画の最高や、いつか金貯めて行くねん、ハリウッドに。

　　智：お母ちゃん、僕も行きたいなあ、退屈や、家におるん、なあ、お母ちゃん？　お母ちゃん？　僕も〔兄の受診している〕神経科、行きたいな。退屈なん、家におるん、お兄ちゃんも来いや[15]。

　　兄：映画のストーリーとな。

　　令子：うーん。

　　兄：ぜったい俺はハリウッド行くぞ。

　　智：お父ちゃん、止めへんかな。

　　兄：止めても止めへんでも、ハリウッド行くぞ。そして水俣にも行かなあかんしな。

　　智：水俣病。

　　兄：糸魚川もな、イタイイタイ病のとこも行かなあかんねん[16]。

　　智：足尾銅山[17]？

　　兄：足尾銅山？　あー、あそこか。

智：なんで行きたいん？

兄：その接する人間関係を作ることと、その風物を愛すると、自然を愛し、人間を愛し、それが人間の生き方や。

智：そういうもんかなー。

〔中略〕

兄：だからな、こいつ、ダスティン・ホフマン[18]とか、そういうのと親友になるしかないねん。

智：無理と違うんか？

兄：映画を見とったらわかる、映画を通じてな、こいつがどんな人間かわかるし、涙も自然に出てくるんや。だから俺はな、世界中の人間と……。この考え方はおかしいかもしれん、世間のやつは笑うかもしれん。

智：いろんなやつと知り合いになりたいん？

兄：ああ。

智：ほんまあ。

〔中略〕

智：お兄ちゃん、どこにおるん〔声を出してくれ〕、粘土、投げたろか？

令子：あんま、純粋すぎてもなー、人間弱いんよ。

兄：世間という醜さを知ってるからな、〔俺は〕黙っとおやろー、世間出て、じーっとしとんねん。電車の中でも。それが俺の意思表示やねん。

智：ニヒルなん？

兄：そう、ちょっとはニヒルで。

智：ドライで。

兄：そう。

令子：あんた、ニヒルでドライやったら。

智：おっしゃ、神経科、行こう、〔母とともに兄の薬をもらいに〕行ってくる。

兄：あー、頼む、帰りに〔デパートの〕大丸に行って、ええもん買うてもらえ。

智：俺もそう思っとった。

令子：智が行くんやったら、あんた〔兄〕も行って。

兄：おれ、しんどいわー。

〔中略〕

兄：むちゃくちゃ映画史上の最高の監督がおんねん、セシル・B・デミル[19]いうねん。デミルは世界最高の〔映画〕『十戒』[20]を作った後、死んでんぞ。

令子：だれ？〔パンフレットを見て〕この人？

兄：うん。

令子：なんで？

兄：なんでてなあ、多くのスターを送り出し、映画の発展に力を尽くし、1959年1月21日は、この偉大なるミスター・モーション・ピクチャーの命日である。

智：わっはっは、命日はめでたいんだ、メーデーというぐらいだから。

〔中略〕

智：〔兄の丸坊主の頭を触りながら〕お兄ちゃん、なんでこんな短い髪の毛しか生えてへんの？

兄：髪の毛などどうでもいい、人間は風貌ではない。

智：すぐ脳があるのに。

令子：ふふふふ。

兄：〔俺は〕感動しすぎんねん。

智：映画見たらあかん。お父ちゃん、カンドウ[*21]するねん。

兄：やかましいねん、俺は映画見るねん。

令子：ははは。

〔中略〕

兄：お母ちゃん、見たの、なんぼ？〔『十戒』見たのは何年？〕

令子：終戦後。

兄：終戦後いうたら変わっとんちゃうか。

令子：撮り直したんやろか。

兄：撮り直して新しいやつ、『十戒』作ってんねん、この監督は。2回作ってん。

令子：そんなら、今のほうがすばらしいん？

智：お兄ちゃん、『じゅっかい』やなくて『にかい』やねん。

令子：あはは。

〔中略〕

智：お母ちゃん、チョコレートある？

令子：そんなんあかん。

智：「エンペラー」[*22]あるやん。

令子：「エンペラー」って何？

兄：お母ちゃん、もう1回『十戒』見たほうがええよ。

令子：うん、見に行きたいわ。

〔中略〕

兄：……わからん、過去のことが空白なんや。

智：やっぱ、お兄ちゃん、神経科、精神科行かな。

（「智・次兄・令子による自宅での会話」1973 年 2 月 28 日・水）

参考資料 4 ⑥

▶ 1973 年 2 月 21 日に、目について智の最後の主治医である Is 医師が作成した「身体障害者手帳」交付のための診断書。

身体障害者診断書

傷病名：右　人工的無眼球症、左　牛眼　角膜変性症

原因：先天性　牛眼、手術に対する交感性眼炎

視力：右眼　0、左眼　眼前手動弁[*23]

前眼部：左　角膜中央に濃厚な変性巨大角膜

中間透光体：左　人工的虹彩欠損、殆んど透見出来ず

障害原因：疾病　先天性　後天性

S48　2 月 21 日

〔主治医の氏名〕　印

参考資料 4 ⑦

▶智が盲学校の小学部 4 年時に書き、兵庫県立盲学校『星の光』紙に掲載された作文。掲載紙の名称、智の作文のタイトルとも「星の光」。

　なお、『星の光』紙は 1974 年 2 月 1 日発行だが、文面からすると、智がこの原稿を書いたのは 1973 年 12 月頃と思われる。

星の光（小 4 福島 智）

　ぼくは、全盲生です。だが、おととしまでは、視力が 0.8 〜 1.0 もありました。
　でも、去年の春にした目の手術の後が悪く、視力がぐんとおちました。そして、

その時は、目の前に少しずつ濃い霧がかかってくるようでした。そして、明るく希望に満ちた世界が、ぼくからうしなわれるような気持でした。
　その夏、少し視力があがっただけで、目の前で手を振ったり、目にひっつけてわずかの色が見えたり、光が見えたりするくらいでした。それも、長い間見ていると、目がまぶしくなってしまいます。しかし「月」や「星」などは、少しも見えません。
　それに、3、4年前から耳が悪く、特に、右の耳はほとんど聞こえず、左の耳も、正常な人の80パーセントくらいしか聞こえません。でも、見えなくなってからは、この不自由な耳で、音の世界に神経を集中させるようになりました。その積み重ねのおかげで、人の声だけで、「その人がいくつくらいか。やせているのか。ふとっているのか」などが、だんだんわかってきました。ですから、声で想像した顔を、見えない視力にあてはめ、自分で納得しているのです。
　こんなことをいっても、ぼくも、ときどき、「せめて弱視だったらなあ……」と、思うときがあります。
　それは、走るとき、本を読むとき、ボール遊びをするときなどです。
　でも、すぐ、「もう見えないのは、どうしようもない。それなら見えない世界の中でせいいっぱいがんばればいい。それに、走ることだって、せまいところでも練習すれば、きっと、まっすぐ走れるようになるだろうし、そのほかのいろいろのことも、練習すればうまくできるようになるだろう」と、思うのです。
　このように見えにくい、あるいは見えない人でも、この新聞の題「星の光」が、見えなくても心に星の光を持ち、おたがいにせいいっぱいがんばり、普通の人に負けないように、元気に生きていきたいと思います。

（「星の光」1974年2月1日）

参考資料 4 ⑧

▶自身の小学高学年の時期について、智が附属盲学校の高等部3年のときに「作文」の授業で書いた文章。1981年の6月から7月頃の執筆と思われる。

小学校高学年時代

　俺が盲学校に入ったのは小学校4年のことだった。だいたい初めて会ったクラスメイトから女性と間違えられるという、恥ずかしきスタートを切ったのだが、

それは俺が初めて経験した Happy ！な生活の幕開けでもあった。
　今思い返すと、遊ぶことに専念していたことしか思い浮かばない。
〔全盲の〕親友 Oo と遅くまで残って学校の隅から隅までゴソゴソ「触察探検」に出かけたり、ボールをけってプールに沈めたから金網によじ登りかけたら、教頭に怒鳴られたり、そんなことしかやっていなかった。
　その俺が音楽に興味を持ち始めたのは、Oo のせいだったのだろう。「どらむすこ」と言われるだけあって、Oo は先天的にリズム感が良く、5年にして本格的なバンドでドラムを叩き出した。
　俺もいつの間にかそこに入ってしまい、そこからトランペットに明け暮れる日々が始まった。
　何しろ1日休めば3日分実力が後退する楽器のこと、俺は学校ではもちろん、夏休みなど田舎まで持っていって吹いていた。
　何しろ文化祭が近いのだ。
　俺たちはエレキ、ペット、ドラムと、轟音楽器をのべつまくなしがなり立てて、学校中を音で占領したものだった。
　だれかが音楽室にやってくる。
「あのー……」
　ジャンジャン、ドタドタ。
「ちょっと……」
「あら、だれか来よったんちゃうかな」俺は吹きながらちょっと思う。みんなも少しは思ってるみたいだけど、こっちは忙しいのだ。
　1曲やり出すと、アドリブやムチャムチャを合わせて、まず10分は会話ができない。
「ちょっと、あんたたち。まあ、やかましい」
　やっと Oo がトップシンバルをジャンジャン鳴らして一段落。これが「しーっ」の代わりなのだ。
「あんたたち、土曜日の4時ですよ。先生はどうしたのです？」
　ルーズで話のわかる俺たちの顧問に比べて、おとなしく几帳面な音楽教師がやってきていたのだ。
「知りません」
「でも先生がいなければ……」
「鍵をもてますし、先生もそろそろ来るでしょう」と答えて、またギャーギャー

やり始めるという具合だ。

　そして目標の文化祭がやってきた。練習量で自信があったし、みんな俺を除いてセンスがあるやつばかりだったから、かなり期待を持って当日を迎えた。

　軽音楽クラブは午後のトップ。

　昼までは暇なので、いつもの連中と「校内彷徨」としゃれ込んでいたのだが、1人のやつが変なことを言い出した。

「階段跳びをやろか」

「なんどい、それ、ああ、階段の上から跳ぶんか」と俺。

　高校生も入れて男4人、一致団結して「階段跳び」なるものを始めた。

　校舎内の真ん中の階段だが、みんな文化祭に気が取られてだれも通らない。

　6段、7段……、遂に高校生が9段を跳んだ。

「よし、じゃ俺も」と俺が跳んだ。

　うまくいった。じゅうぶんに余裕がある。何しろ恐いもの知らずだったから、あの落下する感じと着地のときのスリルがたまらなかった。

「いやあ、10段は無理やなあ」とみんなが言う。高校生も消極論だ。

「なに言うとんねん、やったろ」と俺が軽く言って、跳んだ。

　着地は成功した。ただ左足だけで、右足は手前に引いていたから、1段目の段の角に足首の下をぶつけた。俺はしばらく立てなかった。本番まで1時間もない。

　こうして俺の初のバンド出演は、足の痛いのに顔をひきつらせながらの涙ぐましいものとなった。

　そんなことも知らない観客は、後でいろいろお世辞を言ってくれたが、俺の心には1つのことばしか浮かんでこなかった。

「俺ってなんでこんなアホなんやろ」

　　　　　　（「小学高学年時代を振り返った智の作文」1981年6月から7月頃執筆）

参考資料 4 ⑨

▶ 1977年後半、右耳の聴力が大きく悪化した同年6月末以後、翌年1978年3月までのいずれかの時点で（執筆日は特定できない）、智が創作し、中学部2年時の国語の教諭に提出した童話。全盲の状態に加え、この1977年6月末に右耳が事実上失聴したことを受けて、その不安の中で書いたものと思われる。

龍之介の夢

　そこは暗かった。暗闇の中で、龍之介はもがいていた。息苦しく、いくらもがいても手ごたえがない。
　そこは沼だった。沼の中で、龍之介はもがいていたのだ。
　やっとのことで龍之介は上に浮かび上がった。
「ここはどこだろう。なぜ僕が一人でこんなところにいるんだ」
　龍之介は一人でつぶやいた。すると、周りから何かが聞こえてきた。
　聞き慣れた街の音だ。車の音、人の足音、電車の音などがした。
　また、走り回って自由に遊ぶ者の声が聞こえた。今度は友達同士が心から笑い合っている声も聞こえる。いや、楽器を演奏している音も聞こえる。でもそれらは、みんな遠く離れたところでぼやけていて、どこでしているのかわからなかった。
　龍之介はわけがわからなかった。でもどこか自分の心と似たところがあるような気がした。
　龍之介は小さい頃から、運動するのと本を読むのが好きな子だった。でもそれはいつも、病気のためにしばられていた。そして生まれながらの病気がもとで、両目の視力を失ったが、さほど苦しむこともなく、新しい音の世界へ入っていった。ところが、最近その音の世界をもおびやかす魔の手が近づいてきたのだ。
　龍之介はこれも別に気にかけずにおこうとしたが、だめだった。常に重苦しいものが胸に詰まって、やりきれない気持ちが続いていた。

「そうだ。もしかすると、ここは僕の心の中の世界じゃないだろうか」龍之介は沼から這い出してみんなを呼んだ。遠くで返事がしたが、何か壁越しに話している感じで、どこからしているかわからなかった。
　龍之介は探した。その目に見えず、手にも触れない壁の出口を……。しかし、それはどこにもなかった。
「やっぱりだめか。僕は心からみんなに溶け込むことはできないんだ。だからここでは、いつも壁越しにしか話せないんだ。僕はいつも、このどろどろとした沼の中に閉じ込められてなけりゃならない。なぜだ？　これもあれも、みんなこの目のせいだ。耳のせいだ。小さいときから僕は、こいつらのおかげで楽しいときが長く続いたことがない。いつでも、この二つの障害があらわれ、僕

とみんなの間に見えない壁を作ってきたんだ。あー、僕はなんて不幸な少年なんだろう」龍之介は嘆き悲しんで、沼のほとりに倒れた。
「何を言っているのだ」
　そのとき、後ろから声がして、龍之介は慌てて振り向いた。
　そこには一人の老人が立っていた。
「あなたはだれです」
「わしは人に、己の心を見せるために旅している者じゃ。わしは今おまえに、おまえが日頃感じていることを形で表してやった。おまえはいつも心から皆に溶け込むことはなく、何かいつもひけめを感じている。それはなぜだ」
「それは僕の障害のせいです」
「なぜひけめを感じて苦しむのだ。障害は人を左右するものではない。おまえが障害によって苦しんだことはわかる。おまえは目が見えなくなり、耳が聞こえにくくなった。しかし、いちばんおまえに見えていないもの、聞こえていないものは、おまえの真の心なのだ。それがいちばん苦しいのではないのかな。おまえは今まで目先の苦しみでさえ障害のせいにして、ろくに悩むこともしてこなかった。龍之介、そんなことではいつまでたっても周りとの壁は破れないし、もちろん障害にもかてない。さあ、自分から泥沼の中に入って苦しむのだ。そして、自分の本当の心を見つけ出すのだ」
　龍之介はそれを聞いて、はっとした。そういえば、障害の苦しみの裏に、もっと大きなものが隠されていたのだ。自分自身、それはいったいどんなものなんだ。龍之介は、ただわけもなく、苦しんでいたのだ。
　気がつくと、もう老人は消えていた。そして、龍之介の体は、いつの間にかもっと大きく、もっと深い沼の底に沈んでいった。

　はっとして目が覚めた。龍之介は長い夢を見ていたのだ。
「夢か。でもあの老人の言ったことは、当たっているような気がする」
　龍之介はしばらく考えたが、すぐ解決しそうにもなかった。
　ただ何か、とても大切なことを見つけかけ始めていることが自分でもわかった。
　（「智の創作童話」1977 年 6 月末以後、翌年 1978 年 3 月までのいずれかの時点の作）

[注]

*1 「ルンバール」は、「脊髄（腰椎）穿刺」のことで、脊髄に特別の注射針を刺して、脳脊髄液を抽出したり薬液を注入したりする。ここで Ai が「ルンバールをした」と言っているのは、Ai には脳圧が上昇する症状があったため、その治療のために行ったのだと思われる。なお、当時、智の周辺の患者の間ではルンバールは「ピカドン」とよばれ、かなりの痛みを伴うとされた。治療後は痛みや倦怠感などの副作用があったようだ（智自身には経験がない）。

*2 ロビンフッド（Robin Hood）は、中世イギリスの伝説上の義賊。ロビンフッドを主人公とした多くの文学作品や映画などが作られている。ロビンフッドはシャーウッドの森とよばれる森で仲間たちと生活し、鹿肉を食べ、葡萄酒を飲む。その物語は、圧政を敷く領主や悪徳商人たちを相手に弓と棒術の名手たちが活躍する痛快冒険譚である。

*3 「センドロベン」は、智が4歳の頃までに繰り返した入院時のいずれかの時点で空想した「キャラクター」である。投薬されていたステロイド剤の「リンデロン」からの連想かもしれない。9歳の頃創作した「ポケット・ポコペン」たちは、いわばこのセンドロベンが「進化した」キャラクターたちである。

*4 土屋による福島へのインタビュー、2004年6月1日実施。

*5 「弱視」は一般に視力の低いことを指す。眼鏡などでの矯正ができないか、たとえ矯正したとしても視力がおおむね0.3未満である場合を指すことが多い。また、「夜盲」（暗いところで視力が急激に落ちる）や「視野狭窄」（見える範囲の角度、すなわち視野が狭くなる）などの症状を伴うことも少なくない。

盲学校では通常、ある程度視力があり、普通文字での「読み書き」が可能な者でも、視力0.3未満か進行性の視覚障害のある生徒（児童）は入学が許可される。当時の智の周囲には視力が0.1前後から0.3程度までの弱視生徒（児童）が智のような全盲生徒（児童）と同じくらいの割合で在籍しており、ともに学んでいた。

*6 これは一般には「がま蛙とばらの花」と訳されることが多いので、智の錯誤か、あるいは智が読んだ点字書の普通字原本が古く、一般的でない翻訳だったかのいずれかと思われる。

*7 聴覚障害の程度（聴力レベル）はデシベル（dB）で表す。デシベルの数字が小さいほど小さな音でも聞き取れるということである。

わが国の「身体障害者福祉法」では、「聴覚障害」の定義として、聴力については次のように「別表」で規定している。

・両耳の聴力レベルがそれぞれ70デシベル以上のもの
・一耳の聴力レベルが90デシベル以上、他耳の聴力レベルが50デシベル以上のもの
・両耳による普通話声の最良の語音明瞭度が50パーセント以下のもの

しかし、デシベルのレベルと「難聴」の程度との関係やその区分には、国内外でさまざまな基準があり、必ずしも統一されていない。ここでは、国際的に用い

られているものの1つとして、世界保健機関（WHO）の基準を例示する。
26〜40dB：軽度難聴、41〜55dB：中等度難聴、56〜70dB：準重度難聴、71〜90dB：重度難聴、91dB〜：最重度難聴

＊8　1981年初頭時点の智の耳鼻科の主治医K医師提供。詳細は巻末資料33を参照。

＊9　福島による石川満澄教諭へのインタビュー。2004年8月24日、兵庫県立盲学校（神戸市垂水区）にて実施（指点字通訳者は前田晃秀・光成沢美）。本書における以下の石川へのインタビューも同じ。

＊10　ここで「神との対決」と智が言っているのは、テレビのSFドラマ「宇宙大作戦」シリーズの1話のこと。このシリーズは米国で製作され、原題は"Star Trek"である。後年「スター・トレック」として映画化もされ、世界的に人気を博した。いわゆる勧善懲悪的な内容ではなく、ストーリーも比較的上質のものが多い。智はこのシリーズの大ファンで、小学部6年生の頃から中学部3年生の頃にかけて、日本で断続的に再放送された全79話のうち、76話までを録音し、そのすべての作品をそれぞれ繰り返し聞いていたほどの熱中ぶりだった。

＊11　東京都文京区にある日本で唯一の国立の盲学校。現在は筑波大学附属視覚特別支援学校とよばれる。

＊12　小松左京（1931〜）は、星新一、筒井康隆とともに、日本のSF界を代表する作家。1970年の大阪万博でテーマ館サブ・プロデューサーを担当したほか、1990年の国際花と緑の博覧会では総合プロデューサーを務めるなど、社会的な活動にも取り組む。作品としては、国家的、あるいは地球的な規模の天災や人災による壮大なパニック状況を想定したり、時空を超越したスケールの大きな舞台を設定した名作が多い。そうした極限状況の作品世界を構想しつつ、そこに生きる人たちの姿を通して、人間性の本質や文明の真の意味を問う作品群が出色である。
　代表作には、『地には平和を』『日本アパッチ族』『日本沈没』『復活の日』『さよならジュピター』『首都消失』『こちらニッポン…』『果しなき流れの果に』『継ぐのは誰か？』などがある。智は中学から高校1年の頃までは、主に『物体O』や『飢えなかった男』などの中・短編を読み、前述のような代表的な長編群は、盲ろう者となった直後から2、3年間に集中的に読むことになる。いずれも深い感銘を受け、「極限状況」としての盲ろう者の状態で生きるうえで、ある種のエネルギーを得た。なお、智は後年小松左京と偶然交流する機会を得て、公開の対談を含め、何度か対話を交わした。福島［2010］を参照。

＊13　筒井康隆（1934〜）は、星新一、小松左京とともに、日本のSF界を代表する作家。小説家にとどまらず、劇作家、俳優など、その活動は多彩である。ストイックな作風の星新一、「本格派SF」ともいうべき作風の小松左京と比べて、筒井康隆は型破りな天才肌の作家だといわれる。作風はパロディからブラックユーモア、ナンセンスSFから純文学的前衛SFまで、きわめて幅広い。
　代表作は、『時をかける少女』『48億の妄想』『家族八景』『農協月へ行く』『メタモルフォセス群島』『朝のガスパール』『最後の喫煙者』『旅のラゴス』など多数

あるが、智は、文明の虚飾を鋭く突いた、そして抜群におもしろい『アフリカの爆弾』や人間の想像力の限界に挑むかのような『幻想の未来』といった、初期の作品に特に魅了された。

＊14　チャールトン・ヘストン（1924～2008）：米国の俳優。代表作は『十戒』（1956）、『ベン・ハー』（1959）、『猿の惑星』（1968）。『十戒』ではモーゼ役をこなした。

＊15　失明後の自宅療養も半年を過ぎ、「自分で楽しみをつくり出す才能」のあった智も、だいぶ退屈してきていたのだろう。なお、当時、次兄が受診していた神経科クリニックは神戸市の東部（市の中心部に近い地域）にあり、神戸市の西端にあった智の自宅からは電車で30分程度かかり、智にとっては、たとえ行き先が兄の受診するクリニックであっても、気晴らしになると思ったのだろう。当初、令子だけが兄の薬をもらいに行くことも考えていたようだが、そこに自分も同行したい、と智が言っているのである。「お兄ちゃんも来いや」という奇妙な発言は、こうした背景でなされている。

＊16　「イタイイタイ病」は、カルシウム脱失による一種の骨疾患で、鉱滓による慢性カドミウム中毒が原因と考えられる公害病である。神通川流域に多発したので、次兄のいう糸魚川は、神通川の錯誤かもしれない。

＊17　ここでの智の「足尾銅山」という発言は、「イタイイタイ病」から公害病や鉱毒事件を連想し、さらに「足尾鉱毒事件」を連想したものだと思われる。「足尾鉱毒」は、足尾銅山より流出する鉱毒によって渡良瀬川下流の農民たちが災害を受け、明治期に社会問題化した事件である。こうした詳細を当時の智が知っていたとは思えないが、失明前、自宅で療養していた際の読書や、失明後もテレビ・ラジオからの情報、さらに2人の兄たちとの会話などで、断片的な雑学知識は豊富だった。

＊18　ダスティン・ホフマン（1937～）：米国の俳優。代表作は『卒業』（1967）のほか、『クレイマー、クレイマー』（1979）、『レインマン』（1988）など。

＊19　セシル・B・デミル（1881～1959）：米国の映画監督。20世紀前半の映画創成期を代表する監督の1人。『十戒』（1956）を製作した。

＊20　『十戒』：セシル・B・デミル監督が、かつてサイレント映画時代に演出した旧約聖書劇『十誡』を巨額の製作費でリメイクしたスペクタクル史劇の超大作（1956）。モーゼを中心に、旧約聖書の「出エジプト記」を描いた名作。

＊21　「感動」と「勘当」をひっかけた駄じゃれ。智がこの頃ラジオで聞きだした落語の世界には、（放蕩息子の若だんなが大店（おおだな）の主人である父親に）「勘当される」という言い回しがよく出てきた。

＊22　「エンペラー」はチョコレートの商品名。

＊23　「眼前手動弁」は、目の前で手を動かしたのがようやくわかる（弁別できる）程度のかすかな視力という意味である。

II-2 失聴——盲ろう者として生きる

第5章

失聴へ

（17歳〜18歳：1980年6月〜1981年1月）

5-1　失聴前夜

　智は9歳で失明した後、14歳のとき、右耳がほぼ聞こえなくなり、全盲に加えて右耳が高度難聴の状態で、筑波大学附属盲学校高等部での生活をおくることになる。「全盲プラス片耳」の状態は、当初いくつかの困難を智にもたらしたものの、本人も周囲も、徐々にそのことに慣れていった。
　しかし、高等部2年の1980年6月頃から、残された左耳も、わずかながら聞こえにくさを感じるようになる。当時の日記に、智は次のように記す。

> 〔寄宿舎の〕食堂[*1]のピアノの音が小さくなった。それも、内的影響からである。これほどの脅威が、俺にとってあるだろうか。
> 　　　　　　　　　　　　　　　　　　　　（「智の日記」1980年6月8日・日）

　そして、同年8月、夏休みで神戸の実家に帰省中、神戸大学医学部附属病院耳鼻科で聴力検査を受ける。結果は、軽度ではあるが、左耳に難聴がみられることがわかった（智の聴力の状態の変動については、「智の聴力変動の記録」：巻末資料33を参照）。しかも、冬休みで同年12月22日に帰省したときには、さらに左耳の調子が悪くなっていた。
　智の母・令子はその頃のことについて、後に振り返って記している［福島令子 1988：203］。

その年の暮れ、つまり昭和 55 年の帰省時には、既に 30 デシベルに落ちていて、「耳のそばで、少し大きな声で話してほしい」といったので驚いた。

　続いて、帰省した翌 12 月 23 日の検査では、8 月よりも難聴が進行していることが明らかとなる。
　この事実は智に非常に大きな不安を与え、当日の日記には次のような記述とともに、章末に掲げる「銀色の河」と題する暗うつな心境をうたった自作の詩もつづっている。

　　現在、骨導[*2]はともかく、全体的に聴力が落ちている。平均 30 〜 35dB という恐ろしい状態なのである。〔中略〕
　　俺はなぜ、俺はどうしたんだ。このことばに類似した語をいったい俺は何度口にしたことだろう。ああ、ああ、ああ、俺の体、俺の耳、俺の運命はいったいだれが握っているのか？ 〔中略〕
　　この耳に聞こえない音が増えている。俺から世界が遠ざかっていく。待て。俺はつかまえるぞ。この世界を、君の心を。
　　　　　　　　　　　　　　　　　（「智の日記」1980 年 12 月 23 日・火）

　なお、ここで、「君」、あるいは詩の中で「おまえ」と呼びかけられているのは、当時、智が恋していた全盲のクラスメートの女性（以下、Aと記す）のことである。Aに対しては、いわゆる「片思い」だったが、智はあきらめられず、一方的な憧憬の念を深めていったようだ。
　このことについて、福島は土屋によるインタビューに答えて次のように振り返っている。

　　福島：同級生で好きな人ができて、片思いでしたけれども。でも、ふられても、それでも、友達でいるんであれば、また可能性があるかもしれないと性懲りもなく（笑）、えー、あの、何回も希望を持ったり絶望したりを繰り返していましたよね。
　　それが、盲ろうになるときにもつながっていくと思いますね。結果的には、盲ろうになるときもその人への気持ちがひとつの支えになる。ただし、

盲ろうになった後に、決定的に、無理だということがわかって、終わってしまうという、そういう流れなんですね。

(土屋による福島へのインタビュー *3)

　智が失聴する前のものとしては、おそらく最後の音声がカセットテープに録音されて残っている。次に示すのは、トム・ゴドウィン作のSF小説『冷たい方程式』*4 がラジオドラマとして放送されたものを録音した際の智のメッセージである。

　　智：えーと、1980年の12月の26日ですけれども、非常に、えー、シリアスな状態になってますが、あー、だいたい〔聴力レベルが〕30ぐらいになってますね、平均が。デシベルとして。
　　えー、では、中島梓が監修してますけど、なんだっけ？　『冷たい方程式』ですか？　では聞いてください。

(「智の独白の録音」1980年12月26日・金)

　このメッセージを録音した1980年の年末以後、約3か月間にわたり、智の聴力は低下を続け、徐々に全盲ろう者へと移行していくことになる。本章から第10章では、その失聴に至る状況、それとほぼ同時になされた令子による指点字の考案、指点字を用いた対話、そして盲学校の先輩にあたる全盲の女性による「指点字通訳」という新しいコミュニケーションサポート方法の考案、という一連のプロセスを記述する。
　さて、智が失聴に至るまでの過程について、福島は語っている。

　　土屋：それでは、耳が聞こえなくなる前後のあたりからお願いできますか。
　　福島：東京の盲学校の高等部に入ってから、うーんと、そうですね、1年半ぐらいの間、つまり、高校1年生と高校2年の秋ぐらいまでは、あまり変化はなかったんですよね。ただ、あの、常に不安はあって、やはり右耳がほぼ聞こえないという状態ですので。で、左耳も普通の人よりは少し聞こえにくい状態なので、これ以上、悪化させないでおこうと思って、耳の鍼の治療は続けていたんですね。神戸にいるときに、大阪に通って鍼の治療を受けていましたが、東京に来てからも、その系列の中国鍼による耳の

治療というのを受けていました。悪くはならなかったけれども、特に良くもならないという状態が1年半ぐらい続いて。

　で、高校2年生の冬に、聴力が落ちるんですね。どうして落ちてしまったのかというのは、結局、原因は、特定できないですけれども、いろいろストレスがあったり、大きな音で音楽をやったりしていましたので、いろいろ重なったんだと思います。

　1980年の12月ぐらいになると、だんだん聴力が落ちてきて、ぼんやりした感じになってきたんですよね。冬休みで実家に帰省する直前ぐらいは、友達の声も聞こえにくいことがあって、「もう一度言ってくれ」と頼んだり、聞き返したりということが増えていたように思います。

（土屋による福島へのインタビュー＊5）

　この1980年12月の初め頃、智が聞こえにくい状態になっていることは、友人たちにもはっきり感じとれていたようだ。智の3年先輩にあたり、当時、附属盲学校高等部専攻科理療科の生徒だった全盲の捧 道宏は、この時期の智の様子について語っている。

　捧：〔1980年の〕12月にね、〔智のクラスメートの女子の〕Pさんが寄宿舎でインターフォンを君の部屋に入れても、君が返事しなかったんだよ、聞こえなくて。
　福島：ああ、少し、もう、聴力が落ち始めてたんだな。
　捧：かなり落ちてたね。それで俺、言われたんだよ、伝えてきてくれないかって。で、頼まれて君の部屋まで行って、なんか、学校のことか何か忘れちゃったけども、何か伝えたんだけど、そのときもね、君の返事も、なんだか生返事っていうか、ほんとにわかってるのかなっていう感じだったよね。

（福島による捧へのインタビュー＊6）

　ところで、なぜ智の聴力は低下したのだろうか。医学的には説明不能とされるが、「ストレスが重なった」ことについて土屋に尋ねられ、福島は重い口を開いている。

　土屋：うーん、その、原因は結局わからなかったっていうふうにおっ

しゃったんですが、ストレスかもしれないというふうにもおっしゃっていたんですが、当時のストレスというのは、学校の中でのストレスであるとかっていうところが大きかったですか。

福島：うーん、そうですねぇ。……当時、私は生徒会長だったんですけれども、少しね、トラブルを起こしていたんです。

　文化祭のとき、生徒会でバザーをやったんです。そのときに生徒や保護者などからいろいろ品物を出してもらって、バザーの売り上げを生徒会のために使うっていう企画があって。そのこと自体、お金については不正はなかったんですが。一つね、ウィスキーだったかブランデーかの出品があって、それを何人かで飲んでしまったという「事件」があったんですね。

　先輩で私の遊び仲間であった人の主導といいますか、これ、飲んでしまおうじゃないかという提案があって、私を含めて何人かがそのことに関わったのですけれども、とにかく私は止められなかったんですよね。

　で、出品した生徒から、当日のバザーのときに、「あの酒が出ていない」という指摘があって。その問題の収拾で、すごく神経を使ったっていうことがあります。

　実際、私はほとんど飲んでいなかったですし、気も進まなかったけれども、しかし、止めなかった、止められなかったということですね。何人かの仲間の、その小規模ながらのグループ意識というか、集団意識みたいな感じですよね。別に、ほかにもアルコールは出ていたかもしれないし、品物は全部でたくさんあったから、1本ぐらいわかりゃしないんじゃないかみたいな、甘さがあったのかもしれないんですよね。

　この問題はおそらく三つくらい意味があって、一つは、一般論としてバザーで出された品物を、それが何にせよ、バザーに出さないで、勝手に消費してしまうというのは、そのこと自体の道義的な責任というのがある。次に、当時、高校生なわけで、高校生が寄宿舎の中でアルコールを飲むっていうことは当然許されていないわけですね。さらに、私は生徒会長という責任者の立場にあったので、いくら上級生がそそのかしたとか、提案したとはいっても、最終的にそれを止めなかった、止められなかったのは私の責任なので、今言った三つぐらいの要素が絡まって、すごく気が重かったですよね。

　最終的には、処分とかそういうことには発展しなかったんですが、逆に

いえば、そういうすっきりしたけじめがつけられない状態で推移していったのは、負担だったかな、という気もします。
　自分が悪いことをしてしまった。その悪いことを自分が自制できなかった。で、うやむやのまま終わったので、すっきりしなかったとか、そういうような、気持ちがいろいない交ぜになったものがあったのかな、と感じています。
　もう一つは、文化祭の関連でバンドに入っていたので、とてもうるさい環境の中で、つまりエレキギターだとかそういった騒音がすごくうるさい中での練習が毎日続いていたので、耳も疲れたのかなと。

（土屋による福島へのインタビュー＊7）

　失聴の原因はわからない。ただ、1980年の最後の2か月間に「騒音」という物理的ストレスと「バザー事件」という心理的ストレスの両方が智に重なっていたことは確かである。冬休みで神戸の実家に帰省して6日後の日記では、既に難聴の進行により生じる苦悩と、「健康」への憧憬を率直に語る記述が見られる。

　もう、今年もあと3日だ。
　〔中略〕現在、俺は、すべてのことに熱中できない自分を見いださざるを得ない。これまでの一生で、今がいちばん苦しいときだろう。いや、俺はこのことばを繰り返してきた。常にだ。そしてそのことばはすぐ打ち消され、さらに悪い状態が訪れた。俺の世界は遠のいてゆく。いったいどこまで落ちるのだ。俺は外界から離れたくない。

（「智の日記」1980年12月28日・日）

　1980年12月30日には点字タイプライター＊8の音が小さくなったとして悲嘆に暮れている。ただ、ラジオをまだ聞いているところなど、「音の世界」の住人としてこの年を終えようとしている。

　このタイプを打つのが疎ましく感じる。この金属製の音がもやにかすみ、白いベールの向こうから聞こえる。なんという情けなさ、ああ。

（「智の日記」1980年12月30日・火）

智にとって、この 1980 年末から 1981 年初めにかけての時期は、その後の「全盲ろう」へと進む過程においても、特殊な位置を占めるように思われる。すなわち、ある程度聞こえているため、「音」の世界に属しているのだが、その世界が自分の周囲から消えていくような不安感にさいなまれていたということである。たとえば、勉強をめぐって、福島はこの年の年末の記憶をたどっている。

> 福島：クリスマス前ぐらいから、神戸の大学病院に通うわけですけれども、年末年始は外来がないんですよね。で、その外来が休みの間に、また聴力が落ちてしまうんですね。
> 　その、たとえば 80 年の大晦日とかね、12 月の押し迫ったときも、私はずっと実家にいて、いわゆる年末とか年始とかの浮かれたような気分は全然ないですよね。
> 　で、今思い出すのは、大晦日の日にたぶん英語の参考書か何かをやっていて、で、次兄がわれわれ兄弟の部屋のドアを開けて帰ってきて、彼は酔っ払っていて、「君は大晦日まで勉強しとるんか」というふうに私に声をかけて、「まあ、ほかにすることないから」みたいなことを私は答えたというのを覚えているんですよね。
> 　で、そのときはまだ、声がどうにか、聞こえていて、大きな声を出したら。そのときの気分としては、別に大晦日や正月も勉強したいと思っていたというより、さっき言ったように、とにかく何かで気を紛らわさないと落ち着かない、ということがあったんですよね。
> 　　　　　　　　　　　　　　　　　　　　（土屋による福島へのインタビュー[*9]）

　また、「音」が消えていくときの不安と恐れの感覚はある種のトラウマとなり、その後も長く、本書を執筆している現在に至るまで、筆者の夢に出てくる。1993 年時点でも、福島は次のように記している。

> 　ラジオの音楽がどうも小さい。ボリュームを上げようとするけれど、どうしても音が大きくならない。ベールに包まれたようなくすんだメロディー。ああ、このラジオはどうなってしまったんだろう。スピーカーに

第 5 章　失聴へ（17 歳〜18 歳：1980 年 6 月〜1981 年 1 月）

耳を近づける。まだはっきりしない。ピッタリとくっつける。ようやく聞こえた。しかし、その音も次第に小さくなり、やがて消えていく……。
　こんな夢を今でも時折見る。1980年の暮れ、聴力が急激に低下していく中で、なんとかラジオを聞こうとしていたときの記憶がよみがえるらしい。*10

　こうして、この年末は聴力の低下により、音がかなり聞きづらくはなっていたけれども、音声での会話やラジオの聴取などはどうにかできる状態にあった。しかし、形容しがたい重苦しい不安と焦燥に包まれた中で、智は1981年を迎えるのである。

5-2　治療方針をめぐる特殊事情
――西洋医学と東洋医学のはざまで

　ところで、この時期の智の聴力回復を目指す治療への取り組みは、かなり錯綜している。当時の智や令子の心理状態や思考プロセス、あるいは日記の記述内容の理解のために、あらかじめ、ここで若干整理を試みたい。
　一般に難病の治療を試みる患者は、さまざまな病院や医者をわたり歩く傾向が見られる。ただ、智の場合の特徴は、そうした「医者選び」の試みと同時に、西洋医学的アプローチと東洋医学的アプローチという、それぞれ依拠する医学理論や臨床手法の枠組みがまったく異なる二つの治療法の間で揺れ動き、いわば「引き裂かれた状況」にあった、ということである。この「引き裂かれた状況」は、日々、智を悩ませていた。
　どうしてこのように、迷いを抱えていたのか。当時の状況やその背景について福島は語っている。

　　福島：冬休みで神戸に帰省する前のことなんですが、耳の調子が悪いんだということを、たぶん学校の何人かの関係者に私が言ったんだろうと思います。で、そのうち、非常勤講師で来ていたある先生が、食事療法と運動を組み合わせた療法をやっている医者があるから行ってみませんかと誘ってくださって、千葉県の木更津にあるO病院というところなんですが。私と、あとクラスメートの女子生徒がその人に連れていっていただいたこと

があります。

　で、クラスメートの女性は、網膜色素変性症[*11]なので、その進行を和らげたり止めたりするような治療効果も期待できるかもしれないという、そんな意味合いがあったのかもしれません。

　いずれにしても、試しに行くということで行ったんです。で、うーん、そこに行って、食事療法とかの話を聞いたり、その療法についての本を買ってもらって、その足で帰省するんですね。

　で、その後、3か月間で聞こえなくなる過程で、西洋医学的な治療とそういう特殊な療法とを交替で行ったり、同時併用したり、ということをこの3か月間の間、続けていて、私の中ではすごく大きな問題になっていたようです。このことは日記にも頻繁に書いていますし。

　というのは、この食事療法のほうは、1日食事1回で、玄米菜食で、しかもかなりの運動を求めるものなんですね。ランニングであれば目標は10キロ。縄跳びであれば5千回するっていう、そういうメニューなんですね。

　私自身は8キロぐらいまでしか走らなかった、というか走れなかったですが、可能なかぎりやってはいました。

（土屋による福島へのインタビュー[*12]）

　こうした厳しいメニューのО方式の食事・運動療法は相当な努力やストレスを智に強いることになったようだ。しかも、それさえも明確な効果は出ず、そのことでますます智は悩むことになる。当時を振り返る福島の発言のうち、特にこの問題についての以下の記録の後半部分で、「でも」という逆接接続詞が頻出していることに注目したい。当時の「揺れていた」心境が無意識のうちに表れているように読み取れる。

　福島：結果的にはその治療でも、やはり良くはならなかったんですけれども、とにかくなんでもいいから手を尽くそうという思いはあったようです。
　土屋：1日1回の玄米菜食というのは、食事の回数が1日に1回ということですか。
　福島：そうです。で、常識的にはそんなので人間生きていけるのかと思われそうなんですが。結局、1日1食ということは24時間の絶食を、毎日

やってるようなものなんですよね。で、たまに食べるとそういうのは精進料理ですから、まあ、おいしいかなと思うんですけれども、そういうのを毎日やっていると、だんだんと苦しくなっていきますよね。

　でも、私の中では、なんとしてでも耳を治そうという気持ちがあったので、その食事療法を試したり。

　でもね、3か月間ずっとやるっていうことは結局できなくて、一方で西洋医学的なものとの間で揺れ動いていたんですよね。でも、西洋医学的な治療は結局、まったく効き目がなくて。食事療法は、それをやってるときは悪化はしなかったという成果は実感としてはあったんですよね。でも、悪化はしなかったけれども良くはならなかったし、それもたまたま偶然そういう時期だったのかもしれないので、効いたのかどうかわからないですけれども。　　　　　　　　　　（土屋による福島へのインタビュー *13）

それにしても、この当時、なぜ西洋医学ではなく、東洋医学的療法に智はこれほどこだわったのだろうか。智は幼い頃からの患者としての体験の蓄積で、西洋医学の限界を強く感じていたようだ。

　土屋：そのあたりの時期っていうのは、その民間療法、たとえば、今おっしゃっていた食事療法であっても、西洋的な病院に通われることであっても、それは福島さんご自身が納得をして、どのようにしていこうというのを決められていたんですか。
　福島：耳が悪くなりかけたときにまず思ったのは、ずっと、中学生の頃から耳の治療のために、難聴治療を専門とする中国鍼をやっていたから、中国鍼の頻度を高めようということはしましたし、もちろん西洋医学的なアプローチも考えました。ただし、神戸の病院の耳鼻科の以前からの主治医は、打つ手がないんですよね。出す薬もないし。最終的に副腎皮質ホルモンのリンデロン〔ステロイド剤の一種〕などの投与もありましたが、そのこと自体、いわばあの、最後の賭けみたいなものだっていうことを、私も聞いていましたので。

　それまでの、小学生の頃からの耳鼻科での治療の様子とかを見ていても、少なくとも私の耳については、結局、聴力が落ちたときに医者がやれることがあまりないんですよね。ビタミン剤を出したりするとかね。

これがたとえば細菌などの感染による疾患で、明らかにそのための炎症だとわかっているようなものなら、その細菌を抗生物質などで叩くということでいいんでしょうけれども。
　それで、私なりに、可能なかぎり情報を集めたりはしました。でも、西洋医学的にはもう限界で。たとえば高圧酸素の中に入ると、突発性難聴[*14]に効果があるっていう話が既にその当時からあって、その相談のために、大阪大学の病院に行ったこともあります。まあ、その時点で可能なかぎりのことは、やったんだろうなと。これはおそらくほかの〔治療困難な〕重い病気にかかった一般の人と同じような行動で、いわばあがいてるわけですよね。　　　　　　　　　　　（土屋による福島へのインタビュー[*15]）

　このように、失聴に至る過程のおよそ3か月間における智は、一方で西洋医学的なアプローチに期待を寄せながらも、同時に、それまでの体験から西洋医学の限界を予感していたようだ。そして、他方で、食事・運動療法など他の療法を試みるものの、しかしそれに専念することもできず治療方針は揺れ動く。治療に取り組むという外部に現れる行動として、こうした「揺れ動き」を見せながら、内部では徐々に、しかし確実に聴力低下の症状は進行していくのである。
　こうした状況の下、智、そして令子は智の耳の治療に具体的にどのように取り組んでいたのか。また、そうした取り組みの中で、日々、何を考えていたのか。こうした点を以下で整理してみたい。

5-3　希望と絶望の間の振動[*16]

　1981年は、智にとって不安と苦悩の中で始まった。そして、1981年1月は前述の「二つの治療方針」のはざまで揺れ動き、悩みながら、わずかな聴力の変化に一喜一憂し、「希望」と「絶望」の間で何度も振動を繰り返す。しかし、全体としては「全盲ろう」の状態に向かって徐々に「下降」していく、という心象風景で表現されるような時期だともいえるだろう。
　まず、1月6日に受診した神戸大病院耳鼻科では、聴力のさらなる低下が明らかとなり、その結果を受けて、令子は1月8日、当時、寄宿舎で智の生活指導や歩行訓練[*17]などを担当していたF寮母（男性）に、次のようにハガキで

報告している。

　　　あけましておめでとう存じます。
　　　早々に面白くないお話ですが、智帰宅時も聴力落ちていましたが（30デシベル）、1月6日の検査にて一段と悪くなり（50デシベル）、耳のそばで大声で話さねばなりません（平常10〜20が、〔帰省時は〕平均30デシベルだったのが、50デシベル。高音部70デシベル）。
　　　当分、1ヶ月以上になるかもしれませんが、こちらで養生をさして頂きます。　　　　　（「令子からF寮母へのハガキ」1981年1月8日・木、夜）*18

　1981年に入り、智が初めて日記をつけたのは、1月12日のことである。以下の記述で「石川先生」とあるのは、石川満澄教諭のことで、智が失明後、小学部4年生から中学部3年生まで過ごした兵庫県立盲学校の全盲の教諭のことだ。智の直接の授業担当ではなかったものの（石川教諭の担当は鍼灸・あんま関連の実技と理論科目が主）、軽音楽クラブ顧問として、また、智に思想的影響を与えた全盲の「先輩」として親しく交わっていた人であるのは、前章で既述の通りである。
　この時点で既に、先に述べた「二つの治療方針における迷い」がみられる。

　　　1981年1月12日（月）
　　　今日から学校は始まっていることだろう。1981年の幕開けは今までの人生の中で——これをもう何度使ったかわからないが——もっとも苦痛に満ち、絶望に満ち、色なき明るさなきものだった。
　　　1月3日、石川先生と会い、鍼を受ける。
　　　5日、同じく先生に鍼を受ける。
　　　6日、神戸大に行き、左耳2000ヘルツが60デシベルに、高音部は70デシベル近くになっているのを確認。いや、1000〔ヘルツ〕も50〔デシベル〕以上だと思う。Dd先生により、リンデロンが出る。が、1回服用しただけでやめる。
　　　7日、石川先生に鍼を受ける。
　　　8日、木曜。高圧酸素の治療の〔可能性を探る〕意味もあり、大阪大附属病院に行く。De先生に診てもらう。京都四条大宮から46系統のバスで

約30分。牛若のDf治療院に行く。いわゆる脊椎矯正と整体による治療だ。
　金曜〔9日〕、大阪大附属に行き、採血と尿を採り、再びDf治療院に行く。京都ライトハウス〔視覚障害者向け施設の点字図書館部門を指している〕で、『男を探せ』（小松左京）を借りる。
　10日、〔令子が乗る〕自転車について走ることを始める。石川先生に鍼治療を受ける。いや、自転車で走ったのは昨日11日が最初で、10日は何をしていたかはっきりしない。まだ48時間も経っていない過去の記憶がぼやけるほど、俺の行動には充実感と満足感がないのだ。
　物事が常に「つまらんことだ」という無意識に出ることばによって位置づけられる今の俺の心。どうしようもない。いったいこの先どうなるのか？
　それを考えると、希望もへったくれもなくなる。〔中略〕
　耳鳴りも4種類がはっきりと聞き分けられる。
　金曜〔1月9日〕の夜だったか、目覚まし時計が鳴り出したような気がして、止めにいった。そんなに大きくはなかったが、あまりにはっきりして、一定していたし、今の俺の耳には本物がこれくらいに聞こえるのだろうと思っていたら、耳鳴りだった。
　第1耳鳴り──海の音のような小さな揺れをもって絶えず襲う高い音。いろいろな音が混ざったようで、ピーとも違い、シー、あるいはシャーといった感じの高さで音がする。
　第2耳鳴り──これは頭の内部でしているように高い、1万ヘルツは超えているだろう。
　第3耳鳴り──ジリジリという感じでわりと低い感じで鳴っている。断続的といっても、大きさや音の感じが少し変わるだけで、絶えず鳴っているという点ではほかと同じ。
　第4耳鳴り──今の目覚まし耳鳴りでピアノの6オクターブ目の（下のシとシのフラットとラは除いて）ド付近の音だ。まさに目覚ましの音、それもブザーではなく、ぜんまい式の音だ。（「智の日記」1981年1月12日・月）

　一方、寄宿舎で智の担当だったF寮母は、同日（1月12日）付で記録ノートに次のように記している。

　　1981年1月12日　家庭連絡を行う。福島君を電話器（口）に出しても

らい状態を聞く。だいぶ聴力低下がいちじるしいことを感ずる。それとあまり元気がないので、勉強ばかりしないで少しは、外の空気をすって運動などして精神的なストレスをなくすように話す。

　ある程度、電話での会話は残存聴力で可能である。とにかく「元気で精神的ストレスをのこさないよう努力して下さい」と話す。

（「F寮母の記録」1981年1月12日・月）

5-4 「男版ヘレン・ケラーになりそうや」
——聴力低下への不安

　ところで、この時期、智と頻繁に接触していた人物の一人に、前述の石川がいる。2004年8月、石川は当時を振り返って福島に一つのエピソードを語っている。このエピソードは後で智の日記等を調べて、1981年1月19日の夜のことだったと確認できている。

　　石川：それと、福島のことでしっかり言わなあかんことはな、福島がもうほとんど聞こえなくなりかけたときよ。
　　福島：それは年でいうと、80年の暮れから81年にかけてですね。昭和55年から56年にかけて。僕は高校2年なんですけれど。
　　石川：そうそう、そのぐらいや。で、そんときにな、福島が僕のところへ来て、一晩泊まって帰ったんやな。
　　福島：あ、そういうこともありましたね。
　　石川：あんとき泊まって帰ったんや。
　　福島：そのときは、若干、話していたかな？　まだ聞こえていた？
　　石川：だから、そんときにな、お母ちゃんがな、福島のお母ちゃんがな、僕、また、めし作るのも大変やから、お母ちゃんが、あのー、炊き込みご飯かなんか作ってくれたと思うのよ。で、福島の分と僕の分を作ってくれたんよ。それで、それで僕のところに泊まったんよ、福島も。〔福島のお母ちゃんは〕明日迎えに来ます、言うて。
　　福島：そんとき、私は、耳だいぶ悪くなってましたか。
　　石川：もう、かなり聞こえなかったな。耳のそばで大きな声でしゃべったら聞こえてた。そんときにな、福島が僕に言うのよ。

福島：なんと言いましたか。
石川：「僕は男版のヘレン・ケラーになりそうや」言うたんや。
福島：ははー。そうすると先生は？
石川：僕はな。ほんで、福島の声、そんときは震えてたよ。
福島：そうか。
石川：ほんならな、僕は目が見えてない。でもまあ、はっきり言って、福島は泣いてたと思うわ。
福島：うん、うん。
石川：な。「僕は男版のヘレン・ケラーになりそうや」ということやろ。
福島：そうですね。
石川：ということはやで、はっきりと助けてえな、と聞こえるわけやんか。
福島：そうですね。
石川：でも僕は助けられるとは思えないわけやんか。
福島：その頃先生は32歳か3歳か。
石川：そうそう。そんなもんやな。
福島：それで、それで先生は、僕はその「男版のヘレン・ケラーになりそうや」と言うて。
石川：そう、「男版のヘレン・ケラーになりそうや」と言うたんやで。まともにことばを返そうと思ってもやな、これは……返事のしようがないのよ。
福島：そりゃ、そうやなあ。
石川：その代わりやで、福島。今やから気楽に言うんやけど、いいか、な？
福島：はい。
石川：福島は今こうやって不安を言うてるけども、将来必ず強くなると感じたね。
福島：将来？
石川：今はこうして不安をぶつけてるけども、不安を僕に訴えてるけども、将来必ず強くなると感じた。
福島：あー、そのときね。今でいうそのときは、不安そうだったけれども。
石川：うん。不安を僕に訴えてるけどな、必ずとことん聞こえなくなったときのほうが、この子、力を持つでと感じた。

(福島による石川へのインタビュー)

他方、令子の日記では母親らしく、きわめて現実的で、具体的な記述が目立つ。ただ、「西洋医学」と「東洋医学」との間で治療への取り組み方針が揺れ動いているのは、智と同様である。
　たとえば、当時はそうした表現は少なくとも一般的には流布していなかったと思われるが、今でいえば「セカンド・オピニオン」に相当する、大阪大学附属病院耳鼻科の医師のコメントを求める具体的なやり取りや、智のその頃の生活の様子、運動をするときの様子などが詳細に記されている。

　　1981年1月14日（水）、阪大耳〔鼻科〕にて〔そこで書いたメモと思われる〕
　　血液検査の結果ケトン体＊19出る。絶食に近いこと〔をしている と〕言う〔令子が医師に、O式という療法を試みていることを説明した〕。
　　良いと思われる方法でしてください。医学ではもうどうにもできません。
　　　　　　　　　　　　　　　（「令子の日記」1981年1月14日・水）

　　1981年1月15日（木）
　　〔智は、昨夜寝るのが〕遅かったので朝起きられず。
　　2時前まで寝ていて、そのあと走る。約4.2キロ。
　　矢元台〔実家近くの地名、巻末資料34の「地図」参照〕から舞中〔神戸市立舞子中学校〕を通り、西舞小〔神戸市立西舞子小学校〕の運動場1周で17だった＊20。
　　12m×17＝204m
　　約10回走る。2回歩く。
　　合計約4.2キロ走る。行き帰り。
　　昨日14日は7.2キロ。
　　のち風呂に入り、5時食事。玄米、白菜水だき、こうや〔高野豆腐〕、ニンジン、ゴボー、シイタケ、大根古漬け、味噌汁、のり、トロロコブ。デザート　りんご1ケ、イチゴ大7つの煮たもの（水煮）。
　　夜8時頃味噌汁2〔杯〕、大根4切れ漬け物。
　　　　　　　　　　　　　　　（「令子の日記」1981年1月15日・木）

　次の1月19日の令子の日記はかなりの長文である（なお、この日は前述のよ

うに智は石川の家に泊まりがけで出かけていたので、令子にある程度時間的余裕ができたのかもしれない)。この日の日記には、この時期の令子の心境や母親からみた智の具体的な様子が書かれており、また、令子が夫である智の父親に対して抱いている不満の一端、孤立感も垣間見える。漢方のO医師や、セカンド・オピニオンを求めた大阪大のDe医師との、より詳細なやり取りの記述もある。執筆時点からみて、過去2週間ばかりを振り返りながら、気持ちを整理しようとしているようだ。なお、前述の福島の回想にみられたのと同様、この日の令子の日記では、「しかし」という逆接接続詞が頻出している。

　こうしたさまざまな内容や性格を含むことから、この時期の令子の日記の代表的な例と思われるので、以下、ほぼ全文を引用する。

　　1981年1月19日（月）
　　かわいそうな智。
　　あのときリンデロンを飲ませていたら、もしかして助かっていたかもしれない。しかし漢方はきかなくなるという。Oさんは飲ましたらだめだという。わたしもこわかった。骨はぼろぼろになり、貧血もする。
　　しかし暮れから年始にかけて、急激に悪くなった。30→50デシベルで、高音部は70以上。Oさんの方式だと、1日1食玄米食で鍛錬。
　　しかし〔O方式の療法についての〕本を片手にやりだしたとこ〔始めたばかり〕のわたし。医者の検査などに毎日あけくれ、その運動、その食事〔づくりを両立させること〕のむつかしかったこと。
　　1月6日に神大で悪変を知り（自覚はあったが）がく然とする。
　　打つ手ないときリンデロンを飲ますとか。
　　もしOさんに（神戸に帰ってくる前に、2学期の終わりに。1980年暮れ）行ってなかったら、即飲ましていたにちがいない。
　　なまじっか暮れの29日頃からやり始めたばかりに、迷ってしまった。〔中略〕
　　今朝、涙が出た。
　　こんなことしていてよいのか。もしかして、手遅れになったのではないか。
　　自然治癒といったって入院まで20日もある。なぜもっと強く、1日も早く〔入院をさせてほしい〕と言わなかったのか。リンデロンにかわる漢

方のことも聞かず、これでよかったのか。
　パパ〔智の父〕はパパで、わしははじめから医者の出したリンデロンを飲ましたらよいと思うと言っただろう。しかしおまえたちが漢方を信じきっているから、言いたいのもがまんしてきた。Oに行って治らなくても、それみい〔それ、みたことか〕とは言わんと言う。
　それでひと悶着、昨日1981年1月18日（日）にあった。
　わたしたちがなぜこれをしているのかを知ってほしいから、この〔O式の〕本を読んでくれといっても、パラパラとめくったきりで、読んでもしかたない、なぜ俺まで迎合しなくてはならないのかと言う。
　結局、智とわたしだけの判断しかできないのと同じである。
　医者の薬に頼りたい、どうしても治してやりたいとわたしも思った。
　しかし、今まで目でどれだけ〔智は〕助かったか。〔リンデロンを飲んでも副作用が出るばかりで、助かっていないではないか〕
　一時的にでもよい、よくなったら（リンデロンを飲んで）、そのあとOにいったらよかったのか。
　わたしも智も、それくらいのことは考えた。〔中略〕

　1月8日、阪大の耳鼻科で高圧酸素をしていると智が覚えていて、さっそく電話。紹介状もなしにいく。めまいの気もあるので、そのほうの先生が若い人だったが、気持ちのよい言い方の人だったが、みていただく。
　血液検査の紙と（あす）聴検と、ドキドキの薬を下さる。何もしないよりはよいだろうとのこと。
　一週間後、14日（水）予約で行く。話は、結論として、「この人の病歴をみていると、リンデロンもきかなかっただろうと思う。体に悪いし、私は出しません」
　目と耳はメカニズムとして同じであるから、もし飲んでいたらよかったのではないかと後悔していますと言うと、「おそらくきかなかったと思います。病名もわかりません。もし病名があったとしても、現代医学では治しようがありませんので、あなたの信じている式で養生してください。ケトン体が出ているが、この人は食事できているのですか」
　「実は今、食養〔食養生＝食事療法〕している」と言った。　〔中略〕
　智のこの頃の毎日。

できるだけ眠らそうと思うので、9時半〜10時半頃まで寝る。
　11時5分前から15分前に家を出て、自転車にわたしが乗り、そのバンドを持って走る。
　〔実家の近所にあった公衆電話の〕電話ボックスを遠まわりして、明舞〔地域の通称。神戸市とその西に隣接する明石市の境界部分にあり、智の実家の近くである〕への坂をおり、矢元台のグランドに行く。
　子ども広場も大きいグランドも、ほぼ200メートル（1周）。そこを10〜15回まわる。
　日、祝日は人が多くてできない。
　西舞子小学校まで行った（15日）。
　昨日、18日の日曜日はどちらも野球していたので、北に続く矢元台の小道を何とかまわることにした。
　ちょうど三角にまがれるところあり、小公園があったりして、小さい傾きの坂であるが何とかまわることができた。〔智が〕溝に落ちないように、人にぶつからないように、自転車をできるだけとめなくてすむように、気を使う。

　1周44メーター〔目盛り〕×12メートル＝528メートル　それを15回まわった。
　528×15＝7920
　行き帰りをあわせると、8〜8.5キロになると思う。〔中略〕
　1月のその頃〔1月上旬頃〕の毎日。
　朝10時に起きて、11時前走り出す。その間、風呂に火をつけていく。帰ってすぐ入り、すぐには何もいらないという。
　昨夕（18日）はレモン湯を作ったがハチミツが甘いと言う。うすい味になじんでいる。
　昼すぎ腹が減って大根煮を食べる。
　2食にしようと思う（必然的に体が要求している）
　ホーレン草のしたし〔おひたし〕
　玄米（これを食べない日は腹が減って困る）
　顔色が悪いので（茶色っぽい）、南京豆のサヤつき4個食べさせる。明くる日元気出る。多くは悪いが少しはよいとのこと。

この頃体が冷えっぽい。
　指導もなく、勝手にしていて大丈夫かと心配。
〔中略〕
　また一方では、20日間の間*21、西洋医学のほうを試してみて（検査など）得心がいってからのほうがOにも打ちこめると神様のご配慮か。
　Oを紹介していただいたのが救いだったのかとも思い返してみる。
　どうかお助けくださいと祈る。

　1月6日、神大の帰り、なんこうさん〔湊川神社〕でくじを引き、智第三番大吉。
「何事も誠実なる熱心が第一なり。病気重いけれども全快します。願いごと、思うようにならないでしょう。時を経ればかないます。学問、安心して勉強しなさい」
「これを引くとき、何といって頼んだ」と言うと、「智をお守りくださいと頼んだ」と言う。
「ほんとになおるんかいな」と、ほっと言ったがよかったなあ（智自身がくじを引いた）。
「お母ちゃんも引いてみよか」と言うと、「変なんが出たらいややからやめとけ」というのでやめた。〔中略〕
　昨夜、智がわたしに対することばがあまりにも自己中心的で乱暴なので、パパが腹を立て、「風呂から上ったら話があるといっとけ」と言った。
　智は、〔わたしが〕「パパが話があるって」というと、「話？」と言った。
「話があるって、何のこと」というから、
「あまりお母ちゃんに対してえらそうにいうから、おこっとってや」と言うと、「だいたいそうやないかと思った」という。顔見ると、左の目のまつげに涙があった。点眼のあとかもわからなかったが。
「どうしても、御し得ないときがあるで」とぽつりと言った。「今はなあ」とわたし。
　だれも、彼の今の苦悩はわからないだろう。
　ワーっとさけびたいだろう。
　目うばわれ、音もうばわれ、この上何をうばおうというのか。
　神はあるのか。　　　　　　　（「令子の日記」1981年1月19日・月）

令子は1月24日、O病院への入院予定を変更する知らせをF寮母に送っている。

　　26日より木更津〔のO病院〕に入院と決めていましたが、変更になりましたのでお知らせいたします。
　　神戸大の難聴〔担当〕の先生が全力をあげて下さることとなり、毎日通院しています。
　　当分こちらで養生することとなります。
　　また経過お知らせいたします。
　　帰宅が夜遅く、朝早いので、ハガキにて失礼いたしました。
　　舎には変更お知らせ致しました。
　　とりいそぎ。　　　　（「令子からF寮母へのハガキ」1981年1月24日・土）

5-5　運動療法に励む

　ところで、令子はこの当時のことをどのように記憶しているのだろうか。福島は、令子へのインタビューを行った。この運動療法について、令子は次のように語っている。

　　令子：まあ、それで、メーターはあれ〔セット〕して、それでわたしよく言うのは、矢元台〔のあたりを令子と智と〕どっちも紺色のトレーナーを着て走ったやろ。わたしが自転車に乗って、あんたがもう、犬の調教受けとるみたいに、横っちょで走っとるやろ。
　　あの矢元台の近所のばあさん連中が、3人ぐらいこっち見とるわけ。そいで、「ああまでせんで、ええのになあ」って言うとった。わたしが舞中〔舞子中学校〕の先生で、あんたが悪ガキでしごいとると思ったんや。
　　福島：何の先生？
　　令子：わたしが舞子中学校の先生でな、ほいであんたをしごいとると思った。
　　福島：そんな抜けた教師がいる？
　　令子：抜けたかどうかわからんへんや。その人たちには〔わたしの〕中身

わからへんのやから。外だけだから。ほいで、わたしがものすごい印象に残っとるのは、あの坂道を下りていくときに雪が降ってきたわけよ。まだ行く最中にやで。雪が。
福島：雪か。
令子：雪。
福島：それは後で調べれば、気象台の記録を調べれば日が特定できるかもしれない[22]。
　　　時間帯は夕方か？
令子：朝やんか。朝もう8時頃に。
福島：雪が降っていた。で？
令子：雪が降っていたから、「智、雪が降ってきたから、もう今日はやめとこ」言うたら、「だめだ」ちゅうてな、キッと前方をにらんでね、ほいで、わたしはその横顔をひょっと、こう見たときに、はーあ、なんやろ、映画のシーンみたいやなと感心したわ。それで雪の中走ったんやで。とっとこ、とっとこ。舞子中学校の方まで行ったわ。
福島：ああ、舞子中か。それはなんとなく覚えとるね。

（福島による令子へのインタビュー [23]）

　当時の令子の日記の記述と比較して、インタビューでの令子の発言は明るく、ときにユーモラスでもある。しかし、雪の降る坂道を下りていく場面など、軽い語り口の中にも当時の智と令子を包む緊迫した空気が感じられる。
　このように、智は令子の助力を得て、運動療法に取り組むわけだが、それに完全に専念することもできないでいる。かといって、西洋医学的アプローチにも完全には身をゆだねられない。たとえば、リンデロンなどの副腎皮質ホルモン剤の服薬も、少なくとも当時の智には副作用が強く出て、体が受けつけない。ただ、はっきりしているのは、西洋医学的治療も、食事・運動療法、鍼灸などの東洋医学的取り組みも、いずれも顕著な効果は示さず、むしろ日を追って徐々に聴力は低下していったということである。

参考資料 5 ①
▶智が1980年12月23日付の日記に添えている自作の詩。

銀色の河

銀色の河が流れる
どこからともなくやってきて、いつの間にかやってきて、俺の心を流れる
なんだこの河は
なんだこの水は
神秘の星の光が映って銀色に光るのか
いや　ちがう　それは熱い水
熱く熱く煮えたぎり　重く重く絡みつく鉛の水だ

河の向こうで悪魔が笑っている
空には冷たい星
俺は何をしてるんだ　こんなところで
血の味のする飯を食い
棘の突き出たピアノを叩き
脳に毒を送りこむ点字を読む

俺の世界はどこへ行ったのか？
だんだんと俺の世界が遠くへ遠のいていく
入り口が見える　光っている
あれが地獄の入り口か
俺はあの入り口から入ってきたのか
いや　そうじゃない　あれは出口だ
俺は出るぞ　必ず出る　光のもとへ
小鳥のさえずりのもとへ
そしてお前のもとへ

[注]

*1　ここでいう「食堂」とは当時智が生活していた寄宿舎の共用食堂のことである。寮生は、朝、昼、夜の3食をこの食堂で食べていた。

　なお、寄宿舎には、中学部、高等部、高等部専攻科、(盲学校)理療科教員養成施設などに在籍する同校の生徒のうち、実家が遠隔地などの理由で、通学が困難な者100人余りが当時入寮していた。女子寮と男子寮に分かれ、食堂や玄関、事務室などはその2つの建物の中間に配置されていた。食堂の片隅にグランドピアノが置かれていて、決められた時間帯にはだれでも自由に弾くことが許されていた。

*2　「骨伝導聴力」の略。鼓膜を通さず耳の後ろの骨にマイクを接触させたときの音の聞き取りの力。

*3　土屋による福島へのインタビュー、2004年6月15日実施。

*4　『冷たい方程式』は、小型の宇宙船に密かに乗り込んだ女性密航者が、最終的に「重量オーバー」のために、宇宙空間に放出されて死ぬというストーリーである。智はこの話に刺激を受けて、1981年2月に、『愛の方程式』(巻末資料20参照)というSF短編を創作し、「片思い」のAに送っている。これは後年、加筆・修正したものが、視覚障害者の文芸コンクールで入選した(審査員・阿刀田高)。

*5　*3と同じ。

*6　福島による捧道宏(鍼灸・マッサージ治療室開業)へのインタビュー。2007年10月29日、捧治療室(東京都目黒区)にて実施(指点字通訳者は金田由紀子)。本書における以下の捧へのインタビューも同じ。

　なお、高等部専攻科理療科は、あんま・マッサージ・指圧、鍼、灸を学ぶ3年制の課程であり、智の在籍した高等部普通科より上の年代の生徒が在籍している。

*7　*3と同じ。

*8　ここでは、日本製の「ライトブレーラー」とよばれる機種を指している。6つのキーを叩いて点字を打つと、ガチャガチャというかなりうるさい金属音がする。

*9　土屋による福島へのインタビュー、2004年7月6日実施。

*10　福島［1995：102-10］。初出は『コミュニカ』第6号(全国盲ろう者協会・1993年・春号)。

*11　進行性の眼病。現在も治療法は確立されていない。

*12　土屋による福島へのインタビュー、2004年6月29日実施。

*13　同前。

*14　突発性難聴は、生来健康で耳の病気を経験したことのない人が、明らかな原因もなく、あるとき突然に通常片側の耳が聞こえなくなる病気。早期の適切な治療により、予後はおおむね良好だとされている。ただし、智は突発性難聴ではなく、「特発性難聴」だと診断された。これは、「特発性両側性感音難聴」ともよばれ、原因不明の感音難聴の中で、両側性に難聴が進行する病気である。現在に至るまで、原因は明らかでなく、治療法も確立されていない。

*15　*12と同じ。

* 16 ここでの「振動」は「震える、揺れ動く」というニュアンス（vibration）ではなく、「（振子のように）振動する、往復する、（心・意見などが）ぐらつく」というニュアンスの「振動」（oscillation）の意味で用いている。
* 17 ここでいう「歩行訓練」とは、白杖を用いた単独歩行のための訓練を指す。智は全盲に加えて片耳であったため、慣れない東京での単独歩行には、歩行ルートの事前の訓練をすることが安全である、とF寮母が判断したのだった。
* 18 このハガキは、令子の日記に写しがある。また、F寮母は1月10日に受け取っている。後に、F寮母から原物のコピーの提供を受けた。
* 19 ケトン体については、摂取カロリーが不足した際、血中に分泌される化合物である、と当時説明された。
* 20 当時、運動療法を始めるにあたり、走行距離を測るために、自転車に取りつけていた簡易型の走行距離計測メーターの目盛り数。1目盛りが12メートル。
* 21 ここでの「20日間」とは、O病院への入院が当初1月26日の予定であったため、1月6日の神戸大耳鼻科受診日から数えての20日間だと思われる。
* 22 なお、神戸海洋気象台の当時の記録を調べたところ、積雪があったという記録はないため、若干の降雪だったのだと思われる。
* 23 福島による母・令子へのインタビュー。2003年8月26日、実家（神戸市垂水区）にて実施（指点字通訳者は、前田晃秀・大久保弥恵子）。

第6章

聴力低下と内面への沈潜

(18歳：1981年1月～同3月)

6-1 下降――聴力の低下に呻吟する

　1981年1月末から2月にかけて、そして2月後半、さらに2月末から3月にかけて、と段階を追いながら、智の聴力は徐々に、しかし確実に低下していった。それとともに、智の思いは内面に沈潜し、病や障害についての思索を深めるようになる。
　この「下降していく」時期の思いについて、福島は土屋に語っている。

>　土屋：聞こえなくなっていくっていうのは、不快感のほかに、痛いとか、具体的に体に対する痛みとかっていうのはあったんですか。
>　福島：それはないです。痛みはないです。もともと、耳鳴りがするとか、時々めまいがするというとかっていうのは以前からありましたけれども。だけど、その聞こえなくなる過程で特にそういった症状がひどくなったということでもないんですよね。だから、痛みということではなく、だんだんと自分の世界が消えていく。だんだんと世界が遠のいていく、自分が消えていくっていう感じ、でしょうか。
>　文字通りに苦しいとか、あるいは痛いとかではなく、焦り、焦燥感なのか。なんともいえない感覚でしたね、あれは。
>
>　　　　　　　　　　　　　　　　　　　（土屋による福島へのインタビュー[*1]）

智がある程度の内面的な落ち着きを得たのはいつ頃だろうか。

> 福島：指点字がいつ考案されたのかも記録していないわけなんです。治るかもしれない、完全に治らないにしても回復するかもしれない、という気持ちがありましたので。
> 　３月くらいまでは、中途半端な感じでしたよね、すごく。
> 土屋：あのー、いつぐらいといいますか、どのくらいの時期に気持ちの整理がつき始めたかというのは？
> 福島：そうですね。ある日突然というふうにはやはりいかなくて、行きつ戻りつしながらだったんだろうとは思いますが。友達に、2月14日付で比較的長い手記のようなものを送っていて。それは私の同級生で仲のよかった、全盲の男に書いたのですが。後にそれは戻してもらったので、私の手元にあるんですけれども、その中で、自分が、私が経験している苦悩というものの意味についてですね。この苦悩には意味がある、あるんだろうと、そういうふうに仮定して、その仮定のうえでやっていく以外に、私の生きる道はないよな、みたいなことを、書いていたんですよね。
> 　この2月の14日の時点では、耳元で大きな声を出してもらえばどうにか聞こえる、というぎりぎりの状況だったんです。あるいは外を歩いていると、歩く自分の足音が、体の中の振動を通して、どんどんどんと、響くぐらいはまだ聞こえていたので、聴力的にはまだ少し残っていたんですよね。だけど、どうも先行き見通しは暗そうだというのは覚悟していましたし、自分が経験している苦悩というものが、将来の自分の人生を輝かせるために必要なものなんだとすれば、ま、その試練に耐えるしかないんだろうな、みたいなことは書いていますね。
> 　書いていることは100パーセントそのときの本音かどうかというのは怪しいですけれども、ただ、少なくとも自分の中では整理しようと努力してはいたようです。　　　　　　　　（土屋による福島へのインタビュー[*2]）

　ここで話題に出ている1981年2月14日付の智の手記を、章末に参考資料6②として掲げた。かなり長文だが、この時点での智の状態を、智の視点で一種凝縮した形で描写したものである。
　なお、この手記は、Nという友人宛に書き送ったものだが、そのN宛の手紙

第6章　聴力低下と内面への沈潜（18歳：1981年1月〜同3月）　｜　143

の全文も章末に参考資料6①として掲げた。学校や寄宿舎の様子や友人たちの近況に思いをはせている智の様子、「片思い」の女性への自身の気持ちが、こうした現状にあっても変化していないことへの驚きなどが書かれており、これも、この時期の智の心境のリアルな一面を表しているだろう。

　ところで、この1981年2月14日という時期は、聴力が回復する可能性も皆無ではなく、他方、ますます悪化する可能性もあり、また、このまま現状維持のパターンもあり得るといったように、いくつかの「道」が将来に向けて存在している分岐点のような性格を持つ時期だったといえる。実際、この手記を書いた4日後の2月18日には、巻末資料22に示したような手紙を、智は当時の耳鼻科の主治医だったK医師にあてて作成している。この手紙の中で智は、今後の治療方針や近い将来自らが置かれるであろういくつかの状況のパターンを想定し、その中で自分が望ましいと考えるパターンに優先順位をつけている。結果的には、このあたりの時期が、智にとって、聞こえる世界と聞こえない世界とを分かつある種の「分水嶺」に差しかかった時期だったのだろう。

　たとえば、この18日の時点で智の聴力は既に相当悪化していた。同じ18日の夜、F寮母は智の実家に電話して、智と電話での会話ができなくなっていることを知る。

　　　福島宅に連絡する。pm9:00過ぎで、本人を電話口に出したが、福島の残存聴力では、電話での会話は不可能であった。まったく私の話す声は聞こえず、なんだか私の心までさみしく思えて、胸がこみあがってきてしまった。コミュニケーションがとれないことは、なんてむなしいことかと感じた。　　　　　　　　　　（「F寮母の記録」1981年2月18日・水）

　聴力の悪化を受けて、その翌日の2月19日、K医師の勧めで、智は補聴器の利用を試験的に始める。使用は1日30分程度に制限された（実際、長時間使うと耳や頭が痛んだ）が、一時的に電話での会話が可能になる。F寮母が記している。

　　　福島より夜10時ごろ、自宅にtelがくる。今日の受診で主治医より補聴器を試聴するよういわれて先生に初めてtelしたんですという話があった。補聴器利用である程度は聞きとれているよう感じられた。福島のtel

の内容は、〔新年度の4月からの寄宿舎の〕部屋移動の希望であった。本人の要望は、高等部2年のT、N君と一緒の部屋としてくださいというものであった。　　　　　　　　　（「F寮母の記録」1981年2月19日・木）

　しかし、これは聴力が回復したことを意味するわけではない。逆にいえば、補聴器がなければ聞こえないことを意味している。

　　2月25日夜8：30ごろ、福島宅にtelする。
　　この数日、聴力低下がいちじるしく医学的リハビリテーションでは十分に治療効果があがらない。とにかく、耳元で母親がいくら大声で話しても聞きとれず、補聴器を利用しなければ、残存聴力では無理（認知不可能）であるという。　　　　　　　　　（「F寮母の記録」1981年2月26日・木）

　そして、3月に入ってからは、さらに急速に聴力が悪化したため、補聴器も徐々に使わなくなった。つまり、補聴器を用いても、ことばの聞き取りが徐々に不可能になっていったからである。

　こうした状況の中で智は何を考えていたのだろうか。この2月半ばから3月にかけての時期の智の日記を読むと、一方で日々読書ノートをつけ、思索を深めながら、同時に、自身の病状を比較的冷静に分析している。しかし、他方で、自らが置かれた苦境への悲嘆や懊悩、逡巡や焦燥、そして絶望といった感情を、切々と記している。そうした中で、一つ注目されるのは、土屋によるインタビューで福島が語っているように、また、Nへの手紙で智自身が「性懲りもなく」書いているように、Aという女性への思慕の念が智にとって一種の「癒し」となり、「力」を与えていたのではないかと思われる点である。
　智はこの療養中、他の友人とともにAとも文通している。しかし、手紙そのものには自身の病状の詳細など、あまり深刻なことは書いていなかったようだ。むしろ手紙とともに自作の童話やSF小説まがいのものを書き送ることに専念していた。童話は、メルヘンやファンタジーを好んだAを意識していたものだと思われるが、Aが当時、特にSF好きだったとは思えない。少なくとも、智もそうは考えていなかったはずだ。
　こうして考えてくると、智はたとえばAのために物語を創作するという形を

とりながら、実際は自分自身のために書いていたのだとも解釈できる。また、日記中では、Aへの悲痛な呼びかけや切実な言及が毎日のようになされているものの、それは現実のAへの手紙などにそのまま表現されるようなことはなく、むしろ智自身の胸の中のAに語りかけている、という印象が強い。以下、関連する記述を若干紹介する。

　　　俺を、ただわずかでも光のある場所へ出させてくれるのは、A、君だけだ。
　　　　　　　　　　　　　　　　　　　（「智の日記」1981年2月11日・水）

　　おい、A。俺は君と一緒に机を並べることができなくなるかもしれない。おい、そんなことはいやだぜ。泣きたいよ、A。おいA、俺のA、俺の高校時代のすべてをかけて燃えたA。そんなことがあっていいものか？
　　K先生による治療もいっこうに効果が出ない。焦る。あー、つらい、苦しい、O式に行くか？
　　そのためにK先生を説得する文章も書いてみた。しかしそれが何になる。O式をしたところで、治るという保証はない。それに俺は、O式が怖い。というか、あの味気ない食生活に心の渇きを覚える。
　　目が見え、耳も聞こえ、いろいろの楽しみもある普通人ならともかく、盲人にとって、いや俺のように二重障害の人間にとって、食べるということは非常に大きな意味を持つことだ。
　　あー、耳は治りたい。でも学校に行きたい。1年遅れるなど考えたくない。あー、A。君のためにも行きたい。その間に治る保証があるというのか？
　　俺は気が狂いそうになるよ。どうすればいいんだ。気が狂いそうだよ、A。
　　あー、A。俺のA、君に会いたいよ。（「智の日記」1981年2月18日・水）

　この18日の記述などを見ると、相当に追いつめられた心境が読みとれる。だが、聴力の低下が進行するとともに、不安定な状況を脱して、いわば、「悪化した状態での安定」の時期にさしかかると同時に、不思議と智の心は逆に落ち着きを取り戻し、Aへの思いも落ち着いた、あるいは純化されたものへと変化していく。

　　　今日K先生に俺が書いていた例の表と手紙の写しを渡した。昨日おやじ

とも話し、学校のことは二の次にしてまず治療を第一に考えることに心は決まった。
　それにその行動の（いやその考えの固まる）裏付けとなる事実として、俺の補聴器試行に伴う聴力の低下がある。〔電話の〕「117」の時報の音で判断してわかるが、今日現在ではあの〔時刻を告げる女性の〕声がはっきり聞きとれないほどまでに落ちている。80〔デシベル〕付近には既に達しているだろうな。
　学校でAに会うことができなくなる可能性もある。そのことを昨日の手紙で示唆しておいた。
　あー、しかし、もしそんなことがあっても、耳が治るならばいい。俺の人生は二十歳からなのかもしれない。土曜日〔2月21日〕、手相を見てもらったら、来年から再来年にかけてが勝負だと言っていた。
　学校を出ても、Aとは友達でいたい。俺にしてみれば、恋人なのかな？
　しかしその姿はいずれ、消えると思う。がAは少し異質だ。
　異性に対する欲求を伴わない、輝きに満ちたごく純粋で透明な色の感情がAに対して生まれる。かつてなかったことであり、今後もそうたびたび起こり得るとは思えない。とにかく彼女の存在が貴重であることは〔確かだと〕いえる。
　　　　　　　　　　　　　　（「智の日記」1981年2月24日・火）

6-2　諦観——絶望の中での逆説的平安

　3月に入っても智の聴力は改善せず、むしろ悪化の一途をたどる。そうした中で智は日記にこうした状況に対する苦悩の心境を記している。しかし、その記述には、徐々に自らの状態を「距離を持ってみている」かのような色彩が加わってくる。
　すぐ後に紹介する令子とのエピソードがあった3月1日付の日記はいたって簡潔だ。

　　思わず2月と書きかけた。既に3月。俺の記憶の中で、これほど苦しい3月はあったであろうか？
　　家で休学しながら治療をするにしても、だらけてしまいそうな気がする。
（「智の日記」1981年3月1日・日。この記述の後は、チェーホフの戯曲『桜の

園』と『熊』についての読書ノートになっている）

また、これも後述するカフカの『変身』についての読書ノートを記した日である３月３日の日記では、既にある種の「諦観」にも似た心境を吐露している。

　　昨日からやっと走り出した。昨日は約4.3キロ、今日は5.4キロ走った。今はなんにもやる気が起こらない。英語ももちろん、ましてや数学なんて……。
　　俺はいったいどうなるのか、未来はあまりに不安だ。しかし、もう、落ちるところまで落ちきった感があるなあ。〔ゴーリキーの戯曲〕『どん底』に秘められたあの人間賛美の気持ちを自分に向けて、邁進したいものだが、そうもいかないようだ。
　　昨日Ｆさんに手紙を書いた。学校へは行きたいがＯ式の食事ができないとまず聴力は落ちるだろう。したとしても落ちないとも限らんし、厄介なことである。
　　（「智の日記」1981年３月３日・火。この後は後述の『変身』の読書ノートになる）

一方、母・令子は智が思いつめているのではないかと気がかりだったようだ。３月１日付で、Ｆ寮母に令子はハガキを出している。

　　智はどん底の中でもしっかりと頑張っています。
　　今夜「〔日本の〕有名な作者〔作家〕はみな自殺しているなあ」と言うのでまさかと思いましたが、死ぬだけは考えないでくれ、どうしても生きてくれと書きましたら、つまらんことを言うなあ、僕がそんなことをすると思うかと点字でやられました[*3]。
　　落ち度も多いですが、こんな立派な人間を神が見捨てるはずがないとわたしも思います。親が言うのもおかしいですが、見習うべき点は多々あります。〔中略〕わたしもくじけず頑張ります。
　　先生の温かい御心感謝でいっぱいです。智は良い人たちにかこまれ、真心にかこまれ、幸せな人間です。ありがとうございました。とりいそぎお礼申し上げます。
　　　　　　　　　　　　　　　　　　　　　　　　　　　　　　　かしこ

(「令子からF寮母へのハガキ」1981年3月1日・日)

この時期の智の様子について、令子は1994年の時点で次のように語っている。

令子：ほんとにもう、刻々と毎日聴力が落ちるんですからね。本人がいちばん苦しかったと思いますけど、どうしてやったらいいかと思ってね。
　智も言いましたよ、「この広い世の中で僕の耳を治す医者は一人もいないのか」って言いましたよ、ほんとに。まるでね、芝居をしとる場面みたいにわたしはよく思い出すんですよね、これがね。
　それから、もう、苦しんだみたいですよね。それでも、その心の中は何も言わないんですよ。昼間は〔実家に〕わたししかいませんでしょう？　智とわたしと。いったいあの子は何を考えてるのかなあと、こう思いますでしょう？
　それで、もう、あの子は、毎日、毎日本を読んで、読んだ本の感想文をちゃんと書いてね、そんなさなかにでも。
　わたしが心配すると思って自分の苦しみをわたしに言わないんです。言わないからよけいに心配で。
　そしてね、あるときね、もうだいぶ、〔耳が〕どんどん、どんどん悪くなったときにね、「日本の偉い作家はたいてい自殺しとるなあ」と言うたんですよね。わたし、この子、死ぬことを考えてるのと違うかなあと思ってた頃に、そんなことを言うから、ほんとに、それで、なんとしてでも力になりたいと思って、「死ぬことだけはやめといて、必ず一生懸命お母ちゃんが手足になるから」言うてね、頼んだんですよ。
　そうするとね。「あほやな、僕がそんなこと考える人間と思ったんか？　はっはっは」言うて、笑って自分の部屋に入っていったんです。
（川原による令子へのインタビュー）

この「作家の自殺」という発言を智がしたことについて、福島も令子にインタビューした。

福島：僕が死ぬかもしれんとあんたは思ったんか。
令子：それはそうやないか。「僕はもう、目もあかんし、耳まであかんよ

うになったから、どうせ生きとってもしゃあないわ」と思って、変なことを智が考えてへんかなあ、とわたしが思ってるときに、智がある日、「日本の偉い作家はだいたい自殺しとるなあ」いうて言ったのよ。

福島：で、それを僕が言ったときにあんたは驚いたわけだね？

令子：そうやないか。これは何かのね、暗号かもしれんと思ったのよ。ドキッとしたよ、あんた、ほんまに。「僕もそろそろ始めまっせ」ぐらいのこと、ちょっと知らすために。

福島：何？　そろそろ？

令子：始めまっせ。

福島：何を始めるんや。

令子：おさらばするかもしれませんよ、いう。ドキッとしたから、そのときには。智はね、いつも、真ん中の部屋に仁王立ちみたいになって、それで、大きな声で言うのよね。舞台俳優みたいにしてね。わたし一人やからね。パパとかお兄ちゃんがおったら、そんなことせえへんやろうけど。偉そうに、こうして〔腰に手を当てて〕、「じーさーつー、したなあ」って。

福島：何、何？

令子：「日本の有名な作家はたいてい自殺したなあ」って言うのよ。そやから、わたしのイメージとしてね、智の足のところをぎゅっとつかんでね。「あんた、まさか、そんなことを考えとるんと違うんやろな」とこう言ったように思う。そのときは怒鳴っとったのかな。

福島：声かもしれないね。怒鳴れば何とか聞こえたのかもね。

令子：うん、まだね。　　　　　（福島による令子へのインタビュー[*4]）

前述の令子の発言、特に福島とのやり取りは、当時の令子のハガキのトーンと比べれば明るく軽い感じだ。しかし、今インタビューで振り返ってみても、一種張りつめた緊張感がその当時、智や令子を覆っていたことはうかがえる。

6-3　読書と思索を通して自分なりの「結論」へたどりつく

さて、3月に入り、急激に聴力が低下し、音声を聞き取ることはほとんどできなくなった智は、読書や思索にますます没頭するようになる。なお、この盲ろう者となっていくおよそ3か月間で、智は40タイトルの点字書を読んでい

る（「読書の記録」：巻末資料31参照）。そうした書物について、智は本やその中の作品などについて「読書ノート」を作成していた。以下、どのようなノートを作成していたか、フランツ・カフカの『変身』を題材に紹介する。

「読書ノート」フランツ・カフカ『変身』

　——ある朝グレゴール・ザムザが何か気がかりな夢から目を覚ますと、自分が寝床の中で一匹の巨大な毒虫に変わっているのを発見した。
　彼は鎧のように硬い背を下にして仰向けに横たわっていた。頭を少し持ち上げるとアーチのように膨らんだ褐色の腹が見える。腹の上には横に幾本かの筋がついていて、筋の部分は窪んでいる。腹の膨らんでいるところにかかっている布団は、今にもすっかりずれ落ちそうになっていた。たくさんの足が彼の目の前に頼りなげにぴくぴく動いていた。胴体の大きさに比べて足はひどくか細かった。

　こうしてザムザは虫になった。はじめ彼はすぐに元に戻るだろうと思っていたが、そうはいかなかった。運命は確実に彼を元の世界から引き離した。
　しかし問題なのは彼は虫になったが、それ以外のものがすべて今のままだと（昔のままだと）いうことである。たまたまグレゴール・ザムザは虫になったが、他の多くの人が一夜にして不幸になるのとたいして違わぬことではないであろうか？
　家族の者は悲しみ嘆き、彼を殺さないようにえさを与え、部屋に閉じ込めていた。母親は会いたがったが、その愛情も、強烈な嫌悪感には勝てないようであった。こうして時は過ぎ、何か月か彼はその部屋の中にいた。しかしとうとう彼は下宿人のいる前に、妹の弾くバイオリンの音にひかれて出てしまうのだ。この醜怪極まる褐色の虫には、前と少しも変わらぬ感情と愛情があったのだ。こうしていよいよ家族は決心した。何とかグレゴールから離れることを考えたのだ。彼は既に母親が気を失ったとき、早合点した父親によって投げられたリンゴで重体の危機に瀕していた。では今まで世話をしてきた妹の決意のことばを記してみよう。

——「もう潮時だわ。あなたがたがおわかりにならなくたって私にはわかるわ。私この獣の前で、お兄さんの名なんか口にしたくないの。ですからただこう言うの。あなたたちはこれを振り放す算段をつけなくちゃだめです。これの面倒をみてこれを我慢するためには、人間としてできるかぎりのことをやってきたじゃないの。誰もこれっぽちも私たちをそのことで非難できないと思うわ。絶対によ」

　しかしグレゴールは翌朝死んでしまったのだ。何事にも動じない骨太の手伝い女がグレゴールを片づけた。いったいどのようにしたのかはわからない。ただ片づけたのだ。
　そして家族は久しぶりにうちそろって、今後の生活を始めるうえでの第一歩を踏み出した。そして出ていった。

　——3人は電車で郊外に出た。電車の中には3人のほかに客は誰もいなかった。〔中略〕3人がこんなふうにおしゃべりをしているうちに、ザムザ夫妻は次第にいきいきとしていく娘の様子を見て、娘がこの日頃顔色を悪くしたほどの心配苦労にもかかわらず、美しい豊麗な女に成長しているのに2人ほとんど同時に気がついた。ザムザ夫妻は次第に無口になりながら、また、ほとんど無意識に目と目でうなずきあいながら、さあそろそろこの娘にも手頃なお婿さんを探してやらねばなるまいと考えた。
　降りる場所に来た。ザムザ嬢が真っ先に立ち上がって若々しい手足をぐっと伸ばした。その様はザムザ夫妻の目に彼らの新しい夢とよき意図の確証のように映った。

　さてこれで終わったわけである。かなり難解な作品でありますな。
　まず一般的な感想。すなわちちょっと考えただけで出てくる感想を述べてみます。グレゴールは虫になった。しかし彼の感情は変わってはいなかった。人間の心などというものはかくも他人に伝わりがたいものであり、また人間は常に外見にとらわれやすいものである。実際問題、家族のだれかが巨大な虫になるというようなことが起こった場合、まだその者に対して変わらぬ愛情を持っているということが人間業では難しいかもしれない。そこにはなまぬるい人間の愛情など恐怖と憎しみの感情の中に消されてし

まうのだ。そこには運命の力の恐ろしさ、現実のいかに厳しく人間に対して強大であるかがうかがえる。そしてもう一つ。これがいちばん大事だと思うが、グレゴールはたまたま虫になった。いや、たまたまグレゴールが虫になったのである。すなわち家族のだれかが虫になっても少しもおかしくはなかったのではないか。のみならず、人間のうちのだれかが、いや、すべてのものが虫になり得る可能性を秘めているのではないか？　そういったものをグレゴールは象徴しているのではないか？　ではその虫が何であるか。これはちょっと考えたぐらいではわからないな。ただあくせく働き、金のために社会に埋もれて生きて、死んでいく人間という存在が本質的に虫と変わらないということもいえるだろう。いったい虫とどこが違うのだ。文化が、文明がある？　科学や宗教があり、芸術が、哲学がある？それがどうしたというのだ。生きている者にとってそれがいかほどに意味を持つものか。また虫の姿よりもいかに醜いものを人間が持っているか？それはかなりの現実感を伴って伝わってくる。またグレゴールが非道な罪人でもなく、また怠け者の意地悪で身勝手な男でもない、というところに、また人間の本質に存在するだれの中にも存在する虫になりうる可能性、それどころか既に虫になっていることを表しているようである。この作品は障害者との関連もあり、またすべての人間への思考にも関連し、運命の力をも考えさせられる点で、今後何度も思いおこす価値あるまれな小説だと思われる。すなわち俺自身がグレゴールであることがある意味で現実に証明されているからである。　　　　　（「智の日記」1981年3月3日・火）

　智の日記中の「読書ノート」を見ると、作品の読解が、1月、2月と経過する間に徐々に深まっていった様子がうかがえる。また、日記で障害者について触れることも増え、3月15日には、ロバート・J・スミスダスの自伝を読んで、「盲ろう者」ということばに一種の「安心」を感じている。ただし、その一方で、同じく3月15日の日記で、「障害の克服とは障害を除去することである」などとも書いており、「障害観」も揺れ動いていることがうかがえる。

　　俺の耳は生まれて以来の最悪の状態だ。耳鳴りは強い。〔電話の〕時報は聞こえない。耳元で叫んでもらってもわからない。
　〔中略〕ロバート・J・スミスダスの自伝を読み始めている。触話法〔相

第6章　聴力低下と内面への沈潜（18歳：1981年1月〜同3月）　|　153

手の口唇の動きと振動でことばを読みとる方法。第8章の注＊12を参照〕で人と話をするボブ。俺の未来を見たように思える。

　盲ろう者。このことばはやっと俺に安心を与えるような気がする。しかし俺は負けたくない。神が俺に与えられた試練は、それは乗り越えるためにあるべきだ。

　障害を乗り越えるとは、障害を根絶し、排斥し、除去する。そうだ、障害をどこかへ捨てちまわなければならない。

(「智の日記」1981年3月15日・日)

　令子は3月の上旬から半ばにかけて、智がさまざまな内面的苦悩と闘っていることを察していた。そして、ある日、次のような場面に接する。前述の1994年時のインタビューで、令子は語っている。

　令子：それから何日かしてね。本当に、舞台俳優みたいに、声出してまた言うたんやで、あの子。
　「僕はなんで見えとった目が見えへんようになって、聞こえていた耳が聞こえなくなったか。とっても不思議や」って言うてね。「考えに考えて、悩みに悩んだ」
　それでね、「頭が透明になった」って言った。透明になったときにね、思いついたことは、「僕をこういう状態にして、僕でないとできないことがあるという、何かね、使命を与えられているんじゃないかと思う」って。
　それで、「僕はこういうふうになったけれども、日本やこの世界には、必ず同じ状態の人がいると思う。もっと何人もいると思う。その人たちのために役に立てたら」と言った。「役に立ちたいと思う」って。
　わたしはそのときね、ほんとに、あの子の顔がぱーっと明るくなったような気がします。うん。わたしも、ああ、ほっとしましたね、そのときね。

(川原による令子へのインタビュー)

　このことについて、福島も令子にインタビューした。福島は最初、あまり覚えていなかったが、やり取りの中で、状況がより鮮明に浮かび上がってきた。

　令子：いったいこの子は何を考えとるんやろうと思って。かえって心配し

たね。まあ、あの、いろいろあなたも考えたその結論、今、思うとること、作家のこととか。

　それから何日か、1週間ぐらいか経ってから、「結論がやっと出た」って、もう一度発言したのを覚えとるか？

「なんで僕がこういう状況になったのか」

福島：それは、どんなふうに言った、僕は？　と、あなたは記憶してる？

令子：それでね。もう、何日も、その、悩んで、もう「ほんとに苦しんで悩んで考えた挙句に到達したことがあるんだ」って言った。

福島：ふーん。

令子：うん。「これにはね、深い意味があると思う」って。「見えとった目、聞こえとった耳、それをだめにした僕、それを使って何かをさそうと、何者かがそうしてるのではないか」。で、そのときに、こう、言うたのよ、あなた。

「世の中にはね、今の僕と同じ状態の人がね、必ず何人かはいると思う」って言うたの。わたしはね。世界中に第二のヘレン・ケラーは智が一人やと思うとったの。でも智はね、「必ずいると思う」って言ったの。

福島：ふんふん。

令子：それは覚えとるか？　覚えてへんやろ。

福島：うーん。言ったかもしれんけど、シチュエーションを思い出せない。どういう状況で言ったかな。家で言ったのかな。

令子：やっぱり、そう。真ん中の部屋で、立ってね、言ったから。

福島：それがよく出てくるな。「真ん中の部屋」[*5]。

令子：だからね。あんた、その、俳優みたいに、この、腰に両手を当てて、天井の方を見て、それで、言うのよ、あんた、大きな声で。だれもいないものね、昼間は。

福島：〔狭いから〕ほかに立つ場所がなかったんやろ、たぶん。

令子：それで、わたしにね。わたしがきっと心配しとると思ったんちがうか？　作家のことがあったから。それでね。1週間ぐらい経ったかな、と思うんやけど。その作家がいつやったっけな、あれは？　3月？

福島：3月1日。

令子：ええ？　3月？

福島：それはあんたが書いてるから、ハガキに。

令子：へえ。それで、そのね、やっと僕の、その、どういうか、その、「生きる道を見つけた」みたいなことを言うたの。だからその、「僕にはね、何しなくてはいけない使命があるように思う」って。で、わたしは講演なんかでね。そのときに、あの、この子は自分の生きるべき道というか、そういう、自分の体験を生かしてする道があるようなことを見つけたのかなと思ったって言うの。

　それで、ちょっと、明るい顔になったように思うって。こう、横顔しか見えへんからね、わたしは。

福島：僕は真ん中の部屋で、立って、手を腰に当てて？　天井を見て話してた？

令子：うん、斜め天井を見てね。いつもあんたはそういうふうに俳優みたいにして話すのよ。大きな声を出して、わたしに。

福島：で、あんたはそのとき、僕から見て右斜め前方にいたということか？

令子：いや、右後ろ。右後ろにおったわけよ。

福島：僕から見て右後ろというと、神棚の方か？

令子：うん、まあ、水屋のへんやな。まあ、そこらへんや。

福島：なるほど。

令子：それで、それで、あなたの横顔が見える。それでね、あ、智は自分の歩むべき道を見つけてくれたかなあと。そこで少し明かりが見えたかな。ちょっと明るい顔に見えたのよね、わたしは。それで、少しほっとした。

福島：ああ、僕の顔がね。

令子：うん。ちょっとほっとしたわけ。

福島：それで、あんた、何か言ったの、そのあと、俺に？

令子：それが覚えてないけどね。それは何か。

福島：僕はそれだけ言って引っ込んだのかな。

令子：そうかもな。

福島：言うだけ言って（笑）。

令子：あの、幕の中に入ったかな。

福島：そんな、そんな、舞台に出てくるようなこと、そんなことしたか？
そんなこと言って、言うだけ言って引っ込むみたいな感じで（笑）。

令子：いやいや、はっはっは、そら、何か言うたと思うわ、わたし。「そやなあ」とか言うて、何か言うたと思うよ。それが指点字しとるかしてへ

んのか知らんけど。〔「作家」のこととこの件の〕その二つがね、すごいね、印象に残ってる。　　　　　　　　　　（福島による令子へのインタビュー*6）

　読書にふけることと思索を深めることで、「障害」や「障害者」について智はこの時点での整理を試みている。

　　普通の人の特殊な場合である障害者を、普通のレベルに持ってくる。すなわち、特殊性をなくし、世の中を一般化し、統一しようとする。しかしそれでは、その後に何が残るんだ？　何もないように思えるが。〔中略〕
　　みんな一様なものからはなんの進歩も生まれない。また異なるものをただ一様にならそうとする努力からも、なんの進歩も生まれないだろう。人類にとってその本質的進歩を生み出すうえで、それを考え、実行していくうえで、多くの人類とは異なる少数のものの存在、たとえば障害者の存在には、意味があるように思う。〔中略〕
　　われわれは障害者である。〔同時に〕普通人と同じ人間である。しかし、そこに「異なっている」という意識から生まれた、〔なおかつ〕両者を貫く共通の何かを把握する力を持たねばならぬと思う。
　　　　　　　　　　　　　　　　　　　　（「智の日記」1981年3月18日・水）

　後述するように、智は1981年3月21日に上京し、いったん附属盲学校の寄宿舎に立ち寄って、木更津のO病院に入院する。上京の前日、すなわち神戸の実家での3か月間の療養生活の最後の夜に、智は「神」についての思いを、トルストイの作品の読後の感想の形で書き記している。
　狭義の信仰ではないにしても、この時点で、いわば広義の「信仰」、あるいはそれに類似した思いを智は抱いたと思われる。先述した「障害体験の意味」を考える過程、そして、「自らに盲ろうの障害を与えた存在とは何か？」を問う過程で、それは必然的に自らに「人生を与えた存在」として智に認識されたのである。以下は、トルストイによる聖書の引用で智がもっとも感銘を受けたセンテンスであり、「感動する」と智が書き添えている（詳細は巻末資料5を参照）。

　「未だ神を見し者あらず、我等もし互に相愛せば、神われらに在す」（ヨハネ第1の書、第4章第12節）

（「神戸での静養の最後の日の夜にトルストイの『人はなんで生きるか』を読んで書いた智の感想」1981年3月20日・金）

参考資料 6 ①

▶1981年2月14日付で、クラスメートで寄宿舎での友人でもある、全盲のNに書き送った点字の手紙全文。文中の個人名はイニシャルなどに置き換えた。

　やあ、元気でやっているかい？　スキーも終わり、試験が近づいて忙しいのじゃないかなあ。

　それはそうと、返事が遅れてすまない。まあ、俺も君もそれほど手紙を書くのが好きなほうではなさそうだし（もちろん、めんどくさいからだろう）、君は寮にいるということもあるから仕方がないと思う〔普通字での封筒への宛名書きやポストへの投函などに不便だから〕。

　病状だが大きな変化はない。聴力が安定していないから医者が止めるので仕方がないが、ある程度のめどがつけば、俺は補聴器など〔方言〕つけて、すぐにでも学校に行きたいと思っている。といっても、今行ったら何がなんだかさっぱり勉強がわからないだろうなあ。

　同封したのは、俺のつまらない作文だ。というより、日記といったほうが良いかな。

　俺の具体的な生活の一部を書いている。まあ暇があり、しかも心にゆとりがあり、はたまたちょっとやそっとの気のめいる話でもこたえないというようなときに読んでくれ。Iに見せれば、読んでくれると思うな。Aに〔童話などの〕「お話」を書くのも俺だが、こういう暗いとも深刻ともいえる一面を持っているのも俺だ。

　そしてこれには現在の俺という人間の真実の姿が出ている。書いてあることはすべて事実だ。

　まあ、それはどうでもよいが、そっちはどうなってるんだい？　生徒会はうまくいってるだろうか？〔次期会長が〕Yyなら大丈夫と思うが、気になるのは今年の後始末だ。それにもっと心配なのはKmのことだ。試験はどうだったんだろう。またほかのことがあれば返事をほしい。〔智の実家の〕住所を書いた封筒を中に入れておくから使ってくれ。

　それから先の手紙の中の「A情報」は嬉しく承った。

ただ、お菓子メーカーのせいで入ってきたのかどうか知らんが、この日本における愛されぬ男にとって厳しい１日〔この手紙を書いた２月14日、バレンタインデーを指している〕。これについては、今年もダメであった。
　まあ、今〔チョコレートを〕送ってきたとしても、たぶん俺がこの状態にあるための一種の哀れんでのプレゼントだったと思うが。
　でもとにかく、今さらながらに驚くことは、こんな状態になっても、Aに対する気持ちが一向に変わってこないということだ。
　いや、すまん、手紙の中までこんなことを言いだしてしまった。
　あいつと会えないことがつらい。
　しかし俺の唯一の救いは、俺たちが愛し合うという関係じゃないから、俺たちが会えないことをあいつのほうが俺よりつらく思っていないということを考えるとき、別のところでほっとする、ということだ。
　まあ一方的というのも、こういうときは比較的気が楽だね。
　おい、それから君は〔受験準備のために〕寮を出るのかい？　もしかしたら、もう出てるのかなあ。もし出ていなかったら、〔来年度の〕部屋割りのことを聞いてくれないか？　俺の部屋どうなってるんだろうか？　まあ、基本的にはあの場所を動く気はないんだけど、俺は。
　Ffはどうしてるかな。Fgは元気かな。Fhは、Fiとうまくいってるそうじゃないの。
　Fjは寒がってるかな？　Fkは今年は風邪は引かなかったか？
　Flはどうかな？　Fmは相変わらずだろうな。そして何よりも……。

　そろそろ暖かくなり始めるだろう。
　試験に向けて頑張ってくれ。あー、それから、Fnにもよろしく。
　そのうちに、ちょいとは変わった便りも書けるようになると思う。
　じゃあ、風邪など引かずに元気でやってくれ。さよなら。

　　　　　　　　　　　　　　　　　　　　　　酒の飲めなくなった男より
　　　　　　　　　　　　　　　　　　　　　　わが良き友へ
　　　　　　　　　　　　　　　（「友人Nに送った手紙」1981年２月14日・土）

参考資料6 ②

「1981年2月の俺」

　電車が入ってきた。もう既に気にならなくなったが、俺にはこの音がラジオドラマの擬音ほどにしか感じない。今の俺には、騒音という観念がなくなっているようだ。

　座席に座り、神戸までの20数分間、本を読む。

　芥川龍之介*7の『歯車』『或阿呆の一生』『玄鶴山房』だ。

　俺はなぜか、『歯車』が読みたかった。

　そう思ったのは昨日であり、すぐ借りて帰って寝る前に少し読んだ。

　それが芥川の死を予期した、いや、もう、それを目の前にした彼の作品であることを知りながら、なぜか俺は読みたくなった。

　その理由はわからなかった。予想通り、一層俺は憂うつになった。

　彼のいう、「目の前に半透明の歯車が回る」というところは、俺に何か身近なものに感じられた。

　内科で採血をした。俺は注射器の針が手に触れる瞬間、いつもの無意識的な心構えになる。まるでその痛みが拷問のそれででもあるかのように、そして俺自身がそれを受ける人間のような気になり、ヒロイックな陰を自分自身に見いだそうとするのだ。

　そしてすぐ自分にひどい嫌悪感を感じる。

　（ばかな。ただ蚊が刺したくらいの痛さをなんだ。小林多喜二*8を見ろ）

　耳鼻科の待合室に行ったときは、既に『或阿呆の一生』に入っていた。「或阿呆」、もちろん芥川自身のことである。あまりにも敏感な神経を持っていた彼は、自らの罪に耐えられず、また社会に耐えきれず、自らの命を絶った。その一生の、晩年15年間の彼の行動の断片が記されてあった。

　「或阿呆」。俺はちょっと今までの自分の生きてきた道を思い浮かべた。或阿呆とは俺のことを言っているのかもしれない。

　阿呆なればこそ、破滅への運命をたどり、自己の中に自己を破壊する力を秘めていたのではないか？

　しかも、俺は芥川のように自己の罪を認識することさえもできない大ばか者なのだ。

ふと俺は、中2のときに、課題か何かで書いた「龍之介の夢」という短い短編小説のようなものを思い出した。そのときは芥川について何も知らなかったが、——もちろん現在も何一つ知らないのと同じだ——偶然にも、俺は龍之介の名前を使い、自己の運命への恐れを書いた。
　既にその頃、俺の病気はその先に横たわる俺の未来に暗い陰を落としており、俺自身が俺の心の中にある沼に入っていくのを見る、というような話だったと思う。
　また、さらに俺が〔中1のとき〕初めて小説というものの持っている意味に触れたのも、芥川が最初だったということも思い出した。
　それは他愛もないものだった。
　小説というより童話だった。その『杜子春』という短い話は、俺に「幸福」というものを考えさせた。
　俺はそれまでただ形而上学的に、「人間の欲望が充足されている状態」というふうに、幸福をとらえていたのだ。
　こうしてみると、まんざら芥川との関係がなかったわけでもないのだ。
　それに、中2のときに書いたものの主人公に、龍之介という名を使ったのは偶然なのだろうか。
　もしかすると、そこには彼に対してまったく既知を持っていない俺が、自分と彼とのなんらかの内的類似性を無意識的に感じていたからではないだろうか？

　診察室に入った。熱心な先生だ。近頃では珍しく、患者のことを親身になって考えてくれる主治医だ。
　鼻の奥に綿棒を入れて刺激を加える治療がなされた。強烈な刺激だ。目が痛くなり、それも熱さを伴う痛さが襲う。涙が流れる。これも仕方がない。
　小さな頃から目にいろんな刺激を受けてきた俺は、目の近くを刺激されると、涙がひとりでに流れるのを制御できないのだ。
　しかし、心の中で俺はつぶやく。（つまらんことさ、くだらないことさ）
　事実、俺にはその痛さも、そして〔鼻孔から〕流れ出た血のことも、大して気にはならなかった。
　最近俺は、あらゆることに関心がなくなってきているのを感じる。（つまらない。くだらない）こういうことばが、またこれに類似する意味を持つことばに

ならないことばが、いったいどれぐらい俺の頭の中でささやかれているだろう。
　俺は人間の小ささを思った。またその心の狭さと非力さを感じた。俺の周りでは、以前にまったく変わらず自動車が走り、人が歩いているのだ。
　神戸の駅に通じる道は、暑いほどの日差しが照っている。
　俺の周りには、いくらでも幸福を感じている人間はいるし、以前の俺が楽しく感じることはいくらでもある。それがただ俺の肉体的条件の若干の変更のために、世界が変わったように感じてしまう。なんてくだらん存在だ、俺という人間は。
　公園の中を通り、階段を下りる。母親は俺の耳元で、しきりとつまらないことを言っている。
　俺はあいまいに返事をしながら、じっと俺の足音を聞いている。俺には自動車の通る雑音よりも、ずっと大きく、またはっきりと、俺の足音が聞こえる。
　（内耳の神経は死んでいないらしいな）そっと俺はつぶやく。
　それは、靴が歩道を踏む衝撃が体の中を伝わり、耳の横の骨を伝わって直接内耳の神経に達するために、俺にも聞こえる音だ。
　俺は急にその音が大きくなり、俺を包み込むのではないかと感じた。それは何かが着実に俺に迫ってくるのを、予感させる音だった。
　駅に着き、上りの電車に乗る。二つ先の三宮に、「現国」〔現代国語〕の問題集を買いにいく。――何？　何のために？
　ただ俺は電車に乗り、階段とエスカレーターで地下へ下りていくだけだ。
　とりあえず食事をすることにした。サンドイッチを食べ、腕組みをして、俺はじっとあたりの沈黙に身をゆだねていた。この頃自分がこうすることを進んでするようになり、こうすることに心のやすらぎを感じていることに気づいた。急に母親が首を突き出して、俺の耳元で言った。
「さっき変な人がいたで」
「どんな人？」
「あのエスカレーターのところでカーディガンを頭にかぶり、床に座りこんで通行人に怒鳴っていた人がいたよ。大きな声で言ってた。『君たちはみんな犯罪者だ。平気な顔で歩いているが、君たちはみんな犯罪者だ』って」
　俺はぎくっとした。この母のことばの「犯罪」という語が、crime という単語に変わるのを感じ、さらに sin に変わるのを感じた。
　俺は苦笑した。

（なんだ、もう影響されたのか？）

　芥川の『歯車』の中で、彼が虫から worm を思い出したり、電話の声からモール mole（＝もぐら）を思い出し、さらにフランス語の la mort（＝死）という語に置き換える部分が、頭に残っていたのだろう。しかし、crime（犯罪）が sin（罪）に変わったとき、俺ははっとした。

　俺自身に罪を感じていないと思っていた矢先、そんなことを言う人間が現れたのは偶然だろうか？

　俺は目に見えぬ不吉なものを感じた。

　罪とは何だ？　愛とは何だ？　死とは？　また生きるとは？　俺には何もわからない。まして愛などということは。罪を犯したことはあるだろうし、生きることはしている。また目の前で死を見たこともある。しかし、「愛」などということは。特に男女間の恋愛（愛し合う意味での）というものを知らない俺にとって、それは一言も口の出せるものではないような気がした。

　そんなことを思いながら、本屋に行った。問題集を買い、駅に向かう。

　ふと、芥川のことをまた思う。（もし俺の気が狂ったら）俺は自分の気が狂ったところを思い、ぞっとした。そして、またすぐ、過去に上の兄とした会話を思い出した。

「俺が気が狂うことはないやろうなあ」

「何でや、お兄ちゃん？」

「まあ、気が狂うようなことがあったら、狂う前に自殺するだろうな」

　兄のことばが、真実味を持って俺によみがえった。兄と類似する性格を持つ俺も、やはりそう思わざるを得ない。

　しかしまた、『歯車』を学生時代に読んで自殺を考えたという北杜夫が、30までは生きろ、と言ったことば[*9]を思い出す。

　人間の苦しみが自分自身に内在するところから生まれる、と言ったドストエフスキーを思う。

　そして俺は、こんなことを考える自分もまた、他者の目で見ている俺を自覚する。

（また始まったか？）

　いつものことだ。俺は自分がわからなくなる。俺の意識しているものとはなんだ。それをほかで見る俺を感じると同時に、またそのほかの俺を見る自分を感じる。

思考のループだ。際限のない迷路だ。ふと俺に、この世界にいるのはほんのしばらくの間で、俺のもっと安定した永続的な状態は、今の状態じゃないのじゃないか？　という根源的で強烈な思いが襲ってくる。俺はもちろん、仏教徒でもないし、キリスト教徒でもない。
　前世や来世、死後の楽園などを信ずることはできないが、この思いがそれらとはまったく別なところに根づいているような気がする。
　（くだらん、つまらん）またいつものささやきが、脳の奥深くで始まる。

　駅に着き、家に帰った。Aから手紙がきていた。別に何も感じなかった。
　封を切って読んだ。
　少し心が和んだ。そして時が経ち、もう一度読むと、さらに明るい気持ちになるだろうと思った。考えようによれば、希望的観測はいくらでもできる。
　現実を表裏二面から弁証法的にとらえれば、苦しみも去るだろう。
　しかし、俺の明るくなり始めた気持ちの裏に、別の気持ちが生まれる。
　（なんと俺とはちっぽけな存在なんだ。ただ少しのことで、ほんのささいなことで、俺の心は変わる。俺の周りの客観の世界は常にじっとしているのに、俺の心は動き回る。この大きな宇宙の中の点にすぎない俺の存在。しかしそれが、俺の自我は俺が宇宙のほとんどを占めているような錯覚を感じている。なんということだ）
　だが、これを書きながら、俺自身も、この状態が俺にふさわしいものだとは思っていない。また、今後変わっていかないと考えるのが、非常に非論理的であることも知っている。
　しかし、この状態は現実の俺の姿なのだ。この状態は、俺が生きていく人生において、俺が作る時間と空間の足跡、すなわち世界線[*10]のある部分を確実に占めているのだ。
　しかしこうして書きながら、俺の言っていることがまた現実の俺と変わってきているような気がしてきた。
　すなわち、本当の俺とはそこにあるのだ。固定した状態のない、何の考えも持たず知識も持たない存在。限定がなく、ふらふらと空間を飛ぶ存在なのだ。俺は何をするために生きているのだろうか？　俺の存在に意義があるのだろうか？
　恋愛を知らず、神を知らぬ俺にとって、この疑問は解き得ないことだ。俺に

は何もわからない。芥川もドストエフスキーもわからない。

ただ芥川は俺に憂うつさを与え、ドストエフスキーは俺に尊敬の念を抱かせるだけだ。

しかし俺は、「死」を否定したい。

少なくとも、積極的に「死」を求めることは罪だ。これは人間の持つ罪の中でもっとも重い罪かもしれない。俺にただ希望を与えてくれるものは、愛と神だ。俺の既知の世界に、これらの持つ意味のいったいどれだけがあるだろう。百分の一かも、また千分の一かもしれない。愛は神と異なるか、また両立するか？

今の俺にはこの二つが必要なようだ。

いや、これからの俺にも、この弱い俺にも必要なようだ。

俺は初めてそこに、何かつかみどころのあるものを見いだしたような気がする。

しかし愛は遠く、神はさらに遠い。

夕食の時間だ。その後は夜だ。そして明日からまた、病院と家との往復の生活だ。今俺は静かに思う。

この苦渋の日々が俺の人生の中で何か意義がある時間であり、俺の未来を光らせるための土台として、神があえて与えたもうたものであることを信じよう。信仰なき今の俺にとってできることは、ただそれだけだ。

俺にもし使命というものが、生きるうえでの使命というものがあるとすれば、それは果たさねばならない。

そしてそれをなすことが必要ならば、この苦しみのときをくぐらねばならぬだろう。

いろいろな考え方があるだろう。運命について、悪魔について、そして神について。

しかし俺は何も知ってはいない。だから逆に俺は救われる。

俺はこの考えを仮定し、その仮定のうえで生きていくしかない。

それは、俺の使命がこの苦しみがあって初めて成り立つものだ、と考えることである。

俺はそう思ったとき、突然、今まで脳の奥深く、遠いところで、この両耳の６種類の耳鳴りの空間の向こうで回っていた、半透明の歯車が回るのを止めたように感じた。

（参考資料６①の「友人Ｎに送った手紙」に同封した智の手記「1981年２月の俺」

1981年2月14日・土)*11

[注]

*1 第5章の注*12と同じ。
*2 第5章の注*9と同じ。
*3 「僕がそんなことをすると思うかと点字でやられました」というのは奇妙な記述である。このハガキは令子の下書きだけでなく、F寮母が保存していたハガキの原本のコピーも確認したので、令子の記述自体はこの通りである。ただし、ここの記述は明らかに不自然である。なぜなら、智は音声で発話できるので、令子が智から「点字でやられました」という事態が生じることはほとんど想定できないからだ。唯一考えられるのは、令子に対して智が点字のメッセージを書いた、というシチュエーションだが、本文中のこの後の令子へのインタビューから考えても、そうした想定はしづらい。なお、令子にこの点を指摘すると、「これは（私の）書きまちがいだと思う」と話している。

　このことと関わって筆者が注目するのは、令子が、「死ぬだけは考えないでくれ、どうしても生きてくれと書きましたら」と記している点である。ここで、「書きましたら」とあるのは、おそらく令子が点字タイプライター等で点字のメッセージを書いたということなのだろう。「令子→智」への嘆願調の点字のメッセージと、「智→令子」への少なくとも表面上は「一笑に付す」対応、というやり取りがなされ、それが省略された形で表現・記述された、ということだろうか。

　なお、この時期の令子のいわば「どん底」の心境については、福島令子［2009］の第8章に詳しい。
*4 福島による令子へのインタビュー。2007年2月12日、当時、令子が入院していた明舞中央病院（兵庫県明石市）の病室にて実施（指点字通訳者は、小野彰子・金田由紀子）。
*5 当時の神戸の実家には部屋が3つあり、智や次兄の部屋、居間、両親の部屋、と縦に並んでいた。
*6 福島による令子へのインタビュー。2007年6月8日、こまばエミナース（東京都目黒区）にて実施（指点字通訳者は金田由紀子）。
*7 芥川龍之介（1892～1927）：夏目漱石門下の小説家。代表作は、『羅生門』『地獄変』『河童』『歯車』など。自殺。
*8 小林多喜二（1903～1933）：プロレタリア作家。官憲の拷問によって虐殺された。代表作は『蟹工船』など。
*9 これは、北杜夫の『どくとるマンボウ青春記』を指している。
　北杜夫は、1927（昭和2）年、東京・青山生まれ。旧制松本高校を経て、東北大学医学部を卒業。1960年、半年間の船医としての体験をもとに『どくとるマンボウ航海記』を刊行。同年、『夜と霧の隅で』で芥川賞を受賞。その後、『楡家の人びと』（毎日出版文化賞）、『輝ける碧き空の下で』（日本文学大賞）などの小説を

発表。
* 10　世界線：3次元の空間座標に時間的変動のファクターを加えた概念上の曲線。
* 11　この智の手記は、本書第1章の注 * 4 でふれた生井久美子『ゆびさきの宇宙——福島智・盲ろうを生きて』（2009、岩波書店）にも収録されている。同書に収録されたこの智の手記は、筆者の博士論文に掲載した資料をもとにしている。今回、本書刊行にあたり、筆者の判断で読点と「筆者注」のいくつかなどを新たに加えたところがある（なお、原文は点字であり、第2章第3節でふれた事情から、読点はほとんど使用されていない）。

第7章

「指点字」の考案

(18歳:1981年3月)

7-1 指点字以外のコミュニケーション方法
──カード、点字タイプライター、音声

　筆者の人生を「再生」に導いた「指点字」[*1]は、いつ考案されたのだろうか。この問いに筆者はまだ自信をもって答えられない。現在まで可能なかぎりの関係者への照会やインタビュー、各種資料の調査などを行ったが、いまだ考案日を特定するうえで決め手となる情報にはぶつかっていない。

　ただ、次節で紹介する1981年3月11日付(10日夜の下書きも残っている)の令子から附属盲学校寮母への手紙の中に「指点字」の記述が初めて出てくるので、少なくとも3月10日までに「考案」されていたことは確かである。また3月2日に智は、担当のF寮母宛に自身の現状や今後のことについて、長文の手紙を出している(巻末資料23参照)が、その中ではどう読んでも、指点字の考案をうかがわせる記述は見いだせない。したがって3月2日以前ということはないだろうと思われる。

　また、当時、智の耳鼻科の主治医だったK医師にも2004年9月に連絡を取り、同10月にかけて何度かかなり長文のやり取りをFAXで行った結果なども踏まえ、現時点ではもっとも幅広く可能性をとれば、1981年3月3日(火)から3月10日(火)までの間のいずれかの日となり、しかしいくつかの理由により、1981年の3月3日(火)、あるいは3月6日(金)のいずれかだと思われる。さらにいえば、「1981年3月3日(火)の朝」が、筆者がもっとも可能性が高

いと本書執筆時点で考えている「指点字考案の時」である。

　ここで、この「指点字考案の日」の追究に過度に拘泥するつもりはないものの、素朴な疑問はやはり残る。つまり、「なぜこの重要な出来事、おそらく筆者の人生でもっとも重要なエピソードの一つであるはずの指点字考案の日付について記録を残しておらず、そのためになかなかその日が特定できないという事態になってしまったのか」という疑問だ。このことについて、福島は土屋に語っている。

　　福島：この1981年1月から3月までの期間は、わりと日記兼読書ノートみたいなものをまめにつけているので、最近も読み返してみたんですけれども、やはり毎日、耳の調子に一喜一憂しているような状態なんですよね。で、ただ、少し先走って言ってしまうと、最終的には指点字という方法が考案されて、声によるコミュニケーション、声によってことばを聞くという方法に代わって、指でことばを聞くというコミュニケーション方法に変わるんですけれども、それがいつ、この指点字を使い始めたかというのが、わからないんですね。書いていないんですね、自分で。

　　　自分でそれが不思議で。しかも思い出せないんですよね。このこと自体が何を意味するのかということをずっと考えているんですが。

　　　私が読んだ本の感想など、あるいは身近なささいなことは書いているにもかかわらず、自分にとってのきわめて重要なエピソードを書いていないということが、やはりなんらかの意味を持っているのかなと感じていて。

　　　一つには、耳は治るだろう、あるいは治りたいと思っていたのかなと思います。指を使ったコミュニケーションに自分が移行するとは思えなかったし、思いたくなかったんだろうなと。少なくとも、指でコミュニケーションするということをすごく重大なことだとは、その時点で思っていなかったらしいということは推測できるかなと思っています。

　　土屋：記録には残していないけれども、その最初のときのことっていうのはよく覚えていらっしゃったりはしますか。

　　福島：その場面は覚えています。私の聴力がどんどん落ちてきて、耳のそばで大きな声を出してもらっても、聞こえるか聞こえないかという状況になっていましたので、1月、2月、3月と考えたときに、1月ということはないだろうなと。2月から3月にかけてだろうなと思っています。

で、ふだんは点字のタイプライターを使ったり、もっと簡単な用事であれば、あらかじめ普通の文字と点字を併記したカードを作っておいて、〔母親がその〕メッセージを私に見せて〔触らせて〕、それに対して私が声で答えるというやり方だとか。もうちょっと込み入った話をするときは、点字で短い手紙のようなものを母親が書いて、それについて答えるという方法だったんですが、たまたま、台所での立ち話というシチュエーションだったので、近くにタイプライターがないし、ふとそこで思いついて、母親が私の指に点字をタッチした、ということなんですね。

その場面は覚えてはいるんですが、そのことが私にとって劇的なエピソードにはなっていなかった。あるいはなっていたかもしれないけれども、それはあまり認めたくなかった、ということらしくて、それが不思議でしかたがないですけどね。

ま、聞こえることに対してすごく願望があったんでしょうし、なんとかなるんじゃないかというような、ささやかな期待もあったんだろうと思います。　　　　　　　　　　　　　　　（土屋による福島へのインタビュー[*2]）

ここで、「普通の文字と点字を併記したカード」と言っているのは、今も原物が残っている。点字用紙（B5サイズ）を半裁して、普通字と点字で同内容のメッセージを1枚におおむね一つずつ書いて、10数枚程度をひもでとじたものだ。なぜそういうものを作成したかについて、若干触れる。

当時、神戸の実家で療養していた智は、令子のほか、父と次兄とも同居していた。そして、少なくともその時点では、点字を知っている者はこの中では令子しかいなかったため、父や次兄とは点字での筆談もできなかった。後に、点字を知らなくとも手のひらにひらがななどを指先で書いてもらう方法（通常、「手書き文字」[*3]とよばれる）があることを知るが、その時点では、大きな声で耳のそばで話してもらうか、あるいは点字で筆談する、という二つの方法でしか智は相手のことばをキャッチできなかったのである。しかも、音声の聞き取りは日ごとに困難になっていた。

1981年2月22日の日曜日、両親が法事で帰郷することになった。実家には智と次兄だけが留守番で残ることになり、日帰りとはいえ、この日、智と次兄がどのようにコミュニケーションを取るべきかについて問題となった。そこで、前述のカードを次兄と令子で作成したのだった。

カードのメッセージには、「ごはんだよ」「何か　食いたい？　のみものは？」など、「常識的な」用件が書かれていた半面、中には、「かじだ　火がでた　こっちにはやくこい」などという、今からみれば、あまり実用的とは思えない内容のものもある（メッセージの全文を章末の参考資料7①に掲げる）。なぜなら、もし本当に火事が発生したのなら、そんなカードを悠長に智に手渡して、それを読ませている時間などないだろうからだ。しかし、こういうメッセージまで入れていたのは、入れておかないと令子や次兄が不安だった、という面もあったのだろうか。あるいは冗談好きの次兄なので、一種のユーモアのニュアンスもあったのかもしれない。

いずれにしても、こうしたカードを用いなければならなかったこと自体、この時期の智の置かれた困難なコミュニケーション状況を象徴しているといえる。なお、この日は結果的には何事もなく、智は例のごとく読書と、日記や読書ノートの記述を行っていた。

ではここで、指点字の考案と関連して、それに先立つ時期、および一定期間は指点字考案後も並行して用いられていた「点字の筆談」についても触れておきたい。まず、前述の「カード」でのやり取りについて考える。

これは「筆談」のもっとも簡便な形態である。点字を知らない人とでもやり取りができ、用件が智に伝わり、智は音声で返事をするので、「一往復」の対話は成立することになる。しかし、そこまでだ。それ以上話題は発展しない。

ところで、その当時も、あるいはその後も、家族や教師、その他、障害児教育関係者や言語療法士〔現・言語聴覚士〕などの専門家等から、「とにかく智君からよくしゃべることが大切です」という趣旨のアドバイスをたびたび智は受けた。このアドバイスには、おそらく二つの理由があったと思われる。

まず一つは、智のコミュニケーションでは、相手のことばの「受信」に時間的なずれや量的制約があるけれど、智からしゃべること、つまり智からのことばの「発信」には制約がないのだから、どんどんしゃべればコミュニケーションがスムーズにいくだろうという理由であり、もう一つは、智の発音・発声等を鮮明なまま温存させる、という理由・ねらいだったのではないかということだ。

このことは当時の智にも、頭では理解できていた。しかし、実際のコミュニケーション場面では、これはあまり現実的でないアドバイスだとすぐにわかっ

た。たとえば、後天性の単一の聴覚障害者であれば、目が見えているので、相手の表情やしぐさ、周囲の状況などがわかり、発話の意欲も湧いてくるかもしれない。しかし、智の場合、耳と目の二つの感覚器官から入るべき情報が遮断されているため、たとえ自らは音声での発話ができたとしても、「話す気」が起こってこないのである。

　たとえ、一言の相槌なり、うなずくしぐさでもわかればまだ違ったかもしれない。だが、智の場合、「とにかく何か話してよ」と言われても、それはまるで真っ暗な深淵に向かって語るようなもので、相手や周囲の反応がまったくわからないので、そもそも相互的なコミュニケーションにはなり得ない、ということなのである。

　このことには、智自身もかなり当惑した。その後、学校に復帰した後も、周囲に向かって何か一方的に話しかける（たとえば、「だれか、そばにいる？」など）、という単純な行為がどうしてもできず、大変悩んだことがある。その折痛感したのは、「コミュニケーションは一方通行では意欲が湧かないのだな」という思いだった。

7-2　考案──「指点字」はいつ、どのようにして考案されたのか

　さて、指点字考案前後の経緯や使い始めの状況などを整理することには意味があると考えるので、この件について、以下さらに考えてみたい。というのも、「指点字考案」の日付が特定できれば、たとえば、智や令子の日記や手紙など、各種資料との時期的な関連性を考慮することで、それら資料が持つ意味の解釈などにも影響すると思われるからである。

　先ほど、指点字の考案は3月3日（火）、あるいは6日（金）のいずれかであり、おそらく3日（火）ではなかっただろうかと筆者は考えていると述べた。まず、この「3月3日、あるいは3月6日」のいずれかであろうと考える理由について述べたい。

　第一は、3月6日（金）には、すでに指点字を使っていたと思われる点である。智は、K医師からこの時期では初めての点滴治療を3月6日（金）に受けるのだが、ベッドに横たわって点滴を受けていると、点滴の針が腕に刺さっているので点字書がいつものようにスムーズには読みづらくなる。さらに、読む姿勢

(体勢) も苦しかったのか、あまり読書に熱中できていなかったであろう智に、令子が指点字で語りかけたという記憶が令子と智、双方にあることだ。もっとも、点滴は3月6日、9日、10日、11日の4回行われているので（巻末資料33参照）、6日がその「点滴中の指点字での語りかけ」の日だとは必ずしも断定できないのだが、6日だと考えられる傍証がある。1981年3月7日の日記の冒頭、智は次のように記している。

　　苦悩とあきらめと何もできぬ自分に対する言い知れぬ腹立たしさと味気なさと空虚さの中から、また日記を記す。
　　昨日のことを思い出してみよう。
　　昨日は朝7時半から走りに行った。しかしやたらと足が痛くて、5キロアルファだった。
　　医大〔神戸大附属病院〕に行き、点滴を受けるが、右手にしてもらうのに2回もやり直し、そのうち一度は50ミリリットルも皮下にたまったあげく、左手にした。そしてしばらくしていると、やたら便所に行きたくなった。
　　　　　　　　　　　　　　　　　　（「智の日記」1981年3月7日・土）

　最初、点滴の針は智の右腕に刺す予定だったがうまくいかず、左腕に針は刺された。ここで問題なのは、智は点字を左手の人差し指で読むということだ。点字を触読する視覚障害者の中には、点字を右手の人差し指で読む人、左右どちらの人差し指でも自由に読める人もいるが、智は主に左手の人差し指で読む。少なくとも智にとっては、そのほうがずっと楽で速く読める、ということである。つまり、点滴の最中も、点字書を読むつもりでいたが、点字触読における「利き腕」である左の前腕に点滴の針が刺さっているために、手を動かさないと読めない点字書の触読は、かなりやりづらくなったわけで、おそらく智の読書への集中度も普段よりは低下していたと思われる。そこで、令子が何か指点字で智に語りかけた、という話につながるわけである。この場面について、令子が回想している話を紹介しよう。

　令子：だから〔その点滴の最中も〕あんたはね、おなかの上にそれこそ落語かなんか知らんけど置いて読んどった。
　福島：そのときは落語は読んでない。

令子：なんや難しい本かなんか知らんけど。そしたら点滴は1時間も2時間もかかるでしょ。ほいで、わたし、そばに座ってて、そして、「今、婦長さんが医療の道具の煮沸消毒してるよ」とかね、「今、若い看護婦さんが入ってきたけど、すごいデブちんの大根足の看護婦さんやで」ゆうて、あんたに伝えたわけよ。
　そうするとあんたが、うわはははって笑うたんや。状況説明しとるわけやな、今から思ったら。
　したら、看護婦さんのほうがびっくりしたわけよ。静かー、静かーになんの声もせえへんのに、急にあんたが笑い出したから。振り向いてこっち見たで。
　　　　　　　　　　　　　　　　（福島による令子へのインタビュー＊4）

　この後さらに詳細な情景描写が続くのだが、とにかく令子のこの場面の記憶は映像的にも鮮明であり、説得力がある。3月6日は金曜で、K医師の話(2004年9月のFAXでのやり取りで確認)では、当時金曜は手術日にあたっていたため、もともと外来患者の診療は少ない。しかも、外来診療が終わった後、長時間点滴を受けていれば、他の患者はいなくなり、処置室が静かになっていたであろうことは容易に想像できる。
　なお、この当日、3月6日の日記で、令子は次のようにつづっている。指点字考案の日の特定にも間接的に関連するので、やや長く紹介する。

　　今日より1本2時間の点滴を外来で受けることになる。
　　身障センターにて3月5日（木）K先生と相談。
　　現在、今までに最悪の状態である。
　　低音部70デシベル、高音部80〜90デシベル。
　　〔智の〕耳のそばで大声で言っても聞こえなかった。3月2日現在。
　　3月5日〔智は〕約9.5K〔走った。〕
　　足が痛いので今朝（3月6日）は5Kぐらいにした。〔中略〕
　　朝なるべく早いほうがよいのであるが、起き出してくるのが7時半だったので、スタート7時45分、8時半までかかった。〔中略〕
　　いつものようにタクシーで横を通るとき点図による〔神戸駅と病院の間をタクシーで通る途中に、その道路に面して、しかも病院の比較的近くにたまたま神戸市立点字図書館があった。智と令子はしばしば行き帰りの途中に立ち

寄って点字書を借りた。この日は「行き」に立ち寄ったのか、「帰り」にそうしたかは不明である〕。マンスフィールドの短編集〔これは令子の錯誤であり、実際は『モーパッサン短編集』である。なお、点字書は体積が大きくなり、たとえば活字書の文庫本1冊程度の分量でも、点字書だと3～4分冊くらいになる〕、1～2（3～4は送る）〔自宅に郵送してもらう〕
　日野葦平の『麦と兵隊』〔を借りた〕
（「令子の日記」1981年3月6日・金）

　病院に来る途中で借りてきた本かそれ以前に借りていた本かはわからないけれど、とにかく「情報の過疎状態」にある智は、点字書が手放せない。そこで、点滴中にも智は本を読むつもりだったのだろう。ところが、前述の事情から、いつも熱中している読書もしづらい様子で、退屈気味の智に付き添う令子が、たまたま目にした「面白い」情報を指点字で伝えた。そして智が突然笑い出して、婦長や「デブちん」さんが驚いた、という話の流れも自然であり、先の智の日記の記述とも矛盾しない。後述のように、聴力がこの時期きわめて低下している智に、「静かな環境」でこうした情報を令子が伝えられたということは、すなわち音声ではなく、指点字を用いて黙って伝えたからではないか、と推理できる。したがって、3月6日には指点字は使用し始めていたと考えてよいと思われる。
　付言すれば、現在の筆者から考えたとき、きわめて過酷な状況の中にありながら、当時の智も令子も、「関西人的な笑いの感覚」を失っていなかったという事実は、われながら驚くべきことである。この「デブちん」さんには申し訳ないが、智がこのどん底の時期にあって、久々に大笑いさせてもらったことを、筆者も漠然とながら今思い出す。
　さて、次に第二の理由は、この3月3日から6日にかけて、智の聴力は極端に低下し、智と令子の間のコミュニケーションもますます不自由となり、双方とも心理的にかなり追いつめられ、いらだっていたらしいことだ。そうした状況の断片は、たまたま保存してあった令子の点字でのメッセージから読み取れる。なお、この頃の智の聴力検査の主な数値は次の通りである。

1981年2月28日
　＜左耳＞ 500Hz：70dB、1000Hz：90dB、2000Hz：80dB

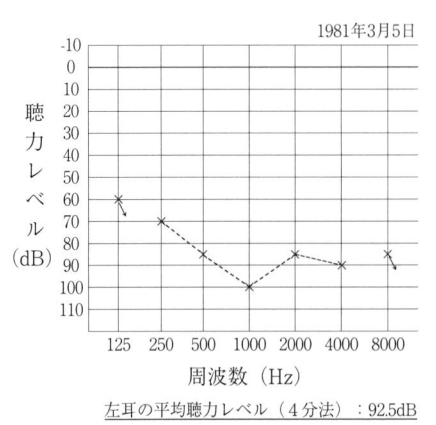

1981 年 3 月 5 日 聴力低下
＜左耳＞ 500Hz：85dB、1000Hz：100dB、2000Hz：85dB
1981 年 3 月 6 日
＜左耳＞ 500Hz：80dB、1000Hz：スケールアウト、2000Hz：85dB

（「智の聴力変動の記録」巻末資料 33）

　つまり、聴力検査の記録のうえでも、直近の検査日である 2 月 28 日の結果と 3 月 5 日および 6 日の検査結果にはかなりの差があり、ここで急激に聴力が落ち込んでいることがわかる。なお、前述したように、3 月 6 日付の令子の日記に、「〔智の〕耳のそばで大声で言っても聞こえなかった。3 月 2 日現在」という記述があることにも注目したい。つまり、3 月 2 日の時点では、すでに、2 月 28 日時点の聴力よりも、いちだんと悪化していた可能性が推測される。

　そして第三の理由は、前述の令子から智への点字のメッセージ（3 月 6 日付）の中で、令子が片手での合図（指点字は通常、両手を使う）に言及しており、それに対して智が手で合図することへの抵抗の念を日記に記しているからである。

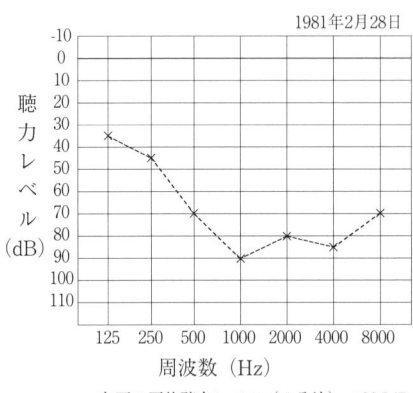

1981年2月28日
左耳の平均聴力レベル（4分法）：82.5dB

1981年3月5日
左耳の平均聴力レベル（4分法）：92.5dB

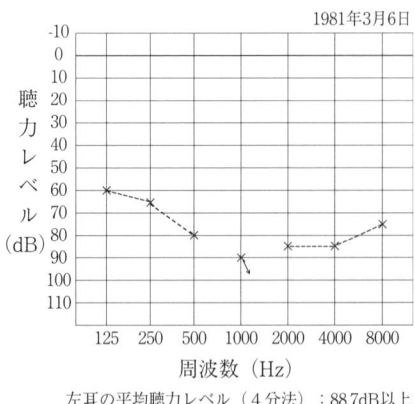

1981年3月6日
左耳の平均聴力レベル（4分法）：88.7dB以上

以下、3月5日に2つ、6日に1つある令子から智への点字のメッセージを示し、そのうち6日の令子のメッセージについて、智が日記に感想を記している部分を紹介する。

　　母のメッセージ
　現在の時間帯は買物の人が多くて、1周[*5]約2分かかる。O先生に電話をする必要性は何か。聴力の下がった訳を聞きたいのか。
　とにかく、今日はもう時間がないから、早くすることを〔ランニングを〕しなくては、K先生も忙しいらしいから。人によっては〔O式の食事療法でも〕太る人もあると〔O氏の本に〕書いてあった。早く行かないと、間に合わない。4時からK先生忙しく、来た人の順番やから。
　　　　　（「令子の点字でのメッセージ（メモ）」1981年3月5日・木）

　なお、この点字のメッセージは、原文のメモでは、（3月4日）という日付が書かれていたのだが、筆者はその日付は令子の錯誤による「5日」の誤記だと考えている。なぜなら、いくつかの資料を照合してみると、3月4日（水）には当時の主治医であるK医師の診察はなかったからである。つまり、当時の智の日記、令子の日記、およびK医師から提供された資料を照合して検討した結果、3月4日（水）は神戸大の病院にも、K医師が週に1度（木曜に）出向して、聴覚障害の判定や診療をしていた神戸市立心身障害福祉センターのいずれにも、智は出かけていないことが明らかとなったからである。[*6]
　ちなみに、神戸大学付属病院には午前中から受診に出向くが（外来の受付は午前11時までだったので）、「センター」のほうは午後に診療があることが多かったと思われる。令子のメモにある次の2つの記述からしても、たとえば、3月5日は午後に智と令子は家を出たと思われる。
「K先生も忙しいらしいから」
「早く行かないと、間に合わない。4時からK先生忙しく、来た人の順番やから」
　続いて、次に示すのは3月5日に令子が智に手渡したもう1つの点字のメッセージである。ただし、先に示したメッセージとの時間的な前後関係は不明である。

遠藤先生〔智の高等部２年時の担任、この翌週神戸に来訪した〕からの電話に対しての返事をしたのです。来週木曜日に身障センターでお会いすることにしました。来週。
　そんな話は会ってからでもできるでしょう。明日できるだけ早く病院に行ったほうがよいから〔明日、すなわち３月６日からは、通常の診察・治療に加えて、およそ２時間はかかる点滴を受け始めることになるので、早朝にランニングをすませて早く病院に行かないといけない、というニュアンスがあり〕、ランニングの時間を決めなさい。朝６時にするのなら、今夜は早く寝なさい。今日のメーターは〔走行距離計測メーターの合計は〕いくらでしたか。わたしも眠いけど、頑張ります。明日の目標の三角地点〔ランニングのコースのどこかの部分〕の回数も知らせよ。
　　　　（「令子の点字でのメッセージ（メモ）」1981年３月５日・木）

　ところで、このメッセージの内容で特に注目されるのは、「そんな話は会ってからでもできるでしょう」というくだりである。これが具体的に何を指しているのかは不明だ。しかし、智が音声でまず令子に何かの質問を遠藤教諭などに〔電話で〕してほしいと頼み、次に、それへの返事としてこの点字のメッセージの中で先のように令子が書いた、という経緯だと思われる。
　つまり、音声でのコミュニケーションは著しく困難になっており、この程度のやり取りも点字の筆談で行っていたことがうかがえる。翌日は、「指のサイン」の話題が出てくる。

　　母のメッセージ
　親の言うことになぜ反発するのか。片手で合図ができるように考えたのに。少し調子がよくても耳のそばで大きな声を出すのは騒音になると思うから。
　できるだけ簡単にわかるように、もっともっと暗号を作らなければいけない。
　イー、アール、サン、スー、ウー、リュウ、チー、パー、チュウ、シーといいます。
　これは参考のために言ったまでで、わたしの教えたかったのは、指の形です。さっきのあんたの態度はまったく人をばかにした、無視した失敬な

態度です。

　いくら母だとて許しません。それでは立派な人にはなれん。親はいつまでも生きてはいない。親の生きている間に、言うことは一応聞きなさい。何かの参考にはなるものです。

　明日先生*7に、そのことを聞いてみるわ。

（「令子の点字でのメッセージ（メモ）」1981年3月6日・金）

〔智の記述〕　上記に対するわが感想。

　声で言う代わりに手で合図するというのには一理ある。しかし、耳のそばで言うことも大事だろう。補聴器のときのように、騒音になると思わぬし、〔声を聞かないでいると〕気がめいるし、声というものにも慣れねばならぬ。

　そして耳の調子もわかる。おかんの態度で腹が立つのは、まず説明をしてからでなく、何も知らせずにただ動作——それも原始的、かつ不明確——だけで、自分の意図を伝えようとする（感情的に）ことである。

（「智の日記」1981年3月6日・金）

　なお、ここで令子が智に教えようとした指で数字を表す方法は、令子が小学生時代（戦時中）、令子の父の仕事の関係で中国の青島（チンタオ）でしばらく暮らしていたときに覚えた、中国式の指での数字サインであったようだ。結局このサインを智は採用していない。

　ところで、指点字の考案日を3月3日、あるいは6日だと考える第四の理由もある。ここまでの検討からすれば、「指点字の考案の日」は、3月3日か5日か6日のいずれでも考えられるのだが、筆者がおそらく3月3日か6日と考える理由は、後述のように、指点字を令子が初めて智に打ったときの状況と関連する。それは、智がなんらかの目的で台所に令子を呼びにいったという場面だったと思われるからである。そして、その目的は、「早く病院に行かないと遅れるやないか」という趣旨の「文句」を言いにいったのではなかったかと筆者は今振り返る。つまり、次のようなシチュエーションである。

（1）指点字は、実家の台所で流し台の前に立つ令子と智の間で、対面の姿勢でハプニング的に考案・試行された。

（2）智はそのとき、別の部屋から台所に移動し、流し台の前にいた令子に

対して、(早く準備しないと、病院の診察受付時間に遅れるではないかといった趣旨の) 文句、ないし愚痴を言いにいったこと。
（3）その指点字の初めての考案・試行の後は、何かあわただしい状況となり、すぐに場面転換があり、つまり、2人とも台所から出て、そして外出したであろうと思われること。
（4）時間帯は午後ではなく、朝に近い午前であったこと。
などの一連の状況であったと思われる。そして、こうした一連のシチュエーションについては、智と令子の記憶は、過去30年間ほぼ一環しており、ほとんど完全に一致しているので、実際もおおむね上記のような流れだったのだろうと思われる。

そして、もしそうだとすれば、3月5日であると考えるのは不自然である。なぜなら、3月5日なのであれば、智が令子をせかせるのではなく、むしろ令子のほうが点字のメモで智をせかせているからである。それはすなわち、
「K先生も忙しいらしいから」
「早く行かないと、間に合わない。4時からK先生忙しく、来た人の順番やから」
という表現によって明らかである。

したがって、第四の理由として、3月5日だと指点字考案の場面として不自然な面が多いため、結局、残された候補日は、3月3日（火）と3月6日（金）の2つに絞られることになるだろう。

現在、筆者は本書の最終校正を行っており、そのぎりぎりの最終段階である2011年7月1日現在でも、まだ「指点字考案日」が特定できずにいる。おそらくよほど予想外の新資料でもみつからないかぎり、その確実な特定は今後も困難であろうと思われる。

ただ、そのことを前提としてあえていえば、筆者は「3月3日（火）」である可能性のほうが高いと考えている。理由は以下の二点である。

第一は、3月6日の朝はとてもあわただしかったであろう、という推測だ。前述の令子の日記の記述（3月6日付）では午前7時半に智が起床し、同45分から8時半頃までランニングしたとあり、智の日記の記述（3月7日付）では同7時半からランニングとなっていて時刻に若干ずれがあるものの、智の足が痛み、5キロ程度しか走れなかったという記述は共通している。智はランニングの後は必ず風呂に入る。そして、自宅から病院まではドアツードアで1時間

程度はかかる。

　さらにこの日は、病院に行く途中で点字図書館に立ち寄ったかもしれない（帰りであった可能性もある）。

　仮に点字図書館のことは除外して考えても、この日の朝はかなりあわただしく、午前11時の受診受付終了時刻に間に合うためには、かなり朝があわただしかったであろうことが推察される。そう考えると、指点字の考案・試行などをやっている物理的時間が、はたしてあったのだろうか、という疑問が生じる。

　第二は、もし3月6日朝の考案だとすれば、令子は指点字を考案したその同じ日の昼に、「点滴の針が腕に刺さっている智の手に指点字を打つ」という、かなりの高等技術を発揮したことになる。したがって、ある程度はそのときまでに令子も智も指点字をしていて、慣れていたのではないか、という推測が働く。

　そこで、この点を再度令子に尋ねると、
「私は、あの点滴のときにはもう、だいぶ指点字には慣れとったで。落ち着いてすらすら打てたからね」と言っている（日本時間の2011年7月1日（金）の朝、筆者が滞在中のニューヨークから神戸の自宅にいる令子に電話をして尋ねた。指点字通訳は光成沢美）。

　令子が「すらすら打てた」かどうかはかなり怪しいが、比較的落ち着いて打っていたことは、筆者も思い出せる。

　以上のことから、指点字の考案は、「1981年3月3日（火）か6日（金）であり、そのうち、3日である可能性のほうが高い」というのが、現時点で筆者の述べうるぎりぎりの結論ということになるだろう。

　次に「指点字」が現存の資料に初めて登場する令子の手紙を紹介する。1981年3月10日夜に下書きし、11日に発送した手紙で、お見舞いをいただいた寮母一同へのお礼状の形をとっている。

　　もう桃の季節となってしまいました。
　　ごぶさたばかりで失礼申し上げております。
　　このたびは子どもの病気で先生方に大変なご心配をおかけいたしまして申し訳ございません。
　　また、本日はご丁寧なるお見舞いまで頂戴いたしましてありがとうございます。

２月末に〔お見舞いを〕配達頂いた様子でしたが、〔郵便〕局に参りますときがなく、今日手元に届きまして、遅ればせながらお礼をと筆をとらして頂きました。
　病状のくわしいことはF先生に直接こちらの担当のK先生からお話がありますので、のちほどお聞きくださいませ。
　とにかく〔智は〕、ただ今はひどく悪い状態で耳のはた〔そば〕で大声でどなってやっとわかるくらいです。それもあまり大きくても音がわれてしまいますし、耳にもよくないと思いまして、指と指で点字の暗号を考案いたしました（補聴器はまだ耳の負担が重くよくありません）。
　また「イエス」肩を１つポンと叩く、「ノー」肩を２つ叩く、「ナニ？」お尻を１つ叩く。
　以上３つのボデーのサインを考え出しましたが、たったこれ１つでも助かることもあります。
　複雑なことは点字文に書き、簡単なことは指点字でやり、またできるだけ本人にしゃべらしてこちらは「イエス」「ノー」のサインだけですむよう心がけています。
　本人はどうしても治りたく、また親も治ってほしく、医師もただの医師以上の方で心をこめて治療に取り組んではくださっていますが、裏目裏目に出てその効果はあまりよくありません。
　本人も辛抱に辛抱を重ねましたが、このまま先行きどうなるかわからぬままに悶々の日を過ごすなら、少々不自由でも何とか学校に行きたい希望を持っております。
　そうなりましたときは先生方、まわりのお友達、多くの方々にご迷惑をおかけいたしますが、どうかよろしくご指導とご協力を願えましたら、この上ない幸せと存じております。
　とりいそぎ乱筆ながら近況とお礼を申し上げました。
　先生方によろしくご伝言くださいませ。
　ありがとうございました。

かしこ

（「令子から寄宿舎の寮母一同を代表する主任寮母宛に出した手紙」1981年３月11日・水）

7-3　指点字はなぜ考案できたのか、
　　　　　　　　　　　　そして考案直後の状況

　さて、次に指点字考案の場面を振り返るが、それに先だって、令子が指点字を考案することにつながった一種の伏線として、令子が点字タイプライターを習得していたことについてまず触れておきたい。このことについて、令子は川原と福島にそれぞれ次のように語っている。

　令子：〔点字の〕タイプをね。「いや、お母ちゃん、タイプできたら楽しいよ。ピアノみたいだよ」って言って、そういう先見の明があったんでしょうね。もう、失聴する2年ぐらい前にね、あの子、高校に入った年でしたかな。「お母ちゃん、そろそろ点字を本格的にやってくれないかなあ」ってね。
　「家族で点字を知ってる人があるとすごく有利なんだよね。無理がきくから」
　あの、〔点訳〕ボランティアはたいてい主婦でしょう？　主婦は忙しいからね。あの、急いどっても、1週間なり10日なり1か月っていう、もういつになるかわからない。だから、緊急で、これ、何日までっていう、1日、2日でも家の人やったら無理がきくからって。それで、わたしも、仕方ないなあと思って、またばかみたいにそれこそ朝から晩まで、この〔点字の〕表をね、表を見てね、こう、あれ、星新一*8かなんか知らんけどね。本をここに置いて、それで、点字の打つのは知ってますけど、タイプのキー〔の配列〕を覚えないとだめでしょ。これが1で、これが2で、これがア、イ、ウ、エ、オでしょ。〔タイプを打ちながら話している〕カ、キ、ク、ケ、コなんですけど。
　あの、形を覚えないといかんから、朝から晩まで打ったんですよね。初めは、1行打つのにもほんとに何時間もかかりました。ははは。そうすると、1か月か2か月で、本を見ただけでパッパと打てるようになったんですね。
　川原：ほお、もう、下〔の点字タイプライターのキーの部分〕を見ないでね。
　令子：それで、マスあけ*9や何かはむちゃくちゃかもしれませんけどね。まあ、ほんとに楽しくなったんです。それで、まあ、役に立ってるのかどうかは知らないけど、とにかく夢中でしてたんです。

（川原による令子へのインタビュー）

　福島は指点字考案につながったものはなんだったのかについて、令子に尋ねている。そこで令子は、点字タイプライターのことを持ち出している。ここでの福島とのやり取りで令子は、自分が点訳したものをろくに読んでいない様子だった当時の智について、不満を表明している。

　　福島：じゃあ何が指点字の発見に影響したと思うか。何が原動力になったか。
　　令子：原動力？　あ、それはあなたがね、あなたが高1のときに、点字タイプライターしてくれって言うたやろ、わたしに。
　　福島：高1のときに？　あれはなんで言ったんやったかな。
　　令子：点訳ボランティアに頼んだら無理がきかないから、家族が点訳ができたら僕たちは有利なんだよって言ったんや、あんたが。で、面白いよって言ったやん。タイプで打ったらピアノみたいに。
　　福島：ああ、星新一の『ノックの音が』を点訳してくれてたな。
　　令子：一生懸命朝から晩まで打って、もう速達で送っとんのに、あんたろくに見てへんかって。もうちょっとでゴミ箱に捨てるところやったやないの。失礼。速達の切手貼って送っとんのに。
　　福島：大体行がずれたり、裏表がずれたりして読めなかったりしてたんだよ、あれは。
　　令子：ふーん。
　　福島：そうか。それで打った。高1からタイプ〔智が高校1年のときから令子がタイプライターを〕やってたことが一つ〔指点字の考案につながるファクターとして〕あったわけやな。指点字を思いつくのはほかに原因とか、似たようなことはやったことない？
　　令子：〔指点字と〕似たようなことはやったことないけれども、とにかく指が点字を打つのが、癖になっとったから、わたし自身は抵抗なかったわけや。でもはたして〔智の〕指に打った点字が伝わるかどうかはわからなかった。
　　　　　　　　　　　　　　　　　（福島による令子へのインタビュー*[10]）

　この点訳に言及する記述を含む令子の手紙の写しが、令子の日記中にある。

星新一の話、間違いだらけですが読んでくれていますか。今まで書いたのは
　　謎の女
　　現代の人生
　　暑い日の客
　　夢の大金
　　金色のピン
　　和解の神
　　計略と結果
　〔中略〕
　でした[*11]。
　なるべく点字の勉強と思って間違いが少ないよう打ちます。
（「令子の日記」1980年2月7日・木）

　福島がインタビュー時に語っているように、令子の点訳技術はお世辞にも「上手」とは言えないものだった。そのため、練習用に頼んだ星新一のショート・ショート以外のもの、つまり、本来、智が令子に期待していた受験参考書や問題集などのタイプライターでの点訳は、少なくともこの時点ではほとんど頼んでいなかったようである。しかし、文庫本とはいえ、本1冊をタイプライターで点訳していたことは、後の指点字考案にとって非常に大きな意味があったといえる。指点字は、まったくなんの下地もないところから突然生じたものではない、ということがわかる。
　では、指点字の「考案者」である令子は、この考案の瞬間について、どのような印象を持っているだろうか。

令子：もう、相当悪かったからね。あなた自身もそうや。補聴器で勉強するのも大変やし、もし復帰するにしても、何かその会話の方法ないかと、あんたも考えるし、わたしも考えとった時点やな、それは。
福島：で？　俺が何か言って？
令子：うん。台所来たとき、わたしが何か用事しとったんやな。お茶碗洗うかなんか。そしたら智がぶちぶち言うてきたから、何か。
福島：ぶちゃぶちゃ？

令子：ぶつぶつぶつ、はははっ。それでタイプライターでわたしがいつもびゃーっと打っとったわけよ、こっちのことばをね。それで智に見させとったわけ。せやけれども、それは台所になかったし。準備しよるのに、偉そうにゆうてきたから、わたしちょっと、ふと、ほんと、ふっと思いついたんやな。

福島：ふと、何？

令子：ふと思いついたわけ。そりゃ下手な点字かもしれへんけど、わたしは朝から晩まで打っとったからね、タイプライターを。だからタイプライターを打つことに関しては何の抵抗もなかったわけよ。これが普通のことになっとったわけ、わたしにとっては。

　ほいで智の手をとって試しにしてみようかなーと思ったけど、きっと智のこっちゃ、きっと怒ると思ったんや、ほんまに。ばかにするなー、ゆうて。何ごちゃごちゃしとんのや、ゆうて。

　で、わたしも点字を指に叩いてみて、それが通じるかどうかわからへんけども、智のこっちゃ、またかんしゃくを起こすやろな思うたけど、かまへん、怒ったら、怒ったらやって。やってやれ、と思って、あのーー、えーっと、右の薬指が1やろ、ライトブレーラーは。だからそれに合わせてポンポン、ポンポンポンポンとしたわけ。対面で。それポンポンポンと叩いただけやで。

　それでも、それが点字ゆうことはなんでわかったん？　あんた。点字かなゆうことわかったん？　叩いただけで。

福島：それはまあ、あんたと出来が違うということや。

令子：みんな不思議やと言うのよ、それが。それでわたしは思いきって、そいでこんなことしとってわかるかな、と思うたけど、
「さ・と・し・わ・か・る・か」と力を入れてしたわけよ、伝達がいくように。
「お母ちゃんはのろいからな」いうけど、力を入れてしたんやで。

福島：その後わかると言ったでしょ。その後は覚えてないんだよ。その後、なんか言ったか。そこはそこで終わったのかな？

令子：言って、にこっと笑うたから、これOKやと思ったんや、わたしは。

福島：その後は？　ドラマならそこで終わりでいいかしらんけど、その後はどうやったかということや。

令子：その後はどうやったかなー。
福島：そのときはまだ、大きな声を出せば耳で聞こえたんだろうな、たぶん。
令子：なんか、そのひゅっとこう上目で見て、にいっと笑うてな、そして、にこっとやなしに、にやっと。
福島：でー、そのわかったと言ってその後どうなった？
令子：それでわたし、一人がもう喜んでね、有頂天になった。あっ、通じた、わっと思って、しめたと思って。その日から打ちだしたんや、わたしは。智がいくら嫌がっても打ちだした。

　それで、わたしはもう、これでやろうと思って、ずーっとあなたとの会話はそれでしたの。そうすると、あんたはほんまに怒ったんや。そんな変なことしてくれるなって言うて。僕のこの耳に話してくれって言うたよ、指差して、耳を指差して。
福島：それは怒ったのは、東京に行ってからではないのか。
令子：ちがう。こっち、病院に通っとるときに。
福島：どの場面だったか。どの場所だったのか。
令子：病院に通う、通う道。
福島：どこの道だ？
令子：家の近所やろ。いちばん最初に不思議なことに対面でしたやろ。だから道の真ん中でも、対面でしたわけや、智に。そしたら、智がますます怒ってね。この耳に言うてくれって言うた。
福島：まあ、気色悪かったんだよ、大体。と思うよ。点字は下手やし。
令子：それは余分なこっちゃ。　　　（福島による令子へのインタビュー[*12]）

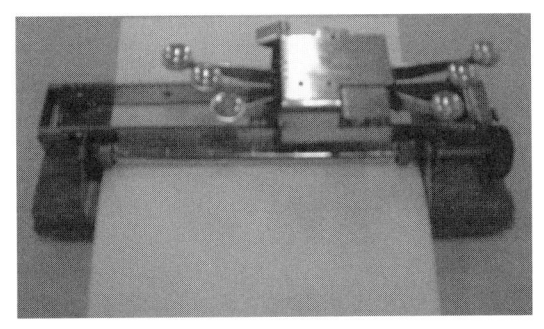

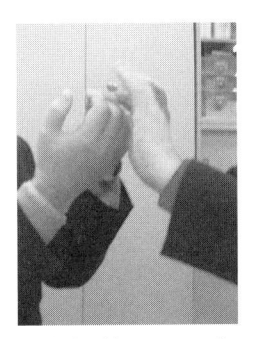

ライトブレーラー　　　　　　　　　　　　指点字　対面　ライト式

智は令子による「指点字」の考案を、少なくともその考案直後はそれほどの関心を持たずに受けとめていたようだ。前述の令子の手紙にもあるように、指点字を考案して、ぼちぼち始めていたものの、当初は込み入った話を伝えられるほど、令子も智も熟練していなかったことも無関係ではないだろう。

　このことを具体的にうかがわせるエピソードがある。それは令子が指点字について初めて言及した前述の手紙を、寮母一同あてに投函したのと同じ3月11日から翌12日にかけて、当時の担任の遠藤利三教諭(としぞう)とF寮母が神戸に来訪した。そして、智、および智の両親と懇談したり、K医師と面会したのだが、それらのどの場面でも令子は指点字を使っておらず、智もそれを要求してはいなかったのである。

　かといって、補聴器もあまり使えず、裸耳ではなおさら伝わらない。それで、遠藤教諭らと智の家族だけで懇談した際は、補聴器を短時間用いた以外は、点字タイプライターでの筆談をしたりしていた。

　これについては、智と令子の記憶、また遠藤教諭やK医師の記憶、さらにF寮母の記憶と記録のいずれもが一致している。

　この点を含め、神戸への来訪の目的などについて、遠藤は語っている。

　　遠藤：だいぶあなたの欠席が続いてからだったかもしれませんけどね。どうもあなたは、とにかく、なんとか治したい。で、このままだと附属〔盲学校〕にいられなくなってしまうのではないかと思い込んでいるみたいだ。もし、回復できなくても、いろいろ方法はあるはずだ、ということで、なんとかそれをあなたに伝えなければいけないという話をしていたし、それで、そのうち、担任としてしっかり状態を見てきたり、それから、安心して、というか、戻ってきてもいろいろやりようはあるんだというような話をしてきたらどうかということになって、そちら〔神戸〕に行くことになったと思います。

　　福島：それがですね、昭和でいうと56年、1981年の3月11日の水曜日と12日の木曜日に先生とF先生でいらっしゃっています、神戸に。で、その〔先生方とお会いした〕ときは、私と母親は指点字していないと思うんですね。

　　遠藤：タイプライターでやり取りしている場面が浮かぶんです。Fさんとあなたが。それはすごく印象に残っています。

(福島による遠藤へのインタビュー *13)

　しかし、K医師を交えて皆で智のこれまでの治療経過や今後の方針などについて話し合っていたような場面（1981年3月12日）では、智にどこまでその内容が伝わっていたかは疑問である。なぜなら、その場面では点字タイプライターは使えない状況だったからだ*14。

　たとえば、食事・運動療法のO式療法について、智はF寮母の意見を尋ねたかったようだが、それができなかったと日記に記している。

> 　Fさんは O式に反対らしいが。はっきり話ができないから、彼の反対理由を聞きただすことはできなかった。（「智の日記」1981年3月13日・金）

　なお、この時期の聴力検査記録としては最後の2回にあたる1981年3月9日と同12日の記録は、次の通りである。既に、「全ろう」といってもよいレベルに達していたことがわかる。

> 1981年3月9日 自分の声もきこえない〔と智が訴える〕
> ＜左耳＞ 500Hz：90dB、1000Hz：スケールアウト、2000Hz：85dB
> 1981年3月12日
> ＜左耳＞ 500Hz：スケールアウト、1000Hz：105dB、2000Hz：90dB
> 　　　　　　　　　　　　　　（「智の聴力変動の記録」巻末資料33）

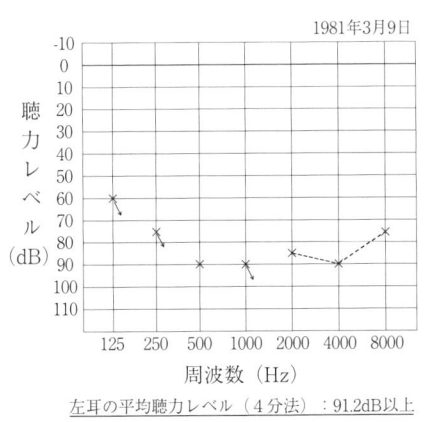

1981年3月9日

左耳の平均聴力レベル（4分法）：91.2dB以上

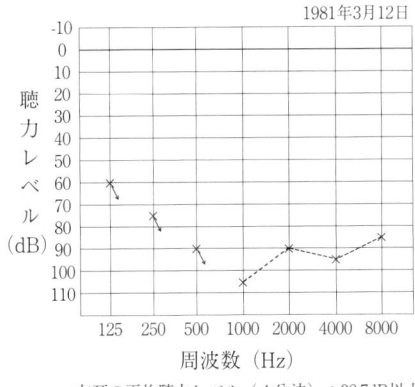

1981年3月12日

左耳の平均聴力レベル（4分法）：98.7dB以上

また、F寮母の3月15日付の手記（巻末資料25）の中に次のようなくだりがある。

> 3月11・12日に神戸市立心身障害センターに〔出向き〕、医者〔K医師〕、父兄、本人、学校から遠藤先生とFが今後の福島の日常生活をどのように進めるかを検討してきた。
> とにかく、視覚・聴覚障害が高度であるので、精神的な面でのコミュニケーションが重要である。その意味で、寄宿舎の生活を数か月間は専門の担当者があたってきめ細かい指導を行わなければならないと思う。実際、福島と会ってみても、残存聴力が若干残っているのみで、補聴器も1日30分程度、使用できるのみであった。
> コミュニケーションの手段は、点字の利用が最大のものである。しかし、日常生活では、点字のみのコミュニケーションでは不足で、ボディタッチの方法を考案することが重要な課題である。中途の聴覚障害ということで心理的な動揺は甚だしいものである。
> 私達が、医師と話しているときでも、その内容が不安であって、内容を母親に聞く一幕もみられた。つまり、盲・難聴者という重複のハンディキャップであることは、よりいっそう精神的な不安が多く、今後の指導をどのような方法で進めるかが、重要な課題である。
> （「F寮母の手記」1981年3月15日・日[*15]）

このF寮母の手記から読み取れる重要なポイントは、
(1) 彼が指点字を目撃していないということ（先の指点字に触れた令子の寮母一同宛の手紙は、タイミングとしてF寮母らの来訪とは、すれ違いである。なお、この手記で「点字」と彼が書いているのは、紙に書く通常の点字のことと思われる）
(2) 智がK医師とF寮母らとの話がよくわからないでいたこと

の2点である。つまり、この時点の智にはリアルタイムで複数の人の会話が理解できないため、補聴器、あるいは裸耳へ、令子に大きな音声でポイントだけを伝えてもらっていた、という状況だったと思われる。既に指点字は考案されているタイミングではあるものの、こうした「複数での会話」は速度も速くなるので、令子も智も指点字では対応できなかったのだと思われる。

このように、少なくとも智は、指点字について、初期の頃、それほど重要なものだと自覚的にとらえていなかったが、主治医のK医師は、令子と智が指点字をしている場面に強烈な印象を持ったようである。

　　神大病院〔神戸大学医学部附属病院〕での私の最初の指点字目撃を「記憶の追加」を含めて再録しておきます。
　　昭和56（1981）年3月、神戸大学附属病院耳鼻咽喉科外来診察室において、福島君とお母さんとの指点字による会話を、この目で拝見しました。
　　私がその日の病状説明を始めたとき、ソファーに座っている福島君に向かい合って、お母さんが立位の姿勢でまるで福島君に覆い被さるような格好で、両手を動かして何かを実行し始められました。
　　一瞬、あやとりでも始められたかと、思いました。
　　当日午前の診察では、福島君がいちばん最後の順番であったためか、あるいは福島君の点滴のあとであったせいか、再診用の診察室は閑散としていて、3人の周囲にはだれもいませんでした。時刻はお昼を回っていました。
　　このような状況から、週末の再診日（土曜日）が推定されます。
　　福島君が垂直に向かい合わせて立てた左右の人差指・中指・薬指の先端を、お母さんがご自分の指先でぽんぽんと叩いていかれました。そのようにして、私からの病状説明をお母さんが福島君に伝えられました。
　　お母さんの指の動きは十分に滑らかとはいかず、ときにつかえたり、ときに思案のためか止まったりされました。それで、まだ日が浅いなと、私は思いました。
　　それでも、私がゆっくり説明すれば、ほぼリアルタイムで福島君に伝えられました。
　　「わかる！　わかるで！」と叫ぶ福島君の甲高い声を思い起こします[*16]。
　　福島君のそれまでの苦しみを思えば、革命が起こったのです。
　　そのとき、これは全く新しいコミュニケーション技術だと直感しました。
　　背筋に電流がはしるほどの衝撃を受けました。
　　歴史的瞬間を目撃した興奮をおぼえました。
　　ご家族以外では、おそらく私が最初の指点字の目撃者だったと思います。
　　福島君の聴覚はその時点でほとんどスケールアウトの状態でしたから、今後のインプットをどのようにすればいいか、私もそのことばかり考えて

いて、暗い気持でした。

　それで、指点字を拝見したとき、ぱっと先が開ける思いがしました。安堵の思いでした。　　　（「K医師から福島へのFAX」2004年10月12日・火）

　このK医師による「指点字の目撃」は、彼の推定どおり土曜日なのだとすれば、前後の状況から考えて、1981年3月14日の土曜だと思われる。これは智がK医師の診察を受けた最後の日でもあった。
　こうして智は指点字を手にした。そして、神戸での療養を終え、大きな不安を抱きつつも、次のステップを目指して上京することになる。

参考資料 7 ①
▶智が聞こえなくなったとき、智の次兄と令子が中心になって作った点字カード（1981年2月22日・日）。点字が見えにくいので、写真は便宜上着色した。

　はらへったか　のみものは　よいか

　おれは今から　小屋〔はなれ〕に　いく

　おれは　お前の　そばにおるぞ

　サンドイッチだよ

　ビールでも　のもか*17

　おれはピアノのへやにおる

　ごはんだよ

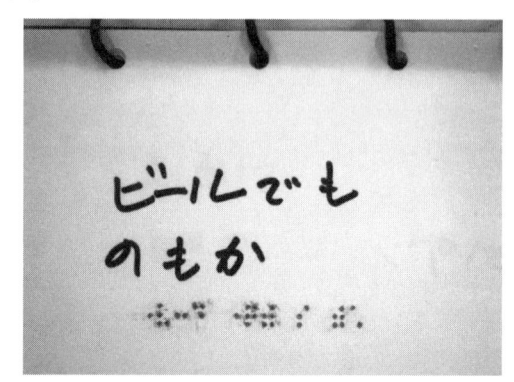

　さとし　何か　はなせよ　イエス、ノーと　おれが　返事するから

　まだ　ねえへんのか

何か　食いたい？　のみものは？

かじだ　火がでた　こっちにはやくこい

きけんだ　こっちにこい

いましてやる

きけんだ　じっとしとれ

あとしばらくまて

サケは　もう　やめようや

参考資料 7 ②

▶令子が智の依頼で、点字タイプライターの練習のために1979年から1980年にかけて点訳した文庫本目次（数字はページ数）。

　星新一著『ノックの音が』（講談社文庫、1972）
　目次：「謎の女」(7)「現代の人生」(18)「暑い日の客」(29)「夢の大金」(40)「金色のピン」(51)「和解の神」(61)「計略と結果」(71)「職務」(83)「しなやかな手」(93)「感動的な光景」(105)「財産への道」(115)「華やかな室」(126)「唯一の証人」(137)「盗難品」(147)「人形」(157) 解説石川喬司 (168) 年譜 (177)　さしえ／村上豊

[注]

*1 「指点字」は、「書きことば」としての通常の6点点字の原理を、盲ろう者のための「話しことば」に応用したコミュニケーション方法である。その仕組みは、盲ろう者の両手の人差し指から薬指までの6本の指に対して、主にその爪の生え際あたりを点字タイプライターの6つのキーに見たてて、ポンポンと軽くタッチすることでことばを伝える、というものである。盲ろう者のためのコミュニケーション手段として、指点字は、その速さ、表現の正確さや豊かさなどの点で従来の手段に対して新しい可能性と選択肢を提供したことになる。

1981年3月に福島令子が考案し、1982年秋までには一般の新聞報道等で広く公表された。また、1989年10月にスウェーデン・ストックホルムで行われた「第4回ヘレン・ケラー世界会議」において、"My Life and My Finger Braille" のタイトルで筆者は指点字について英語での口頭発表を行った。同会議に出席した各国の盲ろう者関連の代表者からは、「指点字は初めて見た。これまで聞いたことがない」との反応があった。国内外で類似の方法を用いていた例はあると思われるが(国内で少なくとも一例はある)、マスメディアや公開の会議などで紹介したのは、筆者が世界的に初めてだと考えている(詳しくは、巻末資料15を参照)。また、筆者と指点字について英語で紹介した論文として、Lamichhane[2011]がある。

*2 第5章の注*12と同じ。

*3 「手書き文字」とは、米国等では 'print-on-palm' とよばれる。米国ならアルファベット、日本ならひらがな、カタカナ(盲ろう者によっては、まれに漢字も)などを、話し手の人差し指の先などで盲ろう者の手のひらに1文字ずつ書いてことばを伝える方法である。話し手の側が特別なコミュニケーション法を習得しなくても盲ろう者に話しかけられるため、世界的にも広く用いられている。ただし、速度に制約があるのが難点である。

*4 第5章の注*23と同じ。

*5 実家近くの智のランニングコースで、比較的短い巡回ルートのことだと思われる。

*6 K医師から提供された資料によると、1981年当時のK医師の診察日のシフトは以下のようであった。

月　手術
火　初診患者の診察
水　再診患者の診察
木　心障センター〔神戸市立心身障害福祉センター〕出張
金　手術
土　再診患者の診察
　※手術のない日は必要に応じて外来診察

また、同じくK医師提供の資料によると、1980年末から1981年3月にかけての智の耳鼻科の受診状況は以下の通りであった。

なお、無印の日付はいずれも神戸大学付属病院耳鼻科受診日を示し、○で囲んだところは、神戸市立心身障害福祉センター受診日を表す。なお、心障センター受診日はすべて木曜日で、木曜日は神戸大学付属病院での受診はない。ただし、3月13日（金）、14日（土）は筆者の記録にもとづいて追加した。
　1980年12月：23（火）
　1981年1月：　6（火）、㉒（木）、23（金）、24（土）、26（月）、27（火）、
　　　　　　　　28（水）、㉙（木）、30（金）、31（土）
　同2月：　　　3（火）、⑤（木）、6（金）、10（火）、14（土）、⑲（木）、
　　　　　　　　21（土）、24（火）、28（土）
　同3月：　　　3（火）、⑤（木）、6（金）、9（月）、10（火）、11（水）、
　　　　　　　　⑫（木）、13（金）、14（土）
（K医師による2004年9月6日送信のFAXによる情報提供をもとに作成）

＊7　これはどの「先生」なのかはっきりしない。3月7日（土）は、記録ではK医師の診療は受けていない。たとえば、石川教諭などのことを指しているのかもしれない。

＊8　星新一（1926〜1997）は、小松左京、筒井康隆の先輩格にあたり、「ショート・ショートSFの神様」とも称される。生涯に1000を超える作品を残したが、いずれも上質のエスプリがさえる名作ぞろいで、海外での評価も高い。智は小学6年生の頃に録音図書で読んだ（聴いた）『だれかさんの悪夢』のおもしろさにたちまち夢中になった。一般には、意表を突く絶妙のアイデアで組み立てたミステリー調の作品に人気があるが、智はたとえば、『廃墟』『午後の恐竜』『処刑』といった、人類文明への鋭い批評を含む作品に感動した。

＊9　「マスあけ」は、点字の「切れ続き」とも「分かち書き」ともよばれる。点字はかな文字による表音文字の記号体系であるため、そうした点字を触読してわかりやすく、しかも正確に理解しやすくするために、「文節」などの文法的単位、あるいは音読した際の自然なリズムなどを踏まえた一定のルールに従って、スペースをあけて表記される。「マスあけ」には非常に複雑な規則があり、習熟するには相当の学習が必要である。なお、「指点字」は、その本質が「書きことば」ではなく、「話しことば」だという特徴もあり、こうした「マスあけ」のルールはなく、必要に応じて、ポーズ（間）をとったり、強弱をつけるなどの方法で、文章にメリハリをつけることが多い。

＊10　＊4と同じ。

＊11　この作品の目次を章末の参考資料7②に掲げている。

＊12　＊4と同じ。

＊13　福島による遠藤利三教諭へのインタビュー。2006年8月7日、筑波大学附属盲学校（東京都文京区）にて実施（指点字通訳者は、小野彰子・金田由紀子）。

＊14　点字タイプライターは相当大きな音をたてるので、医療機関などで用いるには適しておらず、しかも重いので携行するにも不便である。

* 15 「盲・難聴者の経過（病気）と生活指導の課題」。なお、F寮母の同資料中には、たとえば、智の診断名を「特発性難聴」ではなく、誤って「突発性難聴」とするなど、若干F寮母の事実誤認と思われる記述がある。これは、本書中で何度か言及している『ゆびで聴く——盲ろう青年福島智君の記録』（小島純郎・塩谷治編著、1988、松籟社）所収のF寮母の手記においても、同様である。
* 16 K医師の当時の智に関する回想やK医師自身の心境の記憶などは非常に詳細であり、その内容も前後の因果関係を踏まえ整合性があり、説得的である。この2004年9月から10月にかけて、福島の問い合わせに対してK医師から送られてきた長文のFAXは、10通をこえた。ここで引用した記述もそうしたFAXの1通からのものである。ただ、この部分での智の発言についての記述は、K医師の錯誤の可能性があると筆者は考えている。

    なぜなら、第一に、K医師の記憶通り、病状についての説明を受けていたのであれば（筆者も同様のシチュエーションについての記憶がある）、智が「わかる！ わかるで！」というふうに、まるで指点字が初めて読めたこと自体に歓喜したかのようなことばを発するとは考えにくいからである（指点字は実家で初めて用いたのであり、このとき以前にすでに指点字は用いていたので）。第二に、当時の智の言語行動の特性からいって、主治医に対して、あるいは主治医の前で敬語や丁寧語を使わず、こうしたラフなことば使いをするのは不自然だからである。そして第三に、この「わかる！ わかるで！」という智の発言は、「指点字を令子が最初に用いたときの智の発言」として、すでにこのK医師への問い合わせの時点までに、いくつかのメディアで流布していたため、K医師がそうしたものから得た情報と、この病状説明の場面での智の受け答えの発言の記憶とを混同した可能性があると考えられるからである。

    ちなみに、本章の令子への福島のインタビューでもわかるとおり、智は当初指点字についてさほど感激もなく、むしろうっとうしいくらいに感じていた。したがって、最初に指点字を令子が試みたときも、「ああ、わかるで、これでも」などと発言したという印象は筆者にもあり、令子の言うように、笑顔程度は見せたかもしれないけれど、「わかる！ わかるで！」などと、劇的に感激したような発言をしたとはとても思えない（もしそうなら、日記に書いていたはずである）。

    とはいえ、K医師がここで記述している場面の、少なくとも映像的な記憶はおそらく正確であり、こうしたシチュエーションがあったことについては、筆者の記憶とも一致している。そしてK医師が言う通り、家族以外で指点字を目撃し、意識的に観察した人、さらに、その画期的な本質を洞察した人物は、おそらくK医師が初めてであったと思われる。
* 17 智はそれまでは実家でビールなど飲むことも少なくなかった。しかしこの時期は、年末や正月の三が日も含め、乾杯すらしていなかった。食事療法をしていたことや、耳への悪影響を考えたことが理由かもしれない。しかし、そもそも話をする意欲さえ減退しているような状況だったので、ビールどころではなかった

のだろう。次兄は当時社会人1年生で毎日多忙であり、このあたりの事情は次兄にはあまり伝わっていなかったのかもしれないし、次兄の一種のユーモアだったかもしれない。

第8章

学校復帰
指点字を中心とした生活の始まり

（18歳：1981年3月下旬〜同4月）

8-1　不安を抱えての上京、友人らとの再会

　智は神戸での療養を終えて、1981年3月21日（土）に上京した。千葉県の木更津市にあるO病院に同23日（月）からおよそ2週間の予定で入院することになる。そして、智は同年4月9日（木）にO病院を退院し、附属盲学校に復帰する。この章では、まず、その復帰に至る過程と、復帰後、寄宿舎や学校での生活をどのようにスタートさせていったかについて触れる。

　3月21日、智と令子はO病院への入院に先立ち、まず寄宿舎の（新年度の）部屋移動に必要な荷物整理のために、寄宿舎に向かった。

　上京当日の令子の日記は、きわめて簡潔である。いろいろなことが一度に押し寄せ、ゆっくり日記を記す状況ではなかったのかもしれない。

　　上京
　　西明石発9時27分　東京着1時8分
　　筑波附盲着2時30分
　　東京駅6番山手線→有楽町　後ろがよい
　　京橋口下車　進行方向の反対側　　　（「令子の日記」1981年3月21日・土）

　この上京の新幹線での印象的なエピソードを、その後、福島は次のように記している。

ある日、私は新幹線に乗っていた。遠方にある病院に向かうためだ。食堂車に入る。メニューを読む母の声が聞こえない。耳を近付けても、聞こえない。点字盤で母がメニューを書くことになったが、運悪く、肝心の点字用紙*1がない。母は席を立ち、トイレのそばにある水飲み場の紙コップを何枚か取ってきた。折り畳んであるタイプのもので、墨字（普通字）用のメモ帳よりも小さいだろうか。
　母がポツポツと、携帯用点字盤*2で紙コップに点字を打つ。食堂車のテーブルに触れている私の手に、そのわずかな振動が伝わる。差し出された紙コップのメモに書かれた言葉。「ハンバーグ、ビーフ・カレー、スパゲッティー……」ああ、私の世界は、この紙コップの大きさに縮小されてしまったのか。私のコミュニケーションは、これだけになったのか、との思いが突き上げた。私が足を踏み入れた盲ろうの世界の過酷さを、その紙コップは象徴しているように思えた。*3

　このとき、既に指点字は考案されている。しかし、前章のインタビューで令子が語っているように、このとき智は、指点字をまだあまり好んではいなかった。どうしてもしかたのないときは用いていたものの、積極的には使いたいと思っていなかったようだ。
　かといって、耳元で大きな声を出してもらっても聞こえない。第一、新幹線の食堂車であまり大声を出してもらうわけにもいかない。そうした事情がこのエピソードの背景にある。智は、メニューの書かれた小さな紙コップを触って、自らの現状と前途に暗澹たる思いを抱いたのだった。
　上京して、智と令子はまず附属盲学校の寄宿舎に向かう。文京区目白台、営団地下鉄（当時）有楽町線護国寺駅から徒歩数分。
　3か月ぶりに戻る学校、そして同じ敷地内にある寄宿舎である。住み慣れているはずの寄宿舎に出向くのだが、何かとても気恥ずかしいような、不安なような、奇妙な感覚に智が包まれていたことを、筆者は今も思い出す。
　ところが、思いがけない出迎えが智を待っていた。この久々の寄宿舎訪問時の様子について、福島はかつて次のように記した［福島 2010：45-6］。

　　沈丁花が香っている。三か月ぶりに戻る盲学校は、すでに春を迎えている。

第8章　学校復帰——指点字を中心とした生活の始まり（18歳：1981年3月下旬〜同4月）　｜　199

三か月前、みんなと談笑し、バンドを組んで歌声を張り上げていた私が、今度は、「全盲ろう」の状態で戻ってきた。すでにどんなに大きな声で話してもらっても、音声は全く聞こえない。
　友人たちにどんな顔で会えばいいのだろう。何と言えばいいのか。私はなんだか奇妙な恥ずかしさを感じて、隠れるように寄宿舎に向かった。
　玄関を入ったとき、突然、だれかが私の手にぶつかるように触ってきた。「だれや？」驚いて、私が尋ねる。
「おい、やっと戻って来たか、何してたんだ？」
　友人の一人が、いきなり指点字を打った。
「福島さん、待ってましたよ。どこかで、ぱーっとやりましょう」
　お調子者の後輩も話しかけてくる。
　右からも、左からも、手が伸びる。肩をたたき、腕をひっぱられる。
「だれや、だれや？　だれがだれやらわからんわ、ハハハハ」
　私は久々に笑った。みんな、私と母が始めていた指点字という新しいコミュニケーション法を伝え聞き、秘密特訓*4していたのだ。
　廊下の開け放した窓から、さわやかな風が吹き込む。やはり、沈丁花が香っている。でも、さっき校門のそばで嗅いだ香りより、芳(かぐわ)しさと甘さが少し増したように感じた。

　令子とだけで指点字をしていたときは、あまり感激も感心もしていなかったらしい智だが、このように多くの友人たちといきなりことばが交わせることを知り、指点字の秘めた潜在的可能性のすごさに驚嘆するとともに、狂喜した。寄宿舎の智の部屋には、智と会うためにわざわざ帰省の日を遅らせて待っていた人も含め、同級生、先輩、後輩たちが次々と訪れ、それぞれ個性的な指点字で語りかけてくれた。
　専攻科で鍼灸・マッサージを学んでいるある全盲の先輩は、智に自分の膝を抱えるようなかっこうで座らせ、「膝小僧」の部分に智の指を置くようにして、その上から、まるで指圧でもするように、指点字をぎゅうぎゅうと力強く書いて（押して）くれた。
「そんなに力入れなくても読めますよ」と智が言うと、
「僕、は、こう、やらないと、タイプの、点字は、打てないんだ」と、彼はますます力強く指点字を区切りながら打った。こうした一文字一文字が、それま

で渇ききっていた智の心に染み入るようであった。

8-2　智の「受け入れ」の準備

　これらは智の視点での回想である。では、智を迎える側の準備やその後の対応はどうだったのだろうか。

　智が寄宿舎に立ち寄った3月21日の3日前に、F寮母は次のように記録している。

> 　盲聾（福島）のコミュニケーション手段について。
> 　塩谷先生と盲聾者のコミュニケーション手段について話し合いをする。西ドイツ製の点字器ブリスタ（Blista）[*5]（横18センチ程度、縦10センチ程度、厚さ5センチ程度のもの）を紹介された。
> 　Blistaは盲人用の速記用点字タイプとして考案されたもので、音はあまりせずにかるいタッチであり、盲聾者（中途）の点字によるコミュニケーションとして、有効な点字タイプといえる。
> 　また、携帯用の点字タイプとしても、パーキンス点字器[*6]の4分の1程度の重量であり、いつでもどこでも携帯が可能なものである。点字の出方は、テープとしてタイプの後ろから出てくるのである。授業中、他の生徒にも迷惑をかけない点も有効なものであるといえよう。
>
> 　　　　　　　　　　　　　　　　　　　（「F寮母の記録」1981年3月18日・水）

「ブリスタ」については、本章の注[*5]に詳述したが、授業など一方的な発言が長時間なされるような場面で、智はブリスタでの通訳を受けた。なお、若干さかのぼって3月の初めの時点では、当時（高等部2年生）の担任だった遠藤教諭は「指文字」[*7]の利用も考えていたようだ。

> 　遠藤：最初は指文字をやはり〔同じクラスの〕生徒に知ってもらおうということは準備していたんですよ。その前、3月の初めの段階ではですね。そういう資料もたぶん〔次年度担任予定の〕塩谷さんは仕入れていたと思います。
> 　　　　　　　　　　　　　　　　（福島による遠藤へのインタビュー）

智の高等部3年時の担任となる塩谷 治に、智を受け持つにあたり、どのような準備をしたかについて尋ねてみた。

　　塩谷：翌年〔次年度〕のね、担任を2月ぐらいに決めるんだね。で、なんとなく僕になってさ。
　　福島：そうか。なんとなく大変だから先生に回ってきた？　大変なケースみたいだから。
　　塩谷：要するに火中の栗を拾う奴がいなかったわけ。
　　福島：ははは。なるほど。
　　塩谷：じゃあ、僕がやりましょうって言って。それで、4月までとにかく情報が欲しかったわけさ。ほんとは3月に〔神戸に〕行くときも僕が行きたかったんだけど、担任は4月まで秘密ってことになってたのね。だから僕は行けなかったんだよね。
　　　担任に決まるとすぐ、大学の図書館とかそういうところの目録をあさってね、資料集めをしてたんだよ。ところが、ないんだよね。それで、主としてロバート・スミスダスの伝記なんかを読んだりしていたんだけどね。
　　　　　　　　　　　　　　　　　　（福島による塩谷へのインタビュー[*8]）

　一方、智が寄宿舎を訪ねた当日の様子を「迎える側」はどのように見ていたのだろうか。F寮母は次のように記録している。

　1981. 3. 21（土）pm 8：00〜
　　福島君は母親と共にpm 2：20来舎する。部屋移動を行うためであり、今日は宿泊する。（21、22日）
　　3か月間友人と会っていないので、友人のほうでも福島君のところへきて話を行う。指点字（人さし指、中指、薬指を利用する）によるコミュニケーションである。かなり福島君は慣れたものであった。
　　私は、点字を打ったものを渡すのみであった。その内容は「23日入院だが会議のために行ってあげられない」というものである。それから、担任の遠藤先生も夕方4時ごろ来舎して、福島君とBlistaを利用して会話をしていた。私は5時ごろから1時間半程度Blistaを利用してコミュニケーションをとった。

その内容は、福島君からの質問で、先生は何故O病院に入院することを反対するのか？　教えて下さいというものである。私は「福島には酷のことかもしれないが、西洋医学でだめなものが東洋医学で治ることは考えられないし、気休めのような治療よりも、学校でクラスの生徒とコミュニケーションをはかったほうが、精神的な意味で安定するのではないか（いろいろなストレスの解消のためにも大切かと思う）」というものである。

　福島君は「先生、確かに科学性といわれれば、僕にもないと思う。しかし、実際に治った事例があることは、僕としても何とか入院して挑戦することにしたいと思う」という。そのことは、私にもよくわかるし、まったくO式の自然治癒に対することにだめだということを言っているのではなく、私も福島君の病気が治るものならば、宗教でも何でも信じることは良いと言った。けれども、科学性とは異なることは確かである。

　それから、私は、福島君が病気になってからいろいろと教えられることが多くなったように思う。

　人間が生きることは、いろいろな面、苦しさもあれば喜びもある。でも生きなければならない。力強く生きる人生こそ意義のある人生かと思う。

（「F寮母の記録」1981年3月21日・土）

　では、友人の視点ではどのような印象だったのだろうか。当時親しくしていた友人の一人で、たまたま寄宿舎から木更津のO病院にも同行してくれた前出の全盲の捧道宏に尋ねた。

福島：それで、1981年の3月21日なんですが。
捧：ああ、戻ってきたね。
福島：そうですね。21日は土曜日だな。で、戻ってきたときに僕は何人かの人と会ってるんですが、その中にあなたもいたんだよね。
捧：というかね。君もたぶん覚えてると思うけど、Kj君っていたでしょう？　理療科の同じクラス、僕のクラスに？
福島：Kjさんね、はい、はい。あなたの同級生の。
捧：彼が突然部屋をノックして入ってきて、「福島君が来たから来てくれないか」って言われてさ。
福島：はあ、はあ、へえ、そうか。あなたを呼びにきたわけ？

それと、あと、僕が一時期よく講演なんかでよく使っていたネタがあるでしょう。

捧：ああ、「ふられた」っていう話ね。

福島：ええ、あの、あなたが私と久々に再会したときに、指点字のやり方を確認したら突然、「わし、またふられてしもうた」って言ってね（笑）。なんのなぐさめも励ましもなくて、いきなりでね。あれは面白かったな。あの「わし、またふられてしもうた」というフレーズはどこで聞いたんだろう？

捧：それはだから、忘れもしない君が帰ってきた3月21日だよ。2階の6号室〔智の部屋〕か何かで。なんかさあ、部屋に入ったらお通夜みたいに暗くてさ。

福島：そうだね。泣いてる人もいたみたいだしね。

捧：そこで、なんかね、自分らしさっていうか、〔君は〕確かに耳もダメになっちゃったかもしれないけども、自分は別に前から、前も今も変わらない同じ仲間だっていう意識があったから、だったらば、自分の恥ずかしい一面っていうかさ、実はこういうことがあったんだっていうことを言ったほうがね、君もきっと親近感を感じるかなと、とっさに思ったわけよ。なんかそれは美談に聞こえるかもしれないけどね。

福島：うん。はあ、はあ。

捧：だって、周りの人を見てると、「頑張ってくださいね」とか「大変ですね」とか、そんなのばっかなんだよ、聞いててもさ。

福島：ははは。それで、僕はそれは確かにおかしかったですよね。ほかの人が、その、なんというのかね、励ますという感じだったけど。

捧：そう。

福島：あなたはいつものように話をしたんで、それは確かに僕は笑ったような気がするね。

捧：そう、吹いたね、確かにね。　　　　（福島による捧へのインタビュー）

8-3　O病院への入院、担任との面談

そのとき智は、4月からの次年度の部屋替えに向けて荷物の整理などをするために寄宿舎に立ち寄ったのだが、その後、木更津のO病院に約2週間入院す

ることになる。そして、入院時、令子の依頼もあり、たまたま都合の良かった捧は智と令子に同行してO病院にまで出向き、O医師や看護師とのやり取りを指点字で伝えるなど、大いに活躍した。

 福島：僕が記憶に残っているのは、木更津の病院に行って、看護婦がなんか知らないけど、何か言ったかしたで、あなたがね、「あの看護婦は、わしのことを邪険にするわ」とか「わしのことを無視しとる」とかなんか知らんけど、そういう感じで愚痴を言ったんだよ、僕に。
 捧：あのね。普通だったら母親が付き添ってくれるべきものをなんでこいつがいるんだっていう感じはあったかもしれないね。
 福島：それで、僕は、そのあなたの愚痴ってるのがおかしかったから笑っていたという記憶がある。
 捧：あのときは、最初、お母さんが伝えていたんだよ、O先生のことばとかね。
 福島：ああ、そうか、でもあまりうまくできないから。
 捧：そう、そう。で、〔木更津に向かう〕電車の中で、ある程度指点字というのに慣れてたから、まあ、あんた来てくれっていう話になったんだよね。そのあたりから、看護婦さんがね、ちょっとね、あまり良いリアクションを示さなかったんですね、私に対して、なんだか知らないけど。
 福島：はあ、はあ、はあ。それを僕に愚痴ってたのは病室に戻ってから？
 捧：そう、病室に戻ってから。そんなの言えるわけないじゃない、診察中に、そんなところで。   （福島による捧へのインタビュー）

令子も日記に書いている。

 Ss〔捧の略〕が来てくださり東京でもO病院でも大助かり。S〔智の略〕の相手、指点字してくださる。 （「令子の日記」1981年3月23日・月）

O病院での智の様子を若干紹介する。3月23日の入院から1週間後、令子はF寮母に近況を知らせるハガキを出している。

 先日は舎でいろいろありがとうございました。

23日こちらにつきましたが、今までの疲れがどっと出て、ほっとしたと同時に風邪をひき、まずその手当てを受け、現在よくなり本格的トレーニングに入ります。
　この治療法は長くかかるでしょうが、やはり人間にはプラスになる面も多々あり、智がどれ程理解できるかどうかわかりませんが、〔O医師は〕立派な先生であります。学校には体調の整い次第できるだけ早く帰りたく思いますが、まず本人の体が第一と思いますのでどうかよろしくお願いいたします。近況まで。

かしこ

（「O病院にいる令子からF寮母へのハガキ」1981年3月30日・月）

　なお、O医師は、食事療法と運動療法、漢方薬の処方、そのほか座禅やヨガの呼吸法なども治療に取り入れているのだが、正式な（西洋医学の）医師でもある。もともとの診療科は眼科で、眼科の開業医としての仕事をしていたが、あるとき、期するところがあり、こうした独自の療法を実践していた。したがって、ここでの「病院」や「医師」という呼称は便宜上のものではなく、法的に正式な呼称である。
　さて、こうしたO医師の指導が徹底されているO病院に入院した1週間後には、智は早くも、その厳しい食事・運動療法に悲鳴をあげている。

　　O病院に入って2週間目になる。「縄なしその場跳び〔縄跳びの縄を使わないその場跳び〕」5000回。そして昨日、初めて初心者コース約4.5キロメートルを走った。
　　28日にAが〔見舞いに〕来て、ちょっとおにぎりなどを食べたせいもあってか、昨日はかなり疲れた[*9]。
　　運動の〔時間的〕分散を考えたが、やはり一度にやるほうが効果があるらしい。
　　腹が減ることはいうまでもない。そして俺の心の中に、「〔いっそのこと〕O式が効かないで、なんとかこの方式を止められたら……」という食欲の誘惑に負けたことばがささやかれている事実は否めないのである。
　　O式以外の方法で治るなら、それに越したことはないのだ。しかし、今の俺にはそれがわからない。そしてO式が体全体のために良いことは明ら

かなのである。
　しかし、今の俺の苦しみはどうだろうか。耳が聞こえぬだけならまだしも、食えないというのは、ああ、つらいことだ。
（「智の日記」1981年3月30日・月）

　聴力の回復がみられるのであればともかく、少なくとも即効的な改善はみられない。またこのO式の療法が得意とするとされた、アレルギー疾患などと比べて、難聴治療は相対的に難しい、という意味のことをO医師から聞かされていたこともあり、智は早くもあきらめの心境になりかけていたようだ。
　若干前後するが、この3日前、戸外に散歩に出たとき交わした智とのやり取りについて、令子が記している。当時の智の心境の一端がうかがえる。

　今日は〔智は〕走りたいと言ったがわたしが風邪ぎみなので、こじらせると今度の風邪はひつこいから用心しなさいとAd先生〔O病院の医師〕に言われ散歩にした。〔中略〕
　1時15分、院を出て北に向かって初心者コース4.4キロを散歩した。途中、たんぼの中、ハスのたんぼ、家はまばら、小川にかかる橋のところで1キロ。つきあたると2.2キロ。少し手前の道端で休む。
　Ko寮母があんたは金に細かいと占ったよと言うと、そーかなあ。
　長生きするんだって、105才まで。長生きしたいとも思わんわ。30才でも50才でも充実した人生なら満足だ。100才生きても空気のように生きているなら嫌だなあ。
　あんたは人の上に立つ人になるって。僕は人を指導する能力はあると思うが、責任者には向いていない気がするなあ。その下で自由にふるまうのだったら才能が発揮できると思うが。
　パパはあんたは自由に生きたらよいって。もう自由もありまへんで、と〔智〕。

今日の献立[*10]
〔主食は玄米。病院の食事は1日1食〕
・さつま汁（ごぼう、にんじん、ねぎ、里芋、こんにゃく、大豆、しょうが汁）
・焼きのり（かわいい器に入りおいしいしょうゆ添え）大1枚分を6枚ほど

に切ってあった。
- いり豆（青みのある大豆で水にひたし塩いり。香ばしい）
- 煮びたし（白菜、わかめ、うす味でおいしかった）
- 韮ひたし（ニラがわりとたくさん）
- 蕗みそ（フキノトウのみそ和え　濃い味。少量。つくし煮浸し）
- 漬物（たくあん、3切れ。塩加減がよい）

（「令子の日記」1981年3月27日・金）

　このO病院に入院中の1981年4月5日に、塩谷は智を訪ねて、かなり長時間の面談を指点字で行った。令子による面談内容の大まかなメモを章末に参考資料8①として掲げた。その面談について、塩谷は語る。

塩谷：あのときは、君に不安感を与えちゃいけないというのがまずあって、こうやればできるだろうっていうのを持ってかないと、君はうちの学校へ帰ってこないだろうと思ったんだよね。だから、その態勢を作り上げてから木更津に行ったわけ。だから、どっちかというとね、勢いこんで僕のほうからもっぱら話をしたと思うんだよね。

福島：そうですね。

塩谷：で、その、どの話についても、君はあまり希望の持てるはかばかしい反応はしなかった覚えがあるね。

福島：はっはっは。ああ。一応、ことばのうえでは、「そうですね」とか、「はい」とか言ってたと思いますが、まあ、表情とか印象として？

塩谷：ハキハキものを言うはずの君にしては、ちょっと主体性がない受け答えだったよね。

福島：不安だったんでしょうね。

塩谷：まあ、無理もないなと思ったけど。あのときは、仙人の修行みたいな生活をしてたわけだしね。

福島：そうですね、1日1食、玄米菜食の。

塩谷：とにかくあのときは、なんとか授業に引きずり出さなきゃいけないっていう気持ちだったから、もっぱら説得調じゃなかったかな、僕のほうのね。

福島：それから、わりと、その、先回りしたことまで私は尋ねていて。た

とえば、「大学進学するんだったら応援をするよ」と言われたので、「もし大学に行って、その後どうなるんでしょう」みたいなことを言ったら、「それは、そんなのはわからないよ」みたいなことを言われてましたね。「やってみないとね」と。
塩谷：あのときは〔中略〕なんというか、気負いのようなものは僕もなかった。その代わり、とにかく、先のことは考えない。今のことを片づけようというような方針を持った覚えがあるけどね。あそこでね。

（福島による塩谷へのインタビュー）

　こうして2週間余りのO病院での入院生活は過ぎていった。F寮母の指摘通り、このO病院への入院は、結果的には智の聴力回復に貢献できなかった。しかし、「治療のためにやれるだけのことはやった」という気持ちも手伝ってか、智は自らの失聴を徐々に自然に受け入れられるようになっていった。
　また、入院中、前述のように新しく高等部3年での智の担任となった塩谷教諭が訪ねてきて、今後の学校生活や進路などについて相当長時間の面談ができたこと、クラスメートも複数訪ねてきてくれたことなどで、学校復帰への心の準備もできていった。すなわち、このO病院への入院は、図らずも、智が学校に復帰するうえでの適度な準備期間の役割を果たしてくれたともいえるだろう。
　智は1981年4月9日にO病院を退院する。聴力の回復はかなわなかったが、智の気持ちは一区切りついた感じがあった。そして、O病院退院の際、O医師から次のようなメッセージをもらい、智は心に刻んだのだった。

　　病んで幸せになる人と不幸になる人があります。その人の心がけによるのですが、貴方は努力家ですので前者になれると思います。
　　私の好きな言葉をおおくりします。頑張って下さい。

智君へ

刻苦光明　必盛大也
（「退院時にO医師からもらったメッセージ」1981年4月9日・木）

　同日、智はO病院を退院して、附属盲学校高等部3年に復帰した。そして、クラス委員の全盲のNdから、ちょうどこの日のホームルームで智への支援体

制、具体的には授業でのブリスタ通訳などについて、クラスでいろいろ話し合った旨の点字のメモをもらった。Nd はそのメモの最後にこう記している。

> クラスはみんな協力体制が一応整ったから、なんにも考えないで今まで通りとけ込んできて。いろいろやりながら良い方法を考えていこうよ。
> （「クラス委員の Nd からもらった点字のメモ」1981 年 4 月 9 日・木）

　気心の知れたクラスメートと熱心な担任教諭に囲まれるとともに、智は学校全体の励ましを受けていると感じた。巻末資料 26 に掲げるように、塩谷教諭は、智のためのパンフレットを作成し、学校・寄宿舎を含めた関係者すべてに配布した。
　このパンフレットは、「視覚・聴覚二重障害者との対話のしかた」と題されているが、一般的なものではなく、具体的には智を念頭に置いたものであり、その冒頭は、「高 3 の福島智君に話しかけてください」というセンテンスから始まっている。
　また、4 月 13 日から 1 週間の授業を実施した後、智の各担当教諭が集まっての意見交換会を塩谷教諭が主催し、その会議では、塩谷の依頼で智が作成した各教科についての感想の文書も紹介された（章末の参考資料 8 ②参照）。
　なお、4 月 13 日には「作文」（担当は塩谷）の授業が始まった。この授業は毎週月曜にあり、決められた大まかなテーマに従って、生徒がそれぞれ授業中に作文を書き、次の授業で合評会をする、というスタイルで進められた。智がこの授業で書いた作文を巻末資料 6 〜 12 に掲げた。「写生文」のようなものや自身の生い立ちを書いたもの、現状を書いたもの、自身の未来について書いたものなどが含まれる。
　もちろん、すべてが順調に推移したわけではない。たとえば、授業のブリスタ通訳が一部のクラスメートに偏るなどの問題が生じ、クラス内がぎくしゃくした時期もあった。この問題については、1981 年 6 月 29 日（月）のホームルームで話し合いがなされ、智はこうした自らに関わるクラス内でのトラブルを収拾すべく、積極的に発言した。その発言のために用意したスピーチ原稿の点字のメモが残されていたので、章末に参考資料 8 ③として掲げた。
　このようにみてくると、若干の問題・課題があるとはいえ、智の学校生活は、

おおむね順調にスタートしたといえる。それはある意味で事実なのだが、智の内面においては、こうした「表に現れる状況」とは別の次元で、より深刻な問題、すなわち、より深い孤独感にとらわれるという問題が進行していた。この深い孤独感を通して、智は新たな、そして最大の「分水嶺」を越えることになる。

指点字　対面　パーキンス式

指点字　横並び　パーキンス式

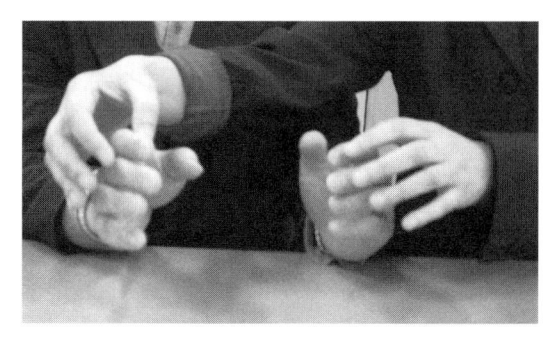

指点字　横並び　ライト式

参考資料 8 ①

▶1981年4月5日、O病院に入院中の智を訪ねて指点字で面談した塩谷教諭と智との対話。多くは塩谷教諭の発言と思われる。以下、令子のメモから抜粋。

　　将来
・学問の場を確保するのが肝心→大学
　　将来的には君の学識で学問の成果で食っていかざるを得ないだろう。
・大学がいれてくれるかどうかわからないが。
・あと1年では無理。1年、2年は余分にかける覚悟が必要。
　　いくつかあたってみるつもりではいる。ただし君の希望する大学に入れるという保証はない[11]。
　　たとえば声をかけて何とか相談にのってくれるかもしれないのは、僕のつてで、私立で和光、国立で千葉など。それも話してみなければわからない。
・もし大学を出られたとして希望する仕事につけるとは考えられない。
　　今、考えているのは所沢の職業リハビリセンター〔国立職業リハビリテーションセンター〕などに君の仕事の開発について相談することになるだろう。
　　いずれにせよこれからの君の頑張りと、どの程度実力が身につけられるかにかかっている。
　　今のところ君の将来について漠然と考えられることはその程度。だが、これから色々な資料にあたっていくうち展望が開けてくるかもしれない。
　　君自身がその方面について調べてみること、もちろん僕も調べてみる。
・君には有力の武器が2つある。1つはしゃべれること、もう1つは点字ができること。この2つをいかに生かすかが今後の課題。まずしゃべるほうだが、君はできるだけしゃべるようにつとめないといけない。
　　そのためにはできるだけ多くの人が話しかけやすい状態を作らなければならない。

・S〔智〕……指でことばを書いてもらう。近いうち訓練を受けたいと思っている〔「手書き文字」のことと思われる〕。
・それについては資料を集めており、それほど難しくない。ただ盲学校内においては、むしろこの指点字のほうが有効。ただし歩きながら話すには指文字も習っておくほうがよい。

ロバート〔ロバート・J．スミスダス〕は〔相手の〕口唇に親指を当てて読み取りをする＊12。

　それも実験としてやってみる必要がある。

　ほか、カナ文字を背中に書いてもらうなど。

・何にでも対応できるようにすることがよい。

　だからいろいろやってみよう。ただし今のは日常会話だけ。授業ではあまり使いものにならないだろう。

　それから指点字も両手を使わなければならないからノートを取るのに不便。

　ただし、授業で使う文字の場合は、ある程度速く伝えられる必要がある。そうでないと授業の生きたことばが伝わらない。できれば話す速度に近いものを考えないと君のような状態の者にはあまり有効ではないわけだ。

　その場で応答できないと授業に出ている意味がない。

　あらかじめ授業の概要についてプリントを作っておく。

　君はそれを見ながらどの辺をやっているのかが常に把握できるようにする。そして教師はしゃべりながら時々タイプを打つ。君はタイプの上に手を乗せておき、必要に応じて質問したりノートを取ったりする。

　教師が君を指名することもできる。

・先生のタイプ〔ブリスタなど〕を重点にするのは問題と思う（できない先生もある）。

　友達の協力を得るのは良い。ただその場合、漠然と席に座った人がやるという方法では君の勉学の保障にはならない。その点についてはホームルームで皆に相談してみる。

　先生によって点字、上手下手がある。

　友達にあまりに負担がかかりすぎると長続きしない。

　（そのシステムが）できるだけ永続性のある方法が良い。

　教師のやる必要最低のこと。プリントあらかじめ作る。

　必要に応じてノートの取れるようにする。

・最初の１週間はすべて試し、おいおい良い方法を考えよう。

　あと注意することはいつでもだれでも君に話しかけられるように、できればパーキンス〔ブレーラー〕に紙をはさんだ状態で、いつも机の上に乗せておくこと。

参考資料8 ②

▶ 1981年4月20日、1週間の授業を一通り受けたことを踏まえ智が作成した手記。この時期に智の各授業担当教諭による意見交換会を担任の塩谷教諭が主催し、それに向けての参考資料として、この手記を作成するよう求められた。

　81．4．20資料
　「各授業に対する感想」（高等部3年　福島　智）
　源氏物語
　　まだよくはわからないが、ノートを取ってもらい、また、先生のことばの要点を指でつづってもらえば〔クラスメートに指点字を打ってもらえば〕、そう支障は来さないと思います。もし何か問題点があれば、お知らせします。
　政経および世特〔「政治経済」および「世界史特講」〕
　　ブリスタを使うのでわかりやすく、ある程度普通の授業に近づけたと思います。
　　今後のためにも〔ブリスタを読みながら同時に〕自分でノートを取る練習をしていきます。質問（先生からの）も〔クラスメートに〕ブリスタで書いてもらえば早いかもしれません（ただ、直接の〔教師の指点字の〕ほうが親近感はあります）。大きな問題点は今のところありません。
　数学Ⅲ
　　演習を中心とする授業ということでしたら、先生も言われる通り、コピー機〔「行列」やグラフなどを触って読みとれる「立体コピー」のことだと思われる〕などの利用でかなりカバーできると思います。ただ、もし何かについての詳しい説明をする場合や、たびたびの質問に答えるときなどは、僕への情報伝達の速度がある程度速いほうがわかりやすいことは事実です。長い話があるときなど、必要に応じて友達に通訳をしてもらうのも一つの案と思います。
　体育
　　球技やグランドでの激しい動きの伴うものは、まだやっていないのでよくわかりませんが、もともと体を動かす教科ですから、背中を叩いたり、手を引っぱったりすることでたいていの用は足りると思います。先生の決めてくださった合図も友達に覚えてもらって使いたいと思います。必要に応じて（たとえば次は何をするかなど）近くの者に指で〔指点字で〕伝えてもらっていますので、今後もそんな風にやりたいと思います。体育はやることが多いので種目ごとにいろいろ工夫して考えますので、どうか先生もよろしく。

化学 II

　化学は先生が直接指に〔指点字で〕伝えてくださっているので安心です。僕に与えられる情報が〔実際の〕授業にいちばん近い科目が化学だと思います。ただ僕はいいですが、他の者が少し聞きにくいのではないかと思います。指に書くやり方では、かなり速い速度でも読めるときがありますが、一つ読み損なうと案外遅い速度でも、その後がわからなくなるようなことがあり、もう一度聞き直したりすることになります。それで、余計に遅くなって（授業の進むのが）しまうのです。いろいろな逸話とか、少し横にそれた具体的な話などがあったほうが化学はおもしろいと思いますが、僕のために皆がそれらを聞くことができなくなるのはちょっと心配です。

　先生にブリスタを使ってもらってなるべく普通の授業のように話しながら、必要に応じて僕に情報を伝えてもらうやり方や、友達に指またはブリスタで伝えてもらうやり方が考えられますが、どれが良いかよくわかりません。化学については友達も含めてもう一度話し合いをするほうが良いかと思います。

英語

1. コンポ〔「コンポジション」＝英作文〕

　これは一文一文区切って授業が進められるので、その都度答えを書き、質問があればできますので、まず問題はないと言っていいと思います。

2. リーダー〔読本〕

　これは授業の動きの激しい教科です。また、社会や国語などと違い、僕に情報を伝える〔通訳する〕側も教科書を読まねばならないという点があり、かなり難しいところです。また、その都度、授業で僕が質問していると、その通訳等でかなり時間が取られます。少なくとも、後者の問題解決をするために、授業外の時間で1週間に1度でも僕が先生にまとめて質問できる時間を取ってくださればよいのではないかと思います（参考のために、僕の空き時間は月1、火6、木3〜5）。しかし、どちらにしろ、僕に与えられる情報がいちばん少ない科目だと言っていいと思います。

3. グラマー〔英文法〕

　これは、コンポに近い感じなので、なんとかなると思います。ただ、これは英語全体にいえることですが、「日本語と英語」の区別や単語のスペル（未知のものを覚えるときなどの場合、特に）の面で、指に書くよりブリスタを使ったほうがよいと思います。それから、僕への質問にもし時間がかかるようでしたら、

あらかじめどこを当てるかなど簡単にメモをしていただいて、そのときに僕に渡していただければ早いと思います。

技術
これは手を使ってやることですから、あまり問題ないと思います。それから、〔授業の一環で学校の敷地内外にある事物の観察（触察）を兼ねた〕散歩をするときは、なるべく僕の手に文字を書く〔「手書き文字」〕などして、歩きながらの会話練習を兼ねていただければ幸いです。

最後に各教科の先生にお願いしたいことは、僕のしゃべり方のことです。英語などは特にそうですが、僕はなるべくはっきり発音するように努力しますので、おかしければご注意願います。声の強弱に関しても、遠慮なくご指摘願います。
これからも何かとご無理を言うと思いますが、どうかよろしくお願いします。

参考資料 8 ③

▶ 1981年6月29日、高3ホームルームでのスピーチのために智が事前に用意していた発言メモ。なお、文中アルファベットにしてあるのは、原文では個人名。

1 その人の発言云々の不必要性
その人が言ったことは当然のことだと思います。

まず金曜の授業はグラマーとリーダーとあり、現状からいってCa君がやっているので、Ca君が休むと本来ならちょっと困るところですが、偶然僕も休んでいたので、「別にいいじゃない」というような発言が出たのではないかと思います。

このような発言が出ることは必然のことであり、ただここで問題になるのはその発言をした人は、Ca君に負担がかかっているという現状になんらの問題意識も持っていない、少なくともこの発言からすれば持っていないということです。

しかしここでそれをだれが責められるでしょうか？　それをだれかが責めたとして、その人が前々からその現状に対しての問題意識を公式に表明したでしょうか？

僕の知っているかぎりではそれはなされていません。つまりだれも文句は言えないのです。

またその発言をした人が悪いわけでもなければ、そのことを責める人が悪いわけでもありません。悪いのはクラスみんなであり、そして僕なのです。

2　なぜこうなったか、どこに原因があるか

　ではなぜこうなったのか？　僕なりに考えてみましたが、それはまずクラスが、特に全盲の人がCa君やCb君にブリスタ打ちを任せたことです。Ca君はこれはもちろん僕の主観ですが、その性格からいって、やらなければいけないことはまず自分から進んでやろうという積極的な性質を持っています。ですからブリスタ打ちもまず第一にそれを買って出たわけです。

　初めは不安でしたけど、やってみると案外うまくいく。それにみんなも安心してついCa君に任せてしまうようになったんだと思います。

　Ca君もやりだしたからにはバンバンやりますが、それも限度があります。ひどいときには週9時間にも上るブリスタ打ち、精神的にも肉体的にも、またノートが取れないという具体的な面でも被害を被るわけです。

　でもクラスのみんなは「僕がやろう」「わたしがやりますよ」とは言ってくれない。そして自分から「君、頼むよ」とも言いにくい。おまけに「アホとも」〔智〕のやつは、英語の時間に世界史のノートを写したり、ブリスタのテープを〔智が〕よく見てないから、そのせいで自分〔Ca君〕が先生に怒られる。

　こうした具合で、〔Ca君が〕とってもしんどい状態にあると思います。

　また一方、クラスのみんなも決してまったくブリスタ打ちを敬遠していたのではないと思います。「わたしだってやりたいんだけど……」という気持ちが本当じゃないんでしょうか？　これは僕の一人よがりかもしれませんが、このクラスのみんなは心の底から「ブリスタ打ちなんかCaに任せておけばいいや」などと思える人は一人もいないと思います。

　ただクラスのみんなに欠けていたのは、「僕がやろう」「わたしにやらせて」というきっかけを作る勇気がなかったことではないでしょうか？　もちろん、あるいはきっかけがなかったわけではないかもしれませんが、ちょっとやってうまくいかなかったから、すぐあきらめてしまったということに原因があるのだと思います。

　そしてCa君のほうでも、無理のない態勢を作ろうという姿勢が、必ずしも十分でなかったという点で悪かったと思います。

　でも、みなさん。いろいろ言いましたが、ここでもっとも悪いのはだれか？

　それは僕です。

　ブリスタ打ちはだれのためにやっているか？

　もちろん、僕のためです。

つまり僕の利己主義は、Ca君に負担がかかり、彼がブリスタを打たなければならないという使命感と、先生やクラスとの間のディレンマに苦しんでいるのを知りながら、それを見て見ぬふりをしていたのです。
　Ca君が大変だとは思いますが、僕の本音はだれでもいいから、とにかく打ってくれる人がいればいい、というわけなのです。
　それで、CcさんやCdさんに別に頼むこともなく、Ca君やあるいはCb君らにばかり押しつけていたわけです。
　どうかみなさん、許してください。
　〔盲ろうの〕障害という陰で、いちばん利己に走ったのが僕です。
　だからいがみ合うことはやめてください。
　Ca君、君にばっかり負担をかけてごめんな。そのうえ、授業中、ほかのことをやったりしてすまなかったよ。
　週11時間のプログラム〔ブリスタでの通訳の分担態勢〕を点字〔使用者〕のみんなはきっと君に負担のかからないように、組んでくれると思う。
　極端にいえば、弱視の人の中にだって、直接ブリスタ打ちにはつながらないにしても、パーキンス型を覚えようとしている人もいる。このことからみても、決してクラスは非協力的ではないと思います。

　さあ、みなさん。今までのことは水に流して、これからのことを考えてくださいませんか。
　過去のいやなことをほじくり返していたら、きりがありませんよ。
　僕だって、去年のことを考えると、今の自分がやりきれなくて、もう死にたいぐらいになることがよくありますよ。でも済んだことは済んだことです。みんな良い人間じゃありませんか。何をいがみ合うことがあるんです。
　人は良いところを見なくちゃ、けんかするばかりじゃないでしょうか。
　最後に提案しますが、このクラスで全面的にCa君やCb君に協力しようと思う人が何人いるか聞いてみるのが良いと思います。
　長くなりましたが、僕の発言はこれで終わります。

[注]

*1 「点字用紙」は点字を書くための厚紙。通常 B5 判で、厚みと柔軟性の両方の性質を備えた上質紙である。大学ノートなどの一般の紙にでも点字は書けるのだが、触読に適さなかったり、特に保存に耐えない場合が多い（点が磨滅しやすい）。
　　しかし、ここでのような一過性のメモ程度であれば、たとえば新聞紙のように極端に薄いものは別にして、およそ紙状のものであれば、どのようなものにでも点字を書くことはできる。この場面では、たまたま点字用紙などを入れた荷物は座席に置いてきたのか、あるいは既に O 病院に宅配便等で送った後なので、食堂車には点字用紙の持ち合わせがなかった、ということだろう。そこで、令子がとっさに折り畳まれた「紙コップ」を数枚借用し、点字のメモ用紙に利用した、という経緯である。

*2 「携帯用点字盤」とは、プラスチック製で、もっとも軽く、小さく、安価な手書きの点字筆記具のことで、「点筆」とよばれる点字を打つための金属製の太い針を備えた道具で 1 点 1 点、点字を書く（打つ）。

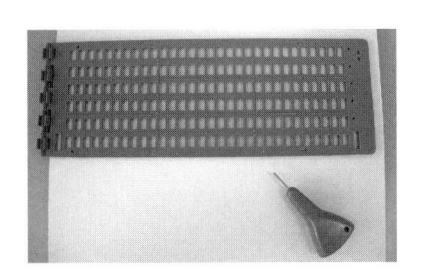

携帯用点字盤

*3 福島 [1997：81-9]。初出は 1993 年（『点字ジャーナル』誌掲載）だが、その後、『渡辺荘の宇宙人』[福島：1995、素朴社] に転載され、さらに 1997 年の福島の著書にも転載された。また、『生きるって人とつながることだ！』[福島：2010、素朴社] にもその一部が収録された。
　　なお、この「ダブル・ハンディとともに」と題した手記において、引用箇所に続く部分で、福島はこの新幹線のエピソードが「指点字考案」の前であったかのような記述をしている。しかし、それは福島の錯誤である。今回、筆者はこの時期の各種資料を精査し、また、筆者がその存在を忘れていた「新しい資料」（智が翌年の 1982 年に書いたメモなど）も見つけて確認した。その結果、このエピソードは 1981 年 3 月 21 日の上京時に間違いなく、したがって、指点字考案後のことである。

*4 この手記中にある指点字の事前の「秘密特訓」については、福島の錯誤であった可能性が高い。その後いくつかの記録を調べたり、当時の複数の関係者の証言

を聞いたりしていると、どうも智がその場で簡単に説明し、そして若く、点字に堪能な友人たちが、即座にコツを飲み込んで指点字を打った、というのが実際の経緯のようである。そのときは智も興奮していて、詳細を覚えていないが、前後の状況からそう推理できる。

　まず、第7章で紹介した「令子から寮母」への3月11日付のお礼状の中に、若干、指点字の記述があるが、そこでは、「指点字」ということばが出てくる以外は、「指と指で点字の暗号を考案いたしました」という記述があるだけなので、これだけでは指点字の仕組みは想像できない。

　教師、友人をはじめ何人かの当時の関係者に尋ねてみたが、いずれも、「(智が)寄宿舎や学校に戻ってきて、実際に指点字で話すまでは、指点字の仕組みはおろか、そもそもそうした方法が考案されたこと自体知らなかった(認識できていなかった)」という趣旨の回答ばかりであった。

　智が寄宿舎の玄関を入る。うわさを聞いて待ちかまえていた当時智と仲の良かった全盲の友人Kmが智の手に触る。

　「Kmか？　点字のタイプライターを打つように僕の指に点字でタッチするんや」と智は言い、両手の3本ずつの指を差し出す。

　すると、「ふ　く　し　ま」と彼は強く、はっきりと、指点字を打った……。現時点で筆者が回想するこの場面のやり取りは、こうしたものである。

　いずれにしても、Kmだけでなく、友人たちの多くは、ごく簡単なガイダンスを智がしただけで、非常にスムーズに指点字で話しかけてくれたのは事実である。あまりスムーズだったので、福島は「あるいは秘密特訓をしていたか？」と後年考えたのだろう。

＊5　「ブリスタ」(Blista) は、点字タイプライターの名称であるが、もともとは、西ドイツ(当時)の「盲人学生研究協会」とよばれる組織のドイツ語の名称 Blinden-Studien-Anstalt（ブリンデン-シュトゥディエン-アンシュタルト）の頭文字をとったもので、組織名でもある。

　ここで、「盲人用の速記用点字タイプ」とあるのは、当時の西ドイツで、視覚障害者が各種の会議において、速記録を作成することが職業の一つになっていたことを背景にしている。したがって、必ずしも「盲ろう者のためのタイプライター」とはいえないものの、盲ろう児者のためにも有効なコミュニケーション機器としても利用されていた。

　両手を用いる指点字とは異なり、この「ブリスタ」は片手で読むことができる。これはその後数年の間、盲学校での智の授業や大学での講義の通訳でも用いられた。　読み取りの状況をやや具体的に説明すると、次のようになる。

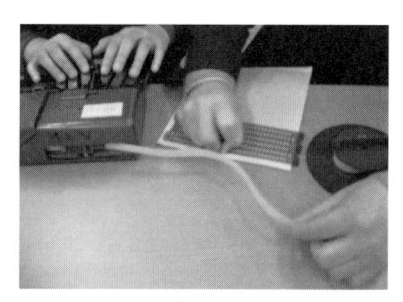

ブリスタ

(1) 智の右に座った人がブリスタを打つ。
　(2) 紙テープに点字が打ち出されて、右から左に「流れてくる」ので、
　(3) その点字を智は左手で読む。
　(4) ただし、テープがだんだん溜まり、邪魔になるので、手動式の巻き取り器に（昔のオープンリールのテープが巻き取られていくように）智が右手で巻き取りながら、左手で紙テープの点字を読む。
　(5) その合い間を縫って、智は右手で点字器でノートを取る。
　こうした、点字を読みながら同時に巻き取りもして、さらにノートも取るというのは、相当「忙しい」作業であり、現在ブリスタで通訳を受けている盲ろう者は、ほとんどノートを取ることはなく、多くの場合「巻き取り作業」でさえ別の人に頼んでいる。
　なお、智は大学の学部時代までは、（演習形式ではない）講義形式の授業を中心に、このブリスタを活用した。しかし、ディスカッション中心となる大学院以後の授業では使わなくなり、現在はまったく使っていない。

＊6　ここで、「パーキンス点字器」とあるのは、米国マサチューセッツ州・ボストンにある「パーキンス盲学校」(Perkins Institution for the Blind) の附属工場で製作された「パーキンスブレーラー」(Perkins Brailler) のことで、現在に至るまで、世界的にもっとも普及した点字タイプライターとされる。その特徴は、タイプライターのキーを叩くと、点字が「上」に打ち出されてくるため、点字を書きながら、（紙を裏返すことなく）同じ向きから触読できるということにある。

　これは、令子が用いていた「ライトブレーラー」（日本製で、パーキンスブレーラーよりも安価）による方法よりも、紙をいちいち外したり、裏返したりしなくていいため、智の「点字の筆談」の方法としては、便利である。というのは、相手がタイプライターを打った直後に、その点字のメッセージが触読できるからである。ただし、重く、音がうるさく、しかも相対的に高価（当時の価格で数万円、ライトブレーラーのおよそ3倍の値段）であるのが難点だった。

パーキンスブレーラー

＊7　ここでの「指文字」には、日本の手話の中で用いられる「50音のかな文字としての指文字」と、「米国式片手指文字」をローマ字方式でつづる方法が想定された。米国の指文字とは、'American One-Hand Manual Alphabet' あるいは、近年では通常、'fingerspelling' と一単語で表記されてよばれているもので、ヘレン・ケラーが用いた方法もこれである。後述するように、現在の米国では、盲ろう者のコミュニケーションの大半は手話（American Sign Language ＝ ASL）がベースであり、それを触って読み取る触読手話（tactile sign language）が多く用いら

れている。
* 8 　福島による塩谷治元教諭（現社会福祉法人全国盲ろう者協会事務局長兼常務理事）へのインタビュー。2007年10月13日、同協会事務所（東京都千代田区）にて実施（指点字通訳者は金田由紀子）。本書における以下の塩谷へのインタビューも同じ。
* 9 　このO式の食事療法中は、規定外のものを食べたり、たとえそうではなくても食べ過ぎたりすると、運動の際、むしろ疲れるといわれており、実際、智もそれを体感した。
* 10 　当時の令子と智にとって、食事療法についてはまだ強い関心があり、特に令子はO病院で出される1日1度の食事メニューを克明に記録している。
* 11 　ここでの大学進学の話題には二つの側面があることに留意いただきたい。一つは通常の意味での進学指導の側面。つまり、智の学力と進学を希望する大学の難易度などをめぐっての問題という側面であり、もう一つは「受験交渉」という側面である。

　当時、日本の大学では単一の視覚障害者でも受験（点字受験など）自体を拒否する大学や学部が少なくなかった。現在も日本では、（米国などと異なり）障害を理由とした受験拒否は法的に禁止されていないため、受験の可否は各大学や学部の判断にゆだねられている。「前例がない」「教育する自信がない」「施設・設備が不十分」などが「拒否の理由」として持ち出されることが多い。

　こうした状況なので、視覚障害だけでなく聴覚障害も重複している智の場合は、受験を許可してくれる大学がはたしてあるのかどうか、という問題がここでのやり取りの前提として存在している。なお、ここでいう「受験拒否」は、文字通り「受験自体が拒否されてしまう」ということであり、入試の合否以前にそもそも入試を受けさせてもらえるかどうかが深刻なハードルとして横たわっている、ということである。
* 12 　盲ろう者が相手の口唇や咽に片手の指をそっと触れることで、相手の音声での発話を読み取る方法。「振動法」「触話法」「タドマ法」などとよばれる。ヘレン・ケラーやロバート・スミスダスなど、若干の盲ろう者がこの方法を学んだが、厳しい訓練を積んでもその読み取りには限界があり、そもそもこの方法をある程度習得できた盲ろう者は筆者の知るかぎり、歴史的にも世界で数えるほどしか存在していないと思われる。なお、ヘレン・ケラーもロバート・スミスダスも、通訳を受ける場合など、主なコミュニケーション場面では、本章注*7で示した「米国式片手指文字」が中心である。

第9章

再び絶望の状態へ
集団の中での孤独な自己の発見

（18歳：1981年4月〜同7月）

9-1 智は自身が「壺の中」にいると感じる

　学校に復帰した智は教師や寮母、クラスメート等の協力を得ながら、新しい状況での生活をスタートさせる。前章でみたように、周囲の対応は大変協力的・意欲的であり、智もそうした期待に応えるためにも、日々努力していた。たとえば、前章の参考資料8②で示した各教科についての現状分析や感想を記した資料にみられるように、智自身が自らの盲ろうの状態での学校生活に積極的にコミットしようとしていた。

　しかし、智の内面は、苦悩に包まれていたようだ。この「各授業への感想」を書いた翌日、智はある人物と対面し、初対面であるにもかかわらず、自らの悩みを率直に伝えている。その人物とは、後に智を支援する会の代表となる小島純郎[*1]（すみろう）である。小島は智の印象を次のように記している［小島1988：はじめに］。

　　私が福島智君にはじめて会ったのは、それまで盲だけであった福島君が全ろうになり、その傷心からまだ完全に回復しない、盲学校高等部の新3年生になったばかりの昭和56年4月21日であった。〔中略〕所用で盲学校に立ち寄ったさい、午後3時20分から4時40分まで二人だけで面談した。どんな話をしたか、あらかた忘れてしまったが、福島君が非常に沈んだ調子であったこと、自分にはこれからどんな仕事ができるのだろうかと、

くりかえし問われたことをよく覚えている。

また、別の手記で小島は、さらに「暗い」様子だった智について描写している。

> 私も福島君の指に点字を打って会話をしたわけです。顔色は青白く弱よわしく、失聴のショックの醒めやらぬ打ちひしがれた様子、ちょうどどんよりした日の黄昏時、薄暗い部屋にマッチした暗さで、一時間二十分対談したとメモにありますが、どう励ましてよいのか皆目見当がつきませんでした。[*2]

実家での療養期間中、少なからず智の心を支えていたAへの「一方的な」恋も、この頃、とうとう終わりを迎えつつあった。

> 俺に対するAの愛は、やはり単に友達としての愛、すなわち彼女の尊重するすべてのものに対する愛の一例に過ぎなかったことを示唆される。
> 　　　　　　　　　　　　　　（「智の日記」1981年4月30日・木）

それまでも、いったんあきらめて、しかししばらくすると再び「可能性があるかもしれない」と淡い期待を持って恋心を持続させていた智であったが、今度こそ本当にあきらめた。なぜなら、こうした感情面とは別の次元で、そもそも「恋愛」など断念せざるを得ないような、冷厳な現実に智は直面していくことになったからである。この過程について、福島は土屋に語っている。

> 福島：Aという人がいて、全盲の女性で、高校1年のときからその人のことがいいなというふうに私は思っていたんです。ある時点で、そういうふうに自分の気持ちを告げたけれども、彼女には特別な感情はないという、よくある「よい友達でいましょう」みたいなふうになっていたんですよね。
> 　だけど、私は性懲りもなく、もしかしたらちょっと気持ちが変わったんじゃないか、と思うような期待を持ったりするような場面もその後断続的に訪れて、要するに、あきらめきれずにいるうちに、耳が聞こえなくなり始めたわけですね。

で、耳が聞こえなくなる過程は、彼女に手紙を書いたり、彼女にささげる創作物語、童話も含めた小説みたいなものを書いたりすることで、自分の心のバランスを取っていたというところはあったんですよね。
　ところが、完全に聞こえなくなって、学校に復帰した。彼女は点字使用者ですので、指点字はもちろんできます。で、話をするんですけれども、一つには、その、特別な感情というのは結局彼女の中にはなくて、一友人として、気になる友人として私のことを気にかけていた。手紙をくれたりしていた。また、クリスチャン的な非常に広い意味での愛ですよね。そういった広い意味での愛を注いでくれていたということがわかってきて、こういう特別なものを求めるのは、俺が間違いだったなあ、ということを認識するとともに、未練がなくなったのには、もう一つ大きな理由があって。
　コミュニケーションの仕方がね、結局、彼女もほかの人と同じだったということですね。これは、たぶん彼女にもある時点で手紙で書いた気がしますが、そのとき使っていた表現は、自分は「びんの底に沈んでいる感じなんだ」と。自分は大きなびんの中、あるいは壺のようなものに入っていて、話しかけようとする人が壺の口のところに現れて、壺の中をのぞいて私と話をする。
　とにかく、相手の気持ち次第で、気まぐれで私のところに話しに来たり来なかったりを繰り返す。
　で、結局、その彼女も同じだったんですね。彼女が悪いというのではなく、彼女も普通の人だったということ。つまり、私の状況を理解できなかったし、想像できなかったし、想像できたとしても、実際にどうすればよいかということはわからなかったと。それで、こういうこともあって、私により深い絶望の時期が到来していたということですね。
　つまり私の状況を理解できる人間は、この世の中にだれもいないらしいということがわかって、落ち込んでしまっていた。しかも、どうにもならない。ことばで何か言ってどうこうできることでもないし、また、みんなが悪いわけではない。私がみんなの立場になったとしても、似たようなことになるだろうという、あきらめにも似た絶望に包まれていました。

（土屋による福島へのインタビュー [3]）

ここで福島が何気なく使っている「普通の人」という表現に出会って、筆者

自身、改めてどきりとした。つまり、この時期の智にとって、あるいは現在においても、「普通の人」には盲ろう者の置かれた状況がなかなか理解できず、しかも、その「普通の人」の自然な対応が盲ろう者にとっては大きな苦痛を生み出すことになってしまう、ということである。この時点でそうした現実に智は直面し、「片思いの恋」などと甘いことは言っていられなくなったのだろう。もっと根本的な、周囲のすべての人とのコミュニケーションにおいて、深い孤独を感じ始めていたのである。

> 福島：指点字で話すといっても、それはある特定の人と特定の時間、しかも相手の気持ち任せで、ある意味では依存的な状況の中で、私はいわば話をしてもらうわけですね。
>
> こういう、「話につきあってもらう」っていう感じのコミュニケーションはあるんだけれども、どうもそれは物足りない。あるいは異質なものを感じる。これまで自分が聞こえていたときに経験していたコミュニケーションとは根本的に違う別のものを感じて、だけどそれがなんなのかわからず、周りにもうまく説明できず。
>
> そのー、より深い孤独を味わう時期が次に来るんですよね。
>
> （土屋による福島へのインタビュー[*4]）

福島は、前述の壺の比喩について、別の機会にも土屋に語っている。

> 福島：みんなと話をする。みんなと指点字で話をする。だけど、その人がいなくなってしまったり、その人が私に対する情報提供やコミュニケーションの意欲を失った瞬間に、私はすーっと消えて、またもとの「宇宙空間」のような世界に戻ってしまう。まただれかの気まぐれで「こっち」に呼び戻されるっていうことの繰り返しで、だんだんしんどくなるわけですよね。
>
> その、アラジンの魔法のランプではなく、「魔法の壺」みたいな感じでね。壺の底に私は閉じ込められていて、ときどきふたが開けられて、外に顔を出せるけれども、またすぐふたを閉められて、閉じ込められてしまうっていうこと。
>
> ずーっと、壺に閉じ込められているのも、もちろん、しんどいけれど、

ずっと閉じ込められていれば、それはそれで開き直りというか、あきらめがつくわけですが、ときどき「光」の下に出るだけに、「暗闇」がよけいしんどいわけですね。
　その一、指点字を手にして、一度浮き上がって、また沈んでしまった。この時期っていうのは相当しんどかったですね。これはつまり、自分の盲ろう者としての人生っていうのは、甚だ過酷なことになるし、周りとの断絶っていうのは、これは決定的だなあと。今後、俺はどんな人生を送ることになるのかなという、絶望感を抱いたと。
　　　　　　　　　　　　　　　（土屋による福島へのインタビュー＊5）

　このように、話し相手の状況や気持ち次第で、コミュニケーションが突然可能になったり、また突然不可能になったりする状態を智は経験した。この二種の状態のギャップはきわめて大きい。つまり、「宇宙空間」や「壺の中」のような状態と、「地球上」や「壺の外」としてのこのリアルな現実とは、智にとってはまるで別の世界のように感じられたわけである。
　ところで、この「二つの世界」の移行の境界線、特に、地上から「宇宙空間」に引き戻されてしまうきっかけとはどこにあるのだろうか。それについて福島は、先に示したように、「その人がいなくなってしまったり、その人が私に対する情報提供やコミュニケーションの意欲を失った瞬間」だと述べた。
　これはその通りなのだが、改めて考えてみると、もう一つ重大なきっかけがあることに気づかされる。それは、智の話し相手にだれか別の人が話しかけてきたような場合だ。そうしたとき、その話し相手は、ほぼ例外なく、智とのそれまでの話を突然中断して、新たに話しかけてきた第三者と、（智に内容を伝えずに）話し始めてしまうのである。
　智にとってこれは大変不快な展開であり、一種屈辱的な体験である。一般に他者同士の会話に突然口を挟むことは非礼とされているが、この場合はそうしたこととは次元が異なる。話しかけてきた第三者がだれであり、どういう様子で何を話しかけているのかなどの状況がまるでわからなければ、それは話し相手が突然いなくなることとほとんど同じようなものだからだ。
　たとえていえば、智とある人が部屋の中で二人だけで話していると、突然相手の人がものも言わず部屋を飛び出していって、智だけが一人部屋に取り残されるような状態、あるいは、廊下にいる智が入り口越しに部屋の中の人と話を

していたとき、その人が突然話の途中でドアをバタンと閉ざしてしまうようなものである。つまり、智にとってのコミュニケーションの突然の断絶とは、通常の意味で、たとえば話し相手に第三者が話しかけて会話が中断されるというような生易しいものではない。それは智にとって、認知的には相手との間に物理的障壁が出現したようなものであり、相手が実質的に「消失」したのと同じくらいの激変だということである。

ところが、この時期の智の周囲の関係者も智自身も、「第三者が話しかけたらどうするか」という問題について、あまり意識していなかったようである。あるいは、ある程度意識はしていたのかもしれないけれど、少なくともそれは対応不能の事態だと考え、やむを得ないこととしてあきらめていたと思われる。このことは、たとえば、第8章で触れた巻末資料26、智の学校復帰の頃塩谷が全校に配布したパンフレットの内容からもうかがえる。

このパンフレットでは、学校関係者が智とコミュニケーションを取る際の方法やルール、マナーなどについて説明されているのだが、その中に次のような記述がある。

　　（キ）対話中に第三者が話しかけてきたりして対話を中断する時、「ちょっと待って下さい」の合図は、彼の手の甲全体をやわらかくつつむように握って下さい。

このように、智との対話中に第三者が話しかけてくれば、それはすなわち、自動的に「対話は中断となる」というふうに当初から想定されていたのである。そして、重要なことは、こうした「ルール」や「想定」について、智自身を含めてだれも疑問を表明しなかったということだ。こうした状況の中に、智が置かれていた当時の苦境の原因の一端がうかがえる。なお、この「第三者が話しかけたとき」についての問題をめぐる考察は、まさに指点字による通訳の始まりと深い関係があり、第10章で再び詳しく検討する。

9-2　バレーボールの見学で
──「沈黙」の中で智は孤独の深淵を見る

周囲に指点字のできる人がいる。点字タイプライター（主に「ブリスタ」）を

使って、授業の際の教師のことばをクラスメートが伝えてくれる。そして、こちらから話しかければ、大概だれでも答えてはくれる。でも、往々にして、そこで終わってしまう。そうしたことが続くうちに、智は徐々に暗澹たる思いにとらわれていった。

　こうした状況を象徴するような、ある典型的な体験を智はする。このエピソードについて、福島はかつて次のように記している。

　　全盲ろうの高三の生徒として盲学校に復帰した私には、指点字という強い味方があった。私からの発話は音声で行い、相手のことばは指点字で"聞く"わけである。寄宿舎の部屋の畳に寝転がって、私はよく友人たちと時の経つのを忘れて語り合った。しかし、そんな時でも、ふと気付くと、私の胸の中のどこかで孤独の風が吹いていることがあった。何だろう、この感覚は？　"無重力の孤独感"とも言うべき、一種形容しがたい違和感の中で、私はその原因がつかめず、悶々としていた。

　　ある日の午後、グラウンドで盲人バレー*6の試合が行われていた。私も試合に参加することがあったが、その日は、友人たちと一緒に見学している時間が多かった。

　　何人もの人が激しく動き回る気配が、地面から振動となって伝わってくる。私はパイプ椅子に座って、ぼんやりしていた。隣にいる友人は、誰かと話しているようだ。たずねれば、今何点入っているとか、誰がスパイクを決めたとか教えてくれる。だから、私にも試合の進行はつかめていた。ただ、静かだった。静かすぎた。グラウンドから伝わる、ドタドタという振動。午後の陽射し。土の香り。椅子の感触。それだけだ。私は急速に、例の感覚にとらえられていった。

　　私はこの"世界"にいるけれど、本当は存在していない。周囲から私がここにいるように見えても、本当は私の実体はここにはないのだ。私自身が空間のすべてを覆いつくしてしまうような、狭くて暗い"別の次元の世界"に吸い込まれているのだ（もう、寄宿舎の部屋に帰ろう）。突然、「集団の中の孤独」という言葉が胸に浮かんだ。そうか。私が感じていた違和感はこれだったのか。盲ろうの世界は、異次元世界であり、この世界とは相容れないのか。

　　「暇そうだね」その時、後ろから肩越しに手が伸びてきて、クラスメート

の一人が指点字で話しかけてきた。私の内部が、ぱっと明るくなった。私の世界に、"窓"が開いたのだ。窓の向こうに、この現実世界が広がっていた。
「うん、まあ、眠くてね、昼寝してたんだよ」いつもの軽口を叩きながら、私は彼女のひとことが涙が出るほど嬉しかった。
「今、どんな様子かな？」
「ええっとねぇ……」彼女は試合の状況と周りの人の様子を伝えてくれた。誰がどんな失敗をしてヤジが飛んだとか、試合の応援はそっちのけで、女の子とばかり話し込んでいるやつがいるとか。いずれもたわいないことだったが、そのひとことひとことがまぶしく、胸が熱くなった（部屋に戻らなくてよかった）。私は、危ういところで救われたのである。
　盲ろう者は、他者と触れ合っていない状態では、完全な"静かな夜"の世界にいる。しかし、そこにコミュニケーションが始まれば、"窓"が開かれ、現実世界と接続する。その移り変わりは劇的で、瞬間的になされ、しかも双方向だ。すなわち、盲ろう者はこの世界からの実質的"消滅"と"出現"を繰り返していることになる。[*7]

　この手記の初出は1993年なので、執筆当時の福島はこのエピソードのあった1981年から12年を経過しており、いわば「ゆとりを持って」記述しているかのようにも読める。しかし実際は、そうでもないだろう。あれから30年経過した現在の筆者が思い出しても、この「バレーボールの試合の見学」のエピソードは、心が冷え冷えとするような記憶である。そうした孤独感が深かっただけに、クラスメートが話しかけてくれたことが、大きな喜びだったのだろう。
　このエピソードは智にとってよほど強烈な印象を残していたとみえ、このバレーボールの件からおよそ1年を経た1982年の7月に、「クラインの壺」[*8]と題する手記を智は残している（章末の参考資料9①に全文を掲げた）。
　さらに、このエピソードの1週間後の1981年7月4日にもこの件について記している。智は7月4日に、この時期ではほぼ唯一の日記を記しており、過去3か月ほどを大まかに振り返って自身の状況をつづっているのだが、そこでもこのバレーボールの見学について触れている。これがこのエピソードにもっとも近い時期の記述なので、そのときの智の心境がよりリアルに表現されているものといえるだろう。なお、このエピソードは前章で紹介した智がスピーチ

を行った「ホームルーム」とほぼ同時期のことであり、6月27日は、そのホームルームの2日前にあたる。

> 6月27日、学芸大〔附属高校〕との交歓会・バレー大会が行われる。
> 俺は行きたくなかったけれど、行った。
> でも、一人でぽおっとして、あの完全な孤独の中に、自己の障害を再確認して、いつものことだが、感傷と自虐的精神の混合したいやな気持ちに陥っていた。
> 星野が来てくれたときは、本当に嬉しかった。泣けてくるというのはオーバーだが、4月になってもっとも嬉しかったことの一つといえる。伝えなければいけないとき、あるいはみんなの目があるとき、こうしたときはだれでも伝えてくれる。
> しかし、俺の必要なものは、そしてもっとも望んでいることは、俺になんの情報も与えられていないときに、そっと話しかけてくれることだ。2回に分けて来てくれた星野の行動は、彼女にしてみれば大したことはないのだろうが、俺は彼女の内面に潜む、「優しさ」というものを感じた。
>
> （「智の日記」1981年7月4日・土）

9-3　クラスメート、教師、令子は　　当時の智をどう見ていたか

ところで、智にとってこれほど強烈な印象を残したこのエピソードについて、智に話しかけたクラスメートは今、どのように当時を振り返るだろうか。この「クラスメート」である佐藤由紀子（旧姓：星野）は智のクラスへの復帰も含めて、当時を振り返りながら次のように記している。

> あなたが〔1981年4月に〕クラスに復帰するにあたり、私たち全員があなたの新たな障害の状態について、またあなたとお母さんが指点字という手段でのコミュニケーションを行っていることについて、説明を受けていたのはもちろんです。
> しかし正直に言えば、「見えなくて聞こえない」ことがどんなことなのかを想像し、理解していたとは言いがたかった気がします。

少なくとも私はそうでした。「聞こえないから指点字を使う」といったきわめて単純な理解しかできていませんでした。なぜそうだったのか、思いつく理由をいくつかあげると

1　聞こえなくなったあなたには、外見の変化がなかったこと。
2　あなたからはまったく普通にそれまで同様、音声で意思を伝えてもらえること。
3　教室や校内、寄宿舎への行き帰りなど移動面においても、あなたはそれまで同様、一人で行っていたこと（周囲の生徒たちは見えないのですから、ベルトに確か鈴か何かつけて歩いていた記憶はありますが、それはあなたのための便宜ではなくて、周囲に対する便宜ですものね）。
4　私たちにとってあなたはあくまでもクラスメートであり友人の一人であって、「盲ろう者」といったある意味特別な存在ではありえなかったこと。あなたのパーソナリティーも盲ろうになったからといって、変わったわけではありませんでしたね。

以上のような理由によって、私たちのうちの多くが、クラス復帰後あなたがそれほどの孤独の中にいるとは気づかなかったのだと思います。

今から思えば本当に申し訳ないことです。

私自身がそれに気づいたのは、『渡辺荘の宇宙人』を読んだときかも知れません。

あなたが触れておられた私とのグラウンドでのやり取りについても、私の記憶の中では「福島君との高校時代の小さなエピソード」であって、特別に気負って声をかけたわけでもなく、ちょっとクラスメートと雑談みたいな感じだったと記憶しています。[*9]

別のクラスメートの見方はどうだろうか。寄宿舎でも親しくしていた友人の一人である伊山哲朗（全盲）に当時の印象についてインタビューをした。

福島：僕自身の内的な状況としてはね、4月に戻ってみんなと指点字で話ができるようになって、まず、そのときは、あの、生き返ったような感じ、これでやっていけるかなという感じがあったんだけれども。

伊山：生き返ったような、やっていけるようなというのは、自分として安堵感という意味でね、安心感という意味で、そういう気持ちが1回は持て

を行った「ホームルーム」とほぼ同時期のことであり、6月27日は、そのホームルームの2日前にあたる。

> 6月27日、学芸大〔附属高校〕との交歓会・バレー大会が行われる。
> 俺は行きたくなかったけれど、行った。
> でも、一人でぼおっとして、あの完全な孤独の中に、自己の障害を再確認して、いつものことだが、感傷と自虐的精神の混合したいやな気持ちに陥っていた。
> 星野が来てくれたときは、本当に嬉しかった。泣けてくるというのはオーバーだが、4月になってもっとも嬉しかったことの一つといえる。伝えなければいけないとき、あるいはみんなの目があるとき、こうしたときはだれでも伝えてくれる。
> しかし、俺の必要なものは、そしてもっとも望んでいることは、俺になんの情報も与えられていないときに、そっと話しかけてくれることだ。2回に分けて来てくれた星野の行動は、彼女にしてみれば大したことはないのだろうが、俺は彼女の内面に潜む、「優しさ」というものを感じた。
>
> （「智の日記」1981年7月4日・土）

9-3　クラスメート、教師、令子は当時の智をどう見ていたか

ところで、智にとってこれほど強烈な印象を残したこのエピソードについて、智に話しかけたクラスメートは今、どのように当時を振り返るだろうか。この「クラスメート」である佐藤由紀子（旧姓：星野）は智のクラスへの復帰も含めて、当時を振り返りながら次のように記している。

> あなたが〔1981年4月に〕クラスに復帰するにあたり、私たち全員があなたの新たな障害の状態について、またあなたとお母さんが指点字という手段でのコミュニケーションを行っていることについて、説明を受けていたのはもちろんです。
> しかし正直に言えば、「見えなくて聞こえない」ことがどんなことなのかを想像し、理解していたとは言いがたかった気がします。

少なくとも私はそうでした。「聞こえないから指点字を使う」といったきわめて単純な理解しかできていませんでした。なぜそうだったのか、思いつく理由をいくつかあげると

1　聞こえなくなったあなたには、外見の変化がなかったこと。
2　あなたからはまったく普通にそれまで同様、音声で意思を伝えてもらえること。
3　教室や校内、寄宿舎への行き帰りなど移動面においても、あなたはそれまで同様、一人で行っていたこと（周囲の生徒たちは見えないのですから、ベルトに確か鈴か何かつけて歩いていた記憶はありますが、それはあなたのための便宜ではなくて、周囲に対する便宜ですものね）。
4　私たちにとってあなたはあくまでもクラスメートであり友人の一人であって、「盲ろう者」といったある意味特別な存在ではありえなかったこと。あなたのパーソナリティーも盲ろうになったからといって、変わったわけではありませんでしたね。

以上のような理由によって、私たちのうちの多くが、クラス復帰後あなたがそれほどの孤独の中にいるとは気づかなかったのだと思います。

今から思えば本当に申し訳ないことです。

私自身がそれに気づいたのは、『渡辺荘の宇宙人』を読んだときかも知れません。

あなたが触れておられた私とのグラウンドでのやり取りについても、私の記憶の中では「福島君との高校時代の小さなエピソード」であって、特別に気負って声をかけたわけでもなく、ちょっとクラスメートと雑談みたいな感じだったと記憶しています。[*9]

別のクラスメートの見方はどうだろうか。寄宿舎でも親しくしていた友人の一人である伊山哲朗（全盲）に当時の印象についてインタビューをした。

福島：僕自身の内的な状況としてはね、4月に戻ってみんなと指点字で話ができるようになって、まず、そのときは、あの、生き返ったような感じ、これでやっていけるかなという感じがあったんだけれども。

伊山：生き返ったような、やっていけるようなというのは、自分として安堵感という意味でね、安心感という意味で、そういう気持ちが1回は持て

たということね？

福島：そう、そう。だけど、ある時点から、何かすごく孤独感が深まっていったんだよね。それが、たぶん、二つぐらいの事情があって。

　一つは、最初のうちはみんないろいろ話しかけてくれるけれども、一通り、久しぶりに帰ってきた僕との挨拶だとか励ましだとかが終わった後は、そもそも話しかける人がどうしても減ってきたということが一つ。

　もう一つは、話しかけてはくれるんだけれども、なんというのか、今のようにコミュニケーションを継続的に保障する、つまり「通訳する」というようなルールができていなかったから、授業のように、「はい、通訳しましょう」というようなシチュエーションであればいいけれども、休み時間とか放課後とかは話をするとしても、結局１対１の話になっちゃうので、周りの様子がわからなくて、結局孤立してしまう。そして、話し合ってる人も、ある程度話をすると、プイッとどこかに行ってしまう。

　まあ、「じゃあね」とは言うけどね。という二つぐらいのこと。つまり、そもそも話しかけてくる人が減ったということと、話しかけてくれる人はいるんだけれども、その、質的な問題ね。量も少なくなったけれども、質的に違ってきた。声で話してた状況とは違うから、なんかすごく物足りない寂しい感じがしていたんですよね。

　たとえば、びんとか壺の底に僕が落ちてしまって、ときどきその壺の入り口に人が〔中をのぞきこむように、視界の外から現れるように、突然〕出てくるんだけれども、しばらくするとその人は消えてしまって別の人が出てくるか、あるいはだれも出てこないか、みたいな感じになったようなイメージがあって。

　だけど、どうすればいいのかわからなかったんですが、何か、君から見ていて、僕の様子とか覚えてますか。今、僕が言語化して言ったようなことは、なかなか周囲の人には伝わってなかったと思うけれども。なにしろ僕自身もわかってなかったから。

　でも、こういう話を踏まえて、今から思い出してみて、今の僕の話と関連するようなこととか、覚えているようなことと印象に残っているようなことはないですか。

伊山：伊山が危惧していた部分でもあるんだけどね。要するにさ。みんな受験勉強が忙しくなったりとか、進路のことになってくると、それはたと

えばね、福島が通常の〔単一の視覚障害だけの状態にあって〕、そういう〔盲ろうの〕障害を持たなかったにしても、みんながこう、それぞれに自分中心の世界に入っていくわけじゃない？

で、やっぱりさ、それから高３っていうのはさ、時間割がずいぶん空いてきた〔空き時間ができてきた〕でしょう？　自分の専攻〔履修する授業〕以外の時間に関しては。

だから、そういう部分はなんていうの、みんなで動くっていうより個人個人で動き始めているよね、実際問題として。だから、たとえばさ、じゃ、伊山と他の人間〔との関係〕はどうかっていうね、福島を除いて、伊山と他の人間はどうかって考えた場合でも、やっぱりさ、そういう関わりは薄くなってくるよね。

まず、そういう前提をもとにして話をすると、やっぱり福島と直接接して話をするという時間も少なくなってくるよね。ただね、聞こえてればさ、そういう周りの状況も自分で判断しながら距離をとっていくわけじゃない？　ところが福島の場合は、今、壺の話を〔福島は〕したけれども、ほんとにその通りで、だれかがアクションを起こしてくれないかぎりは、結局、そこのところでは交流が持てないわけだよね。そういう寂しさって事実あったと思うね。　　　　　　　　（福島による伊山へのインタビュー＊10)

一方、当時の担任だった塩谷元教諭はどう見ていたのだろうか。智の学校復帰時に塩谷が作成して、全校および寄宿舎に配布した「パンフレット」について、あまり効果がなかったように思うとしたうえで、一つのエピソードを塩谷は語っている。なお、ここでいうパンフレットとは、前章でも若干触れた巻末資料26に掲げたもので、「高３の福島智君に話しかけて下さい」というセンテンスから始まる、「視覚・聴覚二重障害者との対話のしかた」と題する資料のことである。

塩谷：こうすれば話せるんだから、積極的に話しかけてくださいっていう意味で作ったんだけどね。あの、こういう例があるよ。

えーとね。結局、君が職員室に来ると、すぐに僕を呼びに来るわけだよ、ほかの教員はさ。それでね、呼びに来るのはいいんだけど。寄宿舎のある女性教員だけどさ、たまたま職員室に来ててさ、そこに福島君が来て。僕

は教室かどこかにいたのかな。

　すると、廊下ででかい声でさ、「大変だ！　大変だ！　塩谷先生、福島君が来た！」って叫びながら走ってるのがいてさ。

福島：はあ、はあ。怪物か、僕は。怪獣。それで、どう？

塩谷：むかっとした覚えがあるけどね。

福島：それはむかっときたのは、つまり、なんでそんな大げさに言うのかみたいな。自分が対応すればいいのにとか？

塩谷：そう。だから、ごく少数の教員を除いては、教員のほうは一般的にはそんな感じだったわけだよね。

福島：今の話だと、パンフレットは配ったけども、やはり、なかなか、先生だとか、あるいは学年の違う生徒だとかっていうのは、うーん、話しかけづらかったという。あるいは、気持ちはあったのかもしれないけれど、結果的にやはりあまり話しかけてもらえなかったということがあるんですよね。

塩谷：あのねえ、かえってパンフレットなんか作ったからね、警戒心を持たせたかなという気もするんだよね。ああ、こんな難しいのか、問題があるのかっていう感じでさ。でね、というのは、結局、いろんな合図を作ったけど、合図なんてあんまり普及しなかったんだよね。

福島：男とか女とか、決めていたし。

塩谷：そう、そう。だから、かえって、あれはまずかったのかなという気もしないでもないんだけどね。

福島：とにかく指点字があるんだし、それから授業のときは各先生のことばが通訳されていたから、これでいいかなというふうに思っていたんですが、結局、ある時期、5月、6月と過ぎるうちに、だんだんと、何かこう、話してるんだけどとても孤独な感じがしてたんですよね。そのへんっていうのは、先生には相談はしていなかったように思いますけれども、何か先生のほうからご覧になっていて感じることは？

塩谷：あの頃は、ほら、僕のあれなんだよね。授業を成り立たせることしか考えなかった。　　　　　　　　（福島による塩谷へのインタビュー）

　なお、寄宿舎での智の様子について、前述の捧の記憶では、この頃智はよく寄宿舎での彼の部屋を訪れ、話をしていたようである。捧は、何か智の様子に気

づいていただろうか。

福島：ストレスというとね、僕にとって非常に大きな意味を持っていたのは、指点字が見つかってね、それで、戻ってきて、いろんな人と話ができるということがわかったのはよかったんだけれども、一通り話をしてしまうと、うーん、第一には、あまり、その、話しかけてくる人自体が。

捧：限られちゃった？

福島：減ったということ。そう限られてきたということね。さらに、限られたうえで、その当時、通訳をするというようなことが、ルールが決まっていなかったし、僕もわからなかったから、その、なんというのか、うまく話がつかめなかったわけだよね。1対1の話はできても、複数の人がいると。

捧：3人以上いるとね。

福島：うん、3人以上いると話ができない。いや、できないというか、聞こえてるときの感じでできないということ。

捧：たとえば、俺と君と〔捧の同級生の〕Mm がいたとき、Mm が黙ってそれを聞いてるだけだったんだよね。

福島：なるほど。

捧：で、Mm の言ってることをどう伝えるかとか、そういうことは確か何もしないで、たまに「Mm 君がこう言ってるよ」っていうようなことをちらっと言うぐらいなもので、今みたいな通訳のルールっていうものは何もなかったから、非常にそういう意味ではコミュニケーションは不自由だったと思うね。

福島：そうだね。それはみんなそうなんだね。あなただけじゃなくて、みんな、似たようなやり方で。しかも、僕も何かやりにくいなというか、何か聞こえていたときとずいぶん違ってしまったなと思うけど、どこがどう違うのか、わからなかったんですよね。それ、うーん、で、なんか、どうにかしたいなと思っていたけど、うまく表現できないし、やはり話し相手が限られてくるのと同時に、話す頻度も減ってきたりするので、一度指点字が見つかってやれるかなと思っただけに、その後の5月とか6月、7月にかけて、だんだんとまた落ち込んだんですよね、内面的には。

捧：ああ。たしかに夏休みに近いときになればなるほど、君の僕に絡んで

る感じがちょっと暗かったわな。なんかね、1回明るくなりかけたのが、なんなんだろう、どうしたんだろうって感じはあったよね、そういえばね。
福島：ははあ、どうもあなたは、あなたに僕が絡んだという、そういう文脈でとらえてるな。
捧：絡んだって、別に、絡むっていうのは、別にその、やくざが絡むとかの絡むじゃなくて、よく言うんだよね、絡むって。向こうの人たちが連れと絡んでるとかさ。そういう意味の絡むね。別に君が僕に難癖をつけて絡むんじゃなくて。
福島：なんか、その、中身については今覚えていないか？　どういう話だったか？
捧：うーん。というか、君の性格上、なんというの、あまり自分のさ、内面的なことって言わないでしょう？　自分が今こう思っているんだとかさ、将来的にどうだとかこうだとかさ。だから、それをなんか隠すように、なんかどうでもいいようなことというか、そういうことをしゃべって、なんか、こう、とにかく紛らわすって言ったらいいのかな。あまり言ってる内容は自分の核心部分に触れたことはほとんど言わなかったね。
福島：なるほど、そうかもしれないな。
捧：だから、こっちとしてもね、はっきり言ってね、そのときの状況って〔あまり思い出せなくて〕、言われてみればそうだったかなぐらいで、あの、もしかしたら無理して自分のことをカモフラージュしてるのかなっていう気はするよね、今思い出すとね。
福島：うーん、そうかもね。ある意味で、もう仕方がないかとあきらめていた面もあるんですよね。どうやっていいのかわからないし。うーん。

（福島による捧へのインタビュー）

　ところで、令子は1981年4月から7月まで、寄宿舎の女子棟に居住していた。当初はO式の食事療法を、せめてあと2、3か月試してみたいという智と令子の希望に対応するために、令子が食事の世話をすることが主たるねらいだった。しかし、5月、6月と経過するうちに、聴力回復に効果が見られないことと食事療法によるストレスも蓄積してきたので、食事は普通食に徐々に切り替えていった。ただし、盲ろうになって間もない智の心身のケアという意味で、令子の希望もあり、夏休みまでは寄宿舎にいることになった。巻末資料28の令子

の手記は、そうした経験を踏まえてのものである。

　しかし、同じ寄宿舎にいて、夕方など、少なくとも1日1度は智と顔を合わせてはいたものの、令子としては、智が何を考えているのかわからず、不安であったようだ。これは第6章で触れた、1981年3月時点で、やはり令子が智の心境がつかめず、「自殺を考えているのではないか」と不安に思ったことと共通しているだろう。

　1981年6月の初め、令子は智に無断で智の書いた手紙を「盗み読み」、それを普通字に写して保存していた。智はしばらく後でそれを知ったとき、ずいぶん立腹したが、現在からすれば、図らずも貴重な記録となった。

　それは、だれかの紹介で智に手紙をくれた全盲の牧師があって、その人に対して、智が点字で返信を書いたものだった。その一部を章末に参考資料9②として紹介する。手紙を写した際の令子の添え書きも一部記す。

　この1981年6月初めのころの智は、表面的には明るく振る舞ってはいたものの、「指点字開始後」のさらなる絶望の時期を経験していたはずである。しかし、この手紙の記述からは、一種の諦観にも似た静かな心境がうかがえる。

　これは1981年2月から3月にかけて、聴力が低下して絶望的な状況に陥った際、むしろ、そこから生きる意味を見いだしていった智の内面の過程と類似しているかもしれない。2月、3月の頃は、「盲ろうになるかもしれない」という不安や苦悩の体験を通して、この6月の時点では、既に「盲ろうになってしまったので、もうこれ以上目も耳も悪くなりようがない」という逆説的な「安堵感」を通して、智は、どうにか内面のバランスを保とうとしているように思える。

　令子がここで書いているように、また捧が語っているように、智は自身の内面を周囲に語ることをあまりしてこなかった。もともと智は幼い頃から令子に対しても、ほかのだれかに対しても、自分の内面をあまり語っていない。この当時の孤独感についても、令子には何も話していなかった。したがって、この智の手紙を読んだことで、令子は智の心理状態に思いを致し、やや不安に感じ始めていたようだ。

　そして、令子の日記を見ると、智の知らないところで、寄宿舎の同室の友人が智の状態を看破して、令子に話していた。また、先に示した「バレーボール大会」については令子は何も状況を把握していないものの、その前後の日記の描写で、全体的に智が疲れているようだ、と観察している。

中間考査、〔6月〕24日頃から3日、だいたいよかったらしいという噂。

試験の終わった日、27日（土）に、〔学芸大学〕附属高校とバレーボールの親善試合があり、ぐったりとして夕方から眠り続ける。

〔智は〕少し体がぐらついて、斜めに歩いているかなとわたし感じる。

（「令子の日記」1981年7月1日・水）

〔寄宿舎で智の同室の〕T君の話では、智がどうやら友達からの話しかけが少なくなっているという。そして、慣れっこになっている周りが、智の苦しみを忘れかけているのではないかと。

福島君はきっと寂しいと思います、と。

いつもだれかそばにいてやるべきだ。しかし友達まかせの場合、緻密さがない。

一瞬でも手放されているときの不安はどうだろう。

嫌がられているんだろうか。

自分で特に気を使っているからか。（「令子の日記」1981年7月17日・金）

そして、令子は担任の塩谷教諭に次のような手紙を書いていた。これは、智のあずかり知らぬことであった。

塩谷先生に。

T君の話によると、〔智は〕「学校にいるときも特定の人との話のみで、寂しそうに見える」とのことです。

「とても孤独なのではないかと思います。周りの者が、あまりに普通に思ってしまっているので怖いと思います」と。

「2学期から出てこられなくなっても、ときには福島君のことも思い出してやってください」と[*11]。〔中略〕

（肉体的に）とても厳しい状況にあることを級友達に話してくださり、ご迷惑でしょうが、できるかぎり話しかけてくださるよう、また夏休み中、手紙をくださるよう伝えてくださいませんか。

もし、自分が智の立場だったらと考えるのも意味が深いと思うのですが。

（「令子の塩谷教諭への手紙」1981年7月18日・土）

Tというのは智と親しく比較的視力のある弱視の友人である。第1章の冒頭に紹介した福島のエッセー中で「美しいことば」を智の手のひらに記したのも彼である。

　智と敬虔なクリスチャンである彼とは、神や愛についてなどの若者らしい議論をよくしていた。また、彼はもともと点字を知らなかったが、智の失聴後、指点字の必要性に直面し、急遽指点字の練習に励み、後に優秀な「指点字通訳者」となる。感受性の鋭い人物だったので、口にしない智の孤独をどこかで感じとっていたのかもしれない。

　智は令子にこの時期、自身の内面の苦悩について語っていないようだ。しかし、何かのエピソードなどを令子は覚えていないだろうか。2003年から2007年までの5年間に、断続的に延べ20時間程度、福島は令子にインタビューをしたが、しかしこの時期のことはほとんど話題に出なかった。

　ところが最後に短いインタビューをしたとき、福島自身忘れていたエピソードを令子がふと口にした。これは福島が忘れていたものなので、土屋によるインタビューでも語っていないことである。「忘れていた」ということは、あまり思い出したくないことを意味しているのかもしれない。

　福島：僕としては、4月、5月、6月、7月と経過するうちに、指点字はできるんだけれども、なんか、こう、あまり情報が伝わってこないなというもどかしさとか空虚な感じがあったわけだね。それはおそらくだれにも言ってなかったし、言っても仕方がないという気持ちがあったんだろうけども、あなたはそのへんは外から見たんじゃわからなかったということかな？
　令子：うーん。あなたが体育の時間に準備体操の号令をかける役になっていて、で、みんなが生徒がさーっといなくなっているのに僕がしていて、号令をかけていて、後で聞いてとても恥ずかしかった、と言うたときに、はあ、なるほど、と思ったわ。
　福島：はあ、はあ、それ、あんたに言ったか？
　令子：うん、言ってるよ。
　福島：そういうことあったな。はあ、はあ、なるほど。つまり、僕が号令をかけて？　みんなが？
　令子：それでみんなが〔智は〕前で〔体操〕してるはずやのに、先生がマッ

トを出してくれとか言ったので、それを智に伝達しないで、さーっと講堂の方に行ってしもうたんかな。それ、外でしとったんやろ、体操は。それで、後から、Fo君かだれかが、すまなかったねえと言うたらしいわ。
福島：その体操の話を僕があなたにしたときに、僕は何と言ってたの？　恥ずかしかったと言ったのか？
令子：うーんと、ものすごく恥ずかしかったと。だから、寂しかったんやろなあと思うけど、わたしは。
福島：ふーん。それは、今、ちょっと忘れていたのを思い出したけど。あんたに言ったんか、僕は？　どういう文脈で言ったんだろうな。
令子：うーん。もう夏休みになってから言ったんかな。いつか知らないけど、あなたが。
福島：とにかく後で思い出して言ったわけやな。
令子：と思うわ。　　　　　　　（福島による令子へのインタビュー＊12）

　これは前述の「バレーボール」のエピソードとは、また質の異なる孤独を痛感した体験である。筆者は令子の発言から、忘れていたそのときの模様を思い出した。
　場所は体育館の中だった。ほかの人が号令をかけても、聞こえない智にはそれに合わせて体操することができないので、当時の体育の授業では、智が皆の前で準備体操をしながら号令をかける、という方式をとっていた。そして、先に令子が語ったような事態が生じた。
　何かの事情で体操を中断して、教師がなんらかの作業の指示を出したのだろう。その作業がなんであったかは、この際どうでもよい。問題は、自分の号令と体操に合わせて皆も体操をしているであろうと確信しながら、智が号令をかけつつ体操をしていたにもかかわらず、実際は皆はそばにいない。智だけが体育館の一角で体操をしていた、というこの構図自体である。
　令子の記憶では、智はある時点でこの体験を「恥ずかしかった」ということばで表現したようだ。しかし、このエピソードは何か一言で表現できない、あるいはそもそもことばで表現することが困難な複雑で不快な傷を智の心に与えたにちがいない。
　現在の筆者の視点からすれば、このエピソードは一種の切ない「カリカチュア」（戯画）のように思えてならない。それはまるで観客のいないサーカスの

舞台で、一人悲しき踊りを踊るピエロの姿に似ている。

「智が生きている世界」と「周囲の人たちが生きている外部世界」とは、画然と峻別されている。智と周囲との間には、「目には見えない強固な壁」が存在する。あるいは智は、「透明な異次元の壺」に閉じ込められてしまっている。智はその壺の中で一人号令をかけ、準備体操をする。「1、2、3、4、5、6、7、8、2、2、3、4、5、6、7、8……」。

こうした智と外部世界とを分かつ「冷厳な関係性」が、悲しきピエロのごとく体操する智の姿によって、目に見える形で一種の「カリカチュア」として浮かび上がってくるのである。

この時期の智は、外見上は元気そうに振る舞っていた。たとえば、前章で触れたように、智のための「ブリスタ打ち」をめぐるクラス内でのトラブルについても、智自らが主導的に解決しようと働きかけている。しかし、その一方で、その2日前には、「バレーボールの孤独な見学」の体験をしている。このように、自力ではどうにもならない、出口の見えない袋小路に智は入り込んでしまったかのようだった。

しかし、やがて第三の、そしてある意味で最大の「壁」を破るときがくる。あるいは「壁」が崩れて、新しい風景が眼前に広がる体験をすることになるのである。

参考資料 9 ①

▶「福島智君と共に歩む会」の会報への寄稿を予定した草稿だと思われるが、必ずしも確証はない。少なくとも、結局、この原稿は同会報には掲載されていないので、いずれにしても以下は未公開の手記である。執筆年月は1982年7月だが、日付までは特定できない。

「クラインの壺」

みなさん、こんにちは。今回は僕が恐れるものについてお話しします。といっても、幽霊ではありません（もちろん、幽霊も恐いのですが……）。
それは「沈黙」です。
去年の1学期[*13]、附属盲と普通校で、盲人バレーを使っての交流会をやりました。僕は附属生（指点字が打てる）と相手校の生徒に挟まれて、自分の出る

試合が始まるのを待っていました。みんなは楽しそうに話している様子です。

そのとき僕の恐れる、「沈黙」がやってきたのです。すなわち、僕のいう「沈黙」とは、何人かの人がいて、僕が聞こえていたら、当然話に加わっているであろう状況下で、僕が話せないで、やむを得ず守っている「沈黙」のことです。

初めのうちは、僕も附属のやつに声をかけたりもしましたが、一言二言で終わってしまいました。相手がそれを望んでいない以上、厚かましい僕の性格をもってしても、それ以上のこと、たとえば、「何、話しとんや。通訳してくれや」などということは、決して言えるものではありません。

普通、この沈黙は1分か2分で終わるのですが、このときは5分たっても10分たっても一向に事態が変わりそうにありません。

僕は壺の中にいました。僕の体が占める空間だけがこの世界から切り取られ、目に見えない壺の中で、別の世界に入ってしまった感じです。周りからは僕の姿が見えますが、それは僕ではありません。実体のない映像であり、僕自身は別の世界、すなわち、出口がなく、僕が空間のすべてを覆いつくしている世界にいて、このバレーボールに興じる壺の外を想像するだけです。言い知れぬ孤独が僕を包んでいました。

「とも[*14]、元気かい？」さらに何分かたった頃、突然クラスメートの一人が話しかけました。彼女が何気なく発したこの一言が、僕にとってどれほど嬉しかったことか。いまだにあのときの気持ちは忘れられません。まさに、壺の外に出してもらった魔法使いの心境でしょう。

僕は聞こえなくなって、いろんなものを失いました。もう、オスカー・ピーターソン[*15]もマイルス・デイヴィス[*16]もいません。落語が、映画が、ナイターが、もう二度と戻らないところに行ってしまい、ただ書物という無味乾燥な世界が残りました。

その中で、「話すこと」はただ一つ、僕を生かさせてくれるものです。指点字にはいのちがあります。感情があり、温かみがあります。何にも増して大きなことは、僕が話しているとき、その同じ瞬間に、僕と同じくいのちを持ってこの世界に生きている人がいるんだということが、確かめられるということです。

これは当たり前のことのようですが、僕にとっては非常に大切なことです。今、これを書いていて、だれとも接していない間に、僕以外の人間がすべて死んでいるかもしれないのです。

「話すこと」。それはある意味で、僕のすべてです。

そして「沈黙」。この二つのことを、今後考えていきたいと思います。

(1982年7月)

参考資料 9 ②

▶智がある全盲の牧師から便りをもらった際の返信の一部。

〔令子の添え書き〕
　智の手紙を訳して記しておく。これはプライバシーの侵害であるが。
　智の心の中の一部を知ったような思いで、盲目の牧師さんからの便りに対する手紙を訳して書きつけておく。
　親といっても、〔智の〕心の中まで知ること、のぞくことはむつかしい。表面上、明るく振る舞っている智の深い悲しみ、苦しみを包みこんだ心の奥の叫びを、いつも忘れないようにしなくてはと思っている。
　口で偉そうに言うので、周りの人の誤解を（わたしを含めて）まねくのではないか。本当は純でやさしい人間なのに。しかし、ともすればポツンと一人でいる姿を見る。結局は自分との戦いではあるが、寂しいことであろう。

　――お便りをどうもありがとうございました。また、お返事が大変遅れましたことをお詫びいたします。もう6月に入り、僕の部屋にも蚊が入ってき始めています。
　今、蚊取り線香をつけました。この香り……、これは、夏の夜の香りです。
　僕は8才の夏を光と音に囲まれて迎えました。
　そして17才の夏を音とともに。そして今……。
　でもこの香りは昔から変わっていません。一種どこか寂しく、でもそれでいて生きているんだなあというほのぼのとした実感をよび起こさせる香り。
　僕はこの香りが好きです。これは目や耳が健全なときから思うのですが、嗅覚というものは他の感覚に比べてものを知覚するという意味ではかなり劣りますが、記憶との結びつき、それも単純ではあるが体の奥のほうで記憶している動物的な記憶とでもいうようなものに結びつくという点で、勝っていると思います。
　今、僕の過去において、送ったいろいろな夏の夜の思い出がよみがえっています。そして今後、僕の人生で僕の経験する夏の夜は、それらとは違ったものになるでしょう。

しかし、僕は、決して嫌だとは思っていません。晴眼から片目へ、そして失明、さらに片耳へ、そして今に至るこの過程で、僕の心は落ち着いたことは、少なくとも心の底から落ち着きを持ったことは一度もありませんでした。片目時代も片耳時代もそれなりに不安な思いをしたものです。

しかし、今に至り、僕はなぜか心に安らぎに似た感じを覚えています。これは、非常に不合理な現象だとは思うのですが。

それで、やはり僕は始めからこうなるべき存在であり、今までの生涯の変遷は、これに至るまでの準備期間にしか過ぎなかったかと感じています。そう思えば、不思議なことであり、また、僕がこんな状態になったのもなんらかの神の啓示としか考えられないと父も言っています〔「父・正美から智への手紙」巻末資料24参照〕。

（「智がある全盲の牧師からの手紙に対して書いた返信」1981年6月8日[*17]）

[注]

* 1 小島純郎（1928～2004）は、智の盲ろう者になって以後の人生における最大の恩人の一人である。智の支援グループである「福島智君と共に歩む会」（1982年正式発足）の代表として智を公私両面から支えたほか、1991年設立の日本で初めての公的で全国的な盲ろう者支援団体、「社会福祉法人全国盲ろう者協会」の初代理事長も務めた。本職はヘルダーリンなどの詩人と作品を研究したドイツ文学専攻の大学教員だった（元千葉大学教授）。
* 2 小島［1996：115-9］。引用した手記の初出年は1988年（『みみより』No. 349、1988年7月号掲載）。ほかに小島［1995］、小島［2001］の2冊には、智を含め複数の盲ろう者、あるいはその他の障害者についての多くの言及がある。
* 3 第5章の注*9と同じ。
* 4 同前。
* 5 土屋による福島へのインタビュー、2004年7月27日実施。
* 6 「盲人バレー（ボール）」は、現在は、通常、「フロアバレーボール」とよばれる。一般のバレーボールとは異なり、ボールをネットの下をくぐらせるようにしてプレーする。ただし、1チーム6人制、3回以内のタッチで相手コートにボールを返す、などのルールは一般のバレーボールと同じ。

当時、智たちが行っていた盲人バレーは、「関東地域ルール」によるもので、ボールは鈴の入っていない通常のバレーボールを用いて、前衛3人は視力の有無にかかわらずアイマスクを着用した（ほとんどの場合、全盲のプレーヤー）。前衛はボールが地面（あるいは床）を転がる音を頼りにプレーした。前衛は手をつないで（ブ

ロックのためなどに）一緒に移動することが多く、盲ろうになった後の智にも、プレーそのものはどうにかできた。

＊7　第8章の注＊3と同じ。
＊8　「クラインの壺」は、数学者F・クラインの名にちなむ位相幾何学上の図形で、円筒の両端を逆の向きにつなげたもの。帯を1回ひねって、両端を貼り合わせて得られる有名な「メビウスの帯」を二つ、境界に沿って貼り合わせても得られる。表裏がない曲面の例とされる。

ただし、智がこの比喩を用いたのは、数学的な理解を踏まえてのことではない。SF好きの智が、盲ろう者が経験している状況、すなわち、「みんなと一緒のこの世界」と「一人ぼっちの盲ろうの異次元世界」の往復という状況を表現するために、「異次元との往復がなされ得る通路の概念上のモデル」というほどのニュアンスを込めて「クラインの壺」という表現を用いている。

＊9　佐藤由紀子から福島への電子メール、2007年12月22日。なお、佐藤は当時は弱視であったが、現在は全盲である。また、現在、ある地域で盲ろう者の支援活動に関わっている。
＊10　福島による伊山哲朗（現東京都職員）へのインタビュー。2007年10月27日、渋谷エクセルホテル東急（東京都渋谷区）にて実施（指点字通訳者は西田倫実）。本書における以下の伊山へのインタビューも同じ。
＊11　これは令子が夏休み明けの9月以後は寄宿舎にはいないことを受けての発言と思われる。
＊12　福島による令子へのインタビュー。2007年10月22日、渋谷東急イン（東京都渋谷区）にて実施（指点字通訳者は金田由紀子）。
＊13　厳密にいえば、附属盲学校では、当時「3学期制」をとっていない。4月から9月までが「前期」、10月から翌年3月までが「後期」となる。ここでのバレーボール大会は6月開催なので、本来附属盲では「前期」とよばれる時期だが、智はより一般的な表現として、あえて「1学期」と記しているのだろう。
＊14　智は当時、「智」の字の読みの一つである「とも」から、「とも」とよばれたり、さらに、そこから転じて「トム」とよばれたりしていた。なお、前章の参考資料8③に示したホームルームでの智のスピーチ原稿の中に出てくる「アホとも」という表現は、この「とも」というよび方を踏まえて、智自身が用いた表現である。
＊15　オスカー・ピーターソン（1925～2007）はその華麗な超絶技巧で人気を博したジャズ・ピアニスト。
＊16　マイルス・デイヴィス（1926～1991）は高名なジャズ・トランペット奏者。
＊17　1981年6月8日に令子が普通字に翻訳しているが、令子の記録では6月6日頃に智は手紙を書いている。

第10章

再生
指点字通訳によるコミュニケーションの再構築

（18歳：1981年7月〜同9月）

10-1　喫茶店での出来事──「指点字通訳」の始まり

　令子が塩谷教諭に手紙を書いた3日後、1981年7月21日に、ある重要な出来事があった。それについて、福島は記している。

　　全盲ろうの状態になり、約半年が過ぎたある夏の日の夜。私は盲学校のクラスメートのIと先輩の女性Mさんの三人で喫茶店にいた。
　　ちょうど夏休みの前だったので、寄宿舎に入っている私とIの帰省の話になった。私の手に触れていたMさんが指点字を打った。
　「M：I君はいつおうちに帰るの？　I：うーんとね、22日に帰ろうと思うんだけどね」
　　その瞬間、私の内部で何かがスパークした。この短いやり取りの中で、二つの新しいことが起こったからだ。
　　第一に、私に手を触れている人が、自分と別の人との会話を私に伝えたということ。つまり、私に話しかけるためにではなく、また、私と他の人の話をとりもったのでもない、私以外の人間同士のやり取りを伝えた、ということである。第二は、自分と相手との発言をはっきり区別し、しかも、"直接話法"で伝えたということである。たとえば、今のやりとりだと、それまでは次のように伝えられることがほとんどだった。
　「I君は22日におうちに帰るんですって」

意味としては、先のやり取りとあまり変わらないように思えるが、私に伝わる"情報の質"はまるで違う。

　「……ですって」のほうだと、いったいどういう文脈でその事実がわかったのかがわからない。また、Ｉがどんな言い回しでそのことを告げたのかも不明だ。それに対して、先に示したやり取りが伝えられれば、まず、ＭさんがＩの帰省日に関心を持ったということ、そして、Ｉが一応の予定は決めているものの、今一つあいまいなニュアンスを含んでいるということまでわかる。

　Ｉも指点字で私によく話しかけていたし、私の盲ろうの状態もよく理解してくれていた。しかし、「……なんだけどね」という彼特有の言い回しを、指点字で打つことはなかった。書きことばの要素を含む指点字では、どうしても、音声の要素が削られてしまいがちなのだ。また、「……ですって」という形で伝えられたら、「あぁ、さよか」としか言えない。けれども、Ｉの発言が正確に伝われば、たとえば、

「22日とははっきり決まってないのか？　どうせお前のことだから、だらだらしていて23日までいるんとちゃうか？　もう、いっそのこと夏休み中、ずっと寄宿舎で寝てたら？」

「うーん、それもいいねえ。でも、それだと食事が出ないしねえ……」などとジョークを交えた会話も広がるわけである。

　盲ろうとなって私がぶつかった第一の壁は、コミュニケーション手段の確保だった。第二の壁は、そのコミュニケーション手段を実際に用いて、持続的に会話する相手を作ること。つまり、他者とのコミュニケーション関係を形成することだ。そして、第三の壁は、周囲の"コミュニケーション状況"に私が能動的に参加できるようにすること。言わば、"開かれたコミュニケーション空間"を私の周囲に生み出すことだったのである。

　Ｍさんが始めたやり方は、指点字通訳の原則として、その後定着していった。そして、このように開かれたコミュニケーションが保障されたとき、私は盲ろうになって初めて、「自分は世界の中にいる」と実感できたのである。[*1]

10-2 「飛躍」の背景

　このMは附属盲学校の先輩にあたる全盲の女性、甲賀佳子である（なお、甲賀の旧姓は三浦であり、以下では、指点字通訳における発言者の表記の問題も関連するので、「三浦」と記す）。かつて三浦をやはり担任した経験のある塩谷（智の当時の担任）の紹介で、学校復帰後間もない1981年4月に、智は三浦と知り合った。三浦はやがて、智の盲ろう者としての人生の初期におけるもっとも重要な指点字通訳者の一人となっていく。

　三浦に当時のことについてインタビューした。

> 福島：先日、予備的に伺ったとき[*2]は、81年の4月に初めて私に指点字をなさったとき、わりとスムーズに話はできた、ということでしたよね。
> 三浦：そうですね。
> 福島：そのときは、えーっと、まだ通訳ということはなかったわけですね。
> 三浦：うーん、ないです。まったく。
> 福島：1対1で話したわけですね。
> 三浦：そうですね、〔あなたの〕お母さんも部屋にいたと思いますけど、お母さんのことばを伝えたことはなかったでしょう。お母さんが話すときは、お母さんが指点字をやってた。
> 福島：なるほど、そうか。手をいちいち交代していたのか。
> 三浦：そうそう、そうです。
> 福島：それで、私が盲ろうになって、どんなサポートが必要か、あるいはどう思ったかということについて前回伺ったときに、とにかく情報提供が必要だろうと思った。だからラジオのニュースを点訳したものとかを渡していました、という話でしたね。
> 三浦：はい。
> 福島：NHKラジオのニュースとか、くださいましたよね。
> 三浦：そうですね。たいてい朝の7時とか夜の9時とか、大きな〔枠の〕ニュースの時間に録音して、それをパーキンス〔ブレーラー〕で打って、郵便で送ってたんですよね[*3]。
> 福島：改めてお伺いしますけれど、最初私に会ったときの印象というかで

すね、特にコミュニケーションの取り方とか何か記憶に残ってることはありますか？　盲ろうになって打ちひしがれているようだったとか。
三浦：（笑）
福島：そうではなかったとか（笑）。
三浦：そうですね……でも、よくしゃべりましたよね（笑）。
福島：あ？　私が？
三浦：そうそう。だってしゃべるのは自由だったから。
福島：何をしゃべったかは覚えていませんけれども。
三浦：そうですねー、うーん、でも、わたしにとっては前も言いましたけど、大学で手話を使って、えっと、耳の聞こえない友達と話してたことから言えば、すごく指点字は手応えのあるコミュニケーションだから、弱々しいとか、打ちひしがれてとかいう感じ、だから、あなたに対するそういう感覚よりも、指点字そのものの確かさのほうが印象にあったかな。
福島：大学で聴覚障害の人と話すときと比べて「確か」というのは、それは何かな、その、手話を使ってだとちゃんと通じているかどうかわからないから？
三浦：そう。そうですね。自分なりに覚えた手話で話はできて、答えも返ってくるけど、やはり、手に取るようにわかるというわけではないから、それに比較して指点字ははるかに確かな方法。わたしにとって確かな方法で、それが伝わっているのは、あなたがよくしゃべるから（笑）、それによってわかりますから。これは確かに良い方法なんだとすぐに思いましたよ。
福島：私は最初からよくしゃべってましたか。
三浦：うん。そりゃそうです。無口なんてことはありませんよ（笑）。
（福島による三浦へのインタビュー [*4]）

　三浦とは1981年4月に初めて出会い、ラジオニュースを点訳したものを毎日のように送ってもらったりしていた。また、たびたび、寄宿舎に訪ねてきて、智の話し相手にもなってくれていた。三浦は当時和光大学の4年生である。
　ところで、今話題に出た三浦の「手話でのコミュニケーション」だが、これは注目すべきことである。三浦が指摘するように、もともと目の見える聴覚障害者のことばであり、視覚的言語である手話よりも、触覚的言語ともいえる指点字のほうが、全盲の三浦にとって「手応え」があったのは確かだろう。また、

智からは音声での応答がすぐに返ってくる、ということも三浦にとっては「手応え」につながったのかもしれない。

　しかしここで、より重要だと思われるのは、全盲の三浦が手話を用いて、聴覚障害のある友人と日常的に会話していた、という事実である。智の問題から若干ずれるように思えるが、これは後に三浦が考案する「指点字通訳のルール」にも関連があると考えたので、この点についても三浦に尋ねてみた。

　　福島：それで〔あなたが通っていた〕和光大学のことですけれども、前回伺ったときは、Ha さんだったかな、ろうの男性ですよね。
　　三浦：ええ。
　　福島：その Ha さんなどとコミュニケーションを取るとき、具体的にはどうやってなさってましたか？　彼が手話をやるのをあなたが手で触って？
　　三浦：相手の人によってですけど、〔その人が発する〕声だけで〔ことばが〕聞き取れる聴覚障害の人の〔人と話す〕場合は、声だけを聞いて〔わかるので〕。Ha さんなどはそうでした。声だけで〔Ha さんのことばを〕聞いて、わたしが話したいことを手話で話す。で、たとえば Od 君など、声だけでは少し聞き取りの難しい聴覚障害の人と話すときには、相手の手話を触って、で、わたしは手話で話すということです。
　　福島：この手話を触るということなんですが、これはあなたの知る範囲であなた以外でそういうことをやっていた全盲の人はいましたか、その時点で？
　　三浦：今は知らないけれど、その時代ではいないですよ。〔中略〕
　　　手話を覚えるときに相手の手話を触らせてもらいながら覚えた。聴覚障害の人がやる手話を触らせてもらいながら手話を覚えた。だから聞き取りにくいときは、その延長線上で手話を触ったということです。
　　福島：あなたがその、最初に手話を触るっていうのをなさったときに、だれかあなたが見本にできるような全盲の人はいましたか？
　　三浦：いない、いない（笑）。
　　福島：つまり、あなたが少なくとも和光大学では初めてかもしれない、全盲で。
　　三浦：うーん……知るかぎりではね。　（福島による三浦へのインタビュー）

三浦が大学に入学したのは1978年である。その時点で、全盲の三浦が手話の「発信」をすることもさることながら、それだけでなく、相手の手話を自分の手で触って読み取ることを試みていたことは、瞠目に値する。なぜなら、筆者の知るかぎり、「触手話」（tactile sign language）と今はよばれる「相手の手話を手で触って読む」方法は、当時の日本の盲ろう者コミュニティーでも用いられていなかったからである。

　　福島：調べてみると、盲ろう者にとって世界的には、「触手話」を使う人が今は多いということがその後わかってきたんですけども、それでもあの、手話を盲ろう者が使い始めた、少なくとも教育の中で使い始めたのは〔ヘレン・ケラーの母校でもある〕パーキンス盲学校でも1970年前後みたいなんですよね[*5]。それまでは「指文字」（fingerspelling）を使っていて。
　　　だから、ま、どこかで自然発生的にやっていた人はいたかもしれないけれども、見えない立場で手話を触るっていうこと、つまり「見るコミュニケーション」である手話を触るという発想自体が、相当画期的なことみたいで、あの、60年代まで、世界的にほとんどだれもやっていなかったんですよね。
　　　で、日本にもそうしたやり方は伝わっていなかったし。ですので、あなたがそれを見えない立場で手話を触るということを始めていたときは、もしかするとほかには日本ではいなかったかもしれません。少なくとも盲の人ではいなかっただろうと思いますし、盲ろう者でもほとんどいなかっただろうと思います。
　　　　　　　　　　　　　　　　　　　（福島による三浦へのインタビュー）

10-3　「飛躍」をもたらしたきっかけは何だったのか

　このように、三浦は大学で聴覚障害者との交流があった。そのことは、彼女自身見えない立場でありながら、「聞こえない」という事態・状況についての共感力や想像力が優れていたことを意味しているかもしれない。
　さて、続いて、1981年4月から7月の時期についての智の印象、そして前述の「指点字通訳」考案のエピソードについて尋ねた。

　　福島：4月、5月、6月、7月、と3・4か月経過する中で、私自身、何か

この、人と指点字で話をしてるんだけど、わかりにくいなというふうには思っていたんですよね、周りの様子が。

　で、あなたもそれまでに私と1対1のコミュニケーションをしてたわけですよね。

三浦：ええ。

福島：第三者のことばを伝聞調で伝えることはあったのかもしれませんね、それまでにも。

三浦：それ、あったよね。それはわたし以外もみんなクラスメートとか〔塩谷〕先生もやっていたでしょう、「だれだれさんがなんとかかんとか言ってるよ」式の通訳はあったよね。

　で、あの、「パーシモン」〔喫茶店の名前〕でも最初は「I君がなんとか言ってるよ」は、あったよね。

　あ、前も言ったけど、そのときにI君自身が手を出さないで、ふと、「福島、いつ帰るんだ」とかなんとか、何かあなたに対して手を出さないでしゃべったんですよね、彼が。

福島：そうですね。ま、また飲み物を飲んでたし。彼はテーブルの向こうにいたし。＊6

三浦：そうね。

福島：あるいは単に彼は、めんどくさかったのかもしれませんけれども。

三浦：かもね。あっ、確かに、席はわたしが今みたいに右隣でI君が前だったかな。

福島：ははー、そうか。

三浦：それで、I君が面倒だったのかなんかわからないけど、手を出さないで、「福島……」って話し始めたんですよ。確か。

福島：そうか。

三浦：うん。それはもう決定的。だって、それまであなたに話しかける人は、こうやって今〔みたいに指点字で〕しゃべってたって、「ねえ、ちょっとちょっと」と言って、〔あなたの〕手を持っていくでしょう。

福島：はははあ。

三浦：そうじゃないと話せないと思ってたから、みんな。でも、それをね、サボったんですよ、ある意味で。

福島：その、〔彼の〕「めんどくさがり」が良かったわけだな。

三浦：そうそう。
福島：でもあなたは伝聞調にしなかったっていうのは、やはり、その彼の「サボり」だけでは説明できない何かがあったんですよ。前回うかがったときは、そのときの私の反応として、あの、とても喜んでいたと。声が高くなったとおっしゃっていましたが。1オクターブとまではいかないにしても、声が高くなって喜んでいる、活気づいた感じがしたと。私が〔Iに〕返事したとき。
三浦：それはそうだったと思いますね。
福島：そのとき、私はそのことについて何か言ったかな？　つまりこれが画期的なことだということ。
三浦：いや、いや、そのときには言ってないよ、きっと。
福島：そうか。そのときは言ってない、そうか。
三浦：言ってない……〔つぶやく〕。
福島：そのあと、夏休みに入ったわけですよね。
三浦：そうですね。
福島：それで、このことがきっかけで、その後、えー、たぶん9月に戻ってきたときからは、そのやり方が。
三浦：9月に戻ってきてクラスの人に知らせたんでしょうかね。
福島：そうでしょうね。たとえば、寄宿舎であのとき同室だったTとか、うーんと、Nとかですね。
　そうやって、指点字そのものが見つかって、1対1のコミュニケーションが始まって、その後、その喫茶店でのエピソードの後、通訳を介するということで、コミュニケーションに広がりが出てきたわけですよね。
（福島による三浦へのインタビュー）

　ここで若干補足が必要なのは、先の福島の手記ではクラスメートのIに三浦が話しかけて、Iがそれに答えるやり取りを三浦が通訳した、という状況を描いているのに対して、三浦へのインタビューでは、Iが智に話しかけたという設定になっているという点だ。しかし、これは矛盾した話ではない。
　つまり、まずIが直接手を伸ばさず、口だけで智に話しかけて、それを三浦が「直接話法」で通訳する、というこれ自体画期的な「飛躍」の段階があり、その次に、今度は三浦が自分の発言を指点字で通訳しながら、声も同時に出し

てIに質問した、というさらに次のステップに進んだ、という展開だったと思われる。

「寄宿舎からいつ帰省するのか」という話題の共通性を考えても、このような話の展開が自然であろう。

では、「サボり」をしたおかげだ、「めんどくさがり」だったのが良かった、などと言われている「智のクラスメートのI」こと、前出の伊山哲朗にこのときの状況をどのようにとらえているかについて尋ねてみた。

福島：喫茶店の「パーシモン」の中のことだけどね。僕と、それから三浦さんにもインタビューして大体彼女と僕の記憶は一致していたのだけれども、まず最初はね、伊山君と僕との会話を三浦さんは通訳したんだよね。「いやま」って書いた後で「3、6の点」[*7]を打って発言をそのまま「直接話法」[*8]で書くっていうやり方でね。

伊山：直接話法で？　ちょっと、こんな感じ？　直接話法で？〔伊山がテーブルの向かい側から手を出して、福島にダイレクトに指点字を打ちながら〕
　いやま「いま、なんといったか？
って感じ？　ああ、それ、覚えてる。

福島：そう、そう。そういう感じ。で、いつ帰るみたいな、でね。

伊山：そう、そう。あった、あった。いつ横浜に帰る？　とかいう話をしたんだ。実家というか、家に帰るの？　と。

福島：それで僕は、その「いやま」って書いてね、「3、6の点」でつなぎ符を書いてくれて、「ナントカなんだけどね」みたいな、この、伊山的なしゃべり方[*9]をそのまま書いてくれたから、すごく面白かったというか新鮮だったんだよね。

伊山：「そうなんだけどねえ」って感じだね。

福島：そう、そう、そう。　　　　　（福島による伊山へのインタビュー）

福島と三浦、そして伊山の記憶は一致したようである。そこで、続いて、さらにその後のやり取りの具体的状況や、なぜ「飛躍」がなされたのかについての意見を尋ねた。

福島：それでね。さらに言うと、そのあと君は三浦さんに話しかけたんだ

よ。あるいはその逆だったかもしれないけれど、「僕が会話の当事者ではない会話」、つまり、三浦さんと君との会話を彼女がやはり同じように指点字で伝えたんですね。声で話もしながら。

　そこ、それが決定的ですよね。これまで通訳者というか、僕に指を触れてる人間は、声でしゃべるときは指が止まっちゃうんだよね、たいがい。しかも、伊山君と僕が話しているときに、たとえば君の発言を〔伝聞調で、智の指に触れている人が、伊山と交代せず〕そのまま打つだけだったらそれまでにもやった人がいたと思うけど、それだけではないわけだね。

伊山：うん、うん、あの、要するに、たとえば今ね、ここで西田さん〔その折の福島の指点字通訳者〕と福島と伊山がいるじゃない？　で、伊山が話しているのも書く〔指点字で打つ〕し、西田さんが話しているのも書くと。

福島：そういうこと。

伊山：だから、自分が話してても、それは直接話法になると。

福島：そこが一種の飛躍だったんです。で、ここから、ぜひ今日は聞きたいことなんですが、僕は三浦さんにインタビューしたときに、どうしてこういう「飛躍」が起きたと思いますか、という話をしてたときにね、三浦さんが、よくはわからないけれどもと言いながら、次のようなことを言ったんです。

　それは何かというと、そういう場合、普通はね、たとえば君なら君が直接手を出して僕に話しかけるっていうのがそれまでのパターンだった。つまり、僕と話をする人は、たとえば今のシチュエーションだったら西田さんの手から僕の手を、

伊山：取ってね。

福島：奪って。そう、取って。順番に話しかけて、話が終わったらまた僕の手をこちらに戻すとか、そういう感じのことだったんだけれども、あのときはテーブルの上に物があったからか、君が単にめんどくさかったのか、その辺はわからないけれども、とにかく声でだけ話しかけたということ。それが、たまたま三浦さんの手が僕に触れていたから、そのとき自然に打てたということ。つまり、伊山が僕の手を取らなかったから、なんとなくそのまま通訳できた、ということを言っていたんだけれど、それについて、君、どう思いますか？

伊山：あり得ると思う。というのはね、理由としてはね、僕ね、今なんと

なく二つの理由を思うんだけど。一つはね、手が汚れてた。
福島：なんで？　何かケーキでも食べてたのかな？
伊山：なんかそんなので、手が汚れてた可能性はあるよね。
福島：なるほど、それはあり得るな。
伊山：うん。あと、もう一つはね、僕、右手が悪いから、だからやっぱり、その、人を介して指点字を書いてもらったほうが速い。
福島：腕が伸びにくかったのかな？
伊山：いや、腕じゃない。指先でちゃんとトレースができない。タッチができないじゃない[*10]。だからその部分、まあ、めんどくさいっていうかさ、そういう部分があったと思うよ。それはあるかもしれない。
福島：なるほど。それに加えて、とにかくテーブルの上にごちゃごちゃコップとか置いてあったしね。　　　　　（福島による伊山へのインタビュー）

　伊山が「手を出さなかった」原因がどこにあるのかは、はっきりしない。しかし、彼が「指点字通訳の始まり」という画期的な変化をもたらすうえで、重要な役割を果たしてくれていたことは確かである。
　そして、いずれにしても、
　（1）発言者を明示して、
　（2）直接話法で、
「指点字で通訳する」という、現在にまで至る指点字通訳の原型・原則がこの喫茶店でのやり取りで生まれたことは事実である。この二つの基本ルールはいずれも重要だが、特に理解されにくく、それだけに従来見逃されてきていたのが、この「直接話法」という表現形態が持つ力についてである。

10-4　「指点字通訳」はなぜ画期的なのか

　土屋のインタビューに対して福島は、「指点字通訳」のルールの考案がいかに画期的なことであるかということと同時に、しかしそれは単なる「ルール」や「マニュアル」の問題だけではなく、「通訳」を現実に実践することはたやすいことではないと語っている。

　土屋：それは〔「喫茶店」で通訳を受けたことを指す〕、福島さんももちろん

初めての体験で、どのようにコミュニケーションしたらよいのかとか、どのように周りの情報を手に入れればいいのかっていうのを試行錯誤されていた段階だったと思うんですが。その、あるきっかけがあって、三浦さんという方が情報提供のようなことをしてくださる前に、福島さんのほうで、こういうやり方だったらもしかしたらいいんじゃないかっていうふうなことは、考えられていたことはあったんですか？

福島：うーん、ないですね、たぶん。今から考えると、当たり前のようなこと。今言ったように、発言者の名前を書いて、かぎかっこを開いて、発言を打つだけ、それだけなんですが。

　それが、私を含めてだれも思いつかなくて。それまで何十人という人が指点字で私に接していたけれども、だれもやっていなかったんです。それは、ルールが決まっていなかったからといえばそれまでなんですが、要するに、うーん、盲ろうという状態がどういうことかっていうことが、実感としてはわからないんだと思うんですね、周りの人は。

　私は私で、もちろん主観的には自分のことはわかるんだけども、それをどう表現したらいいのか、またどうすれば私に情報がうまく伝わるのかがわからなかったですし、思いつかなかった。

　そして、その前提としては、どうせみんな、自分の〔その人自身の〕コミュニケーションの欲求を満たすことが第一だし、私以外の人が〔第三者がそばに〕いたら、その私以外の人とおしゃべりするっていうほうが楽だし、スピードもあって楽しいから、そちらを優先するのは当然だろうなと。そういう前提のうえで考えると、私のために好き好んで情報提供をする、しかも絶え間なくする、っていうことは、どだい無理だよな、みたいな絶望感があったんだと思うんですね。あきらめみたいなものが。

　それはそういう、あきらめざるを得ない場面を、４月、５月、６月、７月という４か月ぐらいの間でおそらく、何十回何百回と、そういう小さな場面を経験しているので。

　だから、これが盲ろう者としての人生であって、基本的にはみんなと相いれない、みんなからすると自分はやはり厄介な存在なんだろうなと、ある意味で、あきらめ、諦観があったかなあと。

　そういう中で三浦さんが始めた「直接話法での通訳」というのがどれくらい画期的かっていうのは、盲ろう者の状況をよく踏まえないとなかなか

うまく説明ができないですけれども。

　用事があるからことばを伝える、授業だから伝える、あるいは私と話がしたいからことばを伝えるということではなくて、コミュニケーションというのは「場」を共有してるということが前提なんだっていうこと。

　それまでの私とのコミュニケーションはいわば、「電話ボックスで電話をかけている」ような感じなんですよね。「電話ボックス」に私と相手がそれぞれお互いが入って、ほかの人たちの声は聞こえない。二人だけの閉鎖的な「電話」的対話をやり合ってるということはあったけれども、「電話ボックス」から出て、いろんな人と話をするっていう状況はなかったんですよね。

　そのとき、三浦さんがやったことは、話の内容自体は他愛ないことではありましたけれども、それまでとは質的に考えて決定的に違う新しい方法で。

　さっき申し上げたように、その一、とっさに自分からそういうふうにした人がいるということが大きいですね。これは特別積極的にサポートしようという気持ちがないとできないことなので。「情報提供」という行為自体を面白いと思っているか、あるいは「情報提供せずにいられない」と思っているのか、何かそういう少なくともプラスの価値を見いだしている。

　情報提供すること自体に喜びを感じているらしい、というのが伝わってきたので。あのー、それに接して私の生きる希望が湧いてきたという感じですよね。

　つまり、そこからの広がりがあって。その後、三浦さんの始めた指点字の通訳という行為が一般化する中で、開かれたコミュニケーションの可能性というものがみえてくるんですね。指点字は、それ自体に意味があるのではなくて、それを使う人がいて、さらに、単に話す際の手段として使うのではなく、私への総合的な情報提供、すなわち「情報保障」[*11]の中で、指点字を利用するっていうことによって、より安定した、より開かれたコミュニケーションの保障がなされる。それが私の人生を安定させてくれて、豊かなものにしてくれるのだなぁということを強く感じました。

（土屋による福島へのインタビュー [*12]）

電話ボックスが減ってきている現在では、この福島の比喩はわかりにくいだろうか。また、厳密にいえば、この比喩は双方が盲ろう者の場合というイメージである。当時の智の話し相手は聞こえている人ばかりだったので、智は「電話ボックス」に入っているにしても、相手はある程度周囲の会話も聞こえているわけなので、「電話ボックス」に入った智が「携帯電話」を持つ相手と話している、というのがより適切な比喩かもしれない。ただし、智にとっては自分が「閉ざされている」ことは同じである。周囲の「生の発言」が伝わるか伝わらないかは、人が周囲の人と交わっていくうえで決定的に大きな意味を持つ。福島は別の例でも説明している。

　福島：ちょっと話が飛びますが、その後、9月か10月ぐらいかな、秋に、寄宿舎で、そのー、友達何人かとトランプをしたんですよね。そのときに三浦さんも一緒にいて、彼女もゲームに参加しながら、えーと、可能なかぎりみんなのことばを伝えるっていうこと、通訳をするっていうこともやってくれたんですよね。
　で、その前に、夏より前に、盲ろうになった後ですが、やはりトランプをやったことはあったんですが、そのときは特別、通訳者というような役割の人がいなくて、昔の、その前の年までの聞こえてた頃、一緒によく遊んでいた連中とトランプをやっていたんですね。ところが、それはちっとも面白くなかったんですよね。
　点字の書いてあるトランプなので、カードを触れば、トランプはできるし、ほかの人が出したカードも、触ればわかるんですが、だからゲームそのものは成立するんですけれども、ちっとも面白くない。
　でも、その後、秋に三浦さんに入ってもらってやったときに、久々にトランプをみんなとやったなあ、というふうな、感じがしたんですね。
　ちょっとした発言とか、「しまった」とか、「わー」とか、というようなね、ちょっとしたことばが伝わるか伝わらないかで全然違うんだなと、感じたんですよね。
　逆にいうと、彼女以外にそういうことをやる人がいなかった。それまではやれる人がいなかったし、たとえ瞬間的にやっても、それが続かない。〔私に周囲の様子やほかのメンバーの発言を伝えることが〕めんどくさいな、と思ってること、そう感じていることが、私に相手の人の筋肉の緊張とか、

〔情報提供を〕つい忘れるとかっていうことを通して、伝わってくるので、私も、その人がめんどくさいなと思っているらしいことを頼むのはいやだなという気持ちもあったんですよね。

　だけど、めんどくさいと思わない人が少なくとも一人はいるな、ということがわかったので。一人いれば、ほかにも可能性は出てくるだろうし。それが新しい、私にとって非常に大きな変化で、その後の、生きるうえでの土台になっていくんですよね。　　（土屋による福島へのインタビュー＊13）

　このトランプの例については、トランプのメンバーにも時折加わっていた前出の捧道宏にも尋ねた。

福島：具体的なシチュエーションでよく覚えているのは、通訳が始まる前の、夏休みに入る前にトランプをしたんです。どういうメンバーだったかよく覚えてないんだけれども、とにかくだれかとトランプをしたそのときはちっとも面白くなかったんですね。トランプはできるけれども、みんなが何を言っているかわからないので、カードを触るだけでは面白くないんですよ。もし将棋とかだったらそれなりに面白かったのかもしれないけども、トランプなんかは、わーわーみんなで言いながらね。
捧：あと何枚残っているとかね。
福島：そうだな。「大貧民」＊14とか。
捧：よく君だとさ、「もう、『アホカード』〔つまらないカード〕しかない」とかさ。
福島：ははあ、そうか、「アホカード」と言ってたか。そういうやり取りがあるかないかってのがすごく大きいんだなというふうに思って。それも、ある意味で僕は変わってしまったんだな、というふうに痛感した一つの理由だったんですけどもね。
　で、それが、三浦さんが通訳の方法をハプニング的に見つけて、それで、9月以降、僕がぼちぼち周りの人にこうやればわかりやすい、名前を打ったり頭文字を打ったりして、「3、6の点」を打って、そのまま直接話法で書くとわかりやすいというようなことを周りに伝えていく。また、たぶん三浦さんがいたんだと思うけど、9月か10月かに、やはりトランプをしたことがあって、そのときに感じが違う。夏休み前にやったときのつまら

ない感じとは違う。以前の聞こえていた頃と似た感じね。〔聞こえるときとまったく同じと言えるほど〕同じではないけれども、臨場感を回復できたな、と。
棒：立体的になった。
福島：そうだね。コミュニケーションが立体的になったということ。それは印象に残ってるんですね。　　　　　（福島による棒へのインタビュー）

点字トランプ

10-5 「飛躍」はどうして生じたのか

　このように、智は三浦がごく自然に行った指点字通訳というサポートによって、開かれたコミュニケーションの場に復帰することができた。では、そもそも三浦はどうしてこのような「飛躍」を遂げられたのだろうか。福島はインタビューでそれを尋ねたが、三浦にも決定的なことはわからないようである。ただ、前述のように、三浦が大学で聴覚障害者との交流があったこと、初歩的な「通訳」を経験していたことなどは、「下地」として重要な要素だろう。

　　福島：その、手話を使うときに、たとえばあなたと、ろうの人と健聴者がいて、で、その健聴者が手話をできないというような場面で、あなたはその通訳的なことはしたことありますか？
　　三浦：うん。ありますよ、それは。最初、1年生は、あの、健聴者は手話も点字もできないでしょ。だから、挨拶程度とかならわたしが間に入って通訳することはあったんですよ。

福島：なるほど。
三浦：今考えると恐ろしいね（笑）。
福島：なるほど、そういう聴覚障害者に対する……。
三浦：うん、そうそう、通訳経験はありましたよ。それはきっと指点字の通訳につながっている、うん。　　　　（福島による三浦へのインタビュー）

　しかし、これだけではうまく説明できない問題がいろいろある。つまり、ろう者に対する手話通訳と盲ろう者に対する通訳とは、質的に異なる側面が多いからだ。たとえば、典型的な例でいえば、通常のろう者は目が見えているので、「今だれが発言しているのか」という情報を独力で理解できることが多い。口の動き、視線や表情の変化などでわかるからだ。そうでないときも、通訳者が指差しなどで簡単に話者の転換を伝えれば、瞬時にろう者にはその転換が理解できる、という点である。この辺りを含めて再び三浦に尋ねた。

福島：ただ、発言者の名前を最初に書くとか「直接話法」で伝えるっていうのは、最初の時期は三浦さんもすぐに出てこなかったですよね。それは、うーんと、やはり手話を使って通訳する場面では、発言者を指差すとか、あるいは見てればだれが話してるかわかるとか。
三浦：そうね、あの、聴覚障害者の場合は、話者を特に伝えなくても見てわかるから、いわゆる指点字の通訳とは違うでしょう。〔手話通訳の場合は基本的に〕ことばの中身だけを伝えればいいですからね。
福島：そうすると、あの喫茶店でのエピソードのときに、やはりある種の「飛躍」があったと思うのですが。
三浦：うん、そうねえ。
福島：その飛躍をもたらした背景としては、さっき言ったあなたの「手話通訳」の経験があると思いますけれども、しかしそれでも、やはりそこには飛躍があるので、それはなぜ起こったと思いますか？
三浦：そうねえ……。
福島：たまたま思いついた？
三浦：……そうですねえ……なぜ？　なぜ？　なぜ？　と言われると難しいけど……、うーん……。　　　　（福島による三浦へのインタビュー）

「飛躍がなぜ訪れたか？」と改めて問われると、三浦にも明確にはわからないようだ。これは、令子が指点字を考案した瞬間の「飛躍」が、ほぼ無意識になされたことと通底するかもしれない。
　そして、令子と同様、三浦も、「白紙」の状態からそのとき突然ひらめいたのではないだろう。三浦には「盲ろう状態になった智」の状況を想像し、そのうえで、こうした状態にある智には「情報提供」が何よりも重要だという認識があり、さらに、ラジオのニュースを録音して、それを点訳して頻繁に智に郵送したり持参するといった行動に移す実践力があった。つまり、「感性の鋭さ」と「実践力」の両面を備えていた人なのだといえる。
　第7章でみたように、令子が指点字を考案するに至る「下地」として、点字タイプライターの練習を重ね、指がタイプライターのイメージで動くようになっていたのと同様、これは、「飛躍の陰には、準備や下地が必要」ということの一つの実例だといえるだろう。

　さらに、インタビューの最後に三浦が指摘した。それは、この「指点字通訳」の原則が見つかった後、通訳の方法が成熟・定着していく過程においては、智自身の働きかけが不可欠だったろう、ということである。つまり、三浦を含めた周囲の人の取り組みが重要であったことは確かだが、智自身の働きかけ、ないし反応が重要だったと三浦は考えるのである。

　　三浦：でも、相手が一人のときの通訳はわりと楽で、今思い出すと、たとえば、その7人も人がいて[*15]、通訳をし分けないといけないときの通訳ができるようになったのは画期的。
　　　　その、会議風景、通訳風景などを見ててみんなが通訳というものを覚えていったんでしょうね。
　　福島：はい。そうか……、そして、私のほうもコミュニケーションの取り方も、聞こえているときの感じに戻ってきたかな。
　　三浦：そうですねー、でも、でもね。それはわたしが、あるいはだれか通訳者が、ということもあるけど、やっぱり福島さん自身から、「こういうときはこうしてくれ」とか、「今、だれが言ったのかわからなかった」とか、そういう質問なり要求なりがあったからですよ。人の名前を書き分けるなんてこと、わたし自身ちゃんとやってたかどうか。うーん。

福島：その当時から私がうるさく言ったわけね。
三浦：そうそう。　　　　　　　　　　（福島による三浦へのインタビュー）

　このように、智はコミュニケーション関係の再構築を果たした。周囲の多くの人の協力によるところが大きい。ただし、最後に三浦が指摘するように、智本人の働きかけも重要な要素だっただろう。

　智は「喫茶店での飛躍」のエピソードの後まもなく、神戸の実家に帰省する。既に完全な盲ろう状態だったが、智の内部には将来への希望が明確に芽生え始めていた。たとえば、将来の進路をめぐって、夏休み中に父・正美とぶつかった。智がこれ以上苦労することをふびんに思った正美が、智の大学進学に反対したからである。しかし智は、令子の指点字の通訳を通してそうした父と議論し、最終的に父を説得している（章末の参考資料10①参照）。

　また、盲ろうになる過程で、ある意味で智の心を支えていたAへの思慕は、前述のように単なる失恋以上に苦い経験として終わっていたが、この夏休み中に智は気持ちの整理を行った。そして、自身の思いを結晶させた短い詩を書いた（章末の参考資料10②参照）。

　第Ⅱ部を閉じるにあたり、1981年9月27日に横浜国立大学で開催された「日本盲ろう者を育てる会」（後年解散）の大会で、智が行ったスピーチの記録を紹介する（章末の参考資料10③参照）。1981年9月末。おおむねこの時点で智のコミュニケーションの基盤は安定し、障害をめぐる思想的な基礎も確立した

1982年頃　友人らとともに出かけた旅行で

といえる。

参考資料 10 ①

『朝日新聞』2003年8月12日（火）こころの風景
　「父とビール」（福島 智）

　「無理して大学なんかいかんでもええ。好きなことしてのんびり暮らせばええやないか。これまでおまえはもう十分苦労した」。18歳のある夏の夜、父が私に言った。
　私は9歳で失明したのだが、それに加えてこの年の初めに耳も聞こえなくなった。つまり、ヘレン・ケラーと同じ「盲ろう者」になっていたのである。
　父の声は聞こえないので、父の言葉は母が「指点字」で伝えてくれていた。指点字というのは母がたまたまみつけたもので、点字の組み合わせで言葉を伝える方法だ。
　当時私は東京の盲学校の高等部3年。夏休みで神戸の実家に帰省して、進路問題で父と議論になったのだった。
　「そんなのは嫌や。ぼくにも生きがいがほしいんや。ぼくは豚とは違うんや」。私は強い口調で言い返した。
　しばらく間があった。母の指点字は止まっている。父は黙っているのだろう。沈黙……。蚊取り線香の匂いが流れる。と、何か冷たいものが手に触れた。そして、父が言った。「分かった。そこまで言うんならおまえの思うとおりにとことんやれ。応援したる。まあ、ビールでも飲め」
　さっきのはビールびんだったのだ。その夜はかなり飲んだ。翌朝二日酔いになるくらいに。良い教訓になった。おかげで大学入学後、コンパなどで困ることはなかった。
　あれから22年。ここまでどうにかやってきた。ただ豚を侮辱した報いだろうか。最近、腹の脂肪が気になる。

参考資料 10 ②

　トマト（福島 智）

　トマトをかじった

太陽の香りがした
君の香りがした

オレンジをかじった
愛が笑った
君が笑った

レモンをかじった
思い出が揺れた
君の手が揺れた

トマトをかじった
太陽の香りがした
海の味がした
　　　（1981年8月）

参考資料 10 ③

▶日本盲ろう者を育てる会会報第4回全国大会特集号（1981. 9. 27）に掲載された智の体験発表。なお、発表時の録音記録の文字起こし作業の際に生じたと思われるミス（智のことばの聞き取り違いなども含めた）や、句読点を含めた表記などで、智の発表の意図を表現するうえで必ずしも適切でない箇所もあるため、このたび、筆者が当時の点字のスピーチ原稿（メモ）も踏まえつつ、若干修正を加えた。

福島智さんの体験発表

　附属盲の福島です。何か話してくれということで、適当なことをしゃべろうかと思いましたが、やっぱり気になって、昨夜の午前1時頃からゴソゴソ原稿を書いてきました。原稿が乱れているので、話がまとまらないと思いますがどうかお許しください。

　僕は18才の高校3年生です。現在、附属盲の普通科に在籍しています。まず、はじめに今に至った経過を簡単にお話しします。

　4才のときに、交感性眼炎のために片眼を摘出して9才で牛眼で失明しました。

それから徐々に耳が悪くなってきたんですけれども、14才で片耳が失聴してしまいました。
　原因がわからないままに、少しずつ進んでいって、去年の暮には、もう片方の耳も聞こえなくなり始めて、今年の4月に学校に復帰するまでには、既に聴力が100dBぐらいに落ちてしまいました。
　ただ、今の話のように、僕の場合は、小さいころから徐々に障害が進んできたので、さほど強烈なショックは受けないですみました。
　それにコミュニケーション手段としての指点字の発見[*16]は、精神的に、はかり知れない励ましを与えてくれたように思います。これのおかげで、友達とも自由に話すことができますし、学校への復帰も、ほとんど抵抗なくすることができました。
　そこで、授業のことなんですけれども、今ここにありますブリスタというタイプをクラスメートに打ってもらいます。みんなローテーションを組んで、交替でやってもらっています。これは、小さなパーキンスブレーラーのようなもので、キイを打つのと同時に、テープに書かれた点字が出てくるという仕組みになっています。タッチが軽くて速く打てるので、生の授業に近いものを受けることができます。
　ところで、僕が、盲ろうになって失ったものは、数知れずあると思うんですけれども、また、逆に得たものも少なからずあると思います。
　その一つは、僕が人の心というものを肌で感じられるようになり始めていることだと思います。
　外見的な特徴や、しゃべり方などに左右されることがないので、純粋に相手の言いたいことが伝わってきます。また、（指点字で）話すとき使う人間の手というものが、意外にその人の性質を表わすものだということがわかってきました。
　指点字を使うようになって、とても大事なものを、僕の障害の故に、本当の友達というものを、見分けることができたような感じがします。そうした彼らは、僕に対して話してやるという姿勢ではなく、僕と話すこと自体を望んでくれます。学校へ戻った当時は不安の中で、悶々としていた僕なんですけれども、こうした彼らの存在が、どれほどうれしかったか知れません。
　次に、今後のことについてお話しします。
　僕が、今考えているこれからの人生の最大の目的は、障害ということの意味を考え続けていくということです。当面の目標は大学に進学することになりま

すが、それは将来の職業の可能性を拡大するという表向きの理由はあっても、その本質的な動機は、健常者の中で、自分で障害を見つめ直すということになると思います。

よく、障害者でも、努力すれば健常者と同じように生活できるんだということがいわれます。しかし、このことばの裏には、障害者が、健常者に対して常にマイナスの存在であるという前提が含まれているように思われます。障害者が、努力しなければ生きていけないのは事実です。それは非常に重要なことだと思いますが、何もそれだけを過大評価することはないと思います。

健常者の中にも、僕らよりもっともっと努力して生きておられる方が、沢山いると思います。それに僕らが努力を重ね、たとえ、外見的に健常者と同じような生活を営めたとしても、それには、大して意味がないように思います。

なぜなら、僕らが必死でたどりついたゴールは、健常者のスタートラインですから。

僕らにとっていちばん大切なことは、自分の障害を通じて、また、それによって生まれてくる言いしれぬ心の痛みを通じて、どのようにものごとをとらえていくか、ということだと思います。

僕ら障害者が社会的にみて、生産性や行動力において、健常者に劣っていることは、自明の事実です。

僕は盲ろう者です。目が見えません。耳が聞こえません。しかし、それは逆の意味で、うわべにとらわれがちな、社会の価値判断の基準にしばられにくいということも意味していると思います。

僕らが、自分の感性をみがき、ものごとに対する本質的価値基準をもって生きていくとき、初めて、僕ら障害者が真の意味での社会の一員になれると思います。

僕は、我々障害者が、「障害者でもできる」ではなく、「障害者だからこそできる」という存在であることを自分自身に、また、社会に問いかけ続けていきたいと思います。

[注]

*1　第8章の注*3と同じ。

*2　ここで紹介している三浦に対するインタビューを実施するおよそ半年前に、録音はとらない形で、一部点字の筆談を交えながら予備的なインタビューも行った。なお、三浦について本書では触れていない側面について、生井［2009］の第6章に詳しい。

*3　ここは、三浦の錯誤が含まれていると思われる。当時三浦がラジオのニュースを聞き取って点訳した点字資料（手紙）の一部が、神戸の智の実家に保存されていた。それを確認したところ、一つには、「大きな枠のニュース」もあったものの、おおむねNHKラジオ第一放送の、いくつかの正時（毎時ちょうどの時刻）から5分間のコンパクトなニュースの点訳が多かった。しかも、「パーキンスブレーラー」（以下、この注の中ではたんに「パーキンス」と記す）ではなく、「ライトブレーラー」（同様に「ライト」と記す）で点訳されているものがほとんどだった。筆者はそのことを確認したとき、これは一見些細なことのように思えるけれど、重要な意味が含まれているのではないかと考えた。それは、当時の智が経験していた孤独の意味について、すなわち、「コミュニケーションや情報が断続的になり、継続性に欠ける」という智の苦悩の本質について、三浦がすでに直感的にある程度感じとっていた可能性を示唆する事例かもしれないと考えたのである。そこで、以下やや冗長で煩雑になるが、この件についてあえて詳細に記したい。

　　まず、三浦はパーキンスもライトもどちらでも使え、そのタイピングの技術も優れていた（ちなみに、点字使用者でも、そもそも点字タイプライターを打つのが得意でない人もいれば、打てたとしても、パーキンスかライトのどちらかしか打てない人もいる。その点、三浦は両方が使いこなせ、技術レベルも高かった。なお付言すれば、指点字においても三浦は、「パーキンス型」でも「ライト型」でも打てるが、あるレベル以上の速度では通常は「ライト型」を用いていた。智も、現在の筆者に至るまで、やはりある水準以上高速の場合は、「ライト型」の指点字のほうが読み取りが楽である。ただ、この指点字の読み取りの問題については、本書の目的を超えるので、ここではこれ以上触れない）。

　　ところで、その後、三浦が智に私信を出す場合や比較的長い点訳物を送る際などは、パーキンスを用いて点字を書くことがほとんどだった。個人差もあるが、パーキンスとライトを比べた場合、少なくとも「タイプライターを打つ」という手の動きに限れば、パーキンスのほうが腕や肩への負担が少ないと思われる。それはライトの場合、第7章の写真に示したように、タイプライターのキー配列がいわば「逆八の字」のようになっているので、打つ人は両手の肘を左右に広げるような姿勢で打たねばならないのに対して、パーキンスは両手の指をまっすぐ前にのばしてピアノの鍵盤を叩くような要領でタイピングすればよいからである。したがって、三浦にとっても、少なくともある程度以上の長さの点字を打つ場合は、ライトよりもパーキンスのほうが楽だったであろうことが推測される。

ところが、三浦はニュースの点訳に際して、少なくとも当初の数か月間はほとんどライトを使い続けていた。なぜ、智への情報提供ではライトを使い、また、ラジオの比較的短いニュースを点訳したのだろうか。このことは、いったい何を意味するのだろうか、と筆者は考えた。

　その理由の検討に入る前に、パーキンスとライトの点字タイプライターとしての特徴の相違について、もう少し触れる。この二つのタイプライターの相違については、第8章でもすでに若干記し、また、さきほどもタイピングの際の腕や肩への負担については述べた。ここで、さらにもう一つの相違を挙げれば、パーキンスは点字用紙の片面にしか点字を打てないのに対して、ライトは両面に打てるという相違がある（なお、パーキンスはライトよりも行間は狭くなり、片面に打てる行数はやや増えるものの、点字そのものが日本の点字よりも少し大きいので、同じ幅の紙の1行に打てる点字の数はライトよりもやや少ない）。つまり、ライトでは、紙の表に打ち出した点字の行と行の間の「隙間」を利用して、紙の裏面にも点字を打ち出すことができる、ということである。

　この特徴の相違がもたらす実際的な影響はいろいろあるのだが、ここでの議論にとって重要なものを一つ挙げれば、「点字用紙1枚あたりに打てる点字の字数」が異なるという問題である。その観点でいえば、ライトのほうが字数が多いということだ。このことは、たとえば、小さな封筒を用いて点字の郵便物を送る際、重要な意味を持ってくると思われる。当時、三浦が智に対して日々のニュースの点訳の郵送に使っていたのは、現在の「日本郵政」の規定でいえば、「長形4号」とよばれるもので、これはいわゆる定型封筒の中ではもっとも一般的なサイズだ。B5判の便せん（点字用紙はB5判）を三つ折、あるいは四つ折にして入れるのに適した大きさであり、今も日常的に良く見かける、茶色ないし白などの縦長の小さな封筒のことである。

　当時三浦自身は和光大学の4年生であり、自分の勉強やさまざまな活動などもあって忙しかったにちがいない。その中で、できるだけ頻繁に智へのニュースの郵送を行うにはどうすればよいかと三浦は考えたのではないか。それには、長時間を費やしてパーキンスで長いニュースを点訳して、それを大きな封筒で時折まとめて送るというやり方よりも、分量はコンパクトでも、小さな封筒で少しずつ頻繁に郵送するほうがよい、と当時の三浦は考えたのではないだろうか。

　なぜなら、小さな封筒であれば、たとえば、女性の持ち歩くバッグなどにも入りやすく、三浦自身にも便利だろうし、仮に友人のだれかにポストへの投函を頼むような場合でも、小さな封筒のほうが頼みやすいだろう。さらにいえば、受け取った智の側のことを考えれば、小さな封筒であれば、どこにでも持ち運びやすく、ちょっとした時間にニュースを読むこともできるからだ。

　そしてここでもう一つ、点字をめぐる特殊な事情がからんでくる。それは、立体的に凹凸のある点字文書は、通常の便せんなどと比べて、非常にかさばってしまうということである。紙を折らない状態でも点字文書はかさばるので、いくつ

かに折って封筒に入れるとなると、ますますかさばることになる。前述の「長形4」の小さな封筒に入れるためには、通常、点字用紙に3本の「折り目の点線」を点字で3行分書き込んで、その線を利用して四つに折って入れる。「四つ折り」だと、単純計算では厚さが4倍になるわけだが、実際は点字の「折り目の線」の部分の厚みもあり、4倍以上になるだろう。その結果、筆者の経験では、「長形4号」の小さな封筒に四つ折りで点字用紙を入れるのであれば、せいぜい3、4枚が限度だろうと思われる。

　一方、点字用紙1枚に書き込める字数は文章の内容、表記法、レイアウトなどにもよるけれど、ライトで両面に書いて、普通字換算でだいたい600文字、パーキンスなら1枚でおおむね350文字程度といわれる。ここでは封筒に入れるために1枚につき3行は点字で「折り目の線」を打つので、実際は今の数字よりそれぞれ4、50字は少ない字数しか書けないだろうか。

　他方、ラジオのニュースの分量はどのくらいか。ラジオやテレビのアナウンサーの話し方は、時代を追って速くなってきているといわれる。そのことも勘案すると、1981年当時のNHKラジオのニュースは、1分で漢字・かな混じりで300から350字程度だろうか。もしそうなら、5分だと1500字から1750字程度ということになる。これならライトで両面に打てば、多くても4枚に収まるので、どうにか小さな封筒にも入る。しかし、もしパーキンスだと、5枚、6枚になることも想定され、そうなると、おそらく小さな封筒には入らないか、きわめて「ぎゅうぎゅうづめ」の状態になっただろう……。

　以上、この件について長々と記してきた筆者の意図は、当時の三浦が、すでに智の求める「情報提供」の本質について、直感的にある程度気づいていたのかもしれないと考えたからである。つまり、智が求めている「情報提供」というのは、時々思い出したように与えられる情報ではなく、たとえ量的にさほど多くなくても、安定して継続される情報提供、日常的に得られる情報提供ということではないか、と三浦が気づいていたかもしれない、ということだ。つまり、だからこそ、小さな封筒を利用して頻繁に郵送することを考えたのであり、また、だからこそ、その小さな封筒に入れられるニュースの分量と、点字用紙の枚数を勘案してライトを用い続けたのではないか、ということである。

　ただし、第9章でみたように、こうしたニーズについて、智自身あまり自覚的でなく、またおそらく三浦も、前述のようなニュースの情報の継続的提供はしていたものの、智が真に求めているのは、コミュニケーション場面での「日常的で継続的な情報提供」であることには、まだ自覚的でなかったかもしれない。ただし、「指点字での通訳」が開始されるにいたる前段階における一つの伏線としての意味が、このニュースの継続的提供にはあったのではないかと筆者は考えるのである。

＊4　福島による三浦へのインタビュー。2004年3月23日、東京大学先端科学技術研究センター（東京都目黒区）3号館にて実施。本章における以下の三浦へのインタビューも同じ。なお、このときのインタビューは、福島は音声で話し、三浦

は音声を出しながらの指点字で直接福島に語り、その模様を録音すると同時に、大久保弥恵子がパソコンでの記録も行い、後に大久保が録音記録と照合する、という作業手順を取った。

＊5　盲ろう児教育においては当初ヘレン・ケラーも用いていた「指文字」などが用いられていたが、1970年頃からパーキンス盲学校で盲ろう児教育に手話を導入する取り組みがなされた。そして、この取り組みは、その後まもなく世界的にも波及していった。当時パーキンス盲学校で用いられていた手話については、*Perkins School for the Blind*［1974］に詳しい。

＊6　テーブルの上にグラスや皿などがあると、指点字をするために向かい側から手を伸ばすとき、それらが邪魔になってやりづらいことを指している。

＊7　点字の「3、6の点」というのは、かぎかっこの開き記号であり、同時につなぎ符やハイフンにも用いられる記号でもある。ここでは指点字で通訳するにあたり、発言者の名前とその発言内容を区切るために、三浦がとっさに用いた記号である。なお、現在でも、筆者が受けている通訳など、盲ろう者に対する「指点字通訳」において、この記号はそのまま用いられることも少なくない。詳細は小島・塩谷編［1988］、福島［2008a］など参照。

＊8　「直接話法」（direct speech）は、一般に、人が述べたり書いたりした内容を引用符（日本語ならかぎかっこ、「　」など）に入れて直接的に伝える方法である。指点字通訳においては、ドラマや演劇の脚本のように、
　⑴　まず、発言者の名前やその略号を記して、
　⑵　それと発言内容を区切る記号を打って、
　⑶　次に発言内容を可能なかぎりまったくそのままに指点字で伝える
というやり方が、いわば「直接話法」的通訳ということになる。

　その逆が「間接話法」（indirect speech）で、これはだれかが述べたり書いたり考えたりした内容を、話し手の表現に置き換えて伝える話法で、伝達話法ともいわれる。間接話法ばかりの「通訳」だと、まるで「会話部分のまったくない小説」を読んでいるようなもので、生の会話という感じが盲ろう者には伝わらないのである。

　なお、付言すれば、指点字通訳では、脚本の「ト書き」に相当する通訳者の説明も必要に応じて加えるなどの方法も取る。

＊9　ここでの「伊山的なしゃべり方」とは、伊山の話し方の特徴を指している。伊山自身の表現を借りれば、「ちょっと自信なさげな弱々しい」口調と「上づった声」が「伊山的しゃべり方」の特徴ということになる。ここでは三浦が直接話法で指点字で伝えた伊山の発言によって、智がまるで聞こえていたときのようなリアルさを伴ってそのことばを「聴いた」（読んだ）ということを述べている。

＊10　伊山は右手の指の動きが当時からやや不自由である。しかし、このインタビュー時においても、この前の部分で紹介したように、伊山は福島に直接、指点字を打っているので、もちろん打てないわけではない。

* 11 「情報保障」は、通常、聴覚障害者への手話通訳や要約筆記通訳などによる情報提供を安定的に実施するという意味合いで用いられるが、盲ろう者についても、なんらかの方法で周囲の会話や周囲の状況についての情報などを、安定的に提供することを指して使われるようになってきている。なお、「情報保障」については、田中［2004］などを参照。
* 12 第5章の注＊9と同じ。
* 13 同前。
* 14 「大貧民」は、「大富豪」ともよばれるトランプゲームの名称。手持ち札が早くなくなったほうが勝ちなので、他のメンバーの残りの手持ちカードの枚数を確認するのが重要になる。
* 15 ここで「7人」と三浦が言っているのは、後に「福島智君と共に歩む会」発足につながる準備会的会合が、1981年11月30日に塩谷教諭の呼びかけで附属盲学校で行われ、そこへの参加者が7人であった、ということを念頭に置いている。
* 16 ここで「発見」という表現を智は使っているが、「発見」だとすでに存在しているものを初めて見つけだしたニュアンスになる。指点字のようにまったく新しい方法を思いついたという場合は、「考案」と表現するほうが適切であろう。

第Ⅲ部

分析と考察

　第Ⅱ部では、筆者の出生時からまもなく19歳になる頃までの個人史を記述した。それは「見えて」「聞こえて」いた状態から、「見えなくて」同時に「聞こえない」状態へと、自身の認識世界が変化していく過程を跡付ける作業でもあった。
　第Ⅲ部においては、こうした筆者の認識世界の変化を分析・考察することを通して、一定の知見を得ることを目指す。なお、筆者がここでの作業によって最終的に到達するもっとも重要なテーマは、第一に「文脈的コミュニケーション」であり、第二に、「根元的な孤独」と「他者の存在」をめぐる問題である。以下の二つの章では、これらのテーマにそれぞれ重点を置きながら、筆者のたどった経験の過程を検討する。

第11章

文脈的理解の喪失と再構築の過程

11-1 「コミュニケーションの希薄化」としての視覚・聴覚の喪失過程

　第Ⅱ部でみたように、筆者の認識世界がもっとも急激な変化を遂げたのは、18歳で盲ろう者になったときである。それでは、そこでの「急激な変化」の本質とは何だったのだろうか。筆者はそれを把握するうえでの典型的な実例として、第9章で紹介した「バレーボールの見学」のエピソードに注目する。
　智はそのエピソードの1週間後の日記に記した。

　　　一人でぽおっとして、あの完全な孤独の中に、自己の障害を再確認して、いつものことだが、感傷と自虐的精神の混合したいやな気持ちに陥っていた。
　　　　　　　　　　　　　　　　　　　　（「智の日記」1981年7月4日・土）

　そして、このエピソードの翌年には、この体験について次のように記述する。

　　　僕は壺の中にいました。僕の体が占める空間だけがこの世界から切り取られ、目に見えない壺の中で、別の世界に入ってしまった感じです。周りからは僕の姿が見えますが、それは僕ではありません。実体のない映像であり、僕自身は別の世界、すなわち、出口がなく、僕が空間のすべてを覆いつくしている世界にいて、このバレーボールに興じる壺の外を想像する

だけです。言い知れぬ孤独が僕を包んでいました。

(「クラインの壺」第9章・参考資料9①)

　この「壺の中」という比喩的表現が意味するものは、前述の日記中にある「完全な孤独」の状態である。そして、ここでいう「孤独」とは、物理的に隔離された状態ではなく、コミュニケーション的に隔離された状態を示している。すなわち、コミュニケーションにおける隔離が、「壺の中」に閉じ込められているかのような感覚を智にもたらしたということである。このことと関わって福島は、盲ろう者になった苦悩の体験とコミュニケーションの喪失との関係について、次のように述べている。

　　見えなくて、同時に聞こえないということは、主観的には、自分がこの地上から消えてしまって、まるで地球の夜の側の、真っ暗な宇宙空間に連れて行かれたような感覚に襲われる状態でした。何も見えず、何も聞こえない、いつまでも続く静かな夜の世界。それは言葉で表現できないような孤独と絶望の世界でした。
　　私が最もつらかったのは、見えない・聞こえないということそれ自体よりも、周囲の他者とのコミュニケーションができなくなってしまったということです。私から声で話すことはできました。しかし、相手の返事が聞こえず、表情も見えない私には、会話をしようという意欲さえなくなっていきました。コミュニケーションとは、双方向的なものなのだな、とそのとき理屈抜きにつくづく実感しました。もう一つ強く実感したのは、人間には、空気や水や食べ物と同じように、コミュニケーションが生きる上で不可欠なものなのだな、ということでした。[*1]

　ここで福島はコミュニケーションを「生きる上で不可欠なもの」と語っているが、智が盲ろう者となった翌年に自らの体験を記した「点字と私」と題する文章において、同様の認識が既にみられる。そこでは、他者とのコミュニケーションの不在が精神の「死」につながると智は述べている。

　　〔盲ろう者となった結果〕ただ残ったものは海の底の音のようないく種もの耳鳴りだけだった。そしてもっとも私を苦しめたのは、人と話せなく

なったということだ。私は孤独だった。日記を書き、読書に没頭し、なんとかして気を紛らわそうとした。でもその結果は寂しさを募らせるだけだった。「私」という人間がこの世界に存在しているのだという自覚が、失われていくように思われた。限定のない真空の中で、私は半ば死にかけている自分の精神を感じ、いいしれぬ恐怖感に襲われたものだった。[*2]

ところで、コミュニケーションの意味やその喪失の問題を考えるにあたり、これまで本書では特に定義せずに用いてきた「コミュニケーション」という語やその概念について、若干検討する。

マクウェールらは、コミュニケーションの定義がさまざまになされてきたことを踏まえたうえで、そうした多様性を含みながら、コミュニケーションの代表的な定義として、セオドーソン、オズグッド、ガーブナーによる次の三つの定義を示している［McQuail, et al. 1981=1986: 6-7］[*3]。

> ある個人や集団から他への、主としてシンボルをとおしての情報、考え、態度あるいは感情の伝達である［Theodorson, S. and Theodorson, A. 1969: 52］。

> もっとも一般的にいえば、さまざまなシンボルを操作することによって、あるシステム、ある情報源が、他の対象に影響を与えるところにはどこにでもコミュニケーションがあり、それらのシンボルは両者をつなぐチャンネルを通じて伝達される［Osgood, et al. 1957: 272］。

> コミュニケーションは'メッセージを通しての社会的相互作用'と定義される［Gerbner 1967: 43］。

このように、「コミュニケーション」はきわめて多義的である。研究者の間でも、その立脚する学問領域や注目する視点によって、膨大な数のバリエーションの定義が存在する。そこで以下では、特定の学問領域や特定の理論枠組みにより限定された視点はとらず、ごく一般的な、あるいは常識的な意味でコミュニケーションの語を用いることにする。[*4]

11-2 盲ろう者の認識世界と「感覚遮断研究」

　さて、智にとってコミュニケーションの有無は死活問題だったわけだが、それはほかの人間についても当てはまるのだろうか。この問題を考えるうえで、コミュニケーションのない状態に人を置く「感覚遮断」の研究は、一定の示唆を提供してくれるだろう。この分野での古典的な研究の一つであるヘッブの実験を紹介する［Hebb 1966=1975: 277-8］。

　ヘッブの研究では次のような手続きで実験が行われた。まず、被験者の大学生に、実験当時、すなわち1950年代の米国としては高額の1日20ドルの報酬を支払って、安楽なベッドに何もしないで横になってもらう。ただし、目は半透明のプラスチックで覆われていて、光は入ってくるが形を見ることはできないような状態にする。また、手は筒状のもので包まれていて、関節が痛くならないように動かすことはできるものの、体勢感覚が生じるほどに使うことはできない。一方、耳にはイヤホーンがはめられ、テストを受けるとき以外は常に雑音がそこから聞こえてくるようになっている。そして、この条件は、被験者が食事をとり、洗面所に行くときだけ、緩められる。

　こうした状態に置かれた被験者はどうなったであろうか。ほとんどの被験者は二日ないし三日が限度で、それ以上こうした単調さに耐えることができなかったという。被験者は、普段なら軽蔑して避けてしまうだろうと思われるような、子どもっぽい話にも喜んで耳を傾けた。つまり、何か単調さを破るものを求めるようになったのである。また、隔離状態に置かれた被験者は、筋道立てて考えることができなくなると訴え、簡単な問題もだんだん解けなくなり、ついには次のように幻覚をもつ者も出てきた。

　　なかには、黒い帽子をかぶって並んでいる黄色い小人とか、ザックを背負って行進するリスとか、ジャングルにいる有史前の動物のようなものとかが見えた、というものがあった。

　さらに、ここで特に注目したいのは、次にみられる記述である。

　　被験者が同じように動けない状態（たとえば脚を骨折して）にあったと

しても、彼を精神的に没頭させてくれる書物やラジオや友人がある場合には、これと同じような切迫感は、けっして湧いてこないものである。というわけで、この要求は、身体的な活動へのそれではなく、精神的な活動へのそれなのである。

　この実験で被験者が置かれた状態と、智を含む盲ろう者が日々経験している状態とは同じではない。まず大きく異なるのは運動感覚である。盲ろう者はベッドに絶えず横になっているわけではないし、手の運動が制約されているわけでもない。したがって、身体を動かしつつ外界に直接働きかけること、および手による探索行動が自由に行えるという点で異なる。
　しかしながら、視覚・聴覚が遮断されているという状態はかなり類似している。半透明のプラスチックで目を覆われている被験者は、明暗を区別できる程度の視覚である「光覚」、ないし目のすぐ前の手の動きがぼんやりわかる「手動弁」程度の視覚障害とほぼ同じ状態だと思われる。また、イヤホーンで絶えず雑音を流しているというのは、音によって苦痛を与えるためのものではないだろう。この実験の性質上、外界の音を消し去る働きをするものだと考えられるので、実際上は「ろう」の状態と近似していると思われる。
　したがって、盲ろう者とこの実験の被験者とは、身体活動面での条件は異なっているものの、視覚・聴覚の遮断状態という点では、ほぼ一致していると考えてよいだろう。そして、先の記述でみたように、被験者に精神活動の低下や、ある者には幻覚までもたらし、苦痛を与えたものは、この視覚・聴覚の遮断状態によって生じた「精神的な活動」への要求なのである。
　ただし、1950年代に行われたこのヘッブの実験の後、「感覚遮断研究」には豊富な蓄積があり、岩田はその研究史をおおむね次のような経過で整理している［岩田 2000：4-7］。
　岩田によれば、感覚遮断環境の人間の生理学的・心理学的機能への影響の研究は1950年代までさかのぼることができ、初期の感覚遮断研究を概観する文献として、Solomon et al.［1961］, Vernon［1964］, Brownfield［1965］, Schultz［1965］などがある。
　また、感覚遮断環境のヒトへの影響に関する初期の組織的な研究として、先にも紹介した1953～1956年のヘッブらを中心とするマクギル大学の研究[*5]などを挙げたうえで、次のように指摘する。

これらの初期の感覚遮断研究においては、感覚遮断の効果が、人間の諸機能を阻害する有害なものであるという前提のもとに行われ、例えば感覚遮断によって生じる視覚的イメージや身体感覚の変化などの知覚の変化を（否定的な意味を込めて）「幻覚（hallucination）」などとよび、実験者・被験者とも「異常性」としてその現象を解釈していた傾向がみられ、たとえば、「感覚遮断環境が被験者にストレスを与え、幻覚などの精神病的な現象を引き起こす」というような解釈がなされた。

　しかしそれに対し、1970年代以降は、むしろこれらの知覚や生理学的状態のドラスティックな変容を、心理治療や、知覚・運動機能の向上などに積極的に利用する可能性を指摘する研究が現れてきた。

　すなわち、近年の研究により、感覚遮断環境には心理学的・生理学的にさまざまなプラスの効果があることが見いだされ、感覚遮断の有効性の積極的利用が試みられており［Suedfeld ed. 1980］、さまざまな臨床場面で一定の効果を上げているとして、まず「リラクゼーション効果」を紹介している。たとえば、ターナーら［Turner et al. 1990］は、「フローテーションタンク法」[*6]による感覚遮断の研究を継続的に行い、1回のセッションあたり30分間から40分間、一つの研究あたり4セッションから20セッションの実験を行った。彼らが注目した第一のパラメータは感覚遮断体験における主観的報告である。その結果、すべての研究で、セッション前後およびセッション間でポジティブな感情（positive emotion）の増加とネガティブな感情の減少が見られた。さらに、1000件以上の感覚遮断体験についての記述の分析によると、90％以上の被験者が感覚遮断体験は深いリラックスの体験だったと報告した。

　このほか、感覚遮断環境は、臨床場面への応用も研究されている。岩田は、過度の筋緊張から起こる頭痛［Rzewnicki et al. 1990, Wallbaum et al. 1991］など身体的な症状や、不眠症［Ballard 1993］などの心身両面に関わる症状などへの治療に効果があるという報告を紹介している。

　筆者は「感覚遮断環境」が人にリラクゼーション効果をもたらしたり、さまざまな臨床的応用がなされていることに異議を唱えるものではない。だが、こうした試みは先にも紹介したように、30分、40分といった短時間のセッションであり、盲ろう者が置かれているような「永続する感覚遮断環境」とは決定

的に異なる。

　岩田はヘッブなどの行った初期の感覚遮断研究には不備な点があったという趣旨の指摘をしている。この指摘も適切であろう。ただし、ヘッブの実験が長時間の感覚遮断をも試みたという点を考慮すれば、盲ろう者の状態との類似性を考えるという意味においては、むしろ関連性が深い。

　すなわち、長時間持続する「感覚遮断」が人にとって多大の苦痛を強いるものである、という知見自体は否定されていないということである。むしろ、こうしたセッションが短時間で終了されるものであるということ自体が、人にとって長時間外部からの感覚的情報が制約・欠落することには、さまざまな弊害が伴うことを示唆しているとも思われる。[7][8]

11-3　視覚・聴覚の喪失と「感覚的情報の文脈」の喪失

　本章第1節でみたように、智は視覚・聴覚の両方を失うこと、すなわち盲ろう者になることによって、コミュニケーションが希薄となり、深い孤独感を味わった。そして第2節の感覚遮断研究を参照することで、これが単に智一人に固有の問題ではないことが間接的に示された。したがって、智における視覚・聴覚の喪失過程とコミュニケーションの関係を検討することで、情報とコミュニケーションをめぐる一定の示唆的知見が得られるのではないかと筆者は考える。

　それでは、智の視覚・聴覚の喪失過程、すなわち、視覚と聴覚を通して外部から得られる感覚的情報の喪失過程は、智のコミュニケーションにどのような影響を与えたのだろうか。ここで、この問題を智の事例を通して検討するに先立って、コミュニケーションにおける「言語外的情報」について考えたい。

　なぜなら、盲ろう者になった後、智は最終的に指点字という新しい言語コミュニケーションを獲得するわけだが、出生からそこに至る過程を考えてみると、智のコミュニケーションをめぐる状況の変化とは、視覚・聴覚に関わる感覚情報が削り取られていき、最後に純粋な「言語情報」だけが残された過程だったと思われるからである。つまり、逆にいえば、「削り取られたもの」を分析することによって、智に最終的に残されたもの、智を最後の一線で支えたものの本質が何であるかが明らかとなると考えるのである。

　ヴァーガスは、Birdwhistell［1970］に言及しながら、コミュニケーション

における言語と言語外の要素について述べている［Vargas 1986=1987: 15-6］。

　非言語(ノンバーバル)コミュニケーション研究のリーダーの一人、レイ・L・バードウィステルは、対人コミュニケーションをつぎのように分析している――「二者間の対話では、ことばによって伝えられるメッセージ（コミュニケーションの内容）は、全体の35パーセントにすぎず、残りの65パーセントは、話しぶり、動作、ジェスチャー、相手との間(ま)のとり方など、ことば以外の手段によって伝えられる」と。[*9]

そして、これを踏まえつつ、ヴァーガスは、コミュニケーションにおける非言語的要素を次の9つに整理・分類する。

　ことば以外の数多くの方法が、対人コミュニケーション用の信号として使われている。これまでの調査研究の結果、つぎの9種類の「ことばならざることば」が、それがことばといっしょに用いられるかどうかとは無関係に、人間のあらゆるコミュニケーションに寄与するところ大であることが明らかになっている。
　(1) 人体（コミュニケーション当事者の遺伝因子に関わるもろもろの身体的特徴の中で、なんらかのメッセージを表すもの。たとえば性別、年齢、体格、皮膚の色など）
　(2) 動作（人体の姿勢や動きで表現されるもの）
　(3) 目（「視線の交差(アイ・コンタクト)」と目つき）
　(4) 周辺言語(パラランゲージ)（話しことばに付随する音声上の性状と特徴）
　(5) 沈黙
　(6) 身体接触（相手の身体に接触すること、またはその代替行為による表現）
　(7) 対人的空間（コミュニケーションのために人間が利用する空間）
　(8) 時間（文化形態と生理学の二つの次元での時間）
　(9) 色彩[*10]

智は出生から9歳までは「見えて」「聞こえて」いたわけなので、このヴァーガスの分類を採用するならば、9歳までの智は、コミュニケーションにおいて、言語的情報以外にこの9種類の非言語的情報すべてを駆使していたことになる。

それでは、このリストをもとに考えたとき、視覚を失う9歳を境に、智はコミュニケーションでどのような影響を受けたと考えられるだろうか。
　もっとも、現実にはこのリストにある項目も相互にボーダーラインがあり、また、たとえば、(7)の「対人的空間」や(8)の「時間」の項目などは複数の要素が複雑に関連しているために、単純な峻別は難しいと思われる。しかし、たとえば、(2)の「人体の姿勢や動き」、(3)の「アイ・コンタクト」、(9)の「色彩」などは、明らかに視覚的情報に依存しているだろう。
　一方、(4)の「周辺言語」や(5)の「沈黙」は明らかに聴覚的情報に依存しており、(1)の「性別や年齢」なども声の特徴でほぼ推定できる。ところが、盲ろうの状態になってしまうと、明らかに把握できるのは、(6)の「接触」くらいしかない、ということに気づく。
　さて、智の事例において、こうした非言語的情報は、コミュニケーションにどのような影響を与えているだろうか。第Ⅱ部の冒頭で紹介した智が3歳のときの「いちごのエピソード」において、既にその例を見いだすことができる。

　　　自宅の狭い台所に智と母が立っている。冷蔵庫のドアが開いていて、2人は中を見ている。
　　　赤。鮮明な赤が見える。皿に盛られたいちごの「赤」だ。いちごは智の好物だ。
　　　そして母の声。何を言っているのか、ことばは覚えていない。ただ、うわずったような、動転したような響きが含まれている。表情もまた、いつもと違う。どのような感情が背後にある表情なのか智にはわからない。だが、母の何か強い情緒的な反応が幼い智にも伝わり、自然と胸に刻まれる……。
　　　　　　　　　　　　　　　　　　　　　　　　　　　　（第3章第1節）

　このエピソードでは、筆者は令子の発言内容を覚えていない。覚えているのは、場面の視覚的記憶やいちごの「赤」であり、令子の普段と異なる表情であり、そして、やはり普段と異なる声音である。智はそのとき、なんらかの情緒的な強い印象を受けた。だからこそ、言語的な記憶はないものの、ある種の感情的記憶が刻まれたのだろう。
　また、言語的な記憶も断片的に伴っているものの、それ以外の感覚的情報に表現された雰囲気や感情を強く記憶している例もある。その一つは、智が5歳

のときに友人のおもちゃを盗んだエピソードであり、もう一つは、6歳のとき、近所の「悪童」に義眼をはずしたら自転車に乗らせてやる、と言われたときのエピソードである。

> 智がFa君のところに遊びにいく。裏庭からすぐ入れる彼の部屋に声をかける。返事がないので引き戸を開けてあがり込む。そして、前から欲しかった彼の「べったん」を持ち帰る。道に出たとたん、振り向くと角を曲がって買い物から帰ってきたらしいFa君と母親の姿が見える。彼と目が合う。
> 智は自宅に戻る。Fa君は友人2人の家を訪ねて誘い、智の家に文句を言いにくる。智が「べったん」を返す。敵意に満ちたFa君の表情、気まずい雰囲気。父の恐い声と顔……。
> （第3章第2節）

土屋：その瞬間は、まぁ、あの、自転車に、乗りたいと思って。
福島：そうそう、その気持ちばかりだったんですが。ただ、何か異様な雰囲気で、意地悪な感じ、悪意と意地悪な感情に満ちた視線に包まれていたな、という。つまり、その中心的な年上の男の子以外に周りに悪がきたちが何人かいたということを覚えていますので、そういう、何かこの、すごく居心地の悪い感情の中に包まれたという記憶は残っていますね。それでも、行きがかり上もあったのか、それとも自転車に乗りたいという気持ちが先行したのか、私はそのまま〔義眼をとる行為を〕やってしまって、そして自転車に乗ったというのも、そんなに長くは乗らなかったですけどね。
（土屋による福島へのインタビュー、第3章第3節）

こうして振り返ってみると、幼い頃の記憶の中には、ことばそのものよりも、視覚的情報や声音によって刻まれたものが多いと思われる。とりわけ、強い記憶となっているものにそうしたものが少なくない。ちなみに、「義眼をはずせと言われたエピソード」について補足すれば、智を取り囲んで扇状に路上に並んだ子どもたちの息づかいの音（鼻づまりの者がいたのか、口で呼吸しているかのような音）と、彼らの体が放つ汗のにおい、そして土の道がたてる土ぼこりの混ざったにおいの記憶も伴っている。

そして9歳前半の長期入院中、智は視覚を失っていく。大小の手術を繰り返

して視力自体も低下していくが、眼帯をしているので、事実上見えない状態で智は過ごしている。

次の令子の日記は、第Ⅱ部では紹介していないものだ。入院後2か月が経過した時点で、デリケートに揺れ動く令子の心境とそれが故に涙する様子。さらに、その様子が見えない智についての記述がある。

　　今朝、〔入院病棟の看護師の〕詰め所でIs先生の姿を見た。看護婦が何か言ったのかしらないが、Is先生が、ちょっとお母さんと呼ばれた。
　「あんまりごちゃごちゃと言わんといて下さい。治療がしにくいから」とKn先生も同じことをおっしゃった。何のことなのか知らないが、きっと看護婦が言ったのに違いない。
　　なんだか涙が出てくる。
　　ちらちらと降ってくる雪を見上げると洗面所の窓もうるんでくる。今、この雪も、この子には見えないのだ。
　〔中略〕
　　何の涙か？　ただ悲しい。
　　わーと泣きたい。おもいきり泣きたい。
　　神経質だ神経質だとおっしゃるが、何も嘘のことは言わないのだ。
　　たいそうなことも言っていないのだ。

　　目も悪く耳も悪く、体も弱く、こんな子の時々を気にしない母親があったらお目にかかりたい。
　　一つ一つが気になるのが当たり前である。
　〔中略〕
　　この母親の気持ちはだれにもわからない。
　　看護婦にもわからない。

　「お母ちゃん、何しとん？　鼻が出とんか。鼻がつまっとるん？」と智が聞く。
　　既に手術も済み横たわっている。
　　風邪をひいとんやと言ったが、顔触らしてと指で目をさわる。
　「泣いとんか。何で？」

何もわからない子は無邪気に聞く。
　　わたしが目を真っ赤にしているのをKn先生もちらっと見られたらしい。
　　看護婦も気がついたろう。
　　なぜ泣いているのか、どうしてか、いろいろ思うであろう。
　　構わない。いろいろ思ってもらおう。
　　元気な子をもつ人々にはわからない。
　　こんな弱いことではいけないと今、わたしは自分に言い聞かせている。
　　　　　　　　　　　　　　　　　（「令子の日記」1972年2月29日・火）

　ここで令子は「何もわからない子」と智を表している。たしかに、令子がなぜ泣いていたのか、そのときの令子の真意は智にはわからなかっただろう。ただし、令子が「風邪ひいとんや」とごまかしたことについては、智は疑いを持ち、令子の目を触って「泣いている」ことは察知している。
　まだ見えない状態には慣れていないが、令子がたてる音で、「風邪による鼻づまりなどではない」と智も感じたのだろう。そして、この日からおよそ3週間後、智は「主治医の立腹」事件で、医師のそっけない対応を声の調子で感じている。

　　　この主治医であるKn医師の立腹について、そのときの智がどこまで理解していたかはわからない。ただ、ほかの医師に応急の痛み止めとして、麻酔用の点眼薬をさしてもらったことを告げたとき、Kn医師が「あ、そうか」と答えた声のトーンが、急によそよそしいものになったという違和感は今も思い出す。
　　　　　　　　　　　　　　　　　　　　　　　　　　（第3章第4節）

　そして、失明した智は、音のみが頼りのコミュニケーションを取るようになる。第Ⅱ部第4章でみたように、その移行はおおむねスムーズになされている。智は失明後数か月経過して、まもなく盲学校に入学する頃になると、第4章でみたように、当時、心理的に複雑な状態にあった次兄とも比較的うまく話を合わせている。特に次の部分は注目に値する。

　　兄：あー、彼〔ダスティン・ホフマン〕の生き方や！　おれは彼の生き方に共感をもった、というのは映画一筋で、あいつはええやつだってわかん

ねん。
　智：なな、泣きそうな声出すなや。　　　　　（第4章・参考資料4⑤）

　しかし、第5章及び第6章でみたように、智は聴力を失い、それによって、ほとんどすべての「非言語的情報」を喪失する。このことは、第7章で述べた指点字の考案過程に端的に現れている。指点字考案に先立って採用されていた、点字と普通字併記の「メッセージカード」にしても、点字タイプライターによる「点字の筆談」にしても、それは文字言語であり、いわば「非言語的成分」を捨象した純粋なことばによる、しかも断片的なコミュニケーションである。
　指点字にはアクセントやリズムもあるため、純粋な文字言語ではない。音声言語にみられるような非言語的要素も一定程度含まれている[*11]。しかし、考案直後、智は指点字をあまり好まなかった。その理由として、当時、智がまだわずかながらも聴力の回復に期待していたであろうことや、指点字での話し相手が令子しかいなかったため、コミュニケーションに広がりがなかった点を筆者は指摘した。だが、それに加えて、考案直後の指点字は速度も遅く、内容も断片的になりがちだったため、実質的には「点字の筆談」とあまり変わりがなかった、という理由もあるのではないかと考える。
　つまり、非言語的な要素が捨象され、「感覚的情報の文脈」が欠落したことばになっていたわけであり、したがって、ほとんど文字言語でのやり取りに近似したコミュニケーションになってしまっていた、ということである。その典型的な例を、第8章の冒頭で紹介した「新幹線の食堂車」でのエピソードにみることができる。

　　母がポツポツと、携帯用点字盤で紙コップに点字を打つ。食堂車のテーブルに触れている私の手に、そのわずかな振動が伝わる。差し出された紙コップのメモに書かれた言葉。「ハンバーグ、ビーフ・カレー、スパゲッティー……」ああ、私の世界は、この紙コップの大きさに縮小されてしまったのか。私のコミュニケーションは、これだけになったのか、との思いが突き上げた。私が足を踏み入れた盲ろうの世界の過酷さを、その紙コップは象徴しているように思えた。
　　　　　　　　　　　　　　　　　　　　　　　　（第8章第1節）

　紙コップに点字を打って伝えるというのは、「点字の筆談」の中でももっと

も断片的にことばを伝えざるを得ない方法だといえる。ところが、食堂車のテーブルについていて、指点字も使える状況であったにもかかわらず、あえて令子は指点字の代わりに紙コップへのメモ書きを選んだ。そして、智は指点字に切り替えることを求めなかった。こうしたことから、少なくともこの時点の智にとって、食堂車のメニューを伝えるというようなシチュエーションでは、指点字も点字のメモ書きもさほど大きな違いのないものとしてとらえられていたのだろうと思われる。

　このように考えてくると、視覚と聴覚という外部世界を認識するうえでの主要な情報のチャンネルを智が失った過程とは、単に外部世界の認識自体が困難になったということだけを意味するのではない。それと同時に、コミュニケーションにおける「非言語的情報」のほとんどを失った過程でもあったのである。
　言い換えれば、外部世界の認識を可能にするとともに、コミュニケーションにおける非言語的情報をもたらすものは、そのほとんどが視覚と聴覚によって提供される感覚的情報だということである。したがって、視覚と聴覚によって得られる情報が喪失されることは、必然的にコミュニケーションにおける非言語的情報の欠落をも意味することになる。
　ここで筆者は、外部世界の認識を可能にするとともに、コミュニケーションにおける非言語的情報を提供する視覚的・聴覚的な情報には、ある種の「文脈」が存在するのではないかと想定する。すなわち、コミュニケーションについていえば、純粋な言語的情報に随伴しつつ、しかしそれとは別に提供される、視覚的・聴覚的情報は、総体として文脈を構成しているのではないかということである。これらの膨大で複雑な視覚的・聴覚的情報は、それぞれがばらばらに断片的に存在するのではなく、当該コミュニケーションの参加者にとって、一つの全体的な「文脈」を構成して把握されているのではないか、と筆者は考えるのである。
　そして、こうした外部世界の認識とコミュニケーションにおける非言語的な情報の文脈を、筆者は「感覚的情報の文脈」という概念で把握することを提案する。この「感覚的情報の文脈」は、人が外部世界を認識し、他者とコミュニケーションを取るうえで、きわめて重要な役割を果たすものだと考えるのである。
　したがって、智の体験において、視覚と聴覚を喪失していった過程とは、単

に外部世界の認識における視覚的・聴覚的情報の喪失を意味するだけではない。それは、他者とのコミュニケーションにおける非言語的情報の文脈、すなわち「感覚的情報の文脈」の喪失過程をも意味していたと考えるのである。

なお、この「感覚的情報の文脈」は、外部世界の認識と他者とのコミュニケーションの双方に重要な関連を持っており、これら二つのテーマは不可分だともいえる。ただし、智の体験におけるコミュニケーションの喪失と再構築を主たるテーマとする本書の目的に引きつけて、以下では、主にコミュニケーションとの関連に力点を置きながら、この「感覚的情報の文脈」について議論したい。

それでは、「感覚的情報の文脈」をコミュニケーションとの関連で考えると、どのような問題が浮かび上がるだろうか。たとえば、その代表的な問題の一つとしてすぐに思い浮かぶのは、「感覚的情報の文脈」が欠落すれば、相手の発言の意図の正確な理解、あるいはその発言の背景の把握がきわめて困難になるという点などが挙げられるだろう。

このように考えてくると、たとえば、智の事例でいえば、「視覚と聴覚を失ったのであれば、触覚によることばを用いればすぐに代替できる」などといえるほど、コミュニケーションの構造は単純ではないのである。次節では、コミュニケーションにおける文脈的理解の問題をさらに考察する。

11-4　コミュニケーションを支える文脈的理解

第9章でみたように、智は盲ろう生徒としての学校・寄宿舎での生活を始めた後、再び深い孤独を経験した。つまり、指点字を使用し始めたものの、新たな、そしてさらなる絶望に直面したのだった。では、こうした深い孤独や絶望を智にもたらした原因とはなんだったのだろうか。

その原因の重要なものの一つとして、前節で触れた「感覚的情報の文脈」の喪失が大きく関係していると筆者は考える。ここで筆者が問題にしているのは、視覚と聴覚を失ったことそれ自体ではない。その喪失によって、感覚的情報の文脈が失われ、智が、いわば「文脈のない認識空間」に〈裸〉で放り出されてしまったということである。そして、失われた文脈的情報に代わって、新たに提供される別の文脈的情報がなかったということなのではないだろうか。このことをさらに検討するために、「文脈」、およびそれとほぼ同義に用いられるこ

ともある「コンテクスト」という概念について、その意味を確認したい。
　大橋らはコンテクストと文脈について、次のように述べる［大橋ほか 2007：164］。

　　コンテクストというのは、コミュニケーション行動が起こっている環境や背景を指す。この環境や背景というのは非常に広い意味で使われていて、もう少し具体的に言えば、コミュニケーションが行われている場の物理的な環境、例えば、部屋の中なのか外なのか、居心地の良い所なのか悪い所なのか、ということや、コミュニケーションを行っている当事者の人間関係、例えば対等な人たち同士なのか、年齢や社会的地位など何らかの上下関係がある人たち同士なのか、という点などが含まれる。さらには、ある発言がなされたときに、その前後でそれぞれが何を言ったか、という、いわば文脈に当たるものも、コンテクストの重要な要素になる。

ここで大橋らは、コンテクストを文脈よりも広い意味で用いているようだ。しかし、もともと「文脈」は、「context」の訳語としても用いられるので、この引用文における「文脈」の語は、発話の前後関係といった意味で、やや狭くとらえたものなのだと思われる。
　一方、「関連性理論」[*12] で有名なスペルベルらは、文脈（context）について、次のように説明する［Sperber et al. 1995 ＝ 1999: 18］。

　　文脈とは、その場の物理的環境やすぐ直前の発話だけに限らない。将来に関する期待、科学的仮説、宗教的信仰、逸話的記憶、一般的な文化的想定、話し手の心的状況に関する確信、がすべて解釈の中で役割を果たす可能性がある。

つまり文脈とは、たとえば、ある会話がなされているとき、その会話の表層的な内容それ自体ではなく、いわばその「裏側」（背景）や空間的な意味での「周囲」、さらに、時間的な意味での「前後」などに広がっている広大で流動的な認識の空間全体を指している、と把握できるだろう。ここで、智を含めた盲ろう者にとってのコミュニケーションの問題にひきつけて、「談話」をめぐるもう少し具体的な記述を参照する。田窪らは談話分析の基本的なあり方を述べ

第11章　文脈的理解の喪失と再構築の過程　│　291

る中で、「談話情報」とはそもそも何か、ということについて触れている〔田窪ほか1999：97〕。

　　談話はある情報を伝える。この情報はどのように伝えられ、どこに存在するのだろうか。話者が手に1冊の本を持っていても、その本は、「この本」とか「これ」などの指示表現（referring expression）で指示されるまでは談話情報にならない。そしてもっと厳密に言うと、その指示表現が聞き手に理解されなければ談話情報にならない。また、話者がいかにもうれしそうな顔をしていても、それが発話の意味理解に何らかの関連がない限り、談話情報にならない。つまり、談話情報とは、<u>話し手と聞き手に共有されて初めて存在するもの</u>である（下線原本）。

　一般の会話状況において、人は表層的なことばのみで<u>互いの意図</u>を理解し合っているわけではない。相手の様子や周囲の状況、相手の表情や声音、また前後の話題の文脈などにより、きわめて複雑な情報処理をしたうえで、「発話」されたことばの意味理解をしているのである。ところが盲ろう者となった智には、そうした周囲の状況などの、正に「文脈」がわからないだけでなく、純粋な言語的情報も十分には提供されないことが多かった。そうしたとき、さまざまな誤解や行き違い、トラブルが発生する。その代表的な例について、第9章、第10章でもインタビューを紹介したクラスメートの伊山が福島に語った。

　　福島：ヒトデの話ね。
　　伊山：覚えてる？
　　福島：卒業旅行で。
　　伊山：そう、そう。
　　福島：Nが食えというふうに言って、僕はヒトデの乾燥しているのをかじってしまったという。
　　伊山：そう、あの、お菓子だと思って、お菓子が配られてると思って、食えって。Nは〔周囲の人の〕話でこれはヒトデだってわかっているから、彼のいつもの、なんていうの、結局、毒舌でさ、食えって〔指点字で福島に〕書いたわけでしょう。ところが福島はそれがヒトデだということを前提にしてないから、感触からしてそれがお菓子だと思って食ったんでしょ。で、

「にがっ」って言ったんだよね。
福島：そう、苦かった。あるいはヒトデっていうことは聞いてたかもしれんけど、たとえばヒトデの干物みたいな、そういう海産物の食品だと思ったのかもしれない。
伊山：だから本当に食うもんだと思ったわけだよ。
福島：そうだね。あれが冗談だと判断する根拠はどこにもなかったから。
伊山：そう、どこにもなかった。だから、聞こえてる人間にとっては、それが、結局、なんだっけな、橋げたかなんかにね、打ち上げられて、要するに干からびたヒトデだということを前提にみんなで触ってたわけ。
福島：うーん。
伊山：だから、なかなかさ、ヒトデなんて触る機会ないから、あの、先生が、「あ、こういうの、あるよ」って、たぶん、Ar先生が見つけたんだと思うんだよ。
福島：君は何と思った？　そのとき、どんな感じがしましたか？
伊山：福島が言ったとき？　福島が「にがっ」って言ったとき？
福島：そう、そう。その後、どう思いましたか？
伊山：僕はすごく、これが通訳の難しさ、通訳っていうかさ、通訳なんてそんな高尚なことは思わなかったけど、伝えることの難しさってすごく感じたよ。N自身は単なる冗談として言ったんだよね。で、福島も「こんなもん食えるか」っていうのが、いちばん最初の、普通、今までの福島だったら、普通だったわけだ、それが。福島も冗談でね、「じゃ、食ったろか」とかなんかさ、いろんな言い方があったと思うんだけど、福島も冗談でそれを受けてたのが普通じゃん。それが、そういうふうにNから「食え」って言われて、それが、なんていうの、そういう冗談として通じなかったわけじゃない？　そこの難しさっていうのをね、僕は、すごく、つまり、あの、冗談言うときってさ、普通は前提条件があるからそれが冗談になるわけだよね。いろんな前提条件があるから。
福島：そうだね。
伊山：その前提条件をちゃんと伝えてないと、冗談もとんでもないことになっちゃうんだよね。
福島：なるほど、そうだな。冗談がそれ自体が本当かと思っちゃうわけだな。区別しようがない。

伊山：要するにさ、なんていうの、落語の枕じゃないけども、こういうようなことがあって、こうで、こうでっていう、いろんなことを伝えたときに、その先の、たとえば落語の本題の中でさ、その一つのものが冗談として笑いを得られるっていうのがあるわけじゃない？　落語でも。
福島：うん、うん。
伊山：だから、本当にそういうことがうまく伝わらないでさ、本当はさ、笑って済ませられる話だったのが、相手を逆に傷つけてしまう状況になってしまったということをね。僕はそれが、まあ、難しいっていうか、切ない思いをしたね。
福島：うーん、そうか、そうか。
伊山：だから、福島はさ、それまではね、多少のことでも、へこたれないやつなんだよ。で、けっこうさ、そういうユーモア感覚も持ってるし。っていうか、かなり、その、ブラックジョークでも通じ合うやつだったんだよね。でも、あのときの福島のなんとも言えない感じっていうのが、今でも印象に残ってる。　　　　　　　　（福島による伊山へのインタビュー）

　智は親しいクラスメートにヒトデの干からびたものを差し出され、「食えっ！」と言われる。何かわからないけれど、干物の一種なのだろうと思い、智は何気なくかじってしまう。
　とても苦い。友人は驚き、戸惑い、謝る。智は、相手は冗談のつもりだったことはわかっているし、悪気がなかったこともわかる。しかし、伊山が言うように、「なんとも言えない」暗澹たる気分に包まれたことを思い出す。前提となる情報がずれていたり、状況がわからなかったりすると、これほど決定的な誤解が生じてしまう。
　このように、ことばそのものは伝わっていても、状況が正確につかめないと、盲ろう者には真の意味がわからないことがある。次に掲げるいくつかの例は、筆者が盲ろう者向けの通訳技術を解説するために示した仮想的なシチュエーションややり取りである。ただし、筆者自身の実体験も含め、ここに掲げた事例と同様、ないし類似の状況は、盲ろう者の周囲ではしばしば現実に生じている［福島 2008a：22-5］。
　ここで筆者は、盲ろう者への通訳において必要な要素として、第一に、「直接話法」で発言内容を正確に伝えるとともに、発言者がだれであるかを必ず明

示することを強調している。発言者が明示されなければ、「文脈的理解」は成立しないのである。

そして次に、文字どおりの発言の通訳だけでなく、その発言がなされた背景や周囲の状況や前後の文脈を示す補足説明が重要だと述べている。以下の例で、人名は仮名、発言内容の後の（　）の中の説明は、通訳者が盲ろう者に伝えるべき説明の例として示したものである。

まず次のような場面は、発言そのものだけでは発言者の意図がわかりづらく、むしろ誤解する可能性さえあるようなケースである。

　佐藤「そうですねえ。やってみますか」（力なく。あまり乗り気ではない感じ）
　田中「知らなーい」（笑いながら、うれしそう）

また、一般に会話では省略が多い。主語や目的語を省略してしまうことがしばしばである。通常は視覚的・聴覚的情報を共有しているため、それでも伝わるからだと思われる[*13]。しかし、次のような発言では、補足説明がなければ盲ろう者にはまるで意味がつかめないだろう。

　山田「あ、やっと来た」（パソコンに向かって。どこかからメールが来たみたい）
　高橋「あ、やっと来た」（今、福田さんが部屋に入って来た）

また、たんに省略というだけでなく、同一の場面で、同じ発言者から同じ内容の発言があったとしても、話しかける相手の違いで意図が異なることもある。しかも、ここでいう「話しかける相手」は、多くの場合、発言者の視線や声の大きさ、口調など非言語的な要素で示される。

次の例は、どちらもある会議が始まる直前、という設定である。

　宮田「そろそろ始めようと思います」（全員に）
　宮田「そろそろ始めようと思います」（あなたに。発表者席に移動するみたいです）

一般に、文字通りのことばそのものが伝わっていても、意味が正確につかめないということは盲ろう者だけのことではない。通常の文章表現においても、

同様である。

　たとえば、次に示すのは、木下順次の有名な戯曲、『夕鶴』の末尾近い場面のシナリオだ。まず、読んでいただきたい［木下 1988：38］。

　　与ひょう　　ふうん、ほんとにこら、立派に織れた。
　　つう　　ね、大切に取っておくのよ。大事に大事に持っていてよ。
　　与ひょう　　うん、大事に大事に持ってるだ。つうのいうことなら、おら、何でも聞く。だけに、なあ、つうよ、いっしょに都さ行こう。
　　つう　　ううん、あたしは……こんなに痩せてしまったわ。……使えるだけの羽根をみんな使ってしまったの。あとはようよう飛べるだけ……
　　与ひょう　　おい、つう。
　　つう　　与ひょう……からだを大事にしてね……いつまでもいつまでも元気でいてね……

　このやり取りでも、発言者である与ひょうとつう、およびそのせりふはわかる。しかし、いま一つ、状況がはっきりつかめないだろう。
　では、同じ場面だが、状況説明の描写を加えた本来のシナリオだとどうなるだろうか。

　　与ひょう　　ふうん、ほんとにこら、立派に織れた。
　　つう　　（与ひょうの肩をしっかりとつかんで）ね、大切に取っておくのよ。大事に大事に持っていてよ。
　　与ひょう　　（子供のように）うん、大事に大事に持ってるだ。つうのいうことなら、おら、何でも聞く。だけに、なあ、つうよ、いっしょに都さ行こう。
　　つう　　ううん、あたしは……（笑って、立つ。──すっと白くなる）こんなに痩せてしまったわ。……使えるだけの羽根をみんな使ってしまったの。あとはようよう飛べるだけ……（薄く笑う）
　　与ひょう　　（急に何か感じて）おい、つう。（すがりつく。──その手はただ空を抱いている）
　　つう　　与ひょう……からだを大事にしてね……いつまでもいつまでも元気でいてね……

最初の状況説明のないせりふだけのシナリオだと、二人の感情の動きが正確につかめない。さらに、決定的なのは、つうの体が白くなり、さらにその物理的実体が消えて、与ひょうの手が「空を抱いている」という神秘的な状況は最初のせりふだけのシナリオからはまったく想像もできない。ことばだけではその本当の意味がつかめないというのは、たとえばこうした例で明らかになるだろう。

　第10章で強調したように、指点字での通訳の眼目は、発言者を明示し、かつ直接話法で伝えることである。今の『夕鶴』の場面は、発言者が二人しか出てこないため、発言者がだれであるか書かなくとも、せりふで大体の想像はできるので、この発言者を明示する、という指点字通訳のルールの決定的な重要性はわかりにくいかもしれない。

　しかし、実際は状況の説明とともに、発言者とその発言内容をいずれも明確に記すことがきわめて重要な文脈的情報の提供になる。

　では、次にもう一つ、『夕鶴』よりも登場人物の多いシナリオを見ていただきたい。これはオードリー・ヘップバーン主演の『ローマの休日』のシネマスクリプトの一部である［Hunter et al. 1952=1992: 178-81］。有名な名画だが、ストーリーのわからない方は、まずは、注に示したあらすじをご覧いただきたい[*14]。ストーリーを確認したら、次のクライマックスの場面の2種類のシナリオを読み比べてほしい。前者は話者の交替と発言内容だけを示したシナリオで、後者は、発言者と状況説明を加えたシナリオである。

・みなさま、ただいまより王女妃殿下が質問にお答えくださいます。
・妃殿下、まず最初に僭越ながら、先のご病気から回復されたことを、記者一同よりお喜び申し上げます。
・ありがとうございます。
・妃殿下は、連合案がヨーロッパの経済問題の解決策になると思われますか？
・ヨーロッパ諸国間の緊密化を促す方策であればすべて、私は賛成です。
・諸国間の友好の見通しについて、妃殿下はどういうご意見ですか？
・諸国のすべての友好を信じます、人と人との友情を信じるように。
・恐れながら、自社を代表して申し上げます、妃殿下のご信頼が裏切られ

ることはないと思います。
・それを伺い、大変嬉しく思います。
・ご訪問された中で、妃殿下はどこが一番お気に召しましたか？
・"どこもそれぞれ……"
・どこもそれぞれ……忘れ難く……どこと決めるのは困難……ローマです！ なんと言ってもローマです。この地を訪れたことを、思い出として大切にするでしょう、私が生きているかぎり。
・ご病気になられたにもかかわらずですか、妃殿下？
・それでもです。

式部官：みなさま、ただいまより王女妃殿下が質問にお答えください。
記者団代表：妃殿下、まず最初に僭越ながら、先のご病気から回復されたことを、記者一同よりお喜び申し上げます。
（王女は視線を思わずジョーへ向けるが、すぐにそらす）
王女：（代表に少し微笑んで）ありがとうございます。
フランス人の通信員：妃殿下は、連合案がヨーロッパの経済問題の解決策になると思われますか？
王女：ヨーロッパ諸国間の緊密化を促す方策であればすべて、私は賛成です。
（大使、将軍、伯爵夫人は王女の言葉の一語一句に頷く。王女は官僚的で不明瞭な答えはしているものの、心はジョーの本当の職業の突然の発覚で、いまだにいっぱいである）
イタリア人の通信員：諸国間の友好の見通しについて、妃殿下はどういうご意見ですか？
王女：諸国のすべての友好を信じます。（用意された答えから離れ、ジョーをまっすぐに見つめながら）人と人との友情を信じるように。
（側近たちは驚いて顔を見合わせる。王女の答えは、ジョーに個人的な衝撃を与える。一瞬ためらった後、彼は発言する）
ジョー：恐れながら、自社を代表して申し上げます、妃殿下のご信頼が裏切られることはないと思います。
王女：（ジョーをじっと見つめ、目を潤ませながら）それを伺い、大変嬉しく思います。

スウェーデンの通信員：ご訪問された中で、妃殿下はどこが一番お気に召しましたか？

（ジョーと王女はじっと見つめ合う。広間に長い静寂が訪れる）

将軍：（王女にそっと耳うちして）"どこもそれぞれ……"

王女：（公式用の答えを始める）どこもそれぞれ……忘れ難く……どこと決めるのは困難……（突然、彼女の中の何かが官僚的な外交用応答を続けるのを拒み、多少の気迫に満ち真に心から続ける）ローマです！（心配そうな顔で、大使は彼女を振り返る）なんと言ってもローマです。（そこかしこで驚きの声が囁かれる）（続けて）この地を訪れたことを、思い出として大切にするでしょう、（ジョーを見て）私が生きているかぎり。（ジョーと熱い視線を交わす）

ドイツ人の通信員：（偏狭な、ユーモアのない若い男）ご病気になられたにもかかわらずですか、妃殿下？

王女：それでもです。

11-5　視覚・聴覚を代替する複合的文脈　　　　　　　　　――「感覚・言語的情報の文脈」

　智は指点字の通訳を受けることで、コミュニケーションにおける「文脈的理解」を手にした。それは、先の『夕鶴』や『ローマの休日』のシナリオで、最初のヴァージョンが後のヴァージョンに変化したような印象を智に与えた。

　視覚と聴覚が失われた智には、たとえば、映像と音声によって構成される演劇も映画も鑑賞できない。その後に登場した指点字も、当初は先のシナリオのペアのせいぜい最初のほうのヴァージョンのようであったため、結局、何がなんだかわからず、「文脈のないコミュニケーション世界」を智は生きていたのだった。

　しかし、先に示したように、「直接話法」で伝えるとともに、状況や文脈の説明も加えるなどの一定のルールを備えた通訳という継続的な支援が受けられるようになったことで、智はコミュニケーションにおいて「再生」した。それはまるで、『ローマの休日』の前者のシナリオが無味乾燥であるのに対して、後者のシナリオにおいては、王女とジョーが結ぶ強い信頼関係と温かな感情的交流が鮮やかに浮かび上がってくるのと同じ程度に、大きな飛躍だったのである。しかも、ここで例に出した『ローマの休日』は、映画作品の世界にすぎな

い。ところが、智にとっては、与えられる情報に文脈があるかどうかは、現実の智の生活と人生全般を覆う、認識とコミュニケーション全体に関わるきわめて深刻で、重大な問題だったのである。

コミュニケーションにおける言語とは、抽象的な記号として空間を浮遊するのではない。

具体的な存在である「話者」によって、やはり具体的な存在である「聞き手」に対して発せられる。それはまた、具体的な文脈を持った「その場、その時」の種々の制約の中で、さまざまな特徴的な表情やしぐさ、話し方や音質やニュアンスなどを帯びながら語られるのである。

こうしたことを踏まえて智の事例を考えたとき、「言語的情報の文脈」と「感覚的情報の文脈」が密接な関連を持っていることがわかる。つまり、智が指点字通訳を受けるということは、コミュニケーションにおける狭い意味での純粋な言語的情報の文脈のみを与えられるということではなかった。擬似的ではあるものの、それによって智は「視覚」と「聴覚」によって構成される「感覚的情報の文脈」をも、一定程度提供されたのである。もし「感覚的情報の文脈」の側面がまったく提供されていなければ、たとえば、先の『ローマの休日』の前者のシナリオのように、話者がだれであるのかわからず、まただれに対して語られているのかもわからない。さらに話者の様子や聞き手の様子、そしてその他の周囲の状況もわからないため、結局コミュニケーションが十分成り立たず、場合によってはまったく成立しないという状態になってしまうのである。

これまでみてきたように、智は「目が見えて、耳も聞こえる」という、人がごく一般的に経験する認識世界から出発し、9歳で失明したことで、「目は見えないので視覚的情報は得られないけれど、耳からの聴覚的情報は得られる」という状態にまず移行した。そして、18歳で聴力を失い盲ろう者となることによって、「目から得られる情報も、耳から得られる情報も両方失った」状態に移行していったのだった。このことを、智の外部世界の認識や他者とのコミュニケーションにおける「文脈的理解」の変化の過程という観点で、再度整理すると、次のようになるだろう。

まず第一の段階は、出生から9歳で失明する前までの時期であり、この時期は、「視覚・聴覚からの感覚的情報の文脈」の中で生活していた。また、「言語的文脈」についても、音声による言語的情報を中心に、たとえば、看板やポス

ター、壁や道路への落書きなど、文字言語からの情報も得ていた。

次に、第二の段階として、智は9歳で失明し、視覚からの情報を喪失したことで、「視覚に関わる感覚的情報の文脈」を失い、同時に、視覚的な言語情報も失った。しかし、耳は聞こえていたため、「聴覚に関わる感覚的情報の文脈」は保持しつつ、同時に「(音声での) 言語的情報の文脈」をも保持していた。

第三の段階として、18歳で盲ろう者となったことで、「(視覚・聴覚両方の) 感覚的情報の文脈」を喪失するとともに、「(音声での) 言語的情報の文脈」をも喪失した。

第四の段階は、その後、「指点字」という触覚的言語を活用することで、「(触覚での) 言語的情報の文脈」を一部取り戻した。だが、ごく制限された「触覚による感覚的情報」を除けば、「感覚的情報の文脈」のほとんどすべてを喪失したままとなった。

そして、第五の段階として、指点字による言語的情報提供に、「感覚的情報の文脈」を一定程度加えることによって、「感覚的情報の文脈」と「言語的情報の文脈」が相互に補完しあう関係が生まれた。そして、このことによって、智の外部世界の認識と他者とのコミュニケーションにおける「文脈的理解」が豊かに深まったのである。

このように、智の認識とコミュニケーションにおける文脈的理解の変化を分析すると、盲ろうという極限にまで制約された情報のもとで生きる智にとって、最終的に智の認識とコミュニケーションを支えたものは、「感覚的情報」と「言語的情報」という二つのカテゴリーの情報による「複合的な文脈」の提供ではなかったかと筆者は考える。そして、この複合的な文脈を、新たな概念で把握し、「感覚・言語的情報の文脈」と筆者は命名する。

これは第3節で示した「感覚的情報の文脈」と通常用いられる「言語的情報の文脈」を相互補完的に関連させた概念である。そして、この複合的文脈理解が、智における認識とコミュニケーションの豊穣化をもたらした。さらに筆者は、智の事例だけに留まらず、もしかすると、人間の認識やコミュニケーションにおける「文脈的理解」一般にも、本来的にこの二つの情報の側面が密接に関連しているかもしれないと考える。

すなわち、智の事例はきわめて特殊なケースではあるものの、同時に、ある種の一般的知見への示唆をもそこからくみ取りうるのではないかと筆者は考え

るのである。なぜなら、智が盲ろう者に移行していった過程とは、すなわち、ある人間の認識とコミュニケーションにおける、「感覚的情報」と「言語的情報」が徐々に剥奪されていく過程でもあったからである。つまり、それは、「感覚的情報」と「言語的情報」という二つのカテゴリーの「文脈的理解」の喪失過程が、その主体の認識やコミュニケーションにどのように影響するかというテーマについて、生活全般にわたる「人生実験」ともいうべき「超長期間の実験」をはからずも実施したような結果となったからである。

　ところで、コミュニケーションにおいて「話者がだれであるかわからない」ような状況に置かれる危険性があるのは、盲ろう者に特有のものと思われるかもしれない。しかし、現代の情報化社会においては、これに類似した状況を経験する機会も案外増えているのではないだろうか。たとえば、インターネット上の掲示板への匿名での書き込みによるやり取りなどがその一例だろう。
　たしかに電子メディア空間での「匿名性」には、発言や表現の自由を担保するという大きなメリットがある。そこには、人々を結びつける新たなネットワーク形成の可能性が秘められているに違いない。
　しかし、個別具体的な存在としての個人と個人の現実のコミュニケーションがあるからこそ、匿名性に裏打ちされたこうした電子メディアでのやり取りに開放感があり、新たな可能性も開けるのではないか。もしそうした現実的で具体的な土台がなければ、電子メディア空間の非日常性が現実の日常性を覆いつくすことになりかねない。盲ろう者への望ましい情報提供（通訳）のあり方とは、感覚的情報を含めた「感覚・言語的情報の文脈」を提供することである。もし、盲ろう者に対してそうした意味での「通訳」がなされず、表面的な言語情報の提供だけであれば、それはまるでこのネットの掲示板上の匿名だけでのやり取りを読んでいるようなものである。それは現実感に乏しく、自らのリアルな生を実感しづらい[*15]。
　こう考えると、盲ろう者である智のコミュニケーション再構築の事例は、感覚的情報の文脈のある言語情報の重要性を示唆しているのではないか。つまり、人間のコミュニケーションの基本は対面でのリアルな感覚的情報の文脈を伴う言語コミュニケーションであり、それがあるからこそ、脱文脈的コミュニケーションとしての電子メディアにも意味があるということである。
　そして、盲ろう者を含めたすべての人間にとって、豊かなコミュニケーショ

ンとは、感覚情報と言語情報の双方の文脈的理解を兼ね備えたコミュニケーションなのではないだろうか。それは、一方で、具体的でリアルな感覚的情報の文脈のあるコミュニケーションであり、同時に、意味的側面での言語的情報の文脈を相互に理解しあおうとするコミュニケーションである。こうした「感覚・言語的情報の文脈」のあるコミュニケーションによって、私たちは相互に豊かな現実を体験できるのではないかと筆者は考える。

[注]

＊1　2007年度東京大学入学式での福島の祝辞原稿。東京大学ホームページ http：//www.u-tokyo.ac.jp/gen01/b_message19_03_j.html に掲載。

＊2　「点字と私」1982年10月3日付『点字毎日』（毎日新聞社）記事。智が盲ろう者となった翌年、大学進学のために浪人中だった1982年に『点字毎日』主催の「点字体験文コンクール」に応募した手記が、『点字毎日』紙に掲載された（『毎日新聞』本紙にも、同日付で要旨が掲載）。智が自らの体験を記し、それがマスメディアを通して公表されたのは、この記事が初めてである。巻末資料13に全文を掲載した。

＊3　このほか、たとえば末田らによれば、1970年代前半に、米国のコミュニケーション学者ダンスら［Dance et al. 1972］がコミュニケーションの定義について調べたところ、126の定義を見つけたという。また、砂田らは比較的最近用いられている定義として、米国のコミュニケーション学者ウッドとやはり米国の心理学者マツモトの定義を紹介している。

　　　コミュニケーションは、シンボルを介した人間のインタラクションの中で、意味が創られ、反映される動的で系統的なプロセスである［Wood 1994: 28］。

　　　（コミュニケーションとは）人々の間で、知識、アイデア、考え、概念や感情のやりとりをすることである［Matsumoto 2000: 360］。

　そして、こういった定義の違いは、コミュニケーションを見る視点の違いを反映しているものとしたうえで、コミュニケーションの見方には、主に次の4つの視点があると整理している。すなわち、第1は機械論的視点、第2は心理学的視点、第3はシンボリック相互作用論的視点、そして、第4はシステム論的視点である［末田ほか 2003：14-7］。

＊4　「コミュニケーション」の常識的な語義としては、たとえば次の定義が参考になる。「社会生活を営む人間の間に行われる知覚・感情・思考の伝達。言語・文字その他視覚・聴覚に訴える各種のものを媒介とする」［『広辞苑』第6版］

＊5　ここでヘブの研究に関連する文献として岩田が示しているのは、Bexton et al.［1954］、Heron［1957, 1961］などである。

＊6　「フローテーションタンク法」とは、1956年にリリーらによって開発されたも

のであり［Lilly 1956］、密閉されたタンクに体温に近い温度の高比重溶液（硫酸マグネシウム溶液）を浅く満たす。そして、そこに被験者・患者等が全裸になって浮かぶことで、音・光その他を遮断しつつ、擬似的に無重力状態をもつくり出す。これにより、温感・触覚・聴覚・視覚の入力が制限され、高度の感覚遮断状態を実現できる方法である。

＊7　北村らは、刺激制限（感覚遮断）をめぐる研究課題として、刺激制限環境に時間軸の長期的視点を導入することの必要性を指摘している。また、このことと「障害」とを結びつける次のような注目すべき記述もみられる［北村ほか 1986：21］。

　　　種々の感覚機能欠損やその他の身体障害は、極端な長期にわたる刺激制限の特殊ケースである。刺激制限の影響についても長期的な観点が求められる。

　一方、モラー［Moller 2003: 46-7］は、英文の国際的医学雑誌『ランセット』（*THE LANCET Extreme medicine*）に盲ろう者をめぐる最近の医学的研究動向の概説を寄稿しているが、その論考のタイトルは、「盲ろう——感覚遮断と共に生きる」〔Deafblindness: living with sensory deprivation〕というものである。また、その中で次のような興味深い記述も見受けられる。

　　　コミュニケーションとはラテン語のコミュニカーレ（communicare）から出たことばであり、それはともに何かを行うということである。こう考えると、人と人がすばやく確実なコミュニケーションを交わすうえで頼りになるのは、視覚と聴覚である。この二つはコミュニケーションにおいて互いに補い合って、確かなものにする関係にある。〔中略〕視覚と聴覚はこのように相互作用しているので、その意味で盲ろうとは、たとえていえば、1プラス1が3になる状態なのだといえる。

＊8　純粋な「感覚遮断」や「刺激制限」とは異なるが、文学作品にも興味深いものがある。19世紀ロシアの小説家・戯曲家チェーホフの『かけ』という短編である。裕福な銀行家が、ふとしたきっかけから、青年法学者と賭けをする。その青年が15年間の幽閉生活に耐えられるかどうかについて、200万ルーブルを賭けるのである。

　　　法学者は、銀行家の庭に建っている離れの一棟で、厳重な監視のもとに幽閉生活をいとなむということにきまった。15年の間、法律家は、離れから一歩でも外にでたり、生身の人間に会ったり、人声を聞いたり、手紙や新聞の差入れを受けたりする権利をはく奪されることが、とりきめられた。楽器を手にし、本を読み、手紙を書き、酒を飲み、煙草を吸うことは、さしつかえなかった。外界との交渉は、とりきめに従い、そのためにわざわざ設けた小さな窓を通して、無言のまま行なうのでなければ、いけなかった。本とか、楽譜とか、酒など、必要なものはすべて、メモをだせば、いくらでも好きなだけもらえることになっていたが、それも窓ごしに限られていた。とりきめは、幽閉生活を厳密な意味で孤独なものにするよう、あらかじめ

微に入り細をうがって考慮され、1870年11月14日の10時から1885年11月14日の12時まで、きっかり15年間こもりきりでいる義務を法学者に課していた［チェーホフ 1988：88］。

　この15年間の幽閉生活で、青年は多くの読書をし、精神生活の劇的変化を体験する。そして、俗世の利欲を軽蔑し、「かけ」に勝利する予定の約束の日時の直前に、金を受け取らずに去っていくという筋書きである。なお、智は中学部3年の15歳のとき、すなわち全盲プラス片耳の時代に、たまたまこの作品を読んで、深い感銘を受けた。その後、18歳で盲ろう者となる過程の3か月間に、智がこの作品をどの程度意識したかはわからない。この青年と智では背景も事情も具体的状況も異なるし、智はその後もただの俗物として生きている。しかし、改めて読んでみると、15年間を3か月に圧縮した形で、智も事実上の「幽閉体験」、すなわち、他者とのコミュニケーションが極端に制約され、ひたすら読書や書き物に没頭し、思索する生活を送っていた点に、少なからぬアナロジーを発見する。

＊9　ここでヴァーガスはバードウィステルの著書に言及しているものの、引用ページが明示されていない。そこでバードウィステルの原著を確認した。だが、引用ページが明示されていないこともあり、引用の該当個所と断言できる記述は特定できなかった。ただし、この趣旨に近い記述が、Birdwhistell［1970: 157-8］にあるので、ヴァーガスは「引用」ではなく、バードウィステルの研究成果の要約的紹介という意味で、この記述を行ったようである。

　なお、バードウィステルの著作のその部分の記述では、「対話においてことばで伝わる意味は30パーセントから35パーセント程度だと推定される」という趣旨のものであり、ヴァーガスの紹介よりも、ニュアンスはやや控えめである。

＊10　ヴァーガスは、このリストのすぐ後で、こうした非言語的要素自体も文化や状況などにより多義的であるとして、次のように補足している。

　　世間一般の通念には反するかもしれないが、言語が異なれば、同じ事物でも違った意味づけがなされるし、ことば以外の手段によって伝達されることも、きわめて多種多様な意味をもつものなのである。つまり、ジェスチャー、動作、合図、記号などを、全世界の人間が同じように使い、同じように解釈することなどあり得ないのだ。ことば以外の表現手段それぞれに差異をもたらす四つの大きな要因は、（一）個人的差異、（二）男女性別による差異、（三）文化形態による差異、（四）状況による差異である。

　他方、リッチモンドとマクロスキー［Richmond & McCroskey 2003=2006: 1-2］は、言語的コミュニケーションと非言語的コミュニケーションは相互作用的に把握すべきだと指摘する。

　彼らは、まず非言語的コミュニケーションに関する複数の「俗説」を紹介する。その代表例が次の二つである。

　　1.「非言語コミュニケーションは無意味である。すべてのコミュニケーションは言語を必要とする。ゆえに、すべてのコミュニケーションは言語

によるものである」。これは主として、言語に注意を集中し、言語とコミュニケーションという用語が、実質的に交換可能であると考える人々がいだく伝統的な俗説である。〔中略〕

　　2.「非言語行動は人間の相互作用におけるほとんどのコミュニケーションを明らかにする」。この俗説は、俗説1の虚偽に対する過剰反応のひとつである。

　リッチモンドとマクロスキーは、俗説1も誤りだが、俗説2も問題だとする。すなわち、俗説2を導き出したかつてのいくつかの研究は、俗説1が正確ではないと証明するために特別に計画されたものであり、研究された相互作用が人間のすべての相互作用の典型だと仮定できないということが一般的に無視されている、と述べるのである。そして次のように両者の関係を整理する。

　　　非言語要素は多くの環境でコミュニケーションを決定づけるが、一方で、非言語要素がほとんど意味のある効果を持たないことがある。だから、ほとんどの人間の相互作用においては、言語要素と非言語要素の両方がとても重要であり、通常、伝えられる意味はどちらか一方の要素にだけでなく、2つの要素の相互作用に依存するのである。

　リッチモンドらが述べるように、非言語コミュニケーションを過大評価することは問題である。だが、それを過小評価するのも適切ではない。筆者がここで注目したいのは、コミュニケーションが「言語的」、「非言語的」の双方のファクターによって成立している、というリッチモンドらの理解についてである。

＊11　指点字の非言語的ファクターの実験的研究については、近藤ほか［2008］、Kondo et al.［2008］を参照。

＊12　スペルベルらは、発話がいかに理解されるかということについて、次のように述べている［Sperber et al. 1995＝1999: xi-xii］。

　　　発話を理解するということは、単にその発話がなされている言語を理解するということではない。ほとんどの発話には、曖昧な語や句が含まれており、そのような語句は場面が変われば意味も異なる。発話の多くは不完全なあるいは省略された表現を含み、そのような表現は場面が変われば補うべきものも異なる。ほとんどの発話は代名詞その他の指示表現を含み、そのような表現は場面が変われば指示する対象も異なる。ある発話を解釈する際、聞き手はその発話が含む曖昧な表現が意図する意味は何か、不完全な表現が意図しているもとの形は何か、そして指示表現が意図している指示物は何かを決定しなければならない。さらに聞き手は、話し手が字義通りの意味を伝えているのかメタフォリカルな意味を伝えているのか、本気で言っているのか皮肉を言っているのか、現実の状況を述べているのか想像上の状況を述べているのかを決定しなければならない。

＊13　ヴィゴツキーは人の思考の道具となる内なる言語（内言）の特徴を研究し、その一つとして「述語主義」を挙げた。それは、我々が行う思考の過程で用いら

れる内言では、文の主語やそれに関係する単語が省略され、述語やそれに関係する部分だけが保持される傾向にあるという意味である。そして、それと類似したことが通常の音声言語（外言）でも見られることがあるとして、次のような例を示している［Vygotsky 1934=2001: 399-405］。

〔外言における〕純粋な述語主義は、われわれの観察が示すところによると、二つの基本的状況のなかで外言に発生する。すなわち、返答をする場合か、陳述される判断の主語が対話者にもあらかじめわかっている場合である。お茶はいかが、という問いにたいして、「いいえ、私はお茶はいりません」と答えるような人はいないだろう。その返答は、純粋に述語的に、「いりません」となるだろう。〔中略〕

これとまったく似た事態が、第二の場合——陳述される判断の主語が対話者にあらかじめ知られている状況においても作り出される。数人の人が電車停留所で、ある方面へ行くために電車「B」を待っていると仮定しよう。電車がやってくるのに気づいたこれらの人のうちの誰もが、決して「私たちが待っているどこそこ行きの電車"B"がきましたよ」というふうには言わないで、ただ一つの述語にまで省略された「きた」とか「B」と言うだろう。明らかに、この場合純粋に述語的な文は、現実の会話において、主語およびそれに関係する単語が、話し相手の現にいる状況から直接に知られるがためにこそ生ずるのである。〔中略〕

対話は、つねに話相手による事柄の要点の知識を前提とする。その知識は、上述のように、話しことばにおける多くの省略を可能とし、一定の状況のなかでは純粋に述語的な判断を作りだす。対話は、つねに話相手の視知覚、かれの表情、ジェスチュア、ことばの抑揚的側面の音響知覚を前提とする。

なお、ヴィゴツキーはここで、「外言」における主語等の省略が生じる事例として、「返答」の場面と、「陳述される判断の主語」が対話者に共有されている場合を挙げている。しかし、現実にはこのほかにもさまざまな場面で会話における省略はなされているだろう。したがって、「陳述される主語」というよりも、「陳述内容における文の要素全般」が省略の対象になりうると思われる。たとえば、次の例を考えると発言者Aは目的語を、Bは述語を省略している。

例：（スパゲティーの店で）
A 「（これを）かけますか」（粉チーズの容器を手にして）
B 「いや、こっちを（かけます）」（タバスコソースを指さして）

また、さらに言えば、日常会話では必ずしも相手と共有されていない「主語」や「目的語」も省略されることがある。そうした時は、「何が？」「どこに？」などと聞き手が確認することになる。

このように、通常の会話ではさまざまな省略がなされ、それを言語外的情報で補ったり、相互のやり取りで確認しながらコミュニケーションはなされている。

＊14　『ローマの休日』あらすじ。

ヨーロッパ最古の王室の王位継承者、アン王女（オードリー・ヘプバーン）は、欧州親善旅行でロンドン、パリなど各地を来訪。ローマでは、駐在大使主催の歓迎舞踏会に出席する。強行軍にもかかわらず、元気に任務をこなしていた王女だが、内心では分刻みのスケジュールと、用意されたスピーチを披露するだけのセレモニーにいささかうんざり気味。就寝の時間になると、侍従たちを前に軽いヒステリーを起こしてしまう。

　主治医に鎮静剤を注射されたものの、気が高ぶっているため、なかなか寝つけない。ふと思いついた彼女は、宿舎である宮殿をひそかに脱出する。夜のローマをぶらぶら歩いていた彼女は、やがて先ほどの鎮静剤が効いてきて、道ばたのベンチに身体をぐったりと横たえる。

　そこを偶然通りかかったのが、アメリカ人の新聞記者ジョー・ブラドリー（グレゴリー・ペック）。若い娘がベンチに寝ているのを見て、何とか家に帰そうとするが、アンの意識は朦朧としていて埒があかない。彼女をそのまま放っておくこともできず、ジョーはアンを自分のアパートへ連れて帰り、一晩の宿を提供する。

　翌朝、うっかり寝過ごしたジョーは、まだ眠っているアンを部屋に残したまま、新聞社へ向かう。支局長から「アン王女は急病で、記者会見は中止」と聞いたジョーは、そこではじめて昨晩の娘の正体が、実はアン王女だったことに気づく。王女には自分が彼女の身分を知ったことを明かさず、ローマの街を連れ歩いて、その行動を記事にできたら大スクープになる！　ふってわいたチャンスに色めき立ったジョーは、アン王女の特ダネを取った場合の破格のボーナスを支局長に約束させる。

　ジョーのアパートで目を覚ましたアンは、思いがけない事態に驚くが、同時にワクワクするような気分も感じていた。アパートを出た後も、せっかく手に入れた自由をすぐに捨て去るには忍びず、街をのんびりと散策。ジョーに借りたお金で、かわいいサンダルを買ったり、ヘアサロンに飛び込んで長い髪をショートにしたりと、ごくふつうの女の子のように楽しい時間を満喫する。アンがスペイン広場でジェラートを食べていると、彼女の後を追ってきたジョーに声をかけられる。偶然の再会を装う彼の「思いきって1日楽しんだら？」という声に押され、アンは宮殿に戻るのを夜までのばすことに決める。

　スクープに必要な証拠写真をおさえるため、ジョーは同僚のカメラマン、アービング・ラドビッチ（エディ・アルバート）も誘って、アンにローマ案内を買って出る。オープンカフェでは初めてのタバコを試し、二人乗りしたスクーターで街中を疾走。真実の口や、祈りの壁など名所の数々も訪れた。夜は、サンタンジェロの船上パーティーに参加するが、その会場にはついにアン王女を捜しにきた情報部員たちが現れる。アンとジョーは情報部員相手に大乱闘を繰り広げた後、一緒に河へ飛び込んで追手の目を逃れる。

　つかの間の自由と興奮を味わううちに、いつの間にかアンとジョーの間には強い恋心が生まれていた。河からあがった二人は、抱き合って熱いキスを交わす。お

互いへの本当の想いを口に出せないまま、アンは祖国と王室への義務を果たすために宮殿へ戻り、ジョーは彼女との思い出を決して記事にはしないと決意する。

　その翌日、宮殿ではアン王女の記者会見が開かれる。アービングは撮影した写真がすべて入った封筒を、王女にそっと渡す。見つめ合うアンとジョー。「ローマは永遠に忘れ得ぬ街となるでしょう」。笑顔とともに振り向いたアン王女の瞳には、かすかに涙の跡が光っていた。

（『ローマの休日製作50周年記念デジタル・ニューマスター版』Copyright © 1953 Paramount Pictures Corporation. All Rights Reserved. TM, （R）& Copyright © 2003-2004 by Paramount Pictures. All Rights Reserved [http://www.roman-holiday.jp/index.htm]）

＊15　ここでの筆者の記述は直接的には、主にウェブ上の掲示板への匿名での「文字」による書き込み（投稿）、あるいは、SNS（ソーシャル・ネットワーキング・サービス）においては、おおむね匿名の「ミクシイ」などのウェブサイトを念頭に置いている。

　なお、誤解のないように補足すれば、筆者はネット上のさまざまな形態でのコミュニケーションの意義を軽視するつもりはない。ネット上でのコミュニケーションは日々発展しており、たとえば、近年では、「フェイスブック」のような実名を原則とするSNSも世界的に普及しつつあり、また、ネット上で交換される情報も、「ユーチューブ」のように動画情報へと拡大・充実してきている。

　しかし、ここでの筆者の議論の主眼は、ネット上でのやり取りが「匿名」でなされるか「実名」でなされるかということ自体に置かれているのではなく、また、ネット上で交わされる情報が「文字」だけのものか、あるいは、音声や画像、動画を含むものか、といった情報の量や形態自体を問題にしているわけでもない。

　ここで筆者が指摘したいのは、ネット上でのやり取りは、それがどのようなものであっても、現実の生活での種々の体験や身近な具体的な他者とのコミュニケーションの経験の蓄積に裏打ちされなければ、それ独自では現実感に乏しいものになるのではないか、という点である。

　すなわち、もしそうした具体的な体験の「土台」がなければ、電子メディア空間の非日常性が現実の日常性を覆いつくすことになり、いわば認識世界における「日常性」が「非日常性」に侵食される危険性すらあるのではないかと危惧しているということである。

　付言すれば、近年急速に発展しつつある「ヴァーチャル・リアリティ技術」（仮想現実技術）や「タンジブル・ビット」（本来形のない情報に触れられるようにする技術）なども、それら自体が持つ有用性や将来性ははかり知れないと思われるものの、いずれも現実の感覚的体験が前提として存在しなければ、現実体験という認識の「土台」を掘り崩す危険性を常にはらんでいると筆者は考える。

第12章

根元的な孤独
とそれと同じくらい強い
他者への憧れの共存

12-1 なぜ生きるのか──与えられているいのち

　前章で考察したように、盲ろう者となった智は、「文脈のない」認識とコミュニケーションの世界に放り出され、一度は深い孤独を経験する。それはまるで智のいのちの輝きが翳った状態、いのちの光度が低下したかのような深い絶望の状態だった。

　そこに指点字による通訳という「文脈のある感覚・言語的情報提供」がなされることで、智は孤独の深淵から抜け出すことができ、再生した。それは智にとって、自身のいのちの輝きが増したような感覚、いのちの光度が増大したかのような喜びをもたらす出来事だった。本章ではさらに一歩進んで、こうした智の再生過程の背後にあるものについて考察を試みたい。

　ところで、智が指点字で他者と対話するにしても、指点字で通訳を受けるにしても、それが成立するためには、当然のことながら智の生存が絶対的な要件である。つまり、盲ろう者となった智が、他者によるケアやサポート[*1]によって現実世界でのいきいきとした生活を送ることができるようになるためには、その大前提として、智がまず、「盲ろうの状態で生きていく」という決意を固めることが必要となる。実際、第6章でみたように、令子は智の自殺を恐れていた。

　　　わたしが心配すると思って自分の苦しみをわたしに言わないんです。言

わないからよけいに心配で。

　そしてね、あるときね、もうだいぶ、〔耳が〕どんどん、どんどん悪くなったときにね、「日本の偉い作家はたいてい自殺しとるなあ」と言うたんですよね。わたし、この子、死ぬことを考えてるのと違うかなあと思ってた頃に、そんなことを言うから、ほんとに、それで、なんとしてでも力になりたいと思って、「死ぬことだけはやめといて、必ず一生懸命お母ちゃんが手足になるから」言うてね、頼んだんですよ。

　そうするとね。「あほやな、僕がそんなこと考える人間と思ったんか？　はっはっは」言うて、笑って自分の部屋に入っていったんです。
　　　　　　　　　（川原による令子へのインタビュー、第6章第2節）

　また、筆者はこれまで「盲ろう者になって自殺を考えませんでしたか？」という趣旨の質問を多くの人たちから受けている。中には、ある中学校で講演した際、その講演に先だって生徒に書いてもらった事前質問のカードの中に、「福島さんはなぜ自殺しなかったのですか？」という内容が複数含まれていたこともある。実際、盲ろうの障害を持ったことで、自殺未遂や現実に自殺に至ったケースを筆者は少なからず見聞している。

　たとえば、これも第6章で紹介したことと関連して、しかし直接にはまだ触れていない福島による令子へのインタビュー記録の中に注目すべき箇所がある。それは令子が智の自殺を恐れたエピソードに連続して語られているもので、智の実家に近い兵庫県明石市で若い盲ろうの女性が自殺したことに言及している部分である。

　福島：それで、僕はそういうふうに、僕は〔が〕そんなあほなことを考えると思うのかというようなことを言って。
　令子：考える人間やと思っとったんかって言うたわ。
　福島：思っとったんかと言って、僕は自分の部屋に戻っていった？
　令子：うん。はっはっはと笑うて。
　福島：で、あんたはその後どう思った？
　令子：でもね。やっぱり、そういうふうにちらりっと考えたこともあるやろなぁと思った。明石の点訳サークルの人に聞いたやろ。高校生の女の子が、事故で目も耳もだめになった子がおるって。そしたら、智が、「僕

はすぐに手を差し伸べるよ」って。「手紙を書くよ」って。「早く手を差し伸べないとその子は死んでしまうよ」って後から言うたんよ。それを照らし合わすと、智もそういうどん底の気持ちを味わったからそういうことばが言えたんやなぁと思うのよ。
福島：それはもっと後の話だね。それでどうなった？　その人は死んでしまったんか？
令子：そう、そのとき、既に。あれは〔明石の点訳サークルのメンバーである〕Kyさんに聞いたんやな。もう、Kyさんに聞いたときは。
福島：そうや。Kyさんや。
令子：1か月前にもう自殺したって、やっぱり。
福島：そうやな。僕の中では〔その人が〕女性ということもあったろうし、若いということで、悲観したんやろうなと。早く会ってれば救えたかもしれないよね。
令子：ほんまやなあ。だれにも、それこそ会わずに、Kyさんにも、もう会わへんかったんやて。家も引越ししたんやて、家族も。もう、内緒にしとったらしい。だから全然音信がなかったんやろう。
福島：事故で目と耳が？
令子：うん。たしかそう言った。　　（福島による令子へのインタビュー＊2）

　この女性の自殺について、正確な年月は特定できない。しかし、令子へのインタビューを通して、このエピソードにまつわる筆者の記憶がよみがえった。
　智は既に大学に進学していた。だが、盲ろう者になってさほど年月が経過していない時期だ。智は冬休みか春休みで神戸の実家に帰省したとき、この明石の女性のことを令子から伝え聞く。そのとき智は、すぐに対応しないとこれは危険だという印象を持つ。
　令子の指点字通訳で、かねてからの知人である点訳サークルのKy（高齢の男性）に智は電話する。智がその盲ろうの女性のことを尋ねると、やや間があって、
「お亡くなりになりました」
と令子が指点字をつづった（つまりKyが語った）。このときの衝撃がよみがえる。そのとき、面識もなく、名も知らぬその盲ろうの女性の自殺に、智は悲しみというよりも、一種やり場のない憤りのようなものを抱いたことを思い出

す。なぜ周囲は、そして自分はその人を救えなかったのか、と。

　このように盲ろう者は、時に死を選ぶ。実際に自殺に至らなくても、「死を考えました」と語る盲ろう者は多い。では智はどうだったのだろうか。

　筆者の記憶するかぎりでは、盲ろうの状態になった智が自殺を考えたこと、少なくとも現実の問題として自殺を考えたことは、おそらく一度もない。日記その他にもその種の記述はほとんどない。ほぼ唯一の例外は、第6章で示した手記の中の次の記述である。

　　過去に上の兄とした会話を思い出した。
　「俺が気が狂うことはないやろうなあ」
　「何でや、お兄ちゃん？」
　「まあ、気が狂うようなことがあったら、狂う前に自殺するだろうな」
　　兄のことばが、真実味を持って俺によみがえった。兄と類似する性格を持つ俺も、やはりそう思わざるを得ない。
　　しかしまた、『歯車』を学生時代に読んで自殺を考えたという北杜夫が、30までは生きろ、と言ったことばを思い出す。〔中略〕
　　しかし俺は、「死」を否定したい。
　　少なくとも、積極的に「死」を求めることは罪だ。これは人間の持つ罪の中でもっとも重い罪かもしれない。
　　　　　　　　　　　　　　（「1981年2月の俺」第6章・参考資料6②）

　智が「なぜ死ぬことを考えなかったのか」という点について、この北杜夫のことばにも触れながら、福島は土屋に語っている。

　福島：よく考えると、なぜ〔盲ろうになった頃〕死ぬことを考えなかったのかっていうのはわからないですね。〔中略〕
　　なぜ絶望しても死んでしまおうという気持ちにならなかったのか。私を支えたものはいったいなんなのかと考えると、はっきりわからないんですよね。まぁ、もしかすると、「30まではとにかく生きよう」と北杜夫がそういうことを書いていたのを中学時代に読んで、なるほどと思ったことがあったので、そんな影響もあったのかもしれません。
　　自殺したいと思う若者に対して、とにかく30までは生きてみようと。

30歳になっても、なお、自分の生き方というか、自分の人生の処し方の結果として死を選ぶ、そういういわば哲学的な死なのであれば、それはやむを得ないけれども、若い時期に衝動的に死のうという発想はやめたほうがいいよ、というような文章に接していたんですね。

北杜夫自身が東北大学の医学部の学生だったときに、やはり死にたいという気持ちになって。で、あるとき、そういう思いの中で下宿の部屋で逆立ちをしてみた。そうすると、足元に空があり、頭の上に山があるという逆さまの風景が見える。それはまあ、当たり前なことなんだけれども、そうやったときに、あのー、自分が逆立ちしただけで、自分にとっての世界がまるで逆転して見えてしまうということに象徴されるような、自分の非力さというか、自分の視点のあやふやさみたいなものを感じて、彼は死を思いとどまったというような記述に〔智は〕接していて、なるほどなと思ったんですね、すごく。中学2年とか中学3年とかの時代にそういったものに接していたので、私の中に、〔盲ろうになって〕すごくしんどいし、暗い気持ちになったとしても、まあ、とりあえず、当分は生きていればいいんじゃないかというような気持ちはあったかなと思います。

(土屋による福島へのインタビュー＊3)

筆者はこの問題を改めて考えてみた。この北杜夫のことばに感化されたという側面も確かにあったのだろう。また、前述の智の手記の引用部分の最後に示したように、「積極的に死を求めること」、すなわち自殺することをもっとも重い罪だとする、キリスト教的な倫理観が、ある程度は智にあったのかもしれない。もっとも、智はキリスト教を含め、特定の宗教に関わる信仰を持っていなかった。その影響もあってか、苦悩のどん底にあっても、特定の宗教に没入することはできなかったのだろう。この点について、若干背景説明を行う。

第3章第1節で触れたように、令子は天理教の信者である。それは、夫である正美の実家の宗教が天理教であったことが大きく影響している。ところが令子の親戚にはもともと神道系の別の新興宗教の信者や教会長などもいた。こうした関係で智は幼い頃から二つの宗教の関係者との接触を持つことになる。さらに小学生の高学年以後、キリスト教についても、プロテスタントのいくつかの宗派が異なる教会や牧師・信者、さらにカトリックの神父や信者との接触を持つ経験もした。

このように智は幼い頃から複数の宗教とさまざまな形・程度の接触を持ったことで、特定の宗教・宗派を絶対視することに違和感を覚えていた。たとえば、「多宗教の同時存在という現実を踏まえ、特定の宗教を正当化する理屈はどこにあるのか？」という意味の疑問を、智は何度も周囲の大人にぶつけていたことを筆者は思い出す。こうした事情から、特定の宗教の信仰によって苦悩を乗り越えようという試みを智はしなかった、あるいはできなかったのだと思われる。

　では、智はどのようにして、苦悩のどん底にあって、特定の宗教に帰依することもなく、それでいて「死」を考えることもなく、自らの置かれた現実と対峙できたのだろうか。筆者には、智が抱いていた死生観の中核は、いくらかの読書やだれかから得た倫理的・宗教的な知識などよりも、もっと幼い頃にその源泉があるのではないかと思われる。そういう視点で、第Ⅱ部で記述した智のたどった道を振り返ると、第3章で触れた二つの出来事が注目される。その第一は、近所の友人の事故死であり、第二は、入院時代の友人の病死である。

> 　事故のうわさがすばやく近所にながれ、智は踏切に走った。踏切に続くセメント舗装の坂道にさしかかったとき、担架に乗せられ、白いビニールのカバーをかけられた彼の姿を智は見た。正確には「彼」自体は見ていない。しかし、そのカバーの下にかつてともに遊んだ彼がいる、そしてもう彼とは二度と遊べないという悲しみがこみ上げたことを覚えている（第3章第1節）。

　1967年5月16日火曜、幼稚園からの帰途、智の自宅の3軒隣の同い年の男児が事故死する。当時4歳の智が彼Nsの死をどの程度深く理解していたかはわからない。ただ、その事故のすぐ前に、双方の母親とともに近所の原っぱに出かけたことを智は鮮明に記憶していた。

　草と土の香り。眩しく暖かな陽光。双方の母親に「飛行機ごっこ」[*4]をしてもらったこと。そのとき一緒に食べた塩煎餅の味。Nsと智自身の笑い声……。これらが当時の智の脳裏に浮かび、なぜ彼はもういないのか、という疑問と恐れを抱いたことを今も思い出す。

　Nsが事故に遭った山陽電鉄の踏切は、智も日常的に利用していたものだ。Nsでなく、自分が事故に遭っていたかもしれない、と智は恐れていたのだろ

うか。これは筆者には記憶がないのだが、令子の話では、その事故の後、智はたびたび夜中に起き出して、布団の上に正座して、「電車が近づいてくる」と言って泣いたという。

もう一つの「死」をめぐる智の体験は、やはり第3章で紹介した、いずれかの入院時に知り合った年上の友人の病死についてである。

> 私の心に焼き付いている一つの映像がある。幼い私が入院病棟の四階の窓辺に立ち、庭を見下ろしている。野球帽をかぶった少年が、庭から小さなゴムのボールを私にめがけて投げ上げてくれている。私が「お兄ちゃん」といって慕っていたその少年は、小学四年生くらいだったろうか。彼も眼科に入院していた。
> 　ボールはなかなか私のいる所まで届かない。「もう一回投げてー」とキャーキャー喜びながら催促する私のために、彼は顔を真っ赤にして、何度も何度もボールを投げてくれた。しかし、何度投げても、もう少しのところでボールは届かず、窓のすぐ下のコンクリートの壁に当たって跳ね返り、彼のもとにまた落ちていった……。
> 　その後まもなく、「お兄ちゃん」の姿が見えなくなった。そして私は、周りの大人たちの会話から、「お兄ちゃん」が「死んだらしい」という言葉を聞いた。そのとき、私は、もう二度と「お兄ちゃん」に遊んでもらえないということを直感したのだった。これはずっとあとになって知ったことだが、彼の目の病気は一種の小児がんが原因で、手術の甲斐もなく息を引き取ったということだった。おそらく、私が漠然とながら「死」の観念を持ったのは、そのときが初めてだっただろう。
> 　　　　　（福島智「病院」第3章第1節、巻末資料14に全文を掲げた）

これらの体験は智に生と死について、なんらかの強い印象を否応なく与えたようだ。

> 「お母ちゃん、心臓はなんでドキドキしとるんやろ。心臓がとまったらもうぜったいいきかえれへんのか。心臓がとまったら死んでしまうんか」
> 　　　　　（「令子の日記」1967年11月15日・水、第3章第1節）

これはNsの事故死から半年後である。まだ4歳の智が心臓の鼓動やその停止と死を結びつけるような話題を持ち出している背景には、前述の二つの体験が関連しているだろう。人には「死」というものが訪れる。それは多くはおじいさんやおばあさんに訪れることだけれど、そうではないこともある。幼い人間も時には死ぬ。実際、つい先日まで一緒に遊んでいたNsは死んでしまった。「お兄ちゃん」も死んだ……。

　智はNsの事故死や「お兄ちゃん」の死を身近で体験した。そして、智が繰り返し入院した大学病院という場所は、診療科を問わず一般に重症患者が多い。加えて高齢の患者も少なくないことから、しばしば死亡者が出る。そうした大学病院の入院病棟という特殊な環境での生活を通して、智は「生」と隣り合わせにある「死」という観念を抱いていったのではないだろうか。

　こうした思いにふけっていた筆者は、ふと長く忘れていた父の体験談を思い出した。それは智が小学1年か2年の頃、夜眠る前に、何かの話のついでに父が語った戦時中の機銃掃射についての体験談である。

　「お父ちゃんは中学生のとき、機銃掃射に遭うたことがある」というようなことを父が突然言い出したので、智は驚いた。どういうことばのやり取りがあったのか正確には覚えていないが、次のような情景描写を父がしたことだけは鮮明に記憶している。

　「お父ちゃんのすぐ隣にいたやつが腹を撃たれた。機銃掃射の弾丸はな、体の中に入ってから腹の中をかき回すんや。腹のほうの傷は小さかったけれど、背中のほうはものすごう大きな穴が開いとった」

　具体的にどういう状況・経緯で父が機銃掃射に遭遇したのかはわからなかった。また、戦争について、その頃の智には知識・理解もほとんどなかった。ただし、はっきりしているのは、「お父ちゃんはもう少しで死んでいたのかもしれない」という思いを智が抱いたことである。当時の智に生殖についての知識がどれほどあったかはわからないが、父が死んでいたなら自分も生まれてはいなかったのだろうという漠然とした恐怖を感じたと思われる。

　父の郷里は京都府福知山市である。この地で本当に米軍機による機銃掃射があったのだろうか。それとも、どこか別のところで父は遭遇したのだろうか。

　筆者はそれを確認したいと考えた。しかし、父は1988年に亡くなっているので、父に確かめることはできない。そこで、関連する資料を探して、章末の参考資料12①に掲げた新聞記事にたどりついた。しかし、これだけでは父が

機銃掃射に遭ったかどうかははっきりしない。何かほかに方法はないものか。
　父は1932（昭和7）年6月27日生まれである。終戦の年、1945（昭和20）年の4月は12歳である。同年4月、父は旧制福知山中学（現・京都府立福知山高校）に入学している。学校関係で何か調べられないだろうか。
　そこで、記事中に登場する福知山市立日新中学校の社会科教諭・梶原秀明にコンタクトを取った。やり取りをした結果、裏付け証言が得られた。以下は、梶原からの電子メールの一部である。

　　福知山の梶原です。お父さまの機銃掃射に関わる件について裏付け証言が得られました。
　　おとといからいろんな方に機銃掃射による死者があったかどうかの確認をしていました。福知山高校の先生からはその当時、〔旧制〕福知山中学校では1年は近隣の農村への奉仕活動と亜炭（質の悪い石炭）掘り、2、3年は舞鶴海軍工廠、4、5年は播磨造船所への勤労動員に行っていたとのことで、石原飛行場へ1年生が行っていたかどうかの確認は取れず、暗礁に乗り上げていました。
　　ところが、たまたま今日（11日）学校に部活指導に行ったところ、一人の同僚が仕事をしていたので何気なしに福島さんのことを話しました。すると、その方（女性です）の結婚相手のお父さまが福知山中学校時代に石原飛行場に毎日働きに行っていたという話を聞いたことがあるということでした。すぐに電話で連絡を取ってもらい直接お話ししたところ、福島さんのお父さまと同級の1年生だったそうです。福島さんのお父さまのことはご存じありませんでしたが、〔福島さんの〕お母さまが親しくしておられるという本屋さんを経営しておられた方[5]はご存じでした。作業が終わり、3時か4時頃公道を帰っていたところをグラマン[6]の機銃掃射を受けたとのことです。
　　そしてお話のとおり、一人の同級生が弾に当たり亡くなったとのことです。亡くなられた方はだれだったのかわからないが、地元の方（遷喬小学校出身の方）ではないかということでした。時期ははっきり覚えていないが、〔1945年の〕5月頃ではないかということです。
　　さらに、この方のお話によると飛行場への機銃掃射は何度か行われており、目撃したこともあるそうです。しかし、公道で民間人が犠牲になった

例はこれ以外ないのではないかとのことでした。
　なお、情報提供していただいた方は綾部市（福知山市の隣町）在住の高倉信正さんという方です。

（「梶原教諭からの電子メール」2008年2月11日・月）

　今さらながら戦争の恐怖を感じるとともに、生死を分かつ運命の働きに粛然となる。この父の話は幼い智の心の底に強烈な印象を残したと想像できる。たとえば、巻末資料17に掲げた智の盲学校小学部4年の頃の創作童話「鯉と釣り人」の冒頭で智は次のように書いている。直接正美の話題は出てこないものの、その体験談の影響がうかがえるような記述である。

　　第二次世界大戦が終わって間もない頃のことでした。戦争が終わって間もないので、食べ物が不足していましたから、百姓家に住む戦争から帰ってきて間もない主人は、爆撃でやられた川へ釣りに行きました。
　　機関銃の弾や爆撃でまるこげになった草などを見ながら、男は川べりまで歩いてきました。

　生と死が隣り合わせにあるということは、人はいつどのような理由で死ぬかだれにもわからない、ということである。そして、重要なことは、その生死を左右するものは、人自身ではないということだ。直接的にはその本人や他者の行為などが原因で死ぬこともももちろんあるわけだが、多くの場合、人は自らの生死について予見できない。そして自らの生死の制御ができないということでもある。前述のような体験を通して、こうした認識を智は徐々に深めていったのではないだろうか。
　智にとって、生とは自分が制御できるものではなく、何かから与えられるものだと感じられた。同様に死も自らが制御できないものだと感じられる。こうした認識を踏まえれば、「生きる理由とは、いのちが与えられているから」であり、それだけで十分に生きるに値することになる。なぜなら、「いのちが与えられて」いなければ、人はその時点で死ぬのであり、現実に、突然死んでしまう人が存在するからである。
　第5章や第6章でみたように、18歳で盲ろうの状態となった智は、極限の苦悩に直面する。だが、その苦悩の体験は生死の問題には連動しなかった。そ

の理由は、智にとって、「いのちが与えられている以上、生きるのは当然である」という認識が、ごく自然な形で心に刻み込まれていたからではなかったか。筆者は今、そのように考える。

12-2　障害と苦悩の意味

　このように智は盲ろうになった後も、「死ぬこと」は考えなかった。しかし、日々、心をさいなむ苦悩の存在は無視できない。この苦悩の中で生きていくには、どうすればよいのか。そこで智がたどりついたのは、「苦悩には意味がある」という認識である。

> 　夕食の時間だ。その後は夜だ。そして明日からまた、病院と家との往復の生活だ。今俺は静かに思う。
> 　この苦渋の日々が俺の人生の中で何か意義がある時間であり、俺の未来を光らせるための土台として、神があえて与えたもうたものであることを信じよう。信仰なき今の俺にとってできることは、ただそれだけだ。
> 　俺にもし使命というものが、生きるうえでの使命というものがあるとすれば、それは果たさねばならない。
> 　そしてそれをなすことが必要ならば、この苦しみのときをくぐらねばならぬだろう。〔中略〕
> 　俺はこの考えを仮定し、その仮定のうえで生きていくしかない。
> 　それは、俺の使命がこの苦しみがあって初めて成り立つものだ、と考えることである。
> 　俺はそう思ったとき、突然、今まで脳の奥深く、遠いところで、この両耳の6種類の耳鳴りの空間の向こうで回っていた、半透明の歯車が回るのを止めたように感じた。　　　（「1981年2月の俺」第6章・参考資料6②）

　その当時、智が考えていた苦悩の意味について、福島は土屋に語っている。

> 福島：すごく暗い、たとえば芥川の『歯車』なんかを読んだり。あるいはカフカの『変身』などを読んで、虫になったっていうグレゴール・ザムザは、いわば私もそうなんじゃないかみたいなことは考えていたんですよね。

盲ろうという巨大な虫に一夜にしてなってしまったと。

　そういうことで、何か、どこかで一般化する。私一人の問題ではない。私が体験していることは、私一人だけで終わるのではなくて、何か、あの、将来、自分が生きていくうえで意味があることになるんではないかという、願いにも似た、願望にも似た、あるいはそのように合理化せざるを得なかったという気持ちがあったんだと思いますね。〔ここで福島が語っている「合理化」は一般的な意味の合理化ではなく、心理学でいう「防衛機制」（自己防衛のための無意識の適応）の一種としての「合理化」であり、「無意識的に自己の考え・行動を正当化する働き」という程度の趣旨で使っている〕

　で、たぶん、これはいきなり高校2年で盲ろうになる段階で、そういう心境に達したというより、中学生ぐらいの頃から少しずつ、病気のことや障害のことについて考えていたことが伏線にはなってるんだろうと思います。どん底にきてしまったときに、中学時代から考えていたことが伏線としてよみがえったと。〔中略〕

　今から考えると、中学時代からどこかで、自分が体験する病とか障害っていうものが私自身の人生を直接左右するのではなくて、その体験を通して自分は何かっていうことを探していく、自分は何かっていうことを考えることが、より本質的なことだというような、そういう観念が自分の中にはあったのかなと。

　盲ろうになる過程、それはとても苦しいことですし、今のような理屈では解決できない、片づかない部分はたくさんあるのだけれども、少なくとも理屈の部分では、この体験はあくまでも自分が生きていくうえでの一つの要素であって、これですべて自分が左右されるわけではない。この体験そのものよりも、この体験の中にある、生きるうえでの自分にとって大切なものは何かを見つけたりすることのほうが、より本質的ではないかといったそういう発想にはつながったんだろうと思いますね。

　一方で、すごく病気は治したい、耳は治したいという気持ちは当然あるんですが、心のどこかでは、ちょっと醒めているというか突き放して見ていて、治っても治らなくても、それはしょせんそれだけのことであって、自分が本当に生きていくうえで大事なことは、見えるか見えないか、聞こえるか聞こえないかということよりも、自分とはいったいなんなのか、自分の心の中にある大事なものとはなんなのかということを見つけることで

あって、それは見えなくても見えること、聞こえなくても聞こえる何かだろうというような、そういう気持ちが中学時代からの連続として、出てきたのかなぁと。　　　　　　　　　　（土屋による福島へのインタビュー*7）

　ここで福島が、「中学時代から」自らの病や障害を通して物事を考えることに意味があると思っていたようだ、と語っているのは、第4章で紹介した、全盲の教諭・石川との関わりを念頭に置いている。福島は石川へのインタビューで次のようにその件を確認した。

　福島：中学2年生くらいです。で、ときどき、〔喫茶店に〕連れていっていただいていたんですが、そのとき私と先生と2人だけだったか、ほかにもだれかいたか覚えていないんですけれども、先生がね、そのー、突然ね、「福島よ、目が見えんっていうことは、どういうことや」
　っていうふうに言われたんですよ。目が見えんってどういうことや、というふうに言われて。それがすごく印象に残っていて。そのとき、ものすごく僕は衝撃を受けたんですよね。
　もちろん、両方とも、2人とも全盲なんだし、盲学校にいるわけなんだし、目が見えんのは当たり前なんだけれども、それ言われて、そもそも目が見えないってどういうことなんや、というふうに言われて、すごく、そのー、はっとしたと言いますかね。で、そのとき、細かいことはどんなことを話したかあんまり覚えていないですけれども。
　石川：そんなしっかり覚えてないけども、あのー、僕の考えはな、相手が中学生であろうが僕の話がわかると思えば全部言うてるだけよ。今でもそうやけど。
　福島：そのときの私の気持ち、あるいは後で思い出した気持ちとしてはね。先生がおっしゃろうとしたのは、次のようなことかなと思ってるんですが、それで合ってるかどうかをまた改めて伺いたいのですが。
　私が感じたのは、つまり目が見えないっていうことは、医学的に目が見えないとかっていうことではなくて。
　それはまあ、事実か知らないけれども、それが大事なのではなくて、そのうえで、人生をどう生きるんか、この世の中をどう見るのか、目が見えんっていうことを自分自身はどのように受け止めて、そのうえでそのこと

をどう考えるんか、ということを改めて問われたんだろうなあと。
　石川：そう、そういう意味やな。
　福島：そういう感じ。
　石川：うん、そやな。　　（福島による石川へのインタビュー、第4章第3節）

　この石川との「問答」をめぐっては、その後何度も智は繰り返し考えたり、手記に書いたり、あるいはインタビューで語ったりしている。次に示すのは、高等部1年のとき（すなわち、まだ片耳は聞こえている）、智が書いた作文の一部である。ここで「C先生」と表記されているのは石川のことである。

　　メクラ*8、メクラとは何か？　これだけの題で何時間も喫茶店で話し合ったことがある。僕に考えさせてくれたC先生。〔中略〕
　　また、「おまえもそろそろ怪物になってきている」とも言った。「僕が怪物ですか」「そうだ。知識はあっても、考えようとしない。物事の本質、本当に価値のあるもの、美しいもの、意味のあるものを見分けようとしなければ怪物になる。人間の皮をかぶった怪物だ。僕もそれになりかけたが20歳を過ぎて気がついたのだ。でも、それから気づくのでは遅い。おまえは怪物にはなってくれるな。世に評判の人ほど怪物は多い。八百屋の兄ちゃん、学校も出ていないような人に人間がいることがあるんだ」*9

　石川は「目が見えないという自身の体験を通して逆に見えてくるものはないのか？」と智に問いたかったのであろう。そこには、自身の生きる状況から逃げてはいけないというニュアンスも含まれている。
　一般になんらかの障害や病を持った人は、「これさえなければ……」と考えがちだ。たとえば、目が見えないならば、「この目さえ見えれば……なのに」と考えたりする。あるいは、「目は見えるようにはならないけれど、訓練や努力、さまざまなテクノロジーの活用などで、見える人と同じように生活できるようになるのが私の人生の目標だ」というように考える全盲の人もいるだろう。
　こうした考えに智はもともと違和感を抱いていた。そこへ石川との14歳の頃の問答が加わり、ますますこの問題を深く考えるようになる。そして、18歳で盲ろうの状態になり、こうした「障害のない人と同じように生きていくのが目標だ」式の考え方への疑念、ないし反発が決定的となったのだった。

それは「盲ろう」という状態の過酷さと関係する。たとえば、全盲などの単一の障害であれば、「見える人と同じように生きることを目指す」というような、外形的な目標を設定することは、ある程度できるかもしれない。しかし、盲ろうという状態は、そうした「幻想」を抱くことがとても不可能なほど、極限の制約と苦悩をもたらすからである。この点について、当時を振り返りながら、福島は『点字毎日』の取材に答えて次のように語っている。

　　中３までいた兵庫県立盲学校で、トランペットを習っていた全盲の理療科の先生からある日、「福島よ！　目が見えんてことはどういうことや」って聞かれた。
　　見えないという現実を踏まえて、人生とか社会をとらえる観点がないと、単に訓練で補って健常者となるべく同じような生活ができればいいといったことにつながる。「そんな浅はかなことでいいのか」と先生は言いたかったのではないかな。
　　健常者と同じように生きられたとしても、そのこと自体には意味がないですよ。与えられた条件の中でどう生きるかが問題なのにもかかわらず、条件そのものに注目するような風潮が強いように思います。健常者と同じように生活するという幻想を抱けない盲ろうになって、こうしたとらえ方がより鮮明になりました。問題は一人一人の人間の生き方の質だと思います。*10

　第６章で示したように、盲ろうとなったほぼ直後の1981年３月の時点で、智は「障害」について次のように日記につづった。

　　普通の人の特殊な場合である障害者を、普通のレベルに持ってくる。すなわち、特殊性をなくし、世の中を一般化し、統一しようとする。しかしそれでは、その後に何が残るんだ？　何もないように思えるが。〔中略〕
　　みんな一様なものからはなんの進歩も生まれない。また異なるものをただ一様にならそうとする努力からも、なんの進歩も生まれないだろう。人類にとってその本質的進歩を生み出すうえで、それを考え、実行していくうえで、多くの人類とは異なる少数のものの存在、たとえば障害者の存在には、意味があるように思う。〔中略〕

われわれは障害者である。〔同時に〕普通人と同じ人間である。しかし、そこに「異なっている」という意識から生まれた、〔なおかつ〕両者を貫く共通の何かを把握する力を持たねばならぬと思う。
（「智の日記」1981年3月18日・水、第6章第3節）

　そして、第10章で触れたように、智はこの日記のおよそ半年後に、自らの人生における最大の目的を「障害の意味」を考え続けることだ、と語っている。

　僕が、今考えているこれからの人生の最大の目的は、障害ということの意味を考え続けていくということです。当面の目標は大学に進学することになりますが、それは将来の職業の可能性を拡大するという表向きの理由はあっても、その本質的な動機は、健常者の中で、自分で障害を見つめ直すということになると思います。〔中略〕
　僕らが、自分の感性をみがき、ものごとに対する本質的価値基準をもって生きていくとき、初めて、僕ら障害者が真の意味での社会の一員になれると思います。
　僕は、我々障害者が、「障害者でもできる」ではなく、「障害者だからこそできる」という存在であることを自分自身に、また、社会に問いかけ続けていきたいと思います。
（「日本盲ろう者を育てる会第4回全国大会」1981年9月27日・日での智の体験発表、第10章・参考資料10③）

　ところで、障害体験[*11]も含めた困難な体験によってもたらされる「苦悩の意味」について考察するうえで、アウシュヴィッツの収容所体験をつづった『夜と霧』［Frankl 1946=1956］で名高いフランクルの知見は、きわめて示唆的である。たとえば、フランクル［Frankl 1952=1957: 53］の次の指摘は、傾聴に値する。
　フランクルは、たとえば絵を描くような行為を通して、この世界に何かを与える行為に伴う価値を「創造価値」とよぶ。また、何かを与えることはできなくても、たとえば、美しい風景に感動する、といった行為に伴う価値を「体験価値」とよぶ。そして、創造的な行為も、素晴らしい体験も制約され、生命が大いなる苦悩に直面したときにも、その苦悩にどう対処するかによって、第三の価値、すなわち、「態度価値」が実現されると考えるのである。

> 人間が彼の生命の制限に対していかなる態度をとるかということの中に実現化されるような第三の重要な価値群が存するのである。その可能性の狭隘化に対して人間がいかなる態度をとるかというまさにそのことの中に、新しい独自な価値の領域が開かれるのであり、それは確実に最高の価値にすら属するのである。

さらにフランクルは、苦悩が人を成熟させ、強くするとも述べる［Frankl 1952=1957: 125-6］。

> 既に生物学的な領域において、苦痛ということは有意義な監視者であり警告者である。心理的精神的領域においてもそれは類似した機能をもっている。苦悩は人間を無感動に対して、即ち心理的凝固に対して、護ってくれるのである。われわれが苦悩する限り、われわれは心理的に生き生きとしているのである。また更にわれわれは苦悩において成熟し、苦悩において成長するのであり、苦悩はわれわれをより豊かに且つ強力にしてくれるのである。

また、フランクルは、『意味への意志』［Frankl 1991=2002: 42］において、「絶望」と「苦悩」と「意味」との間の関係を図式的に表現していて興味深い。

> 「意味を探し求める人間」が意味の鉱脈を掘り当てるならば、そのときその人間は幸福になる。しかし、彼は同時に、その一方で、苦悩に耐える力をももった者になるのである。というのは、苦悩は、それ自体としては人間に絶望を生じさせるものではなく、むしろ、意味がないと思われる苦悩だけが人間を絶望に至らしめるからである。それゆえ、次のような公式が成り立つ。絶望＝苦悩マイナス意味。つまり、絶望とは意味なき苦悩である、ということである。

苦悩に意味を見いださなければ、そこには絶望しか残らない、というのがフランクルの主張である。智は18歳の時点でフランクルを読んでいなかったが、どうにかして自らの苦悩に意味を見いだそうとし、そしてフランクルの言うように、意味を見いだすことによって、絶望から抜け出したのだと思われる。

ここまでは「苦悩の意味」を見いだすために、智がかなりの緊張と懊悩を伴いながら苦闘した側面を述べた。しかし、智には別の角度から苦悩と向き合う、あるいは苦悩を「逆手にとって楽しむ」かのような側面があり、そうした精神をはぐくんでくれた二つの要素があった。その一つは落語である。智は失明後まもなく、ラジオで知った落語の世界に込められたたくましいユーモアの精神に魅了されたのだった。たとえば、巻末資料9に掲げた「俺の小学生時代」（1981年5月～6月）の中で、智は自らを形成した重要な要素の一つとして落語を挙げている。

　　特に上方落語だが、その世界の人たちは実に人生を明るくとらえている。また仲間を大切にしたりふざけながらも相手のことを考えている姿勢がみられる。
　　その中で俺がいちばん好きだったのは「どないなとなるわい」という精神、すなわち悪条件の中で困難を切り開き進んでいくが、そうすることも当たり前のこととしてさっぱりと考えている姿勢だった。

　もう一つ、智にとって力となったのは、やはり失明後しばらくして徐々に傾倒していったSFの世界の魅力である。たとえば、福島は自身の盲ろう者としての体験とSFの世界との関わりについて、次のように語っている［福島2010：201］。

　　「私はSFが大好きなんですよ。盲ろうというのは、いわば、SF的状態なんですね。光も音もないという世界に、どうやって対処していくか。これは、非日常的な状況の中で、あらゆる可能性を追求し、想像力をぎりぎりまで働かせていくというSF的発想が役立つんです。盲ろうになった私が生きていくうえで、SFはすごく役に立ちましたね」

　また、別の場所で、盲ろう者の状態を未知の惑星で遭難したような状態だと想像して次のような比喩を福島は使っている。

　　「光もなく音もない。空気と栄養だけはあるから生きてはいけるけれど、情報は一切得られない。唯一、通信によってのみ、はるかな地球と交信で

きて、仲間の存在を確かめられ、希望がわく」[*12]

　第4章で述べたように、失聴するおよそ1年前に、智はSFへの思いをカセットテープに語っている。

　　1980年の年明けに、智はカセットテープへの独白の録音で、SFの世界についての思いを語っている。SFは智の人生において、落語と並んで「生きるエネルギー」を与えてくれたものだ。〔中略〕

　　智：昨日SFについておんちゃん〔お兄ちゃん〕と話して考えたんですけど、SFというのは、やはりその場面設定をオーバーにしたり極端にすることによって、その一、周りが変わっても中身は変わってないということによって、ほんとに大事なこと、いくらその人間が、文化が発達して、えーと、変わったとしても、ほんとに重要なもの、それを大事にしなくちゃいけないもの、そうすべきものは何か、ということを示すのがSFのほんとの役割だと思うんですね。
　　それ、そういうかなり難しい問題をSFというベールにくるんだ、この明るいベールでくるんだものがSFじゃないかと思う。
　　　　　　　　（「智の独白の録音」1980年1月2日・水、第4章第3節）

　実際智はSF作品が秘めた無限に多様な可能性という自由な発想の世界にそれまで親しんでいたおかげで、盲ろうになる過程においても、ずいぶん心を癒された。つまり、絶望的な現実に直面し、追いつめられた気持ちのどこかで、「必ずなんらかの方法はあるはずだ」という漠然とした期待のようなものがあったのである。
　また、作品を読むだけでなく、巻末資料20に掲げた短編『愛の方程式』のように、SF小説まがいのものを智は失聴する過程でいくつか書いている。この「SFを書く」行為は、閉塞された状況にありながら、それを打破する希望と力とを智自身に与えてくれた。
　このように智は極限の苦悩の中で、生きることを選択するとともに、その苦悩に意味を見いだそうとした。その努力は、ある程度報われたといえる。ただし、ここまではいわば自分自身との戦いであり、内面的葛藤の段階だった。し

かし、智の真の再生のためには自己の内部で完結した状態からの脱却が必要だったのである。

12-3　他者の存在と他者によるケア・サポート

　第7章から第9章でみたように、令子による指点字の考案や教師・友人たちの支えによって、智は学校に復帰する。そして、全盲ろうの生徒としての新たな生活を始める。しかし、そこで、再び深い孤独と絶望を経験することになる。
　第9章で紹介した「バレーボールの見学」のエピソードがその象徴的な事例だった。

> 　私はこの"世界"にいるけれど、本当は存在していない。周囲から私がここにいるように見えても、本当は私の実体はここにはないのだ。私自身が空間のすべてを覆いつくしてしまうような、狭くて暗い"別の次元の世界"に吸い込まれているのだ。
> 　　　　　　　　　　　（福島智「ダブル・ハンディとともに」第9章第2節）

　盲ろう者としての智が経験した、そして、現在の筆者も経験している、この「現実世界」と「盲ろう者としての別の世界」の区別という心象風景について、福島と土屋が語り合っている。その中でも、土屋はとりわけ、「私自身が空間のすべてを覆いつくしてしまうような、狭くて暗い別の次元の世界」という福島のイメージに関心を示している。

> **福島**：今、私が生きているこの盲ろう者の世界っていうのは、比喩的にいえば別の世界にいる、たとえば「霊界」のようなところに自分はいて、現実世界と行ったり来たりして生きているという、主観的にはそういう側面があるんですよね。もちろん、みんなと具体的に関わっているんだし、叩けば痛い、切れば血の出るリアリティを生きてはいるのだけども、どこか自分は別のところにいるっていう感じがあって、そしてこの別のところというのに、盲ろう者の状態は半分染まっているっていう感じはありますね。
> **土屋**：すごく面白いと思うんですけれども。その別の世界、本来、自分の魂がある世界っていうところには、他者は一人もいないんですね。

福島：たぶんいないでしょうね。でもそれはあの、オカルト的な意味の霊界とかそういうのではないんですよね。自分の認識、自分の魂がある内面の空間ということなんですよね。

土屋：だからまぁ、別の世界にいて、で、時々そこからドアではないかもしれないですけど、そこをちょっと通り抜けて（笑）きて、人がたくさんいる世界に来て。

福島：行き来してるんです。

土屋：そうすると他者がいて、自分の指を〔指点字で〕叩いて、あの、この世界をリアルなものとして、知らせてくれるとか。

福島：はいはい、それで時々、比喩的には、通訳者は「霊媒」だっていうふうにね、私は言うんですが。〔中略〕

土屋：その魂の世界からは、実は常にこちら側の別の世界に出てきたいという感覚はお持ちなんですか。

福島：そうですね。それは、生きている、せっかく生きているんだから、生きている間はこっちの世界、つまり通常の世界との交渉を持ちたいという気持ちはありますよね。で、おそらく、もし私が死んでしまったら、その魂の世界にいるのと似たような感じになるのか、あるいは自覚できないから何もないのかわかりませんけども。ともかく、今生きている間は、この現実世界と交渉を持ちたいと思いますね。

　だけど、それも〔現実世界と交渉を持てるのは実際のところ〕24時間の中で〔断続的で〕限られた時間でしかないので、比喩的にいえば、私は毎日生きたり死んだり、生き死にを繰り返してる感じがあるんですね。一般の人でも睡眠っていうのは擬似的な死かもしれませんけども。それが私の場合は瞬間的に、昼間でも行われている。私一人の世界に閉じ込められることもあれば、みんなとつながることもある。気配としてこの世界のことを感じているときもあれば、ほとんど感じないときもあるとか。いろんなヴァリエーションがありますが。

土屋：あの、思いつきなんですけれども、立岩〔真也〕さんがよく、他者があることの喜びというような話をしていて[*13]、それがすごく、実感できるというか、他者がそこにいるだけで、他者が何かをしてくれるとか他者が何かをくれるとかではなくて、他者が他者として自分のほかに存在をしているっていうことだけで、自分にとっては喜びなのだっていうような

ことをおっしゃっているんですが。それがたぶん福島さんにとっては、他者が他者として現れてくるためには、その、自分からたぶん能動的に動かなくちゃいけないっていうことになるんですよね。
福島：そうですね。あるいは他者が能動的に動いてくれるか。立岩さんが言っている、もし他者が存在しなければ、もしこの世界が自分の延長であれば、「この世界はあなたがすべてを覆いつくすだろう」というような仮想的なイメージが、私の場合はまさに実感できることで。私の世界は、もちろん物理的には狭いのだけれど、認知的には私の世界を私がすべて覆っている。私という人間が構成する宇宙を、私がすべて覆っているという、認識の空間に既に生きてしまっているので、これは非常に苦しいことで、それだけでは自分の存在をリアルに感じられない。

　他者である存在があることで初めて自分が生きているんだということを確かめられるということは、理念だけじゃなく、実感として常に感じているので、彼の他者論というのはすごく私にはしっくりきたんですよね。
土屋：なるほど、よく、わかります。あの、よく、その、世界がすべて自分の思うようになったらとか、世界がすべて自分であったらと想像するときに、たぶん通常の人は想像しにくくて、すべて自分の思い通りになったらそれはそれでいいんではないか（笑）、という話になってしまうんですが。本当はそうではないっていうところを福島さんは日々感じられているっていうことで。それを想像すると、ものすごくよくわかる感じがします。

(土屋による福島へのインタビュー ＊14)

「私自身が空間のすべてを覆いつくしてしまうような、狭くて暗い別の次元の世界」。盲ろう者となった当時の智も、現在の筆者も、毎日そうした「別の世界」と現実世界とを往復している。異なるのは、盲ろう者になったばかりの智は、現在の筆者とは違って、その「別の世界」から現実世界にはなかなか移動できなかったということだ。すなわち、自らと交流する他者の存在が希薄だったからである。

　それは言い換えれば智の置かれている状況がなかなか周囲には理解されなかったからでもある。そして、前章でみた「感覚・言語的情報の文脈」の提供というサポートがなされていなかったからだ。

それでは、当時の智のように困難を抱えながら、しかし、それを自ら外部に積極的に表出できないような状況に置かれている人がいるとき、他者の働きかけはどのような意味を持つのだろうか。
　『現象学的人間論と看護』の著者として知られるパトリシア・ベナーらは、困難な状況にある患者を援助するうえで、「気づかい」（caring）の重要性を強調する［Benner et al., 1989=1999: 2-3］。

　　人に何ごとか・何者かが大事に思われ、それがその人固有の関心対象となるのは、気づかいがあるからである。〔中略〕
　　私たちは、患者が気づかいを取り戻し、生きていくことに意味を見出し、人々とのつながり・世界との結びつきを維持または再建できるよう看護婦がどのように手助けしているかについてより多く語ろうと思う。

　「気づかい」とは、人がなんらかの物事や人物を大切に思い、特別の関心を抱くことである。「気づかい」を持つことで人は生きられるのであり、ケア・サポートは、ある他者が「気づかい」を持ち続けることができるように手助けする行為である。つまり、「気づかい」とは、ある人が自分を取り巻く外部世界と能動的に交渉を持つことだ。
　そう考えると、盲ろう者である智へのケア・サポートの本質とは、智が「気づかい」を持てるように支援することであり、それはすなわち、智が外部世界と能動的に交渉できるように支えることだといえる。
　前章で述べた「感覚・言語的情報の文脈」の重要性もこのことと強く関連する。智が外部世界と能動的に関わるためには、自分がどのような「感覚・言語的情報の文脈」の中に存在し、活動しているかがわからなければ、能動的な対応はできないのである。
　これは智を含めたすべての盲ろう者への支援についても当てはまることであり、さらにいえば、本来的に苦悩を抱え、他者による助けを必要としながら生きるすべての人間にとって、重要な意味を持つ認識なのではないか。
　一般に、ある人Xが他者Yを支援するとき、そのYは主体Xにとっての客体、すなわち、Xが支援する対象としての客体だと位置づけられやすい。そして、実際その側面はあるだろう。しかし、より重要なことは、Yを客体として取り扱うことではなく、YがXとは異なる主体として、能動的に世界と関われるよ

うに手助けすることなのである。

12-4　孤独と憧れのダイナミズム

　本書を終えるにあたり、智にとって自らが盲ろう者となった体験の意味、そして現在まで連続するその盲ろう者としての生の有りようについて考えたい。福島は「宇宙」のイメージを用いながら土屋に語っている。

　土屋：福島さんはすごく能動的でポジティブでいらっしゃるんですけど、他の盲ろうの方で、その消極的な方っていうのは、ものすごく生きづらい世界になるわけですよね。
　福島：そうですね。本当に生きづらい世界だと思います。ただ、まぁ、表面的な能動性とか活動の量と、その人が感じているものとはまた違うかもしれませんけども。
　私の場合は、だけど、自分から能動的になってすべて切り開いてきたということよりも、他者が能動的になってくれたという側面があって、それに私が応えたっていうところがあるんですよね。
　少なくとも他者からの能動性がなければ、私からだけ、自分だけで光り続けるっていうことは難しいんです。
　自分が恒星のように、宇宙の恒星のように自分のエネルギーだけで光り続けるってことはすごく難しくて、少なくともほかにも恒星があって、その光を受けないと、相互の重力がないと、宇宙の中にポッと自分だけ光ってるってことはできないんですよね。そういう感じはあります。
　盲のとき、盲になった時点では、今言っているようなことはそんなに感じていないですね、少なくとも自分では。音の世界があったし、音の世界で周りと関われば、わりと普通にやっていけるという気持ちがありましたので。
　だけど、盲ろうになってからはそういう表面的な幻想が剥ぎ取られてしまうんですね。みんなと同じようにこの世界でやっていけるなんてことはそもそもできっこないんだ。自分は別の世界に移送されてしまった。その移されたことを前提にして、いかにこのみんなの世界に戻ってくるのか、という感覚。

だけど、自分が移送されてしまった世界はやはりそこにあって、それが自分の内面の世界ですよね。盲ろう者として生きる内面の世界。でもおそらくこれは、普通の人にも本当はこの内面の世界はあるんですが、普通の人は見えて聞こえて、情報が多いもので、なかなか内面の世界にはそう簡単には入れないわけですよね。

座禅を組むとか、よほど深い瞑想にふけるとかっていうテクニックを身につけないと。あるいはひとり静かに部屋の中になんの雑音も、目に入る情報も遮断してというような状況をつくればできるでしょうが、そう簡単にはできないですよね。私の場合は、特別強い意志がなくても、特別修行しなくても、瞬間、瞬間的にいつでも座禅が組めてしまう（笑）。その、内面世界、自分の内面がすべてを覆うような宇宙にいつでも、移送されてしまう。移行できてしまうっていうことですよね。

(土屋による福島へのインタビュー＊15)

ここで福島は、自らのエネルギーで輝く太陽などの恒星のように、漆黒の「宇宙空間」で光り続けることはできないと述べている。盲ろうの状態が光と音のない世界であり、それが宇宙空間や恒星のイメージを連想させるからかもしれない。

また、「少なくともほかにも恒星があって、その光を受けないと、相互の重力がないと、宇宙の中にポッと自分だけ光ってるってことはできないんですよね」と述べている部分には、二つの意味が込められているだろう。一つは、ほかの星、すなわち他者の光を受けないと自分も輝けないということである。これはよく知られたことだが、たとえば太陽が輝いていたとしても、まさに太陽の方向を見ないかぎり宇宙は限りなく暗いということを前提とした比喩である。つまり、あえていえば、光そのものには明るさはなく、光を反射する「何か」があって、初めて光は明るさを生み出す、ということである。

もう一つは、「相互の重力」について触れている部分で、これは他者との相互作用がなければ生きていけないということだ。言い換えれば宇宙に浮かぶ孤独に耐えるためには、相互に引き合う力が必要だという意味である。このインタビューの時点で福島はおそらく意識していないが、筆者は今この記述を読み返して、少し古い、しかし、本質的には少しも色あせぬ有名な次の詩を思い出した。

人類は小さな球の上で
　眠り起きそして働き
　ときどき火星に仲間を欲しがったりする

　火星人は小さな球の上で
　何をしてるか　僕は知らない
　(或は　ネリリし　キルルし　ハララしているか)
　しかしときどき地球に仲間を欲しがったりする
　それはまったくたしかなことだ

　万有引力とは
　ひき合う孤独の力である

　宇宙はひずんでいる
　それ故みんなはもとめ合う

　宇宙はどんどん膨んでゆく
　それ故みんなは不安である

　二十億光年の孤独に
　僕は思わずくしゃみをした
　(谷川俊太郎「二十億光年の孤独」1952)

　この谷川の詩は、人の孤独と宇宙のイメージを盲ろう者とは別の立場で歌っている。福島も先の話に続けて、「宇宙」は盲ろう者だけに関係しているのではないかもしれないと語っている。

　　福島：みんなが同じ場所にいて、同じように振る舞っているから、なんとなく同じ世界にいるように思うんですが、実はそうではなくて、おそらく人はみな、別の宇宙に住んでいるんです。別の宇宙に住んでいて、その宇宙が時々相互に重なり合っているんですね。
　　たぶん、一般の人たちも本当はそれぞれの宇宙を持っていて、それがこ

の世界の中で、一部分交わったり交わらなかったりしてるんだけども、そのことが気づかれないんだと思いますね。みんな共通の同じ座標にみんな乗っているような幻想を抱く。それは違うだろうと思います。

　一人ひとりが感じてる現実はみんな違うし。簡単にいえば、それぞれの人が同じことを見ていても、感じていることや考えていることは、それぞれ違うわけですよね。あるいは頭が痛いと感じたり、腹が減ったと思っていたり。あるいは、今晩何をしようかと〔頭の隅の〕どっかで考えているとか。あるいは頭のどこかでバックグラウンドミュージックが流れているとかね。

　そういうような内部的に経験されてる世界はたぶん全然違うんですよね。本当はその内部的なものを含めて経験されてるものがその人にとっての現実世界全体なんですが、外にあるものが、あたかもすべてのように思われてしまうところがありますね。　　　（土屋による福島へのインタビュー *16)

人はみな、それぞれの「宇宙」に生きている。それは部分的には重なり合っていたとしても、完全に一致することはない。時にはまったく交わらないこともある。このように、ばらばらに配置された存在であるからこそ、その孤独が深いからこそ、人は他者との結びつきに憧れるのではないか。智の盲ろう者としての生の本質は、この根元的な孤独と、それと同じくらい強い他者への憧れの共存なのではないだろうか。

ベナーらは看護における他者への「気づかい」の重要性を指摘した。それは看護者が患者を気づかうという狭い意味での一方向的なものではない。患者がほかのだれか、何かを気づかうこと自体を気づかうことである。そして、そうした気づかいをする看護者自身もまた、患者を含めた他者の気づかいの対象になっているかもしれないのである。

では、智は盲ろうになり、極限の孤独状態にあったとき、何に対して「気づかい」をしていたのだろうか。おそらく、さまざまなものが複合していただろう。しかし、その中でも、令子が目撃した智の表情の変化がとりわけ思い出される。

　令子：それから何日かしてね。本当に、舞台俳優みたいに、声出してまた言うたんやで、あの子。

「僕はなんで見えとった目が見えへんようになって、聞こえていた耳が聞こえなくなったか。とっても不思議や」って言うてね。「考えに考えて、悩みに悩んだ」

　それでね、「頭が透明になった」って言った。透明になったときにね、思いついたことは、

　「僕をこういう状態にして、僕でないとできないことがあるという、何かね、使命を与えられているんじゃないかと思う」って。

　それで、「僕はこういうふうになったけれども、日本やこの世界には、必ず同じ状態の人がいると思う。もっと何人もいると思う。その人たちのために役に立てたら」と言った。「役に立ちたいと思う」って。

　わたしはそのときね、ほんとに、あの子の顔がぱーっと明るくなったような気がします。うん。わたしも、ああ、ほっとしましたね、そのときね。

（川原による令子へのインタビュー、第6章第3節）

　智がこの時点で、「盲ろう者」というコミュニティをどの程度明確に意識していたかはわからない。自分以外の盲ろう者にはまだ一人も出会っていないし、その存在も、ヘレン・ケラーを含めてごくわずかしか智は知らなかった。しかし、もしこのときの智が自分以外の国内外の「同じ状態の人」への思いを抱いていたとすれば、そして、もし令子が言うように、智がその思いによって表情を明るくしたのだとすれば、それはまだ見ぬ同胞に対する智の憧れのゆえであり、いわば未来につながる時間軸における、「未来への気づかい」の表れだったのだろう。

　智は盲ろう者となった20年後、2001年10月にニュージーランド・オークランドで盲ろう者となった自身の体験、日本の盲ろう者福祉の現状、そして盲ろう者とコミュニケーションの関わりについて講演した（参考資料12②）。それは「第7回ヘレン・ケラー世界会議」の場であり、同時に、「世界盲ろう者連盟」（World Federation of the Deafblind）の発足の場でもあった。智はこのとき、同連盟のアジア地域代表に選出され、現在に至っている。

　また、この2001年は、智を支援するグループが母体となってわが国で初めて作られた盲ろう者を支援する公的団体である「全国盲ろう者協会」が発足して10年目でもあった。智は同協会の発足に参画し、発足当初からの理事であ

る。

「俺にもし使命というものが、生きるうえでの使命というものがあるとすれば、それは果たさねばならない。そしてそれをなすことが必要ならば、この苦しみのときをくぐらねばならぬだろう」

「俺はこの考えを仮定し、その仮定のうえで生きていくしかない。それは、俺の使命がこの苦しみがあって初めて成り立つものだ、と考えることである」

1981年2月14日、智は手記にこうつづった。あれから30年が経過した*17*18。現在、智の「使命」がどこまで達成されているのか、あるいは、そもそも智の「使命」とはなんであるのか、それは必ずしも明確ではない。ただ、当時の智が自身に言い聞かせたこと、すなわち、「苦悩には意味がある」という認識は誤りではなかった。筆者は今、そう確信している。

参考資料 12 ①
朝日新聞京都版「戦後62年モノは語る(夏)3」（2007年8月17日・金）

　福知山市にあった旧海軍福知山航空基地（石原飛行場）の防空壕の入り口部分が7月31日、南東約1キロの日新地域公民館の敷地に移設保存された。長年、農地に放置され、土地整備に伴って、解体撤去されるところだった。背景には「戦争を物語る市内唯一の遺構をなんとかして残したい」という地元住民たちの願いがあった。

　飛行場は同市石原、土付近の農村地帯に、終戦の2カ月前にできた。小型練習機用の滑走路（長さ約1.7キロ）があり、高射砲を備えていた。戦局が悪くなるにつれ、米軍機の攻撃を受けたという。

　この防空壕は、地元で「掩体壕（えんたいごう）」と呼ばれていた。かまぼこ形の鉄筋コンクリート製で、長さ約10.5メートル、幅約2メートル、高さ約2.5メートルの半地下式。兵士が待機したり、敵の攻撃から退避したりするために造られた。

　保存運動に関わった住民団体「ヒューマンネット日新」会長の大槻恒彦さん（73）には、忘れられない光景がある。

　飛行場建設は終戦の2年くらい前に始まった。滑走路を造るため、軍港のある舞鶴から山陰線の石原駅に汽車で砂が運ばれた。砂はトロッコに積み替えられ、

大槻さんの家の前を毎日ひっきりなしに通っていった。建設中の滑走路を友だちと見に行くたび、わくわくした。

　完成後の1945年7月のある日、高さ50センチほどに伸びた稲に分け入って、祖母と草むしりをしていた。父が中国に出征しており、母と祖母を助けるため、農作業に出ていた。

　突然、雷のような音が聞こえた。振り返ると、遠くの山の方角で何かがピカッと光った。近づいて来たのは米軍の戦闘機だった。「ダダダダダ」。機銃を掃射しながら、あっという間に上空100メートルほどまで迫った。田んぼにいた人たちに幸いけがはなかった。

　「怖くて逃げることもできなかった」。大槻さんは今も、7月に稲が青々とすると、あの日を思い出す。

　05年11月、地元の別の住民らが「掩体壕を保存する会」を作った。

　同会事務局担当で、市立日新中学教諭の梶原秀明さん（50）らは、地元の戦争体験者らの話を聞き取ったり、石原飛行場の年表を作ったり、平面図など関連する史料を集めたりした。「掩体壕は戦争を伝える遺構として貴重だ。戦争体験者の聞き取りや、掩体壕の保存を今しなければ、戦争に巻き込まれた歴史が風化してしまう」と語る。

　会は約2週間で約300人の署名を集め、昨年8月に市へ提出した。梶原さんらが署名活動をする一方で、大槻さんらの「ヒューマンネット日新」は、掩体壕の保存を求める請願書を市に出すなどした。

　これらの住民運動を受けて、市は一部保存を認めた。移設工事は同ネットが主体になって請け負った。飛行場の推定規模や歴史をまとめた説明板は、市教委が設けた。

　「戦争経験者が高齢化し、（飛行場のあった）農村地帯も米軍の攻撃を受けたことが、あまり知られなくなった。掩体壕にまつわる出来事を伝えていくことが大切で、移設保存はその第一歩です」

　大槻さんは、移設された掩体壕を両手でさすりながら話した。

（渋井 玄人）

参考資料 12 ②

▶第7回ヘレン・ケラー世界会議（2001年10月9日、ニュージーランド）での発表原稿

コミュニケーション——それは盲ろう者の命を支えるもの

(福島 智・日本)

みなさんおはようございます。私は日本から参加しました福島智といいます。世界中から参加なさった盲ろう者やその友人たちとお会いできることをとてもうれしく思います。

さて、今日は盲ろう者とコミュニケーションとの関係、すなわち、盲ろう者にとってのコミュニケーションの大切さについてお話ししたいと思います。最初に私の体験をお話しし、次に、日本における盲ろう者への支援活動の歴史と現状について、特にコミュニケーションの支援としての通訳者による支援を中心にご紹介します。そして、最後に、私がコミュニケーションについて考えていることをお話ししたいと思います。

私は9歳で失明し、18歳で失聴した全盲ろう者です。私が盲ろう者となったのは今からちょうど20年前、1981年のことでした。そのときまで私は全盲だったわけですが、全盲の生活と全盲ろうの状態とはまるで違うということに、私はそのとき気づきました。

9歳のとき、見えて、聞こえていた状態から全盲になったときは、それほど大きな衝撃は受けませんでした。なぜなら、見えなくても、「音」の世界が残されていましたし、その「音」を利用することで、さまざまな体験をし、生活を楽しむこともできたからです。

しかし、18歳のとき、全盲の状態から盲ろう者になったときは、とてつもなく大きな衝撃を私は受けました。それはまるで私の周りからこの現実世界が消えてなくなってしまったような衝撃でした。言い換えれば、この現実世界から私だけが別の世界に無理やり移動させられたような経験でした。私は絶対的な孤独感を味わったのです。

なぜ盲ろう者になったとき、私はこれほど大きな衝撃を受けたのでしょうか?

それは夜空の星や海に沈む夕日などの美しい風景が見えなくなったからでしょうか? それとも、朝目覚めたときに窓から流れてくる小鳥たちの歌声やオーディオセットから流れるバッハやモーツァルトの美しいメロディが聴けなくなったからでしょうか。

私はこれらの問いにいずれも「ノー」と答えます。もちろん、「風景」や「音楽」

が感じられなくなったことも寂しいのは確かです。しかし、私にもっとも大きな苦痛を与えたものは、見えない、聞こえないということそのものではなく、他者とのコミュニケーションが消えてしまったということでした。
　私は驚きました。他者とのコミュニケーションがこれほど大切なものであるということをそれまで考えたことがなかったからです。私は深い孤独と苦悩の中で考えました。「人は見えなくて、聞こえなくても生きていけるだろう。しかし、コミュニケーションが奪われて、果たして生きていけるのだろうか」と。
　このように、私は絶望の状態にありましたが、その暗黒と静寂の牢獄から解放されるときがやってきました。その解放には三つの段階がありました。第一はコミュニケーション方法の獲得、私の場合は新しいコミュニケーション方法の考案でした。つまり、「指点字」という新しいコミュニケーション法が母によって考案され、私は再び他者とのコミュニケーションを取り戻したのです。
　3か月間の自宅療養期間を経て、私は当時通っていた盲学校の高等部に復帰しました。クラスメートたちは私が盲ろう者になっていることを知り、とても衝撃を受けたようです。しかし指点字という新しい会話法を知ると、多くの友人たちが次々と話しかけてくれました。
「この3か月何をしていたの？　みんなあなたが戻ってくるのを待っていたのよ」女のクラスメートが優しく語りかけてくれました。
「君が戻ってきたお祝いのパーティをしよう。夜寄宿舎を抜け出して一緒にパブに行こう」。寄宿舎で生活をともにしていた男友達が少し秘密めかして、しかし力強くそう言って私の肩をたたきました。
　そして、クリスチャンである別の友人は次のように言いました。
「思索は君のためにある。神は君にこれまでとは違う豊かな思索に満ちた人生を与えてくれたのだと思う」と。
　このように、友人たちは指点字という新しい方法にもすぐに慣れ、次々と私に語りかけてくれました。そこで私は解放のための第二の段階を迎えました。それは「実際に他者とコミュニケートする」という段階です。つまり、たとえコミュニケーション手段が獲得されていても、それを使って実際にコミュニケートする他者が身近にいなければ、私の孤独は癒されなかったからです。
　私が盲ろう者の孤独から解放されるための第三の段階を迎えたのは、盲学校に復帰してから数か月たった後でした。それは「通訳をしてもらう」という段階です。コミュニケーション手段があり、それを用いて語りかけてくれる友人

がいたとしても、「通訳」という行為がなければ私はこの世界に復帰したとは感じられなかったでしょう。なぜなら通常の会話は自分が話したいときだけ、自分の興味のある話題だけをだれかと話し合うわけですが、盲ろう者に対しては、そのような対応の仕方では不十分だからです。

　盲ろう者のコミュニケーションを本当の意味で支えるためには、通訳という行為が不可欠です。それはある盲ろう者個人と他者との交流を実現させ、他者同士の会話や周囲の状況を伝える行為です。それは盲ろう者が周囲の環境にアクセスし、アクションを起こすための条件を整える作業です。私はこの通訳というサポートを受けるようになって、三つめの段階、すなわち盲ろう者の孤独から解放されるための最終的な段階を迎えたのだと感じました。

　その後まもなく、1981年の11月に、私を支援するための民間のボランティアグループが東京で結成されました。そのグループの活動内容は、私の大学進学と入学後の生活を支援するために必要な通訳者の確保と養成、派遣を行うということでした。私はこのグループから派遣される複数の指点字通訳者たちによるサポートを受けながら、1983年に日本で初めての盲ろう者の大学生となりました。盲ろう児のための教育学を専攻し、大学院に進み、いくつかの大学で教員として勤めた後、現在の仕事をするに至りました。このように、この20年間はいったん盲ろう者としての孤独のどん底を体験してから、そこから三つの段階を経て徐々に解放されていくプロセスだったように思います。

　さて次に、日本の盲ろう者支援活動の歴史と現状について、ごく簡単にご報告します。実は今お話ししました私の体験と日本における盲ろう者支援活動には大きな関連があります。

　今から20年前に東京で結成された私を支援するための民間のボランティアグループの活動は、その後順調に継続し、徐々に社会への波及効果も生まれてきました。まず、私が大学に入学した2年後、日本で2番目の盲ろうの大学生が大阪に誕生しました。彼の名前は門川紳一郎といいます。私を支援するグループの協力を得て、彼を支援するグループも結成され、彼の学生生活を支えていきました。

　そして、この東京と大阪の二つのグループの活動が徐々に広がりをみせ、私や紳一郎以外の多くの盲ろう者との間にコンタクトが生まれてきました。日本にはそれまで盲ろう者を支援するための公的な施策はまったく存在していませ

んでしたし、民間の活動もほとんどない状態でした。ですから、この二つのグループが行っている盲ろう者のための通訳者の養成と派遣という活動は、多くの盲ろう者やその関係者にとって強いインパクトを与えただろうと思います。

そうして、私が盲ろう者となって10年が経った1991年、東京のグループを母体として全国盲ろう者協会（JDBA）という社会福祉法人が設立されたのです。これは政府の補助と民間の寄附を財源に、盲ろう者の自立と社会参加を支援するための活動を行う協会です。その一方で、同じ年に、東京と大阪で、盲ろう者を中心とする地域の盲ろう者団体が誕生しました。

このように、1981年から現在までの20年を振り返ったとき、日本における盲ろう者の支援活動は、前半と後半で大きな相異をみせています。すなわち、1981年からの10年間は私や紳一郎という特定の盲ろう者個人を支援する活動が中心だった日本の盲ろう者への支援活動は、1991年からの10年間、公的援助、民間の活動の両面において大きな飛躍を遂げました。なお、この後半の10年間、私と紳一郎はJDBAの理事と評議員をそれぞれ務めるとともに、それぞれ異なる地方で、地域の盲ろう者団体の活動にも関わってきました。

この10年間で大きな変化が生まれました。最初は数十人の盲ろう者しか把握していなかったJDBAには2001年3月現在で560人の登録盲ろう者がいます。また、同じくわずかな数の通訳者でスタートした通訳者派遣事業も、現在は1700人の登録通訳者により年間7000件以上の派遣実績を上げるまでになりました。

また、地域の盲ろう者団体も順調に広がり、準備会も合わせると現在全国の31の自治体に誕生しました。日本には47の大きな地方区分がありますので、約3分の2の地域に盲ろう者の活動拠点が生まれたことになります。それに加えて、盲ろう者のための作業所も作られるようになりました。なお、紳一郎は現在、盲ろう者福祉に取り組むデイ・センターであるNPO「スマイル」の代表者を務めています。

一方、JDBAの財源は不安定ですから、この協会の活動だけでは盲ろう者の自立と社会参加の支援は不十分だと私たちは考えました。私たちは盲ろう者の通訳者養成と派遣事業を純粋な公的事業に育てたいと考えてきました。なぜなら盲ろう者にとって通訳者によるサポートの提供を受けることは、生活していくうえでの基本的な権利だと考えたからです。

そこで、地方自治体が政府の補助を得ながら各地域で独自の盲ろう者支援事

業をスタートさせることを目標として、私たちは政府に継続的に働きかけてきました。その結果、1998年から通訳者養成事業が、そして2000年から通訳者派遣事業が、それぞれ政府の補助金交付の対象に加えられました。2001年現在、23の自治体で通訳者養成事業が行われ、11の自治体で通訳者派遣事業が実施されるようになりました。今後もこれらの事業を実施する自治体は増えていくと思われますので、5年から10年の間には日本のすべての自治体が盲ろう者のための通訳者の養成と派遣事業をスタートさせるだろうと私は期待しています。

さて、私たちは日本で盲ろう者の支援活動を進めるうえで、どうして通訳者の養成と派遣事業に、これほど力を注いできたのでしょうか。その答えはただ一つ、「盲ろう者にコミュニケーションの自由を保障するため」です。それではなぜコミュニケーションの保障が盲ろう者にとって大切なのでしょうか。

私は人間にとって、コミュニケーションとは水や食べ物のようなものであり、空気のようなものだと思います。つまり、コミュニケーションがなければ、人間は生きていけないのではないかと思うのです。もしそうだとすれば、それは盲ろう者にとっても同じでしょう。むしろ、盲ろう者の場合、その障害ゆえに、コミュニケーションに多大な制限を加えられるため、なおいっそう切実に求められていることだといえます。見えない、聞こえない盲ろう者にとって、コミュニケーションは周囲の世界に開かれた唯一の窓のようなものだからです。

しかし、現代の社会ではこのような盲ろう者の切実な欲求が必ずしも十分に理解されていないのではないかと思います。たとえば、手と足の両方に重度の障害をもっている人に対して、トイレや入浴、そして食事のサポートが必要だ、ということはだれにでも理解されます。一方、これに比べて盲ろう者のコミュニケーションのニーズはそれほど差し迫ったニーズとは理解されません。なぜなら、盲ろう者は多くの場合、入浴やトイレ、食事などの行動は、独力でこなせますし、コミュニケーションが乏しくても、即座に生命の危険が生じるわけではないからです。

つまり、盲ろう者が暗黒と静寂の牢獄の中で、コミュニケーションを奪われて苦しんでいても、肉体的な意味では生命の危険がないので、周囲からはそれほど重大なことだとは思われないということです。

ところが、コミュニケーションの不足は盲ろう者にとってきわめて危険なことです。それは肉体に対してではなく、精神に対して、そして魂に対しての危険だといえるでしょう。

社会はそこに含まれるすべての人々の最低限度の生活基盤を整える義務を負っています。逆にいえば、人々はそうした最低限度の生活条件を社会に要求する権利を持っています。もしそうならば、盲ろう者はコミュニケーションの自由を保障される権利を持っているのではないでしょうか。なぜなら、盲ろう者にとってコミュニケーションは水であり、食べ物であり、空気のようなものだからです。

　具体的にいえば、次のような取り組みを社会に要求していく必要があると考えます。これは私が体験した「解放のための三つの段階」に対応した取り組みでもあります。

（1）盲ろう者自身のコミュニケーションの技能を習熟させるための活動
（2）盲ろう者が多くの人と実際にコミュニケーションできる機会や場（地域の盲ろう者団体など）を豊富に作り出すための活動
（3）盲ろう者にコミュニケーションの自由を保障し、盲ろう者の自立と社会参加の支援を行ううえで十分な数と質の通訳者の養成と派遣

　これらの活動は、民間の自発的な活動としてなされるだけではなく、国や自治体の責任に基づく公的施策としてなされるべきことだと思います。なぜなら盲ろう者にとって通訳者のサポートを受けることは生きていくうえで欠かせない基本的な権利だと思われるからです。

　確かに、盲ろう者の数は相対的に少なく、政治的な力も強いとはいえません。しかし、盲ろう者は社会に対して自分たちの必要を堂々と訴えていくべきだと思います。それは盲ろう者のためだけではなく、社会にとっても大切なことだと思います。なぜなら、社会はその一部の構成メンバーを排除するなら、バランスを崩し、やがて崩壊してしまうだろうと思うからです。

　自然環境には生態系が存在します。私はそれと同じように、社会にも人間と人間が作り出す「人間の生態系」が存在するのではないかと思います。自然環境の生態系を支えるものは、物質やエネルギーの流れであったり、多くの生物の存在や活動です。これに対して、人間の生態系を支えるものは、人と人が交わすコミュニケーションなのではないかと私は思います。つまり、「人間のコミュニケーションにおける生態系」だともいえるでしょう。

　このシステムは社会を構成するすべてのメンバーがそれぞれの生活において、周囲の人々と豊かにコミュニケーションを持つことによって成り立つシステム

なのだと思います。もしそうだとすれば、盲ろう者というマイノリティーグループのコミュニケーションが豊かになることは、盲ろう者のためだけでなく、社会全体にも望ましい波及効果を及ぼすのではないかと思います。

　ところで、「コミュニケイト」の語源はラテン語の「コミュニカーレ」(communicare)だといわれます。このコミュニカーレの意味は、単なる「情報の伝達」ということだけではなく、「共有する」「理解し合う」「ともに何かを行う」といった意味もあるといわれます。私は盲ろう者のコミュニケーションを考えるとき、このラテン語のコミュニカーレの意味を尊重すべきなのではないかと思います。つまり、盲ろう者にとっての豊かなコミュニケーションの実現のためには、盲ろう者からの一方的なアピールだけでは不十分であり、逆に、通訳者からの一方的な情報伝達でも不十分だということです。大切なことは盲ろう者が抱える苦悩や喜び、潜在的な能力や可能性を盲ろう者と他者との間で共有すること、両者の協力で新たな状況を作り出すことなのではないかと思います。そしてこのことは、私たちの社会、すなわち、人間のコミュニケーションにおける生態系を活性化させることにもつながるのではないでしょうか。

　最後に、私が作ったささやかな詩をご紹介します。

指先の宇宙

ぼくが光と音を失ったとき
そこにはことばがなかった
そして世界がなかった

ぼくは闇と静寂の中でただ一人
ことばをなくして座っていた

ぼくの指にきみの指が触れたとき
そこにことばが生まれた
ことばは光を放ちメロディーを呼び戻した
ぼくが指先を通してきみとコミュニケートするとき
そこに新たな宇宙が生まれ
ぼくは再び世界を発見した

コミュニケーションはぼくの命
　　　ぼくの命はいつもことばとともにある
　　　指先の宇宙で紡ぎ出されたことばとともに

[注]

＊1　本書では、「ケア」および「サポート」という語について、個別に用いる場合と、「ケア・サポート」、あるいは「ケアやサポート」のように表記する場合がある。というのも、この2語はことばの含意において類似した部分がある半面、語源・語義・使用例・ニュアンス等において異なる面も多いからである。そのため、文脈によって、併記したりいずれかを単独で用いたりしている。ここで筆者が時に「ケア・サポート」あるいは「ケアやサポート」と記している意図は、これらを同義として扱おうとしているからではなく、むしろ異質な面を含むこれらの概念を相互補完的に結合させて把握しようとするものである。

　なお、三井・鈴木［三井・鈴木2007：v-vi］ではこの2語を次のように整理している。

　　　ケアもサポートも、医療や福祉と呼ばれる領域全般にわたって、近年しばしば用いられるものであり、どちらも本書が注目するような、支えようとする側とその相手との関係性や意味づけを重視するという意味合いを込めて用いられる言葉である。

　　　ただ、ニュアンスは異なってくる。あえて乱暴に分けるとするなら、ケアというときには、どうしても相手に対する配慮が前面に出る。それに対して、サポートというときには、相手が自己決定できる自立した主体であるという認識が前面に出る。もちろん、配慮をするということと、相手を自立した主体だとみなすということは、相反するものではない。むしろ、しばしば同時に成立するものであり、相互補完的なものである。

　本書で検討対象とする智の事例についていえば、この三井らの整理による「ケア」と「サポート」は、いずれも不可欠なファクターである。前章までみたように、盲ろう者である智にとって、コミュニケーションの自由を支えるサポートはきわめて重要であるものの、それは智の苦境への理解や配慮（ケア）に裏打ちされてこそ力を発揮する。しかし、半面、理解や配慮がいくらあっても、実際のサポートが伴わなければそれは現実の効力を持ち得ない。したがって、智の事例をもとに考えるならば、人がある他者の生活をなんらかの意味で支援するという行為には、その他者の自立的で自由な「生」の実現を支えるという側面と、その他者が抱えているさまざまな苦境や問題を深く気づかい、思いを致すという側面の双方が本来含まれているべきであると筆者は考える。

＊2　これは第6章の注＊6と同じ福島による令子へのインタビューの一部だが、第

6章ではこの女性については触れていない。
* 3　第5章の注*12と同じ。
* 4　ここで「飛行機ごっこ」とよんでいるのは、大人や年長者が地面や床に仰臥して、両足を上げ、足の裏に子どもの腹を乗せて、子どもの両手をつかむ姿勢をとる遊びのこと。上に乗った子どもは両手・両足を伸ばして、「飛行機のまね」をするわけである。
* 5　これは、令子の話によると、令子の親しい友人の夫にあたる人のことである。同じ「福島」という姓だが、智の父・正美とは別人である。ただ、正美の生家とその「本屋さん」は比較的近所だった。つまり、この証言者（高倉さん）と正美には、共通の知人がいた、ということである。なお、令子の記憶では、「飛行場に勤労奉仕に出かけたときに機銃掃射にあって、とっさに逃げたが隣にいた友達がやられた」という意味のことを正美は生前語っていたとのことである。
* 6　アメリカの戦闘機メーカーの名称。現在は、ノースロップ・グラマン社。第二次大戦中の日本では「グラマン」は敵国戦闘機の代名詞であった。
* 7　*3と同じ。
* 8　ここでは「メクラ」と表記したが、原文は点字なのでどの表記が適切かは議論のあるところだろう。また、それ以前に、現代の言論界では、どのように表記するにしても、「メクラ」は差別語と位置づけられることが多い。しかし、周知の通り、一般に「差別語」はすぐれて文脈依存的である。ここで智が作文で紹介している石川とのやり取りの文脈で考えるかぎり、メクラという語に差別的意図、ないし「盲」である自分たちを自虐的に卑下して表現しようとしたなどの意図があったとは考えにくい。

　では、なぜこのような表現を用いたのだろうか。まず考えられるのは、石川との問答があった1977年頃の智の周囲では、とりわけ全盲者同士の会話において、「メクラ」は比較的自然に使われていたということである。自分たちが「メクラ」であったので、あまり抵抗感がなかった、という事情もあるだろうが、もっと単純にいえば、端的で短いことばだったからかもしれない。というのは、「全盲者」にしても「盲人」にしても何かしっくりこない感じを受けるし、さらに、当時一般に使われ始めた「視覚障害者」などの表現は、長くて面倒という以外に、この語からは、どこか「偽善的なにおい」を感じていたからだ。

　差別語の使用についての議論は本書の目的を越えるので、詳細な言及は避けるが若干付言する。当時から30年以上が経過した現在、筆者は「メクラ」を用いることはないものの、たとえば、「盲」ということばに抵抗はない。むしろ「視覚障害者」などに置き換えたり、さらにいえば、「障害」を「障がい」や「障碍」など、さまざまな表記に置き換えることで「差別的でなくなった」かのようにとらえるスタンスのほうに、より多くの違和感を覚える。なぜなら、「盲」は（その漢字自体の語義はともかく）、ある周波数帯の電磁波（光）を受容することができない、という生理的状態を表すもので、現実的な実体を備えた概念語だが、たとえば、「障

害」の語が示す概念はきわめて人工的であり、社会的・政治的なものだからである。

　しかし、現時点で「障害」の語が果たす機能的役割も含めて別の語に置き換えることは現実的ではない。それは言語学的なレベルで適切な語がないということだけでなく、「障害」という語をなんらかの別の語に置き換えたり、あるいはそもそも使わなくてよいようにするためには、「障害」概念が立脚する社会システム自体の変容・変革が不可欠だからである。したがって、筆者も便宜上、「障害」の語を用いている。障害概念の詳細な理論的検討については星加［2007］、杉野［2007］などを参照。

＊9　智の作文「恩師」1979 年 9 月か 10 月頃の執筆。

＊10　『点字毎日活字版』2001 年 3 月 8 日号「転機を越えて　東大助教授に就任する福島智さん」

＊11　障害体験の意味については、たとえば、ロバート・マーフィーの『ボディ・サイレント』がある。マーフィーは脊髄腫瘍という全身が麻痺していく難病を発症し、その後の自己の状況を同書に詳細につづっている。彼はその体験を総括する形で、障害体験の意味を相対化しつつ、次のように述べる［Murphy 1987＝1992: 286-7］。

　　身体麻痺者は、ほぼ文字通りの意味で、肉の虜（とりこ）である。だが思えば、身障者ならずともたいがいの人は多かれ少なかれ囚われの身だ。自分でつくった壁に囲まれて生きること。文化によって建てられ、自分自身の恐怖によって補強された鉄格子の間から人生を傍観すること。このように文化への隷属が物化され固定化された形は、肉体でできた私自身の"拘束服"よりもたちが悪い。なぜなら、それはからだばかりでなく心の麻痺を引き起こし、思考の静寂を招くから。囚われの心は、今日の急速な社会変動と混乱の時代がもたらした絶好の機会をみすみす見逃してしまう。絶好の機会――それは、我々が文化の束縛を脱して環境から少しでも我が身を引き離し、自分が何者でありどこにいるのかを疑い、そして再発見する機会のことだ。この好機を摑み、しなやかな心と豊かな想像力をもって、身体麻痺者は――そして我々のすべては――自由を我がものとすることができるだろう。

＊12　『Yomiuri Weekly』［2004.3.7: 33-5］読売新聞東京本社

＊13　立岩真也は、『私的所有論』［立岩 1997］および、『自由の平等――簡単で別な姿の世界』［立岩 2004］において、障害をめぐる問題も視野に入れながら、独自の他者論を展開している。

　たとえば、『私的所有論』では次のように述べる［立岩 1997：105-6］。

　　もっと積極的に言えば、人は、決定しないこと、制御しないことを肯定したいのだ。人は、他者が存在することを認めたいのだと、他者をできる限り決定しない方が私にとってよいのだという感覚を持っているのだと考えたらどうか。自己が制御しないことに積極的な価値を認める、

あるいは私達の価値によって測ることをしないことに積極的な価値を認
　　　める、そのような部分が私達にあると思う。〔中略〕
　　　〔他者のいない世界を仮想すれば〕そこでは私は私にしか会わない。だ
　　　からその世界は退屈な世界である。私の価値や欲望はその時々には切実
　　　なものであっても、それなりのものでしかない。そういうものによって
　　　世界が充満しているのだったら、うんざりしてしまう。私ではない存在、
　　　私が制御しないものがあることにおいて、私達は生を享受しているのだ
　　　と思う。
　また、『自由の平等』では次のように主張する［立岩 2004：137］。
　　　私はただの私としてその人Xに認められたい。次に、私と別の人Bも
　　　またただの私であるという意味において私Aと同じに私である。その人
　　　Xが、私のことはただの私として認めるが、しかし他の人はそのように
　　　認めないということはない。とすると、Xが私Aを認めるときにはBを
　　　も同様に認めることになる。〔中略〕
　　　Xが私でない人Bを認めなくてもA自らは実際上の不利は被らないか
　　　もしれない。しかしそのことによって私は私が存在していることがそれ
　　　だけで認められているのではないことを知る。私は人が査定されそれに
　　　よって受け取りや評価が決まるのを見る。そのようなあり方が私が生き
　　　たいように生きることを堀り崩すことになる。
　ただし、立岩の「他者」の把握はこれら二つの著作でやや変化している。『私的
所有論』では、「私が制御しないものの性質」として、「他者性」という概念を用
いたのに対して、『自由の平等』では、「私と同じような性質を持ちながら、独自
の世界を持っている存在」という意味の性質を帯びた存在を「他者」として想定
している。
　なお、福島ら［福島・星加 2006：117-34、注12］は、この立岩による後者の「他
者」論について、次のように述べた。
　　　立岩真也は、「ただの私」への承認を求める「利己的」な欲求から他者
　　　への分配が支持されることを論じている［立岩 2004］。そこでは、従来
　　　の「利己→分配」の論理が、主に経済合理的な「利己性」を前提にして、
　　　リスクの社会的分散を要求する「保険主義的」なものであったために、
　　　障害者等を排除する傾向を論理に潜在させてしまっていたのに対して、
　　　承認要求レベルでの「利己性」を措定した「利己→分配」の論理を組み
　　　立てることで、こうした排除を許容しない議論が展開されている。

＊14　第4章の注＊4と同じ。
＊15　＊14と同じ。
＊16　＊14と同じ。
＊17　智が盲ろう者となった1981年から現在（2011年）までの30年を振り返って、「社
　　　会福祉法人全国盲ろう者協会」の機関誌に筆者は寄稿した［福島 2011a］（巻末資

料 35 に全文掲載）。盲ろう者福祉を中心に、筆者のこの 30 年間の歩みをごくおおざっぱに概観している。
* 18 　筆者自身の盲ろう者の体験を踏まえつつ、障害学の導入的概説をしたものに、福島［2008b］があり、巻末資料 36 に掲載した。障害学やバリアフリー論の研究課題と展望を述べたものに、福島［2007b］［2011c］［2011d 近刊］がある。また、バリアフリー論と現実の社会問題との関連についてコンパクトに記したものとして、新聞に寄稿したコラム、福島［2001c］［2011b］があり、これら 2 つのコラムは、巻末資料 37 と 38 として掲載した。

巻末資料1

▶ 1971年度は智は9月から11月までしか通学していない。この1971年11月29日の作文は、智が墨字（普通字）の自筆でつづった最後の作文だと思われる。

昭和46年11月29日（月）作
学げい会

　ぼくは、学げい会で、いちばんすきなのは「げき」です。その次に、合そうです。
　B組の、ぼくたちは、「うた」えんやらももの木・太陽に手のひらをと、「合そう」おもちゃのちゃちゃちゃ「ふえ」ゆうやけこやけを、やりました。
　みんなが、「学げい会」のけいこを、やりはじめた時、ぼくは、休んでいました。
　学校へ、行ったら、「みんなは、じょうずに、ふけるのに、ぼくだけ、へただ」と思って、Fp君と、いっしょにれんしゅうして、ふけるように、なりました。
　それから、「ふえ」は、Fq君に少し教えて、もらって、家で、れんしゅうしました。ぼくらの見る学げい会の時、いちばん、おもしろかたのは、さるかに合せんと、一年の、赤い、いちごのげきです。合そうでは、6年の合そうです。ぼくらの見る、がくげい会では、上なかってけど、ほんとの、学げいかいの時は、上がりました

巻末資料2

▶ 以下の資料2から12は、筑波大学附属盲学校高等部在学中の智の読書感想文、作文より主要なものを抜粋したものである（資料5は、静養中の実家で書いた）。いずれも当時の点字の原稿が筆者の手元にある。
　資料2は、高等部1年（1979年度）の9月4日に、「現代国語」の授業中に課題として書いたものである。
　資料6から12は、高等部3年（1981年度）に盲ろうの状態で履修した「作文」の授業において、同年4月から11月の時期に、やはり課題として授業中に書いたものである。
　なお、この「作文」の授業では、ほぼ1コマを使って執筆し、それに続く次回以後の授業時間で、履修している生徒全員（なお、智の高3のクラスメートは智をいれて14人だが、その3分の2程度が「作文」の授業を履修していた）の作品の合評会を行った。このときは、すでに盲ろうになっていた智が自分の作品も含めた全員の作品を朗読し、それへの生徒のコメントは、担当教諭の塩谷がブリスタ（速記用点字タイプライター）で智に伝える、という方式で合評会を行った。したがって、資料6から12については、執筆後クラスメート（この授業を履修している生徒たち）にすぐに公表されることを前提として書かれたものである（なお、第4章の参考資

料4⑧に示した「小学校高学年時代」について智が書いた作文も、この授業中に書かれたものである)。

「写生文」(1979年9月4日)

　ツクツクボウシが鳴き出した。心なしか少し涼しくなった気分だ。
　セミ、その中でも僕はツクツクボウシが好きだ。暑苦しくなく、去りゆく夏を呼び戻そうとするような抑揚のある鳴き声。
　湿度が高い、そして暑いこの粘り気ある空気に、セミの声が力強くその速さを増していき、そして悲しげに終わる。
　この部屋には何かいる。目には見えず、形もない何かが。それは無数の断続音を立てている〔これは、同じ教室で点字使用の複数の生徒たちが点字器で点字を打っている音を指している〕。
　その柔らかい音はひとところに集まり、またばらつき、強弱をつけながらうねっている。これは奴の足音か。
　子どもだ。どこかで子どものはしゃぐ声。ふと過去を思い出す。
　自分もあんな時期もあった。自分の感情——それも単純で何よりも純粋だった——をそのままぶちまけられるときがあった。
　思えばあの柔らかく甘い光に包まれた時期は、一瞬一瞬の止まった時間となって、僕の心の奥で眠っている。
　セミが鳴き出した。金属製の声を出すセミだ。頭の奥深くで鳴いている〔耳鳴りのことを指している〕。気をつけていれば、だんだんその声は大きくなり、頭いっぱいに広がってしまう。いや、なんだ、いつものことじゃないか。絶えず鳴いているセミじゃないか。しかし、そのセミとそれが代表する悪魔は常に自分を苦しめる。
　悪魔に侵されたことに何度苦しみ、悔しがったことか。いや今でもその気持ちを抑えることはできない。その気持ちは人知れず、いつも強い力で心の黒く澱んだ河に浸かってこっちを向いているのだ。
　また断続音が聴こえだした。その音も途絶えた。〔校内〕放送の声がする。現実の声に目覚めた。

巻末資料3

▶夏目漱石『心』の読後感想文。

「『心』を読んで」(1979年10月29日)

　先生は静かな人だった。静かに自分を見つめる思慮深い人だった。それに対

して「私」は楽天家のようにみえる。それでいて二人とも寂しがりやのようだ。こうした二つの性格が、偶然に出会った二人を近づけることになったのだと思う。先生には奥さんがあるが、先生はこう言う。「自分たち夫婦はもっとも幸福であるべきはずだ」。また、「私は自分が信用できないから他人も信用できなくなっている」とも言う。僕はこれらのことばに先生の背中の後ろに口を開く洞穴を見たような気がする。

「恋は罪悪です。そして神聖なものです」「自殺をするのは不自然な暴力です」「世の中に悪い人間という鋳型に入れたような悪人はいない。みんないざ金を見ると、人が変わってしまうのだ」。これらの先生のことばは、僕には重みのあるものに感じられた。

しかし常にどこか物足りなさがつきまとっていたのは事実だ。そしてその物足りなさは先生から「私」に書いた手紙で明らかになった。

先生は若い頃両親を亡くしたうえ、叔父に財産を騙し取られ、一人になった。厭世的になった先生だが一人の女に恋をした。しかしここにKという親友も同じ女に恋をしたのだ。Kは仏教の道に理想を置き、意志の強い人間になろうと自分を極度に酷使していた。こうしたKの心は偏屈にみえた。

先生はそれをなんとかしようと思ったのだがKに突然その女への愛を告白されると、利己心が頭をもたげてきた。

先生は自分の気持ちをKには一言も打ち明けずに女と結婚の約束をしてしまった。Kは死んだ。そして先生もその後死んだ。どちらも自殺であった。

Kはなぜ死んだのだろうか。僕はこう思う。彼の理想を極めるためには、人間社会から離れ、すべての欲を捨てなければならない。初めKはそんなものには価値を見いだしていなかった。しかしその女によって人間社会に存在する価値あるもの、愛（異性愛）を知ったのだ。彼はいけないと思いながらも、自分の心が人間社会のほうへ傾いていくのをどうすることもできなかった。そして先生を信じ、心を打ち明けたが、そこで裏切られたのだ。理想の道から見放され、人間社会からも裏切られて、Kは本当の一人になった。僕はKがそのやりきれない寂しさから死んだのではないかと思う。何かを求めながら……。

では先生はどうだろう。叔父によって知らされた人間の醜さに絶望し、Kの死によって自分のエゴイズムを知り、絶望した。そしてすでに奥さんになったその女への愛と、自分の中で働く不可思議な強い力——それはKの眠る墓石の重さにも似た——とに挟まれながら生き続けた。僕はその力が先生の思想の根本をなすものだったと思う。だから先生がいくらあがきごまかそうとしても逃げることができなかったのだと思う。

「おまえはエゴイストだ。殺人者だ。生きる資格はない」。その力はこう囁いて、ぎゅっと先生の心を締めつけたことだろう。そして先生は明治天皇——いや本当は身動きできなくなった自分の心——に殉死した。そうするより先生の既に死んでしまった心に働く「力」から逃れることができなかったのだろう。先生

の悲しい性格は自分の罪を自殺——それは不自然な暴力——で償わずにはいられなかったのだ。亡きKが求めていたことを自分が生きてKに変わってしてやる。こういうことができなかったのだ。

　しかし先生はもう一つ、罪の償いとして、自分の過去を暴く手紙を「私」にぶつけた。先生はこれに描いた自分が人間の本来あるべき姿でないことを言いたかったのだと思う。では何がそうさせているのか……。

　それはエゴイズムと深い関係があるような気がする。僕を含めたほとんどの人がもし自分の内面を厳しく直視したなら、底にあるものは「エゴイズム」だけで、それに対する解答は「自殺」しか出てこないかもしれない。しかし自殺してはダメだ。そういうことを先生が犠牲になって訴えてくれたのだと思う。つまり自殺のように体を殺すのではなく、心を殺してやり直さなければならないのではないか。そうすれば何かがそこに生まれてくるはずだ。

　それは「愛」だ。Kと先生が真に求めていたもの、そして最後までついに持ちえずに死んでいったものは、その人間愛ではないだろうか。

　今の社会の複雑な人間関係の中で、そうした意味での人間愛による触れ合いが果たしてどれ程あるだろう。愛——生きる目的としてはあまりにも大きすぎるテーマだが、僕は真剣にそれを考えていきたいと思った。

巻末資料 4

▶昭和55年度読書感想文入選作集（東京都高等学校図書館研究、p. 4）

「飼育」を読んで（国立筑波大学附属盲学校　二年）

　狭い谷間を見下ろす斜面に、小さな集落があった。戦時中にもかかわらず、この村は静かだった。この村へ、飛行機事故から敵の黒人兵が一人捕虜として連れて来られた。彼は、主人公である「僕」の住んでいる倉庫の地下で獲物として「飼育」されることになった。

　村の子供たちにとって、こんなすばらしいことはなかった。けがれを知らぬ彼らの心は、黒人兵との間を、不安と緊張を伴いながらも徐々に近づけていった。そして、ついに「僕」たちは黒人兵の足にかけられた猪罠をはずしてやったのだ。いくらおとなしかったとはいえ、野獣のように大きな敵兵を自由にするのに、彼らはどれほど勇気がいっただろう。彼らの思いやりと黒人兵への信頼は通じた。そして、黒人兵は彼らの信頼にこたえ、逃げるようなことはしなかった。そうして黒人兵と子供たちは仲よくなっていった。町の者からは汚い動物のように蔑視されている村の子供たちと、差別を受けている敵、黒人兵との間に生まれた心のつながりは、自然であり人間的だった。私は、戦時中の静かな村の、この奇妙な取り合わせの彼らが示した触れ合いに、真の人間愛を感じた。彼らのつながりは、村人の心をもやわらげた。黒人兵は子供たちと遊び、こわれた罠

や「僕」の父のいたちの皮はぎの仕事を、感嘆の目で見つめたりした。黒人兵はいつの間にか村の一部になっていた。しかし、運命の日はやってきた。「町」からの知らせで、黒人兵を県庁へ引き渡すため、村人たちは彼を護送していくことになった。「僕」はびっくりして黒人兵に何とか知らせようとした。しかし、そこで黒人兵に地下室に入れられ人質となってしまった。私は黒人兵を捕えようとやってくる村人たちに、一匹の野獣を追い詰める猟犬の群を見たような気がする。そうして一夜が明けた。「僕」は黒人兵の手でノドを締められていた。「僕」は恥辱と敵意で煮えたぎっていた自分の心が、次第に無感覚になっていくのを感じた。「僕」の父がナタを振り下ろし、黒人兵は「僕」の左手でそれを防いだ。「僕」は地下室中の人間が吠えたて、自分の左手と黒人兵の頭骸の打ち砕かれる音を聞いた。私はこの時、戦争の舌——つめたく赤い炎を吐くその舌に、三人の人間が呑み込まれるのを見て身震いした。

　それから少したって、「僕」は村によく来る「書記」という男が、ふとした事故で死ぬ場面に出会った。「書記」の鼻孔と耳からは、どろどろした濃い血が流れていた。しかし、「僕」は何の衝撃も受けなかった。もはや「僕」は子供ではなかった。いや、すでに人間でさえもないのだ。私は思う。戦争の前に黒人兵は野獣と化し、また、その赤いつめたい舌にひれ伏した「僕」の父は、わが子の手を砕いた。そして「僕」は、もっとも大切な心を砕かれたのだ。彼の手は直りようがあるかもしれないが、信じ愛していた人達から死の花束を受けた彼の心の傷は、どうして癒すことができよう。

　私は今これを読み終り、言葉にならない戦争への恐怖を感じる。戦争は人や物を破壊する。しかし、もう一つ戦争の恐ろしい顔は、それが目に見えない人の心をずたずたにするということだ。村の大人たちは黒人兵を「飼育」しているつもりだった。しかし、実は彼らが戦争から「飼育」されている猟犬だったのではないか。それに対して、黒人兵ははじめは「飼育」されていなかったのだと思う。体の自由はなくとも、彼の心は人間である証拠——愛をもって自由であり健在だったのだ。しかし、恐ろしい飼い主は、「猟犬」を使って彼を追いつめ、彼を野獣と化し、その命をも奪ったのだ。そればかりでなく、「猟犬」は「僕」の心をも踏みつぶしていった。

　今、わが国の社会には我々を飼育する戦争はない。しかし、今広く我々人間を飼育しているのは、我々自身の社会であり、金であり、そして科学ではないだろうか。そう、我々は飼育されてはいけないのだ。もし我々の体が目に見えない猪罠にかかっていたとしても、我々の心は罠を抜け出し、柵を越え、野原を駈け廻らねばならないのだ。戦争——それは底知れぬ恐ろしさをたたえた沼のようなものだ。我々は戦争という飼い主を二度と持ってはならない。そして、いかなる飼い主をも拒絶しなければならないのではないだろうか。我々を飼育できるのは我々自身の心だけだ。そしてそれは「人間としての心」だけなのだ。

(大江健三郎「飼育」新潮文庫)

巻末資料 5

▶ 1981 年 3 月 20 日（神戸での静養の最後の日の夜）、トルストイの『人はなんで生きるか』を読んで書いた感想。

「人はなんで生きるか」

　ある貧しい靴屋が羽をもがれて人の姿になった天使を救う。
　最後に天使が神に許され＝三つのことがわかったため＝天に昇るときに言った言葉を記す。
『今こそわたしは、人が自分で自分のことを考える心遣いによって生きているように思うのは、それはただ人間がそう思うだけに過ぎなくて、実際はただ、愛の力だけによって生きているのだということがわかりました。愛によって生きている者は神様の中に生きているもので、つまり神様はその人の中にいらっしゃるのです、何故なら神様は愛なのですから』

　① 人間の中にあるものは愛である。
　② 人間に与えられていないものは、人間が自分の肉体のためになくてはならないものを知ることができる、ということである。
　③ 人は何によって生きるか、それは愛である。

　神は人間一人ひとりにとって何が必要かということはお示しになっていませんけれども、みんなが心を合わせて一つになって生きていくことを望んでいらっしゃるので、人間一同にとって、自分のためにも一同のためにも必要なものは愛なのだ、と言っておられるのだ。

　　　　＝愛の有る所に神有り＝

『そは、汝ら、わが飢えし時われに食を与え、乾きし時われに飲ませ、旅せし時われを宿らせたればなり〔中略〕汝ら、わが兄弟なる此等のいと小さき者の一人になしたるは、即ちわれに為したるなり』（マタイ伝 25 章）
『芸術とはどういうものか』（1897、トルストイ）の第 1 の主張は「真の芸術は人生のために何等かの公益を寄与するものでなければならぬ」ということである。
「これらの作品は芸術以上の芸術である。これは近代芸術に於ける唯一無二の作である。これを読んで誰が文芸ということを考えよう」
　　→（ロマン・ローラン）
「蓋しそれは、芸術のあらゆる死すべき要素から浄化されて、永遠なるもの以外の何物をも持たないからである」→（ロマン・ローラン）

「人はなんで生きるか」より
　われら兄弟を愛するによりて、死より生命に移りしを知る、愛せぬ者は死のうちに居る（ヨハネ第1の書、第3章第14節）。

　世の財宝を持ちて兄弟の窮乏を見、反って憐憫の心を閉ずる者はいかで神の愛その衷にあらんや（同第17節）。

　若子よ、われら言と舌とをもて相愛することなく、行為と真実とをもてすべし（同第18節）。

　愛は神より出づ、おおよそ愛ある者は、神より生まれ、神を知るなり（同第4章第7節）。

　愛なき者は、神を知らず、神は愛なればなり（同第8節）。

　未だ神を見し者あらず、我等もし互に相愛せば、神われらに在す（同第12節）。感動する〔これは智が当日、書き込んだコメントである〕

　神は愛なり、愛におる者は神におり、神も亦かれに居給う（同第16節）。

　人もし『我は神を愛す』と言いて、その兄弟を憎まば、これ偽者なり。既に見るところの兄弟を愛せぬ者は、未だ見ぬ神を愛すること能わず（同第20節）。
　☆ヨハネ第1の書、第4章第12節☆

　未だ神を見し者あらず、我等もし互に相愛せば、神われらに在す（1981/3/20記す）。

巻末資料 6

▶これは1981年4月13日付の作文である。この日は智が失聴後盲学校に復帰して授業に出席した第一日目にあたる。これ以後、この「作文」の授業で、自身の生い立ちについてや現在の状況、「20年後の未来」などについて自由に書くようにうながされ、智も執筆する。

「作文について」（1981年4月13日）

　作文についてと言ったが何を書くべきかよくわからない。なにしろあまりに漠然としたテーマだからだ。しかし思いつく単語はこれしかなかったので、私

のこのつまらぬ文章にしばらくつきあってほしいと思う。

　作文とは何か？　と聞かれたらどう言うべきだろうか？
「文字による思想の表現」。まず、仰々しくいえばこうなるかもしれない。
　しかし思想といってもいろいろあるだろう。
　留守番を頼まれたが外に遊びに行きたくなり、「どこそこ君のウチに行く」などと書き、何か間が悪いので、「ホットケーキでも作っていてくれ。3時に帰る」などと書き足した置き手紙も、ある意味で一つの作文ではないだろうか。
　さて、話しことばと文字の違いだが、やはりかなりの相違があるように思う。
　口で「ホットケーキを作ってくれ」と言っても作らなかった母親が、置き手紙によって作る気になることもありうるものだ。
　私の最近の経験から推し量って、音声による会話は、やはりその人の声やしゃべり方などによってかなり左右されるが、文字をメディアとすればそれらの付属物がとれ、純粋に言いたいことだけが伝わってくることがわかった。
　先の置き手紙の例にしても、口では言いにくいかもしれぬが、手紙ならと思い、「作ってください母上」とでも書いておけば、母親は普段のあのわが子の憎々しい態度と口調をつい忘れて、ゴマすりとはわかりながらも要求をのむ気になることは考えられる予想ではないだろうか。
　また、今度は書く側についてだが、私も書くということがあまり好きなほうではなかった。が、最近病気に対する種々の考え方や情報を取り入れ、自分の頭の中がどうにも収拾のつかぬ状態になったとき、ふと思いついて紙に書きつけ、それを整理したことがある〔これは、たとえば巻末資料22の智が主治医のK医師あてに作成した手紙などを指していると思われる〕。
　そうしたら、考えているだけでは途方もなく雑然としていた考えが、すんなりといくつかの骨組みを持って表せたのだ。これは、やはり、文字の力だと思う。
　すなわち作文に卓越することは、自己の雑然たる思考を整理し、また新たな考えを生むことにもなるのである。
　こう書いてきたが、なにも作文授業をするうえで宣伝料をもらった訳じゃない。好きなことを書けば良いのだ。ただ文字の不思議ともいうべき力を信じてもらいたいのだ。

巻末資料 7

　「写生文」〔1981年4月末頃〕

　俺に与えられている情報。第一は、今、自分が存在していることを認識すること。
　そして金属の凹凸を利用して、ある大きさの力をもって紙にある厚みの局部的膨らみを作っていることだ。
　この点字とよばれるものを作り出す装置は、俺の机の左端からいちばん近い

部分で、また俺の目測で約 19.5cm、さらに右側に約 3 度曲がって位置している。
　だれかが動く。床の振動を感じる。
　俺の内部世界を大きく埋めている情報。多種あるだろうが、換言すれば一つになる。それは睡眠を欲求する気持ちだ。
　そして今、俺の心は空虚だ。なぜかはわからないが。
　そして今、俺自身を自覚するとき、そのイメージは内部が空洞の金属製ドームになる。俺はそのよく滑る屋根にいる。空虚感。そして高所にいる者に起こりがちな不安感が俺を絞める。
　そしてまた急斜面（約 45 度以上）を登ろうとしている俺を見る。これは、俺の夢の中で数年来何回となく、いやもっと頻繁に見る俺の姿であり、俺に潜在する心理的不安と被抑圧感の現れだろう。
　俺の中で、俺がもっとも価値あるものと思っているある感情は、何処にあるのか？
　それ自体が人生における大きな意味を持っているあの感情は。
　それは利己心に呪縛され、その汚濁の中に包含され、俺の意識の中で、もう目に触れないところにいる。
　俺の意識野には何があるか？
　柱の長さが違い、時々虫に食われている、上に乗って傾いた屋根。
　それが俺の意識野を包むものであり、その中にある閉鎖され、常に内部の状況に嫌悪を覚える空間が俺の世界なのだ。
　外的情報がないので窓際に行く。ほの暖かい風が吹いてきた。太陽は 1.5×10^8 km の隔たりを越え、確実にその存在を俺に知らせる。
　再び内的世界に戻る。
　眠さ・疲れ・興味と根気の喪失・この作業の終息を望む気持ち、これらがある。では最後の気持ちに従って書き終わることにする。

巻末資料 8

「僕の幼児期の思い出」〔1981 年 5 月〕

　僕はいわゆるわんぱくといってよい子どもだった。目の病気のため入院生活が長かったり、家でじっとさせられていることが多かったせいもあるが、僕のわんぱくエネルギーは小さな体に充満していた。それが初めて安静から解放された幼稚園時代に爆発したのだ。
　僕は取り立ててけんかが好きなほうではなかったし、レディーに対する礼儀もわきまえているはずだったが、いつの間にか、なぜか僕が近づくと女の子の多くと男の子の一部が逃げるようになってしまった。
　これは多分、何かをやり出すと、僕が限度を知らずに集中するという癖があっ

たからかもしれない。それが体を動かす遊びなどになると、知らぬ間に相手を泣かす結果になってしまうのだった。

しかし、あるとき何も言わずに僕の背中に泥の団子を放り込んだ奴がいて、いざ被害者になると、やはりおもしろくないものだとわかったのか、僕もその後はあまり友達を泣かすことはしなくなったようだ。

僕は幼稚園時代、ちょいと遅ればせながらの英才教育（？）としゃれこんで、幼稚園で開いていたヤマハオルガン教室なるものに通っていた。

僕はじっとすることが嫌いで、また先生の話し中にちょいちょい口を挟んだりしたので、よく怒られていた。

「福島君。もう、そんなにやかましくするなら、横のたんぼにでも立ってなさい」と先生に言われたことがある。

すると僕は、

「へえ、先生立ってもよいんですか？ そんなことしたら、稲が踏まれてお百姓さんが困ってもよいんですか？」などと言ったようだ。

このばかげた反論に先生も笑い出したので、僕は危うく放り出されるところを免れたのである。

また、クラスの先生に何かのことで怒られたとき——僕は何か知らないがしょっちゅう怒られていたようだ——、よほどしゃくに障ったのか僕は先生の靴を床下に隠したことがある。

ただ不思議なのは次の日、先生はすました顔でその靴をはいて幼稚園に来たのだ。僕は僕の悪戯が横で傍観していた卑怯なる友達によって先生に密告されたことを知り憤慨したが、もう遅かった。〔この靴の一件で〕取り立てて怒られた記憶はないが、先生へ〔にとって〕の僕の印象が地に落ちたことは言うまでもない。

ここにも既に今の僕にある、上からの力への反抗的精神——それはいつも正当とは限らない——が芽生えていたようだ。

もう一つ、僕にとって重要なことは、初恋といえるかどうかは知らないが、それらしきものを経験したことだ。

僕はその子に何も言えなかったようだが、卒業式のとき、こけし人形をあげて握手をしたことだけは覚えている。

そのとき僕は彼女の笑顔がたまらなく美しいと思ったが、後での感想は変わってきた。

「なんでこんな奴、好きになったんやろ」

卒業写真を見て、よく僕は一人苦笑したものである。

ここにも僕のくだらん恋愛ごっこの歴史の第一歩が示されている。そして今僕の愛に対する考えに大きく影響している。

それは「愛」が年齢とともにいろいろな形をとるということだ。そして後で思えばつまらん愛に思えたとしても、そのときはそれなりに真剣であり、また

真実の愛であるということだ。
　そして、「愛」が少なくとも人間の精神の状態の中でもっとも価値あるものの一つである以上、それを持つことに何の抵抗も感じないという今の僕の、はなはだ勝手な考え方に固まってきているのである。
　恋をし、それが終わり、また恋をする*。

＊最後のセンテンスは、残されている点字原稿の点がほかよりもやや薄いので、「消した」つもりだったのかもしれない。つまり、授業中（50分授業）に構想を練って執筆するので、時間が限られているため時間切れとなり、それで直前のパラグラフで終了させようとしたようである。なお、紙に打たれた点字を「消す」方法にはいくつかあるが、もっとも簡便なやり方は、人差し指などの爪や点字を打つ点筆の「おしり」などを用いて、点字を凸面からこすって点を摩滅させるという方法である。

巻末資料 9

「俺の小学生時代」〔1981年5月〜6月〕

　わが個人史における小学生時代を考えることにする。
　まずそれを概観してみると、1〜3年までの普通小学校での生活、4〜6年までの盲学校での生活、そしてその間に挟まった約1年半の入院と自宅療養の期間とに分かれるようだ。
　1、2年生は相変わらず前の続きで、順調に恋をしていった。そして3年になり、長期にわたると思えた俺の恋愛ごっこも、俺の入院と彼女の父の転勤とが重なりはかなく消えたのである。
　その後は入院、退院の生活を経て今までの抑圧された生活から解放され、盲学校で暴れ放題に遊びまくるのだが、今日はこの後半と前述の前半とを分ける『革命時代』、すなわち失明への過渡期にあたる時代について書くことにする。
　3年の終わり頃に入院して、俺は今までにない長期の連続した病院生活を送った。
　そこでの事件は病気に関する嫌なことが多いが、何よりも俺にとって大きいことは、そこで本を読んでもらったということだろう。
　A・A・ミルンの「クマのプーさん」がいちばん印象に残っている。
　ぬいぐるみの動物たちを主人公にして扱うのだが、一人ひとり個性を持った個人として扱われており、ただの童話とは違った新鮮なおもしろさがあった。
　そして退院に至り、俺の一人舞台の生活が始まるのである。俺の性格はほぼこの家にいた8か月程〔実際は神戸大の眼科への最後の入院を終えてから、翌春、盲学校に転入するまでは、9か月余りである〕で固まったような気がする。
　それは今書いた『お話』の影響を受けたメルヘン的嗜好と以前から興味を持っ

ていたSF、そして最後にもっとも大きく「落語」に影響されたものであった。

　俺は一人、カセットレコーダーを前に、監督兼俳優兼演出兼シナリオライターなどを一手に引き受けたスペシャリストとして、つまらん話——当時の俺はそう思っていなかった——を展開し始めたのだ。

　それはお話から次第にSFへ至り、その随所に落語的精神を盛り込んだ奇妙を極める話であった。

「司令官、UFOが接近してきます」

「なに、UFO。俺は今日ナイターに出るから（選手として）忙しいんだ。なんとか撃ち落とせ」

「ぎゃー、わー。ピシュッ、ボカーン」などと一人で騒ぎまくるのである。

「またやっとんか、おまえは。ほんまに智はきちがいか」などと兄貴もしまいには呆れてしまった。

　上のセリフだがつまり地球防衛軍の司令官がアルバイトにプロ野球の4番打者をやっていて、おまけにそいつが犬のぬいぐるみだという設定なのだ。

　まさしくSF、お話、落語のまったく見事に不調和の取れた傑作といえる。

　また兄貴と母親が何か真面目な話をしているとき、俺は隣の部屋で一人劇の筋書きを考えている。そして急に、

「打てーっ。ダダダダ」

「うっ、うー、ち、畜生。なぜおまえが、なぜ……」などと叫び出すから、二人とも思わず吹き出すようなこともあった。

　こうした一人劇は、普通沈みがちになる自宅療養の期間を楽しいものにしただけではなく、物事を明るい方にとらえたり、つまらないことを気にしないような方向に俺を導いてくれた。

　話は前後するが最後にこうした俺を作ってくれた三つ目の要素「落語」について話す。

　特に上方落語だが、その世界の人たちは実に人生を明るくとらえている。また仲間を大切にしたりふざけながらも相手のことを考えている姿勢がみられる。

　その中で俺がいちばん好きだったのは「どないなとなるわい」という精神、すなわち悪条件の中で困難を切り開き進んでいくが、そうすることも当たり前のこととしてさっぱりと考えている姿勢だった。

　これが極端に出ると、「死」というものをまでユーモアの範疇に押し込むようなことになるのだ。

　ではおしまいに「地獄百景」という古い落語について話をする。これは人間が死んでから行く地獄の様子を案内するという設定なのだ。

　いろいろな亡者がいる。こっちにはこの世で遊びたいことは遊び尽くした大家の若旦那が芸者や太鼓持ちなどを引き連れて、派手に陽気に地獄に繰り込んで来ている。

　またこっちには鯖を自分で料理して半分平らげたのはよいが、それにあたっ

て死んだ男が来ている。
「あらっ、こりゃ、あんたさんでしたか、へえ、なるほど、鯖にあたって……」と話を交わす友達がいる。
「何が心残りでっか」
　するとさっきの男。女房や金なんかには未練はないが、どうせ死ぬならあの残しといた片身の鯖、あれを食って死にたかった、などと言うのである。
　さて閻魔の前に引き出されて亡者達が、いろいろと裁きを受け、本当の地獄か天国〔極楽〕かへ、行き先を分けられるのだが、ここで4人の男が選ばれて、責め苦に遭うことになる。
「よし、この者どもを熱湯の釜へ入れろ」と閻魔が言うと、4人のうちのいかさま山伏が底力をみせて、風呂の湯ほどの温度に変える。
　みんなは、ええ機嫌で都都逸などをやり始めるのだ。
「では針の山」
　しかし、軽業師が皆を体に乗せて、鍛えた足の裏でポキポキ針を折りながら山を越える。*

＊時間切れで、ここまでだったようである。

巻末資料 10

「中学時代の俺」〔1981年9月〕

　いろいろくだらぬことや悪戯をしたが、その中で一つもっとも心に残っているものを書く。
　3年の5月に修学旅行に来た。すなわち東京方面である。
　だいたいにして集団で旅行をしてもおもしろい訳がないのだが俺たちの旅行もその例に漏れなかった。
　NHKホールでは原田真二の歌を聞きながら寝ていたし、富士方面に行ったときは「氷穴」に入って氷をむしり取ったりしていたようだ。
　そうした最後の夜、俺たちは甲府に泊まった。
　どういう所を見て、何をしていたかはよく覚えてない。記憶は夜に始まっている。
　僕と親友Ooはいつものように消灯時間もくそもなく、お菓子をバリバリ食ったり寝かけているJaを叩き起こしたりして遊んでいた。
　そのうちゴミがたまってきてどこかに捨てなきゃならなくなってきた。初めゴミ箱をゴソゴソはい回って探していたが、なかなか見つからないのでOoが変なことを言い出した。
「おい、この畳、隙間開いとるで。ここに入れよか」
「どないなっとんや。ほー、よっしゃ、とりあえずガムとお菓子の包みを」と

いう訳で俺たちはいい気になってバリバリ食っては包みを畳の隙間にねじ込んでいた。
　NfやSyもやって来て、みんな大々的にこの新しいゴミ捨て場に仕事を与えていたのだが、ついにどうにもこうにも入らなくなってしまった。
「どないしょう」とNfが言う。
「ちょっと待て、畳の下に入れたらどないや」と俺が言うと同時にOoが実行していた。そんな具合であっちこっちの畳を剥がしてはゴミを捨てるという、なんともはや、くだらぬことおびただしい作業を続けていた。Syが寝た。Jaは前から寝ている。Nfも寝そうになっていた。
　俺とOoはこの馬鹿げた遊びに飽きてラジオを聞いていたが、ふと俺は面白いことを思いついた。
　確か夕方の部屋の配置の説明ではこの部屋の真下に女子の部屋があるはずだ。
「おい、Oo。ラジオ床板にひっつけて鳴らそうや」と俺が言い出した。
　時刻は1時頃であったろう。
　もとよりこういうことのいたって好きなOoのこと、反対する訳はない。
「よし、やろやろ」と早速、畳を上げ始めた。
　歌謡曲が流れた。雑音の多いモダンジャズが鳴った。
　俺たちは下の部屋以外に音が漏れるのを気にしてスピーカーをぴったり床につけ、上から畳と蒲団を被せて最高ボリュームで流し始めた。
　そして、ついに韓国放送が出た。あの一種異様な抑揚と発音をもって男の声が真夜中の女子部屋に流れた。しかし下からは何の反応もない。
　そろそろ止めようと思っていたら、だれかがやってきた。
「ちょっと、あんたら何してんのよ。〔全盲の〕Hyさん泣いてるやないの」
　わがクラスメイトの女子の声である。あら、ちょっとしつこすぎたかなと思っていたが、まさか泣き出す子が出るとは思わなかった。
　それも、まあご丁寧に、女性軍は泣いている本人のHyさんを、何か証拠でも見せつけるように連れてきているのである。
　何もわざわざ泣いている者を連れてこずとも、すぐに文句を言いにくるなり反応するなりすれば止めたのに。などと俺は自分のことを棚に上げて勝手なことを考えていた。しかしそんなことを考えている場合ではない。事態は切迫していた。
　初めびっくりしていて、よく気がつかなかったが、Hyさんの泣き方は普通ではない。
　なんというか、引きつけるような感じで泣き続けている。
　俺は事態が容易ならぬことを知って焦ってきた。
「わかった。とにかく部屋に連れていこう。Nfと先生を起こしにいってくるわ」
　俺は〔弱視の〕Nfを連れて複雑に建増しされた旅館の廊下を歩いて先生の部屋に行った。

「すいません、Iy 先生」ノックをしても返事がない。
「あのー、すいません、Iy 先生、Hy さんが……」
「あのー、違いますけど」とおじいさんの声。
　俺と Nf は挨拶もそこそこにその場を離れて、やっとの思いで男と女の先生を連れてきた。
　もう 2 時近い時刻だ。普通ならこんな時間帯にパジャマ姿の女子と同じ部屋にいるのはさぞおもしろいだろうが、そのときはそれどころではない。男の先生もおろおろしてどうすることもできない。
　ましてや俺など、ただ黙って Hy さんが泣いているのを聞いているだけだった。
　そのうち女子の中の調子者が
「なあ、先生。ここで寝てーな」などと男の先生に言うからもう話にならない。
　何がなんだかわからぬうちに、なんとか Hy さんは女の先生が寝かせてその夜はすんだ。
　修学旅行が終わって、しばらくしたとき、担任が言った。
「おい、おまえら、Hy さんはまだちょっとしたことでも恐がるそうやど。ほんまにしゃあないことをしよって」
「ほんまや、ちょっとまずかったなあ」と俺。
　だいたい Hy さんというのは小さい頃から良い先生に恵まれず、また生まれつきの気の弱さも手伝って、名前を呼ばれただけでもビクッとする程、異常なまでのデリカシーの持ち主なのである。
　それを真夜中の真っ暗闇で、天井から韓国放送を聞かされればおかしくなるのも無理はないかもしれない。

　俺も少なからず気になった。そして自分の考えの甘さや、行動の軽率さに何度目かの苦い思いをかみしめなければならなかった。
　事実、俺の意識からはあのとき、優しく気の弱い Hy さんのことが消えており、ギャーギャーやかましい女子連中のことしか頭になかったのだ。
　人の心を無視した行為とはまさにこういうことに例え〔ママ〕られるかもしれない。
　今年の夏〔智はすでに盲ろうになっている〕、神戸で〔中 3 の頃の〕担任に会った。
「先生、Hy さんはどうですか?」
「それがよ、明るうなってのー、ようしゃべるんじゃ」
　俺はほっとした。もしかしたらあの事件以来、彼女も自分の弱さに気づいたのかもしれない。そう思うと、俺の心の汚点も少し慰められるような気がする。

巻末資料 11
「1981 年 10 月 5 日の『俺』」

「ああ！　安心——何の不安もないという心持ちは、どんな味のするものだったろう！　長いこと——物心ついて以来、予〔は〕それを忘れてきた」

　俺は今日おかしい。なぜだろうか。上に書いたのは石川啄木の『ローマ字日記』の一節だ。

　俺は今日の朝ほんの少しだけ読んだ。このことばを読んだ。俺は言い知れぬ衝撃を受けた。

　今の俺について何が書けるというのか。障害のことか？　そんなものを書くことは意味がない。俺自身わかっていないのに他人にわかるはずがない。少なくともわかろうとする努力をするかしないかだけのことだ。しかしそれさえも俺にとっては望めないことかもしれない。

「不安」

　このことばは今の俺を言い表すのにもっともよいものかもしれない。

　俺は常に何かに追いかけられている。何かが俺を今の世界に追い込んだ。俺の見る夢の半分は崖を登っている夢だ。なんの自信もなく、計画もなく、ただ、もうすぐ足場を失い下に落ちる自分を見つめながら登っている。言い知れぬ不安と悲しさが胸を覆う。それでも俺は登っている。なぜなのか。

　俺は勉強しなければならぬ。やらねばならぬ。なのにできない。できなければ努力すればよい。俺は努力したい。しかしそれにも徹しきれない。時間がない。なのに目の前の遊びからは抜け出せない。ほんのちょっとの楽しみしかなく、ダラダラと時間ばかり過ぎる遊びに浸ることを止められない。

　皆と騒いでも、後にはざらざらと砂混じりの血が胸を流れるだけなのに。いや遊んでいる最中にもよくある。なのにやめられない。

　なぜだろう。

　戦わねばならぬ。しかし砂漠の戦争はつらい。どこまで行ってもきりがない。足場はぐらぐらして、方向もわからない。頑張ろうと思っても、すぐに汗が目に入り、砂が喉を詰めて足が進まなくなる。

　この俺が生きられるとしたら、一体どんな風にだろう。何のために生きるのだろう。俺はずっとそれを考えてきた。何もわからない。

　ただ一つあるとすれば、「愛」だろう。しかしそこには今よりもっと深い、苦しみが隠れている。

　ああ、「愛」とは何だ。

　精神と肉体の相剋に、苦しみ悶えるゲームか。馬鹿な、そんなことはない。

　しかし行為は、やはり行為への執着が断ち切れない。

　行為は最高の愛の表現ともいえる。いや、しかしまた、最高の醜の表現ともいえるかもしれない。

「ああ、男にはもっとも残酷な仕方によって女を殺す権利がある！　何という恐ろしい、嫌なことだろう！」

これは彼、啄木が、言い知れぬ寂しさを紛らわすため、白く温かい肌を求めて、郭(くるわ)に行ったときのことだ。
　そこで彼が見たのは何千の男によって、「女」としての、いや「人間」としての尊厳の一滴まで絞り取られた、生ける死人だった。
　女をそうさせたのは男だ。そして自分はその男の一人なのだという意識が、彼を苦しめたに違いない。
　時代が違う。社会が違う。立場が年齢が違う。彼と俺とは何もかも違う。しかしどちらも男だ。俺も本質的には、郭を求めているに過ぎない。俺はそれに気づいたとき、今まで感じたこと〔の〕ない寂しさを感じた。
　俺にとって愛が何なのか。ああ、俺にはわからない。
　ただ俺がもし、「愛」をただの「ディナー」だと思ったとしたら、そして満腹を得るためにがつがつフォークとナイフで肉を刻んだとしたらどうだろう。
　満腹には眠気がつきものだ。俺が次に目覚めたとき、俺の腹は空いているだろう。一生満たされぬ空腹に、胃が軋んでいるだろう。
　俺はそれを考えるとき、俺の不安を救う限定が、他の部分にあるように思う。何だろう。どこにあるんだろう。
　ああ、はっきりしない。ぼやけてしまう。
　砂漠の戦いはつらい。それはその戦いそのものが目的にはなり得ないからだ。〔英〕単語を覚えることが何になるのか。
　いわんや大学に行き、よしんば飯を食っていける身分になっても、それが何になるのか。
　その疑問の答えが見つからない。愛するか愛されるか。
　愛は自己の苦しみをも凌駕できるはずなのに。俺は苦しい、不安だ。苦しみを癒してもらいたいと思う。
　そうだ、この戦いだ。この苦しみ、この愛の戦いなら、生きていけるかもしれない。
　少なくともその戦いには〔では〕、地平線に見えるの〔は〕蜃気楼じゃないのだから。
　俺は生きなければならない。何のためにか、俺のためか、金のためか、人のためか、名前のためか、いや違う。違うはずだ。違ってほしい。
　今俺にも、人生に対する、新しい価値観の尺度が、見え始めてきたような気がする。
　大事なことは、そういちばん大事なことは、過去でも未来でもなく、今、俺が生きるということだろう。

巻末資料 12
　「20年後の私」* (1981年11月16日)

ブー、ブー、ブー。左の内ポケットで電話が鳴った。といっても私には振動しかわからないが、それで十分だ。
　素早く取り出して、送信用のレバーを引き出す。見た目は子どものおもちゃと変わりはないが、私にとって重要なコミュニケーションメディアだ。振動板の一部は鋭く震えてモールスを打ち出した。
　やっぱり妻だった。
「あなた、洗濯物は取り入れたの？」
　レバーを動かす指が重い。
「いやちょっと。良いアイディアが浮かびそうなんで」
「何が良いアイディアよ。どうせまたゴミ箱行きだわ。それよりさっさと洗濯物とご飯の用意を済ませてしまいなさいよ」
「ああ、わかった、わかった」
「私はすぐに帰るけど。それまでにちゃんとしとかなきゃ、ご飯を抜きですよ」
　カチ。
「くそっ、何がご飯を抜きですよだ」。だいたい私が作るものをなぜ私が食えないというのか。この10年というもの、どうも私はあの女にこき使われている家畜のような気がしてならない。
　とにかくやることにしよう。

　ピー、ピー、ピー。
　ん？　なんだ。今度は誰かが来たな。来客を告げるブザーとも連結している電話が高い音を出した。もちろん、振動が細く〔速く、細かく〕なるので私にもわかる。
「だれですか？　そこの小さなシャッターを開けて手を出してください」
　まるで7人〔狼と7匹〕の子やぎだが、妻の提案で母さんと狼を間違えぬよう、との目的でつけたシャッターだ。始めてみると、ドア越しで用が済むこともあり、なかなか便利だ。
　ぬっと出された手を見ると、何とも言えぬ毛むくじゃらの汚い手だ。これこそ狼なり、と思ったが口には出さず、見知らぬ者への警戒の色を帯びた声が出た。
「どなたですか？　手に字を書いてください。私は盲ろう者です」
「ごとうです。かねを　もらいに　きました」
　はて、ごとう？　私はずらっと借金取りを思い浮かべたが、そんな名前は聞いたことがない。それにこの男、中風ででもあるのか、いやに手が震えている。
　私はそれでも、借金取りならば妻が借りたのかもしれないし、追い返す訳にはいくまいと思った。
「じゃ、とにかく中に入ってください。今開けますから」
　ドアを開けると今の男がドカドカと入ってきた。しばらく何か言ってるようだが、私にわかる訳はない。かなり興奮しているようで、体の震えが床の軋み

でわかった。まだ私がどういう人間か理解してないようだ。
「あのー、すみませんが手に書いてください」
　男が震える指で書き始めた。まだ若いらしい。
「おれは　しょうじきな　おとこだ。　なのに　せけんは　おれを　うらぎった。こんどは　おれが　うらぎる　ばんだ。　でも　おれは　うそは　いやだ。おれは　ごうとうだ」
「何ですと、強盗？」私は笑い出しそうなのを必死で抑えた。
　人は見かけによらないというが、あれは顔の話である。手は嘘をつけないのだ。第一、ドアを開ける前に強盗だというような、もっとも「う」の字を抜かすほど興奮していたが、奴に根っからの強盗などありはしない。
「なるほど、それで金をもらいにきたって訳ですね」
「そ、そうだ」
　私はハンカチを取るふりをして、内ポケットに手を入れた。私の電話はCIAが目をつけたという根も葉もない噂があるだけあって、いろいろと細工がしてある。いちばん奥のボタンを強く押すと、非常サインが妻に伝わるのだ。妻はそれを受けると警察に連絡し、すぐに帰ってくるという手はずになっている。
　私はそれを押すために手を入れたのだが、結局ハンカチを出した。
「ま、とにかく落ち着いてください。なにも金を取るのに強盗になる必要はない。私になんの抵抗ができるというんです。脅さずとも金は出しますよ」
「うっ」。相手はちょっとことばに窮したようだった。
　それにしても汚い手である。
「あの、どうでもよいですが、ちょっと汗を拭いてくださいよ」
　私がハンカチを出すと、急に手をゴシゴシやり、ついでに鼻までかむ始末である。
「あんた、風邪でもひいとるんか？」私は試しに大阪弁で言った。
「そうや。　ちきしょう、　なんで　そとは　こんな　さぶいんや。　はらは　へるし、　かね　ないし。　とにかく　かねを　だせ」
「まあ、まあ、そう慌てんでもええやないか。えらく寒そうや。ま、これでも飲め。その間に金を集めるわ」
　私も内心驚いたが、向こうも同じだろう。こんなにことばが功を奏するとは思わなかった。
　結局、奴は寒さと興奮からくる震えを抑えるべく酒を飲み始めた。
「おい、なかなか見つからんで。なにしろワシは盲ろうやからのー」
　すると、奴が手に書き始めた。
「おい、　おまえも　のめ。　うまいぞ。　ああ、　なんにちぶりの　さけやろ」
「ほな、そないするけ」

　……

「あなた、この人だれ？」妻が私を起こした。
「お友達に会ってお話ししてたら少し遅くなったんだけど、こんなに酔ってるなんて何してたの？」
「いや別に」
「あら何よ、この包丁。こんなのウチにあった？　まあいいわ、もらっとくわ」

　2001年11月16日午後11時。やっと酔いが醒めてきた。さっきは空きっ腹にがぶがぶやったから、不覚にも酔ったようだ。あいつは今、下で妻と飲み直している。
　今度の私の作品にあいつをネタとして使うということで交渉がなり、とりあえず、仕事の世話と、酒の世話を妻がすることになったのだ。
　私は一体何のために働いているのだろう。つくづくいやになるが、結局あの最近太りだした愚妻のいうなりになっているようだ。
　いや、私は男だ。さ、皿でも洗いにいくか。

＊なお、実際の「20年後の私」については光成［2003］を参照。

巻末資料 13

▶ 1982年10月3日付『点字毎日』（毎日新聞社発行）記事。智が盲ろう者となった翌年、大学進学のために浪人中だった1982年に行われた『点字毎日』主催の「点字体験文コンクール」に応募した手記の全文が、『点字毎日』紙に掲載された（『毎日新聞』本紙にも、同日付けで要旨が掲載）。智が自らの体験を記し、それがマスメディアを通して公表されたのは、この記事が初めてである。なお、本書収録にあたり、原文の段落替えを一部修正した。

　　『点字毎日』（増大）第3099号（昭和57年10月3日・日曜日、毎日新聞社）
　　点毎創刊60周年記念　点字体験文コンクール「点字と私」入賞発表
　　＝最優秀賞＝「点字と私」（東京都　福島　智）

「点字が私のいのちを救った」。そういっても過言ではないだろう。私は盲ろう者である。9歳で失明し18歳で失聴した。
　失明当時まだ小さかったこともあってか、私は悲しみというものをほとんど感じなかった。光がなくても、この世界には音という大きな味方があったからだ。音楽もあればドラマもある。盲人野球に汗を流すこともできるのだ。
　しかしこうしたものは、失聴とともにすべて私の前から消えてしまった。ただ残ったものは、海の底の音のようないく種もの耳鳴りだけだった。そしてもっとも私を苦しめたのは、人と話せなくなったということだ。私は孤独だった。
　日記を書き、読書に没頭し、なんとかして気を紛らわそうとした。でもその

結果は寂しさを募らせるだけだった。「私」という人間がこの世界に存在しているのだという自覚が、失われていくように思われた。限定のない真空の中で、私は半ば死にかけている自分の精神を感じ、いいしれぬ恐怖感に襲われたものだった。

そうしたある日、偶然に、またごく自然に点字による会話法を発見した。それは私の両手の人差し指から薬指までの計6本を点字の六つの点に対応させるというもので、つめの上あたりを点字タイプのキーと見立て、話し手が軽く指先でたたくというやり方である。私が6本の指を同じ方向に伸ばせばパーキンスブレーラー型になり、3本ずつ向かい合わせにするとライトブレーラー型になる。私はこれを「指点字」と名付けた。

最初母となにげなく始めたこの指点字が私の心を救うことになった。その後教師や友達の勧めもあり、不安に駆られながらも学校に戻った私に、次々と指点字の歓迎が浴びせられた。

「おいやっと来たか。何をしとったんだ」
「どこか飯でも食いにいこうぜ」

こうしたことばが点字となって私の指に打たれたとき、私は自分が生き返ったような気がした。そして「よっしゃやったるで」という気持ちが胸の中にわき上がってきたのである。

こうして私は附属盲で高3の1年間を盲ろう生徒として過ごすことになった。とにかく私には点字しかない。そこで点字をフルに生かすことを考えた。授業の通訳で指点字を使うと、私の両手がふさがりノートがとれない。そこで片手で読み取れるドイツ製の速記用点字タイプ「ブリスタ」を導入することになった。

これはキーをたたくと同時に紙テープに点字が打たれて出てくるタイプである。クラスメートが順番で通訳を受け持ってくれたがこれがなかなかうまくいき、おかげで私は試験で0点をとらずにすんだ。その代り、耳で授業を聞いているとはいえ通訳するのに懸命だったわがクラスメートたちには、迷惑をかけたとすまなく思っている。

授業でのブリスタと日常生活での指点字、そしてなににもまして友達の自然な思いやりに支えられて、私はどうにか卒業することができた。またそれと並行して私を囲む会が結成され、現在はその会の協力で予備校に通いながら、附属盲と某大学との入学交渉〔第8章の塩谷との面談の部分で触れたように、これは正確には「受験交渉」である〕の結果を待っている状態である。

日本の盲ろう者の置かれている現状は孤独なものだと思う。恐らく話し相手がごく限られていたり、また、いたとしても簡単な会話を交して終るケースが多いのではないだろうか。私は経験を通して、盲ろう者にとって「話すこと」がいかに大切か、またすべてがそこから始まるのではないかということを感じた。私の使う指点字は、従来盲ろう者が使ってきた指文字や手書き文字に対し速さと読みやすさ、さらに表現の豊かさとで新たな可能性を示していると思う。そ

の意味で指点字が、われわれ会話量の不足に苦しむ盲ろう者にとって少しでも役に立てばと願っている。

　点字は私に「いのち」を与えてくれた。そしてもし私がそれにこたえることができるとすれば、今度は私が点字に「いのち」を与えることによってではないだろうか。しかし指点字を打ち、ただ指で情報を伝えあうだけでは、生きた点字で話したということにはならないだろう。自分の心の痛みに指を振わせながら打つ点字、また相手の心の温かさがじかに伝わってくるような点字、こうした点字にはいのちがあるように思う。こんな会話が私と同じ障害に苦しむ人たちとできたら、どんなにすばらしいだろう。指で打ち、指で読んで話すのが指点字だが、腹の底で打ち、心で読むような指点字がその背後にあってこそ、価値があるのではないか。

　私は生きた点字——いのちを持った会話の大切さを、盲ろう者とともに広く社会に問いかけつづけていきたいと思う。

巻末資料 14

▶出典は『生きるって人とつながることだ！』[2010、素朴社]。初出は『コミュニカ』1995年春号。

「病院」

　最近、体調がぱっとしない。不整脈がたびたび出る。脈の通常のリズムからずれたり、抜けたりするのだ。あまり気持ちのいいものではない。

　十年ほど前に初めて症状が出たとき、超音波検査や心電図をとって、病名はわかっている。「僧帽弁逸脱」というらしい。なんだかいかめしい名前で、素人には恐ろしげに聞こえる。しかし、そのときの医者はこう言った。

「これはですね。ごくわずかに弁がゆるんでいるんですね。非常に軽い病気で、命にはまったく別状ありません。まあ、〝心臓のしゃっくり〟のようなものだと思ってください」

　疲れたときや無理をしたときなどに出やすいので、いわば健康のバロメーターの一種だと考えればいいでしょう、とのことだった。

　実際、出された薬を飲むと、数日で治った。その後も、二、三年おきに症状が出たが、その都度薬ですぐに治っていた。

　ところが、今年（一九九四年）はなかなか治らない。治っても、すぐに再発する。友人たちは、「飲み過ぎだ」「とにかく、太りすぎだ」「やっぱり、運動不足だ」「もう、年だ」「いや、不摂生だ」「いやいや、日頃の行いが悪いからだ」……などと、好きなことを言っている。どれも当たっている気がして、反論できないのがくやしい。中には、私の脈を触ってみて、「何だこれ、トントントン、ホイ、トントントン……、こりゃ体の中で祭ばやしをやってんだよ」などとノ

ンキなことを言う手合いもいる。
　そんなわけで、久々に大きな病院の循環器科に行って診察を受けた。その日の担当は、三十代半ばぐらいの女医さんだった。一緒に行った通訳者が指点字の〝影の声〟で私に言う。（派手な人だわ。短いスカートをはいて脚を高く組んでるから、中が見えそう。あれだと、男の人なら普通の人でも、心臓がドキドキするかも）。我々がそんなことを言ってるとはつゆ知らぬ彼女は、「念のためにひと通り検査して、それからホルターをやってみましょうね」などと医者らしい威厳とともに言った。
　「ホルター心電図計」というのは、患者の心電図を二十四時間記録するための装置である。胸と腹に五か所、心電図をとるための端子をばんそうこうで貼り付け、そこから伸びたコードが特別なレコーダーにつながっている。そのレコーダーを、腰にぶら下げて二十四時間過ごすわけだ。
　私にホルターを取り付けながら、検査技師は、「普段と同じように過ごしてくださいよ。なるべく普通にね」と何度も繰り返していた。ホルターを取り付けられた私は、何だか自分がモルモットにされたような妙な気分だった。レコーダーといっても、心電図をとるためのもので、録音テープではない。だから、会話が記録されるわけではないのだけれど、何となく滅多なことはしゃべれないな、というような気がしてしまう。
　その日は午前中を病院で過ごし、午後は特別外出する用事もなかったので、家にいることにした。そして、「なるべく普通に生活するにはどうすべきであるか」ということを考え、結局、郵便物の整理をしたり、ゴロ寝しながら本を読む、といった行動が、私にとってはもっとも〝普通〟であろう、と思われたので、その通りにした。しかし、あまり寝てばかりいては、不整脈が出ないかもしれない。せっかくホルターを付けているからには、ちゃんと不整脈が記録されなければならない……、などと妙なあせりを感じて、アパートの階段を、それも私の部屋のある四階と一階の間を用もないのに五十往復くらい上り下りしてみたり、それだけでハアハア荒い息をつきながら、「何の因果で、胸に五本もコードをくっつけて、俺はこんなことをやっているのかな」などと思ってみたりしているうちに、その日は過ぎていったのだった。

　久々に大きな病院に行って、あの独特の消毒薬の匂いをかいだり、〝検査のモルモット〟になったりしたせいか、その日の午後、私は家でゴロゴロしながら、子どもの頃からの自分と病院との関わりについてぼんやりと思い出していた。
　病院と言えば、私にとっては〝第二のふるさと〟とも言うべきなじみの深い場所だ。そこにはさまざまな思い出があり、懐かしさと切なさの入り混じった感情がつきまとう。全盲ろうとなるまでの間に、目と耳に関して、何度病院に通ったかわからない。耳鼻科には通院しかしたことがないが、眼科には通院はもちろん、入院も何度も経験した。

私が子どもの頃通っていたのは、神戸大学の附属病院で、白い病棟の外壁のあちこちに黒いペンキのようなものを塗った跡が残る古い建物だった。戦時中、空襲を避けるために黒く塗られた名残らしかった。
　記憶に残る最初の入院は四歳の終わり頃のことで、右眼を摘出するための入院だった。ストレッチャー（移動式ベッド）に乗せられ、建物一階の奥まった場所に運ばれた幼い私は、手術室の前の廊下で尻に注射を打たれた。どういうわけか、そのとき、自分の尻の青さ（いわゆる「蒙古斑」）が目についたような気がする（なぜ、自分の尻が見えたのかが不思議だが）。手術室に入ると、天井には、昆虫の複眼のような無影灯が光っていた。意識を失う寸前、全身麻酔のためにかがされた麻酔ガスのあの何とも言えない臭いは、二十七年経った今も忘れられない……。
　その頃の思い出の中で、私の心に焼き付いている一つの映像がある。幼い私が入院病棟の四階の窓辺に立ち、庭を見下ろしている。野球帽をかぶった少年が、庭から小さなゴムのボールを私にめがけて投げ上げてくれている。私が「お兄ちゃん」といって慕っていたその少年は、小学四年生くらいだったろうか。彼も眼科に入院していた。
　ボールはなかなか私のいる所まで届かない。「もう一回投げてー」とキャーキャー喜びながら催促する私のために、彼は顔を真っ赤にして、何度も何度もボールを投げてくれた。しかし、何度投げても、もう少しのところでボールは届かず、窓のすぐ下のコンクリートの壁に当たって跳ね返り、彼のもとにまた落ちていった……。
　その後まもなく、「お兄ちゃん」の姿が見えなくなった。そして私は、周りの大人たちの会話から、「お兄ちゃん」が「死んだらしい」という言葉を聞いた。そのとき、私は、もう二度と「お兄ちゃん」と遊んでもらえないということを直感したのだった。これはずっとあとになって知ったことだが、彼の目の病気は一種の小児がんが原因で、手術の甲斐もなく息を引き取ったということだった。おそらく、私が漠然とながら「死」の観念を持ったのは、そのときが初めてだっただろう。
　その後、九歳で左眼を失明したときも、同じ病院の今度は新しく建てられた病棟で、半年あまり*の入院を経験した。眼科はほかの科に比べて、命に関わるような病気を抱えている患者は少ない。それでも、近くの病室や別の科に入院している人が亡くなったといった噂は、時折耳にした。
　年齢も性別も、家庭環境や職業もまるで違う人々が、同じ入院病棟で生活する。赤ちゃんがいる。きれいな娘さんが訪ねてくる若者の患者がいる。見舞いの人がほとんど来ないお爺さんもいれば、奥さんが付きっきりのおじさんもいる。大部屋に押し込められている私たちのような〝普通の患者〟のほかに、冷蔵庫やテレビのある特別な個室に入っているお婆さんもいて、そこには、毛皮のコートを着て外国人のようなしゃべり方をするまつ毛の長い女性がよく見舞いに来

ていた……。

そして、そうしたこととは無関係に、ある人は病気が治って元気に退院し、ある人は治療の効果が上がらず、失意のうちに去っていく。そして、ある人は病院でその生涯を閉じるのである……。

こうしたさまざまな人たちの姿を目の当たりにして、子ども心に私は、人間の運命の不思議さといったようなものを感じていた。では、私自身の運命は……。

夜遅く、眼科の入院病棟のトイレに行く。まだ左眼がよく見えていた私は、六階のトイレの窓からぼんやりと外を眺める。神戸の夜の街には、赤や青のネオンがきらめき、車のヘッドライトの輝きが夢のように流れていく。キューン、キューン、キューン、という高く悲しげに尾を引く何かの鳴き声のような霧笛の音が、港の方から聞こえてくる。幼い私の胸にその響きがしみいった。

ふと、トイレの鏡に映る自分の顔を見る。左眼が大きい。眼圧が高いせいだ。見なれているはずの自分の顔が別人のように感じられる。

そのとき、唐突に不思議な感覚にとらえられた。「僕っていったい何だ？ これからどうなっていくんだろう……？」漠然とした不安があり、それと同時に、自分がほかの人とはどこか違っているような奇妙な感じがしたことを思い出す。

その後まもなく私は失明し、九年後には失聴することになる。今から思えば、九歳のときの入院中のある夜、病院のトイレで感じたあの奇妙な感覚は、ある意味で的中していた。私の運命は、普通とはずいぶん違うものになったからだ。

ホルターは二十四時間後、つまり次の日に病院に行って取りはずした。そして、一週間後、その検査結果が出て、再び診察を受けた。

「不整脈は出てますけど、危険なものではないですね。心配いりません。あまり気にしないで、症状が出たときにお薬を飲むくらいで、あとは普通に生活してください」

どうやらあまり気にしない方がよさそうだ。友人たちから指摘された「不整脈の原因」のうち、どれから改善していけばいいかな。やっぱり運動不足対策が第一かな、などと考えながら私は病院をあとにした。

その夜、床についたとき、ふと、またあの「お兄ちゃん」のことを思い出した。もし生きていれば、今頃三十七、八のいい親父になっていることだろう。

私は盲ろうという障害を持ったし、それ以外でも、いまだに病院の世話になることがある。しかし、幼くして世を去った彼とは違い、私は盲ろう者として生き続けていくように運命づけられているようだ。

「お兄ちゃん」が必死で私に投げてくれようとしていた〝ボール〟とは、いったい何だったのだろうか……。そんなことを考えながら、私は眠りについた。

＊本書第３章で記した通り、この時期の眼科への智の入院は、間に一時退院の期間

を挟みつつ、1971年12月末から1972年6月中旬までなので、厳密には「半年弱」ということになる。

巻末資料 15

▶「指点字」について、筆者がかつて執筆した概要説明。ただし、末尾の指点字一覧表は『コミュニカ』に掲載されているものではなく、福島研究室で作成したもの。

盲ろう者の情報誌『コミュニカ』第13号・特集　盲ろう者のコミュニケーション法（1996年9月20日発行、社会福祉法人全国盲ろう者協会、pp. 25-30）

指点字

福島　智（東京都、盲ろう）

1．原理

「指点字」は、＜書き言葉＞としての通常の6点点字の原理を、盲ろう者のための＜話し言葉＞に応用したコミュニケーション方法です。その仕組は、盲ろう者の両手の人さし指から薬指まで（主に、爪の少し上あたり）を、点字タイプライターの6つのキーに見たてて、ポンポンと軽くタッチすることで言葉を伝える、というものです。

　点字は、6つの点で構成された表音文字体系です。日本語の場合ならかな文字、英語などの外国語ではアルファベットを6つの点の組み合わせで表わします。紙に書き、視覚障害者（盲ろう者も含めて）が指先で触読する通常の点字の書き方には、大まかに言って二通りあります。その一つは、1点、1点を点筆と呼ばれる針で、「点字盤」という道具を用いて書いていく方法で、もう一つは、タイプライターを用いて、1文字を一度に打ち出す方法です。このうち、点字タイプライターの原理を応用したのが指点字です。点字タイプライターのキーの数は六つなので、左右の手の人さし指から薬指までの計6本を6つのキーに見たててタッチすれば、点字の組み合わせが伝わることになります。

　ところで今、日本で用いられている点字タイプライターのキー配列には、大きく分けて2種類があります。一つは、パーキンス・ブレーラーに代表される点字タイプライターのキー配列で、これは国際的にも標準的なパターンです（点字を凸面から見たイメージ）。もう一つは、ライト・ブレーラーと呼ばれる点字タイプライターに代表されるキー配列で、これは点筆を用いて手書きで点字を書く時のパターン（点字を凹面から見たイメージ）に対応しています。

　また、「書き手」と「読み手」が横にならんで話す場合と、対面式で話す場合とでは、読み取る側のキー配列（点の配列）のパターンが異なってきます。このほか、通常の点字では、読みやすさと理解を助けるために、点字を定められ

た規則にしたがって区切って表記する（分かち書きする）ことになっていますが、指点字ではこの「分かち書き」はありません。その代わりに、強弱のアクセントをつけたり、短い間をとったりしながら、表現にめりはりをつけるようにします。

　このように、指点字独自の特徴もありますが、1文字を構成する点の組み合わせの原理は、通常の点字とまったく同じです。数字や特殊音などの記号や英語などの外国語の表記も、通常の点字の表記を応用できますので、点字で書き表せるものは、そのまま指点字でも書き表せることになります。

　2．歴史
　指点字は、一般に私の母が1981年の初めに〔3月初め頃に〕偶然発見〔考案〕し、その後、私が使い始め、公表し、普及に努めてきたことになっています。このこと自体誤りではありませんが、より正確には、指点字の前身とも言うべきスタイルや指点字と同じ方法を、私以前に用いていた人がいることが、後に分かってきました。
　まず、指点字の前身とも言える方法は、言わば「点字盤式指点字」です。点字盤とは、点筆で1点、1点を打ち、点字を書く道具です。例えば、戦前、日本のある盲学校にいた盲ろう生徒に対して、教師が彼女の片手の人さし指と中指の腹側に、点筆で点字を打つように、人さし指などで1点、1点タッチして言葉を伝えた、という報告があります。また、1988年に、アメリカ盲ろう者大会に参加した折、ほぼ同じような方法をとっている人を見たことがあります。これは、かなり以前から用いられてきた方法とのことでした。
　次に、現在静岡県にお住まいの盲ろう者、野村康男さんは、1973年頃、すでに、「タイプ式」という名で、私が使う指点字と同じやり方で友人と会話をしていたとのことです。私が指点字について一般に公表し、また、友人やボランティアの協力を得ながら、さまざまな工夫をこらしていったことは事実ですが、このように、私以前に同様の工夫をされていた方があったことも付け加えさせていただきます。
　なお、1989年にスウェーデンで開かれた「第4回ヘレン・ケラー世界会議」で指点字を、「フィンガー・ブレール」と名付けて紹介したところ、「初めて聞いた」という反響が多かった反面、「同じものは、以前からある」という趣旨の報告は、現在のところまで出てきていませんので、指点字は世界的に見てもユニークなコミュニケーション法だと言えるでしょう。*

　3．特徴
　指点字にはいくつかの特徴があります。どのようなコミュニケーション方法でも同じですが、指点字も、「書き手」や「読み手」の熟練度によって、大きな個人差が生まれます。以下では、「書き手」「読み手」の双方がある程度熟練し

ていることを想定して、指点字の長所と短所を整理してみます。
（1）長所
　ア．スピードが速い。
　イ．例えば、語尾などまで音声言語に厳密に対応させた、正確な表現が可能である。
　ウ．点字が本来もっている豊かな表現機能を利用できるため、幅広い表現・表記が可能であり、また、必要に応じて新しい記号を作ることもたやすい。
　エ．点字タイプライターの使用者は、特別の訓練を受けなくても指点字を打つことができる。
　オ．動かす場所が６本の指に限定されているため、例えば、手話などと比べて、「書き手」の側の疲労度は一般に小さい。
（2）短所
　ア．「手書き文字」とは異なり、点字の組み合わせを知っている人としか使えない。
　イ．音声言語に対応した表現であり、かな文字表記であるため、先天ろうの人など、手話によるコミュニケーションや漢字かな混じりの文章表現をベースにしてきた人にはなじみにくい場合がある。
　ウ．手話や指文字のように、音声に代わる「発話手段」として、空中に提示することが困難であり、相手が指点字を触読できなければ伝達手段としては不適当である。
　エ．原則として「書き手」も「読み手」も両手を使うため、片手がふさがっている時などは不便である。
　なお、点字と指点字との関係について、一言補足します。それは、指点字は盲ろう者にとってのコミュニケーション手段の一つに過ぎませんが、通常の点字の読み書きは、どのような盲ろう者にとってもきわめて重要だ、ということです。点字を知らない盲ろう者が指点字を学ぼうとする場合は、通常の点字の学習と並行させることが望ましいでしょう。
　また、その際、注意しなければならないのは、指点字は通常の点字とは異なり、盲ろう者が＜独力＞でその読み取りを練習することができない、という点です。身近な人とともに、日常的に指点字の練習（特に、読み取り）を重ねることが、指点字上達のもっとも有効な方法だといえるでしょう。　　　（原文は点字）

＊その後も、2011年の本書執筆時点まで、各種の国際会議などで筆者は指点字を用いてきたが、「以前からそれはありましたよ」という趣旨の指摘は、どこからも、どの関係者からも受けていない。ただ、前述の野村さんの例のように、国内外のどこかで、どなたかが個人的に、あるいは小さなコミュニティ内部で考案し、工夫して使っておられた例はあるかもしれない。しかし、むろん、智や令子はそうした例は知る由もなく、また少なくとも、私が公表する以前に、一

図　指点字

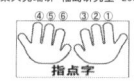

指点字　パーキンスブレーラー式 〔東大先端研 福島研究室 2008〕

般の新聞などのマスメディアで指点字（ないし、それに類した方法）が公表された例は見あたらない。

なお、指点字はたとえば、英語などアルファベットを用いる言語よりも、日本語のように、点字で表記したとき（点字はかな文字表記）、原則として、1文字が1シラブル（1音節）に対応する言語のほうが適している可能性がある。この点については、ここでは詳述できない。

巻末資料 16

▶以下の資料16から19の童話では、敬体（ですます調）と常体（である調）が混在していたり、日本語の表現として適切でないところもある。それは当時の智の文章力を反映したものなので、原文に忠実に記載してある。ただし、智の日記と同様、原文は点字なので、ここで使用している漢字は普通字訳の過程で便宜上付けたものである。したがって同世代の子どもが平均的に用いる漢字と比べて、難易度においてややギャップがあるかもしれない。なお、この4つの童話は智が11歳になる誕生日を挟んだ3日間、およびそのおよそ2か月後に書かれたものである。

僕〔智〕の創作童話「不思議な金柑の話」（1973年12月24日）

昔のことである。金柑の実がたくさんなった木がたくさんある庭を持つ家に、おかみさんと主人が住んでいました。おかみさんは、とても金柑が好きで、せっせと手入れをして実がなると、寒い風の中を庭の隅の金柑の木に行って、かごいっぱい実をつんできてはひとりで、「おいしい、おいしい」と言って食べていました。

ある日のこと、いつものように手入れをしていると、あまり疲れたので、少し休むことにしました。金柑の木がよく見える部屋で休んでいると、はじめのうちは金柑の実を見ていて、金柑の実が、「あ、風に揺れているな」と思ったところまでは覚えているのですが、あとは思い出せません。それもそのはず、おかみさんは寝て、夢を見ていたからです。

それは……金柑の実が風に揺られて、「キーンカーン、キーンカーン」ときれいな鐘のように鳴っているのです。おかみさんがあれあれと思っていると、今度は大きな赤く熟した実と、少し小さい熟した実とが、急に吹いた強い風で、フワーリと空に舞い上がり、おかみさんが寝ているところまでやってきて言うのには、

「僕たちはあの金柑の木たちの王と女王です。あの木たちについている鐘は、めぐまれた金柑の木だけに神様にいただく値打ちのある鐘なのです。おかみさんがせっせと手入れをしてくれるので、あの鐘をもらったのです。そこで僕たちはおかみさんにお礼に来たのです。ありがとうございました」と言って、二人はまた風に乗って帰っていきました。

またおかみさんは違う夢も見ました。それは非常にスピードの速い夢でした。
　おかみさんが初めて金柑の種をまこうと思ったときのことでした。おかみさんは種をまき、水をやっていると、みるみるうちに芽が出て、茎が伸び、葉っぱがついて高くなり、幹ができて、枝ができて、実がなり、それが熟しました。
　すると、家の中からおかみさんがでてきました。そして、かごいっぱいに、木いっぱいになった熟した赤い実をつんで、それをひとつぶ落としました。「あれ、もったいない」と拾って食べました。
　それもただの食べ方ではありません。すっぱい芯までかんで食べているのです。それもこれも、何から何まではっきりと本当のできごとのように見えます。
　そしてまた、種をまき手入れをして、みるみるうちに木はどんどん増えていきます。そしてしまいに、100本を超え、その実を町に出て行って売ってみると、それがとぶように売れます。
　お年寄り、子どもたち、若い人、夫婦、親子など、買う人はまちまちですが、買って帰った後の声は、だれもかれも一緒でした。
　「あ、おいしそう、ああ本当」「すごく熟している」「まあ、おいしい」「ほんとう、甘いなあ」とこういうふうに売れるので、お金もたまり、家も庭も大きくなり、それにつれて金柑の木の数も増えていきました。
　庭の中では子どもたちが遊びたわむれ、数え切れないほどの虫や蝶が飛んで、まるで極楽のような、明るさと楽しさと気持ちよさです。金柑のまわりに集まっていた蝶が、みんな集まり、何百何千となって、子どもたちを乗せておかみさんの家の周りを飛び回り、バッタたちは子どもを乗せ、どこまではねるか競争しています。
　だれ一人として、怖がるものはなく、みんなの笑い声で、おかみさんの家の周りはいっぱいです。そのありさまを見ているおかみさんの顔は、最高に幸せな顔でした。おかみさん自身も、いちばん楽しく、うれしく、喜びと幸せと生きがいを感じる、と思いました。
　そんな年が何年かすぎました。いつの日か、主人が死にました。その墓には金柑の木を1本植えました。
　それから月日がたち、主人の墓に植えた金柑の木が主人が死んだときの年の数だけになった年、おかみさんも死にました。
　町の人は「金柑ばーちゃん、金柑ばーちゃん」と泣きながら墓を作り、その墓にも金柑の木を植えました。
　その途端、おかみさんは目が覚めました。おかみさんは今見た夢を思い返し、「きっとあの夢は神様が金柑を大事にしてくれてありがとうというお礼と、これからも金柑を大事にすればきっと幸せになれるということではないのかなあ」と思いました。
　ふと外を見ると、10本ばかりの木の真ん中のあの夢の中の王と女王らしき実

の間に、小さな鐘が1つだけあり、風に揺られ、「キーン、カーン」と鳴っていました。

巻末資料 17
僕〔智〕の創作童話「鯉と釣り人」（1973年12月25日）

　　第二次世界大戦が終わって間もない頃のことでした。戦争が終わって間もないので、食べ物が不足していましたから、百姓家に住む戦争から帰ってきて間もない主人は、爆撃でやられた川へ釣りに行きました。
　　機関銃の弾や爆撃でまるこげになった草などを見ながら、男は川べりまで歩いてきました。
「うーん、これはひどい、釣れそうもないが、ま、とにかく浮きだけは浮かしてみよう」
　　男は独り言を言いながら、釣る用意をしました。もうすぐ春です。暖かな日が、焦げた草や石などがごろごろする河原にあたっていました。
「よし、釣ろう」と思い、男は釣り糸をさげました。しばらくは何の変化もありませんが、しばらくしてすばらしい手ごたえがしました。竿がなく太い竹に、糸もなく針金にしていたので助かりました。普通の竿と糸だと、両方ともたちまち切れていたでしょう。
　　釣り上げてみると、50センチ近くある鯉です。あまり大きくて太っているので、びっくりしました。それによく戦時中生き延び、これだけ成長したものです。
　　よく見ると、背びれ、尾びれが半分ちぎれ、白い腹には黒い斑点のようなものが2つ付いています。それに神通力をもっているのか、口をあけ、かすれた聞き取りにくい日本語で英語の発音のまじったことばで言うのには、
「私をとらないでください」
「なぜだ」
「それは私はこの川にもう50年余りも住みつく、この川の主だからです。昔はよかった。小さい魚も大きな魚もみんなそれぞれの幸せな一生を送りました。でも今は、戦争の爆撃で川に住む者は私ぐらいになりました。私は川の主として、新しい魚たちがこの川に入ってくるまで、生きていたいのです」
「それは困るなー。この川におまえさんしかいないのなら、余計困る。こちらも食べ物がないんだ」
「そのかわり私の残りきった力と神通力で、この日1日以内なら望みを叶えます。ただし1回願ったことは決してもとには戻りませんよ」と鯉は言った。
　　疑い深くよくどおしい*男だったが
「人のことばをしゃべるぐらいだから間違いはないだろう」と思ったので、
「よしわかった。放してやる。だが絶対願いを叶えさせろよ」と言って男は、この年とった大きな太った鯉を、川の水の中へどぼんとぶちこみました。

すると澄んだ水の水面にわりかし近いところを、すいすいと、疲れきったその中に喜びとありがたさを秘めた泳ぎ方のように見える。
　もう昼を過ぎて夕方近くなり肌寒く感じたので、男は帰る用意をして土手をつたって帰る途中から、ずっと願い事を考えていました。家に帰るなり釣り道具をほっぽりだし、口もろくろくきかず、晩御飯もそこそこに考えました。ぽーっと考えたり、深刻そうに考え込んだり、またはにたにた笑ったり。
　女房が部屋の近くに来て、ひょいと中を見ると、主人がいろいろな表情をしているのです。
「あら本も、ラジオも聞いていないのに、あの人戦争に行って、頭が少しやられたのじゃないかしら」と思うほどでした。
　男は女房にも、今日川で出会った不思議な神通力をもった、あの年とった太って大きな鯉のことは一言もしゃべりませんでした。男はよくどおしい心をはたらかせ、あーや、こーやと考えているうちに、だんだん約束の12時が近づいてきました。時計が11時半を打ちましたが、なかなかいい考えは浮かびません。
　あと1分、30秒、15秒となったときです。男は力みに力み、
「くそー、あの鯉め、もっと時間をくれりゃあいいのに。けっ、あんなやつ食ってやれ」と思った瞬間、悲しげな顔をしたあの年寄りで太った大きな鯉が出てきました。そして、
「あなたっていう人は、あなたっていう人は」といった時、時計が、ボーン、ボーン、ボーン、ボーン、ボーン、ボーン、ボーン、ボーン、ボーン、ボーン、ボーン、ボーン、と打ったのです。
　男は自分のあわれさにつくづく後悔しましたが、仕方なく女房に料理させると、「きゃー」という悲鳴で、行ってみると女房の胸には鯉を料理するのに使った包丁が刺さっていました。
　男はあわててわけを調べると、あの鯉の腹についていた斑点と思っていた鉄砲の弾に包丁を入れ、その拍子に弾が落ち、不信に思った女房はかがむ拍子に弾を踏み、こけた。そのため鯉のうろこでぬるぬるとしていた手がその拍子に離れ、包丁は半回転し女房の胸に刺さったのである。
　男はそれからあの川に行くと鯉を放してやった。そのおかげで川はまたもとの明るさを取り戻したということである。
　（注意書き。この話の終りでわけを調べるのは警察で、男はしばらくぼう然と立ちすくみ、10分ほど悔し泣きのあと、警察を呼ぶ）

＊「よくどおしい」は「欲深い」の意。近世語だが、淡路島など兵庫県南部の方言にもある。智は方言として使われていたのを、どこかで聞き覚えたのだと思われる。

巻末資料 18

僕〔智〕の創作童話「風と雲」(1973年12月26日)

　むかし、ある国に森の上にいつも浮かんでいる雲がいました。
　ある時、風がぴゅーっといううなり声をあげてやってきました。そしていきなり、雲にぶつかったのです。雲はまだ少し残っている日差しを浴びて、昼寝をしているのです。そこへ風が駆け込んできたものですから、びゅーっと吹きとばされました。
「ひどいじゃないか風君」
「やあごめん、ごめん、なにしろ明日の森のかけっこに僕が出ることになったんでねー」と風はつんとした気どった声で言いました。
「へー、すごいんですね。それでだれが一等になると思います」
「そりゃー決まっている。世界でいちばん足の速いこの僕さ」と風はまた今度はいばって、さも自分はえらいんだとみんなに発表するような口ぶりだった。
　雲は言った。「風さん、あなたみたいに足の速い人に、こんな動いているのか止まっているのかわからないこの私が言うのはなんですが、私もそのかけっこに参加したらだめでしょうか」
「まあ、そうだね。君みたいに足の遅い人だって、まあ、参加するぐらいなら、まあいいでしょうな」と今度は、自分がもう優勝者になったみたいな口ぶりで風は言った。
「では明日、いつからですか」と雲は静かに言った。
「えーと、あっ、そう、昼頃だ。明日の昼頃、あの向こうにみえる森の真ん中の六本松まで来てくれたまえ」と風は言い残して、また例のぴゅーっという声を出して去っていった。
　いよいよ決戦のときがきた。空には風をはじめ、雲、からす、もず、つばめ、すずめ、とんび、たか、わしなど、低いところには蝶をはじめとする虫たち、陸上はかもしかや狼などがいた。
　スタート合図はからすの鳴き声です。空でゆっくりと羽を動かしていたからすが、かーっと鳴くと、一斉に駆け、飛び出しました。風はものすごい速さで吹き荒れました。
　そのとき風に鳥や虫たちは吹きとばされました。だがいちばん軽い雲がいちばん遠くに吹きとばされ、目標の山まで一気に吹きとばされて1位になりました。
　そのあとから地上を走る狼や鹿が到着して、そのあと竜巻風に回転させられた虫たちや蝶がやってきた。そしていちばん後に、いばっていた風が吹いてきたのだが、岸壁に当たって前に進めなくなり、げべ〔どべ＝最下位〕になり、力尽きて動けなくなってしまった。
　それから、この森には目標地にした山まで雲を吹きとばすような風は、決して吹かなかったということである。

巻末資料 19

僕〔智〕の創作童話「黒犬の遠吠え」（1974年2月28日）

　昔ある農村に又吉という猟師がいた。又吉は村でただ一人の猟師だった。それだけに又吉の腕はすごかった。
　ある年の秋のことだった。取り入れが終わった頃、村を通りかかった盗賊が庄屋の米蔵の米を盗んだときがあった。村は大騒ぎになった。なんでも、その年は豊作で、百姓のおんぼろの小さな米蔵には米が入りきらず、ほとんど庄屋で預かってもらっていたからである。
　牛車や大八車に米をのせ運んでいく盗賊たちは鉄砲を持っている。どん百姓では手が出せぬ。
　そこで又吉が出てきた。庄屋の家や村長の家には立派な鉄砲があるが、使う者がいない。そこで又吉が出てきた。
「又吉、お前だけだ、やつらに対抗できるのは」。村の衆に言われて又吉は火縄銃を手にした。
　よく狙って火薬に火をつける。どーん、やつらの頭領をめがけて撃つと、弾はみごとに当たり、頭領は倒れた。おじけづいた子分をどっとばかりに取り囲み、棒切れや石をぶつけてやっつけた。そのほかにも畑を荒らす大猪も、又吉がやっつけた。
　このようにして又吉は村の自慢の猟師であった。だがそれも又吉の猟犬の黒犬、こまのおかげだった。盗賊のときもこまが頭領に吠えたて、気をこまにひきつけて狙い撃ったし、猪のときもこまが猪の匂いをかぎつけてくれたので、住みかがわかったからしとめられたので、又吉もこまあっての名猟師であった。
　ある日のことである。又吉はいつものとおり、こまを連れて山へ行った。この山には獣が多いだけでなく、薬草もたくさん生えているので、農民や猟師、とくに猟師は薬草を採り、街に出て行き売って、暮らしの足しにしていた。
　猟師の中では薬草が原と呼ぶ原っぱに通じる藪の小道を歩いて行くと、こまがぴたっと足を止めた。何かある、と又吉はそう思った。案の定、藪の中でがさがさと音がした。
　又吉は音のする高さや揺れ動く小枝、ちらちらと見える体を見て、鹿だと思った。鹿は秋に角の数が多く長くなっているため、頭の部分の角が小枝を揺るがしている。
　この付近の鹿は特にすばしっこく、早く狙いを定めて撃たなければ逃げられる。又吉は火薬に火をつけた。どーん。
　その瞬間、「しまった」と又吉はつぶやいた。撃つ瞬間、鹿が動いたのである。そのため弾は鹿の頭をかすり、角にあたった。鹿はびっくりした。そのあとを村の猟犬の中でいちばん足の速いこまが追いかけていった。そのあとを又吉がついていった。まだ若い牡鹿である。その速いこと、速いこと。さすがのこま

もなかなか追いつかない。
　そうして3つばかし山を越えた。近頃はこの辺に来たことのない又吉は少しうろたえたが、なんとか4つ目の山のふもとまで来た。ところがそこには川があった。大きな川ではないが深そうである。
「こまや鹿はここを飛び越せたかしらんが、おらあ、ちょっと無理だ。第一おれは泳げんもんなー」と又吉はつぶやいて、川べりでこまの帰りを待つことにした。
「あんな鹿の1頭や2頭、どういうこともないが、こまのことだ、きっと嚙み殺して帰ってくるだろう」又吉はそう思って待っていた。だが、太陽が西に沈みかけた。だが、こまは帰ってこなかった。
　仕方なく又吉は、村へ迷い、迷い帰って行った。途中、何べんも人家に立ち寄り、聞いていった。
　一方こまは、あの川からさらに3つ山を越した山の頂上でやっと鹿に追いつき、弱っている牡鹿ののどに嚙みつき、殺した。もうその頃は、月が西に傾いていた。こまは待った。いつもこまが鉄砲の弾に当たり弱っている獣を嚙み殺したり、吠えている途中に、又吉が来て獣をつかまえているので、こまは又吉が来るのを待ったが、1日たっても来なかった。
　こまは仕方なく鹿の肉を少し食べ、少し食べ、とうとう5日目で全部食べてしまった。食べる間、こまは明日は又吉が来るだろうと、少しずつ残していたが、ついに食べてしまった。大食いのこまはこんな鹿を食べるくらいは、腹をすかしていたので2日もかからぬうちに倍ほどの鹿を食べたであろう。それを5日もかかって食べたこまは、非常に主人思いだったに違いない。
　こまは仕方なしに村へ帰ることにした。しかし帰ろうと思い山を下りかけたとき、急にどっと雨が降り出した。こまは急いで匂いが消えぬうちに帰ろうと走り出した。だが、3つも山を越えるうちに匂いは消えてしまうに決まっている。ついに鹿を殺した山から2つ山を越えたところでわからなくなった。雨はあがった。匂いは消えている。
　こまはめくらめっぽうかけだした。だが人にものを聞くことができぬこまは、ついに村に帰れぬまま2年が過ぎた。
　村では鹿に嚙み殺されたとか、谷底に落ちたとか、いろいろ噂したが又吉だけはどこかで生きていると信じていた。
「じゃがなー、又吉よー。これまで何べんとなく探しに行ったが、全然見つからんとこみると、どっかで死んだんだべ」と村人は又吉に言う。そこで又吉は決心した。
「よし、今度もう一度だけ、探しに行こう。これで見つからなかったら、こまは死んだことにしよう」と又吉は思い、新しい猟犬を連れて探しに出かけた。
　偶然こまが鹿を嚙み殺した山に入った。するとどこからともなく遠吠えが聞こえた。うおー、うおー。又吉は声のする方に行ってみた。するとそこにはこ

まがいた。こまは何回となく遠吠えをしたのであろうか、疲れきった体は冷たくなっていた。

そしてその目は天をにらみ、何かを求めているようだった。

「おー、こま」と又吉はかけより、こまを抱き上げた。すでにこまの体は冷たくなっていた。だがその目は生きているときのこまの目のように、輝き、2つのまなこは天を見つめ又吉がやってくるのをじっと待ち続けているように見えた。

巻末資料 20
「愛の方程式」（1981 年 2 月）

スクリーンには何本かの光の線が映し出されていた。

さすがに速かった。この ESL125 は操縦士を入れて 6 人乗りだった。しかしそのコンパクトな体に無限のエネルギーを秘めて、この船は漆黒の宇宙を惑星ピオをめがけて突っ走っていた。

俺が妻のエレンと乗り込んだとき、すでに 3 人の客が乗っていた。一人は宇宙貿易商だという中年の太った男だった。もう一人はライア人と思われる疲れた顔つきの老人だった。彼は始終その黄緑色の顔からため息をついていた。

残る一人は惑星シリウスの少女だった。俺はシリウス人を見るのは初めてだったが、噂どおりその肌は異様な光沢を帯び、目は透明に近い色で輝いていた。彼女は一言も喋らなかった。

俺はしがない製薬会社の社員だが、転勤したと思うと急に妻が病気になってしまった。悪性のデネヴ星熱病だった。

俺の転勤になった惑星ボガではこの病気を治せる病院はない。おまけに俺自身製薬会社の社員でありながら、うちの社の薬は信用できないのだ。なにしろ効くか効かぬかわからぬ薬を大量に作り、未開発惑星に売り込むのが我々のやり方だったからだ。

へんぴな場所にある惑星ボガを通る船はめったにない。それで俺は全財産をはたいて、近くを通ったこの船を呼び寄せたのだ。惑星ピオには友達がいた。なんとかこのいちばん近い文明惑星までエレンを連れていかなければならなかった。

船は固定コースに入ったらしい。操縦士はいかつい顔の無愛想な男だったが、今は席を離れ、貿易商の男の口上に聞き入っていた。

「そうなんですよ。この小型レーザーの威力はすごいもんなんですよ」

貿易商の男は鞄から手のひら大のレーザーガンを取り出した。

「なんだったらちょっと試してみましょうか」そう言うと、男は胸ポケットから金属製の箱を取り出した。

そして床の上に置き、レーザーガンを向けて撃った。

一瞬青白い光が走ったと思うと、箱は消えていた。

「どうです。こいつはわたしの腕がいいからじゃないんですよ。このレーザーガンは撃とうと思って狙ったら、必ずそれに当たるんです。このなんというか、人間の思考波をキャッチするんですな」
「へえ、そんなものかね」
　操縦士の男はちょっと興味ありげにそのレーザーガンを手にした。
「おっと待った。まだこいつには素敵なところがありやしてね。そう、このスイッチを入れると麻酔銃になるんです」
　そう言うと、今度は鞄の底から鼠を取り出した。鼠は男の手を離れると、パッと床を走ってシリウスの少女の椅子のところまで逃げていった。
　貿易商の男がレーザーを撃つと、鼠は急に動かなくなった。
「ほらどうです。消えないところを見ても、死んでないことがわかるでしょう」
　俺は心の中で舌打ちした。この頃はこういったまがい物が増えてきたのか、とつくづく思った。この男も、こうやって同じことを何百ぺんとなく繰り返しているのだろう。そんなことをしていれば、嫌でもレーザーの腕ぐらいうまくなる。だいいちこんなに狭い部屋の中で、当たらないのが不思議なぐらいだ。
「どうです。おひとついかがですか？」
「うん、そうだな」
「一つ6000ユニットにまけときますよ」
「いや、ほしいが高いな」
「じゃあ、5000ユニット。ああ、そこのお若い方、どうです」
　貿易商は俺に向かってレーザーガンを差し出した。
「俺はいらない」
「そうですか？　宇宙にはいろいろと危ないことがありますよ」
「そうだろうな。お前みたいなペテン師もいるだろうしな」
　俺がそう言うと、男は急に顔を赤らめて怒鳴った。
「何を。何がペテンだ。あんたもこの武器の威力を今見ただろう」
　俺は関わりあいになるのが嫌だったので黙っていた。男はしばらくこちらを睨んでいたが、今度はライアの老人に向かって何やら品物を売り込み始めた。
　シリウスの少女はじっとそれを眺めていた。
　俺はエレンを見た。眠っていた。（眠ったか？　デネヴ星熱病は、眠っている間はまだそれほど危険ではないとか言ったな。しかしピオに着くまでもってくれるかどうか）俺はエレンの手を握った。
　とても熱かった。一夜にして昏睡状態に入った妻を、俺は何か奇妙なものでも眺めるように見つめた。
　（俺も少し眠るか。ピオまではあと8時間というところだろう）
　窓の外には相変わらず光の帯が通り過ぎていた。すでに光速の500倍に達したこの船の速さは、コンピューター以外には操縦することはできなかった。

俺が浅い眠りから覚めたのは、警報ブザーが鳴り出してすぐのことだった。操縦席にはあのいかつい顔の男が真っ青な表情で座っていた。
「何があったんだ」
　俺が言うと、貿易商の男が先ほどの剣幕とは打って変わって、恐怖にひきつった声で答えた。
「イオン嵐だ」
「何！」
　俺もそのことばにぎくっとした。
「強いのか？」
「超大型だ。もう避けられないらしい」
「そんな馬鹿な。おい君、なんとかならないのか？」
　俺は操縦士に言った。
「だめです、お客さん。あんまり規模がでかすぎます。逃げ切れやしません。それに下手にスピードを出すと船がバラバラになっちまいます」
　すでに船体が異様な音を立て始めていた。妻のエレンはうつろな目をして俺を見上げていた。
「あなた、どうしたの？」
「大丈夫だ、エレン。心配しないでお休み。今少し危険なところを飛んでいるんだ。でもすぐにピオに着くからね」
　俺はそう言ってエレンの手を握り締めた。再び彼女に眠りの精が宿ったらしく、目を閉じ、静かな寝息をたて始めた。俺はほっとして横を見ると、ライアの老人は首を垂れ自分の足元を見つめていた。二つに分かれた２本の大きな足の指が時々ピクッと痙攣した。
　シリウスの少女は目をつぶり、胸にかけた首飾りを握り締めていた。それはシリウスの神を浮き彫りにしたものらしかった。
「だめだ。前が見えない」操縦士は怒鳴った。
「どこか近くに不時着できそうなところはないのか？」俺の声も大きかった。
「今探します。なにしろ嵐の影響で、いったいここがどこかもわからないんですよ。おまけに最初のショックで大きくコースがそれてるから、たぶんここはライジェル星団の近くかどっかだと思うんですがね」
「それだと惑星があるかもしれん。確かあそこには地球の宇宙基地があったんじゃないか？」
「でもそんなものあてになりませんよ。なにしろ何千と惑星がありますからね」
　再び大きな衝撃が襲った。俺は思わずエレンをかばって床に転がった。

　目を開けると、嵐は治まっていた。床で頭を打ち、気絶していたらしい。エレンは椅子に寝かされていた。
　周りを見ると、ほかの者たちは何とか無事なようだった。

「おい、ここはどこだ？」貿易商の男が聞いた。
「さあ、神のみぞ知るですよ」
「ふざけるな、君は操縦士だろう。我々を安全にピオに運ぶ義務があるんだぞ。さあ、早くどこかをつきとめるんだ」
　操縦士はしばらく計器をいじっていたが、ため息をついた。
「だめだ。位置確認ができない。さっきの嵐でやられちまったんですよ。ただわかるのはここがどっかの惑星の上だっていうことですな。しかも気温は250度、気圧が600分の1気圧の惑星のね」
「なんだって？　というと酸素はあるのか」
　貿易商の男は泣きそうな声で言った。
「いいや、これっぽっちもありゃしない。あるのは僅かな炭酸ガスぐらいだな」
「じゃあ、俺たちはどうなるんだ。ええ、どうしてくれる、君、なんとかしろ、なんとか」
「うるさいな、ちょっと静かにしろ」俺はたまりかねて貿易商の男を睨みつけた。
「とにかく脱出することを考えるんだ。燃料はあるか？」俺が聞いた。
「ええ、待ってくださいよ」操縦士はしばらく計器をいじっていたが、いかつい顔を歪めながら言った。
「ええ、なんとかありますよ。ただ、この引力圏を出るのには、5人分の燃料しかありません」
　しばらくだれも何も言わなかった。ライアの老人は相変わらず足元を見ていたし、シリウスの少女は目をつぶっていた。貿易商の男は神経質に首を小刻みに振って、手は例の鞄の取っ手をいじっていた。
「しかしここにいたって助かる道はあるのじゃないのか？　たぶん、この近くのどこかにも宇宙モニターがある。俺たちが遭難したことはもうコントロールセンターでは気づいてるだろう」
「ええ、たぶんね。しかしここにいちゃまず見つかりませんよ。この惑星には特殊な電磁場帯が取り巻いていましたからね。通常の方法じゃ見つかりっこありません。それに時間もないし」
「なんだって？」
「酸素がもう1時間分しかありませんよ」操縦士は冷たい口調で言った。
「ひっ」貿易商の男が妙な声を出した。
「つ、つまり君は我々がここにいればあと1時間で死ぬというのかね」
「そうですよ。あなたのレーザーガンも少しも役に立ちませんな」俺は自分でその冗談が残酷なものに聞こえた。
「そんな、そんな馬鹿な。わたしはちゃんと料金を払ってるんだ。おまけに君の上司にチップまで渡しているんだぞ。なんとか安全にピオまで連れていってもらわなければ困る。ええ？　とにかく5人だったら助かるんだな？」貿易商の男は息をはずませ操縦士に詰め寄った。

「まあ、そうです。宇宙空間に出れば見つけられるのも早いし、こちらから宇宙基地に行くこともできましょう」
「そんならなんとかしてくれ。早くそうするんだ」
　また沈黙が訪れた。俺は時計を見た。地球時間で18時だった。あと１時間で俺たちは死ぬのか。ふと俺がそんなことを考えたとき、だれかが席を立った。
　見ると、シリウスの少女だった。彼女は透き通った目を大きく見開いて俺を見つめた。そして、ライアの老人を、操縦士を。そして貿易商の男を見た。エレンは眠っていた。
「そうか、君が降りてくれるのか？」貿易商の男は言った。
　少女はうなずいた。
「おい、待て」俺は立ち上がった。
「なんだい、あんた？　じゃあ、あんたが代わりに外に出ると言うのかい？」
「いや、待て。この子は外に出るということがどんなことなのかわかってないんだ。外に出れば死ぬっていうことも」俺は少女の顔を見た。
　その頬には微笑さえ感じられた。
「おい、君、スクリーンを入れてくれ。少しは外の様子も映るだろう」
　操縦士が前方のスクリーンのスイッチを入れた。
　しばらく何も映らなかったが、やがてぼーっと惑星上の様子が映ってきた。表面はごつごつした岩だった。穴が無数にあいていた。草一本生えていなかった。土さえも見当たらなかった。
「いいかい。これが外の景色だ。君は外に出たとたん、死ぬんだ。君が降りなくても、今すぐ俺たちが死ぬというわけでもないんだ。もしかすると助かるかもしれない。それを何もみすみす死ぬとわかりきったことをしなくても……」
　俺は言葉をやめた。彼女が首を横に振り、じっと俺を見つめたからだ。
　俺の心の中にも、どこかで彼女が降りてくれることを望んでいる声がささやいていた。口ではそう言いながらも、どうか決心を変えないでくれという気持ちが働いていた。その気持ちがあったからこそ、俺は彼女の目を見て、素直に引き下がったのだろう。俺が席に着くと、もうだれも、ものを言わなかった。
　彼女はしばらくじっとスクリーンを見つめていたが、急に非常用のドアの方に歩いていった。操縦士と目が合い、彼女はうなずいた。
　ドアが開き、閉じた。彼女はエアロックのドアの向こうに消えたのだ。操縦士がスイッチを入れた。点滅していたランプが消えた。船体外部のドアが開いて、彼女が外に押し出されたことを示していた。操縦士はスクリーンを消した。
　再び重苦しい沈黙が流れた。俺の胸には苦いものが残った。
（彼女は今頃）。俺は真空に近い大気の中で暑さに苦しんで死んだ彼女の姿を思うと苦しかった。
「さあ、早く出かけよう。出発させてくれ」貿易商の男が言った。
「よし」操縦士はパネルに向かった。そしてコンピューターに引力圏脱出のコー

スプログラムをし始めた。
　しかし、急に男の顔色が変わった。
「こいつはなんてことだ。コンピューターがノーと言いやがる」
「なんだって？　なぜだ」俺は言った。
「わかったぞ。嵐で燃料がやられたらしい。いや、メインエンジンが機能しない。5人分の燃料というのはメインエンジンのことだ」
「そうすると俺たちはどうなるんだ？」またあの男が悲鳴に近い声を出し始めた。
「いや、ちょっと待て。補助エンジンがある。今燃料を調べてくるが、あれでなんとかなるかもしれない」
　操縦士は後ろのエンジンルームへ入っていった。
　エレンが呻いた。
「どうしたんだ、エレン」俺は驚いて彼女の顔を見た。汗が出ていた。手を取ると脈拍が激しく俺の手に感じられた。体温がさらに上がったらしい。
　俺は不吉な影を見たような気がした。こうした状態になるのはこれが二度目だった。そして俺は、これがこの病気の末期症状に近いことを知っていた。
　貿易商の男がいらいらした様子で鞄をいじくっていたが、急に立ち上がると後部のエンジンルームの方へ入っていった。
　俺は熱止めの薬をエレンに飲ませた。（これがいつまで効いてくれるかわからんが、なんとか頑張ってくれ、エレン）俺は心の中でそう祈りながら火のようなエレンの唇に液状の薬を流し込んだ。
　エレンの様子は少しも変わらなかった。相変わらず呻きながらうわ言のようなことを言った。俺にはエレンの苦しみのほんの少しでも肩代わりしてやることはできなかった。
「だいぶお悪いようですな」ライアの老人が心配そうな顔をこちらに向けた。
「ええ、デネヴ星熱病のようです」
「それは大変ですなあ。このあわただしいときに。あれは感染力は弱いが、一度かかるとなかなか治らないんですよ」
「おじいさんはこの病気をご存じですか？」
「わしですか。はは、そうですな、80年も宇宙をさまよっておればたいていのことは見聞きしておりますよ。ちょっと待ってくださいよ。ほれ、これを口に含ませてごらんなさい」
　老人は毛むくじゃらの手を差し出した。その上には紙に包んだ何かの植物の種のようなものが乗せられていた。
「これはライアの薬です。あなたの持っているものよりはずっと効きますよ」
　俺は少し疑わしかったが、エレンの様子が変わらないので、その種のようなものを彼女の口に入れた。
　エンジンルームに行った二人はなかなか戻ってこなかった。何やらごとごと音がして、話をしているようだったが、今の俺にとってはエレンのことがいち

ばん気にかかった。
　しばらくすると、エレンの顔色が変わった。呻き声は静かな寝息に返った。
「あ、効きましたよ」
「そうか、それはよかったな」老人はそう言って、またうつむいた。俺はこの言葉少ない老人がこの生きるか死ぬかというときに、他人のことを考えてくれたことをとてもありがたく思った。
　俺がほっとしたとき、後ろのドアが開いた。
「お客さん、補助エンジンは大丈夫でしたよ。燃料もあります」
　操縦士が言ったが、俺は何かその言い方が気にかかった。
　貿易商の男はまだ戻ってこなかった。
「そうか、それはよかった。じゃあ時間もあまりないだろうから早く出発させてくれ」
「しかしねえ、お客さん。そうはうまくいかないんですよ」男の目が異様に光った。
　俺は狂人のそれを見たような気がした。
「補助エンジンともなると燃料をやけに食いましてねえ。おまけに操縦が安定してできるかどうかわからないんですよ。それで用心のためにもう３人ばかり降りてほしいんですがねえ」男の声は冷たく、しかし落ち着いて船内に響いた。
「何？」俺は立ち上がった。
「おおっと、待った。しかし生身の体で外に出るのは無茶だ。それでそう、あんたの奥さんのように眠ってもらってから外へお送りしましょう」
　俺は男に飛びかかっていた。腕をねじ上げて肩で男の頸動脈を押さえた。
　しかし次の瞬間、背中に衝撃を受けて俺は意識を失った。

　風が吹いてきて頬に砂が当たった。目を開けると、抜けるような青さが飛び込んできた。顔の上にライアの老人の姿がかぶさってきた。
「大丈夫かな。かなりひどくやられたようだな」
「あ、おじいさん。どうしたんですか、俺たちは」
「あんたはあの貿易商の男に麻酔銃を撃たれたんじゃ。わしはもともと抵抗する気はないから、そのまま放り出されたのじゃがね」
「ここは船の外ですか？」言いながら俺は首を回した。そこは細かい灰色の砂の積もった砂漠だった。
　かなり向こうに宇宙船が見えた。
「ここまで運んでくるのにひと苦労じゃったよ。何せ、いつあいつらが飛び立つかわからんからなあ。もしそうなりゃ、それに巻き込まれて御陀仏だ」
「そうすると、ここはどこなんだ？」
「さあ、わからん。ただはっきりしていることはあの船の計器が故障しておったということだ。スクリーンも同様じゃ。そのおかげでわしらはこうして助かっ

たんじゃ」
　俺は横に寝かされているエレンを見た。顔色はよかった。何も知らずに眠っているようだった。
　シリウスの少女が宇宙船の方から歩いてきた。
「どうしたんです、あの子」
「あいつらに知らせようと思っておるらしいんじゃ。しかし、二重ロックの特殊合金の宇宙船に外から叩いたぐらいで聞こえるわけがない」
「しかし、なぜ飛び立たないんだろうな」
「それはわからん。また何か故障があったのかもしれん」
　俺は時計を見た。22時だった。6人で1時間なら船内の酸素は二人だとしても3時間しかもたない。
　やつらは死んでいることだろう。俺がそう思ったとき、地平線のかなたに何かが光った。
「お、なんだ？」それはどんどん近づいてきた。
「ほお、懐かしいものが来るわい」ライアの老人が顔を輝かせて言った。
「なんです、あれは」
「地球連邦のジェット機じゃ」
　そういえば、俺も昔、どこかで見た覚えがある。地球ではだいぶ前に使われなくなったようだが、開発惑星では惑星内の交通にまだ使われているものだ。
「とすると、ここは宇宙基地のある惑星か」
「そのようじゃな」
　ジェット機は垂直に着陸し、中から隊員たちがやってきた。
「大丈夫ですか？　不時着するのはとうにキャッチしていたのですが、なにぶん宇宙船ばかりで惑星内の船が遅いものですから、とうとう今になってしまいました」
「あれがあなた方の乗ってきたＥＳＬ型宇宙船ですね」
「そうです」
「乗組員はこれですべてですか？」
「いえ、中にまだ二人います」
「えっ？」
「たぶん、死んでいますけど……」
「……」

　俺たちは旧式のジェット戦闘機に乗ってこの開発し始めたばかりの第5宇宙基地のある惑星表面を眺めていた。
　どこまでも灰色の地表は続いていた。
「しかしあの人たち、なぜあそこで死んでいたんですか？」俺たちを助けにきた隊員が尋ねた。

操縦士と貿易商たちは酸素不足で死んだのではなかった。お互いにレーザーガンで撃ち合っていた。
　そしてその横には貿易商の男が持っていたらしい札束が散らばっているだけだった。
　そして隊員たちが調べてわかったのだが、補助エンジンの燃料はたった一人分しかなかったのだ。
「さあ、たぶん金の奪い合いをしたんでしょう」
　俺はさりげなく言った。
　俺はわかっていた。シリウスの少女が出ていった後、操縦士はもう一人分しか燃料がないことを知っていたのだ。そして貿易商の男が金を出して助けてくれとでも言ったのだろう。それで二人分だと言い、その後殺して金だけ奪って飛び立とうと思ったのだ。
「しかしどうしてやつらは死ななきゃならなかったんでしょうねえ」
　俺は思わずそう呟いてしまった。ライアの老人がこちらを向いて言った。
「仕方がない。やつらがわしらを追い出したのじゃ。自業自得というものじゃよ」
「ほんとに皮肉なものですね。やつらのあの自分勝手な行動がなければ、今こうして俺たちは生きていないんですからねえ」
「そんなものだよ、人間とは。しょせん人間とはエゴイズムの中から抜け出せないんじゃ。そのことはやつらのエゴのおかげで、今わしらが生きられておるというだけでいちばんよく示されている。愛などということはむなしいものじゃよ」
「そうかもしれませんねえ」
　俺はふとやつらに愛があったらと思った。そして俺たちみんながあの船の中にいたら。そうしたら俺たちは全員死を待つだけだったに違いない。
「人間の愛など知れたものよ」ライアの老人は吐き出すように言った。俺はこの老人の疲れきったような表情に彼の過去を思った。
　80年間宇宙をさまよっていたというこの老人、それもライア人ということでどれほど差別され、苦しんできたことだろう。
　俺はこれらを感じるだけに老人のことばが重みをもって感じられた。
　エレンがまた呻いた。俺は急いでさっきのライアの薬を口に含ませた。ふと俺はエレンの顔を見る。また汗がにじんでいた。俺はそのとき自分の心の中にあるエレンへの愛を思った。
　あの美しく引き締まった体をひらめかすエレンの姿が、目に浮かんだ。つい3日前まで彼女は元気に俺の周りを跳びまわっていた。それが今は熱に浮かされ生死の間をさまよっている。そうした今、俺の心の中には以前のエレンに対する気持ちしか残っていないような気がした。
　こうして看病していることが、何か今までの惰性のような気がしてきた。
　宇宙基地からすぐ船を出してピオに向かってくれるということだが、間に合

うかどうか疑問だ。
　それにもうここまで症状がきた以上、全快が不可能なことは素人の俺にもわかった。
　仮にも製薬会社に勤めている俺にはデネヴ星熱病の影響は嫌というほど知っていた。
　命を取りとめても、もうエレンの頭脳は元には戻らなかった。彼女の心は空気のように希薄になってしまうのだ。
　もしそうなったとき、俺は今までのようにエレンを愛せるだろうか。俺はエレンのあの美しい姿と輝くばかりの知性にだけ惹かれていたのではないだろうか？
　俺は熱病によって顔にあざが残り眼をとろりと開けたエレンを想像して身震いした。俺にはそういったエレンを愛せる自信はなかった。
　窓の外は真っ赤だった。地球で見るどの夕日よりも鮮明に赤い太陽が目の前にあった。
　俺はなぜか悲しくなった。そしてその赤さが人間の血の色のように見えてきた。
　そのとき、俺ははっとした。その赤さの中に、一種まったく違った輝きを見たからだ。俺は光のもとをたどった。シリウスの少女だった。
　彼女の目が光っていた。そしてその目には夕日に燃える涙が見えた。俺はそのとき電光のように、何かが体を貫くのを覚えた。
　愛だった。そこにあるのはまぎれもない純粋な光だった。
　（そうか、彼女はやつらが死んだことを悲しんでいるんだ。そういえば、もともと彼女は俺たちみんなを助けるために自分の命を捧げたんではないか？　そして結果的にはその行為によってやつらを除く人間を助けることができたんだ。でも彼女はあの二人をも愛してるんだ。命あるものをすべて愛してるんだ。俺はなんて人間だ。俺たちを追い出した人間を憎んだりして。俺だってあのとき、やつに飛びかかって、本気で外に放り出そうとしたではないか。もし俺がやつらだったら同じことをしたかもしれないではないか。
　もしやつらを恨めるとしたら自分から命を捧げて俺たちみんなを助けようとしたシリウスの少女だけだ。しかし彼女はいつ飛び立つとも知れぬ宇宙船の外郭を叩いて彼らに知らせようとした。
　俺だってやつらと同じじゃないか。彼女に代わって外に出ようと思いもしなかった俺が、何かやつらとは違った人間みたいに自分を思ったりして。こんな俺になんで愛なんてことがとやかく言えるだろう）
　俺は恥ずかしかった。しかしやがて、それは何か喜ばしい感情に変わっていった。そして俺の心を占めていたあの悲しさを次第に消していった。
　俺はエレンを見た。彼女の顔にはすでに熱病のための赤いあざが浮かび始めていた。
　しかし俺は、エレンのその顔がこの世でいちばん美しいと思った。

巻末資料 21

▶ 1980年から81年初頭にかけての創作活動のタイトルリスト。なお、このリストは日記とともに保存されていた。1981年2月末から3月20日までのいずれかの時点で、智自身が作成したと思われる。また、タイトル以外のことばも、その時点での智の書き込みである。

創作活動の記録
1.「女王レピル」1980年7月
2.「シャターナの老人」1980年8月——アッキー、トミー、カズト、モーリー
3.「まりこの絵」1980年8月
4.「友愛」1980年11月——ルピナスのルピーは友愛の使者
5.「夜空の喫茶店」1980年11月
6.「砂の星」1981年1月
7.「ライフサンター」——ピーターの人生を経験する脳
8.「パロディ——タイムトラベラー」1981年1月
9.「緑の惑星」——ロックとマーサ 1981年1月
10.「プー3世」1981年2月
11.「反宇宙戦争」——サイボーグエレン〔正しくは「レイナ」智の錯誤〕への恋、反宇宙との戦い、1981年2月
12.「プー 仲間が来る」1981年2月
13.「プーとルーがチュウキチのうちに行く」1981年2月
14.「愛の方程式」1981年2月、レイナ〔正しくは「エレン」智の錯誤〕シリウスの少女
15.「プー テレビに出る」1981年2月
16.「夢」1981年2月

巻末資料 22

▶ 1981年2月18日付で、智が主治医のK医師あてに作成した今後の治療方針などについての希望を記した手紙。

K医師式（K式）、O医師式（O式）
第1表（将来におけるわが希望する状態を番号順で示します）
 1. 耳も治り学校にいる
 2. 耳は治ったが家にいて休学していた
 3. 耳は治らないが補聴器をかけ治療を受けながら学校にいる
 4. 耳も治らず家にいる
第2表（治療についての希望）

1. 治療を受けなくてよい
2. 見通しを持ってK医師式（K式）の治療を受ける
3. 見通しを持ってO医師式（O式）の治療を受ける
4. 見通しを持たずにいずれかの治療を受ける

第3表　今後の治療とそれを受ける場所の希望

2表の2～4についてそれぞれ以下の3～5表に示す

（K式で見通しがある場合）
1. K式で学校（S）にいる
2. K式で家（H）にいる
3. O式でSに
4. O式でHに

第4表（O式で見通しがたった場合）
1. O式でS
2. O式でH
3. K式でS
4. K式でH

第5表（K式，O式とも見通しがたたぬ場合）
1. K式でS
2. O式でS
3. K式でH
4. O式でH

（本文）
　これらの表で僕の言いたいことは耳は治りたい、しかし学校へも行きたいということです。耳が治りたいのはいちばんの希望ですので別に学校を休んでも耳が治るならばかまいません。しかしここでいちばん恐ろしいのは、学校を休んで耳の治療に専念したが、いっこうに効果が上がらなかったときの自分を想像することです。そこでその不安を除く意味でも、今いちばん希望することは見通しのある治療――すなわちよくなる傾向を示す治療――を受けるということです。西洋医学が医学の本流であり、より確実性に富むものであることは僕も信じます。しかしはっきりと言って、病める者の本心は、とにかく治れば祈禱だろうがまじないだろうがなんでもいいという心境です。またはじめお会いしたときのお話でも、基本的にできることは何でもやってみるということだったと思います。現在4週間近い治療を受けて、少なくとも特効的な効果は西洋医学でも期待できないことがわかったように僕は思います。ですので、良いか悪いかはわかりませんが、O式の治療を少し試してみたいように思うのです。ではここでO式治療に対する僕の考えを書きます。

O式治療への見方
（悲観的な見方）
1. 確実性に欠けている。本にはいろいろと成功した症例を載せているが、ああいうものには失敗したことは書かないものだ。
2. メニエル[*1]を8か月で治癒した、という例があるが、それならば西洋医学でも治る。僕の病気に効くかどうか疑問である。
3. あの食生活を実際にしている人間がいるので、死なないことはわかったが、自分自身が続けていくに精神的にも耐えれるか疑問だ。治癒までは耐えられたとしても、その後、もとに食生活が戻ると、病気が再発するようなら困る。

（希望的な見方）
1. とにかくエリテマトーデスやベーチェット病[*2]などの難病を治癒させているのだから、「病気」というものに共通するなんらかの原因をO式治療が取り除くことは事実だろう。
2. 不完全ではあるがO式を実施した1月5日から22日までの間は、その前後の時期と比べ、少なくとも大きく悪化したことはない。
3. 病気が進行した正月前後とO式治療法実施の時期が一致しているように思えるが、それは疑問だ。まずO式を試し始めたのが12月の30日であり、そのときは既に1月6日のときとほぼ変わりない状態になっていた。それに一日や二日を鍋物の野菜や豆腐で過ごしたぐらいで、耳が悪くなるとは思えない。現に悪くなる以前は、O式などとはまったくかけ離れた食生活をしており、O式によって悪化したとは思えない。
4. 食生活のことだが、治癒するためならあの食生活を励行するだろう。治癒後のことは今考えるべきではない。今はまだ病める状態なのだから、よくなった後のことは、そのときに考えればよい。

こういう次第で、結局はちょっとO式も試しておきたいのです。非常につらいことですが、今後のためにも試しておかないと後で後悔するような気がします。それに西洋医学なら学校へ行ってからも治療を受けることができるでしょうが、O式のほうは効き目も試さず面倒もかかるとあっては、実施することはまず無理でしょう。ですからここでもし効き目があるとわかれば、何とかして学校でも続けられるように考えることもできましょう。そのためにも今試しておく価値はあると思います。本音を言うと西洋医学で治るのならそれにこしたことはありません。「食べる」ということは、われわれ盲人にとって、目の見えている人以上の大きな意味があります。しかし最後にここで患者としての真の願いは理論や手段でなく、「結果」であるということなのです。ですから、「結果」が得られるならば、いくらかの犠牲も辞さないつもりです。

＊1　ここでの「メニエル」は「メニエール病（症候群）」「メニエール氏病」を指している。目眩や難聴をもたらす内耳の病気だが、予後は比較的良いとされ、少なくとも当時の智は、そのように認識していた。
＊2　「エリテマトーデス」は、皮膚のほか、血管や関節など全身に症状の及ぶ膠原病の一種。膠原病は、皮膚・筋・関節などの結合組織に炎症・変性が起こる慢性疾患の総称。また、「ベーチェット病」は、虹彩炎・口内炎・陰部潰瘍と血管性静脈炎、皮膚の紅斑様発疹などが繰り返し起こる原因不明の慢性病。

巻末資料 23

▶ 1981年3月2日付、智から附属盲学校寄宿舎の担当F寮母（男性）への手紙。

前略
　お手紙も書かず、長らくごぶさたしたことをおわびします。母が書くとか言っていましたが、やはり僕が書くことにしました。
　現在僕の考えている将来（近い）のことについて以下に記します。
　ではまず、1年後ぐらいの未来を想定して、そのときにおける僕の状態の考えうるものをあげてみます。

（表1）将来におけるわが希望する状態を番号順に示す
1. 耳も治り、学校にいる
2. 耳は治ったが、学校は休学し、家で治療をしていた
3. 耳はめざましい治癒は見られないが、補聴器を付け、現状を維持しながら（治療を受けながら）学校にいる
4. 耳は治らないが、補聴器をつけて学校に行く。が、治療と学校生活が両立せず、補聴器の使用により聴力が低下し、学校生活を続けられなくなり、家に帰る
5. 治癒を信じ、家で治療に専念するが、いっこうに効果が出ない

　だいたい大まかにいって、このように考えられると思います。もちろん、これらはかなり極端な場合であって、これらの中間点に位置する状態が、より現実的でしょう。
　ここで、まず1は、かなり難しいとみるのが当然と思います。
　そこで、2の状態ですが、これは得てして5の状態になる危険性があります。そしてまた、治療を受けず、学校にいた場合は、4の状態になるのがかなり可能性の高いことのように思われます。
　そうしたわけで、僕としてはせめて2か3の状態にしたい、と思っています。
　今度は具体的なことについて言います。
　治療ですが、はっきりいって西洋医学に頼り、それを信じるのが僕の今まで

の状態からいっても、かなり無謀だと思います。

去年の暮れ、平均デシベルが 30 〜 35 ぐらいになり薬をもらいました。そして今年の正月明けには、55 〜 60 になりました。

それからO式を本格的に始め、1月 22 日まで継続しました。

その間、目立った聴力の低下はみえませんでした〔みられませんでした〕。そして、再び西洋医学に戻り、リンデロンをはじめとする一連の突発性難聴治療*を受けました。その結果はさらに平均デシベルを 70 〜 80 程度に落とすことになってしまったのです。

ただ神戸医大には、独自の難聴治療法（綿棒による鼻の奥の神経の刺激で、俗に「綿棒治療」と言っています）を行っている熱心な先生があり、今僕はその先生に診てもらっています。

過去にも多数の治った症例はあるようです。僕のように、何をしても効かず、だめか、と思いながら、綿棒治療を続け、やっと最近聞こえるようになったという人もいます。

ただ、ある程度回復するまでにかかる期間は、1か月から8か月位と、僕の知っている限りでも幅があります。まあそれでも、確実に治るのならばよいのですが、そうとも言い切れないようです。

そこでO式ですが、結果的にはO式を実施している前後では、難聴が進行し、それがとまっているのは、O式をしている間だけであった、ということになります。これは偶然かもしれませんし、何もしなくとも良くなったり、悪くなったりする人もいますので、それほどあてにはなりませんが、少なくともO式が悪化をくいとめるのではないかということを思わせるには足ると思います。現に先生に電話をかけたのちさらに悪くなり、O式を始めたところ元に戻りました。こちらの主治医（K医師）も、はっきりなぜ効くのかわからない綿棒治療をやっていることもあり、O式を否定はしません。

とにかく注射や薬が効かないことがわかった今、僕のとりうる限りではこの綿棒治療とO式しかありません。もちろん鍼は受けていますが、これは以前から受けていたにもかかわらず難聴が進行したことや、鍼が人によってその効果にかなりの違いがある（病気によっては、だれにも効くものがあるそうですが）ことなどからみても、そう期待はできません。また、Oさんは鍼や漢方なども用い、それに独自の自然治癒力をいかす方法で総合的な治療を方針としています。

では次に、学校のことについて考えてみます。

（表2）学校復帰に対するわが考えにおける肯定および否定的要因の記載
　—否定的要因—
　1. 難聴であるということは、少なくとも内耳神経が正常な者より、弱っているわけである。そこへ補聴器を使うことは、耳にとって決して良くない。また目が見えぬため、どうしても補聴器を多用するだろう。これは耳を疲れさ

せる原因になる。
2. また補聴器を使い、授業その他を聞くにあたって、今まで以上に耳以外に神経を疲れさせることになるのではないか？　突発性難聴（はっきり僕のがそうだとは言い切れませんが）の原因の大きなものの１つが精神的ストレスである以上、このことはさらに難聴の進行を呼び起こすことになりかねない。
3. 現在の状態からいって、ある程度期待の持てる治療法は、O式と綿棒治療である。このうち、綿棒治療は初めに考案したDgという先生が東京医科歯科大学の人だから、治療を受けることは不可能ではないだろう。が、これもこちらのK先生の「刺激」ではなく薬を塗るものである。その方法による治癒した症例を知らないから、そう期待は持てない。それからO式であるが、これは運動と食事療法の２本立てなので、さらに難しい。運動の方はTと〔4月からの寄宿舎の部屋が〕一緒になった〔なることが決まった〕こともあり、なんとかできるだろう。一人でもこれは〔その場跳びなど、なんらかの運動は〕可能だ。しかし、食事療法の方は、まず根本的に寮の食事をとることをやめなければならないから難しい。野菜の面は寮の食事のものを食べていていいと思うが、タンパク質は植物性に限り、炭水化物も玄米、黒パン、日本そば、悪くてもジャガイモなどからとらねばならないので問題である。
4. そして、あらゆる面において、同室者をわずらわすことになるだろう。
　もし行くとすれば、補聴器の多用を避けるため、できるだけつけないようにせねばならないから、周りの者の迷惑はそれだけ増える。Nには今までにもいろいろ迷惑をかけているし、これ以上世話をかけるのはしのびない。それに立場をかえて、もし僕が僕のような同室者の面倒をみるなどということを考えたら、やはりやっかいなことであり、面倒なことである。

―肯定的要因―
1. 補聴器のことだが、慣れればそれほど苦にならないと思われる。また３年になれば、それまでより〔授業のない〕空き時間が増えるから、耳を休めるのにも役立つだろう。また、席を前にとり、補聴器を教卓の上に置けば、先生の声だけを聞けばよいから、それほど疲れずにすむのではないか。寮に帰れば、極力つけなければいいのだ。われわれの本分である勉強をするうえにおいては、僕の耳は〔聞こえにくいから静かなので〕このうえなく便利なものであり、多少の騒音など気にならないのである。
2. O式をはじめとする治療法のことだが、まず鍼はしてもらえるだろうし、運動と漢方薬も大丈夫だろう。
　ここで食事のことだが、もし１年間家でやるとしても、僕が附属をやめたり、また寮に入らなかったりしない限り、来年も同じ問題が残るのであり、いずれにしても、解決せねばならないことである。
　これはなんとかなりそうな気もする。O先生とも相談して、普通食の中で

量の制限や食べる物の選択、また可能なものは個人で購入する（例えば黒パンを代用するとか、納豆を買うとか）などしてやれば、全くの不可能ではないと思う。食事のことまで気を使っていては、たまらないが、その他のことで神経を使うよりはましだろう。
3. それからもし、1年間休学して、何の効果も出なかったときの自分を想像するのは恐ろしい。またある程度効果が出たとしても、やはり補聴器を使うかそれなしで神経の使う生活を送るだろう。それなら今年行き、気心の知れたクラスと寮の仲間と暮らした方がいいのではないか？　来年になれば、その点でまた余計に精神的に疲れるのではないか？　そりゃー1日中疲れ通しだろうが、少なくとも今年なら、部屋にいるときは楽なものであろう。
4. 治療をしながら学校に行けるのなら、家でいるのとそれほど変わりはないはずだ。家で焦燥とあきらめの日々を暮らすより、かなりの困難はあるだろうが、精神的充実の中に身をおく方がよいのではないか？

　だいたいこんなところになると思います。現在の僕の考えは、上の否定と肯定の意志の交錯する複雑なものですが、どちらかといえば、否定の方に傾いています。

　これは父も同意見ですが、まず第一に考えるのが耳のことであり、それが治らなければ話にならないという点です。治るか治らないかはわかりませんが、その不確実な問題を討議していては、事態は改善されないでしょう。ただ、学校に行きたいのはやまやまです。個人的にも、僕は自分のクラスが好きです。心残りがあります。ただそこで不安なのは、治療のこと、特に食事のことでしょう。はっきりいってなんら目立った治療をせずに今の耳の状態で補聴器をつけて学校に行けば、確実に聴力が落ちるように僕には思えます。家でしばらく〔補聴器を〕してみましたが、やはり耳にはいい影響を与えないようです。これは使いはじめだからかもしれませんが、眼の〔見え〕ない僕が、見えている者と同じような考えで、補聴器使用についてとらえていたらだめだと思います。

　長々と書きましたが、ここで結論を言いますと、学校へは行きたい、しかし何の手も講じなければ、まず難聴は進行するだろう、という僕のかなり自信のある予想をお伝えしたかったのです。

　推敲もなく、書き流しましたので、まとまらなかったことをお詫びします。ではまた、ご連絡をお待ちしています。草々。

＊第5章の注＊14で示したように、智は「突発性難聴」ではなく、正しくは、「特発性難聴」なのだが、まだこの時点で智にその認識はなかったと思われる。

巻末資料 24

▶智の父・正美から智への手紙 No. 1（1981年3月14日付）

いよいよ木更津へ行くことになったな。
　ここまでくれば、やるだけのことをやる。それしかないと思う。何かと不安な気持ちになると思うが頑張ってほしい。親としてできる限りのことはするが、後は自分との戦いと思う。
　特に言っておきたいことは、今のお前にとっておかあちゃんは不可欠だ。おかあちゃんなりに頑張っているのだから、よく理解してあげてくれ。心を合わせてほしい。
　次々と襲いかかってくる苦痛は、本人にしかわからぬものと思うが、神よりの試練と思って闘ってほしい。
　いろんな障害を持つ人たちのために役立つ人間にならしむべく、神が与えくれた啓示かも知れぬ。
　お前の持つ生来の明るさを失うことなく、賢明さに努力を加味して乗り越えていってほしい。

▶智の父、正美から智への手紙 No.2（1981年3月20日付）

　新しい挑戦への旅立ちに際して。
　納得がいくまでやってこい。
　幼いときからの風雪の人生、それはお前だけに与えられた試練といえる。世の中の数多くの身障者の先駆者となってほしい。
　Oの結果がいい形にならなくとも、悲観せずに新しい運命に立ち向かってほしい。
　結果を恐れずに努めるところに、新たな展望がひらけるのだと思う。
　前にも言ったように、人間の機能と能力の限界を見極めさすために、何者かが与えた試練と思えて仕方がない。
　かつておまえをかわいがってくれた亡き人たちと、今生きて、お前を見守っていてくださる人たちの愛情にこたえるためにも奮起してほしい。
　おまえにはパパとママ、そして二人の兄がついていることを忘れるな！
　それでは元気でな。

　（わが感想）
　現在は好きなものも食べ、運動の苦しさも味わわずにいるため、Oへの希望のみが存在している。またロバート〔ロバート・スミスダス〕の本を読み、親父のことばもごく当たり前のようなことに受け止められる。しかしどちらの結果が出るにせよ、俺にはそれなりの大きな苦しみが生まれることは確実だろうと思う。それを除くものは何かは知らぬが神の意に沿う生き方、つまり愛を見つめた生き方を心がけることは俺の使命のように思える。

巻末資料 25

▶ 1981年3月15日、智の寄宿舎担当F寮母が、智の状況を踏まえて作成した手記。

「盲・難聴者の経過（病気）と生活指導の課題」

福島の病気（難聴）の経過

昨年の12月23日[*1]帰省後、耳の調子が悪くなったために（聴力低下）以前から継続して定期的に受診している神戸大学医学部・耳鼻科でK医師にかかって通気法による治療を受ける。その後、1月6日に受診して難聴進行が見られた。オージオグラム（聴力検査）の結果、人間の会話は500から2000ヘルツの間で構成されているので、福島の場合、500ヘルツのとき45デシベル、1000ヘルツのとき60デシベル、2000ヘルツのとき不能（認知）[*2]であった。病名は、「突発性難聴」と診断がついた。この難聴は、原因不明で内耳に生じる急激な病変であり、ウィルスによる感染、出血、血管の閉塞などが考えられている。誘因として風邪のような症状、疲労、精神的ストレスなどがあげられている。福島の場合、感音性難聴であり、内耳から大脳（神経中枢）までのどこかに障害がみられる。1月22日から神戸市立心身障害福祉センターで、難聴の医学的リハビリテーションを受けている[*3]。K医師は治療として、綿棒治療、ステロイド、循環剤、ウログラフィン、通気法、ビタミン剤、点滴静注の7つの方法を治療の中心としている。とくに綿棒治療は、鼻の中に細い綿棒を取り入れて〔ママ〕鼻の神経の刺激をすることで聴力の回復をみる。ステロイド（リンデロン4ミリグラム）を1月22から23日まで2日間、服用するが、すぐ副作用として心臓がドキドキしたり、不整脈がみられた。K医師の3か月間のオージオグラムのデータを見ると、聴力低下の山が3回ある。12月23日から1月8日までを第1の山で、第2の山は1月28日であり、この時は左耳に通気の時、おかしくなり聴力検査の結果、125ヘルツで通気前40デシベル、通気後65デシベル、500ヘルツで通気前60デシベル、通気後65デシベル、1000ヘルツで通気前70デシベル、通気後75デシベル、2000ヘルツで通気前70デシベル、通気後75デシベルであった。第3の山は、3月5日以降で3月12日はいちばん聴力低下が見られ、500ヘルツで90デシベル不能、1000ヘルツで105デシベル、2000ヘルツで90デシベルであった。

K医師の話では、2月19日に補聴器を試聴して1日30分程度利用してきた。また、医学的治療で良くしようと思えば、思う程難聴進行が見られているという。

以上のように、福島の聴力低下の回復は医学的に無理のようである。K医師は医学的リハビリテーションは終わり、心理的・教育的リハビリテーションの段階であるという。第1に学校・寄宿舎生活を4月から行うように言っている。第2に綿棒治療は、東京でもできるので、学校・寄宿舎生活と並行することで良いという。

今後の課題

3月11、12日に神戸市立心身障害センターに〔出向き〕、医者〔K医師〕、父兄、本人、学校から遠藤先生とFが今後の福島の日常生活をどのように進めるかを検討してきた。

とにかく、視覚・聴覚障害が高度であるので、精神的な面でのコミュニケーションが重要である。その意味で、寄宿舎の生活を数か月間は専門の担当者があたってきめ細かい指導を行わなければならないと思う。実際、福島と会ってみても、残存聴力が若干残っているのみで、補聴器も1日30分程度、使用できるのみであった。

コミュニケーションの手段は、点字の利用が最大のものである。しかし、日常生活では、点字のみのコミュニケーションでは不足で、ボディタッチの方法を考案することが重要な課題である。中途の聴覚障害ということで心理的な動揺は甚だしいものである。

私達が、医師と話しているときでも、その内容が不安であって、内容を母親に聞く一幕もみられた。つまり、盲・難聴者という重複のハンディキャップであることは、よりいっそう精神的な不安が多く、今後の指導をどのような方法で進めるかが、重要な課題である。過去の事例も少ないために、毎日毎日の模索が大切な指導になるかと思う。

1981. 3. 15

* 1　1980年暮れの智の帰省は正しくは12月22日である（第5章参照）。
* 2　1981年1月6日の智の聴力検査記録では、左耳の2000ヘルツは65デシベルなので、「不能」という表現は正確ではない。
* 3　このセンターで1981年1月22日（木）にK医師の診察・治療を受けたことは確かである。ただ、このセンターにはこれ以後、木曜に通っただけで、他の曜日の診察・治療は神戸大学附属病院の耳鼻科で受けていた。

巻末資料 26

▶ 1981年4月、担任の塩谷教諭が作成、全校関係者に配布したパンフレット。原本資料と小島・塩谷編（1988）『ゆびで聴く』に掲載している資料とでは、若干表記等に相異がある。ここでは、原本資料に従った。

「視覚・聴覚二重障害者との対話のしかた」

高3の福島　智（さとし）君に話しかけて下さい。彼は視覚・聴覚二重障害者ですが、(1) 点字を読み書きすることができ、(2) みずから発声してしゃべることができます。

彼は、次のいくつかの方法を選択することによって、誰とでも会話を交わすことができます。

　A．点字を書ける方は次の方法で対話して下さい。

　福島君と彼のお母さんによって考案された「福島式指点字」を使います。次の順序で対話して下さい。

（1）話しかける時の合図

　人から話しかけられた時、その人が男の人か女の人か、あるいは目上の人か目下の人かわからなければ、彼はどのような挨拶から始めてよいかわかりません。「こんにちわ」「やあ、君」などにあたる話しかけの合図は、次のうちから選んで送って下さい。

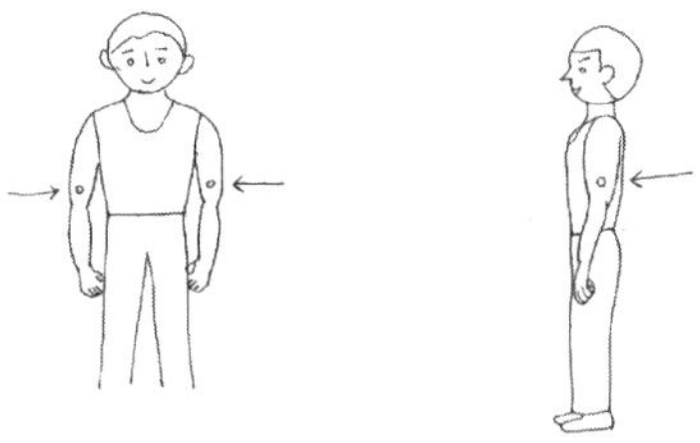

（ア）同輩または目下の女の人は――彼のひじの少し上（左右どちらでもよい）を、平手で軽く1度たたいて下さい（図1参照）。

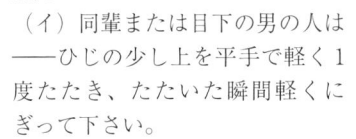

（イ）同輩または目下の男の人は――ひじの少し上を平手で軽く1度たたき、たたいた瞬間軽くにぎって下さい。

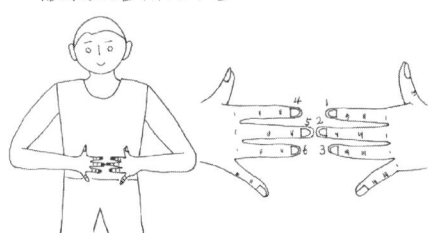

（ウ）目上の女の人は――ひじの少し上を平手で軽く2度たたいて下さい。

（エ）目上の男の人は――ひじの少し上を平手で軽く2度たたき、2度目にたたいた瞬間、軽くにぎって下さい。

（2）会話を交わすときの合図や記号

（1）の合図を送ると、彼は返事や挨拶をした後で、指を開いた状態で両手を差し出します。両手を差し出されたら、次の方法で会話を交わして下さい。

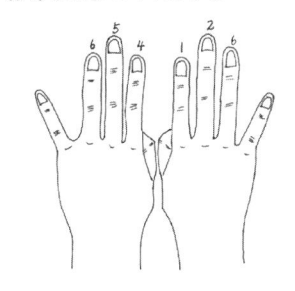

（ア）ライトブレーラー型で点字を書く人は――彼の両手首を持って、図2のように指の位置を定め、彼の左手の人さし指・中指・くすり指、右手の人さし指・中指・くすり指の順にゆっくり触れて下さい。触れた順に点字の1の点から6の点であることを示します。

（イ）パーキンスブレーラー型で点字を書く人は——彼の両手首を持って図３のように指の位置を定め、（ア）の要領で１の点から６の点を決めて下さい。〔この図は、智に対面でパーキンスブレーラー型で指点字を打つことを想定した図である。指は智の指である。また、ここでは長時間話すときは対面で行い、しかも机の上に智の手を置かせるような体勢を指示しているが、実際はライトブレーラー型でも、パーキンスブレーラー型でも、横に並んで指点字を打つことも多い。そして、対面の場合でも、智か話し相手のひざの上などに指を置いたり、特にライトブレーラー型での対面の場合は、空中に手を固定して打つことも少なくない。なお、「右手の薬指が６の点」とあるのは、「３の点」の錯誤である〕

（ア）（イ）いずれの場合でも、長時間話す時には、机の上に手を置かせて、向かい合わせに座って下さい。

（ウ）６本の指を点字タイプライターのキーに見たてて、点字タイプライターを打つ要領で、指の上（第２関節のあたり*1）に点字を書いて下さい。

（エ）日本語で話す時は、マスあけにあたる部分で心もち間を置いて下さい。

（オ）英語で話す時、マスあけにあたる部分は、右手の親指で、（ⅰ）ライトブレーラー型で話す時は彼の左手の小指を、（ⅱ）パーキンスブレーラー型で話す時は彼の左手の親指をたたいて下さい。

（カ）間違って記号を送った時、「訂正」の合図は、彼の手の甲を左右にすばやく往復させるようになでて下さい。この合図は、彼がしゃべっている時の「いいえ」「ちがいます」などの合図にもなります。

（キ）対話中に第三者が話しかけてきたりして対話を中断する時、「ちょっと待って下さい」の合図は、彼の手の甲全体をやわらかくつつむように握って下さい。

（ク）彼が話をしている時は、指の先を軽く握ったまま聞くなどして、彼の指から手を離さない状態で聞いて下さい。

（ケ）「はい」「うん」「そうそう」「そのとおり」などの肯定や同意の合図は、彼の手の甲を軽くたたいて下さい（１度でもよいし、２・３度連続してたたいてもよい）。

（コ）「いいえ」「ちがいます」などの否定の合図は、（カ）の「訂正」と同じ合図をして下さい。

（サ）「はい」でもなく「いいえ」でもない場合、「わかりません」の合図は、人さし指で彼の手の甲をタテまたはヨコに往復させて下さい（数字の一を書きそのまま逆に戻す）。

（シ）彼の言うことがよく聞きとれなかった時など、「もう一度繰り返して下さい」の合図は、人さし指と中指で彼の手の甲を強めに一度押して下さい。

（ス）対話が終わって、「対話終わり」「ではまた」「さようなら」などの合図は、彼の肩を軽く２度たたいて下さい。

（セ）「話しかけの合図」で話し始めたら、肩を２度たたいて「対話終わり」の合図を送るまで、彼の指または手の甲から手を離さないようにして下さい。途

中でだまって手を離されると、彼はどう対処してよいかわからず不安です。
　（ソ）対話は、助詞や語尾を省略した「カタコトことば」ではなく、会話体で、助詞や語尾もはっきり言って下さい。

　B．点字を書けない方は次の方法で対話して下さい。
　（1）Aと同じ方法で話しかけて下さい。
　（2）手を差し出されたら、左手の平をいっぱいに開かせ、彼の右手の人さし指を持って下さい。
　（3）彼の右手の人さし指で、彼の左手の平に「ひらがな」をゆっくり書いて下さい。
　（4）文字以外の合図は、すべてAのやり方で対話をして下さい。

　C．歩きながら対話する時は次の方法によります。
　彼の手引きをしながら、歩いたままの状態で対話をする時は、「指文字」[*2]または「伊山式片手指点字」（クラスメイトの伊山君の考案によるもの）[*3]を使います。このうち「指文字」は聴覚障害者と対話する時にも使います。

　D．その他の対話方法
　そのほか、点字タイプライターを使って対話することもできます。この場合は、「パーキンスブレーラー」やドイツ製「ブリスタ」を使うのが便利です。

「指文字」の講習会
　高3の学級活動として、次のとおり「指文字」と「伊山式片手指点字」の講習会を行います。受講を希望される方は、高3学級委員（Ce・Cf）または担任（塩谷）まで。
　4月14日（火）、15日（水）、17日（金）、18日（土）
　　　21日（火）、22日（水）、24日（金）、25日（土）
　場所：高3ホームルーム（310A室）
　時間：土曜は午後1：00〜3：00、そのほかは3：30〜5：00

[*1] 指点字を読み取る場所（読み取りやすい場所）は、盲ろう者によって微妙に異なるが、第2関節よりは指先寄りの第1関節のほうが読みやすい場合が多いと思われる。少なくとも智（そして筆者）は、第1関節のほうが読みやすい。
[*2] ここでの「指文字」は、米国の手話で用いられるアルファベット式指文字と、日本の手話で用いられる50音式指文字の両方を含んでいる。
[*3] 「伊山式片手指点字」は、片手式のパーキンスブレーラー（点字タイプライター）の原理を応用した方法である。盲ろう者の片手に、話し手が通常それとは反対の手を使って話しかける。たとえば、盲ろう者の左手に対しては、話し手の右手を

用いる。スタイルは手のひらを合わせるようにして、互いの5本のそれぞれ同じ指の指先が触れあえるような体勢にする。

　そして盲ろう者の片手の5本の指先を点字の六つの点のうちの五つに対応させ、残りの一点を表す場所として、指先以外のポイント（人差し指の根元など）を割り当てる。また、さらにそれ以外にもう一つポイント（親指の根元など）を決めて、点字の点二つを同時に表すルールとすれば、これらのポイントを話し手が5本の指先のいずれかでタッチすることで、片手で6点の組み合わせが表現可能となる。お互いがわかってさえいれば、どういう場所でも任意にポイントを決めればよいが、たとえば次のようにする。

　盲ろう者の左手の人差し指の指先が1の点、その根元が2の点、親指の指先が3の点。中指、薬指、小指の指先が、それぞれ、4、5、6の点。親指の根元が、「2と3」の両方の点を同時に表すというルールにすれば、片手で6点の組み合わせが表現できる。

　この方法を使えば、歩きながら片手で話すこともできて便利なのだが、ただし、この方法は両手を使う指点字と比べて手や指の安定を取りにくく、またさほど速くはできないという限界もある。

巻末資料 27

▶兵庫県立盲学校『星の光』掲載、令子「遙かな道のりに向かって」（昭和49年2月1日、兵庫県立盲学校、pp. 3-4）

「遙かな道のりに向かって」（福島 令子）

　昭和四十八年四月十日。

　それは、私の子供にとって、新しい人生の門出の日となりました。中途失明のために転入学を許され、初めて盲学校の門をくぐった日でした。

　春には、普通校では果たせなかった遠足にも参加できました。夏には、生まれて初めての学校プールを経験しました。その姿を私は見たくて、過保護の親と思えたかもしれませんが、影ながら見学して、喜びを共にしました。また秋には、文化祭で思い切り楽しく出演した子供の、真剣な表情を見ることができました。

　私には、盲学校の皆さんが、いとおしく、少しでもお手伝いできればと、廊下の掃除をしてみたり、時にはお友達の水泳パンツのほころびを直したりしました。盲学校は、私にとって、普通校と異なった家庭的な雰囲気が、好ましく思えました。

　今、遠い過去を振り返ってみますと、喜びばかりでもありませんでした。

　祝福されて産まれた子が、一歳で発病した時には、私は動転しました。それ

から十年、医療に全力投球の毎日でした。一年の半分は病院生活という月日が続きました。その間、子供は天性の明朗さで、つらい治療生活にもたえてきました。小児科では、〔普通の子どもの場合〕手こずらせる注射も、眼をなおすためには我まんしました。

　小学校入学時より病は下り坂となり、長期欠席を繰り返しました。何でも知りたい、何でも学びたい子供にとって、それはつらい日々でした。学校のことが気になって、私の止めるのを振り切って、一人コツコツと勉強もしました。

　だが、思いもよらぬ早さで、憂うべき時がきました。四十七年二月に受けた手術後悪化し、日一日と視力を失いました。病いに苦しめられた子供は、わずか八歳や九歳で人生を語り、厭世的なことを口走りました。しかし、この子には、救う神もついていてくれました。六月退院十日前、偶然にも点字を習うチャンスに恵まれました。それからは、朝から晩まで点筆を持ち、約一週間で覚えてしまいました。これで、ぼくも、本が読めるし字も書ける、と、その顔には生気がよみがえりました。でも、退院してから点字の読めるようになるまでが苦労でした。

　子供の悲しさ、欲がないので、わかりにくい一字一字に嫌気がさして、もう少しでさじを投げ出すところでした。四月までに読めるようにならねば、自分が困るのだ、と理解するにはずい分時間がかかりました。それは子供にとって血のにじむような努力の毎日でした。

　一月に入って、ある物語を読み始め、私に聞かせるのが楽しみで、だんだん点字を読む速度が増しました。次には数字・英字・楽譜にまで手を伸ばし、ほとんどマスターしました。ああやっと入学に間に合った。よくやった。私は喜びと共に、わが子ながら頭の下がる思いがしました。

　さて四月に入学しますと、彼は水に放たれた魚のようでした。今までうっ積されていた本来の自分を取りもどしたようなはしゃぎ振りです。

　朝八時、母の手をひっぱるように家を出て、電車に乗り、滝の茶屋でおりると、不完全な点字ブロックの波うつ道を、何回めかの山を越えたら右に曲るのだと目印にし、学校までのホコリッぽいでこぼこ道も彼にとっては、楽しい通学道路となっています。

　ところで、最近の紙不足＊のあおりを受けてか、点字紙の不足と値上りには参りました。紙だけが頼りの盲学生にとって、これは大変な痛手といえる現象です。学習の面においても、好きな天体の星座の立体模型がない、と聞いては失望しました。忘れかけた漢字を覚えるのに、レーズライダー〔正しくは「レーズライター」〕では大変なことだろうと思います。貧富の差にかかわらず、障害児を持つ親は、どれだけ多くの物心両面を費やしていることか！　だが収入のわずかな超過で下りて来ぬ年金。これらすべての事柄が、無知な私には、不思議な福祉国家として映ります。

　こんな思いの私をよそに、子供は今日も友達大勢をさそい出し、ボール遊び

に打ち興じていることでしょう。高い鉄棒によじ登り、砂場では柔道大会を開き、笛を吹き鳴らし、ドラムをたたき、「なんとか楽団」を結成したとかで、にこやかにのびのびと過ごさしていただいていることでしょう。
　いたらぬながら私も、子供の眼となって、少しでも役立っていきたいと思っています。テレビのコマーシャルではありませんが、少々腕白でも良い、たくましく生きていって欲しいと切に祈っています。

＊当時「石油ショック」の影響で紙不足となり、点字用紙も値上がりしたことを指している。

巻末資料 28

▶この資料は、1981年11月30日付の『声のたより』（筑波大学教育学部附属盲学校高等部PTA発行）に掲載された智の母・令子の手記である。なお、「令子注」とあるのは、その冊子に令子が後日手書きで書き加えたものである。

（令子注：附属盲〔学校〕卒業時に令子が書く。『声のたより』「太陽をめざして」。「太陽に向かっていったら焦げ死ぬやないか」智の憎まれ口）

『声のたより』（昭和56年11月30日、高等部PTA発行、pp.6-13）

　「太陽をめざして」（高三父兄　福島 令子）

　「不幸せ」というものは、こんなにも次々と襲いかかって来るものなのでしょうか。
　「眼が見えない」
　これ程、大きな不幸はないと思ってました。なのにその上に……。
　「眼を失って」やっとその苦しみから立ち上がり、「新たな望み」を抱きはじめた矢先でしたのに。又しても更に大きな苦難の道をあなたは歩めといわれるのですか。
　あれだけ好きな音楽でした。
　楽しんで弾いていたピアノでした。
　それなのに。
　滑らかに弾いている彼の、その耳には、もう、その音が全く伝わらないなんて。
　なんと残酷なことでしょう。
　「どうか彼から音を奪わないで下さい。せめて音の楽しみだけでも返してやって下さい」
　初春〔ここでは智が盲ろう生徒として学校に復帰した4月頃を指していると

思われる〕の或る日、寄宿舎の屋上で、私は心の中の神様にそう叫んでいた。
　知らぬ間に涙はとめどなく頬を伝っていた。横なぐりの冷たい風が吹きつけ、身も心も弱っていた私をよろめかせた。
　私にはこの風の音が聞こえる。
　このロープもこの洗濯物も見える。
　なのに。あの子にはもはや何も見えず、何も聞こえてはこないのだ。
　真空の中にいるのだ。
　しかもまっくらやみの中に。
　ある時、大学の先生がいわれた言葉を思い出す。
「眼の見える人でさえ、突然に聞こえなくなったら気が狂ったようになるものですよ。私も実験室で試したことがあるのですが、無音の室内はさぞ静かで、昼寝でも出来るかなと入ったところが、不安が嵩じて、一時間も居ることができませんでした。そりゃそうでしょう。この部屋の外で今、何が起こっているのか全くわからないんですからねエ。しかし、智君の顔を拝見して安心しました。よく落着いていますねエ。それに明るいので救われました。実は驚いているんですヨ」

　私は、出来ることなら少しでもわが子の苦しみを味わい、分かちあいたいと願った。九歳で突然彼が失明した時、私が試みたことを思い出す。たいてい何でも一人でする彼は、入浴も一人でしていた。私に果して彼の真似が出来るであろうか。眼をつむって入浴してみる。
　ここにシャンプー。ここにタオル。とあらかじめわかっていても、フタが転がれば思わず眼をあけてしまう。たった五分間が閉じておれない。あの暗黒の世界の無気味さ。胸のふさがる思い。
　眼をあけた時の喜び。心のひろがり。しかし智にはもう永久にこの感覚はもどってはこないのだとしみじみ思った。
　現在の状態に彼の身体がなってからも、私は時々えらそうにいったものだ。
「たまには〔部屋の中にロープを張って干すのではなく〕屋上に出て洗濯物を干しなさいよ」
　その私に、今、それが出来るのだろうか。試してみよう。眼を閉じて、この十分間、仕事をやってみよう。
　強い風にロープがゆれる。洗濯物が吹きとばされそうになる。一つ一つに洗濯ばさみをとめつける。やっと終った。いつもの何倍、時間がかかったことか。うまく出来たかどうかもわからない。そのままバケツ片手に、そろりそろり手摺につかまりながら階段を降りてみる。いくつかの角を曲がって、やっとこさ一階にたどりつく。距離は大したことはない。たったこれだけのことが、こんなに大変なことだとは。
　晴眼者は、ともすると、見えるということだけで盲人に対して優越感を抱い

ているのではないか。
　何も偉いことはないのに。
　自分が盲目になった時、果してどれだけのことが出来るだろう。ただの十分間でさえ、こんなに大変なのに。生涯を闇と闘っている人たちの偉さを思わずにはおれない。
　私のような者に眼や耳をお与えになり、将来ある若者からそれらを奪おうとなさる。なんと酷いことを。
　子が病んで約半年間というもの、私はラジオやテレビが聞けなかった。音楽ひとつ流れてきてさえ、彼の心を思った。この音はもう彼の耳には届かないのだ。そう思うと胸がつまって、耳を傾けることがどうしても出来なかった。
　初夏の或る日、智のタッチによく似たピアノの音が流れてきた。聞きなれたあのデキシーランド・ジャズのメロディが。
　そっとのぞきにいく。
　やはりあの子が弾いている。
　あまりに淀みなく、今までと少しも変らない。
　一人二人と人が寄ってくる。
「聞こえるようになったのかなア」と思ったかもしれない。私でさえそう思った。
「聞こえるもんか。ただ頭の中に音があるだけさ」と彼は静かにつぶやいた。
「指が忘れるから時たま弾いてごらん。きっと今に聞こえるようになるゾと念じながら」といった私だった。いった私が、この音を聞くたびに、胸のつぶれる思いをした。あの音が、自分で出しているあの音が、あの子には聞こえないなんて。思っても、思っても悔やまれてならなかった。

　どうしたことだろう。
　こんなことがあっていいのだろうか。
　私たちもそうだが、私たちの祖先は、人々を助けこそすれ、苦しめるようなことはしていないと聞いていた。だのに或る人はこんなことを言った。
「前世において何かあったに違いない。先祖は医者だったとか家老だったとかいったところで、知らぬうちに人を苦しめ、つらい立場に追いやったこともあったろう。きっと何かあったにちがいない」
　かかる因縁ばなしは、古くから日本では障害者にむけられたものであろう。
　もしかしたらそうかもしれない。しかし、よりによって智を選ばなくてもいいではないか。
　これでもか、これでもかと彼を苦しめた。この苦しみに耐え得る者として見込まれたのだろうか。
　この上、このような苦しみが重なるならば母として見てはおれない。いっそ死のう。とふと心をよぎるものがあった。
　夜毎、しのび泣きする私に　主人が声をかけた。

「お前、死にたいと思とんのか。
　智と心中でもしようと思とんのか。
　それならやめてくれ。
　智はきっと迷惑なことや、というぞ。
　死にたけりゃお前一人で死ね」
　これは私にとってかなりきつい言葉であった。
　しかし、今にして思えば、これは主人の精いっぱいの私への励ましであったのだと。男は口に出さぬだけ、その悲しみと苦悩は深かったことであったろうと思う。
　その折も折、智は言ったのである。
「日本の偉い作家には自殺した人が多いナ」と。
　それを聞いた時の私の驚き。
「僕がそんなことをする人間や思とるんか」
　と笑いでごまかした彼。
　やがて本人は悟ったように言った。
「本当の神があるのなら、苦しめてばかりもいない。僕をこのようにしたからには、何か大きな意味があって、僕に何かを託しておられるのではないかと思えてならない」
　しかしながら彼がこの心境に至るまでには、かなりの葛藤があったものと思われる。
　日々刻々と襲ってくる苦悩と焦燥とよく闘ってくれた。よくぞ頑張ってくれたと思う。
　字を書き友に送り、友からの便りに長い返事を書いた。日がな一日机にむかって何か書いていた。血のにじむような「生きるための道」を求める闘いの日々だった。
　信仰はまだ持っていない彼が、内にむけられた心の眼をだんだんと開き、その透明になったものに何かが見えてきた感じがする、といったのもその頃だったか。
　点字本を片時も離さず、電車の中でも病院の待合室でも、ただ端然と坐って読みふけっていた。それは、ともすると頽（くずお）れやすい心を諌め、方向転換さすための手段だったのかもしれない。文字の中に己の心の拡がりを求めていたのかもしれない。その姿は、その苦しみがわかっているだけに、はたの者たちは、不思議に思えた。医者が陰でほめた。私もわが子に見えなかった。
　しかし、もしこんなことを彼が聞いたら一笑にふしてしまうだろう。
「そんなたいそうなこと、いわんといてくれ」。しかしまわりは感心したものだ。
　このような強い心と力をお与え下さったお方に、この時ばかりは私は心から感謝をした。やはりこれは大きな天のお恵みであろうと。
　この学校にはもう二度と帰れないかもしれないという悲愴な思いを抱きつつ

片付けにきた寄宿舎だったが、大勢の友だちが、帰省を一日延ばして待っていて下さった。
　廊下で出会いがしらに手と手を取り合い、指と指で交わした点字の通信。その言葉の通じた時の喜びは、彼の心を生き返らせてくれた。
「おれはやったるぞ‼」という勇気が思わず湧いてきたという。先輩、後輩、同級の多くの友の励ましの力づよさ。
　彼の顔にパッと明るさがもどってきたのを私は今も忘れられない。
　先生方の励ましはもとより、友の温かい心は、閉じようとしていたかもしれない彼の心に再び灯火をともして下さったのである。
「出来ても出来なくてもやってみよう」
　彼は固く心に誓った。

　そののち「全国盲聾大会」〔正しくは、「日本盲ろう者を育てる会第４回全国大会」〕に出席させていただき、そのほとんどの人が、幼くしてその重荷を負い、まわりの大人に支えられて、しかもにこやかに健気に生きておられる。その姿を見せられた時、
「僕はまだまだいい方だ。年齢的にいえばヘレンケラーよりも恵まれているではないか。たしか彼女は二歳くらいだった。この人々の代弁者となるためにも立たねばならない」
「僕がもし盲聾の運命をもともと持っていたとしても、あの方は優しい準備期間を置いて下さっていたのだ。『見える世界』にも『聞こえる世界』にも、いっとき遊ばせて下さった。
　東京に出てきて、よい師、よい友とも巡り合わして下さっていた。よし。頑張るぞ。やったるで‼」

　四月からの彼の復学に際しては、担任になって下さった塩谷先生のご尽力には頭が下がる。ご自分も病弱なお子様を持たれながら、日夜智のために大奮闘を開始して下さった。又、級友のご協力、お力添えは、筆舌に尽くし難いものがある。高校三年生といえば、自分の受験のためにだけでも多忙な毎日である。他人のことなどかまっておれないのが普通である。そのところを、毎時間の点訳通訳をそれぞれが受け持って、こなして下さった。点字の不得意な先生が練習をされて、直接に彼の指に語りかけて下さったという。心のぬくもりがずしりと伝わってきたという。又、ボランティアの方々のお力もどれだけ大きな心の支えになったことであろうか。
　校長先生、教頭先生をはじめ、多くの先生方のご温情は、終生忘れることはないでしょう。多少の不自由は重なっても、今までとあまり変らず学校生活を続けさせていただけたということは、何にも増しての喜びでした。皆さん一人一人の温かいお心がなければ、今日の智の存在はなかったことでしょう。

今後、どのような人生が開けてゆくか。
　まだまだ長い、更に、厳しい日々の待っていることでしょうが、彼ならきっと、この苦難に満ちた体験を生かす道を見出してくれることと思います。
　母としての私は、もうあまり彼に大きな期待はしないでおきましょう。逞しく生きている、その姿を眺めるだけでも幾人かの人の励ましと慰めになるのなら、それはそれで立派な仕事であると思いますから。
　ある時、彼は私に明るい声でこう言ってくれたのです。
「僕に残されたたった一つのいいこと。この静寂。これは一種の芸術にも通ずる程のものやで」と。そうです。この調子でいってほしいものです。人生万事を良い方に解し、太陽をめざして明るく歩んでくれることを、私は切に望んでいます。
　最後になりましたが、私たちを励まし勇気づけて下さった方々、これからもお世話になる方々に再度心からのお礼を申し上げます。

巻末資料 29

　▶1971年7月から1972年春までに神戸市立中央図書館から借りた本のリスト。原本の図書カードには記載がないが、特定できるものについては作者を記す。なお、このリストにある本のうち、一部のもの（1971年末の入院前に読んだもの）については、智はおおむね自分で読み、入院後は令子などに朗読してもらい読んだ。

　1.『コロンブス』　2.『い人の話』　3.『ジャイアント』〔ウィリアム・ペン・デュボア著、渡辺茂男訳〕　4.『ふくろねずみのビリーおじさん』〔T・バージェス作〕　5.『1ふさのぶどう』〔有島武郎作〕　6.『ふるさとのはなし7』　7.『日本の民話　8.『幼年イソップ』（1巻）〔イソップ作〕　9.『偉人の話』（3年生）　10.『お話宝玉選』　11.『小さな目ぼくらの詩3年』　12.『少年と子だぬき』〔佐々木たづ作〕　13.『地べたっこさま』〔さねとうあきら作〕　14.『小僧の神様』〔志賀直哉作〕　15.『てんぐと人魚とヘリコプター』〔つのぶえ同人編〕　16.『せむしの子うま（イワンのバカ）』〔エルショーフ作〕　17.『かいぞくオネション』〔山下明生作〕　18.『イワンのバカ』〔トルストイ作〕　19.『ぼくの神様』（作文集）　20.『赤ん坊大将山へ行く』　21.『くまのプーさん』〔A・A・ミルン作〕

巻末資料 30

　▶以下の資料では、日付は4月2日となっているが、その後の追加もあったようで、1974年春から1975年夏頃までの主な読書の記録。点字書で読んだものと、朗読してもらったもの、録音図書で聴いたものが含まれる。ラジオの〔NHK「私の本棚」などの〕朗読番組で聴いたものは含まれていない。以下、タイトルのみのものが多い。当時智が作ったリストには記載がないが、特定できるものについては作者を記す。若

干のコメントは1975年当時に智が書いたもの。

1975年4月2日〔に作成したこのころの智の〕読書記録

　1. 去年〔1974年〕の春に〔点字で〕読んだ『ロビンフッドの冒険』〔ハワード・パイル著〕。これを読んだときにはロビンの行動が頭に残り、離れず、「最後の矢」のところは非常に感動させられた。
　2. 去年の夏に読んでもらった『母のない子と子のない母と』〔壺井栄〕。なにか、壺井栄の文章はなつかしい、なじみやすい、自分の家に帰ったようなあたたかい文だ。
　3. 『シートン動物記』〔アーネスト・トムソン・シートン〕。うさぎの「ちびすけグンバ」をはじめとする作者の動物との関係がよかった。
　4. 『ロシア小説撰』ツルゲーネフ、ガルシン、プーシキン、どれをとっても心を打たれる作品ばかりだ。
　5. 『二十四の瞳』壺井栄に凝ったおれは、これを図書館で借り読んでもらった。大石先生の12人の生徒。戦争への憎しみ。戦後の同窓会などのこと。
　6. 『夏みかん』などをはじめとする〔壺井〕栄の短編。
　7. 新たな感動を覚えた『アンネの日記』〔アンネ・フランク〕。第二次世界大戦が起きて、隠れ家生活をするアンネ。マルゴット、母、父、ファンダーのおじさんおばさん、ペーター……。戦争への憎しみ。第一にアンネの、日記に書き記した戦争への鋭い言葉は大人の目もひいたことであろう。
　8. 『西遊記』〔呉承恩〕
　9. 『ドイツユーモア文学』
　10. 『橋のない川』〔住井すゑ〕
　11. 『ひとりぼっちの流れ星』〔小林照明〕みなしごの小林君の実生活がありありと描かれているいい日記だった。
　12. 『ぼくは盲導犬チャンピイ』〔河相洌〕チャンピイの訓練などの様子、生徒とチャンピイとの関係など
　13. 『宇宙への出発』〔デューイ〕
　14. 『孤独な森の巨人』〔ヴィタリー・V・ビアンキ〕大きなヘラジカの物語
　15. 『ねむの木のこどもたち』〔宮城まり子〕
　16. 6年の作文集『小さなめ』盲学校作文集『子どもの世界』
　17. 『シャーロック・ホームズ』コナン・ドイル。『青いルビー』『口のまがった男』
　18. 『ながいながいペンギンの話』〔いぬいとみこ〕ルルとキキの冒険。これは意外にも良かった。
　19. 佐藤八郎の『お母さん童謡の作り方』
　20. 全国盲学校小中作文『農村の話』

21.『デブの国とヤセの国』〔アンドレ・モーロア〕かたやせ教授、やせとんがり王、しぶやせ国会議長。
　22.『三国志』
　23.『中国の昔話』
　24.『宇宙大作戦シリーズ』チャーリー、カーク、ジェニー、スポック、マッコイ、スコット、ライリー、もうたまらん。これあー好きだ。何時間でも読んでほしい。点字〔書〕であったらいいのに。
　25.『緑の館』〔W・H・ハドソン〕。あー、リマ。素晴らしい彼女。
　26.『マーチャント〔オブ〕ヴェニス』（ヴェニスの商人）〔シェイクスピア〕アントーニオは素晴らしい。バサーニオは良い友達を持ったものだ。
　27.『白い川と白い町』〔山口裕一〕あー理屈っぽかったなぁ。
　28.『かもめのジョナサン』〔リチャード・バック〕

巻末資料 31

▶ 1980年12月末の実家への帰省時から1981年3月末の上京時までの約3カ月間に智が実家で読んだ点字書のリスト（順不同）。なお、このリストは、当時智が書き残していたメモに加え、社会福祉法人日本点字図書館の協力による情報提供、および国立国会図書館のHP等も参照して作成した。また、作者には、参考までに生没年、ないし生年を付した。智のリストでは、作者名と書名のみが記載されていたが、ここでは正確な書名、およびそれ以外の書籍関連情報も追加した。

倉田百三（1891 〜 1943）
　「愛と認識との出発」（『愛と認識との出発』1964、角川文庫より）
野間宏（1915 〜 1991）
　「真空地帯　上、下」（『真空地帯 上巻』『真空地帯 下巻』1956、岩波文庫より）
小松左京（1931 〜）
　「男を探せ」（『男を探せ』1976、新潮社より）
筒井康隆（1934 〜）
　「狂気の沙汰も金次第」（『狂気の沙汰も金次第』1976、新潮文庫より）
森鷗外（1862 〜 1922）
　「森鷗外短編集 高瀬舟ほか」（『山椒大夫・高瀬舟 他四篇』1939、岩波文庫より抜粋点訳）
モーパッサン（Maupassant, Henri René Albert Guy de　1850 〜 1893）
　「モーパッサン短篇集」（『モーパッサン短篇集1』青柳瑞穂訳、1956、新潮社より）
　「脂肪の塊」（『脂肪の塊』水野亮訳、1957、岩波書店より）
堀田善衞（1918 〜 1998）
　「インドで考えたこと」（『インドで考えたこと』1957、岩波新書より）
三浦綾子（1922 〜 1999）

「病めるときも」(『病めるときも』1969、朝日新聞社より)

メリメ (Mérimée, Prosper 1803〜1870)
「メリメ短編集 タマンゴ エトルリヤの壺」(『タマンゴ・エトリュスクの壺――メリメ傑作短編集』堀口大學訳、1966、新潮文庫より抜粋点訳)
「カルメン」(『カルメン』杉捷夫訳、1960、岩波文庫より)

ドーデー (Daudet, Alphonse 1840〜1897)
「風車小屋だより」(『風車小屋だより』桜田佐訳、1958、岩波書店より)

ジイド (Gide, André Paul Guillaume 1869〜1951)
「田園交響楽」(『田園交響楽』神西清訳、1952、新潮社より)

北杜夫 (1927〜)
「怪盗ジバコ」(『怪盗ジバコ』1967、文藝春秋より)

石川淳 (1899〜1987)
「焼跡のイエス」(『焼跡のイエス』1949、新潮文庫より)

広津和郎 (1891〜1968)
「巷の歴史 やもり 線路」(『現代日本文学全集 第32 (広津和郎、宇野浩二集)』1955、筑摩書房より抜粋点訳)

レマルク (Remarque, Erich Maria 1898〜1970)
「西部戦線異状なし」(『西部戦線異状なし』秦豊吉訳、1955、新潮文庫より)

ベリヤーエフ、アンドレ (Beliaev, Aleksandr Romanovich 1894〜1942)
「合成人間」(馬上義太郎訳「合成人間」『SF世界の名作18』岩崎書店、昭和42)

三浦つとむ (1911〜1989)
「こう考えるのが正しい――弁証法を生活に役立てる」(『こう考えるのが正しい――弁証法を生活に役立てる』1955、青春出版社・青春新書より)

芹沢光治良 (1896〜1993)
「愛と死の書」(『愛と死の書』1951、新潮文庫より)

大岡昇平 (1909〜1988)
「野火」(『野火』1954、新潮文庫より)
「俘虜記」(『俘虜記』1951、新潮社より)

真川精太
「日本の盲人伝説とものがたり」(『日本の盲人伝説と民話』1979)

芥川龍之介 (1892〜1927)
「歯車 (或阿呆の一生、玄鶴山房を含む)」(『歯車――他二篇』1957、岩波文庫より)
「河童」(『河童』1962、岩波文庫より)

ゴーリキイ (Горький, Максим 1868〜1936)
「どん底」(『どん底』中村白葉訳、1936、岩波書店より)

小林秀雄 (1902〜1983)

「私の人生観」(『私の人生観』1949、創元選書より)

モリエール(本名:Jean-Baptiste Poquelin 1622〜1673)
「タルチュフ」(『タルチュフ』鈴木力衛訳、1956、岩波書店より)

鴨長明(1155〜1216)
「方丈記」(『方丈記 徒然草』日本古典文学大系30、西尾實校注、1957、岩波書店より抜粋点訳)

イアン・フレミング(Fleming, Ian Lancaster 1908〜1964)
「ドクター・ノオ」(『ドクター・ノオ』井上一夫訳、1959、早川書房より)

チェーホフ(Чехов, Антон Павлович 1860〜1904)
「桜の園(熊を含む)」(『桜の園・熊』中村白葉訳、1952、新潮社より)

カフカ(Kafka, Franz 1883〜1924)
「変身」(『變身』高橋義孝訳、1952、新潮文庫より)

火野葦平(1907〜1960)
「糞尿譚」(『糞尿譚』1948、新潮社より)
「麦と兵隊」(『麦と兵隊・土と兵隊』1960、角川文庫より)

マイアー・フェルスター(Meyer-Forster, Wilhelm 1862〜1934)
「アルト・ハイデルベルク」(『アルト・ハイデルベルク』番匠谷英一訳、1954、角川文庫より)

サマセット・モーム(Maugham, William Somerset 1874〜1965)
「雨 赤毛 マキントッシ」(『雨・赤毛──他一篇』朱牟田夏雄訳、1962、岩波文庫より)

高橋孟(1920〜1997)
「海軍めしたき物語」(『海軍めしたき物語』1979、新潮社より)

遠藤周作(1923〜1996)
「海と毒薬」(『海と毒薬』1960、新潮文庫より)

トルストイ(Лев Николаевич Толстой 1828〜1910)
「人はなんで生きるか」(『人はなんで生きるか──トルストイ民話集』中村白葉訳、1932、岩波書店より)

ロバート・J・スミスダス(Smithdas, Robert J. 1925〜)
「光と音を失っても──三重苦の人生」(『光と音を失っても──三重苦の人生』三木陽子訳、1968、日本放送出版協会より)

巻末資料 32

▶小1〜高3の通知表。高2年時の通知表は、「前期のみのもの」と、「前期・後期両方記されているもの」の2種類保存されている。内容的にはほとんど重複しているものの、一部前期のみの通知表だけに記されている内容もあるため、2種類の通知表を共に示した。なお、高3年時の通知票の余白には令子による書き込みが若干ある。これが一度になされた書き込みか、複数回に分けてなされたものかはわから

ない。また、この書き込みがいつの時点でなされたのかも特定できない。ただし、たとえば、「56.9.27横浜国立大にて」など、年月日や場所についての正確な記載があることなどから考えると、高校3年の通知票が智に手渡された時点（1982年3月）の後、さほど時日が経過していない時期の書き込みではないかと考える。

(通知票）小１〜高３

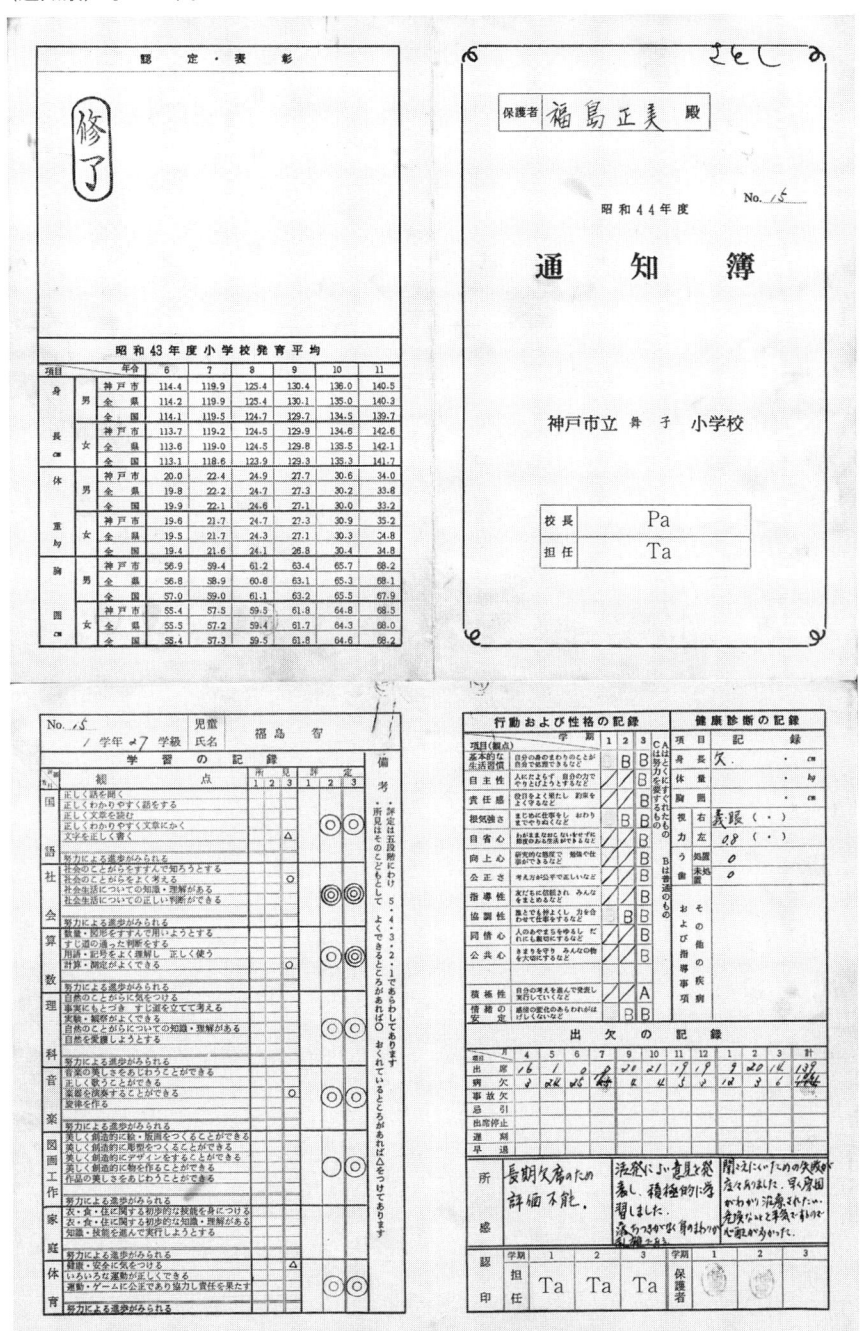

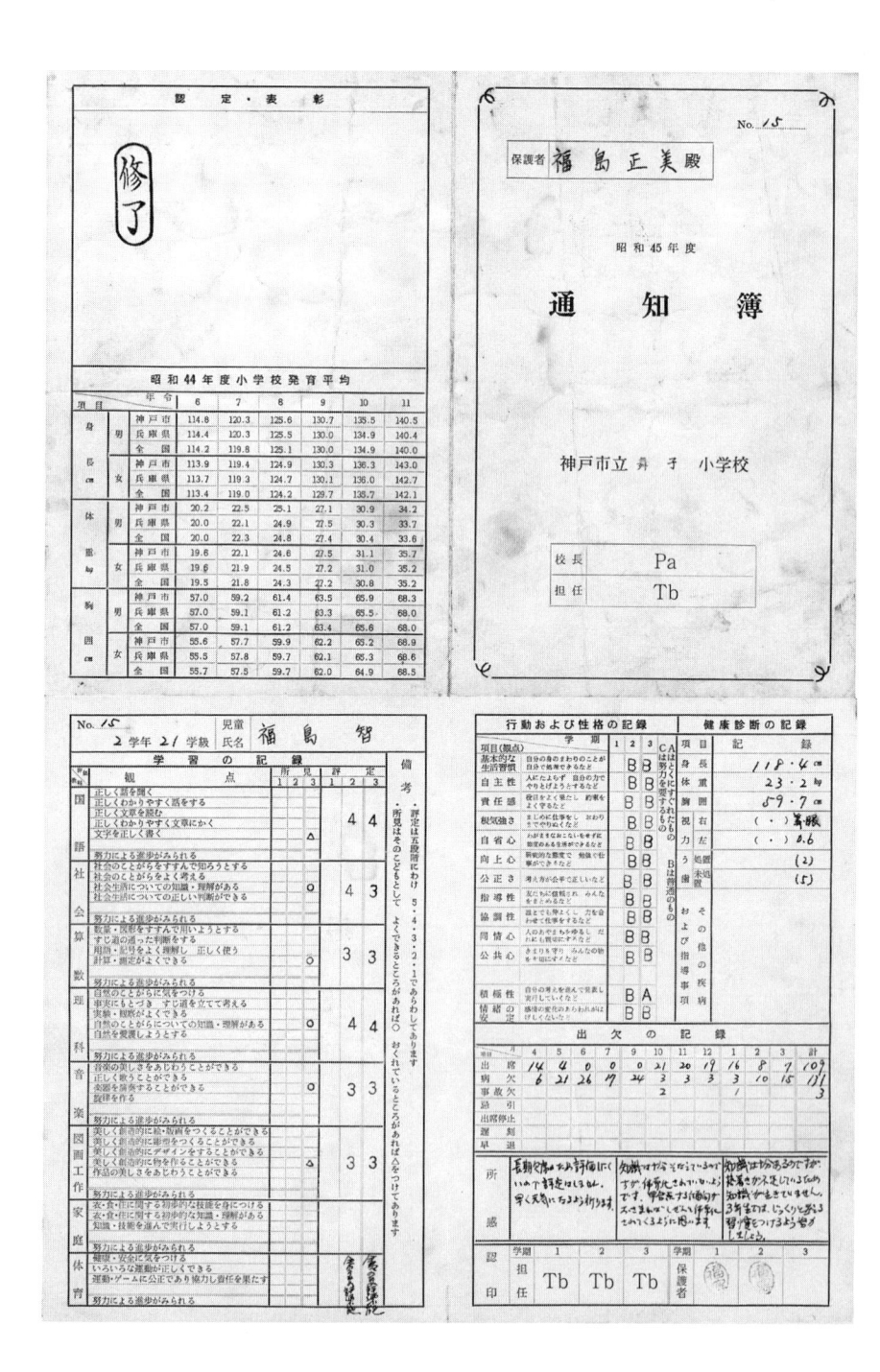

認定・表彰

修了

昭和44年度小学校発育平均

項目		年令	6	7	8	9	10	11
身長 cm	男	神戸市	114.8	120.3	125.6	130.7	135.5	140.5
		兵庫県	114.4	120.3	125.5	130.0	134.9	140.4
		全国	114.2	119.8	125.1	130.0	134.9	140.0
	女	神戸市	113.9	119.4	124.9	130.3	136.3	143.0
		兵庫県	113.7	119.3	124.7	130.1	136.0	142.7
		全国	113.4	119.0	124.2	129.7	135.7	142.1
体重 kg	男	神戸市	20.2	22.5	25.1	27.1	30.9	34.2
		兵庫県	20.0	22.1	24.9	27.5	30.3	33.7
		全国	20.0	22.3	24.8	27.4	30.4	33.6
	女	神戸市	19.8	22.1	24.8	27.5	31.1	35.7
		兵庫県	19.6	21.9	24.5	27.2	31.0	35.2
		全国	19.5	21.8	24.3	27.2	30.8	35.2
胸囲 cm	男	神戸市	57.0	59.2	61.4	63.5	65.9	68.3
		兵庫県	57.0	59.1	61.2	63.3	65.5	68.0
		全国	57.0	59.1	61.2	63.4	65.6	68.0
	女	神戸市	55.6	57.7	59.9	62.2	65.2	68.9
		兵庫県	55.5	57.8	59.7	62.1	65.3	68.6
		全国	55.7	57.5	59.7	62.0	64.9	68.5

No. 15

保護者 **福島正美** 殿

昭和45年度

通 知 簿

神戸市立 舞子 小学校

校長	Pa
担任	Tb

No. 15　2学年 2 1 学級　児童氏名 **福島 智**

学習の記録

（国語／社会／算数／理科／音楽／図画工作／家庭／体育 各科目の観点と評定 1・2・3学期）

評定は五段階評価によります。
5・4・3・2・1 というのがわりあてられております。

行動および性格の記録

項目（観点）	1	2	3	CA
基本的な生活習慣	B	B	B	
自主性	B	B	B	
責任感	B	B	B	
根気強さ	B	B	B	
自省心	B	B	B	
向上心	B	B	B	
公正さ	B	B	B	
指導性	B	B	B	
協調性	B	B	B	
同情心	B	B	B	
公共心	B	B	B	
積極性	B	A		
情緒の安定	B	B		

健康診断の記録

項目	記録
身長	118.4 cm
体重	23.2 kg
胸囲	59.7 cm
視力	右 左 (.) 乱視
歯	(.) 8.6 処置 (2) 未置 (5)

出欠の記録

	4	5	6	7	9	10	11	12	1	2	3	計
出席	14	4	0	0	0	21	20	19	16	8	7	109
病欠	6	21	26	17	24	3	3	3	10	15		111
事故欠					2				1			3
忌引												
出席停止												
遅刻												
早退												

所感（担任所見 3学期分 記入）

学期	1	2	3	学期	1	2	3
認印 担任	Tb	Tb	Tb	保護者			

昭和 55 年度　　　　　　　　　　　　　　　　No. 11

成績通知表

筑波大学附属盲学校

高等部 普通 科・第 2 学年

氏名　福島　智

出席の記録

	授業日数	欠席	遅刻	早退	欠課
前期	110	1			
後期	126	52			
学年	236	53			228

健康診断の記録

前期	
後期学年	

普通科　氏名　福島　智

（学年担任名）　Tn

教科	科目	単位	前期	後期	学年
国語	現代国語	2	5	4	5
	古典 I 2	2	5	3	4
	古典				
社会	倫理・社会	2	4	3	4
	政治・経済	2			
	日本史				
	世界史	3	5	4	5
	地理 B	3			
数学	数学 I				
	数学 IIB	5	5	4	4
	数学 III				
理科	生物 I	3	5	4	4
	物理 I	3	4	3	3
保健体育	保健	1	4		3
	体育	4	4	1	3
芸術	音楽（　）	1	3	3	3
	美術				
外国語	英語 B	5	5	4	5
	ドイツ語				

教科	科目	単位	前期	後期	学年
技術家庭	家庭一般				
	技術工芸				
音楽科	主科（　）	2			
	第1副科（　）	1			
	第2副科（　）	1			
	ソルフェージ	2			
	アンサンブル	2			
	西洋音楽史				
	東洋音楽概論				
	音楽理論（和声）				
	音楽理論（楽式）				
	日本音楽史	1			
	三弦	1			

履修単位		単位
修得単位		単位

養護・訓練所見欄

特別教育活動欄（クラブ、ホームルーム）

担任所見欄

前期	
後期学年	後期‐昨年の心境は見かけだけです。一はも早く復帰されることを祈っています

保護者欄

担任印	前期	後期・学年	保護者印
		Tn	

昭和56年度

No. 10

成績通知表

筑波大学附属盲学校

高等部 普通 科・第 3 学年

氏名　福島　智

指点字で会話を、タイプで授業を。
友達・先生・ボランテアの
皆さんの協力もあったが
本人はよく頑張った。
56.9.27. 横浜国立大にて
全国寄聾大会出場発表。
55.12. 先頭、
高3は英字のみで。

発表者
智、母、
担任の順で
見る

出席の記録

授業日数	欠席	遅刻	早退	欠課
前期	110	6	11	0	12.6%
後期	77	5	14	0	11.5
学年	187	11	25	0	12.0

健康診断の記録

前期	
後期	
学年	

普通 科 氏名　福島　智

(学年担任名)　To

教科	科目	単位	前期	後期	学年
国語	現代国語	2	5	5	5
	古典 II	4	5	4	4
	古典				
社会	倫理・社会	2			
	政治・経済	2	5	5	5
	日本史	3			
	世界史	3			
	地理B	3			
数学	数学 I				
	数学 II				
	数学 III	3	3	4	4
理科					
保健体育	体育	4	3	4	4
芸術	音楽（　）				
	美術				
外国語	英語B	5	4	4	4
	ドイツ語				

教科	科目	単位	前期	後期	学年
技術家庭	家庭一般				
	工学一般	2	4	4	4
	技術工芸				
音楽科	主科（　）	2			
	第1副科（　）	1			
	第2副科（　）	1			
	ソルフェージ	2			
	アンサンブル	2			
	西洋音楽史				
	東洋音楽概論	1			
	音楽理論（和声）				
	音楽理論（楽式）				
	日本音楽史	1			
	三弦				
	特修世界史	2	5	5	5
履修単位		24 単位			
修得単位		24 単位			

養護・訓練所見欄

特別教育活動欄（クラブ、ホームルーム）

担任所見欄

前期：数学と英語の成績が不本意科目として残ります。ハンデに対しては良く頑張っていますが、今は成績第一だと思います。

後期・学年：後半、少々生活が乱れて、思うように成績が上らなかったようです。

保護者欄：不本意科目をあきらめないで努力してほしいと思っています。先生方には大変お世話様で感謝しております。

	前期	後期・学年
担任印	To	To
保護者印		

昭和46年度 通知簿

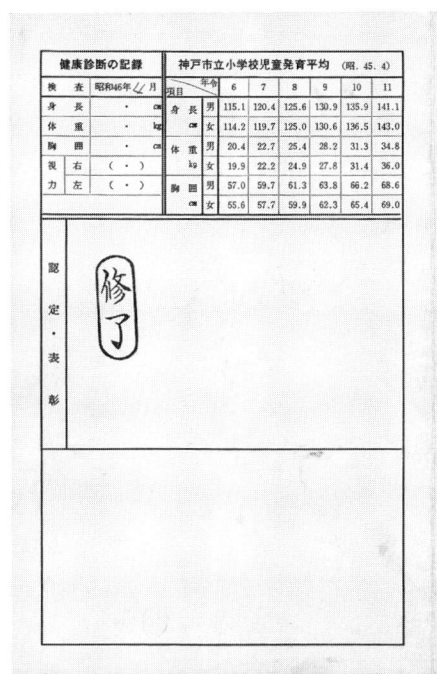

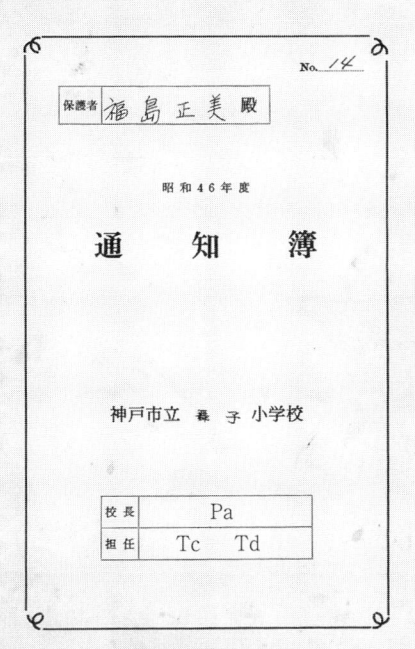

No. 14

保護者　福島正美殿

神戸市立　轟子　小学校

校長	Pa
担任	Tc　Td

健康診断の記録（昭和46年 4月）

神戸市立小学校児童発育平均（昭.45.4）

検査			項目	年令	6	7	8	9	10	11
身長		cm	身長	男	115.1	120.4	125.6	130.9	135.9	141.1
体重	・	kg		女	114.2	119.7	125.0	130.6	136.5	143.0
胸囲	・	cm	体重	男	20.4	22.7	25.4	28.2	31.3	34.8
視力	右	(・)		女	19.9	22.2	24.9	27.8	31.4	36.0
	左	(・)	胸囲	男	57.0	59.7	61.3	63.8	66.2	68.6
				女	55.6	57.7	59.9	62.3	65.4	69.0

認定・表彰：　修了

No. 14　3学年　15学級　児童氏名　福島智

各教科の学習の記録

教科	観点	所見 1	2	3	評定 1	2	3
国語	話を正しく聞きとる						
	正しくわかりやすく話す						
	文章を正しく読む		○				
	文章を正しくわかりやすく書く						◎
	文字を正しくとらえて書く						
	学習に努力した		○				
社会	社会のことがらについての知識や理解がある			○			
	目的に応じて正しく観察し 資料を生かして使う						
	社会のことがらについて よく考え 正しく判断をする						
	学習に努力した		○				
算数	数と図形の概念や用語・記号などを理解						
	計算や測定ができ 図形やグラフの読み書きができる						
	算数としての考え方ができ すじ道の通った判断をする						◎
	学習に努力した		○				
理科	自然のことがらについて理解し 知識を身につけている						
	観察や実験が正しくできる						
	自然のことに気をつけ すじ道を立てて考える						
	学習に努力した						
音楽	リズム・旋律・和声をききとり 読譜や記譜ができる						
	音楽の美しさを美しく味わって聞くことができる						
	美しく創造的に歌うことができる						
	美しく創造的に楽器を演奏することができる						
	ふしを作ったり伴奏のくふうをしたりすることができる						◎
	学習に努力した						
図画工作	美しく創造的な絵をかいたり 版画にすることができる						
	美しく創造的な立体を作ることができる						
	美しく創造的にデザインをすることができる						
	作品の美しさを美しく味わうことができる						◎
	学習に努力した						
家庭	衣・食・住の初歩的 基礎的な技能を身につける						
	衣・食・住の初歩的 基礎的な知識・理解がある						
	知識・理解・技能をもとにして進んで実践しようとする						
	学習に努力した						
体育	運動のしかたを理解して 正しく運動ができる						
	運動のゲームや約束やきまりを守り協力し責任を果たす						○
	保健についての知識・理解がある						
	学習に努力した						

特別活動の記録　行動および性格の記録

	項目（観点）	学期 1	2	3
1	健康・安全の習慣	無理はしないが 気をくばるほど		
	礼儀	服装・言葉・動作を適切にし まごころで人に接するなど	◎	◎
	自主性	正しいと信ずることを 自主的に行動するなど	◎	◎
2	責任感	自分の言動の責任をもち役目 をよく果たすなど		
	根気強さ	かいぜずにしんぼう強くやりぬく など	◎	◎
	創意くふう	物事に新しい考えや方法を生み 出し 仕事のくふうをするなど	◎	◎
	情緒の安定	感情の変化があまりはげしく ないなど		
3	協力性	人の気持や立場を理解し 力を あわせて仕事をすすめるなど		
	公正さ	正を愛し 真実にしたがって行 動したり 公平にふるまうなど	◎	◎
	公共心	きまりを守ったり みんなのもの をたいせつにするなど		

出欠の記録

項目	月	4	5	6	7	9	10	11	12	1	2	3	計
出席						18	17	19	10	25	23	21	52
欠席		20	24	26	17	6	9	7	22	20	24	21	191
事故欠													1
出席停止													
忌引													1
遅刻													1
早退													

所感

1	2	3
	2学期は大きな事故がよく出来、ぶのまにか、歩けるようにもなり大事をすがんばりしっかり成長の方がおいです 大へんうれしいことです	4年生は風の方をよくなり又気になる事よくがんばりました しっかり気をつけてくださいね

認印

	学期	1	2	3
担任		Td	Tc	
保護者				

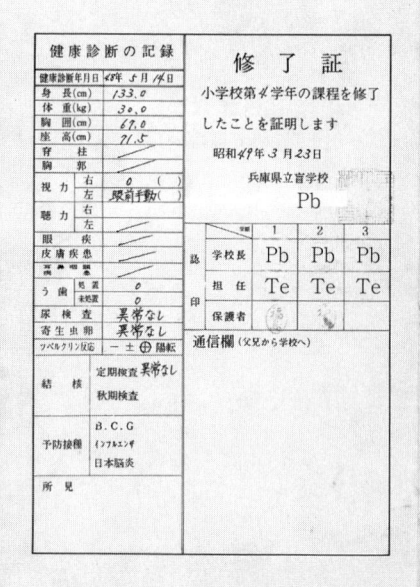

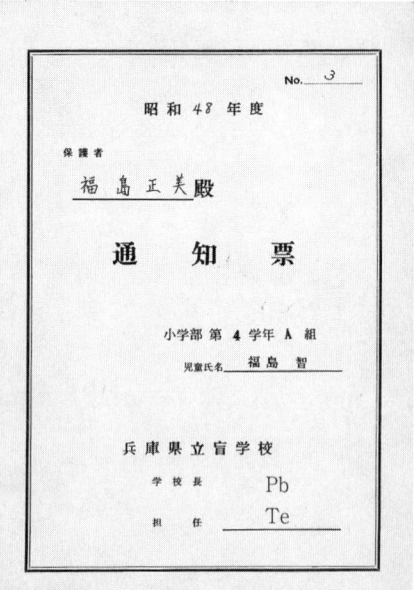

通知票

No. 3

昭和48年度

保護者　福島正美 殿

小学部 第4学年 A組

児童氏名　福島 智

兵庫県立盲学校

学校長　Pb
担　任　Te

修了証

小学校第4学年の課程を修了したことを証明します

昭和49年3月23日

兵庫県立盲学校

Pb

学期	1	2	3
学校長	Pb	Pb	Pb
担任	Te	Te	Te
保護者			

通信欄（父兄から学校へ）

健康診断の記録

健康診断年月日	48年5月14日
身長(cm)	133.0
体重(kg)	30.0
胸囲(cm)	67.0
座高(cm)	71.5
脊柱	
胸郭	
視力 右	0 ( )
左	眼前手動
聴力 右	
左	
眼疾	
皮膚疾患	
う歯 処置済 未処置	0
尿検査	異常なし
寄生虫卵	異常なし
ツベルクリン反応	一 ± ⊕ 陽転
結核	定期複査 異常なし 秋期検査
予防接種	B.C.G インフルエンザ 日本脳炎
所見	

学習の記録

教科	観点 評定と所見	1 評定	所見	2 評定	所見	3 評定	所見
国語	聞くこと		○		○		○
	話すこと	4		4		4	
	読むこと						
	書くこと						
社会	知識・理解	5		5		5	
	観察や資料活用の技能		○		○		○
	社会的思考・判断						
算数	知識・理解	5		5		5	
	数学的な考え方		○		○		○
理科	知識・理解	5		5		5	
	観察実験の能力		○		○		○
	科学的な思考						
音楽	歌唱	4		4		4	
	器楽		○		○		○
	創作						
図画・工作	絵画						
	彫塑	5	○	5	○	4	○
	デザイン						
	工作						
	鑑賞						
家庭	知識・理解						
	実践的な態度						
体育	運動の技能	4		5		5	
	実践的な態度		○		○		○
	保健についての知識・理解						

この欄の見方
◎各教科の評定 5—すぐれている 4—ややすぐれている
3—ふつう 2—ややおとっている 1—おとっている
◎各教科の観点に対する所見は、他の児童と比較しないで、児童個人の状態を評価しています。したがって評定結果と所見の判定は一致しません。
○—すぐれているまたは努力している
△—劣っているまたは努力のあとがみられない

行動および性格の記録

項目	1	2	3
基本的な生活習慣	B	B	B
自主性	B	B	B
責任感	B	B	B
根強さ	B	B	B
自学心	B	B	B
向上心	A	A	A
公正さ	B	B	B
指導性	B	B	B
協調性	B	B	B
同情心	B	B	B
公共心	B	B	B
積極性	B	B	B
情緒の安定	B	B	B

この欄の見方
この欄は各教科、道徳、特別活動その他学校生活全体にわたって認められる、児童の行動および性格について特徴を示すもので、したがって学習の記録における観点別に照らしての特徴とはなりません。
A—特にすぐれている
B—ふつう
C—特に指導を要する

養護・訓練の記録　　　（福島 智）

	心身の適応	感覚機能の向上	運動機能の向上	意思の伝達
1	自己の障害をうけとめ、少し神経質になるようである。自分で一人歩きしたい。	音の変化の認知は耳の障害があるためにつらいようであるが、全員で力でみている。	運動は良い方、とろえる前にやや少かたまっていて歩行能力も良い。	意志をますますはっきり正直にさせよう。事柄をことばで文章に表現することもできる。
2		運動に対する意欲があるように見え、事故に対する気がかりにかとある。切によくきまっている。	体力もよく要とかがわりながら、三ふたがよく、一人で行動している。	
3	自己の障害をよく理解し、気持の上でも安定している。	事故に対する認知がなかなる方、障害児他の児の時の言動にも深いものをつかんでいる。	放課後、廊下に出ることがあり、家族のためにかかる位置運動ができている。しかし、かもしゃぐになることもあるので、けがには注意してほしい。	良い

出欠の記録

	4	5	6	7	8	9	10	11	12	1	2	3	計
出席	12	17	21	14	22	24	20	19	20	22	19	239	
病欠	5	7	5	3	2	2	4	1	1	3		34	
事故欠	0	0	0	0	0	0	0	0	0	0	0	0	
忌引	0	0	0	3	0	0	0	0	0	0	0	0	
遅刻	0	0	0	0	0	0	0	0	0	0	0	0	
早退	0	0	0	0	0	0	0	0	1	0	0	0	2
出席停止	0	0	0	0	0	0	0	0	0	0	0	0	

通信欄　7月20日　思考力に優れ、積極的に発言するが、点字の読みをもっと練習してほしい。自分の意思を述べることも大切だが、人の話もよく聞くこと。

3月23日　点字の読みの練習により上手になった。早とちりをすることがあるので、もう少し落ち着きがほしい。

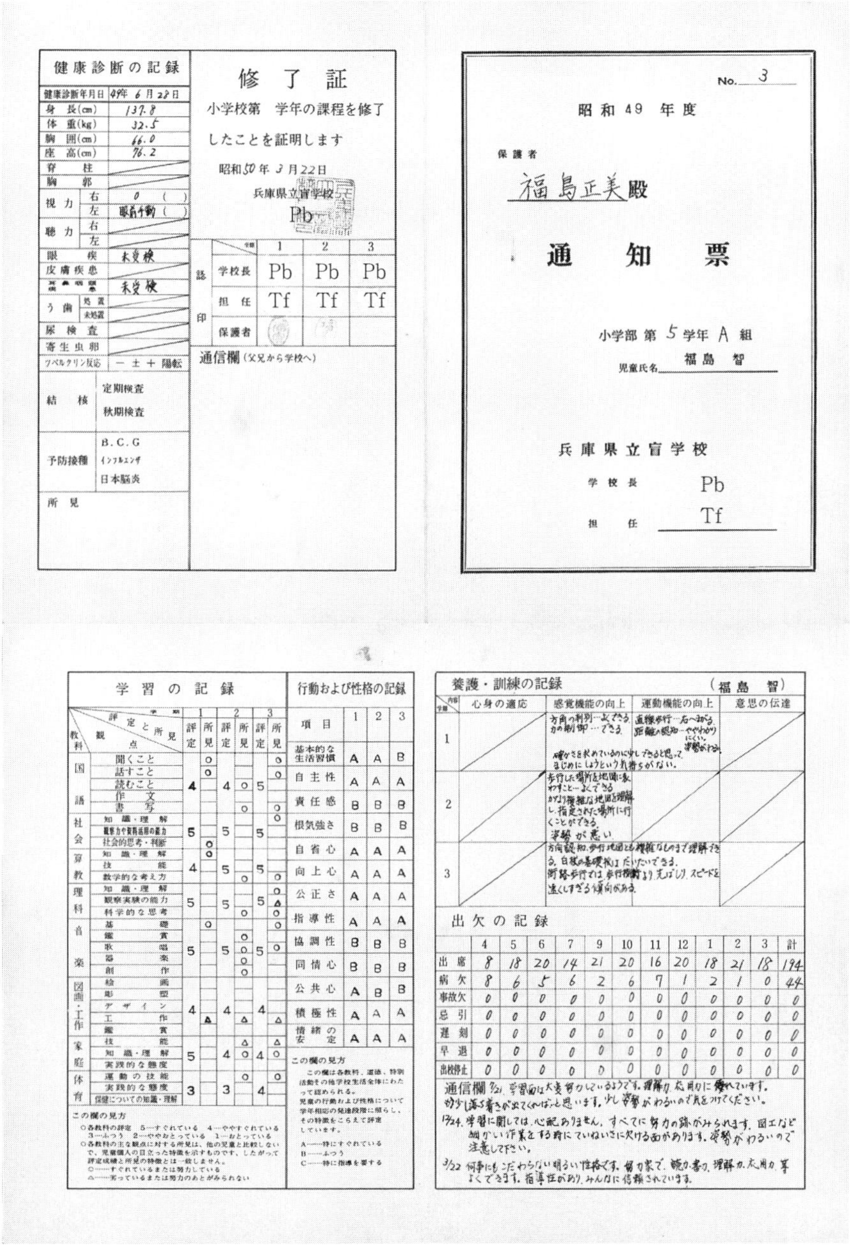

健康診断の記録

健康診断年月日	49年 6月28日
身 長(cm)	137.8
体 重(kg)	32.5
胸 囲(cm)	66.0
座 高(cm)	76.2
脊 柱	
胸 部	
視力 右	0 ( )
左	眼前手動 ( )
聴力 右	
左	
眼 疾	未受検
皮膚疾患	
鼻咽喉疾患	未受検
う歯 処置 未処置	
尿検査	
寄生虫卵	
ツベルクリン反応	− ± ＋ 陽転
結 核	定期検査 / 秋期検査
予防接種	B.C.G / インフルエンザ / 日本脳炎
所 見	

修了証

小学校第　学年の課程を修了したことを証明します

昭和50年 3月22日

兵庫県立盲学校
Pb

証印		1	2	3
	学校長	Pb	Pb	Pb
	担任	Tf	Tf	Tf
	保護者			

通信欄（父兄から学校へ）

No. 3

昭和 49 年度

保護者　福島正美殿

通 知 票

小学部 第 5 学年 A 組

児童氏名　福島 智

兵庫県立盲学校

学校長　Pb

担任　Tf

学習の記録

教科	観点 評定と所見	評定	所見	評定	所見	評定	所見
国語	聞くこと						
	話すこと	4	○	4	○	5	○
	読むこと						○
	作文						
	書						
社会	知識・理解	5		5		5	
	観察力や資料活用の能力						
	社会的な思考・判断						
算数	知識・理解	4		5		5	
	数学的な考え方						
	技能						
理科	知識・理解	5		5		5	
	観察実験の能力						
	科学的な思考						
音楽	基礎		○		○		
	鑑賞		○		○		
	歌唱						
	器楽						
図画・工作	絵画		○		○		○
	彫塑	4		4		4	
	デザイン						
	工作						
家庭	知識・理解						
	実践的な態度						
体育	運動の技能	3		3		4	
	実践力の態度						

この欄の見方
　各教科の評定　5…すぐれている 4…ややすぐれている
　　3…ふつう 2…やや劣っている 1…劣っている
　各教科の所見欄には、その児童として特に
　覚書きたい注目される事がらを記入しました。
　評定欄と所見の欄は、その児童の特徴をおさえて評価
　しています。
　○印…すぐれている または努力のあとがみられる

行動および性格の記録

項目	1	2	3
基本的な生活習慣	A	A	B
自主性	A	A	A
責任感	B	B	B
根気強さ	B	B	B
自省心	A	A	A
向上心	A	A	A
公正さ	A	A	A
指導性	A	A	A
協調性	A	A	A
同情心	B	B	B
公共心	A	A	A
積極性	A	A	A
情緒の安定	A	A	A

この欄の見方
　児童の行動および性格について
　学年相応の発達段階に応じて
　その特徴をとらえて評価
　しています。
　A……特にすぐれている
　B……
　C……特に指導を要する

養護・訓練の記録　（福島 智）

	心身の適応	感覚機能の向上	運動機能の向上	意思の伝達
1		斜面の判別・立体さの判別中・えこできる	直線歩行・右に曲る。誘導歩行・やや早のずつ歩く。	
2		感情をきかれているのに対しでるようになってきた。はじめにしゅうちゃくが少ない。	手びきで山道も速く歩けるようになってきた。おりた階段と地面の距離を測し、指定された場所に行くことができる。姿勢が悪い。	
3		方向感知、学用具道具の理解なしで理解できる。白杖も養成状に入ってきた。開脚を手びきでは事物の名前をしっかり。速くすぎる傾向がある。		

出欠の記録

	4	5	6	7	9	10	11	12	1	2	3	計
出席	8	18	20	14	21	20	16	20	18	21	18	194
病欠	8	6	5	6	2	6	7	1	2	1	0	44
事故欠	0	0	0	0	0	0	0	0	0	0	0	0
忌引	0	0	0	0	0	0	0	0	0	0	0	0
遅刻	0	0	0	0	0	0	0	0	0	0	0	0
早退	0	0	0	0	0	0	0	0	0	0	0	0
出席停止	0	0	0	0	0	0	0	0	0	0	0	0

通信欄　2/1 学習面は大変がんばっています。理解力もあり、感心しています。少し落ち着きがなくなってきたように思います。少し華やかがわかるよう見方をつけて下さい。
12/24 学習に関しては心配ありません。すべてに努力の跡がみられます。図工など細かい作業をする時は、ていねいさに欠ける面があります。姿勢が悪いので注意して下さい。
3/22 何事にもこだわらない明るい性格です。留守家で、頼みの書き理解力、応用の事よくできます。指導性があり、みんなに信頼されています。

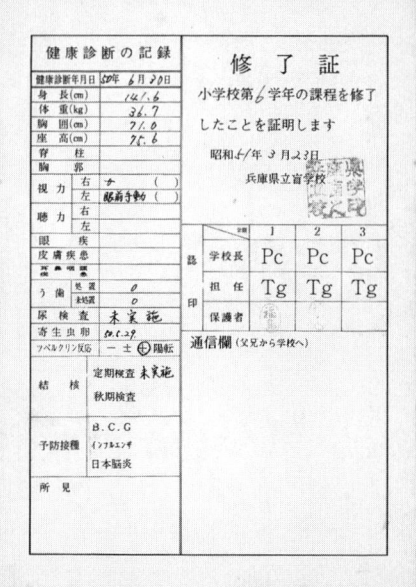

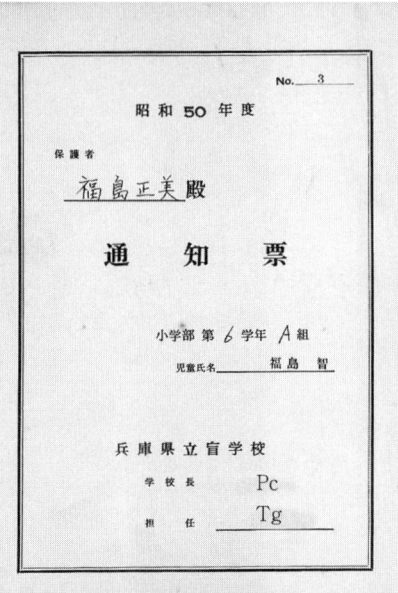

通知票（昭和50年度、小学部第6学年A組、児童氏名：福島智、兵庫県立盲学校）

認定表彰

修了証明書

本人は昭和52年3月23日本校中学部第1学年の課程を修了したことを証明する

昭和52年3月23日

兵庫県立盲学校長　Pc

通信欄

月日	
7月20日	規則正しい生活により、体調を整えさせて下さい。
月　日	
月　日	
月　日	

昭和51年度　No. 5

保護者　福島正美殿

通　知　票

中学部第1学年A組

生徒氏名　福島　智

兵庫県立盲学校

学校長　Pc
担任　Th
　　　Ti

学習の記録

氏名　福島　智

各教科の評価				学習についての所見			
教科＼学期	1	2	3	学年＼観点	1	2	3
国語	5	5	5	聞くこと 話すこと 読むこと 作文 書写 ことばに関する知識			
社会	5	5	5	知識・理解 資料活用の能力 社会的思考・判断			
数学	5	5	5	知識・理解 技能 数学的な考え方			
理科	4	5	4	知識・理解 観察・実験の能力 科学的な思考			
音楽	5	5	5	基礎 表現（唱歌・器楽・創作） 鑑賞			
美術	4	5	5	絵画 彫塑 デザイン 工芸 鑑賞			
保健体育	4	4	4	運動の技能 実践的な態度 知識・理解			
技術・家庭	3	3	3	技能 知識・理解 くふう・創造			
外国語	5	5	5	聞くこと 話すこと 読むこと 書くこと			

養護・訓練の記録

	1学期	2学期	3学期
	カナタイプ 考磁は増加したにもかかわらず習熟早くした。現在も用に入っている。正確でスピードも欠く（指の位置）	カナタイプ スピードはあるが、頼を確立させて欠く（指の位置）	カナタイプ 速度正確度共に良好

特別活動の記録

1学期	2学期	3学期
飼育クラブ	飼育クラブ	飼育クラブ

行動および性格の記録

項目＼学期	1	2	3
基本的な生活習慣	B	C	C
自主性	A	C	A
責任感	B	A	B
根気強さ	B	B	B
創意くふう	B	B	B
情緒の安定	B	A	B
寛容	B	B	B
指導性	B	B	B
協力性	B	B	B
公正さ	B	B	B
公共心	B	B	B

出欠の記録

項目＼学期	1	2	3	学年
授業日数	83	94	60	237
欠席日数（病気・事故）	6	9	6	21
遅刻回数				
早退回数		1		1
忌引日数				
出席日数	77	85	54	216
備考				

健康診断の記録

検査年月日　昭和51年6月30日

身長	149.5
体重(Kg)	42.6
胸囲	73.5
座高	80.5
栄養状態	
脊柱	
胸郭	
視力	0
聴力	異常不動
眼	
耳鼻咽頭疾患	
歯	歯疾患
皮膚	未処置
その他の疾病	
寄生虫卵	
ツ反・BCG	−±＋・陽転
結核	
予防接種	

	1	2	3
校長	Pc	Pc	Pc
担任	Th	Th	Th
	Ti	Ti	Ti
保護者	印	印	印

認定表彰

修了証明書

本人は昭和53年3月23日本校中学部第2学年の課程を修了したことを証明する

昭和53年3月23日

兵庫県立盲学校長 Pc

通信欄

7月20日	何事もよく理解し、応用ができます。根気づよくがんばる生徒です。
12月24日	努力は申分ありません。行動面の優しさが欲しいです
3月23日	来年度は最高学年として指導する立場を自覚してがんばって下さい。
月 日	
月 日	

昭和52年度 No._____

保護者 福島正美殿

通知票

中学部第2学年A組
生徒氏名 福島 智

兵庫県立盲学校

学校長 Pc
担任 Tj
　　　 Tk

学習の記録

氏名 福島 智

各教科の評価

教科	学期 1	2	3	学年
国語	5	5	5	5
社会	5	5	5	5
数学	5	5	5	5
理科	4	5	4	4
音楽	5	5	5	5
美術	4	4	4	4
保健体育	3	4	4	4
技術・家庭	5	5	5	5
外国語	5	5	4	5

学習についての所見

（観点別評価欄）

養護・訓練の記録

1学期	2学期	3学期
タナタイプ基本、スピードはあるが正確さがまだ	応用段階でスピードはあるが、一字一字の正確さが望ましい	応用、速度はあるがより正確に

特別活動の記録

1学期	2学期	3学期
	芸能	

行動および性格の記録

項目	1	2	3
基本的な生活習慣	B	B	B
自主性	B	B	B
責任感	B	B	B
根気強さ	B	A	A
創意くふう	B	A	A
情緒の安定	B	B	B
寛容	B	B	B
指導性	A	A	A
協力性	B	B	B
公正さ	B	B	B
公共心	B	B	B

出欠の記録

項目	1	2	3	学年
授業日数	86	94	60	239
欠席日数 病	13	6	3	22
事	0	0	0	0
遅刻回数	0	0	0	0
早退回数	1	0	0	1
忌引日数	0	0	0	0
出席日数	72	88	57	217
備考				

健康診断の記録

検査年月日 昭和52年6月30日

身長(cm)	157.4
体重(Kg)	50.2
胸囲(cm)	81.2
座高(cm)	85.2
栄養状態	
脊柱	
胸郭	
視力 右	0
左	眼前手動
聴力 右	0 57 (62)
眼疾	
耳鼻咽喉疾患	
皮膚疾患	
う歯 処置	
未処置	
その他の歯	
寄生虫卵	
ツベルクリン反応	−・±・＋・＋＋・陽転
結核	
予防接種	

	1	2	3
校長	Pc	Pc	Pc
担任	Tj	Tj	Tj
	Tk	Tk	Tk
保護者			

昭和53年度　　　　　　　　　5

保護者　福島正美　殿

通　知　票

中学部第 3 学年 A 組
生徒氏名　福島　智

兵庫県立盲学校

学校長　Pc
担任　Tj
　　　Tl

認定表彰

修了証明書

本人は昭和54年3月23日本校中学部第3学年の課程を修了したことを証明する

昭和54年3月23日

兵庫県立盲学校長　Pc

通信欄

7月20日　欠席の影響か全般的に授業がトりつきづらく、心配不要に思います。更に一層頑張って下さい。自信を持って…学業面は申分ありません。級友とも仲良く…

12月28日　合格おめてとう。

3月23日　盲学校は男子少なく、なかで交友の限界は否めない。何事も大胆に断乎しっかり考えて、…みがかなければえない。しかし今は真価発揮のチャンス。期待は大。遊ぶことも忘れずに。

氏名	福島　智			学習の記録			
各教科の評価				学習についての所見			
教科＼学期	1	2	3	学年観点＼学期	1	2	3
国語	4	5	5	5	聞くこと			
					話すこと			
					作文			
					書写			
					ことばに関する知識			
社会	5	5	5	5	知識・理解			
					資料活用の能力			
					社会的思考・判断			
数学	5	5	5	5	知識・理解			
					技能			
					数学的な考え方			
理科	4	5	5	5	知識・理解			
					観察・実験の能力			
					科学的な思考			
音楽	5	5	5	5	基礎			
					器楽			
					創作			
					鑑賞			
美術	3	4	5	4	絵画			
					彫塑			
					デザイン			
					工芸			
					鑑賞			
保健体育	3	3	4	4	運動の技能	△	△	
					実践的態度			
					知識・理解	○	○	○
技術・家庭	5	5	5	5	技能			
					知識・理解			
					くふう・創造			
外国語	5	5	4	5	聞くこと			
					話すこと			
					読むこと			
					書くこと			

養護・訓練の記録

1学期	2学期	3学期
カナタイプ応用100字で1'20"ストロークの練習をもっと正確さがほしい	うつし書き速読行。スピードはあるが正確に行うことに留意すること。	全課程終了。今後は正確に行うことに留意すること。

特別活動の記録

1学期	2学期	3学期
学級委員長 生徒会会長 軽音クラブ	同左	同左

行動および性格の記録

項目＼学期	1	2	3
基本的な生活習慣	B	B	B
自主性	B	B	B
責任感	B	B	B
根気強さ	A	A	A
創意くふう	A	A	A
情緒の安定	A	A	A
寛容	B	B	B
指導性	A	A	A
協力性	B	B	B
公正さ	B	B	B
公共心	B	B	B

出欠の記録

項目＼学期	1	2	3	学年
授業日数	85	93	61	239
欠席日数 病	18	5	7	30
事	0	0	3	3
遅刻回数	4	0	0	4
早退回数	0	0	0	0
引取回数	0	0	3	3
出席日数	67	88	48	203
備考				

健康診断の記録

検査年月日 53・6・30

	右	左
身長(cm)	163.0	
体重(kg)	53.6	
胸囲(cm)	82.0	
座高(cm)	88.9	
栄養状態	未受検	
発育 柱	未受検	
郭	未受検	
視力	0	眼球手動
聴力	4000C/S(60)	
眼	異常なし	
耳鼻咽喉疾患	未受検	
皮膚疾患	異常なし	
う歯 処置	0	
未処置	0	
その他の歯	異常なし	
寄生虫卵		
ツベルクリン反応	－・±・＋・陽転	
結核		
予防接種		

	1	2	3
校長	Pc	Pc	Pc
担任	Tj	Tj	Tj
	Tl	Tl	Tl
保護者			

昭和 54 年度　　　　　　　　　　　　　　　　　　　　No.12

成 績 通 知 表

筑波大学附属盲学校

高等部 普通 科・第 1 学年

氏名　福島　智

出席の記録

	授業日数	欠席	遅刻	早退	欠課
前期	109	0	0	0	11時間
後期	124	2	2	0	0
学年	233	2	2	0	11時間

健康診断の記録

前期	X線　尿　健康診断　異常なし　中耳炎　歯治療、出歯 未処置 4本
後期	
学年	

普通 科 氏名 福島 智

（学年担任名）　Tm

教科	科目	単位	前期	後期	学年
国語	現代国語	3	4	4	4
	古典 I 乙	3	4	4	4
	古典				
社会	倫理・社会	2			
	政治・経済	2			
	日本史	3			
	世界史				
	地理 B	3	4	4	4
数学	数学 I	5	3	4	4
	数学 II				
	数学 III				
理科	化学 I	3	4	4	4
保健体育	保健	1	4	3	3
	体育	3	4	3	3
芸術	音楽（　）	2	4	4	4
	美術				
外国語	英語（読本）	3	4	4	4
	英語（文法・作文）	2	4	4	4
	ドイツ語				

教科	科目	単位	前期	後期	学年
技術家庭	家庭一般	2	4	4	4
	技術工芸				
	主科（　）	2			
	第1副科（　）	1			
	第2副科（　）	1			
音楽科	ソルフェージ	2			
	アンサンブル	2			
	西洋音楽史				
	東洋音楽概論	1			
	音楽理論（和声）				
	音楽理論（楽式）				
	日本音楽史	1			
	三弦	1			

履修単位	30 単位
修得単位	30 単位

意識・訓練所見欄

オプタコン…英文のテキストを用いて練習中。現在、大文字と小さい文字を練習している。開始時は離読がうまくいかずあり難かずかしいが、最近なり、わりかい。よく読めるようになっています。今後、いろいろな場面で、オプタコンを使わせるようにすると思われますので、継続練習を望みます。

特別教育活動欄（クラブ、ホームルーム）

部音楽クラブ（部長）
送別会実行委員

担任所見欄

前期	どの教科も、主体的に、系統だてて学習できているような気がします。まだ本気でとりくんでいないように思います。性格は素直で明るく、みんなから好かれているようです。なしていけます。
後期 学年	どの教科にも、まじめにとりくんでいる態度には好感が持てる。しかし、まだ、まだ、力を出しつくしていません。善意識の本質のペースを作りつくがんばってほしい。そのためには、家庭の時間は、自分をしばり、友人との「NO」の言える度でもあせていこう。

保護者欄	

担任印	前期	後期・学年	保護者印
	Tm	Tm	㊞

昭和 55 年度　　　　　　　　　　　　　　　　No. 11

成績通知表

筑波大学附属盲学校

高等部 普通科・第 2 学年

氏名　福島　智

出席の記録

	授業日数	欠席	遅刻	早退	欠課
前期	110	1			14
後期					
学年					

健康診断の記録

前期	出席不足3本 中耳炎後遺症尿経過観察 他 異常なし
後期	
学年	

普通科 氏名 福島 智

教科	科目	単位	前期	後期	学年
国語	現代国語	2	5		
	古典 I Z	2	5		
	古典				
社会	倫理・社会	2	4		
	政治・経済	2			
	日本史				
	世界史	3	5		
	地理B	3			
数学	数学 I				
	数学 IIB	5	3		
	数学 III				
理科	生物 I	3	5		
	物理 I	3	4		
保健体育	保健	1	4		
	体育	4	4		
芸術	音楽（　）	1	3		
	美術				
	声楽	1	4		
外国語	英語	5	5		
	ドイツ語				

教科	科目	単位	前期	後期	学年
技術家庭	家庭一般				
	技術工芸				
	主科（　）	2			
	第1副科（　）	1			
	第2副科（　）	1			
音楽科	ソルフェージ	2			
	アンサンブル	2			
	西洋音楽史				
	東洋音楽概論				
	音楽理論（和声）				
	音楽理論（楽式）				
	日本音楽史	1			
	三弦	1			

履修単位		単位
修得単位		単位

（学年担任名）　　Tn

養護・訓練所見欄

特別教育活動欄（クラブ，ホームルーム）
生徒会長

担任所見欄
前期　よくがんばりました．
後期
学年

保護者欄

担任印	前期	後期・学年	保護者印
	Tn		

巻末資料 33

▶ 1981年3月13日現在、智の当時の耳鼻科主治医K医師がまとめた資料。これは、智の神戸大学医学部附属病院耳鼻科での医療記録を、1976年にさかのぼって、聴力変動を中心に時系列で整理した資料。なお、記録の最後に⑦点滴静注 3/6-3/11・5回とあるのは4回の誤記と思われる。

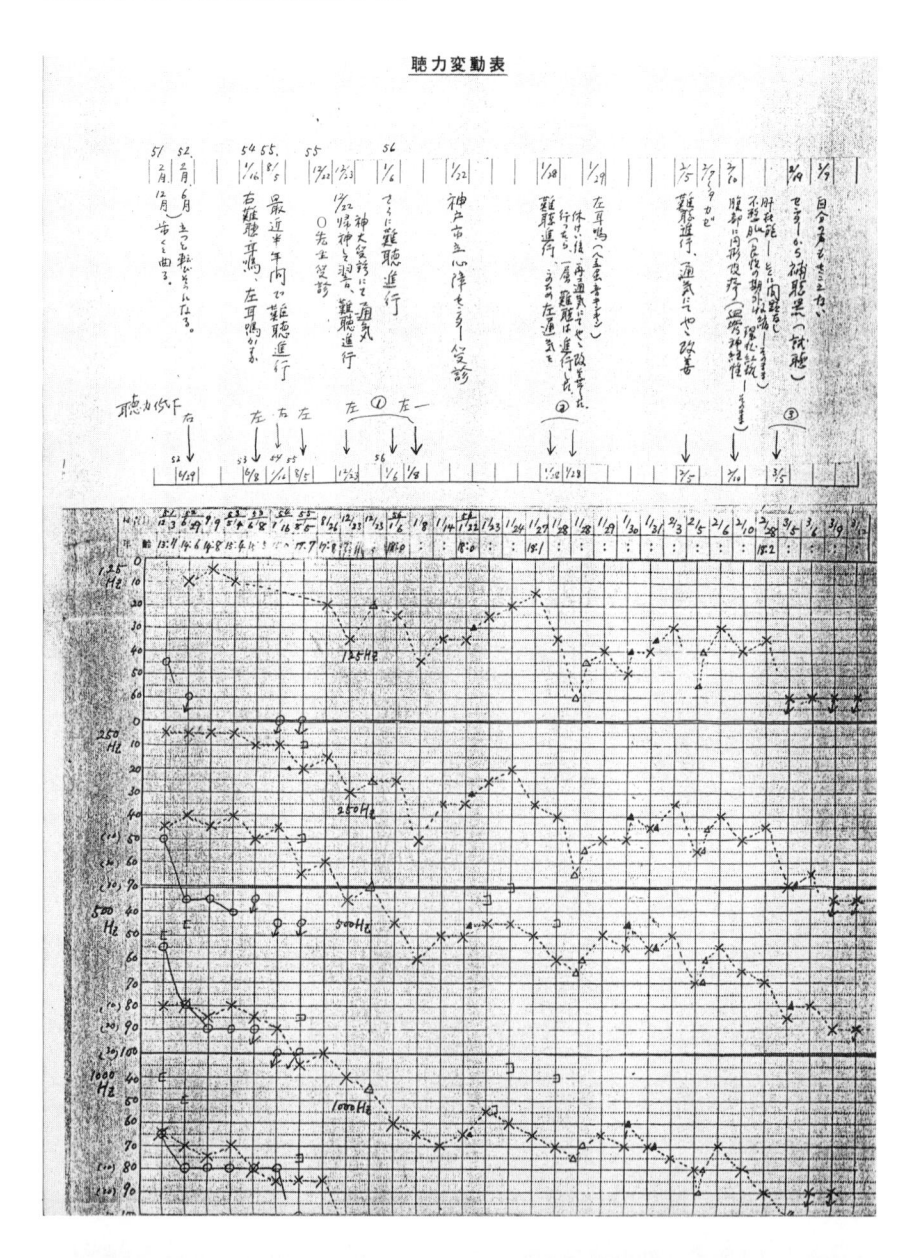

① 綿棒油塗 1/22 ―――――――――― 3/11

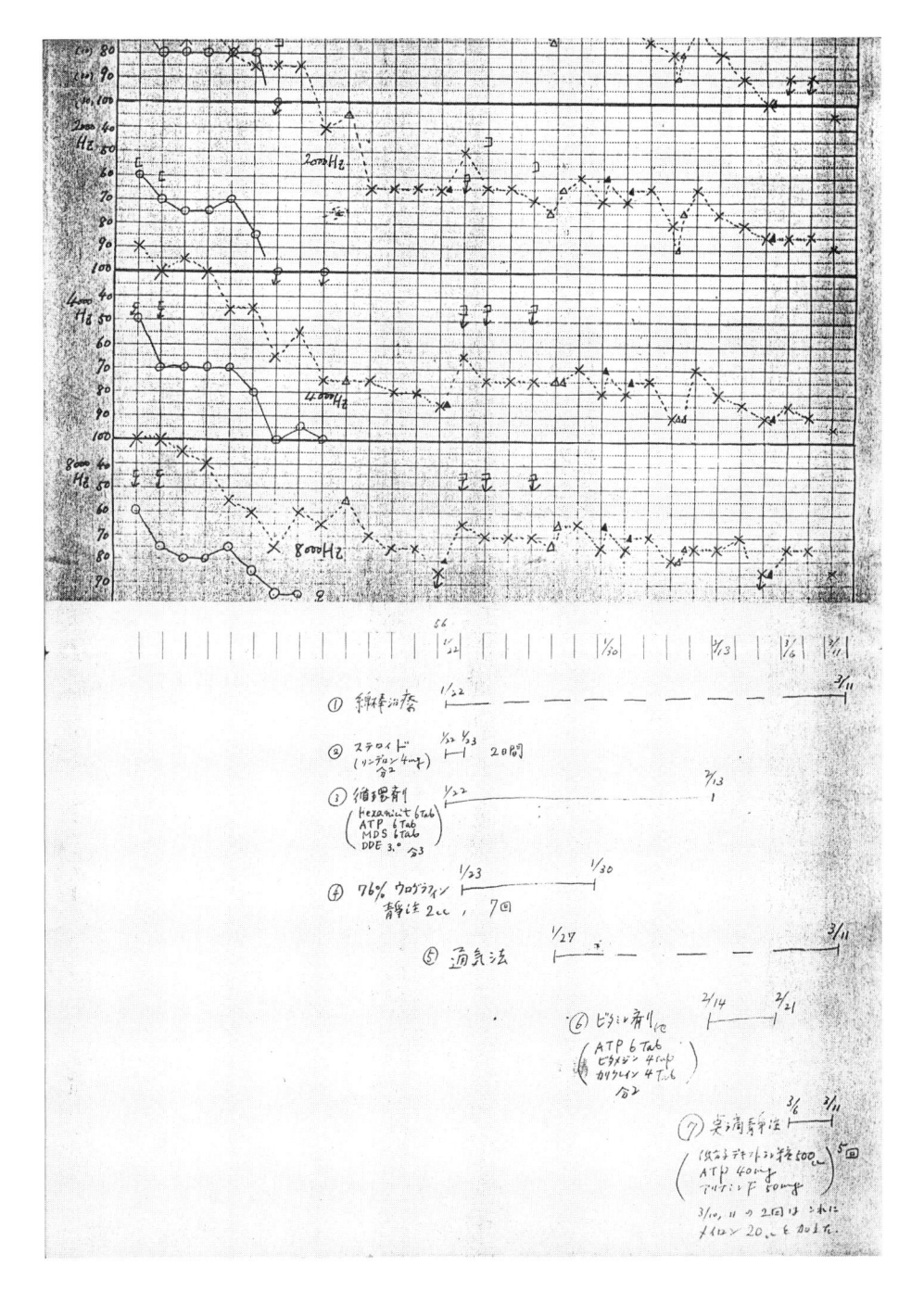

② ステロイド 1/2 1/3
　(リンデロン4mg) ├―┤ 20日間
　合2

③ 循環剤 1/22 ――――― 2/13
　(Hexamin 6Tab
　ATP 6Tab
　MDS 6Tab
　DDE 3." 合3)

④ 76% ウログラフィン 1/23 ――― 1/30
　静注 2cc, 7回

⑤ 通気法 1/24 ―――――― 3/11

⑥ ビタミン剤 2/14 ――― 2/21
　(ATP 6Tab
　ビタメジン 4Cap
　カリクレイン 4Tab)
　合2

⑦ 点滴静注 3/6 3/11
　(低分子デキストラン糖 500cc　　　5回
　ATP 40mg
　デカドロンF 50mg)
　3/10, 11 の2回はこれに
　メイロン 20cc も加えた。

巻末資料 34

▶自宅近辺および三宮〜明石の地図

　自宅近辺の地図。智が幼い頃兄たちや友人たちと遊んだ粘土場や通っていた舞子幼稚園、舞子小学校、そして失聴する直前に令子とランニングをしたコースがほぼこの地図の範囲に含まれている。なお、当時の地図は入手できなかったため、現在の地図をベースにしつつ、智や令子の記憶、1980年代半ばの限定的な住宅図を参考にして智と関わりの深いところを太字で示した。

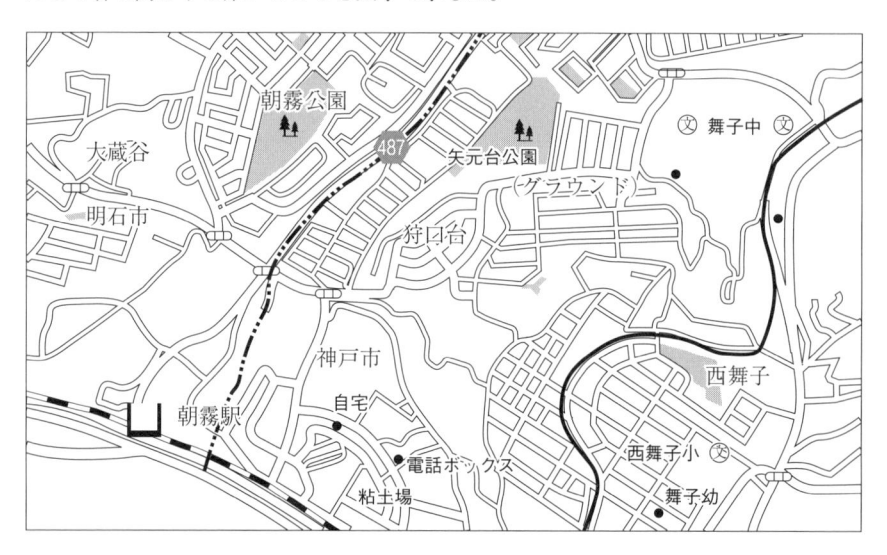

　国鉄（現在のJR）三宮〜明石間の地図。神戸に住んでいた頃智が頻繁に訪れたところを太字で示した。当時の地図は入手できなかったため、現在の地図を利用している。

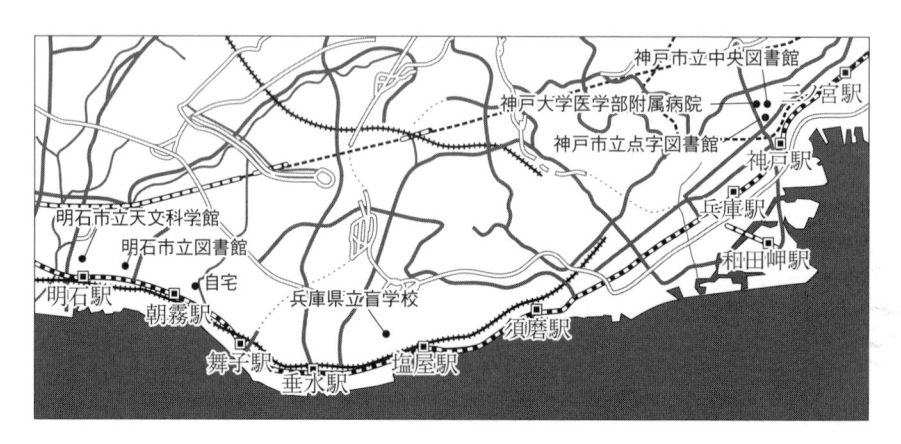

▶『コミュニカ』第 42 号（2011 年・春号）、社会福祉法人全国盲ろう者協会
収録に際して、段落がえなど若干の修正を加えた。

協会発足 20 周年を迎えて

理事　　福島　智

　全国盲ろう者協会発足から、20 年が経過した。なにか、信じられないような気がする。ここにいたるまでには、無数といってよいほどの多くの人々の有形・無形の努力と貢献があり、夢と願いがあった。そして、私についていえば、これも数え切れないほどの大切な出会いがあり、多くの不思議な縁を経験した。ここではそのごく一端を紹介したい。
　当協会の初代理事長である故小島純郎先生と私が初めてお会いしたのは、今からちょうど 30 年前のことである。1981 年 4 月 21 日。筑波大学附属盲学校 2 階の小会議室で、先生と 2 人きりでの対話だった。当時千葉大学のドイツ文学の教授だった小島先生とは、私は初対面だった。でも私はその当時の気持ちを、正直にお話しした。私は当時高校 3 年生。盲ろう者となってまだ 1 カ月あまりのころだった。私は言った。
「先生、ぼくはこれからどうすれば良いのでしょうか。何をすれば良いのでしょうか……」
　そのころは、私も先生も、まだお互いそれほど指点字がうまくなく、少しぎこちなく、でも力強く先生は指点字を打ってくださった。
「一緒に考えていきましょう。一緒に、ゆっくりやっていきましょう」
と。小島先生がその日のことを後日振り返って、私の印象を次のように記しておられる。

「（福島君は）顔色は青白く弱々しく、失聴のショックの醒めやらぬ打ちひしがれた様子、ちょうどどんよりした日の黄昏時、薄暗い部屋にマッチした暗さで、1 時間 20 分対談したとメモにありますが、どう励ましてよいのか皆目見当がつきませんでした」

　そして、別れ際に、先生はものすごく強い力で私の手を握って、何度も何度も揺さぶっておられた。それはどんなことばよりも私に大きな励ましとなり、私に勇気を与えてくれたのだった。
　そのとき私には盲ろう者の友人がまだ一人もいなかった。そして指点字の専門の通訳者と呼べる人も、まだ一人もいなかった。あれから 30 年。礎を築いた先生のご尽力の結果、全国盲ろう者協会には 800 人以上の盲ろう者と 3000 人を越える通訳・介助者が登録している。そして、全国すべての都道府県で通訳・

介助者の派遣事業が実施されるにいたった。
　この小島先生との出会いの少し前、同年4月5日に、もう一つの大切な対話があった。当時千葉県の病院に入院中だった私のもとに、塩谷治先生が訪ねてこられた。現在の全国盲ろう者協会の塩谷事務局長兼常務理事である。
　塩谷先生とはそれ以前から、つまり、私が失聴する前の全盲の生徒だった頃からすでに面識はあったものの、私が盲ろう者となり、指点字を使うようになってからの対話としては、このときが事実上初めてのことだ。盲ろうの生徒として盲学校の高等部3年に復帰する私の担任を積極的に引き受けてくださり、その受け入れに向けての予備的な相談をするために私を訪ねてこられたのだった。
　指点字を始めてまだ1カ月程度。他の人とはぽちぽち短い会話をしていたくらいだったときに、およそ2時間も指点字で対話した。たまたま同席していた母がメモ書きで記録していたので、対話の概要が今も残っている。メモにはたとえば、こうある。
「将来的には君の学識で、学問の成果で食って行かざるを得ないだろう。大学が入れてくれるかどうかわからないが。あと1年では無理。1年、2年は余分にかける覚悟が必要。いくつか大学はあたってみるつもりではいる。ただし君の希望する大学に入れるという保証はない」
「君には有力な武器が2つある。1つはしゃべれること、もう1つは点字ができること。この2つをいかに生かすかが今後の課題。まずしゃべるほうだが、君はできるだけしゃべるようにつとめないといけない」
　今から考えると、こうしたアドバイスは、ことごとく的を射ている。私は結果的に大学教員になり、また「しゃべること」がほとんど唯一のとりえのような人間となった。塩谷先生の慧眼に、今さらながらに敬服せざるをえない。
　その後、この小島・塩谷両先生を中心に、私を支援するグループ「福島智君と共に歩む会」が作られる。東京都立大学（現首都大学東京）に進学した私の学生生活を全面的に支援してくれたのが、この「歩む会」だった。

　ところで、私は大学で教育学を専攻した。しかし、入学後まもなくすると、悩むようになった。「日本で初めての盲ろう大学生」としてメディアの脚光をあびていた私だったが、自分が何を学び、将来何をすればよいのかがわからなかったからだ。
　そうした暗中模索の日々を過ごしていた頃、もう1つの大きな出会いがあった。1985年2月11日。本郷の重複障害教育研究所で、当時7歳で、ほぼ生まれつき全盲ろうの少年、阪田広揮君にたまたま出会ったのだった。そのときの広揮君は、活発に部屋の中を探索し、盛んに声も出していたようだ。私自身盲ろう者である。それ故、同じ障害を持つ広揮君に、心惹かれるものを感じた。しかし私には彼の動作や表情を見ることができず、声を聞くこともできない。何とももどかしい限りである。どうにかして、彼と直接コミュニケーションを取ることはでき

ないものかと考えていた。

　そのとき、八王子盲学校で広揮君を受け持っておられた後藤新平先生が、1つの教材を見せてくださった。それは小さな木片に、「こうき」「の」「あたま」「ごとう」「の」「め」などと点字で書いたテープを貼ったものだった。それらを枠の中でいろいろに組み合わせて、文章構成の学習を行う教材だという。「点字！」＝広揮は点字ができる！　それは、新鮮な驚きだった。先天性の盲ろう児が、これほど早くから点字の学習を始めているとは思っていなかったからだ。話を伺うと、ごく簡単な会話なら、ローマ字式指文字を用いて、お母さんや先生と交わしているという。それに点字の読み書きの基礎は、既にマスターしているという。それなら、私とでも直接コミュニケーションを取ることができるのではないだろうか……。そしていつの日か、「君は盲ろう者だけれど、ぼくも同じ盲ろう者だよ」ということを伝えられるのではないか……。そうした願いから、広揮君と交わりたい、広揮君のことがもっと知りたいという思いに駆られ、私は卒業論文と修士論文で広揮君の事例研究をさせてもらった。

　しかし、私の思いとは裏腹に彼とは最初のうち、なかなか話ができなかった。点字での筆談はできるけれど、「会話」ができない。彼の出すローマ字式の指文字はとても速くて、私には読めない。夜寝ていて、夢の中で彼とスムーズに対話する場面を何度もみたことを、今も思い出す。最初の出会いから3年ほど経過してようやく、私から広揮君には指文字、彼から私には指点字というやり方で、やり取りができるようになったときのうれしさは、今も忘れられない。私が盲ろうの研究者として何を学び、何を考えるべきか。そして、将来何をすべきかについて、強いインスピレーションを与えてくれたのは、まぎれもなく広揮君だったのである。こうして、広揮君の学校の授業を見学したり、お宅におじゃまして、遊びにかぎりなく近い勉強を一緒にしたりした。そんなおり、お母さんにはいつもお会いするけれど、お父さんにはほとんどお目にかかれなかった。なんでも大蔵省に勤めておられるとのことで、とても忙しい方のようだった。この阪田広揮君のお父さんこそ、阪田雅裕・現協会理事長である。不思議な出会いであり、まったくもって不思議な縁といわざるを得ない。

　2004年の10月、小島先生が逝去された。亡くなる数カ月前に、私は入院中の先生を訪ねた。
「こんにちは先生」
と声をかけると、開口一番、
「寝たきりになっちゃったよ」
と答えられた。とっさに返事につまった私は、すぐに広揮君の手紙を朗読することにした。広揮君は当時27歳。自宅近くの作業所に通っている。小島先生は彼が8歳のときからご存知だ。今から20年ほど前、私が広揮君と出会って数年

経過した頃だったろうか。広揮君は点字で手紙が書けるようになり、いろんな人に手紙を出しまくっていたことがあった。小島先生もそんな広揮君から手紙をもらい、「ぼくのここしばらくの人生の中で、一番うれしいできごとだったよ」と、当時しみじみ話しておられたのを私は思いだしていた。それで、たまたまそのお見舞いにうかがう少し前に、広揮君に会う機会があったので、小島先生への手紙を頼むと、彼がすぐにその場で次のような点字の手紙を書いてくれた。シンプルな内容だが、これはおそらく私を含めて小島先生を知るすべての人、とりわけ盲ろう者の思いを凝縮したメッセージだとも言えるだろう。

「小島純郎先生。先生は全国協会の理事長を退職しましたね。協会の理事長は何年間されましたか。どうして病気で入院されましたか。いつから入院ですか。だいじにしてください。入院。大事。どうして入院ですか。手術ですか。早くよくなってください。お願いします。僕は元気です。僕は施設で働いています。僕は盲ろう者の会に参加しています。じゃあ、元気を出して」（原文は点字）

　私がこの広揮君の手紙をベッドサイドでゆっくり朗読した後、その手紙を差し出すと、先生は小刻みに震える左手でこの点字の手紙をぎゅっと握っておられた。
「先生、盲ろう者協会の将来についてなど、何か先生の夢のようなものはございますか」と私はうかがった。パーキンソン病だった小島先生は、すぐに反応を返すのが難しい。それでも、およそ１分半の沈黙の後、
「盲ろう者の、憩いの家、とも言えるような……」
　ここで、また長い沈黙。
「盲ろう者の憩いの家とも言えるような、そうしたセンターのようなもの、ですか」
と私が尋ねる。
「ええ。……が、欲しいですねえ」
と感情をこめた調子でおっしゃった。
　この「盲ろう者憩いの家」について、小島先生はすでに早くから夢を語っておられた。この入院の時点から８年前、現在から15年前の1996年の『協会だより』No.6 に将来への夢として次のように記しておられる。

「そして、風光明媚なとある海浜に質素だが頑丈そうな建物がたっています。近づいてみると入口に、おや、今度は思わず両眼をこすりたくなりました、そこには墨痕りんり『盲ろう者憩いの家』と読めるのです。まぼろしではありません。構内には農作業や除草に励む盲ろう者の姿が見えます。水辺にもやう小舟には『憩いの家』と記してあります。盲ろう者の数少ない楽しみの中でも楽しみの大きな釣り、この舟で沖釣りにも行けるのです。

このセンターは盲ろう者が一生を過ごす施設ではありません。人生の途次疲労した盲ろう者がひととき疲れをいやす休息の場です」……。

そして、盲ろう者のための職業訓練や言葉の学習などの生涯教育プログラム、盲ろう者相談員の養成や研修などの取り組みがこの「憩いの家」というセンターではなされている……と先生の「夢」は続く。

現在はこの記述から15年、小島先生の逝去からも7年が経過した。先生が夢みておられたのは、盲ろう者が自らの生きる力を蓄え、再生を図れる場であり、盲ろう者向けの総合リハビリセンターだといえるだろう。今のところ、まだ日本にそうした全国規模のセンターはない。しかし、小島先生の夢の実現は、案外近づいているのではないかという予感が私にはある。

現在、日本の盲ろう者福祉の状況は、通訳・介助者の養成や派遣事業を整備する段階から、次の段階へと移行しつつある。その新たな段階の第一は、盲ろう者自身のコミュニケーション技術やITの活用に関する学習などの「生活リハビリ」の充実の段階であり、第二は、職業訓練や就労支援をはかる「職業リハビリ」の段階だといえるだろう。昨年度（2009年度）東京都がスタートさせた「東京都盲ろう者支援センター事業」は、この第一の段階の取り組みの一つである。また、2010年10月からは、国立障害者リハビリテーションセンターにおいて、厚生労働省の取り組みとして、盲ろう者に対する宿泊型生活訓練のモデル事業が始められており、当協会も全面的に協力している。

このように、生活リハビリ分野は今後の充実が期待される状況なのだが、これに対して、職業リハビリについては、まだまだこれから着手せねばならない段階だといえる。このほかにも、グループホームを含め、盲ろう者が安心して暮らせる住まいの確保なども今後に向けての大きな課題である。

日本の盲ろう者福祉を総合的に推進させていくためには、海外の先進的な事例の調査・研究が必須だと私は考えた。そこで世界でもっとも充実した盲ろう者リハビリを提供している米国・ニューヨークの「ヘレン・ケラー・ナショナルセンター」での本格的な調査・研究をかねてから私は願っていた。

このほどその念願がかない、2010年10月からおよそ1年間の予定で、私はヘレン・ケラー・ナショナルセンターを中心に、米国の関連機関、ニューヨーク州北部のロチェスター工科大学等で、盲ろう者リハビリについての調査・研究を実施している。近い将来の「日本版ヘレン・ケラー・ナショナルセンター」の設立に向けて、いささかなりとも貢献できるよう、盲ろうの当事者であることも踏まえつつ、できるかぎり有用な調査・研究となるよう努力したい。

まだ本格的な調査・研究に着手するための準備の段階を終えたばかりの状態だが、現在までの調査で痛感していることが1つある。それは、「盲ろう」という障害がいかに特殊で、独自のニーズを抱えるものであるか、ということである。

ニューヨーク郊外にある「ヘレン・ケラー・ナショナルセンター」は、設立

から 40 年余り。90 パーセント以上の運営経費は、連邦政府と州政府の資金で運営されているものの、管理・運営と人事のシステムはまったく独立している。それは盲ろう者に対するリハビリやサポートがあまりにも複雑で高度の専門性を必要とするからだ。

　常時盲ろう者の訓練生が 30 から 40 人、職員 100 人、敷地 10 万平米、年間予算 1 千万ドルのこのセンターを、日本にすぐに作ることは不可能だろう。しかし、盲ろう者も、職員も、予算も 10 分の 1、敷地は 100 分の 1 でスタートしても構わない。重要なことは規模の大きさではなく、盲ろう者一人一人が生きる力を心穏やかに取り戻すような、そんなセンターだ。これらすべてを含めて「憩い」ということばを小島先生は使っておられたのではないか。

　先日、秋篠宮紀子様がコスタリカ国公式御訪問の途上、このヘレン・ケラー・ナショナルセンターに立ち寄られ、盲ろう者の社会復帰訓練の様子を視察された。私を含め、その場に居合わせた盲ろう者と手と手を触れあわせてことばをかわされた。

　紀子様は、訓練生に「ナイス・トゥー・ミート・ユー」（初めまして）とアメリカの触手話で話しかけられ、私には、「紀子です」と名乗られた後、「ありがとう」と指点字を打たれた。親しくハグをしてきた女性の盲ろう者には、しっかりハグを返された。心温まる、感動的な場面だった。思わず涙ぐむメンバーもいる。

　紀子様をお見送りする際、最後にヘレン・ケラー・ナショナルセンターのジョー・マクナルティ所長がセンターを代表してあいさつをした。
「日本に盲ろう者を支援するナショナルセンターを作るときは、私たちヘレン・ケラー・ナショナルセンターが全面的に協力します。また、2013 年に日本でヘレン・ケラー世界会議がありますね*。私たちもうかがいますので、そのときの日本の姿を見るのが楽しみです」

　2013 年には世界の人たちに、そして天国の小島先生に、小さくて質素でも構わないので、「盲ろう者憩いの家」（日本版ヘレン・ケラー・ナショナルセンター）をお見せしたい。雪がちらつくニューヨークの夜、私は今、そう強く願っている。

　どうぞこれからもいっそう、みなさまの力強い御支援を賜ることができますよう心よりお願い申しあげます。

　　　　　　　　　　　　　2011 年 2 月 2 日、ニューヨーク・フラッシングにて

*本稿は 2011 年 2 月に執筆したのだが、その後東日本大震災が発生した影響などで、「ヘレン・ケラー世界会議」の 2013 年日本開催は実現できなくなった。しかし、そう遠くない将来、同世界会議を日本で開催することを、筆者は切望している。

▶東京大学編『アカデミック・グルーヴ』2008 年、東京大学出版会

障害学——人と社会の関係に新たな光を照射する

福島　智

　電車やバスに乗ると、周囲の視線が集まる。私が同行の「通訳者」と両手を重ねてなにか指をもぞもぞさせているからだ。これは〈指点字〉という方法で会話をしているのだけれど、周囲の人には分からない。

　指点字は点字の組み合わせの原理を応用して、指先で相手の指先にタッチすることでことばを伝える方法だ。目が見えず、耳も聞こえない私のような〈盲ろう者〉のためのコミュニケーション手段の一つである。私の場合はもっぱらこの方法で話しかけてもらい、私からは音声で答えることで、他者と会話する。そんなことをしているので、不思議そうな、驚いたような、あるいは気味悪そうな、さまざまなニュアンスの視線が集まる、らしい。「らしい」と書いたのは、これは通訳者による情報提供によるからだ。

　通訳者というのは、たとえばあのヘレン・ケラー（彼女は盲ろう者である）にとってのアニー・サリヴァンのような役割を、一定の時間行う人たちのことだ。通訳者によるサポートは盲ろう者にとって、いわばスキューバダイビングにおける空気ボンベのような〈命綱〉だ。

　それにしても、やはり「普通」ではない。〈不思議オーラ〉全開なのだろう。ある時中学生くらいの少年達が私の指点字を見て、「あれ、なんだろな？」「ミスター・マリックのハンドパワーだぜ、きっと」などとひそひそ話をしていたようだ。

　さて、障害学である。「障害学」（Disability Studies）とはなにか？　それは、障害を分析の切り口とする思想的営為であり、知の運動である。もう少し具体的に言えば、障害や障害者を把握する際、たとえば、治療や訓練による快復を至上命題とする従来型の医療やリハビリテーション学などの視点とは異なる、新たな視点で障害に光を当てる学問である。

　と、こう書いても、やはりピンと来ない人は多いだろう。そもそも「障害」とはなにか、がはっきりしない。病気や怪我などで心身の機能になにがしかの影響を受けて、それが治癒せず、その状態や症状が固定したものの一部を障害と呼ぶのだが、どんな「症状」でも、治癒しなければ障害と呼ばれるわけではない。たとえば、円形脱毛症がなかなか治らずそのまま「症状が固定した」人がいても、その人を障害者とは（少なくとも今の日本では）呼ばない。ではなにが「障害」であり、だれが「障害者」なのか？　実はこうした問いを持つことは、すでに「障害学」の思索を始めていることになる。

　「障害」は人工的な概念である。それは、ある時代のある社会が、ある目的を持っ

て便宜上規定する概念である。つまり、障害はなにか固定的な実体を伴うものではなく、その本質は、社会によって「作られ」「再生産される」状態や状況、関係性そのものなのだ。こう考えると、そこには探求してみるべきテーマがいろいろ含まれていそうである。

　たとえば、なんらかの障害を理由に大学受験を拒否される（「不合格」ではなく、受験自体ができないということ）。就職や昇進をめぐって、明らかな差別を受ける。アパートを借りようとすると、大家から断られる……。こういう実例は今の日本にもたくさんあり、こうした現状を考えれば、障害が社会によって「作られる」という意味が少し見えてくるだろう。障害者は、テレビのチャリティー番組やトレンディドラマなどで不自然に美化されたりする一方で、現実には差別と排除の対象となっているのである。

　どうして、このような現象がおきるのだろうか。そこには法制度を含めた社会のシステムや社会を構成する人々の意識はどのように関わっているのだろうか。こうした大きな問いが生じる。

　他にもテーマはある。冒頭の私の指点字の例で言えば、私は「触覚言語」を使っているわけであり、これは「触れる文化」を生きているのだとも言える。日本の支配的文化は他人に触れるのを避ける「触れあいのない文化」だ（だから、私は、通訳者が男女いずれの場合でも、しばしば周囲からおかしな誤解を受ける）。このように、「文化」の視点で障害を分析することもできる。そして、この「文化」は、「能力」というテーマにも繋がっていく。

　私の知人の聴覚障害者の中には、スキューバダイビングをしながら、海中で手話を使って友人と自由に話す人がいる。「普通の人」にはまねのできない技だ。こうした例を考えると、「能力」とはそもそもなにか？　という大きな問いにぶつかる。

　社会は、そしてそれを構成する人々は、ある個人をどのように取り扱うのか？「文化」とはなにか？　「能力」とはなんだろうか？　こうした問いに障害学は、これまでになかった新たな光を照射する。すなわち障害学とは、障害の有無を越えて、人と社会のありかたを新たな視点で研究する学問なのである。

巻末資料 37

▶『朝日新聞』2001 年 5 月 5 日　「私の視点　ウイークエンド」

バリアフリー「酸欠の心」に風送ろう
　　　　　　　　　　　　　　福島　智　東京大学助教授（障害児教育学）

　日本の社会には今なお障害者や高齢者にとって様々な「バリア」が存在する。
　エレベーターのない建物は「物理的バリア」であり、利用困難な IT は「情報のバリア」を生む。また、障害者との結婚やアパートの入居に反対するのは「心

のバリア」の現れだと言えるし、障害を理由に資格や免許の取得を制限する「欠格条項」などの「法制度のバリア」もまだ深刻だ。

「心のバリア」とは、まさしく差別意識であり、そして、この差別意識を実体化させるものが「法制度のバリア」だろう。したがって、たとえば「障害者差別禁止法」などの制定を通して「法制度のバリア」の撤廃をめざすことが重要だ。

しかし、そもそもなぜこうしたバリアが生じるのかを考えると、やはり「心のバリア」の存在に突き当たる。では「心のバリア」はどうすれば除去できるのか。コミュニケーションが鍵を握っているように思う。

私はコミュニケーションは「心の酸素」だと思う。つまり、コミュニケーションが不足すれば、心は「窒息する」ということだ。

18歳で視力に続き聴力をも失った私は、他者とのコミュニケーションが断絶される日々を体験する。それは魂の凍るような孤独の日々だった。やがてコミュニケーションを取り戻し、本当につらいのは「見えない、聞こえない」ことではなく、他者との心の交流が消えることだと確信した。

もちろん、コミュニケーションを持ったからといって、それで「心のバリア」がすぐに取り除かれるわけではない。しかし、多くの差別は対話の不足から生じる。そして、今の社会は、情報の氾濫とは裏腹に、他者とのコミュニケーションに飢えている人が多いように思う。障害者や高齢者と豊かなコミュニケーションを持つことは、「心のバリアフリー」につながるだけでなく、多くの人々が抱えている「酸欠の心」にとって新鮮な風となるだろう。

自然環境に生態系があるように、人間社会にも、人と人とが織りなす「共生の生態系」が存在するのではないか。もしそうなら、ある属性やハンディを持つものが社会の中で軽視され、無視されれば、この「生態系」にゆがみが生じ、ひいては社会の崩壊につながるだろう。バリアフリーの取り組みとは、社会を崩壊から守り、「共生の生態系」を活性化させることなのだと思う。

巻末資料 38

▶『毎日新聞』2011年4月28日　「これが言いたい」

防災とバリアフリーを経済コストで測るな——被災障害者の危機は人災だ

福島　智（東京大先端科学技術研究センター教授）

空気ボンベを背負い海に潜るスキューバダイビングは、よく知られている。では、地上で暮らしながら、常に「目に見えない海水」に潜った状態で生活している人たちのことをご存知だろうか。重い病のために、酸素吸入器や人工呼吸器を常時使用している人たちのことだ。

仙台市太白区の土屋雅史さんもその一人で、4年前、全身の筋力が徐々に衰える筋萎縮性側索硬化症（ALS）を発症した。人工呼吸器やたんの吸引器が命綱だ。

53歳の今、全身で動くのは眼球だけだ。その目の動きでパソコンを操作し、一文字ずつ言葉を刻み、この度の震災体験をつづった。
「突然大きな横揺れ、すぐ停電。呼吸器の非常アラームがビーッと鳴った」
　土屋さんが普段「潜水」を続けていられるのは、電気によって人工呼吸器などが動いているからだ。しかし停電になれば、頼りはバッテリーだけとなる。いわばバッテリーの残量が、「潜水時」の空気ボンベの残量だ。
「いきなり吸引器が止まった。40分のバッテリーだ」
　幸い、土屋さんは周囲の人の綱渡りのようながんばりで助かった。他にもきわどい例は多く、今月初めには停電の影響で亡くなった人もいた。
　これらの人たちが経験した生命の危機は、天災ではなく人災に属する。つまり、地震による長期の停電を、現行の福祉・医療施策が想定していなかったからである。
　ところで今、防災や原発の関係者の口から、「想定外」という言葉がよく出される。それを聞きながら、私は「防災とバリアフリー」の共通点を考えた。
　たとえば、障害を持つことは多くの人にとって想定外の出来事だろう。しかし、個人にとって想定外であっても、ある社会の中でどういう障害がどの程度の頻度で発生するのか、その全体的傾向は想定できる。その想定に従い、どんな人が人生のどの時期にどのように特殊な障害を持っても、きちんと生活できるように、最善の社会的取り組みを目指すのが、バリアフリーの基本理念である。
　一方、地震や津波など自然災害も、いつどこでどんな災害が発生するか、正確には想定できない。しかし、歴史的・地理的観点で、どんな規模の災害が発生するか、その全体的傾向は想定できるはずだ。いつどこでどのようにまれな災害が発生しても、最善の社会的取り組みを目指すのが、防災の目標だろう。
　両者には、さらに二つの共通点がある。第一は、防災もバリアフリーも安全と安心、言い換えれば、人の命や夢や希望を守る営みだということであり、第二は、いずれも経済的コストがこれらの取り組みへの制約要因になる点だ。つまり、発生頻度の低い障害や災害であればあるほど、それらへの取り組みは「コスト的に現実的ではない」とされてしまうということである。
　しかし、これはおかしな発想だ。本来命や夢や希望は、コストを計測できない価値である。それを経済的コストとてんびんにかける発想自体、根本的に誤っていないか。
　この度の大震災を経験した日本は、従来の物質的な豊かさとしての経済成長を目指すのではなく、人の命と生活の真の豊かさに力点を置いた、社会・経済・科学技術の発展を目指すべきである。
　3・11を人間中心の社会に向かう新たな日本のルネサンスの契機とすることこそ、生を断ち切られた人々の魂に報いる道なのだと思う。

巻末資料 39

▶ここでは、マスメディアで取り上げられた記事・番組等のほか、著者について取り上げられている書籍や寄稿をリストにし、さらに、筆者自身が執筆した書籍や寄稿の中で研究業績として巻末資料40に分類しなかったものをリストとして掲げた。ただし、すべてを網羅できているわけではない。

まず、ラジオ番組への出演についてはまったくリスト化できておらず、テレビ番組についても、一部の主なものしか示せなかった。また、新聞・雑誌等の記事については可能なかぎり網羅したものの、記事の掲載年月（日）が特定できないものも複数あり、それらは除外している。

●新聞（227件）

1982年
　10月3日最優秀賞「点字と私　東京都・予備校生　福島智」（記事）『毎日新聞』朝刊22面
　10月16日「ひと『指点字に生かされて　福島智』」（記事）『毎日新聞』
　11月29日「自由席『二重苦に負けず大学めざす』」（記事）『朝日新聞』夕刊14面

1983年
　3月2日「訓練で難聴も克服できる　二重苦（耳目）にめげず難関に挑戦する福島智君」（記事）『神戸新聞』
　3月19日「目と耳二重苦を克服　合格20歳の春　豊島の福島君　指点字で感触　都立大入学」（記事）『東京新聞』朝刊14面
　3月19日「いま合格の春　二重の障害克服、都立大へ　全盲、耳も聞こえない福島君　800人の仲間が応援」（記事）『読売新聞』朝刊22面
　3月19日「全盲・全ろう青年に春　都立大に見事合格　点字学習支援の輪」（記事）『日本経済新聞』朝刊27面
　3月19日「9歳で失明、18歳で聴力失う　"二重苦"の青年が初めて大学生に　豊島区の福島さん　都立大に合格」（記事）『毎日新聞』朝刊22面
　3月19日「二重苦乗り越え大学合格　盲ろう青年　友の手がかり予備校通い」（記事）『朝日新聞』朝刊
　3月19日「二重苦に勝った都立大合格」（記事）『赤旗新聞』日本共産党中央委員会
　3月20日「天声人語」（記事）『朝日新聞』朝刊1面

1988年
　6月5日「盲ろうの福島さん指点字　母の『愛の手』ヒントに考案　指のささやき　言葉になった」（記事）『毎日新聞』朝刊27面

1989年
　1月29日「私にとっての昭和」（寄稿）『点字毎日』第3425号、毎日新聞社

1991年
　1月20日「盲ろう二重障害を越えて 福島令子さん智さん母子」（記事）『天理時報』第3203号1面、天理教道友社
1993年
　3月26日「『よい機会くれた』盲ろう者協会理事福島さん福祉従事者増やして 厚生白書 障害者の"声"多く 平成4年版 厳しいコメントも掲載」（記事）『産経新聞』夕刊10面
　3月29日「社説 障害があっても輝く社会に」（記事）『朝日新聞』朝刊2面
1995年
　5月28日「『盲聾者を主人公にテレビドラマ化』福島智さんの体験を脚色」（記事）『点字毎日』第3742号8面、毎日新聞社
　9月22日「福祉に関心持ち意思疎通、大切に 視聴覚障害の福島さんがエッセー集 ユーモア交えて健常者に問う」（記事）『毎日新聞』朝刊17面
　10月4日「視覚と聴覚に障害 大学講師がエッセー 日常生活題材に」（記事）『日本済経新聞』
　10月5日「日常の泣き笑いエッセー集に 二重障害…楽しく生きよう きょう発売 ユーモア交えて経験語る」（記事）通信社より各新聞社へ配信
　10月29日「話題の本――『渡辺荘の宇宙人』指点字で交信する日々」（記事）『点字毎日』第3763号37面、毎日新聞社
　10月30日「光と音なくしても、希望は失わず…盲ろう克服、自立のエッセー」（記事）『読売新聞』夕刊18面
　11月20日「視聴覚障害者の生活をエッセー集にまとめた大学常勤講師を目指す福島智さん」（記事）『神戸新聞』7面
　11月26日「本の紹介『渡辺荘の宇宙人――指点字で交信する日々』」（記事）『天理時報』天理教道友社
　11月29日「聴こえずとも見えずとも…重複障害乗り越え生きる盲ろう者 夢は大学教員」（記事）『公明新聞』7面、公明党機関紙委員会
　12月3日「盲ろう者に通訳派遣を 友の会が都に要請『もっと話したい』」（記事）『朝日新聞』
　12月8日「重複障害者への通訳・介助者派遣 知事が実施正式表明」（コメント）『東京新聞』
　12月8日「盲ろう者の通訳・介助者に派遣事業補助を実施 来年度から全国初めて」（コメント）『毎日新聞』
　12月8日「盲ろう重複障害者 通訳や介助者派遣事業 直接補助に乗り出す」（コメント）『朝日新聞』
1996年
　1月1日「生きる 光と音のない世界 色彩出す街のにおい 東京の鼻 いまを嗅ぐ(1)」（記事）『朝日新聞』朝刊37面

1月24日「『渡辺荘の宇宙人』を著した福島智氏 光も音もない世界でコミュニケーションの可能性を追求」(記事)『聖教新聞』7面

2月3日「盲ろう者通訳に都が助成 ヘレン・ケラーのサリバン先生」(記事)『朝日新聞』朝刊

2月22日「盲ろう者通訳育てよう 県内初の『指点字』神戸市長田区に受講生ら30人講習会スタート」(記事)『神戸新聞』朝刊18面

3月3日「『盲聾者への介助派遣を制度化』東京都と大阪で本格的に予算化」(記事)『点字毎日』第3780号2面、毎日新聞社

3月6日「視聴覚障害…母子で新コミュニケーション 指点字 自立の道開く」(記事)『神戸新聞』夕刊

3月11日「正平調」(記事)『神戸新聞』朝刊1面

3月17日「『盲聾者の自立ひろげる』福島さん親子に吉川文化賞」(記事)『点字毎日』第3782号4面

4月7日「『盲聾者福祉の夜明け』読者の広場」(寄稿)『点字毎日』第3785号20面、毎日新聞社

4月23日「『受賞は、多くの方々の温かいお気持ちの結晶です』ことば抄」(記事)『朝日新聞』夕刊3面

5月12日「盲ろう重複障害を超え 生きる勇気 福島さん母子に吉川英治文化賞」(記事)『天理時報』7面、天理教道友社

6月10日「『動詞』でとらえた東京 若手競作のドキュメンタリー」(記事)『朝日新聞』夕刊9面

6月12日、NONFIX「『東京を嗅ぐ』"におい"の視点で東京を見つめ直す」(記事)『読売新聞』夕刊

7月1日「障害者教育専攻の33歳 視覚と聴覚二重苦越え 都立大助手に採用」(記事)『日本経済新聞』夕刊14面

7月1日「最も大切なのは想像力 二重障害の福島さん ハンディ越え都立大助手に」(記事)『産経新聞』夕刊3面

7月1日「苦難乗り越え初の大学教員に 目と耳に二重障害の33歳 都立大学助手『論文が公平に評価された』」(記事)『東京新聞』夕刊8面

7月6日「全国初 『コミュニケーション意義を研究したい』 都立大人文学部 盲ろう越え大学教員に」(記事)『毎日新聞』朝刊29面

7月9日「障害乗り越え学究の道へ 人間往来」(記事)『朝日新聞』夕刊3面

7月12日「広がる研究道 悩みも増えた 人きのうきょう=目と耳に障害のある福島智さん」(記事)『朝日新聞』(大阪)夕刊3面

7月13日「次の夢は講師になって講義をすること この人=障害乗り越え大学教員に 福島智さん」(記事)『東京新聞』朝刊3面

7月14日「『福島さん都立大助手に採用される』盲聾者の常勤職員ははじめて」(記事)『点字毎日』第3798号7面、毎日新聞社

8月6日「『大勢の人の助けのおかげです』二重障害者で都立大助手になった福島さん 母が語る努力の人」(記事)『産経新聞』夕刊9面

8月18日「『目と耳の障害を乗り越え、東京都立大学助手になった福島智さん』素顔」(記事)『公明新聞』3面、公明党機関紙委員会

9月23日「点字毎日文化賞の福島さん "指点字"で活路開く」(記事)『毎日新聞』朝刊

10月30日「福島さんへ、点字毎日文化賞受賞式」(記事)『毎日新聞』

11月10日「『今後も盲聾者福祉に取り組みたい』福島さんに点毎文化賞授与」(記事)『点字毎日』第3815号2面、毎日新聞社

11月27日「自作のピアノ曲披露し盲ろう者への理解訴え 友の会会長・福島さん 慈善公演に出演」(記事)『東京新聞』朝刊17面

12月2日「"光と音"ハンディ超え教壇に 盲ろう者福島さん 晴れて金沢大助教授に就任」(記事)『毎日新聞』朝刊26面

12月2日「目と耳不自由な福島さん 障害克服 助教授に 来春から金大の教壇に立つ 不屈の精神 学生学んで」(記事)『北國新聞』朝刊

12月8日「『福島さん金沢大助教授就任』盲聾者で初の大学教員」(記事)『点字毎日』第3819号2面

1997年

1月1日「盲ろう者が助教授に 金沢大東京の福島さん」(記事)『日本聴力障害新聞』546号5面、(財)全日本聾唖連盟

1月24日「『二重の障害を乗り越え金沢大学教育学部助教授になった福島智さん』顔」(記事)『読売新聞』朝刊19面

1月28日「『目と耳の不自由』に理解を 盲ろう者通訳・介助者養成を」(投稿)『東京新聞』

3月17日「つながろう 全国の盲ろう者 ネットワークづくり進む」(記事)『東京新聞』8面

4月20日「視聴覚の障害乗り越え金大助教授に就任した福島智氏 障害者の『心』教えたい 登壇」(記事)『北國新聞』朝刊10面

4月28日「編集手帳 公私混同」(記事)『読売新聞』朝刊1面

5月6日「盲ろう者で日本初の大学助教授 福島智さん 視線をともに——障害を乗り越えて(4)」(記事)『産経新聞』夕刊8面

5月16日「障害抱えた体験披露 金沢大の福島助教授 県特殊教育研究会で」(記事)『北陸中日新聞』

5月18日「障害者の立場になって 共生への方策訴える 『バリアフリー、意識には変化がないのでは』」(記事)『北陸中日新聞』朝刊

6月17日「天声人語」(記事)『朝日新聞』朝刊1面

7月11日「全身で伝える盲ろう者の心 ニッポン現場紀行＝福島智さんの授業 小島純郎さんと行く」(記事)『朝日新聞』朝刊23面

9月21日「視聴覚障害超え講義に情熱 Man & Woman ＝金沢大学教育学部助教授 福島智さん」（記事）『読売新聞』朝刊27面
11月19日「コミュニケーション 四季」（記事）『西日本新聞』夕刊

1998年
3月22日「障害者の就職を自らが考えよう 26日に札幌でシンポジウム」（記事）『北海道新聞』朝刊15面
3月28日「『音』の記憶 変換キー」（記事）『朝日新聞』夕刊18面
4月3日「自立目指して行動を 障害者の就職問題シンポジウム」（記事）『北海道新聞』朝刊12面

1999年
11月29日「『指点字で星空満喫』こころ模様」（寄稿）『読売新聞』朝刊
12月14日「『夕陽も、そして潮騒までも』こころ模様」（寄稿）『読売新聞』朝刊
12月20日「『沈丁花の香り 甘さ増して』こころ模様」（寄稿）『読売新聞』朝刊
12月27日「『トットちゃんと一騎打ち』こころ模様」（寄稿）『読売新聞』朝刊

2000年
1月10日「『磯の香りは父の思い出』こころ模様」（寄稿）『読売新聞』朝刊
1月17日「『地球人同士、多くの出会いを』こころ模様」（寄稿）『読売新聞』朝刊
3月22日「ありのまま自立大賞に福島智さん」（記事）『朝日新聞』朝刊37面
3月22日「ありのまま自立大賞 金沢の福島智さんに 初の受賞者 障害者福祉を推進」（記事）『河北新報』朝刊26面

2001年
2月20日「全盲ろうの福島氏、東大助教授に」（記事）『朝日新聞』朝刊3面
2月20日「『障害者への認識深まるはず』福島智さん 東大先端研へ 内外の意識改革めざす」（記事）『朝日新聞』朝刊15面
2月20日「バリアフリー研究の中心に 東大に全盲全ろうの助教授」（記事）『読売新聞』朝刊1面
2月20日「バリアフリー研究『まかせて』東大初の全盲・全ろう助教授誕生」（記事）『毎日新聞』朝刊1面
2月20日「失ったもの気にせず指と指で心伝える ひと＝東大助教授になる全盲全ろうの研究者 福島智さん」（記事）『毎日新聞』朝刊3面
2月20日「妻の"通訳"で教壇へ 9歳で失明、18歳で聴力失う 福祉の専門家、東大助教授に」（記事）『日本経済新聞』朝刊39面
2月20日「"バリア"打破幅広い問題の研究に意欲 金沢大助教授福島智さん 東大に初の全盲ろう教官誕生」（記事）『産経新聞』朝刊25面
2月20日「東大に自分ぶつけたい 全盲全ろう助教授就任」（記事）通信社より各新聞社へ配信
2月20日 'Deaf, blind academic to take post at Todai'（記事）"The Japan Times"
2月21日「大きな化学反応を期待 社説＝福島智さん」（記事）『神戸新聞』朝刊7

面

2月23日「福島智さん 平和塔」(記事)『下野新聞』朝刊1面

2月25日「週間報告 ひとこと 福島智さん」(記事)『朝日新聞』朝刊14面

2月「全盲全ろうの障害者として初めて東大助教授に就任する福島智さん」通信社より各新聞社へ配信

3月1日「福島さん東大助教授に 盲ろう者として初」(記事)『日本聴力障害新聞』第602号5面、(財)全日本聾唖連盟

3月1日「盲ろうの福島さん東大助教授に 新設のバリアフリー部門担当」(記事)『点字毎日活字版』第155号1面、毎日新聞社

3月8日「転機を越えて 東大助教授に就任する福島智さん」(記事)『点字毎日活字版』第156号8-9面、毎日新聞社

3月15日「障害持つ自分ぶつけたい 研究室、バリアフリー探求の場に」(インタビュー)『朝日新聞』(石川版)朝刊

5月5日「バリアフリー『酸欠の心』に風送ろう 私の視点 ウィークエンド」(寄稿)『朝日新聞』朝刊

6月8日「TOKYO発『触』でバリア越え」(記事)『東京新聞』朝刊32面

6月22日「『話す、聞く』力が重要 教員養成、新たな視点で 東大初 全盲全ろうの教官 福島智・助教授に聞く」(インタビュー)『日本教育新聞』2面

7月7日 'Social Warming: Japan's Disabled Gain New Status' (記事),"The New York Times" No. 51, 807, The New York Times

7月16日「夕刊トレンド バリアフリー ガイドヘルパー 暮らしに潤い『費用負担、改善の余地』」(コメント)『日本経済新聞』夕刊18面

7月23日 'Without sight or hearing, scholar kept his sense of determination Faces of a Japan' (記事) "International Herald Tribune"(ヘラルド朝日)

8月12日「21世紀人 バリアフリーに向かって生きる」(インタビュー)『北海道新聞』朝刊3面

10月6日「失聴、学問で生きようと決意 進学特集 私の受験・大学時代」(インタビュー)『読売新聞』朝刊2面

11月3日「『触れるだけで通う心』指先の宇宙1」(寄稿)共同通信社より各新聞社へ配信

11月10日「『無限の適応力で生活』指先の宇宙2」(寄稿)共同通信社より各新聞社へ配信

11月17日「『耳以外で「ことば」聞く』指先の宇宙3」(寄稿)共同通信社より各新聞社へ配信

11月24日「『議論で浮かぶ人間像』指先の宇宙4」(寄稿)共同通信社より各新聞社へ配信

12月1日「『困るハイテクトイレ』指先の宇宙5」(寄稿)共同通信社より各新聞社へ配信

12月8日「『子どもの反応 好奇心が理解の契機』指先の宇宙6」(寄稿) 共同通信社より各新聞社へ配信
12月15日「『切実な3つの問い』指先の宇宙7」(寄稿) 共同通信社より各新聞社へ配信
12月22日「『煙のにおいに父思う』指先の宇宙8」(寄稿) 共同通信社より各新聞社へ配信
12月24日「書架 学術書や漫画、少ない点字本」(記事)『産経新聞』

2002年
1月1日「貧しき情報社会を問う」(記事)『毎日新聞』朝刊19面
1月5日「『そばの香に人生の哀愁』指先の宇宙9」(寄稿) 共同通信社より各新聞社へ配信
1月9日「障害者の妻って何だろう」(記事)『朝日新聞』朝刊35面
1月12日「『なぜ泳いじゃだめなの』指先の宇宙10」(寄稿) 共同通信社より各新聞社へ配信
1月17日「特別寄稿――アカデミック・ワンダーランド 東大『先端研』」(寄稿)『点字毎日活字版』第198号6面、毎日新聞社
1月19日「『白い杖の意味』指先の宇宙11」(寄稿) 共同通信社より各新聞社へ配信
1月25日「紙上バーチャル座談会 第5回『社会福祉――心の豊かな社会』について」(座談会)『経済産業新報』第1396号8面
1月26日「『障害なかったら でこぼこ道でも快く』指先の宇宙12」(寄稿) 共同通信社より各新聞社へ配信
2月2日「『肩をポン、ビクッと！』指先の宇宙13」(寄稿) 共同通信社より各新聞社へ配信
2月9日「『コウモリ男 恐ろしく鋭敏な聴覚』指先の宇宙14」(寄稿) 共同通信社より各新聞社へ配信
2月16日「『手話で宇宙人と会話』指先の宇宙15」(寄稿) 共同通信社より各新聞社へ配信
5月23日「検証 盲ろう者の現在『通訳・介助者など社会的支援充実を』『情報媒体づくりに行政支援が不可欠』」(コメント)『毎日新聞』朝刊17面
9月「視覚障害者に優しい公衆トイレ 操作配列の標準化を」(寄稿) 時事通信社より各新聞社へ配信
10月29日「差別撤廃の条例を 私が市長なら！02金沢市長選 11月17日投票」(寄稿)『朝日新聞』(石川版)
11月22日「国境も障害も超え、手をつなごう 45カ国の仲間が『世界盲ろう者連盟』『コミュニケーションは酸素』福島智・アジア地域代表」(コメント)『朝日新聞』朝刊23面

2003年

2月17日「山住正己さんを悼む 時代の空気吸い 行動した教育者」(寄稿)『朝日新聞』夕刊14面
8月11日「『河豚と潮風』こころの風景1」(寄稿)『朝日新聞』
8月12日「『父とビール』こころの風景2」(寄稿)『朝日新聞』
8月13日「『本の読まれ方』こころの風景3」(寄稿)『朝日新聞』
9月25日「私の新障害者基本計画<9> 盲ろう者の福祉」(寄稿)『点字毎日活字版』第283号8面、毎日新聞社
10月21日「真のバリアフリー創造へ 点字毎日文化賞40回記念特集」(記事)『毎日新聞』朝刊
11月18日「全盲ろうの学者から学んだこと 取材現場から」(記事)『公明新聞』7面、公明党機関紙委員会

2004年
5月4日「[社告]点字毎日展シンポジウム『視覚障害者が切り開いた人生』どん底が元気のもと」(記事)『毎日新聞』朝刊18面
6月29日「障害者が参加できる社会に」(インタビュー)『しんぶん赤旗』3面、日本共産党中央委員会
11月25日「『宇宙時代の知性』は想像・創造力が拓く」(対談)『The EM 教育医事新聞』8面
12月19日「応益負担は『酸素税』と同じ」(インタビュー)『しんぶん赤旗』32面、日本共産党中央委員会

2005年
1月3日「尊厳ある人間らしい生活とは 自分で自由にきめて生きること」(インタビュー)『福祉新聞』第2228号1面
4月19日「障害者福祉 改革の岐路 自立支援法案の課題 『応益負担』の発想に疑問 審査会には障害者加えよ」(インタビュー)『朝日新聞』朝刊11面

2006年
8月24日「福島さん(鳥居賞)、岩田さん(伊都賞)に栄誉 9月11日京都ライトハウスで伝達式」(記事)『点字毎日活字版』第429号5面、毎日新聞社
10月22日「ユニバーサルデザインの今 広がる『使いやすく』の理念」(インタビュー)『読売新聞』朝刊35面
11月16日「UD思想多様な分野に 29カ国・地域が参加 京都で国際会議」(記事)『点字毎日活字版』第441号2面、毎日新聞社

2007年
4月12日「韓国盲ろう者の夜明け 隣人として交流深め」(寄稿)『点字毎日活字版』第461号5面、毎日新聞社
4月16日「余録」(記事)『毎日新聞』朝刊1面
4月16日「『また失恋』友の指点字 ニッポン人・脈・記 ありのまま生きて1 孤独の宇宙から救った母」(記事)『朝日新聞』夕刊1面

4月17日「『すいこまれそう』紡ぐ愛 ニッポン人・脈・記 ありのまま生きて2 手指で夫婦げんかも漫才も」（記事）『朝日新聞』夕刊1面

4月18日「街へ出る『命がけだよ』ニッポン人・脈・記 ありのまま生きて3 ひざに手あて 三味線リズム」（記事）『朝日新聞』夕刊1面

4月26日「東大学部入学式 福島智さんの祝辞 一人では生きられない」（記事）『点字毎日活字版』第463号4面、毎日新聞社

6月14日「盲ろう者福祉『通訳者』との出会いもっと 私の視点ワイド」（寄稿）『朝日新聞』朝刊15面

10月14日「兵庫人挑む 尽きぬ好奇心 "壁"突き崩せ」（記事）『神戸新聞』朝刊4面

2008年

1月17日「災害弱者あなたの隣に 阪神大震災13年（下）情報が断絶する盲ろう者」（記事）『毎日新聞』（滋賀版）朝刊26面

6月7日「再生への道 博士に通ず 盲ろうの東大・福島さん 指先のつながり論文に」（記事）『朝日新聞』夕刊14面

6月7日「全盲・全ろう 博士号 福島智・東大准教授」（記事）『読売新聞』夕刊12面

6月12日「全盲ろうの博士誕生・東大准教授自身の経験論文に」（記事）時事通信社より各新聞社へ配信

6月26日「福島准教授に博士号 盲ろう者では日本初」（記事）『点字毎日活字版』第520号3面、毎日新聞社

7月1日「国内初盲ろう者に博士号 東京大学准教授の福島智さん」（記事）『日本聴力障害新聞』第703号11面、（財）全日本聾唖連盟

7月3日「論壇 新たなジャンプ台に」（寄稿）『点字毎日活字版』第521号6面、毎日新聞社

7月10日「点毎ニュースのキーワード『東大先端研』」（記事）『点字毎日活字版』第522号12面、毎日新聞社

7月22日「極限状況から意思伝達を学ぶ 東大の准教授、盲聾者で初となる博士号取得 ひとスクランブル」（記事）『日本経済新聞』夕刊6面

8月13日「盲聾（もうろう）」（記事）『東京スポーツ』15面、東京スポーツ新聞社

8月31日「"日本のヘレン・ケラー"と語る 人間中心の共生社会へ」（鼎談）『公明新聞・日曜版』第1996号4面、公明党機関紙委員会

10月2日「東大・福島さん 教授昇進 盲ろう者で国内初」（記事）『朝日新聞』朝刊33面

10月2日「法律に『盲ろう』明記を 山本（博）氏らに福島東大教授が要望」（記事）『公明新聞』第14846号2面、公明党機関紙委員会

10月6日「日本よ（石原慎太郎）人間の真の強さ」（記事）『産経新聞』朝刊1-2

面」

10月18日「人生は夕方から楽しくなる 指点字を翼に世界へ宇宙へ」（記事）『毎日新聞』夕刊3面

10月23日「福島智さん教授に昇進 バリアフリー研究に一層の意欲」（記事）『点字毎日活字版』第537号2面、毎日新聞社

11月1日「盲ろう者福島さん教授に」（記事）『日本聴力障害新聞』第707号11面、（財）全日本聾唖連盟

11月15日「盲ろう乗り越え教授に昇進 国内初、東大の福島智さん」（記事）共同通信社より各新聞社へ配信

11月28日「キャンパる 苦難と幸せ隣り合わせ」（記事）『毎日新聞』夕刊6面

12月4日「浅野史郎の夢ふれあい⑰ 絶望の中で見つけた光」（記事）『読売新聞』夕刊

12月21日「コミュニケーションは生きる証 盲ろう者初の教授就任」（記事）『天理時報』第4110号5面、天理教道友社

12月21日「障害者の自立 支援いかに 『本人責任』で解決できぬ」（インタビュー）『朝日新聞』朝刊31面

2009年

3月13日「厚労省の罪⑤ 迷走・名ばかりの自立支援法」（コメント）『朝日新聞』朝刊14面

3月19日「公共の場での障害者の接し方は？ 一声かけてサポート」（コメント）『毎日新聞』朝刊15面

4月3日「天命を自覚し『夢』の実現へ」（記事）『公明新聞』第14995号3面、公明党機関紙委員会

4月12日「社会参加の支援拠点」（コメント）『公明新聞・日曜版』第2028号1面、公明党機関紙委員会

5月31日「"日本版ヘレン・ケラー・センター"誕生！」（記事）『公明新聞・日曜版』第2035号1面、公明党機関紙委員会

6月11日「『東京都盲ろう者支援センター』開設」（コメント）『点字毎日活字版』第568号3面、毎日新聞社

6月25日「論壇 盲ろう者福祉の新たな一歩」（寄稿）『点字毎日活字版』第570号6面、毎日新聞社

7月4日「教育のバリアフリー、そしてバリアフリーの教育 基調講演 壁を破り人生を開く」（講演録）『毎日新聞』朝刊14面

8月27日「東京大の福島智さん サポートのあるべき姿示す」（記事）『点字毎日活字版』第579号1面、毎日新聞社

9月3日「目と耳重複障害 盲ろう者に公的サポート 触覚使った意思疎通訓練 東京に全国初の施設」（コメント）『日本経済新聞』夕刊19面

10月1日「指先からつながりたい 東京都に盲ろう者支援拠点 点字メールや料理教

室／他自治体へ広がり期待」（コメント）『朝日新聞』朝刊 34 面
10 月 3 日「指先から広がる"宇宙" 盲ろうの福島・東大教授講演 体験からバリアフリー論／高知市 前例ない歩み語る」（講演録）『高知新聞』朝刊 24 面
10 月 30 日「記者の目 点字公報導入、議論深めて」（記事）『毎日新聞』朝刊 8 面
11 月 19 日「ヘレン・ケラー世界会議に出席して」（寄稿）『点字毎日活字版』第 591 号 1-2 面、毎日新聞社
12 月 11 日「あの人に迫る 極限的な状況をどこかで楽しむ」（インタビュー）『中日新聞』夕刊 2 面（『東京新聞』夕刊 4 面）
12 月 17 日「盲ろう者の現状と課題 ピア大阪が人権講座」（記事）『点字毎日活字版』第 595 号 3 面、毎日新聞社

2010 年
1 月 8 日「願いを生かして インタビュー 人権実現する障害者福祉を」（インタビュー）『しんぶん赤旗』第 21229 号 1 面、日本共産党中央委員会
2 月 14 日「『生きるって人とつながることだ』第 1 回『光』と『音』を失って」（寄稿）『天理時報』第 4167 号 6 面、天理教道友社
3 月 14 日「『生きるって人とつながることだ』第 2 回『せいいっぱいがんばれや』」（寄稿）『天理時報』第 4171 号 8 面、天理教道友社
4 月 6 日「盲ろう者支援について知ろう 東京盲ろう者友の会が啓発ツール発表」（記事）『聖教新聞』第 16906 号 7 面
4 月 18 日「本と人と『生きるって人とつながることだ！』好奇心に満ちた"手触り人生"」（記事）『しんぶん赤旗』第 21327 号 9 面、日本共産党中央委員会
4 月 22 日「『東京盲ろう者友の会』が作製 広報・啓発に DVD とパンフ」（コメント）『点字毎日活字版』第 612 号 1 面、毎日新聞社
4 月 25 日「『生きるって人とつながることだ』第 3 回『重荷を一緒に持ちたい』」（寄稿）『天理時報』第 4177 号 6 面、天理教道友社
5 月 2 日「全盲ろうの東大教授が著書を出版」（インタビュー）『聖教新聞《日曜版》』第 16931 号 8 面
5 月 14 日「寄り添って① 指で深まる家族愛 盲ろう者 介助の妻」（記事）『毎日新聞』朝刊 28 面
5 月 27 日「こころ 健康のページ 自分の運命引き受ける」（記事）『読売新聞』夕刊 8 面
5 月 30 日「『生きるって人とつながることだ』第 4 回『美しいことば』」（寄稿）『天理時報』第 4182 号 6 面、天理教道友社
6 月 27 日「『生きるって人とつながることだ』第 5 回『男版ヘレン・ケラーになりそうや』」（寄稿）『天理時報』第 4186 号 6 面、天理教道友社
7 月 25 日「『生きるって人とつながることだ』第 6 回『宇宙人に会いたい』」（寄稿）『天理時報』第 4190 号 8 面、天理教道友社
8 月 29 日「『生きるって人とつながることだ』第 7 回『最高の出会い』」（寄稿）『天

理時報』第 4195 号 6 面、天理教道友社

9 月 2 日「札幌で全国盲ろう者大会 世界会議への対応など協議」（記事）『点字毎日活字版』第 630 号 1 面、毎日新聞社

9 月 17 日「言葉のアルバム 心照らす友の一言『しさくは きみのためにある』」（記事）『読売新聞』夕刊 3 面

9 月 26 日「『生きるって人とつながることだ』第 8 回『同じ空の下』」（寄稿）『天理時報』第 4199 号 6 面、天理教道友社

10 月 31 日「『生きるって人とつながることだ』第 9 回『走らなきゃ』」（寄稿）『天理時報』第 4204 号 6 面、天理教道友社

11 月 28 日「『生きるって人とつながることだ』第 10 回『2％の真空』」（寄稿）『天理時報』第 4208 号 6 面、天理教道友社

12 月 24 日「日本点字 120 年：駅手すり、点字混乱 表示、各社統一基準なし」（コメント）『毎日新聞』（大阪版）朝刊 25 面

12 月 25 日「盲ろう 19 歳森さん 指で勉強大学合格 見えない聞こえない話せない克服」（コメント）『朝日新聞』夕刊 8 面

2011 年

1 月 16 日「『生きるって人とつながることだ』第 11 回『ニューヨークのバス』」（寄稿）『天理時報』第 4213 号 6 面、天理教道友社

1 月 27 日「【窓・論説委員室から】触れるニューヨーク」（記事）『朝日新聞』夕刊 12 面

1 月「『生きるって人とつながることだ』特別寄稿『指で聞く歌』」（寄稿）『天理時報』特別編集版 3 面、天理教道友社

2 月 4 日「指点字、触手話――心つなぎます 盲ろう者 荒川区支援」（コメント）『東京新聞』夕刊 8 面

2 月 27 日「『生きるって人とつながることだ』第 12 回『父の夢』」（寄稿）『天理時報』第 4219 号 6 面、天理教道友社

3 月 6 日「書架散策 苦悩と共に生きる精神の自由」（寄稿）『しんぶん赤旗』朝刊 9 面、日本共産党中央委員会

4 月 4 日「交遊抄 盲ろう者の希望」（記事）『日本経済新聞』朝刊 32 面

4 月 10 日「『生きるって人とつながることだ』第 13 回『しっかり生きる』」（寄稿）『天理時報』第 4225 号 6 面、天理教道友社

4 月 14 日「識者評論『被災障害者支援』各種団体の連携不可欠」（寄稿）共同通信社より各新聞社へ配信

4 月 28 日「『これが言いたい』防災とバリアフリーを経済コストで測るな 被災障害者の危機は人災だ」（寄稿）『毎日新聞』朝刊 10 面

5 月 15 日「『生きるって人とつながることだ』第 14 回『夢と希望を』」（寄稿）『天理時報』第 4230 号 6 面、天理教道友社

6 月 26 日「『生きるって人とつながることだ』第 15 回『人生の杖』」（寄稿）『天理

時報』第 4236 号 6 面、天理教道友社

● 雑誌（84 件）

1990 年
3 月「『光』と『音』感じたスウェーデンの盲聾者会議」（寄稿）『視覚障害』No. 106、（福）視覚障害者支援総合センター、pp. 34-36

1991 年
5 月「季節は香りから 盲聾者として生きる」（寄稿）『人権と教育』増刊号通巻 209 号、障害者の教育権を実現する会、pp. 10-14
7 月「さわやかボランティア 盲ろう者通訳ボランティア」（記事）『NHK 社会福祉セミナー』7-9 月号、日本放送出版協会、pp. 8-13

1994 年
4 月「共に生きるための教育の場を」（座談会）『世界』第 593 号、岩波書店、pp. 233-246
7 月 4 日「現代の肖像：ヘレンケラー一番星『僕は豚じゃない。生きがいが欲しい』」（記事）『AERA』No. 27、朝日新聞社、pp. 53-57

1995 年
10 月「日本にも『ヘレン・ケラー』がたくさんいます」（寄稿）『生活教育』第 39 巻第 10 号、保健同人社、pp. 2-3
12 月 1 日「障害あり、明るさもあり 愛もあり」（記事）『週刊朝日』通巻 4110 号、朝日新聞社、p. 126
12 月 13 日「ロング・インタビュー 福島令子さん 深海魚が棲むような世界にいる青年。母と息子の指先が、闇と無音の壁を打ち破った」（インタビュー）『AMUSE』No. 23、毎日新聞社、pp. 57-61

1996 年
2 月 9 日「腹の上に点字書をのせれば」（寄稿）『週刊朝日』通巻 4120 号、朝日新聞社、pp. 112-113
3 月「ブックレビュー『渡辺荘の宇宙人』」（記事）『ノーマライゼーション』No. 176、（財）日本障害者リハビリテーション協会、p. 67
4 月「随想『人事』って何だろう？」『人事院月報』No. 554、人事院、pp. 2-3
5 月「盲ろう者として生きて」（寄稿）『DATUMS』第 70 号、レジャー・サービス産業労働情報開発センター、p. 2
7 月「福島智さんに吉川英治文化賞」（記事）『視覚障害』No. 144、（福）視覚障害者支援総合センター
8 月「納豆」（寄稿）『みんなのねがい』No. 341、全国障害者問題研究会、pp. 64-65
9 月「トマト」（寄稿）『みんなのねがい』No. 342、全国障害者問題研究会、pp. 64-65

10月「ホタテ」（寄稿）『みんなのねがい』No. 343、全国障害者問題研究会、pp. 64-65

10月「常に、当事者であり続けたい」（寄稿）『JDジャーナル』No. 195、（財）日本障害者リハビリテーション協会（日本障害者協議会）、p. 73

11月「パーティーはつらいよ」（寄稿）『みんなのねがい』No. 344、全国障害者問題研究会、pp. 64-65

1997年

2月25日「身体障害者と二つの記事」（投稿）『週刊金曜日』（株）金曜日

5月「恩師と会って決意新たに——当事者のための組織目指して活動も継続——talk to talk」（対談）『視覚障害』No. 149、（福）視覚障害者支援総合センター、pp. 27-37

6月9日「盲聾助教授の新たな挑戦」（記事）『AERA』No. 23、朝日新聞社、p. 28

6月「個室から外へ出よう」（寄稿）『ばりあふりー』No. 3、ベースボール・マガジン社、pp. 18-19

7月「金沢へ飛んだ『渡辺荘の宇宙人』」（グラビア）『ノーマライゼーション』No. 192、（財）日本障害者リハビリテーション協会、pp. 1-4

7月「さわやかに 新教員来る "宇宙人"から大学人へ」（記事）『ノーマライゼーション』No. 192、（財）日本障害者リハビリテーション協会、pp. 12-18

9月「我が国初の盲ろうの助教授・福島智さん 緊急を要する通訳介助者の確保」（記事）『視覚障害』No. 151、（福）視覚障害者支援総合センター、pp. 23-27

12月「コロンビア、カップ麺お湯騒動」（寄稿）『発達の遅れと教育』No. 484、日本文化科学社、p. 1

1998年

4月「『盲ろう者とノーマライゼーション』福島智著」（記事）『都市問題』第89巻第4号、東京市政調査会、p. 114

5月「障害者福祉の増進は、"サービス利用者"の選択権の保障から」（寄稿）『地方自治職員研修』通巻420号、公職研、pp. 181-188

10月「『バリアフリー』の道遠し」（寄稿）『ノーマライゼーション』No. 207（財）日本障害者リハビリテーション協会、p. 37

1999年

2月「子どもは大人よりバリアフリーだ」（寄稿）『ノーマライゼーション』No. 211（財）日本障害者リハビリテーション協会、p. 37

6月「『優しいまちづくり』ってなんだろう？」（寄稿）『ノーマライゼーション』No. 215（財）日本障害者リハビリテーション協会、p. 35

2000年

3月25日「欠格条項の見直しに向けた『対処方針』の評価と今後の取り組み」（インタビュー）『欠格条項にレッドカードを！』障害者欠格条項をなくす会、

pp. 101-106

3月31日「傷つくことを恐れない ドロップアウトしてもかまわない むしろセンスは磨かれる」（対談）『ユニバーサルデザイン』05号、ジー・バイ・ケイ、pp. 6-9

12月「天の川は心のバリア？」（寄稿）『教育と医学』第48巻第12号、慶應義塾大学出版会、pp. 2-3

2001年

4月25日「小松SFは私の現実だ」（寄稿）『小松左京マガジン』第2巻、イオ、pp. 22-23

5月27日「バリアフリー部門創設を通じて障害者の声反映したモノや制度を」（インタビュー）『読売ウィークリー』No. 2761、読売新聞社、pp. 42-43

5月「未知の世界に挑戦 福島さんと広瀬さん」（記事）『視覚障害』No. 173、（福）視覚障害者支援総合センター

6月「voice」（記事）『WE'LL』vol. 28、アテックインターナショナル、pp. 4-5

6月「『バリアフリー』＝『差別撤廃』 根源から社会全体変える下地づくりを」（インタビュー）『ばんぶう』No. 240、日本医療企画、pp. 52-55

7月'Three Barriers I Want to Eliminate'（寄稿）"JAPAN QUARTERLY"、朝日新聞社、pp. 77-83

7月「全盲ろうの福島氏東大助教授に！ 夢は広がる心のバリアフリー構想」（インタビュー）『ホスピタウン』No. 113、日本医療企画、pp. 100-105

8月「バリアをなくすことが自分にまかされた使命」（記事）『月刊ハッピーニュース』（株）ハッピー通信ハッピーニュースチーム、pp. 26-27〔韓国語〕

8月「にんげんゆうゆう シリーズ バリアをこえて」（放送抄録）『社会福祉セミナー』日本放送出版協会、pp. 108-112

9月25日「シリーズ新人間『私の指先は心をつなぐ！』」（記事）『女性自身』第44巻第36号、光文社、pp. 56-62

12月20日「MY VOICE "前例がないのなら、あなたが前例に！"」（寄稿）『ピーヴォ』vol. 19、日本放送出版協会、pp. 4-5

12月「視点 色点字」（寄稿）『リハビリテーション研究』No. 109（財）日本障害者リハビリテーション協会、p. 1

2002年

1月22日「挑戦者の心を支え続ける出会い 人間は必ず突破口を見つける SF小説から学んだ勇気と新しい発想」（記事）『type』第9巻5号、キャリアデザインセンター、pp. 52-53

1月25日「全盲、全ろうの大学教官『宇宙人』福島智さんの東大日記」（記事）『週刊朝日』No. 4482、朝日新聞社、pp. 142-143

1月25日「この人に聞く」（インタビュー）『ありのまま』No. 35、（福）ありのまま舎、pp. 14-17

1月「バリアフリーめざして発信する福島智さん」(記事)『視覚障害』No. 181、(福)視覚障害者支援総合センター、pp. 14-21

3月「情報バリアフリーが全員参加の社会を拓く」(記事)『インターネットマガジン』No. 86、インプレス、pp. 168-169

7月「モノづくりのアイデア見聞録『こんな機械があったらいいな』シンポジウム」(記事)『ウェルフェアチャンネル』Vol. 17、ウェルフェアチャンネル、pp. 4-5

11月「触覚で伝える Universal Design Vol. 03」(記事)『広告』Vol. 354、博報堂、pp. 96-97

12月「『しのこしょ』いうな 既成の価値観を打ち壊せ」(対談)『ユニバーサルデザイン』Vol. 10、ジィー・バイ・ケイ、pp. 12-15

2003年

2月「共生の理念とテクノロジー」(対談)『月刊福祉』第86巻第2号、(福)全国社会福祉協議会、pp. 60-67

4月28日、"SIGHTLESS VISIONARY 'Asian Heroes'"(記事)"TIME", TIME Inc., p. 71

7月「"自立生活"応援します」(放送抄録)『社会福祉セミナー』No. 51、日本放送出版協会、pp. 102-103

11月「SFと現実」(寄稿)『小松左京マガジン』第12巻、イオ、pp. 20-25

2004年

1月「コミュニケーション技術が道を拓いた」(対談)『NEW MEDIA』No. 247、ニューメディア、pp. 88-89

2月「『日本全体がチャレンジド』の時代、すべての人が試されている」(対談)『NEW MEDIA』No. 248、ニューメディア、pp. 76-77

3月7日「盲ろうの東大助教授・福島智の電子メール」(記事)『読売ウィークリー』No. 2909、読売新聞社、pp. 33-35

5月「CMの脇役に障害者が普通にいる。そんな社会に向けて活動中」(インタビュー)『広告』Vol. 360、博報堂、p. 61

9月「光も音もない海の底から 全盲ろうの東大助教授 福島智さん ヒューマン・ドキュメント」(記事)『PHP』No. 676、PHP研究所、pp. 81-88

10月「人生を味わう力を育んでいく 特集 命輝かせる教育を!」(インタビュー)『生活教育』No. 671、生活ジャーナル、pp. 36-42

2005年

4月「シリーズ震災十年第1回 そのとき盲ろう者は」(放送抄録)『社会福祉セミナー』No. 58、日本放送出版協会、pp. 96-99

5月「生存と魂の自由 応益負担の導入は『保釈金』の徴収だ」(インタビュー)『みんなのねがい』No. 455、全国障害者問題研究会、pp. 50-52

7月「おじさんは知らない イケてる Business person」(記事)『日経ビジネス Associe』No. 69、日経BP社、pp. 126-129

2007 年
　8 月「先端を行く研究者たち 自らの体験を生かし、社会のバリアを考える」（記事）『AXIS』vol. 128、アクシス、pp. 44-46

2008 年
　11 月「生き続けることに意味がある 盲ろうの障害とコミュニケーション」（インタビュー）『みんなのねがい』No. 500、全国障害者問題研究会、pp. 8-9
　12 月 2 日「闇と無音の世界の壁を乗り越えた『極限浮上力』」（対談）『日経ビジネス Associe』No. 170、日経 BP 社、pp. 112-117

2009 年
　2 月 1 日「シリーズ私と母② 福島智・東京大学教授」（記事）『新潮 45』第 322 号、新潮社、pp. 155-161
　3 月「500 字随想 寿命」（寄稿）『大乗』No. 705、大乗刊行会、p. 8
　3 月「心眼」（寄稿）『月刊 WAM』No. 531（独）福祉医療機構、p. 1
　3 月「教えてください。富野です」（対談）『月刊ガンダムエース』No. 080、角川書店、pp. 398-405
　7 月 9 日「障がい児の親 ため息と涙の先」（記事）『女性セブン』第 47 巻 25 号、小学館、pp. 68-74
　7 月「公開フォーラム『教育のバリアフリー、そしてバリアフリーの教育』（記事）『視覚障害』No. 254（福）視覚障害者支援総合センター、pp. 1-8
　9 月「バリアのない世界へ 『しさくは きみの ために ある』」（記事）『婦人の友』通巻 1276 号、婦人の友社、pp. 10-11、162-163
　10 月 31 日「見えない聞こえない立場から東京大学に『化学反応』を起こす」（インタビュー）『週刊ダイヤモンド』第 97 巻 44 号、ダイヤモンド社、p. 62

2010 年
　1 月「コミュニケーションは人権」（講演録）『全障研第 43 回全国大会報告集（みんなのねがい 1 月臨時増刊号）』516 号、全国障害者問題研究会、pp. 20-27
　2 月「『あの人にきく』シリーズ」（インタビュー）『Nocco』第 6 巻 11 号、フレーベル館、p. 60
　2 月「再生」（石原愼太郎著）『文學界』第 64 巻第 3 号、文藝春秋、pp. 10-77
　8 月「『チャレンジド』って誰のこと？」（寄稿）『経済 Trend』第 58 巻・第 8 号（社）日本経済団体連合会、p. 49
　9 月「絶望の暗闇から抜け出したかった」（インタビュー）『第三文明』No. 609、第三文明社、pp. 68-70

2011 年
　6 月「防災とバリアフリーを経済コストで測るな——被災障害者の危機は人災だ」（転載）『季刊福祉労働』131 号、現代書館、pp. 40-42

●機関誌（163 件）

1982 年
　6 月 2 日「僕は宇宙飛行士？」（寄稿）『福島智君とともに歩む会 会報』第 1 号、福島智君とともに歩む会、pp. 7-9
　6 月 30 日「事故」（寄稿）『福島智君とともに歩む会 会報』第 2 号、福島智君とともに歩む会、pp. 9-15
　7 月 21 日「わが同居人」（寄稿）『福島智君とともに歩む会 会報』第 3 号、福島智君とともに歩む会、pp. 8-12
　8 月 3 日「『話すこと』に思う」（寄稿）『福島智君とともに歩む会 会報』第 4 号、福島智君とともに歩む会、pp. 19-23
　10 月 15 日「河口湖での合宿」（寄稿）『福島智君とともに歩む会 会報』第 5 号、福島智君とともに歩む会、pp. 13-20
　10 月「『福島智君とともに歩む会』へのご協力のお願い——視聴覚二重障害者の高等教育を支援するために」福島智君とともに歩む会
　11 月 20 日「点字と私——点字体験文コンクール受賞作品」（寄稿）『福島智君とともに歩む会 会報』第 6 号、福島智君とともに歩む会、pp. 5-10
　11 月 20 日「点字体験文を書いて」（寄稿）『福島智君とともに歩む会 会報』第 6 号、福島智君とともに歩む会、pp. 10-11
1983 年
　3 月 31 日「神戸の庭で」（寄稿）『福島智君とともに歩む会 会報』第 7 号、福島智君とともに歩む会、pp. 13-17
　4 月 20 日「二重のハンデを克服 全盲聾の福島君入学」（記事）『都立大新聞』第 51 号 1 面、東京都立大学
　5 月 18 日「クラスメートに囲まれて 福島君入学から 1 ヵ月」（記事）『都立大新聞』東京都立大学
　7 月 7 日「風の中で」（寄稿）『福島智君とともに歩む会 会報』第 8 号、福島智君とともに歩む会、pp. 15-17
　8 月 31 日「小さな手」（寄稿）『福島智君とともに歩む会 会報』会員の皆様へ、福島智君とともに歩む会、pp. 3-5
　9 月 30 日「地球はゴムだった」（寄稿）『福島智君とともに歩む会 会報』第 9 号、福島智君とともに歩む会、pp. 12-14
1984 年
　1 月 31 日「マクドナルド氏に出会って」（寄稿）『福島智君とともに歩む会 会報』第 10 号、福島智君とともに歩む会、pp. 2-7
　6 月 1 日「ごあいさつ」（寄稿）『福島智君とともに歩む会』会員の皆様へ、福島智君とともに歩む会、pp. 4-5
　7 月 8 日「雨」（寄稿）『福島智君とともに歩む会 会報』第 11 号、福島智君とともに歩む会、pp. 22-23
　12 月 20 日「集いに参加して」（寄稿）『福島智君とともに歩む会 会報』第 12 号、

福島智君とともに歩む会、pp. 10-13

1985 年
  5 月「ごあいさつ」（寄稿）『福島智君とともに歩む会』会員の皆様へ、福島智君とともに歩む会、pp. 4-5
  6 月 20 日「おめでとう、門川君」（寄稿）『福島智君とともに歩む会 会報』第 13 号、福島智君とともに歩む会、pp. 5-8

1986 年
  7 月「皆様へ」（寄稿）『福島智君とともに歩む会』会員の皆様へ、福島智君とともに歩む会、pp. 3-4
  8 月 1 日「手と指のつどいに参加して」（寄稿）『福島智君とともに歩む会 会報』第 14 号、福島智君とともに歩む会、pp. 3-6

1987 年
  1 月 15 日「阪田広揮君のこと」（寄稿）『福島智君とともに歩む会 会報』第 15 号、福島智君とともに歩む会、pp. 4-6
  6 月 1 日「4 年間を振り返って」（寄稿）『福島智君とともに歩む会 会報』第 16 号、福島智君とともに歩む会、pp. 3-6
  12 月 31 日「夏をふりかえって」（寄稿）『福島智君とともに歩む会 会報』第 17 号、福島智君とともに歩む会、pp. 17-20

1988 年
  7 月「ごあいさつ」（寄稿）『福島智君とともに歩む会』会員の皆様へ、福島智君とともに歩む会、pp. 4-7
  10 月 15 日「心は六本の指で『指点字』によるコミュニケーション」（寄稿）『IYDP 情報』 No. 97、国際障害者年日本推進協議会、p. 76

1989 年
  7 月「ごあいさつ」（寄稿）『福島智君とともに歩む会』会員の皆様へ、福島智君とともに歩む会、pp. 3-8

1990 年
  8 月「ごあいさつ」（寄稿）『福島智君とともに歩む会』会員の皆様へ、福島智君とともに歩む会、pp. 3-7
  10 月 29 日「デフブラ雑感（1）」（寄稿）『コミュニカ』創刊号、全国盲ろう者協会設立準備会、pp. 7-10
  10 月 29 日「盲ろうＱ＆Ａ」（寄稿）『コミュニカ』創刊号、全国盲ろう者協会設立準備会、pp. 49-55
  10 月 29 日「編集後記」（寄稿）『コミュニカ』創刊号、全国盲ろう者協会設立準備会、pp. 58-59

1991 年
  3 月 31 日「デフブラ雑感（2）外出」（寄稿）『コミュニカ』第 2 号、（福）全国盲ろう者協会、pp. 3-9

3月31日「特集 海外の盲ろう者会議――アメリカを訪ねて――アメリカ体験――1990」（寄稿）『コミュニカ』第2号、（福）全国盲ろう者協会、pp. 15-26

3月31日「特集 海外の盲ろう者会議――アメリカを訪ねて――盲ろう者世界会議よもやま話」（寄稿）『コミュニカ』第2号、（福）全国盲ろう者協会、pp. 49-60

3月31日「編集後記」（寄稿）『コミュニカ』第2号、（福）全国盲ろう者協会、pp. 74-75

8月10日「会員の皆様へ」（寄稿）『協会だより』No. 1、（福）全国盲ろう者協会、pp. 5-9

9月25日「デフブラ雑感（3）スポーツ」（寄稿）『コミュニカ』第3号、（福）全国盲ろう者協会、pp. 3-10

9月25日「編集後記」（寄稿）『コミュニカ』第3号、（福）全国盲ろう者協会、pp. 81-82

1992年

3月20日「デフブラ雑感（4）香り」（寄稿）『コミュニカ』第4号、（福）全国盲ろう者協会、pp. 3-9

3月20日「編集後記」（寄稿）『コミュニカ』第4号、（福）全国盲ろう者協会、pp. 72-73

6月「毎日が新しい発見だった私の学生生活」（寄稿）『われら人間』、（福）身体障害者自立情報センター、pp. 13-14

8月10日「ご挨拶」（寄稿）『協会だより』No. 2、（福）全国盲ろう者協会、pp. 5-6

10月5日「デフブラ雑感（5）触れる」（寄稿）『コミュニカ』第5号、（福）全国盲ろう者協会、pp. 3-10

10月5日「編集後記」（寄稿）『コミュニカ』第5号、（福）全国盲ろう者協会、pp. 73-75

10月10日「愛の方程式（『点字ジャーナル』第22回創作文芸懸賞小説 入選作）」（寄稿）『芽』第20号、日本盲人作家クラブ、pp. 95-103

1993年

3月20日「デフブラ雑感（6）夢」（寄稿）『コミュニカ』第6号、（福）全国盲ろう者協会、pp. 3-11

3月20日「＜インタビュー＞門川紳一郎――NYUを終え、今盲ろう者リハビリに夢をかける」（寄稿）『コミュニカ』第6号、（福）全国盲ろう者協会、pp. 40-49

3月20日「編集後記」（寄稿）『コミュニカ』第6号、（福）全国盲ろう者協会、p. 75

7月20日「みなさまへ」（寄稿）『協会だより』No. 3、（福）全国盲ろう者協会、pp. 5-8

10月15日「デフブラ雑感（7）読書」（寄稿）『コミュニカ』第7号、（福）全国盲ろう者協会、pp. 3-12

10月15日「編集後記」（寄稿）『コミュニカ』第7号、（福）全国盲ろう者協会、

pp. 85-87

1994 年
　2 月 28 日「デフブラ雑感（8）イタリア訪問」（寄稿）『コミュニカ』第 8 号、（福）全国盲ろう者協会、pp. 3-15
　2 月 28 日「盲ろう者の＜声＞ 第 3 回全国盲ろう者大会から」（寄稿）『コミュニカ』第 8 号、（福）全国盲ろう者協会、pp. 18-27
　2 月 28 日「編集後記」（寄稿）『コミュニカ』第 8 号、（福）全国盲ろう者協会、pp. 85-87
　6 月 20 日「ご挨拶」（寄稿）『協会だより』No. 4、（福）全国盲ろう者協会、pp. 5-7
　8 月 28 日「デフブラ雑感（9）親父の味」（寄稿）『コミュニカ』第 9 号、（福）全国盲ろう者協会、pp. 3-11
　8 月 28 日「地域の盲ろう者活動（2）コミュニケーションの《バザール》」（寄稿）『コミュニカ』第 9 号、（福）全国盲ろう者協会、pp. 14-23
　8 月 28 日「編集後記」（寄稿）『コミュニカ』第 9 号、（福）全国盲ろう者協会、pp. 83-84

1995 年
　2 月 20 日「デフブラ雑感（10）病院」（寄稿）『コミュニカ』第 10 号、（福）全国盲ろう者協会、pp. 3-10
　2 月 20 日「編集後記」（寄稿）『コミュニカ』第 10 号、（福）全国盲ろう者協会、pp. 92-93
　4 月 30 日「盲ろうになって」（講演録）『城西』 日本基督教団城西協会、pp. 6-7
　6 月 20 日「ご挨拶」（寄稿）『協会だより』No. 5、（福）全国盲ろう者協会、pp. 4-7
　9 月 11 日「デフブラ雑感（11）SF と現実」（寄稿）『コミュニカ』第 11 号、（福）全国盲ろう者協会、pp. 3-13
　9 月 11 日「編集後記」（寄稿）『コミュニカ』第 11 号、（福）全国盲ろう者協会、pp. 90-93
　10 月 10 日「彗星（『点字ジャーナル』第 25 回創作文芸懸賞小説 佳作）」（寄稿）『芽』第 23 号、日本盲人作家クラブ、pp. 114-121

1996 年
　1 月「3 匹目のねずみは？」（寄稿）『聴覚障害者の情報と文化――GRAPEVINE』No. 12、（福）聴力障害者情報文化センター、p. 4
　2 月 28 日「デフブラ雑感（12）北海道――馬と牛に出会った旅」（寄稿）『コミュニカ』第 12 号、（福）全国盲ろう者協会、pp. 3-15
　2 月 28 日「編集後記」（寄稿）『コミュニカ』第 12 号、（福）全国盲ろう者協会、p. 91
　3 月「盲ろうの身ながら大学講師」（インタビュー）『教育と施設』52 春号、（社）文教施設協会、pp. 90-91
　春季「あの『レニ』のカレーがなつかしい」（寄稿）『八雲会報』春季号 No. 71、

八雲会 東京都立大学同窓会、pp. 6-7

4月11日「受賞のことば」(寄稿)『平成八年度要項 吉川英治賞』(財)吉川英治国民文化振興会、pp. 44-45

4月「奥さんか、通訳者か」(寄稿)『働く広場』No. 235、労働省日本障害者雇用促進協会、p. 5

6月30日「ご挨拶」(寄稿)『協会だより』No. 6、(福)全国盲ろう者協会、pp. 4-6

6月「他者の手は世界へ開く窓。指点字で、光よりも音よりも大事なものに触れています。人と社会」(インタビュー)『厚生』第51巻6号、(財)厚生問題研究会、pp. 83-85

7月1日「石川盲ろう者友の会設立記念講演会 約400名の参加者で盛会に終わる！」(記事)『ニュースろうあ石川』(福)石川県聴覚障害者協会、p. 7

7月「一歩前進 盲ろう者の自己決定権を保障する取り組み——東京都が盲ろう者への通訳介助者派遣事業を予算化」(コメント)『福祉広報』No. 451、(福)東京社会福祉協議会、pp. 6-7

9月20日「盲ろう者のコミュニケーション法 指点字」(寄稿)『コミュニカ』第13号、(福)全国盲ろう者協会、pp. 25-30

9月20日「編集後記」(寄稿)『コミュニカ』第13号、(福)全国盲ろう者協会、p. 92

9月 'My Finger Communication Neighbors'(記事)"Monthly Meguro" No. 99、東京都目黒区役所

10月「盲ろう者の情報入手と移動を援助する『盲ろう者通訳派遣事業』の開始 東京盲ろう者友の会のリーダーと通訳介助者」(記事)『社会福祉』No. 445、東京都福祉局、pp. 2-3

11月「盲ろう者をめぐる現状と課題」(寄稿)『点字民報』Vol. 365、全日本視力障害者協議会、pp. 1-6

1997年

2月28日「編集後記」(寄稿)『コミュニカ』第14号、(福)全国盲ろう者協会、p. 75

5月「東京の臭い」(寄稿)『働く広場』No. 236、労働省日本障害者雇用促進協会、p. 5

6月30日「ご挨拶」(寄稿)『協会だより』No. 7、(福)全国盲ろう者協会、pp. 3-5

6月「本の虫」(寄稿)『働く広場』No. 237、労働省日本障害者雇用促進協会、p. 5

7月15日「ブックレビュー『渡辺荘の宇宙人』」(記事)『Philanthropy』第18巻第7号、(社)日本フィランソロピー協会、p. 24

8月「マンションの熊」(寄稿)『働く広場』No. 239、労働省日本障害者雇用促進協会、p. 5

9月「金沢の味」(寄稿)『働く広場』No. 240、労働省日本障害者雇用促進協会、p. 5

1998 年
2 月 28 日「盲ろう者世界会議 『第 6 回ヘレン・ケラー世界会議』の概要」（寄稿）『コミュニカ』第 16 号、（福）全国盲ろう者協会、pp. 3-10

5 月「豊かなコミュニケーションをめざして（2）はばたけフェスタ講演録」（講演録）『点字民報』Vol. 383、全日本視力障害者協議会、pp. 2-14

5 月「盲ろう者の気持ち知ってほしい Series ひと（86）」（記事）『郵政』No. 586、（財）郵政弘済会、pp. 4-5

6 月 28 日「ご挨拶」（寄稿）『協会だより』No. 8、（福）全国盲ろう者協会、pp. 4-6

9 月 10 日「愛を運ぶ電子メール」（寄稿）『コミュニカ』第 17 号、（福）全国盲ろう者協会、pp. 33-40

9 月 15 日「盲ろう者のコミュニケーション」（インタビュー）『ざ・とど』第 60 号、柏朋会、pp. 10-11

9 月「障害者プランの策定は当事者とともに」（寄稿）『手をつなぐ』Ｎｏ. 511、（福）全日本手をつなぐ育成会、pp. 6-7

11 月「光と音なき世界を越えて」（講演録）北陸大谷高等学校宗教科、pp. 1-20

1999 年
3 月「盲ろう者のコミュニケーション」（インタビュー）『ざ・とど』第 62 号、柏朋会、pp. 4-5

6 月 20 日「ご挨拶」（寄稿）『協会だより』No. 9、（福）全国盲ろう者協会、pp. 3-6

11 月「盲ろう者への通訳は、野球中継を参考に」（寄稿）『ごいっしょしましょう』長崎視覚障害を考える会、pp. 25-30

2000 年
1 月 5 日「バリアフリーは障害者とともに この人に聞く」（記事）『ハートつうしん』No. 23、自立生活センターハート・サイド・ネットワーク、p. 2

2 月 28 日「『盲ろう者向け通訳・介助員公費派遣事業』に関する要望書」（寄稿）『コミュニカ』第 20 号、（福）全国盲ろう者協会、pp. 26-42

6 月 18 日「ご挨拶」（寄稿）『協会だより』No. 10、（福）全国盲ろう者協会、pp. 4-9

6 月 20 日「立言 コミュニケーションを恐れる若者たち」（記事）『Life スクエア』Vol. 66、日本テレソフト

10 月「記念講演『盲ろう者として生きて』」（講演録）『ともづな』101 号、（社）石川県障害者雇用促進協会、pp. 10-17

2001 年
2 月 28 日「『コミュニカ』編集委員座談会」（座談会）『コミュニカ』第 22 号、（福）全国盲ろう者協会、pp. 10-40

6 月 18 日「ご挨拶」（寄稿）『協会だより』No. 11、（福）全国盲ろう者協会、pp. 4-7

7 月「光、音、言葉」（寄稿）『先端研ニュース』No. 38、東京大学先端科学技術研

究センター、p. 4

9月10日「21世紀の盲ろう者福祉を展望する」(パネルディスカッション)『コミュニカ』第23号、(福)全国盲ろう者協会、pp. 19-37

9月25日「この人に訊く」(インタビュー)『福祉「真」時代』No. 113、(社)全日本難聴者・中途失聴者団体連合会、pp. 8-10

2002年

2月28日「第7回ヘレン・ケラー世界会議および世界盲ろう者連盟設立総会 参加報告」(寄稿)『コミュニカ』第24号、(福)全国盲ろう者協会、pp. 7-13

2月28日「コミュニケーション……それは盲ろう者の命を支えるもの 第7回ヘレン・ケラー世界会議での発表内容(2001年10月9日)」(講演録)『コミュニカ』第24号、(福)全国盲ろう者協会、pp. 26-38

4月22日「コミュニケーションを助けるテクノロジー バリアフリーの課題」(講義録)『アーク都市塾講義レポート集』12、森ビル、pp. 32-35

6月18日「ご挨拶」(寄稿)『協会だより』No. 12、(福)全国盲ろう者協会、pp. 6-8

10月24日「コミュニケーションは心の酸素 27期生から28期生へ贈るレクチャー」(講義録)『アーク都市塾講義レポート集』13、森ビル、p. 59

11月26日「バリアフリーの東大へ 学内バリアフリーの展望」(記事)『週刊東京大学新聞』第2196号2面

2003年

2月「『指点字の発見』コミュニケーションの復活 教育講演」(講演録)『なるほどのひと』第40号、天理教、pp. 4-19

8月16日「ご挨拶」(寄稿)『協会だより』No. 13、(福)全国盲ろう者協会、pp. 6-8

10月29日「ハンディを創造のエネルギーに変換:『学際的化学反応』を目指すバリアフリープロジェクト」(寄稿)『AcTeB Review』Vol. 06、東京大学RCAST先端テクノロジービジネスセンター、pp. 35-40

2004年

「アジアのヒーロー――情報技術がココロに『愛』をとりもどす」(記事)『みんなのためにITでできること』NTT DATA、pp. 8-9〔原本も発行年のみ記載〕

7月9日「小島先生の近況について」(寄稿)『協会だより』No. 14、(福)全国盲ろう者協会、pp. 5-10

9月「行内におけるCSR 職場環境づくりと人材の育成」(記事)『日本政策投資銀行 サステナブルな社会づくりレポート』日本政策投資銀行、p. 31

10月19日「科学技術と人的サポート」(インタビュー)『聴覚障害者の情報と文化――GRAPEVINE』No. 47、(福)聴力障害者情報文化センター、pp. 2-5

10月「ユニバーサルデザインのこれからを問う」(対談)『TOTO通信』秋号通巻469号、東陶機器(株)、pp. 6-12

2005 年
　1 月 24 日、「特集：『小島前理事長お別れの会』から お別れのことば」（寄稿）『協会だより』No. 15、（福）全国盲ろう者協会、pp. 3-5
　2 月「生存と魂の自由を──障害者福祉への応益負担導入は、『保釈金』の徴収だ」（寄稿）『CLAIRIERE』No. 279、クレリィエール
　7 月「広がる支援の輪」（記事）『エクサスタイル』Vol. 1-1、エキスパートホールディング、pp. 56-58
2006 年
　3 月 10 日「先輩からのメッセージ・読書！ 本のページは『どこでもドア』」（寄稿）『附属だより』第 83 号、全国国立大学附属学校連盟、p. 2
　6 月 30 日「ご挨拶」（寄稿）『協会だより』No. 17、（福）全国盲ろう者協会、pp. 3-4
　11 月「カッコいい大人の新基準 情熱大陸と考える」（記事）『就職活動スタートブック 2007』リクルート、p. 38
2007 年
　7 月 7 日「ご挨拶」（寄稿）『協会だより』No. 18、（福）全国盲ろう者協会、pp. 4-7
　8 月「ホットピープル」（インタビュー）『たいへい』No. 207、太平工業、pp. 20-21
　9 月 23 日「韓国に盲ろう者の会誕生 隣人としての交流、アジア地域のネットワーク作りの第一歩に」（寄稿）『コミュニカ』第 35 号、（福）全国盲ろう者協会、pp. 47-50
　9 月「無重力の孤独に射す光。先駆者たちの背中」（記事）『GENERATION TIMES』ラフォーレ原宿、p. 20
　10 月「生きる力としてのユニバーサルコミュニケーション」（講演録）『ユニバーサルコミュニケーション』京都工芸繊維大学、pp. 13-47
　10 月「福島みずほのいま会いたい いま話をしたい 今月のゲスト福島智さん リスクや困難が非常に多い人生だからこそ生きているということをより実感しました」（対談）『月刊社会民主』No. 629、社会民主党全国連合機関紙宣伝委員会、pp. 20-27
2008 年
　7 月 10 日「鉄門総会特別講演『霊界』からの呼びかけ──光と音を失った立場から」（講演録）『鉄門だより』第 646 号 1 面、東京大学医学部鉄門倶楽部
　7 月 31 日「ご挨拶」（寄稿）『協会だより』No. 19、（福）全国盲ろう者協会、pp. 10-13
　7 月 31 日「新たなジャンプ台に」（寄稿）『協会だより』No. 19、（福）全国盲ろう者協会、pp. 14-15
　9 月「社会の『ショーウィンドウ』としての障害者問題」（寄稿）『季刊・社会保障研究』44（2）、国立社会保障・人口問題研究所、pp. 136-137
　11 月 14 日「生きるエネルギーを生む、大切な『おしゃべり』」（講演録）『おたより』

No. 225、トライアングル――聴覚障害児とともに歩む会、p. 3

11月25日「全盲ろうの東京大学教授に聞く コミュニケーションの大切さ」(記事・インタビュー)『めぐろ区報』No. 1631、東京都目黒区、4-5面

12月 'Taubblinder Professor an der Universität Tokyo'(記事)"visuell plus"、Schweizerischer Gehörlosenbund SGB-FSS、p. 11

2009年

1月22日「聞こえにくい子の"おしゃべりさん"には要注意!?」(講演録)『おたより』No. 226、トライアングル――聴覚障害児とともに歩む会、pp. 8-9

3月「『架け橋』としてのバリアフリー映画を」(寄稿)『バリアフリー映画をスタンダードにするために』NPO法人全国地域生活支援ネットワーク、pp. 4-5

6月20日「100号記念インタビュー 福島智さんに聞く」(インタビュー)『福祉情報誌』第100号、(福)AJU自立の家、pp. 1-14

6月30日「ご挨拶」(寄稿)『協会だより』No. 20、(福)全国盲ろう者協会、pp. 8-10

9月「盲ろう者の自立と社会参加を求めて!! 日本のヘレン・ケラー福島智教授と石橋県議」(対談)『石橋信勝の県政報告』第45号、石橋信勝事務所、pp. 2-3

10月「指先から世界と出会う福島智」(記事)『障害者と仕事場』Vol. 174、韓国障害者雇用促進公団、p. 16〔韓国語〕

11月1日「KEY PERSON vol. 36 未来へ一歩踏み出そう。」(インタビュー)『Happist』Vol. 267、天理教学生担当委員会、pp. 25-27

12月1日「苦悩には意味がある 生きていることの大切さ」(対談)『すきっと』Vol. 14、天理教道友社、pp. 81-89

12月25日「JHCインタビュー 逆境を変えたのは落語とSF」(インタビュー)『ピアメンタル・ヘルス』第75号、JHC板橋会、pp. 1-2

12月「特集01 コミュニケーションは"心の酸素"」(インタビュー)『TOKYO人権』Vol. 44、(財)東京都人権啓発センター、pp. 1-4

2010年

3月14日「『第9回ヘレン・ケラー世界会議』に出席して」(寄稿)『コミュニカ』第40号、(福)全国盲ろう者協会、pp. 8-15

3月14日「アジア地域レポート」(講演録)『コミュニカ』第40号、(福)全国盲ろう者協会、pp. 38-42

3月「この世に生を受け、生きること。それが私たちに奇跡のように与えられた『役割』なのです。」(インタビュー)『こころの元気+』37号、NPO法人地域精神保健福祉機構、pp. 4-7

3月「盲ろう障がい理解と支援――大学での支援・地域との関わり」(講演録)『学生とともに歩む障がい学生支援』沖縄大学 特色ある大学教育支援プログラム推進事務局会議、pp. 39-51

3月「啓発探訪 障害の有無を超えた人の生き方を探る」(記事)『アイユ』第226号、

（財）人権教育啓発推進センター、pp. 9-10
　6月「生きるって人とつながることだ！」（記事）『CLAIRIERE』No. 512、クレリィエール
　8月7日「ご挨拶」（寄稿）『協会だより』No. 21、（福）全国盲ろう者協会、pp. 8-10
2011 年
　1月「知性の輝きと心の豊かさ提供する『命のことば』」（寄稿）『みちのとも』第 1592 号、天理教道友社、pp. 22-25
　3月8日「協会発足 20 周年を迎えて」（寄稿）『コミュニカ』第 42 号、（福）全国盲ろう者協会、pp. 16-28
　3月「邂逅の不思議」（寄稿）『あんじゃり』No. 21、親鸞仏教センター、pp. 8-11

●**書籍**（13 件）

1995 年
　10 月『渡辺荘の宇宙人――指点字で交信する日々』素朴社
1996 年
　10 月「『心の架け橋』解説 コミュニケーションの大切さ」（寄稿）『われ無村医に生きる』河合英則、講談社、pp. 97-103
2004 年
　5月「触覚で伝える」（記事）『ユニバーサルサービス』井上滋樹、岩波書店、pp. 139-158
　6月「先端研で研究を続けるアジアのヒーロー」（記事）『挑戦続く東大先端研』宮本喜一、日経 BP クリエーティブ、pp. 242-249
2005 年
　4月「盲ろう者という存在――コミュニケーションが生きる力を与えてくれる」（寄稿）『よくわかる臨床発達心理学』麻生武・浜田寿美男編、ミネルヴァ書房、pp. 106-107
2008 年
　2月「ありのまま生きて」（記事）『私の体のまま抱いて』朝日新聞ニッポン人脈記班編、朝日新聞社、pp. 81-93
　12 月「なぜ人は生まれてきたのか」（インタビュー）『THE 保育』Vol. 2、無藤隆編著、フレーベル館、pp. 166-171
2009 年
　4月『ゆびさきの宇宙――福島智・盲ろうを生きて』生井久美子、岩波書店
　5月『さとしわかるか』福島令子、朝日新聞出版
2010 年
　3月『生きるって人とつながることだ！――全盲ろうの東大教授・福島智の手触り人生』素朴社

7月「福島智から未来の東大生へ」（インタビュー）『東大 2011 東大アラカルト』東京大学新聞社、pp. 9、81-85
　9月『再生』石原慎太郎、文藝春秋
2011 年
　4月「『教育』がもたらす希望」（寄稿）『よくわかる教育原理』汐見稔幸・高田文子・東宏行・増田修治・伊東毅編著、ミネルヴァ書房、pp. 18-19

●漫画（3件）
　1996 年 10 月「心の架け橋――ある母子の挑戦」『われ無村医に生きる』河合英則、講談社、pp. 11-96
　2004 年 11 月『指先で紡ぐ愛』森尾理奈、講談社
　2006 年 12 月『穿過指尖的愛』（『指先で紡ぐ愛』中国語版）、森尾理奈、講談社

●テレビ（32 件）
1990 年
　12 月 8 日「指先で生命をみつめて」『NHK スペシャル 障害者の日 開かれた社会へ 第 1 部 人間らしく生きたい』日本放送協会
1994 年
　3 月 16 日『徹子の部屋』テレビ朝日
1995 年
　6 月 2 日『おふくろシリーズ 11 おふくろの逆襲』フジテレビ
1996 年
　8 月 10 日「知恵ちゃんの不思議な手紙 "ソフィーの世界"に迷い込んだ少女」『哲学ファンタジー』日本放送協会
1997 年
　7 月 27 日「私は盲ろうの大学教師＝金沢大学 福島智」『聴覚障害者のみなさんへ』日本放送協会
2000 年
　5 月 12 日「今日の 5 分間」『ANN　スーパー J チャンネル』テレビ朝日
2001 年
　5 月 14 日「バリアをこえて 1 盲ろうの研究者 先端科学にいどむ」『にんげんゆうゆう』日本放送協会
　12 月 18 日「障害と共に生きる」『にんげんゆうゆう』日本放送協会
2002 年
　11 月 16 日「障害者差別をなくすために」『国際フォーラム』日本放送協会
2003 年

4月7日「自立生活応援します」『福祉ネットワーク』日本放送協会
5月5日「障害者くらし情報 精神障害者クラブハウス」『福祉ネットワーク』日本放送協会
5月19日「障害者くらし情報 投票のバリアフリー」『福祉ネットワーク』日本放送協会
5月26日「障害者くらし情報 スペシャルトーク"アウトドア・スポーツ"」『福祉ネットワーク』日本放送協会
6月16日「障害者くらし情報 働きたい！ 高次脳機能障害からの挑戦」『福祉ネットワーク』日本放送協会
6月23日「障害者くらし情報 スペシャルトーク"情報のバリアフリー"」『福祉ネットワーク』日本放送協会

2004年
2月3日『徹子の部屋』テレビ朝日
2月9日「障害者くらし情報 これが妻の生きる道＝盲ろう者の夫との9年間」『福祉ネットワーク』日本放送協会
9月13日「障害者くらし情報 光と音を失っても 全国盲ろう者大会から」『福祉ネットワーク』日本放送協会

2005年
1月17日「シリーズ震災十年第1回 そのとき盲ろう者は」『福祉ネットワーク』日本放送協会
3月27日『情熱大陸』毎日放送

2006年
3月10日『指先でつむぐ愛』フジテレビ

2008年
6月22日「みんな生きていればいい」『課外授業ようこそ先輩』日本放送協会

2009年
6月9日「私は ここに いる──障害学・福島智」『爆笑問題のニッポンの教養』日本放送協会
9月12日「新政権へ──現場からの提案（2）"盲ろう者"たちの"心の声"を聞く」『みのもんたのサタデーずばっと』TBS

2010年
2月2日「『爆問学問』学」『爆笑問題のニッポンの教養』日本放送協会
9月6日「盲ろう者 生きる意欲につながる支援」『福祉ネットワーク』日本放送協会
9月30日「もうろう者約9割が支援制度利用できず」（コメント）『NHKニュース』日本放送協会
10月17日「わたしは"奇跡"ではない──生誕130年 ヘレン・ケラーの真実」『ハイビジョン特集』日本放送協会

11月1日「シリーズ盲ろう教育(1) 日本編：ぼくは学び続けたい」『福祉ネットワーク』日本放送協会

11月2日「シリーズ盲ろう教育(2) 米国編：アメリカ 自立への挑戦」『福祉ネットワーク』日本放送協会

2011年
2月10日「秋篠宮妃殿下と盲ろう者の交流」『今週の御皇室』日本文化チャンネル桜

3月5日『未来へのおくりもの』BS-TBS

巻末資料 40

研究業績
● **著書**
【単著2冊】

福島智『盲ろう者とノーマライゼーション——癒しと共生の社会をもとめて』明石書店、1997

福島智『盲ろう者として生きて——指点字によるコミュニケーションの復活と再生』明石書店、2011（本書）

【共著21冊】＊内訳は、単独執筆18冊、共同執筆でのファースト・オーサー3冊

福島智「盲ろうとは」（その他、同書中に論文4本）『ゆびで聴く——盲ろう青年福島智君の記録』小島純郎・塩谷治編著、松籟社、pp. 4-7 他、1988

福島智「『手』は心の窓——盲聾二重障害者の伝達の手」『手は何のためにあるか』山田宗睦編著、風人社、pp. 214-241、1990

福島智「点訳と私」『点訳と朗読を学ぼう』本間一夫・岩瀬明子・田中農夫男編、福村出版、pp. 124-127、1992

福島智「触れる」『中くらいの妻——'93年版ベスト・エッセイ集』日本エッセイスト・クラブ編、文藝春秋、pp. 138-144、1993

福島智「21世紀の障害者福祉」『地方自治・21世紀への提言』公職研、pp. 256-263、1994

福島智「『発達の保障』と『幸福の保障』——障害児教育における『発達保障論』の再検討」『教育学論説資料』第11号、論説資料保存会、pp. 604-608、1996

福島智「複合共生論——『障害』の有無を越えた『共生社会』へ向けて」『共生の教育』佐伯胖ほか編、岩波書店、pp. 208-228、1998

福島智「盲ろう者として大学の教員になるまで」『見えないってどんなこと——24人．それぞれの生き方』高橋実監修、一橋出版、pp. 109-116、1998

福島智「盲ろう者として生きて」『カオスの中の社会学——花園大学人権論文集』Vol. 7、花園大学人権教育研究室編、批評社、pp. 47-70、2000

福島智「『生きる力』に優劣はない」『「学力」を問う』岩川直樹・汐見稔幸編、草土

文化、pp. 91-96、2001
福島智「治癒されぬ者の視点」『医の原点 第3集 癒されぬ者からの視点』加我君孝・高本眞一編、金原出版、pp. 9-32、2002
福島智「盲ろう者と障害学」『障害学の現在』大阪人権博物館編、pp. 83-109、2002
福島智・矢田礼人・前田晃秀「バリアフリーのまちづくり」『都市再生のデザイン』大西隆ほか編、有斐閣、pp. 235-264、2003
福島智・前田晃秀・矢田礼人「盲ろうの理解と機器利用」『詳解福祉情報支援技術II』e-AT 利用促進協会監修、ローカス、pp. 346-369、2003
福島智「人生を味わう力をはぐくむ」『未来への学力と日本の教育1　希望をつむぐ学力』久冨善之・田中孝彦編著、明石書店、pp. 166-174、2005
福島智「人類の進化とバリアフリー」『学問の扉』東京大学編、講談社、pp. 96-107、2007
福島智「盲ろう者への通訳・介助の基本」『盲ろう者への通訳・介助──「光」と「音」を伝えるための方法と技術』（福）全国盲ろう者協会編著、読書工房、pp. 17-26、2008
福島智・大河内直之「盲ろう者への支援」『聴覚障害児・者支援の基本と実践』奥野英子編著、中央法規出版、pp. 121-125、2008
福島智「アカデミック・ツアー『障害学』」『東京大学アカデミック・グルーヴ』東京大学編、東京大学、pp. 20-21、2008
福島智「盲ろう者と障害学」『障害を問い直す』松井彰彦・川島聡・長瀬修編著、東洋経済新報社、pp. 381-400、2011
Satoshi, Fukushima, The Deafblind and Disability Studies, Creating a Society for All: *Disability and Economy*, Akihiko Matsui, Osamu Nagase, Alison Sheldon, Dan Goodley, Yasuyuki Sawada and Satoshi Kawashima, eds., Disability Press, 2011 （forthcoming）

●論文

【単著論文、学術誌・専門誌掲載論文等24本】

福島智「盲聾児の"読み"の指導の試みと言語発達に関する研究──想像力を育むことを目指しつつ」東京都立大学大学院修士課程人文科学研究科修士論文、1989
福島智「盲ろう者のコミュニケーションの可能性」『視覚障害研究』第30号、（福）日本ライトハウス、pp. 53-66、1989
福島智「言語行動の三次元的理解の試み──盲聾児教育の視点から」『教育科学研究』第9号、東京都立大学教育学研究室、pp. 15-28、1990
福島智「『ちびくろサンボ』と差別問題を考える」『教育』No. 517、国土社、pp. 74-83、1990
福島智「『発達の保障』と『幸福の保障』──障害児教育における『発達保障論』の

再検討」『教育科学研究』第 10 号、東京都立大学教育学研究室、pp. 55-63、1991〔後に『教育学論説資料』に収録される→著書参照〕

福島智「豊かさの構造——障害者の QOL を考える」『障害者の福祉』第 133 号、(財)日本障害者リハビリテーション協会、pp. 5-7、1992

福島智「展望——盲聾者のためのテクノロジー」『TRONWARE』第 24 号、パーソナルメディア、pp. 25-27、1993

福島智「障害者と参政権——視・聴覚障害者の立場から（上）」『地方自治職員研修』第 349 号、公職研、pp. 54-56、1993

福島智「障害者と参政権——視・聴覚障害者の立場から（下）」『地方自治職員研修』第 351 号、公職研、pp. 51-53、1993

福島智「21 世紀の障害者福祉」『地方自治職員研修』第 355 号、公職研、pp. 62-72、1993

福島智「盲ろう児の言語発達と教育に関する文献的考察——『読み』の指導と想像力の形成を中心に」『特殊教育学研究』32（1）、pp. 9-17、1994

Satoshi Fukushima, Education for Deaf-Blind Individuals and their Quality of Life, *Japanese Journal of Studies on Disability and Handicap* 22（2）, The Japanese Association on Disability and Handicap, pp. 177-184, 1994.

福島智「盲ろう児と共に——田辺浩一さんと母久美子さんを訪ねて：風疹症候群で盲ろうとなった浩一さんは、今、共同作業所に通う」『盲ろう教育研究紀要』2、(福)全国盲ろう者協会、pp. 32-38、1994

福島智「盲ろう者とノーマライゼーション」『都市問題』85（1）、東京市政調査会、pp. 69-79、1994

福島智「『理念』は『現実』とともに」『世界』第 620 号、岩波書店、pp. 324-325、1996

福島智「『概念』を否定したところに、『差別』との闘いは成り立つか？——ある『反差別思想』の検討」『世界』第 622 号、岩波書店、pp. 376-377、1996

福島智「『共生』の思想とテクノロジーの未来」『金沢大学教育学部紀要』49、pp. 67-70、2000

福島智「盲ろう者と IT」『季刊 福祉労働』第 92 号、現代書館、pp. 33-39、2001

福島智「『生きる力』に優劣はない」『子どものしあわせ』No. 603、草土文化、pp. 14-18、2001

福島智「『今後の障害保健福祉施策について（改革のグランドデザイン案)』に関する意見書 生存と魂の自由を——障害者福祉への応益負担導入は、『保釈金』の徴収だ」『月刊総合ケア』15（2）、医歯薬出版、pp. 86-89、2005

福島智「ことばはいのちの糧——指点字が拓く世界」『言語』35（7）、大修館書店、pp. 20-25、2006

福島智「『ユニヴァーサル・バリアフリー』の発想が将来社会を築く」『世界と議会』第 511 号、(財)尾崎行雄記念財団、pp. 19-25、2007

福島智「福島智における視覚・聴覚の喪失と『指点字』を用いたコミュニケーション再構築の過程に関する研究」東京大学大学院工学系研究科博士論文、2008
福島智「障害者福祉に求められるのは『応要支援』だ」『世界 臨時増刊号』No. 799、岩波書店、pp. 234-235、2009

【共著論文5本】＊ファースト・オーサーのもの
福島智・前田晃秀「盲ろう重複障害のある人々の学習環境」『文教施設』11、（社）文教施設協会、pp. 49-52、2003
福島智・前田晃秀「『足し算』ではなく、『掛け算』の障害」『ノーマライゼーション』24（12）、（財）日本障害者リハビリテーション協会、p. 19、2004
福島智・星加良司「〈存在の肯定〉を支える二つの〈基本ニーズ〉――障害の視点で考える現代社会の『不安』の構造」『思想』983、岩波書店、pp. 117-134、2006
福島智・中野聡子・金澤貴之・黒木速人・井野秀一・伊福部達「音声認識技術を活用した字幕呈示システムの開発研究及び運用における諸課題――利用者の観点を中心に」『群馬大学教育学部紀要人文・社会科学編』55、pp. 179-186、2006
福島智・大河内直之「医療と福祉の一層の連携を――眼科と耳鼻科の間に置かれがちな『盲ろう者』という存在」『日本医事新報』No. 4322、日本医事新報社、pp. 101-107、2007

【共著論文11本　省略】＊ファースト・オーサー以外のもの

●国際会議等、主要な発表・講演
【単独発表33件】
Satoshi Fukushima, My Life and my Finger Braille, The 4th Helen Keller World Conference, Stockholm, Sweden, September 28-October 3, 1989（Proceedings of the 4th Helen Keller World Conference, pp. 31-38, 1989）
福島智「盲ろう者のリハビリテーションに関する研究①――盲ろう障害の特徴とその『受容』の問題をめぐって」『第2回視覚障害リハビリテーション研究大会発表論文集』pp. 22-25、1993年2月
Satoshi Fukushima, Education for Deaf-Blind Individuals and their Quality of Life, The 5th Helen Keller World Conference, Osimo, Italy, September 23-30, 1993（Proceedings of the 5th Helen Keller World Conference, pp. 175-192, 1993）
福島智「盲ろう者からみた障害児教育の課題『想像力』と『幸福』について」第31回日本特殊教育学会大会教育講演、1993年10月（『特殊教育学研究』31（4）、pp. 100-101、1994）
福島智「盲ろう者のリハビリテーションに関する研究②――『盲ろう疑似体験』を通して考える盲ろう障害の特徴」『第3回視覚障害リハビリテーション研究大会発表論文集』pp. 54-57、1994年2月

福島智「シミュレーション体験による障害理解（1）――『盲ろう障害』を中心に」『平成6年度第1回国立特殊教育総合研究所一般研究協議会「シミュレーション体験による障害理解に関する研究」発表資料』pp. 22-24、1994年11月

福島智「『盲ろう疑似体験』を通して思うこと」『平成7年度第1回特定研究課題「シミュレーション体験による障害理解に関する研究」協議会発表資料』pp. 1-2、1995年10月

福島智「盲聾障害者の立場からみた障害学生支援のあり方」『特別なニーズ教育とインテグレーション学会第2回研究大会発表要旨集録』pp. 78-79、1996年11月

福島智「日本における盲ろう者の高等教育、障害学生の高等教育」「障害学生の高等教育」国際会議、1993年8月（「障害別・問題別の視点から」『障害学生の高等教育』国際会議実行委員会編、多賀出版、pp. 415-427、1997）

Satoshi Fukushima, Status QUO and Accessibility of Deafblind Persons in Japan, The 6th Helen Keller World Conference, Paipa, Colombia, September 13-19, 1997 (Proceedings of the 6th Helen Keller World Conference, pp. 51-54, 1997)

福島智「『共生』の思想とテクノロジーの未来」日本学術会議 人間と工学研連 人間工学専門委員会主催によるシンポジウム、1999年6月15日（『TRONWARE』Vol. 58、パーソナルメディア、p. 47）

Satoshi Fukushima, Communication — It is what supports the life of a deafblind individual, Keynote Speech at The 7th Helen Keller World Conference, Auckland, New Zealand, October 7-12, 2001

福島智「豊かなコミュニケーションを求めて」第28回日本聴脳言語学会学術講演会、2002年9月

Satoshi Fukushima, Capacity Building and Leadership Training, 6th World Assembly of Disabled Peoples' International Workshop on "Capacity Building and Leadership Training", Sapporo, October 17, 2002（「能力構築――未来のリーダー育成」『第6回DPI世界会議札幌大会要約集』p. 86、2002）

Satoshi Fukushima, THE FIRST DECADE OF DEAFBLIND PEOPLE, International Forum on Disabilities to Mark the End Year of the Asian and Pacific Decade of Disabled Persons Osaka Forum, October 23, 2002 (Abstracts of Osaka Forum, 12th Rehabilitation International Asia and the Pacific Regional Conference, pp. 134-135, 2002)

Satoshi Fukushima, — Communication and Liberation —, Keynote Speech at United Nations Economic and Social Commission for Asia and the Pacific, The New Asian and Pacific Decade of Disabled Persons, Otsu, October 25, 2002

福島智「豊かなコミュニケーションを求めて」『コミュニケーション障害学』20（2）、日本コミュニケーション障害学会、pp. 80-83、2003

Satoshi Fukushima, "The Information Divide" and the Empowerment of People with Intellectual Disabilities, 16th Asian Conference on Mental Retardation,

Tsukuba, August 21-26, 2003（Proceedings of 16th Asian Conference on Mental Retardation, pp. 13-17, 2003）

福島智「豊かなコミュニケーションを求めて」『日本ロービジョン学会誌』3、日本眼科紀要会、pp. 1-4、2003 年

福島智「真に豊かな社会とは語り合い、関わり合い、働きかけ合う社会」参議院国民生活経済に関する調査会参考人意見陳述、2004 年 4 月 7 日

Satoshi Fukushima, LIBERATION OF HUMAN KIND AND SOCIETY THROUGH COMMUNICATION AND DIALOGUE — FROM THE PERSPECTVE OF A DEAFBLIND PERSON, Inter-American Development Bank Japan Program Event, Seminar on "Disability and Inclusive Development: Experience in Asia, Latin America, and Caribbean Countries in Education, Infrastructure, and Data Collection", Washington, D.C., America, November 11, 2004

Satoshi Fukushima, 'Light・Sound・Language' The Keynote Address at The 2nd International Universal Design Conference 2006 in Kyoto, October 21-22, 2006

福島智「日本の盲ろう者の現状、盲ろう者の教育とリハビリテーションに関する韓日国際特別セミナー」韓国・ナザレ大学校主催、2007 年 3 月 15 日

福島智「ユニヴァーサル・バリアフリーの取り組みが未来を変える」バリアフリー 2007、インテックス大阪国際会議ホール、2007 年 4 月 14 日

福島智「挑戦とは何か」マイクロソフトアジアカンファレンス、東京大学先端科学技術研究センター、2007 年 9 月 6 日

福島智「基調講演：医療と福祉の一層の連携を――眼科と耳鼻科の間に置かれがちな『盲聾者』という存在」国立病院機構東京医療センター、2007 年 9 月 7 日（『東京医療センター臨床研究（感覚器）センター記録集』No. 1、国立病院機構東京医療センター 臨床研究（感覚器）センター、pp. 6-17、2008 年 7 月）

福島智「障害者が働くことの意味」ワーカビリティ・インタナショナル世界会議、札幌プリンスホテル、2008 年 9 月 10 日（『2008 札幌ワーカビリティ・インタナショナル世界会議 in 札幌 報告書』2008 札幌ワーカビリティ・インタナショナル世界会議 in 札幌 実行委員会、pp. 21-28）

福島智、基調講演、Nepal Japan International Seminar on Deafblindness, United World Trade Center, Tripureshwor, Kathmandu, 2009 年 3 月 5 日（『平成 20 年度盲ろう者国際協力推進事業海外調査報告書』（福）全国盲ろう者協会、pp. 25-26）

福島智「コミュニケーション＆盲ろう者」Nepal Japan International Seminar on Deafblindness, United World Trade Center, Tripureshwor, Kathmandu, 2009 年 3 月 6 日（『平成 20 年度盲ろう者国際協力推進事業海外調査報告書』（福）全国盲ろう者協会、pp. 32-34）

Satoshi Fukushima, The Deafblind and Disability Studies, Todai Forum 2009 in UK, Manchester Metropolitan University, April 30, 2009

福島智「アジア地域代表報告」第 3 回世界盲ろう者連盟総会、スピークリゾートムニョ

ニョ、カンパラ、ウガンダ、2009年10月26日（『平成21年度盲ろう者国際協力推進事業海外調査報告書』（福）全国盲ろう者協会、pp. 64-66）

福島智「盲ろう者として生きて」中国人民大学文学院公開講演、魯迅博物館、2010年3月17日

福島智「盲ろう者として生きて」南京大学文学部公開講演、南京大学、2010年3月19日

【共同発表41件、そのうち代表発表以外のもの36件　省略】

● 事典・翻訳・テキスト等
【共訳1件】
福島智ほか、第5章「脅威としての精神薄弱者」下巻、 Inventing the Feeble Mind; A History of Mental Retardation in the United States（訳書名『「精神薄弱」の誕生と変貌——アメリカにおける精神遅滞の歴史』）清水貞夫・茂木俊彦・中村満紀男監訳、pp. 3-88、1997

【監修1件】
東京大学先端科学技術研究センター　バリアフリープロジェクト（中野泰志、中邑賢龍、福島智、近藤武夫）監修『ユニバーサルデザイン——みんなのくらしを便利に』全3巻、あかね書房、2006

【事典8件】
福島智「点ブロック」『障害児教育大事典』旬報社、pp. 602-603、1997

福島智「盲聾児教育」『障害児教育大事典』旬報社、p. 780、1997

福島智「盲聾二重障害者」『障害児教育大事典』旬報社、pp. 780-781、1997

福島智「指点字」『障害児教育大事典』旬報社、p. 801、1997

福島智・大河内直之「点字ブロック」『特別支援教育大事典』旬報社、p. 661、2010

福島智・中澤惠江「盲ろう児教育」『特別支援教育大事典』旬報社、p. 860、2010

福島智「盲ろう二重障害者」『特別支援教育大事典』旬報社、p. 860、2010

福島智「指点字」『特別支援教育大事典』旬報社、p. 877、2010

【教科書・テキスト13件】
福島智「盲ろう者の援助方法」『障害者福祉』（NHK学園高等学校専攻科）、板山賢治監修、日本放送協会学園、pp. 137-140、1994

福島智「盲ろう者の生活と援助サービス」『三訂介護福祉士養成講座③障害者福祉論』中央法規出版、pp. 199-203、1997

福島智「盲ろうコミュニケーション論」『盲ろう者通訳ガイドヘルパー指導者研修会テキスト』国立身体障害者リハビリテーションセンター、pp. 71-74、1997

福島智「触れる」『展開 国語Ⅰ』（文部省検定済教科書高等学校国語用）桐原書店、pp. 93-100、1998

福島智「聴覚障害児の豊かなコミュニケーションを求めて」『第25回言語・聴能教

育実践夏期講座資料』言語・聴能教育実践科学会、pp. 12-15、1998
福島智「盲ろう者コミュニケーション論」『平成11年度盲ろう者向け通訳介助者養成研修会テキスト』(福) 全国盲ろう者協会、pp. 22-24、1999
福島智「盲ろう者のパソコン利用とネットワーク・コミュニケーションをめぐる現状と課題」『盲ろう者のパソコンとネットワーク利用に関する研修会資料』(財)日本障害者リハビリテーション協会、pp. 9-13、2000
福島智「ダブル・ハンディとともに」『展開 国語総合』(文部科学省検定済教科書高等学校国語科用) 桐原書店、pp. 104-117、2004
福島智「盲ろう者のコミュニケーションとサポート」『聴覚・言語障害者とコミュニケーション』一番ヶ瀬康子監修、全国手話通訳問題研究会編、一橋出版、pp. 94-98、2007
福島智「盲ろう者コミュニケーション論」『平成19年度盲ろう者向け通訳者養成研修会テキスト』(福) 全国盲ろう者協会、pp. 5-10、2007
Satoshi Fukushima, The Information Divide, "ELEMENT English Course Ⅱ" (文部科学省検定済教科書高等学校外国語科用) 啓林館、pp. 150-163、2008
福島智「挑戦」『中学道徳3 きみがいちばんひかるとき』(中学校道徳副読本) 光村図書出版、pp. 168-173、2009
福島智「コミュニケーションは元気の素」『兵庫県道徳副読本——心がつなぐ兵庫のきずな』(中学校道徳副読本) 兵庫県教育委員会、pp. 32-33、2011

●獲得した競争的資金・プロジェクト等（期間は年度で示す）

【代表者として獲得したもの7件】
(学外)
科学研究費補助金、奨励(A)、1998-1999「盲ろう疑似体験を用いた障害理解と特殊教育教員養成カリキュラムへの応用に関する研究」
科学技術振興調整費、科学技術政策提言、2003-2004「公共システムのバリアフリー化に関する研究」
科学研究費補助金、基盤(C)、2004-2005（2004に中野聡子より代表者交代）「音声認識技術を用いた聴覚障害学生支援に関する実践的研究」
厚生労働科学研究費補助金、感覚器障害研究、2004-2006（2005年に中野泰志へ主任研究者交代）「盲ろう者の自立と社会参加を推進するための機器開発・改良支援システムならびに中間支援者養成プログラム作成に関する研究」
科学研究費補助金、萌芽研究、2008-2009「大学教養教育にふさわしい障害理解教育実現のための教授法及び教材研究」
(学内)
文部科学省科学技術振興調整費、戦略的研究拠点、2002-2005、人間と社会に向かうオープンラボプロジェクト
(総長裁量) 領域創成プロジェクト、2005-2010、学際バリアフリー研究プロジェクト

【分担者として参画したもの18件　省略】

●**主な受賞**（7件）
1996年4月、第30回吉川英治文化賞（母・福島令子と共同受賞）
1996年10月、第33回点字毎日文化賞
2000年5月、第2回ありのまま自立大賞
2001年5月、日本盲人会連合パイオニア賞
2002年12月、「アジア太平洋障害者の十年」最終年記念障害者関係功労者内閣総理大臣表彰
2003年6月、タイム誌『Asian Heroes』表彰
2006年9月、第24回鳥居賞

[引用・参照文献]

Aitken, S. Bultjens, M. Clark, C. Eyre, J. T. and Pease, L. (eds.) (2000) *Teaching children who are deafblind: contact, communication and learning*, London: David Fulton.

Ballard, E. (1993) "Rest in the treatment of persistent psychophysiological insomnia," in Barabasz, A. F. and Barabasz, M. (eds.) *Clinical and experimental restricted environmental stimulation: New developments and perspectives:* 187-204, New York, Springer-Verlag.

Benner, P. and Wrubel, J. (1989=1999) *The primacy of caring: stress and coping in health and illness*, Menlo Park, Calif.: Addison-Wesley（難波卓志訳『現象学的人間論と看護』医学書院）

Bexton, W. H. Heron, W. and Scott, T. H. (1954) "Effects of decreased variation in the sensory environment," in *Canadian Journal of Psychology*, Jun; 8 (2) : 70-6.

Birdwhistell, R. (1970) *Kinesics and Context: Essays on Body Motion Communication*, Philadelphia, Univ. of Pennsylvania Press.

Brandes, S. (1982) "Ethnographic Autobiographies in American Anthropology," in Hoebel, E. A. Currier, R. and Kaiser, S. (eds.), *Crisis in Anthropology: View from Spring Hill:* 187-202, New York and London: Garland Publishing Co.

Brownfield, C. A. (1965) Isolation: *Clinical and experimental approaches*, New York, Random House.

Bruce, S. M. (2002) "Impact of a communication intervention model on teachers' practice with children who are congenitally deaf-blind," in *Journal of Visual Impairment & Blindness*, 96 (3): 154-68.

Cardinaux, H. (1983) *Weit ist der Weg, Leitfaden der Taubblindenpädagogik*, Deutsches Taubblindenwerk Hannover.

千葉かをる (1985)『かをるのノート』

チェーホフ (1988) 原卓也訳「かけ」安野他編『賭けと人生 ＜ちくま文学の森10＞』: 83-96、筑摩書房

Dance, F. E. X. and Larson, C. E. (1972) *Speech communication: Concepts and behavior*, New York, Holt, Rinehart & Winston.

Deck, A. A. (1990) "Autoethnography: Zora Neale Hurston, Noni Jabavu, and Cross-Disciplinary Discourse," in *Black American Literature Forum*, 24 (2) : 237-56.

Denzin, N.（1989）*Interpretive Biography,* Newbury Park, Calif.: Sage Publications.
van Dijk, J.（1986）*State of the art: Deaf-blind education in the eighties,* Nederland: Instituut voor doven.
――.（1991）*Persons Handicapped by Rubella: Victors and Victims: a Follow-up Study,* Amsterdam: Swets & Zeitlinger.
Ellis, C. & Bochner, A.（1992）"Telling and performing personal stories: The constraints of choice in abortion," in Ellis, C. & Flaherty, M.（Eds.）, *Investigating subjectivity: Research on lived experience:* 79-101, Newbury Park, CA: Sage.
Ellis, C.（2004）*The ethnographic I: A methodological novel about autoethnography,* Walnut Creek, Calif.: AltaMira Press.
Frankl, V. E.（1946=1956）*Ein Psycholog erlebt das Konzentrationslager,* Wien: Verlag für Jugend und Volk（霜山德爾訳『夜と霧』みすず書房）
――.（1952=1957）*Ärztliche Seelsorge,* Wien: F. Deuticke（霜山德爾訳『死と愛――実存分析入門』みすず書房）
――.（1991=2002）*Der Wille zum Sinn: ausgewählte Vorträge über Logotherapie,* 3. erweiterte Auflage, München: Piper.（山田邦男監訳『意味への意志』春秋社〔原著増補第3版の前半を訳出したもの〕）
Freeman, P.（1975）*Understanding the deaf-blind child,* London: Heinemann Health Books.
福島智（1995）『渡辺荘の宇宙人――指点字で交信する日々』素朴社
――.（1996）「盲ろう者のコミュニケーション法 指点字」『コミュニカ』No. 13：25-30、社会福祉法人全国盲ろう者協会
――.（1997）『盲ろう者とノーマライゼーション――癒しと共生の社会をもとめて』明石書店
――.（1999）「沈丁花の香り 甘さ増して」『読売新聞』1999年12月20日付「こころ模様」読売新聞社
――.（2001a）「バリアフリー『酸欠の心』に風送ろう」『朝日新聞』2001年5月5日付「私の視点ウィークエンド」朝日新聞社
――.（2001b）「光、音、言葉」『先端研ニュース』No. 38：4、東京大学先端科学技術研究センター
――.（2001c）「盲ろう者とIT――ヘレン・ケラーに使ってほしかった電子メール（特集 情報のバリアフリー）」『季刊 福祉労働』第92号：33-9、現代書館
――.（2003）「こころの風景 福島智 父とビール」『朝日新聞』2003年8月12日付、朝日新聞社
――.（2006）「ことばはいのちの糧――指点字が拓く世界」『言語』（35）7：20-5、大修館書店
――.（2007a）「平成19年度入学式（学部）祝辞」〔2007年度東京大学入学式での福島の祝辞〕、http://www.u-tokyo.ac.jp/gen01/b_message19_03j.html〔東京大学ホー

ムページ]
――.（2007b）「人類の進化とバリアフリー」『学問の扉』：96-107、講談社
――.（2008a）「盲ろう者への通訳・介助の基本」社会福祉法人全国盲ろう者協会編『盲ろう者への通訳・介助――「光」と「音」を伝えるための方法と技術』：17-26、読書工房
――.（2008b）「障害学――人と社会の関係に新たな光を照射する」『東京大学アカデミック・グルーヴ』：20-1、東京大学出版会
――.（2010）『生きるって人とつながることだ！――全盲ろうの東大教授・福島 智の手触り人生』素朴社
――.（2011a）「協会発足20周年を迎えて」『コミュニカ』No. 42：16-28、社会福祉法人全国盲ろう者協会
――.（2011b）「防災とバリアフリーを経済コストで測るな――被災障害者の危機は人災だ」『毎日新聞』2011年4月28日付、毎日新聞社
――.（2011c）「盲ろう者と障害学」松井彰彦・川島聡・長瀬修編著『障害を問い直す』：381-400、東洋経済新報社
――.（2011d. forthcoming）"The Deafblind and Disability Studies," in Akihiko Matsui, Osamu Nagase, Alison Sheldon, Dan Goodley, Yasuyuki Sawada and Satoshi Kawashima,（eds.）, *Creating a Society for All: Disability and Economy*, Disablity Press.
福島智・星加良司（2006）「＜存在の肯定＞を支える二つの＜基本ニーズ＞――障害の視点で考える現代社会の「不安」の構造」『思想』no. 983、2006年3月号：117-34、岩波書店
福島智・大河内直之（2007）「医療と福祉の一層の連携を――眼科と耳鼻科の間に置かれがちな『盲ろう者』という存在」『日本医事新報』no. 4322：101-7、日本医事新報社
――.（2008）「盲ろう者への支援」『聴覚障害児・者への支援の基本と実践』：121-5、中央法規出版
福島令子（1988）「福島智の生い立ち」小島純郎・塩谷治編著『ゆびで聴く――盲ろう青年福島智君の記録』：196-210、松籟社
――.（2009）『さとしわかるか』朝日新聞出版
Furugren, B.（1986）"Extract from a report based on seven interviews with deafblind persons in Sweden – January 1986," *Bromma*: 7, The Swedish institute for the handicapped.
Gerbner, G.（1967）"Mass media and human communication theory," in Dance, F. E. X.（ed.）, *Human Communication Theory*, New York, Holt, Rinehart and Winston.
Gitter, E.（2001）*The imprisoned guest: Samuel Howe and Laura Bridgman, the original deaf-blind girl*, New York: Farrar, Straus and Giroux.
Goldstein, D. D. and Jessen, W. E.（1990）"Flotation effect on premenstrual

syndrome," in Turner, J. W. and Fine, T. H. (eds.), *Restricted environmental stimulation: Research and Commentary*: 260-73, Tolendo, Ohio: The Medical College of Ohio Press.

Goode, D. (1994) *A world without words: social construction of children born deaf and blind*, Philadelphia: Temple University Press.

御所園悦子（1994）『虹になりたい――ヘレン・ケラーと張り合う母の手記　がんばつ教育シリーズ9』学書

――.（1997）『笑顔輝け！――六重の障害を持つ母が病床で詠んだ川柳』朝日新聞出版サービス

Grbich, C. (1999=2003) *Qualitative research in health: an introduction*, London: Sage.（上田礼子他訳『保健医療職のための質的研究入門』医学書院）

Hayano, D. M. (1979) "Auto-Ethnography: Paradigms, Problems, and Prospects," in *Human Organization*, vol. 38, no. 1: 99-104, Boston.

Hebb, D. O. (1966=1975) *A Textbook of Psychology*, Philadelphia, Saunders.（白井常他訳『行動学入門――生物科学としての心理学』紀伊國屋書店）

Heider, K. G. (1975) "What Do People Do? Dani Auto-Ethnography," in *Journal of Anthropological Research*, vol. 31: 3-17, the University of New Mexico.

Heron, W. (1957) "The pathology of boredom," in *Scientific American*, 196, 152-6.

――.（1961) "Cognitive and physiological effects of perceptual isolation," in Solomon, P. Kubzansky, P. E. Leiderman, P. J. Mendelson, J. H. Trumbull, R. and Wexler, D. (eds.), *Sensory deprivation: a symposium held at Harvard Medical School*: 6-33, Cambridge: Harvard University Press.

Herrmann, D. (1998) *Helen Keller: A Life*, Chicago: University of Chicago Press.

広瀬信雄（1992）「現代ロシアもう・ろう児教育の系譜」『山梨大学教育学部研究報告第1分冊、人文社会科学系』通号 43:193-201、山梨大学教育学部

広瀬信雄編訳著（1997）、サカリャンスキー著『サカリャンスキー先生と子どもたち――もう・ろう重複障害児教育の記録』湘南出版社

〔この中には、サカリャンスキーの次の三つの論文が収められている。

① И. А. Соколянский; Некеторыр особенности сл-епоглухонемых детей до посту. плениях в школуклинику.《Известия АПН РСФСР》, выпус-к, 121, 112-42 (「クリニック・スクール入学以前のもうろうあ児の若干の特徴」『教育科学アカデミー研究紀要』第121号：112-42、1962)

② И. А. Соколянский; Подготовка слепоглухоне-мого подростка к производительному труд-у в условиях домашнего воспитания.《Извес-тия АП-Н РСФСР》, выпуск, 121, 65-107.（「家庭条件下での、一もうろうあ青年女子への生産労働の準備教育」『教育科学アカデミー研究紀要』第121号：65-107、1962)

③ И. А. Соколянский; Обучение слепоглухонемх дете.《Известия

АПН　РСФСР》, выпуск, 121, 15-30.（「もうろうあ児の教育」『教育科学アカデミー研究紀要』第 121 号: 15-30、1962、以上〕

星加良司（2007）『障害とは何か──ディスアビリティの社会理論に向けて』生活書院

Hunter, I. M.〔ママ〕and Dighton, J.（1992）『Cine-script book ローマの休日』株式会社マガジンハウス〔このスクリプトは 1952 年 6 月 4 日付の「William Wyler's Prodiction of Roman Holiday script　No. 52」と、1953 年 6 月 22 日付の「Roman Holiday Release Dialogue Scripts」から作成、作品にそって加筆訂正されたものである。またこの『Cine-script book ローマの休日』では、脚本家の一人に Ian McLellan Hunter が記されているが、実際は Dalton Trumbo である〕

市川熹（2001）『人と人をつなぐ声・手話・指点字』岩波書店

IHB（The Industrial Home for the Blind）（ed.）（1958 = 1974）*Rehabilitation of Deaf-Blind Persons, Volume 1: A Manual for Professional Workers; a Summary Report of a Pilot Study,* a joint project of the Office of Vocational Rehabilitation, U.S. Department of Health, Education, and Welfare and the Industrial Home for the Blind, Brooklyn, New York: The Industrial Home for the Blind（原田政美、新谷守訳『盲ろう者のリハビリテーション──専門ワーカーのためのマニュアル 新分野研究報告』日本ライトハウス）

生井久美子（2009）『ゆびさきの宇宙──福島智・盲ろうを生きて』岩波書店

石原愼太郎（2010）『再生』文藝春秋

石井康子（1984）『手のひらで知る世界』思想の科学社

岩田一樹（2000）「感覚遮断環境におけるヒトの心拍変動・脳波ダイナミクスと意識の状態に関する研究」（博士論文）、北陸先端科学技術大学院大学情報科学研究科情報処理学専攻

Janssen, M. J. Rikse-Walraven, J. M. and van Dijk, P. M.（2002）"Enhancing the Quality of Interaction Between Deafblind Children and Their Educators," in *Journal of Developmental and Physical Disabilities,* 14（1）: 87-109.

Keller, H.（1905=1937）*The story of my life with her letters（1887-1901）and a supplementary account of her education, including passages from the reports and letters of her teacher, Anne Mansfield Sullivan,* Macy, J. A.（ed.）, New York: Grosset & Dunlap（岩橋武夫他訳『ヘレン・ケラー全集 1』三省堂）

北村晴朗、大久保幸郎編（1986）『刺激のない世界　人間の意識と行動はどう変わるか』新曜社

木下順二（1988）「夕鶴」『木下順二集 1』: 2-42、岩波書店

小島純郎（1988）「はじめに」小島純郎・塩谷治編著『ゆびで聴く──盲ろう青年福島智君の記録』松籟社

────.（1995）『共に学び、共に生きる──点字・手話を通して開いた世界』近代文芸社

――.（1996）「盲ろう青年の門出」『障害学生の贈り物――点字と手話の世界から（寄稿集）』：115-9、近代文芸社〔初出年は1988年（『みみより』No. 349、1988年7月号掲載）〕

――.（2001）『盲ろう者についていく』近代文芸社（近代文芸社新書）

小島純郎・塩谷治編著（1988）『ゆびで聴く――盲ろう青年福島智君の記録』松籟社

近藤武夫・大河内直之・福島智（2008）「指点字の通訳・読解における非言語情報処理」『電子情報通信学会技術研究報告』 Technical report of IEICE. Vol. 107, No. 433（20080118）: 71-4.

Kondo T., Okochi N., Fukushima S., (2008) Prefrontal nonverbal information processing in translation of verbal speech into finger braille: a fNIRS study. Journal of Cognitive Neuroscience (Supplement: Cognitive Neuroscience Society Annual Meeting Program 2008) : 294.

Lamichhane, K. (2011) Finger Braille: an Investigation of Japanese Methods for Communicating with Individuals who are Deaf-blind, *Journal of Visual Impairment & Blindness*, 105 (3), Spring 2011: 81-5.

Lejeune, P. (1989) *On Autobiography*, Eaken, P. J. (ed.), Leary, K. (trans.) Minneapolis: University of Minnesota Press.

Lilly, J. C. (1956) "Mental effects of reduction of ordinary levels of physical stimuli on intact healthy persons," in *Psychiatric Research Reports*, 30 (5) : 1-28, American Psychiatric Association.

Lundin, J. (ed.) (1999) *Program Guidelines for Individuals Who Are Deaf-Blind*, Sacramento, CA: California Department of Education.

van Maanen, J. (ed.) (1995) *Representation in Ethnography*, Thousand Oaks: Sage Publications.

MacDonald, R. J. (1977) *The Deaf-Blind in Higher Education*, A Graduate Project Submitted to the Faculty of the National Leadership Training Program California State University, Northridge.

毎日新聞社（2001）「転機を越えて　東大助教授に就任する福島智さん」『点字毎日活字版』2001年3月8日号、毎日新聞社

Matsumoto, D. (2000) *Culture and Psychology* (2nd ed.), Belmont, CA: Wadsworth.

Maynes, M. J. (1995) *Taking the Hard Road: Life Course in French and German Workers' Autobiographies in the Era of Industrialization*, Chapel Hill and London: University of North Carolina Press.

McQuail, D. and Windahl, S. (1981=1986) *Communication Models; For the Study of Mass Communications*, Longman.（山中正剛、黒田勇訳『コミュニケーション・モデルズ――マス・コミ研究のために』松籟社）

Mead, G. H. (1934=1973) *Mind, Self, and Society: from the Standpoint of a Social Behaviorist*, edited and with an introduction by Morris, C. W., Chicago: University

of Chicago Press.（稲葉三千男他訳『精神・自我・社会　現代社会学体系 10』日高六郎他編、青木書店）
Meshcheryakov, A.（1979）, Judelson, K.（trans.）, *Awakening to Life: forming behaviour and the mind in deaf-blind children*, Moscow: Progress.
御厨貴（2002）『オーラル・ヒストリー——現代史のための口述記録』中央公論新社
三井さよ、鈴木智之編（2007）『ケアとサポートの社会学』法政大学出版局
光成沢美（2003）『指先で紡ぐ愛——グチもケンカもトキメキも』講談社
Moller, P. C.（2003）"Deafblindness: living with sensory deprivation," in *LANCET*, 362（1）: 46-7.
文部省初等中等教育局特殊教育課（1970）『山梨県立盲学校における盲聾教育に関する研究——文部省指定実験学校報告書』文部省初等中等教育局特殊教育課
Murphy, R. F.（1987=1992）*The body silent*, London: J. M. Dent & Sons.（辻信一訳『ボディ・サイレント——病いと障害の人類学』新宿書房）
中木屋スミエ編（1964）『われら生きる　創刊号』〔点字版、回覧同人誌、なお、引用部分の掲載ページ数も点字版による〕
中澤惠江（1999）「盲ろう障害がもたらす課題の整理とこれからの支援の展望——日本各地から寄せられた相談と問い合わせの分析を通して」『国立特殊教育総合研究所研究紀要』通号 26：23-35、国立特殊教育総合研究所
——．（2001）「盲ろう児のコミュニケーション方法——分類と体系化の試み」『国立特殊教育総合研究所研究紀要』第 28 号：43-55、国立特殊教育総合研究所
中島昭美（1981）「視聴覚障害児とその教育」伊藤隆二・上出弘之（編）『目や耳の不自由な子ども』: 167-94、福村出版
Nielsen, K. E.（2004=2005）*The radical lives of Helen Keller*, New York: New York University Press（中野善達訳『ヘレン・ケラーの急進的な生活　「奇跡の人」神話と社会主義運動』明石書店）
大橋理枝、根橋玲子（2007）『コミュニケーション論序説』日本放送出版協会
Osgood, C. E. Suci, G. J. and Tannenbaum, P. H.（1957）*The Measurement of Meaning*, Urbana: Univ. of Illinois Press.
Perkins School for the Blind（1974）*Perkins sign language dictionary*, Watertown, Mass.: Perkins.
Pratt, M. L.（1992）*Imperial Eyes: Travel Writing and Transculturation*, London and New York: Routledge.
——．（1994）"Transculturation and Autoethnography: Peru 1615/1980," in Barker, F. Holme, P. and Iverson, M.（eds.）, *Colonial Discourse/Postcolonial Theory*: 24-46, Manchester and New York: Manchester University Press.
Reed-Danahay, D. E.（ed.）（1997）*Auto/ethnography: rewriting the self and the social*, Oxford, New York: Berg.
Richmond, V. P. and McCroskey, J. M.（2003=2006）*Nonverbal behavior in interper-*

sonal relations, Allyn & Bacon.（山下耕治他訳『非言語行動の心理学』北大路書房）
Robillard, A. B.（1994）"Communication Problems in the Intensive Care Unit," in *Qualitative Sociology,* 17(4): 383-95.
Rzewnicki, R. Wallbaum, A.B.C. and Suedfeld, P.（1990）"Rest for muscle contraction headaches: A comparison of two rest environments combined with progressive muscle relaxation training," in Turner, J. W. and Fine, T. H.（eds.）, *Restricted environmental stimulation: Research and Commentary*: 245-54, Tolendo, Ohio: The Medical College of Ohio Press.
桜井厚（2002）『インタビューの社会学——ライフストーリーの聞き方』せりか書房
Salmon, P. J.（1970）*Out of the shadows: final report of the Anne Sullivan Macy service for deaf-blind persons: a regional demonstration and research project, 1962-1969,* New York: National Center for Deaf-Blind Youths and Adults.
Sauerburger, D.（1993）*Independence without sight or sound: suggestions for practitioners working with deaf-blind adults,* New York: American Foundation for the Blind.
Schultz, D. P.（1965）*Sensory restriction: Effects on behavior,* NY: Academic Press.
社会福祉法人全国盲ろう者協会編（2008）『盲ろう者への通訳・介助——「光」と「音」を伝えるための方法と技術』読書工房
志村太喜彌（1989）『重度・重複障害児の教育——盲ろう児の指導実践に学ぶ』コレール社
新村出編（2008）『広辞苑　第六版』岩波書店
慎英弘（2005）『盲ろう者の自立と社会参加』新幹社
Smithdas, R. J.（1958＝1985）*Life at my fingertips,* Garden City, New York: Doubleday & Company.（鈴木陽子訳『見えない、聴こえない、私。——ヘレン・ケラーを超えて』星の環会〔『光と音を失っても——三重苦の人生』日本放送出版協会、1968年の復刻版〕）
——.（1976）"Implications of Deaf-Blindness," in Papers presented at workshop on Usher's Syndrome: December 2-3, 1976: 1-3, Sands Point: Helen Keller National Center, 1976.
——.（1982）*Shared Beauty,* New York: Portal Press.
Solomon, P. Kubzansky, P. E. Leiderman, P. H. Mendelson, J. H. Trumbull, R. and Wexler, D.（eds.）（1961）*Sensory deprivation: a symposium held at Harvard Medical School,* Cambridge: Harvard University Press.
Sperber, D. and Wilson, D.（1995＝1999）*Relevance: Communication and Cognition,* Oxford, U.K.; Cambridge, Mass.: Blackwell.（内田他訳『関連性理論——伝達と認知』研究社）
Strathern, M.（1987）"The Limits of Auto-Anthropology," in Jackson, A.（ed.）, *Anthropology at Home*: 16-37, London: Tavistock Publications.

末田清子、福田浩子（2003）『コミュニケーション学／その展望と視点』松柏社

Suedfeld, P. (ed.) (1980) *Restricted environmental stimulation: Research and clinical applications*, New York: Wiley.

杉野昭博（2007）『障害学——理論形成と射程』東京大学出版会

Sullivan, A. (1905=1973)（槙恭子訳『ヘレン・ケラーはどう教育されたか——サリバン先生の記録』明治図書出版〔Keller, H. (1905=1937) に含まれている Sullivan, A. の手紙とリポートを抜粋翻訳したもの〕）

田窪行則、西山佑司、三藤博、亀山恵、片桐恭弘編（1999）『岩波講座　言語の科学　7　談話と文脈』岩波書店

田中邦夫（2004）「情報保障」『社会政策研究』vol. 4：93-118

谷川俊太郎（1952）『二十億光年の孤独』創元社〔引用は『谷川俊太郎詩選集　1』集英社文庫、2005 年から〕

立岩真也（1997）『私的所有論』勁草書房

——．(2004)『自由の平等——簡単で別な姿の世界』岩波書店

寺島彰・植村英晴・福島智（2000）『盲ろう者に対する障害者施策のあり方に関する研究　平成 11 年度厚生科学研究費補助金（障害保健福祉総合研究事業）報告書』

Theodorson, S. A. and Theodorson, A. G. (1969) *A Modern Dictionary of Sociology*, New York: Cassell.

Thompson, V. (1990) *A Girl Like Alice: The Story of the Australian Helen Keller*, North Rocks, NSW: North Rocks Press.

土屋葉（2002）『障害者家族を生きる』勁草書房

Turner, J. W. and Fine, T. H. (1990) "Hormonal changes associated with restricted environmental stimulation therapy," in Suedfeld, P. Turner, J. W. and Fine, T. H. (eds.), *Restricted Environmental Stimulation: Theoretical and Empirical Developments in Flotation REST*: 71-92, New York: Sringer-Verlag New York Inc.

梅津八三（1972）「盲ろう児の言語行動の形成」『言語の科学』第二号：90-123、東京言語研究所

牛田匡（2004）「Alternative School 自由教育学校研究に関する一考察——オートエスノグラフィー研究に注目して」『教育学科研究年報』30 号：61-8、関西学院大学文学部教育学科

Vargas, M. (1986=1987) *Louder Than Words—An Introduction to Nonverbal Communication*, Ames, Iowa State University Press.（石丸正訳『非言語コミュニケーション』新潮社）

Vernon, J. A. (1964) *Inside the black room*, New York: Clarkson N. Potter.

Vygotsky, L. S. (1934=2001) Мышление И Речь（柴田義松訳『思考と言語』新読書社）

Wallbaum, A.B.C. Rzewnicki, R. Steel, H. and Suedfeld, P. (1991) "Progressive muscle relaxation and restricted environmental stimulation therapy for chronic tension headache: A pilot study" in *International Journal of Psychosomatics*, 28 (1-4) : 33-9.

Wood, J. T. (1994) *Gendered lives: Communication, gender and culture*, Belmont, CA: Wadsworth.

山岸康子（2003）「嵐の中で――中木屋スミヱさんの人生と今」『コミュニカ』No. 27：39-50、社会福祉法人全国盲ろう者協会

Yoken, C. (1979) *Living with deaf-blindness: nine profiles*, Washington, D.C.; Gallaudet College

好井裕明、桜井厚編（2000）『フィールドワークの経験』せりか書房

謝　辞

　本書の執筆・刊行にあたり、直接・間接に数多くの方々や組織・団体のご支援、ご協力、ご指導等をいただいた。それはとても数え切れないほどの数である。ここでは、本書の執筆、およびその下地となった筆者の博士論文の研究遂行において、とりわけ尽力くださった方々と組織・団体を記し、感謝の念を表したい。

　まず、盲ろう者である私が他者とコミュニケーションを交わし、本研究を遂行するために不可欠な「指点字通訳」というサポートを次の方々が提供してくださった。池田祥代、大久保弥恵子、小野彰子、西田倫実、林亜希、春野ももこ（金田由紀子）、前田晃秀のみなさんである。

　また、各種資料の点字化、電子データ化等の作業を含め、さまざまな面で私の研究を支えてくださったのは次の方々である（前述の指点字通訳者の多くは、この研究支援作業も兼ねてくださっている）。天野克彦、伊藤聡知、呉世宗、大久保優、河井忍、小林真悟、近藤公枝、関田紫乃、手嶋香織、冨吉宏治、中嶋直子、深川静郎、松尾玲子、松山樹里、村田拓司、柳井章吾、湯沢聡子、渡井秀匡のみなさんである。

　とりわけ、原恵美さんには、母の膨大な手書き資料などの整理・分類・データ化をはじめ、博士論文作成過程から本書刊行にいたる各段階において、校正を含むあらゆる作業で中心的な役割を果たしていただいた。

　こうしたみなさんの日々の尽力がなければ、本書は完成しなかった。このことは私の場合、そもそも研究を出発させるための前提となる土台づくりに、こうしたみなさんの助力が必須だったということである。

　大学における研究に関しても数え切れないほど多くの方々のお世話になった。以下、それらのみなさんを代表して何人かの方の名を記させていただきたい。

　まず、今から10数年前、半ば博士論文の執筆を断念していた当時の私に、同僚の立場で、また先輩研究者の立場で叱咤激励してくださった元金沢大学教授で、今は亡き片桐和雄先生（障害心理・生理学）に御礼申し上げねばならない。片桐先生の激励がなければ、私は博士論文作成にむけての「第一歩」を踏み出

せていなかっただろう。

　元東京都立大学総長で、現在は桜美林大学心理学研究科長をなさっている茂木俊彦先生は、大学関係で私がもっとも長く、多大なお世話をいただいた方である。私が盲ろう者としてわが国で初めて大学に進学した際、当時、都立大学人文学部で障害児教育と発達心理学を専攻する助教授だった茂木先生が積極的に私の受け入れを主張してくださっていなければ、研究者としての現在の私は存在しなかっただろう。茂木先生には、博士論文の初期の構想段階から繰り返しご指導いただいた。また、茂木先生が都立大学を離れられた後は、首都大学東京の濱谷直人先生から引き続き熱心にご指導をいただいた。

　私の博士論文の主査を引き受けてくださった東京大学先端科学技術研究センターの児玉龍彦先生（システム生物学）には、遅々として進まぬ私の執筆作業を忍耐強く、また温かく見守っていただきながら、しかも厳しく適切なご指導をいただいた。特に、この研究における研究対象の事例の少なさ（筆者自身のみ）という問題や方法論の創出に筆者が悩んでいた際、児玉先生がくださった示唆は、なによりも大きな力となった。その一端をここに記させていただければ、「複雑で複合的な諸要因から構成される人間個人を対象とする研究では、その多様な内的自己制御系や環境に対応する諸機能の歴史的（時間的）変化をたどり、そこに個別・具体性に留まらないなんらかのパターンを見いだすことが重要ではないか」という趣旨である。こうしたご助言も含め、児玉先生の「伴走」がなければ、この長い論文、そしてそれを元にした本書を仕上げることはかなわなかったにちがいない。

　また、先端研では、次の先生方に特にお世話になった。御厨貴(みくりやたかし)先生にはオーラル・ヒストリーの理論と実践についてのご教示をいただいたほか、私の拙い草稿をご覧いただき、数多くの具体的で適切なご助言をちょうだいした。伊福部達(いふくべとおる)先生には、ご専門の福祉工学の立場から、複雑な具体的事象をいかに科学的に記述するかという点についてご助言いただいた。また、中邑賢龍先生には、ご専門の障害者（人間）支援技術研究の視点で、「支援する」という行為が持つ多様性や相互性、広義の「技術」と人の双方の力の補完性などについて、多くの示唆をいただいた。経済産業省から先端研教授に転身なさり、さらに現在は、日本経団連21世紀政策研究所研究主幹をなさっている澤昭裕先生には、ご専門の経済学および行政現場の最前線でのご経験を踏まえながら、狭い意味でのアカデミズムにとらわれない俯瞰的な視点の大切さ、そして障害の有無を

越えた人間の生の内実を描くことの重要性について示唆をいただいた。そして、先端研客員教授の大沼直紀先生には、ご専門の聴覚障害教育とオーディオロジー（聴覚学）の立場から、特に智（筆者）が聴力を失っていく過程の医学的データの取り扱いなどについてご指導いただいた。

このほかにも東京大学の先生方のお世話になった。教育学部の川本隆史先生には、ケアをめぐる諸議論や現象学的看護論について多くの示唆をいただいた。また、「感覚における文脈」という筆者が提示した概念に先生が関心を示してくださったことは、筆者にとって大きな励ましとなった。経済学部の松井彰彦先生（ゲーム理論・理論経済学）には、「経済と障害」という学際的なテーマの研究プロジェクトを通してたいへんお世話になり、障害問題を相対的に考察するうえで、筆者はおおいに知的刺激をうけた。また、松井先生が研究代表者をなさり、筆者が研究分担者の１人を務めるこの研究プロジェクトからは、本書執筆にかかわる研究作業の遂行において、経費面での支援をいただいたこともここに明記して深謝したい（学術創成研究費「総合社会科学としての社会・経済における障害の研究」研究代表者：松井彰彦、課題番号：19GS0101）。大学院総合文化研究科の市野川容孝先生には、盲ろう者とも関連のあるドイツの盲人支援組織についてご教示いただいた。

慶應義塾大学の中野泰志先生には、私が博士論文の構想を練るのに苦労し、迷いを抱えていた際、テーマ設定に関してたいへん貴重な助言をいただいた。中野先生のご助言がなければ、このテーマでの研究がスタートできていたかどうかわからない。厚く御礼申し上げたい。

立教大学の桜井厚先生、および桜井先生が主宰なさるライフ・ストーリー研究会のみなさん、中でも松山大学の山田富秋先生には、私の博士論文の構想について、とりわけその研究方法に関連して多くの貴重なご助言をいただいた。また、桜井先生と山田先生は、既存の方法論がそのまま適用できないならば、独自の研究方法を創出するよう激励してくださった。

本研究では、私自身がインタビューの「客体」になるという独自の方法を採用した。その際、インタビュアーの役割がきわめて重要となる。その役割を引き受けてくださったのが愛知大学の土屋葉先生である。土屋先生は長時間にわたり、私への熱心なインタビューをしてくださった。インタビューの「客体」になることで、書記資料や回想だけでは自身でも表出できないものを、「インタビューの力」によって自分の中から引きずり出せた手ごたえを、私は体験し

た。これも土屋先生の優れたインタビュアーとしての力量のおかげである。

　私の拙いインタビューに長時間協力してくださった次の方々に心から御礼申し上げる。石川満澄、伊山哲郎、遠藤利三、捧道宏、塩谷治、十亀令子、三浦（甲賀）佳子のみなさんである。

　K医師には私の問い合わせに対して丁寧なFAXを何度も送っていただいた。佐藤由紀子さんには同様の問い合わせに電子メールでこたえていただいた。F寮母は貴重な記録資料を提供してくださった。そして、記録作家の川原一之さんは、母・令子への取材時のインタビュー録音の使用を快諾してくださった。

　元国立特別支援教育総合研究所の研究者で、現在は横浜訓盲学院の学院長をなさっている中澤惠江先生は、国内外の盲ろう関連の膨大な文献の紹介をしてくださった。日本貿易振興機構アジア経済研究所の森壮也先生は、手話言語学の立場から、人間とコミュニケーションの関係について私と有益な意見交換をしてくださった。また、京都府の福知山市立日新中学校の梶原秀明先生には、私の父が遭遇した戦時中の機銃掃射についてなど、貴重な歴史的資料や事実関係の調査にご尽力いただいた。そして、父が遭遇した機銃掃射の現場に居合わせたと思われる高倉信正さんは、たいへん貴重な証言をしてくださった。

　このほかにも、先端研バリアフリー分野およびバリアフリープロジェクトに、この10年間に関わってきてくれた教員や研究員、院生のみなさんにもさまざまな形で協力いただいた。とりわけ、飯野由里子、大河内直之、近藤武夫、中野聡子、長瀬修、星加良司、矢田礼人のみなさんには謝意を表したい。

　さらに、前述の指点字通訳者や研究支援者等の仕事を財政面も含めてさまざまな形でバックアップしてくれている東京大学バリアフリー支援室および先端研からも、一言では表せない力をいただいた。

　大学外の民間企業や個人の篤志家の方からも、多くのご支援をいただいた。とりわけ、エキスパートグループホールディングス株式会社の中川博迪会長兼社長、そして同グループのみなさんからは盲ろう者である私の研究活動に、多大なご支援をいただいてきたことに深謝したい。

　日本共済株式会社代表取締役の松田隆さんと同社のみなさんからも、研究活動を応援いただいた。御礼申し上げたい。

　以上、私が博士論文と本書執筆にあたり、お世話になった方々および組織・団体のごく一部だけを紹介させていただいた。ここに記して厚く御礼申し上げ

たい。

　幼い頃から病気がちだった末弟の私を有形・無形に支えてくれてきた二人の兄たちにも感謝の気持ちを表したい。指点字を考案し、私の「再生」の礎を築いてくれたほか、膨大な記録・資料を作成し、保存してくれていたこと、それを提供してくれたこと、さらに長時間のインタビューに協力してくれたことについて、母・令子には心からの感謝の念を抱いている。また、私にその生き方そのもので「生きることの厳しさと大切さ」を教えてくれた亡き父・正美にも感謝の念を捧げたい。

　そして、研究や社会的活動、さらに日常生活を含め、文字どおり物心両面で私を支えてくれている妻・光成沢美には、ことばで言い表せない感謝の念を捧げたい。

　末筆ながら、本書の出版を全面的に支援してくださった明石書店の石井昭男社長、また、当初の企画段階から熱心に取り組んでくださった同社の神野斉さん、そして、遅々として進まぬ私の作業にねばり強くおつきあいくださったやはり同社の手嶋幸一さんに、心より御礼申し上げたい。

福島　智

あとがき

　本書は、筆者が 2008 年に東京大学に提出した博士論文、『福島智における視覚・聴覚の喪失と「指点字」を用いたコミュニケーション再構築の過程に関する研究』にかなりの加筆・修正を行ったものである。

　筆者は、1962 年に神戸市で生まれた。ごく普通の男児として出生したのだが、9 歳で失明し、18 歳で聴力を失った。かのヘレン・ケラーと同様の「盲ろう者」となったのである。盲ろう者とは、「光と音のない状態」で生きる人間のことだ。

　本書では、第Ⅰ部においてまず、導入的な内容と研究の方法などについて記した。次に第Ⅱ部で、出生からおおむね 19 歳の頃までの筆者自身の体験を記述した。そして第Ⅲ部で、その体験をもとに分析と考察を行っている。本書で取り上げる内容の中心は、筆者が盲ろう者となってコミュニケーションを「喪失」する過程、および「指点字」の考案と周囲の人の支援によって筆者がそこから「再生」していく過程、の二つである。

　ずいぶんと長い本になってしまった。これでも、参考資料のいくつかは割愛し、本文中でも削除した部分もある。

　筆者としてはまず、「見えなくて同時に聞こえない」という極限状況で生きることになる一人の人間の体験を、できるだけ多角的に記述することを目指した。そして、その体験から抽出したいくつかの問題を、読者とともに分かち合いたいと考えた。どこまでその目標が達成されているかは心許ない。

　ただ、体験の記述は可能なかぎり丁寧に、またわかりやすくなるよう努めた。そのために具体的なエピソードが多く盛り込まれる結果となった。それで、これほど長くなってしまったわけだが、その分、読者が本書から自由に何かをくみ取っていただける余地は増えたかもしれない。

　さて、筆者の体験は第Ⅱ部で詳述した。また、体験を踏まえた分析と考察は第Ⅲ部で行ったので、それらについて詳しく繰り返すことは避けたい。それでここでは、補足的なことを若干述べたい。

　筆者が本書刊行のために、自身の学位論文を再読しつつ、加筆・修正の作業

を進める過程で改めて考えたことがある。それは「文脈」という概念の奥深さについてだ。

　第11章で考察したように、筆者は自らの体験をもとに、視覚情報や聴覚情報という感覚的情報には、言語と同様に文脈があるのではないかと考えた。つまり、文脈には、一般的に用いられる「話の前後の文脈」などという場合の文脈だけでなく、非言語的な膨大な感覚的情報にかかわる複雑な文脈が存在するということである。これら二つの意味での文脈が相互に補完的に作用しながら、人は外部世界を認識する。そして、その認識を前提として他者とのコミュニケーションを成立させているのではないかと考えた。この新たに把握し直した文脈概念を、本書において、「感覚・言語的情報の文脈」と筆者は命名した。

　文脈についての本書における考察はここまでだ。しかし今筆者は、これ以外にもまた、さらに別の「文脈」をめぐる研究課題が横たわっているのではないかと考え始めている。とはいえ、いまだ端緒的な構想に過ぎないので、緻密な考察は別の機会に譲る。以下では自由にイメージを膨らませることで、「あとがき」にかえさせていただきたい。

　今述べたように、本書では、外部世界の認識とそれを前提とした他者とのコミュニケーションの成立のために、「感覚・言語的情報の文脈」という複合的な文脈の必要性を考えた。しかし、さらに進めて考えれば、そこで遂行されつつあるコミュニケーションという行為自体にも、より高次の意味での「文脈」が関わっているのではないだろうか。

　たとえば、「今」、「なぜ」、「その相手」と、「ここ」で、自分はコミュニケーションをしようとしているのか。その感情的・理性的な理由や目的、動機や背景は何か。あるいは、逆に、「その時」、「なぜ」、「その相手」とはコミュニケーションを取らなかったのか。または、「なぜ」、「別の内容」や「他のやり方」でのコミュニケーションを取らないのか……、等々のコミュニケーション自体に関する文脈の存在だ。言い換えれば、他者との人間関係の新たな構築や組みかえ、深まりや断絶といった、関係性の質的な変容過程自体にも、種々の文脈が関連しているのではないかという認識である。

　さらにいえば、このことは、個人同士の関係性だけに当てはまるのではないかもしれない。家族や各種のグループ、組織や地域社会など、より大きな人間の集合相互の関係性にも、それぞれ適用可能なのではないか。

このように、コミュニケーションにおける文脈は、「個人対個人の関係性」から、人間のより大規模な「集合同士の関係性」に至るまで存在する。そして、これらの文脈同士は、「上下」の階層性と「平面的」な広がりを内包した、立体的な構造を成しているのではないか、と筆者は考える。

　また、この文脈の立体的な構造というイメージは、第12章で考察した、各人の内面的な認識世界としての「宇宙」のイメージにも重なる。すなわち、認識とコミュニケーションに関わる文脈の立体的な構造とその広がりは、人間が内面に抱える「宇宙空間」の広がり、そして、そこで経験する孤独に耐えるために必須のファクターとしての他者との関係性という、筆者が本書で到達した認識と響きあうのである。

　第12章の末尾で筆者は、自分がかつて受けたインタビューを紹介する中で、次のように述べた。

　それは、盲ろうの状態が光と音のない世界であることから、宇宙空間のイメージを借りて表現される。

　盲ろう者は、太陽のような自らのエネルギーで輝く恒星のように、独力で漆黒の「宇宙空間」で光り続けることはできない。また、少なくともほかにも恒星（他者）の存在があって、その光を受けないと輝けないし、相互の重力がないと、「宇宙」の中で自分だけで存在することはできないとも述べる。

　ここには、二つの意味がこめられている。第一は、ほかの星、すなわち他者の光を受けないと「宇宙」は果てしなく暗く、孤独な状態だということである。第二は、相互の重力がないと存在していけないという部分に関わって、「宇宙」に浮かぶ孤独に耐えて生きるためには、他者と相互に引き合う力が必要だということである。

　次に、盲ろう者に典型的に見られるこうした他者との関係性を、人間一般に広げて考えてみる。すると、人は他者との関係性の中でのみ存在しうる、という認識に到達する。

　　人はみな、それぞれの「宇宙」に生きている。それは部分的には重なり合っていたとしても、完全に一致することはない。時にはまったく交わらないこともある。このように、ばらばらに配置された存在であるからこそ、その孤独が深いからこそ、人は他者との結びつきに憧れるのではないか。
　　智（筆者）の盲ろう者としての生の本質は、この根元的な孤独と、それと

同じくらい強い他者への憧れの共存なのではないだろうか。

　筆者のような盲ろう者だけでなく、人はみな、宇宙に広がる無数の星々のように、孤独に耐えつつ、輝いている。各人は多くの場合、遠く離れてばらばらに配置されている。そして、その孤独に耐えながら、それでもなお、あるいはそれだからこそなお、離れまいとして重力で引き合う。ある時は二つの恒星が互いに重力で引き合いながら、共通の重心の周囲を回る「連星」のような関係性を保つ。またある場合は、太陽系における太陽とその光を受けながら公転する惑星群のような、「恒星系」に似た関係性を形作る。
　もしこんなふうにイメージすれば、相互に光を放ち、反射しあう輝きは、「コミュニケーション」を連想させる。重力は他者との結びつきを求める「憧れ」だろうか。そして、星々が形作る多くの星座や大宇宙に広がる無数の銀河系や星団は、人と人の関係性が織りなす「文脈」の多様さと豊かさを象徴しているのかもしれない。
　こうした心象風景を筆者の内面的認識世界としての「宇宙」に見いだしたとき、盲ろう者としての、いや一人の人間としての筆者の生の孤独は、いくらか癒される気がする。
　あなたが内面の「宇宙」で受ける光が温かな輝きであることを。あなたが周囲の星々としっかり引きつけあいながら、いくつもの鮮やかな星座を形作っていることを、筆者は祈っている。

2011年盛夏、米国・ニューヨークにて。
　東日本の震災の悲しみに打ちひしがれつつ、
　　それでもなお、人間を最後の一線で救うものは、
　　　やはり同じく人間であるはずだという思いと願いを胸に。

福島　智

●読者のみなさまにお知らせ
点訳データ、音読データ、拡大写本データなど、視覚障害の方の利用に限り、本書内容を複製することを認めます。ただし、営利を目的とする場合にはこの限りではありません。
●本書のテキストデータを提供します。
視覚障害、肢体不自由などを理由として必要とされる方に、本書のテキストデータをCD-Rで提供いたします。180円切手と返信用封筒（住所明記）と下のテキストデータ引換券（コピー不可）を同封の上、下記の住所までお申し込みください。
●宛て先
〒101-0021　東京都千代田区外神田6-9-5
株式会社明石書店　編集部
『盲ろう者として生きて——指点字によるコミュニケーションの復活と再生』
テキストデータ係

テキストデータ
盲ろう者として生きて
指点字によるコミュニケーションの
復活と再生
引換券

【著者紹介】

福島　智（ふくしま　さとし）

1962年生まれ。専門は障害学、バリアフリー論。9歳で失明、18歳で失聴し、全盲ろうとなる。東京都立大学大学院人文科学研究科教育学専攻博士課程単位取得。現在、東京大学先端科学技術研究センター特任教授。博士（学術）。
社会福祉法人全国盲ろう者協会理事、NPO東京盲ろう者友の会顧問、世界盲ろう者連盟アジア地域代表などを歴任。主な著書に『盲ろう者とノーマライゼーション』（明石書店、1997年）、『生きるって人とつながることだ！』（素朴社、2010年）がある。

盲ろう者として生きて
指点字によるコミュニケーションの復活と再生

2011年7月30日　初版第1刷発行
2025年3月10日　初版第2刷発行

著　者　　福　島　　　智
発行者　　大　江　道　雅
発行所　　株式会社　明石書店
〒101-0021　東京都千代田区外神田6-9-5
電　話　03(5818)1171
ＦＡＸ　03(5818)1174
振　替　00100-7-24505
http://www.akashi.co.jp/

装丁　　カットクラウド
印刷　　モリモト印刷株式会社
製本　　モリモト印刷株式会社

（定価はカバーに表示してあります）　　ISBN978-4-7503-3433-2

JCOPY〈出版者著作権管理機構　委託出版物〉
本書の無断複製は著作権法上での例外を除き禁じられています。複製される場合は、そのつど事前に、出版者著作権管理機構（電話03-5244-5088、FAX 03-5244-5089、e-mail: info@jcopy.or.jp）の許諾を得てください。

盲ろう児コミュニケーション教育・支援ガイド
豊かな「会話」の力を育むために
バーバラ・マイルズ、マリアンヌ・リジオ編著
岡本明、山下志保、亀井笑訳
◎3200円

ハーベン ハーバード大学法科大学院初の盲ろう女子学生の物語
ハーベン・ギルマ著
斎藤愛、マギー・ケント・ウォン訳
◎2400円

点字新聞が伝えた視覚障害者の100年
自立・社会参加・文化の近現代史
毎日新聞社点字毎日編集部編
◎2800円

中途盲ろう者のコミュニケーション変容
人生の途上で光と「音」を失っていった人たちの語り
柴崎美穂著
◎3600円

新版「ろう文化」案内
キャロル・パッデン、トム・ハンフリーズ著
森壮也、森亜美訳
◎2400円

「ろう文化」の内側から
キャロル・パッデン、トム・ハンフリーズ著
森壮也、森亜美訳
◎3000円

ろう文化の歴史と展望 アメリカろう者の社会史
パディ・ラッド著 森壮也監訳
長尾絵衣子、古谷和仁、増田恵里子、柳沢圭子訳
◎9800円

20世紀ロシアの挑戦 盲ろう児教育の歴史
事例研究にみる障害児教育の成功と発展
タチヤーナ・アレクサンドロヴナ・バシロワ著
広瀬信雄訳
◎3800円

【明石ライブラリー 163】

聴覚障害者、ろう・難聴者と関わる医療従事者のための手引
アンナ・ミドルトン編
小林洋子、松藤みどり訳
◎2500円

オックスフォード・ハンドブック デフ・スタディーズ ろう者の研究・言語・教育
マーク・マーシャーク、パトリシア・エリザベス・スペンサー編
四日市章、鄭仁豪、澤隆史監訳
◎15000円

アメリカのろう者の歴史 写真でみる〈ろうコミュニティ〉の200年
ダグラス・C・ベイントン、ジャック・R・ギャノン、ジーン・リンドキスト・バギー著
松藤みどり監訳 西川美樹訳
◎9200円

ヘレン・ケラーの急進的な生活 「奇跡の人」神話と社会主義運動
キム・E・ニールセン著
中野善達訳
◎3000円

【明石ライブラリー 71】

ヘレン・ケラーの日記 サリヴァン先生との死別から初来日まで
ヘレン・ケラー著
山﨑邦夫訳
◎9000円

盲・視覚障害百科事典
ジル・サルダーニャ、スーザン・シェリー、アラン・リチャード・ルッツェン、スコット・M・ステイドル著
中田英雄監訳
◎9000円

【世界人権問題叢書 109】

楽譜点訳の基本と応用
川村智子著
◎6800円

視覚障碍をもって生きる できることはやる、できないことはたすけあう
栗川治著
◎2850円

〈価格は本体価格です〉